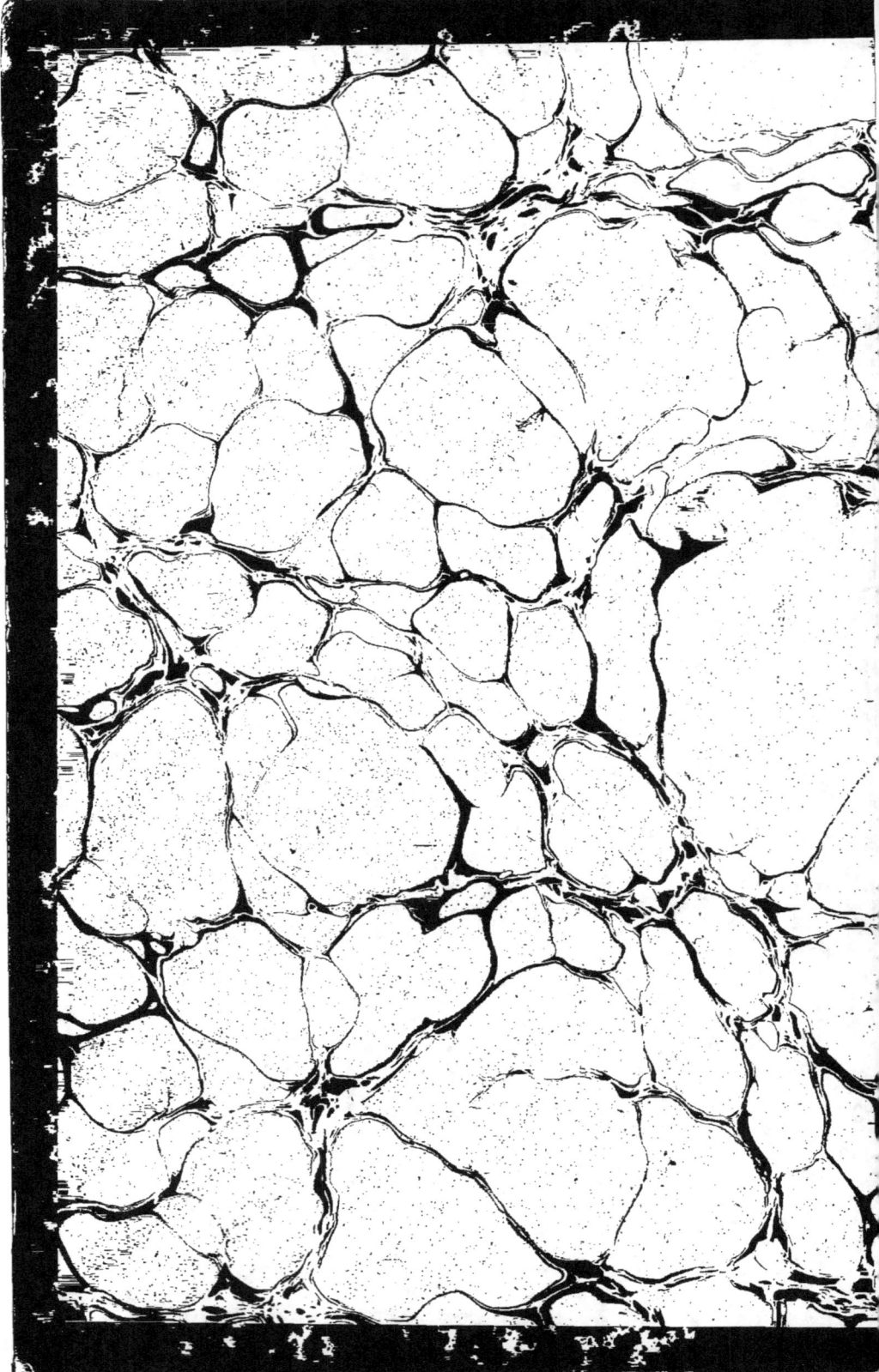

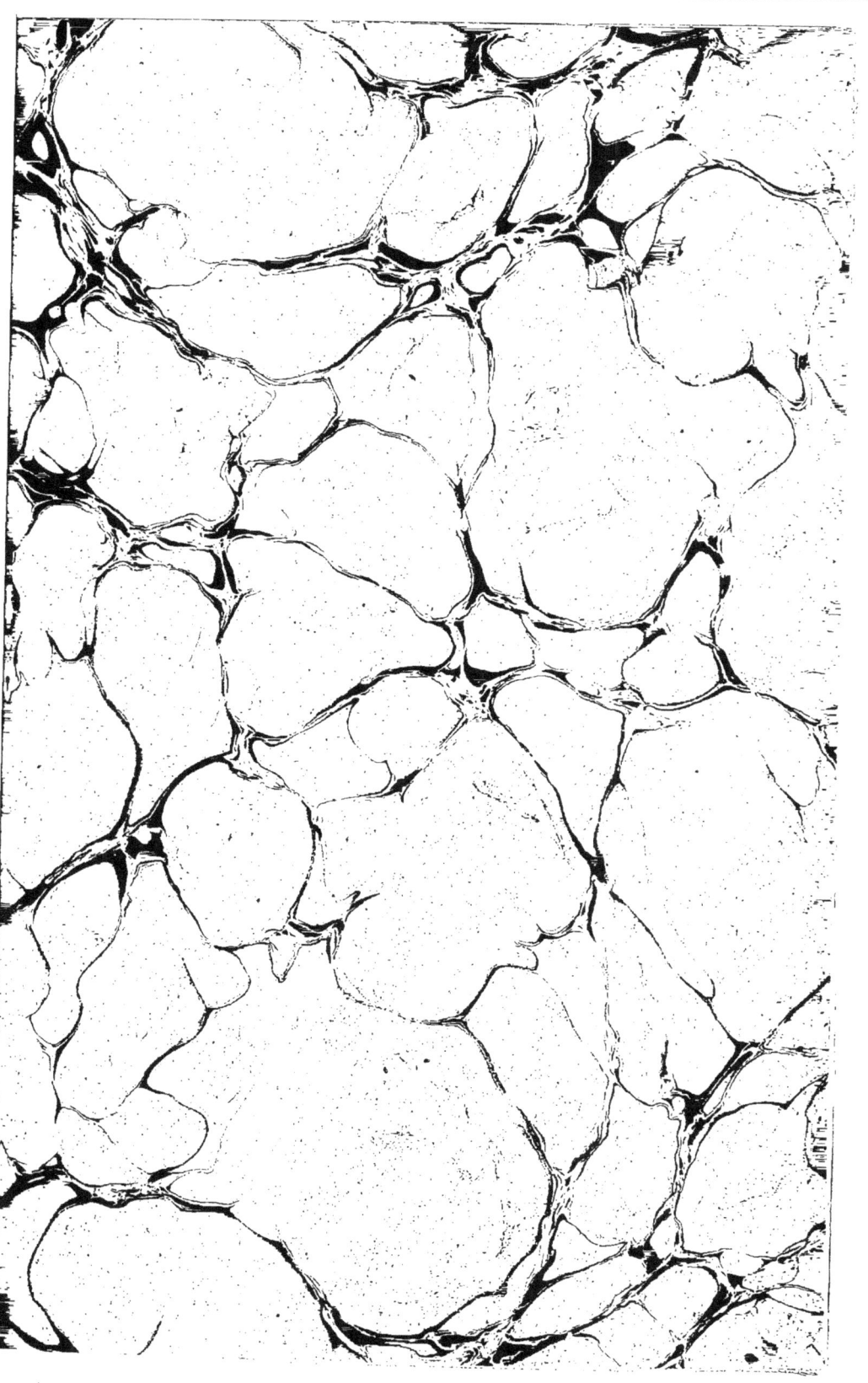

In dem Buch fehlt der
12 Bogen - S. 177 - 193
dafür der 11. Bogen zweimal

LA Guerre DE 1870-71

LA DÉFENSE NATIONALE
EN PROVINCE

MESURES GÉNÉRALES D'ORGANISATION

PARIS
LIBRAIRIE MILITAIRE R. CHAPELOT ET Cie
IMPRIMEURS-ÉDITEURS
30, Rue et Passage Dauphine, 30

—

1911
Tous droits réservés

LA

GUERRE DE 1870-71

LA DÉFENSE NATIONALE
EN PROVINCE

MESURES GÉNÉRALES D'ORGANISATION

Publié par la **Revue d'Histoire**

rédigée à la Section historique de l'État-Major de l'Armée

LA Guerre DE 1870-71

LA DÉFENSE NATIONALE
EN PROVINCE

MESURES GÉNÉRALES D'ORGANISATION

PARIS
LIBRAIRIE MILITAIRE R. CHAPELOT ET Cⁱᵉ
IMPRIMEURS-ÉDITEURS
30, Rue et Passage Dauphine, 30

1911
Tous droits réservés.

SOMMAIRE

	Pages.
CHAPITRE Ier. — La délégation du Gouvernement de la Défense nationale en province	1
CHAPITRE II. — La délégation du ministère de la Guerre à Tours et à Bordeaux.	
§ 1. L'administration centrale	10
§ 2. Bureau des renseignements sur les militaires tués, blessés, etc	25
§ 3. Service des renseignements : Bureau des reconnaissances. Prévôtés civile et militaire. Bureau de la presse	26
§ 4. Transports par chemins de fer. Inspection principale des chemins de fer, etc	38
§ 5. Bureau topographique	50
§ 6. Commission scientifique de la Défense nationale. — Commission d'étude des moyens de défense	54
CHAPITRE III. — Recrutement et avancement des officiers.	66
Mesures concernant spécialement les officiers de la garde nationale mobile	90
Mesures concernant spécialement les officiers de la garde nationale mobilisée	92
CHAPITRE IV. — Augmentation des effectifs	98
Appel de la classe 1870	102
Revision des dispenses à titre de soutiens de famille accordées aux gardes nationaux mobiles appelés à l'activité	104
Mobilisation des célibataires ou veufs sans enfant, de 21 à 40 ans, appartenant à la garde nationale sédentaire. — Décret du 29 septembre	106
Incorporation dans la garde nationale mobilisée des hommes du contingent de l'armée active de 25 à 35 ans n'ayant fait aucun service	107
Incorporation dans la garde nationale mobilisée du contingent de la classe 1870 affecté à la garde mobile	108

SOMMAIRE.

Pages.

Fusion de l'armée régulière et de l'armée auxiliaire. — Décret du 14 octobre..................... 109
Mobilisation de tous les hommes valides de 21 à 40 ans de la garde nationale sédentaire. — Suppression des exemptions. — Décret du 2 novembre................................... 110
Versement dans l'artillerie régulière des mobilisés, célibataires ou veufs sans enfant, de 21 à 40 ans, ayant servi dans l'artillerie ou la cavalerie...... 113
Versement dans l'infanterie régulière des mobilisés, célibataires ou veufs sans enfant, de 21 à 40 ans, ayant servi dans les corps autres que l'artillerie et la cavalerie. — Prélèvements opérés dans la garde nationale mobilisée pour compléter la garde nationale mobile................................ 115
Maintien sous les drapeaux de la classe 1863...... 120
Appel de la classe 1871. — Mesures préliminaires.. 120
Mesures diverses concernant les engagés volontaires pour la durée de la guerre................... 123

CHAPITRE V. — **Infanterie.**

§ 1. *Armée régulière (infanterie de ligne, chasseurs à pied, zouaves, etc.).*........................ 129
Organisation des dépôts.................... 132
Effectif des compagnies mobilisées............ 135
Formation de régiments et de bataillons de marche nouveaux.................................. 139
Distribution d'outils de terrassiers aux troupes d'infanterie............................... 155
Administration des régiments de marche........ 156

§ 2. *Troupes de la Marine.*...................... 157
Infanterie de la marine..................... 158
Bataillons et compagnies des équipages de la flotte. 174

§ 3. *Garde nationale mobile.*................... 185
§ 4. *Garde nationale mobilisée.*................ 193

CHAPITRE VI. — **Cavalerie.**

§ 1. *Armée régulière*........................... 207
Harnachement............................. 218
Outils portatifs de cavalerie 220
Administration des régiments de cavalerie de marche.................................. 220
Assimilation des vétérinaires diplômés servant dans les corps de troupe à cheval aux adjudants sous-officiers................................. 221

	Pages.
Formation d'élèves maréchaux ferrants dans les dépôts des corps de troupe à cheval............	221
Équipages régimentaires des régiments de cavalerie de marche................................	222
§ 2. *Garde nationale mobile*	222
§ 3. *Remonte*................................	224
Effectif en chevaux des dépôts	228

CHAPITRE VII. — **Artillerie.**

§ 1. *Armée régulière (artillerie de terre et de la marine)*.	229
Formation de batteries nouvelles	236
Projets d'organisation de batteries auxiliaires et d'augmentation du nombre des pièces dans les batteries...................................	249
Augmentation de la dotation des batteries en obus armés de fusées percutantes...................	251
Train d'artillerie.............................	252
Organes de ravitaillement en munitions..........	254
Pontonniers et équipages de pont................	259
§ 2. *Garde nationale mobile*	263
Mesures prises pour l'organisation des douze batteries de mitrailleuses de la garde nationale mobile.....................................	269
§ 3. *Garde nationale mobilisée*......................	274
Matériel	275
Personnel...................................	285
§ 4. *Matériel d'artillerie de campagne*................	293
§ 5. *Armes portatives*............................	306
Armement des hommes montés..................	322
§ 6. *Cartouches.*	
Cartouches modèle 1866	324
Cartouches pour fusils mod. 1867 (fusils à tabatière).	338
Cartouches pour fusils français se chargeant par la bouche (cartouches mod. 1859 et mod. 1863)....	339
Cartouches pour fusils étrangers se chargeant par la culasse...................................	340
Cartouches pour fusils étrangers se chargeant par la bouche....................................	344
§ 7. *Harnachement*..............................	346
§ 8. *Commission spéciale de l'armement par le concours de l'industrie privée*	352
Achats faits par la Commission d'étude des moyens de défense.................................	367
§ 9. *Comité technique de l'artillerie*..................	370

SOMMAIRE.

Pages.

§ 10. *Organisation en compagnies ou bataillons des ouvriers travaillant dans les ateliers utilisés pour la confection du matériel de guerre*.............. 373
§ 11. *Personnel et matériel d'artillerie fournis par la marine*................................. 375
      Personnel................................. 375
      Matériel.................................. 384

CHAPITRE VIII. — **Génie.**

§ 1. *Armée régulière*............................. 394
§ 2. *Garde nationale mobile. — Garde nationale mobilisée. — Génie auxiliaire. — Bataillon auxiliaire du génie fourni par la Marine.*
      Garde nationale mobile................... 407
      Garde nationale mobilisée................ 408
      Génie auxiliaire.......................... 409
      Bataillon auxiliaire du génie fourni par la Marine.. 412
§ 3. *Génie civil aux armées*...................... 414
§ 4. *Missions télégraphiques (service de la télégraphie aux armées)*................................. 421
§ 5. *Destructions*................................ 427

CHAPITRE IX. — **Gendarmerie**.................... 435
      Régiments de marche..................... 436
      Mobilisation de la gendarmerie sédentaire........ 443
      Institution des brigades provisoires.............. 445

CHAPITRE X. — **Train des équipages militaires**......... 447

CHAPITRE XI. — **Services administratifs.**

§ 1. *Personnel*................................... 472
§ 2. *Commission pour la liquidation des marchés. — Commission d'achat pour les subsistances et pour l'habillement et le campement*................ 485
§ 3. *Service des vivres. — Approvisionnements. — Alimentation en campagne*...................... 490
§ 4. *Habillement. — Équipement. — Campement*....... 507

CHAPITRE XII. — **Service de santé.**

§ 1. *Organisation des formations sanitaires*........... 517
§ 2. *Évacuation et hospitalisation des malades et blessés*. 528
§ 3. *Ambulances volontaires*...................... 545
§ 4. *Concours demandé aux médecins et pharmaciens civils. — Nomination des médecins dans la garde nationale mobile, la garde nationale mobilisée et la garde nationale sédentaire*................ 548

SOMMAIRE.

	Pages
Chapitre XIII. — **Corps francs**	552
Chapitre XIV. — **Douaniers et forestiers.**	
§ 1. *Douaniers*	563
§ 2. *Gardes forestiers*	564
Chapitre XV. — **Service postal aux armées**	567
Chapitre XVI. — **Discipline. — Justice militaire**	571
Chapitre XVII. — **Organisation d'un Conseil administratif dans chaque division militaire**	585
Chapitre XVIII. — **Instruction**	592
Chapitre XIX. — **Organisation de la défense dans les départements.**	
§ 1. *Répartition sur deux lignes des bataillons de la garde nationale mobile disponibles le 21 septembre*	599
§ 2. *Commandements supérieurs régionaux*	603
§ 3. *Comités de défense. — Comités militaires départementaux*	611
§ 4. *Évacuation des approvisionnements devant l'ennemi.*	632
Chapitre XX. — **Camps d'instruction**	640

ERRATA

Pages 13, ligne 6, *au lieu de* « 3 février 187 », *lire* « 3 février 1871 ».
— 50, ligne 20, *au lieu de* « an exées », *lire* « annexées ».
— 145, note 3, *au lieu de* :

« . . . .
68ᵉ de marche : Iᵉʳ et IIᵉ bataillons formés au dépôt du 24ᵉ de ligne, IIIᵉ bataillon formé au dépôt du 33ᵉ de ligne ;
. . . .
72ᵉ de marche : Iᵉʳ bataillon formé au dépôt du 33ᵉ de ligne, IIᵉ et IIIᵉ bataillons formés au dépôt du 91ᵉ de ligne.
Le 75ᵉ de marche se composait de deux bataillons du 3ᵉ de ligne échappés de Sedan à l'effectif de 1,100 hommes et de quatre compagnies provenant du 40ᵉ de ligne.
Ces cinq corps et le 65ᵉ de marche provenaient..... »,

Lire :

« . . . .
68ᵉ de marche : deux bataillons formés au dépôt du 24ᵉ de ligne, IIIᵉ bataillon formé au dépôt du 64ᵉ de ligne ;
. . . .
72ᵉ de marche : Iᵉʳ bataillon formé au dépôt du 64ᵉ de ligne, IIᵉ et IIIᵉ bataillons formés au dépôt du 91ᵉ de ligne.
Le 73ᵉ de marche se composait au début de détachements du 3ᵉ de ligne échappés de Sedan à l'effectif de 1,100 hommes et de quatre compagnies provenant du 40ᵉ de ligne. Ce régiment fut ensuite reconstitué à trois bataillons de cinq compagnies.
Ces cinq corps et le 65ᵉ de marche *bis* provenaient..... ».

— 149, lignes 17 et 18, *au lieu de* « ils formèrent, le 2 octobre 1870, le 1ᵉʳ régiment de Tirailleurs de marche », *lire* « ils formèrent le 1ᵉʳ régiment de Tirailleurs de marche ».

ERRATA.

Pages 150, ligne 14, *au lieu de* « le colonel du 1ᵉʳ régiment étranger », *lire* « le colonel du régiment étranger ».

— 214, *ajouter* à la note 4 : « Le 3ᵉ régiment de marche de hussards fut cependant constitué avec un escadron de guides venant de Lunel, un escadron du 2ᵉ chasseurs venant d'Auch, un escadron du 4ᵉ hussards venant de Montauban et un escadron du 7ᵉ hussards venant de Castres. Ce régiment, qui devait se former à la fin de novembre à Angers, ne put se réunir que le 14 décembre à Vendôme. »

— 307, note 1, lignes 6 et 7, *au lieu de* « hausse graduée de 200 à 1,600 mètres », *lire* « hausse graduée de 200 à 1,200 mètres ».

— 327, note 1, lignes 5 et 6, *au lieu de* « 25 octobre 1870 », *lire* « 15 octobre 1870 ».

— 480, note 1, lignes 6 et 7, *au lieu de* « A la fin de septembre, ces deux dépôts se trouvaient à Toulouse. », *lire* « A la fin de septembre, ces deux dépôts se trouvaient respectivement à Toulouse et à Tours. ».

LA
GUERRE DE 1870-1871

LA DÉFENSE NATIONALE EN PROVINCE.

MESURES GÉNÉRALES D'ORGANISATION.

CHAPITRE PREMIER

La délégation du Gouvernement de la Défense nationale en province.

Dans sa séance du 11 septembre, midi, le Gouvernement de la Défense nationale décida de se transporter en partie hors de Paris. M. Crémieux, garde des sceaux, fut délégué par l'unanimité de ses collègues « pour représenter le Gouvernement à Tours et en exercer les pouvoirs. Chaque département ministériel devait être représenté près de lui par un délégué spécial, chargé du service de ce département (1) ».

Dès le 13 septembre, M. Crémieux était à Tours, d'où il adressait une proclamation à la France (2).

Le représentant du département de la Guerre près de

---

(1) *Gouvernement de la Défense nationale, Procès-verbaux des séances du Conseil, publiés d'après les manuscrits originaux de M. A. Dréo, l'un des secrétaires du Gouvernement*, p. 104; Décret du 12 septembre (*Journal officiel* (J. O.) du 13 septembre). — Cf. *La Guerre de 1870-1871. L'Investissement de Paris*, t. I, chap. III.

(2) J. O. du 16 septembre.

la délégation du Gouvernement fut le général Lefort (1), avec le titre de secrétaire général de la Guerre. Tant que les communications avec la capitale seraient maintenues, il ne devait agir qu'en vertu des instructions que lui adresserait le général Le Flô. Une fois isolé du Ministre, il aurait pleins pouvoirs pour diriger toutes les affaires militaires sous le contrôle supérieur du délégué du Gouvernement (2), mais son action ne devait s'exercer qu'à l'extérieur de Paris (3).

Peu après, le Gouvernement de la Défense nationale reconnut qu'il était indispensable de constituer en province, dont il allait être bientôt séparé, « un gouvernement réel et fort », et dans sa séance du 15 septembre, 10 heures du soir, il signa un décret prescrivant que « M. Glais-Bizoin, membre du Gouvernement, et l'amiral Fourichon, Ministre de la Marine, se rendraient à Tours et y formeraient avec le garde des sceaux, la délégation du Gouvernement de la Défense nationale, appelée à exercer les pouvoirs..... dans les départements non occupés par l'ennemi. Ces pouvoirs dureraient autant que l'investissement de la capitale (4) ».

Le vice-amiral Fourichon devait exercer par délégation les fonctions de Ministre de la Guerre (5).

---

(1) Né le 14 décembre 1813, le général Lefort s'était engagé à 18 ans dans un régiment de cavalerie. Il devint officier le 27 février 1839 et fit presque toute sa carrière soit comme officier comptable soit dans le service des remontes. Promu général de brigade le 12 août 1866, il fut nommé, le 23 du même mois, directeur de la 3ᵉ direction du Ministère de la Guerre (Cavalerie, Remontes, Gendarmerie).

(2) Note du 11 septembre et circulaire ministérielle du 15 septembre.

(3) Le Ministre de la Guerre au Général secrétaire général de la Guerre à Tours, Paris, 17 septembre.

(4) *Procès-verbaux des séances du Conseil*, loc. cit., p. 126 ; *Décret* du 16 septembre (*J. O.* du 17 septembre).

(5) *J. O.* du 17 septembre.

M. Glais-Bizoin et l'amiral Fourichon arrivèrent à Tours le 17 septembre. Jusqu'au 27 septembre, date à laquelle les communications télégraphiques avec la capitale furent définitivement rompues, la délégation de Tours ne fut guère qu'un organe de transmission et d'exécution des ordres donnés par le Gouvernement central et les quelques difficultés, qui purent naître alors, furent réglées par des instructions ou des explications venues de Paris (1).

Le 3 octobre, à la suite d'un dissentiment avec ses deux collègues sur les mesures qu'il convenait de prendre pour rétablir le calme à Lyon, l'amiral Fourichon abandonna les fonctions de délégué au ministère de la Guerre, tout en conservant le portefeuille de la Marine et ses fonctions de membre de la délégation (2).

Le général Lefort fut alors pressenti pour remplacer à la Guerre l'amiral Fourichon. Il déclina cette proposition tout en déclarant qu'il était prêt à continuer ses services de secrétaire général (3).

En vertu de la délégation générale qui lui avait été donnée lors de son envoi à Tours, M. Crémieux estima

---

(1) On n'a fait ici qu'une esquisse très sommaire du rôle général joué par la délégation du Gouvernement de la Défense nationale. Les incidents auxquels il est fait allusion seront d'ailleurs exposés dans les chapitres suivants, s'ils ont pu avoir une influence quelconque sur les mesures d'organisation militaire ou de défense.

(2) D'après le rapport de M. Boreau-Lajanadie (*Actes du Gouvernement de la Défense nationale*, t. VII, p. 282), l'amiral Fourichon aurait donné sa démission le 1er octobre. Cependant, les décrets de la délégation de Tours, datés du 2 octobre, sont encore signés par le « Vice-Amiral, Ministre de la Guerre par intérim » (*Moniteur universel* (M. U.) des 4 et 6 octobre). Le décret par lequel M. Crémieux reprend les fonctions de Ministre de la Guerre par intérim est daté du 3 octobre.

(3) Le général Lefort, commandant la 13e division militaire, au Ministre de la Guerre, Bayonne, 10 février 1871 ; *Actes du Gouvernement de la Défense nationale*, Déposition du général Lefort, t. VI, p. 36.

qu'il devait reprendre les fonctions de Ministre de la Guerre par intérim (1), mais il se déchargea de tout ce qui regardait les affaires militaires sur M. Glais-Bizoin, assisté du général Lefort (2).

Entre temps, le Gouvernement de la Défense nationale se décida le 23 septembre, à ajourner à une date ultérieure les élections pour la formation d'une Assemblée constituante, qui, primitivement, devaient avoir lieu le 2 octobre (3). Il communiqua sa décision à Tours. Mais en présence des graves difficultés que suscitaient les tendances séparatistes ou révolutionnaires de certaines régions, les délégués crurent devoir passer outre aux instructions venues de Paris, et, par décret du 2 octobre, ils convoquèrent les électeurs pour le 11 du même mois (4).

Dès le 1er octobre, le Gouvernement de la Défense

---

(1) *Décret* du 3 octobre (*M. U.* du 6 octobre). — Selon M. de Freycinet (*La Guerre en province pendant le siège de Paris*, p. 8), après la démission de l'amiral Fourichon, « diverses combinaisons furent mises en avant pour y suppléer, entre autres celle d'un Comité directeur de cinq membres, qui ne parvint pas à se constituer ». — Le général Thoumas (*Paris. Tours. Bordeaux*, p. 92) parle aussi d'un Comité de la guerre qui prit la direction des affaires pendant quelques jours. Dans leur ouvrage, *Histoire du Gouvernement de la Défense nationale en Province* (t. I, p. 333 et 432), MM Steenackers et Le Goff mentionnent également que, pour remplacer l'amiral Fourichon démissionnaire, la délégation du Gouvernement de la Défense nationale se serait décidée le 4 octobre à former un comité de cinq membres, investi de toutes les attributions du Ministre de la Guerre. Mais, plusieurs des personnalités pressenties pour constituer ce comité auraient décliné cette responsabilité, lorsqu'elles connurent la situation défectueuse dans laquelle la délégation du ministère de la Guerre était appelée à fonctionner en province.

(2) *Actes du Gouvernement de la Défense nationale*, Déposition de M. Glais-Bizoin, t. V, p. 281.

(3) *J. O.* du 24 et du 27 septembre.

(4) *M. U.* du 3 octobre.

nationale avait été informé de cette décision, et dans la séance que tint le même jour le Conseil, Gambetta protesta énergiquement contre la mesure prise par la délégation et estima qu'il fallait envoyer un homme énergique à Tours pour empêcher ces élections (1). Le 3 octobre, dans la séance du soir, M. Jules Favre proposa de profiter du prochain grand ballon pour envoyer à Tours un membre du Gouvernement. Gambetta fut désigné, et afin de lui « confier la plus grande autorité, sans toutefois porter ombrage à ses collègues de Tours », il fut décidé qu'il aurait « voix prépondérante en cas de partage, en sa qualité de Ministre de l'Intérieur (2) ».

Le lendemain, 4 octobre, dans la séance qui fut tenue à 2 heures du soir, on arrêta le texte du décret. Le Gouvernement de la Défense nationale « considérant qu'à raison de la prolongation de l'investissement de Paris, il était indispensable que le Ministre de l'Intérieur puisse être en rapport direct avec les départements et mettre ceux-ci en rapport avec Paris pour faire sortir de ce concours une défense énergique », adjoignait « M. Gambetta, membre du Gouvernement, Ministre de l'Intérieur, à la délégation de Tours (3) ».

Ce décret fut promulgué le 7 octobre ; le même jour, à 11 h. 30 du matin, le Ministre était parti par ballon (4). Après avoir atterri aux environs de Montdidier, il se dirigeait, par Amiens et Rouen, sur Tours, où il arrivait le 9 octobre vers midi. Aussitôt, il adressait au pays une proclamation, où après avoir exposé les mesures

---

(1) *Procès verbaux des séances du Conseil*, loc. cit., p. 172. — A la date du 1ᵉʳ octobre également, le Gouvernement de la Défense nationale fit paraître un décret maintenant l'ajournement des élections générales jusqu'au moment où elles pourraient se faire sur toute la surface de la République (*M. U.* du 11 octobre).

(2) *Procès-verbaux des séances du Conseil*, loc. cit., p. 180-181.

(3) *J. O.* du 8 octobre.

(4) *Procès-verbaux des séances du Conseil*, loc. cit., p. 191.

prises par le Gouvernement et les sacrifices consentis par la population de Paris pour la défense de la capitale, il conviait les départements à ne se préoccuper que du « combat à outrance », à « inaugurer la défense nationale (1) ».

Après avoir proposé le portefeuille de la Guerre au général Lefort, qui maintint son refus (2), il fut chargé par ses collègues de réunir entre ses mains les ministères de la Guerre et de l'Intérieur (3).

Le premier acte de Gambetta, « Membre du Gouvernement de la Défense nationale, chargé des ministères de la Guerre et de l'Intérieur », fut de nommer M. de Freycinet « Délégué du Ministre auprès du département de la Guerre » en le chargeant « de diriger les services en son lieu et place dans les limites qui lui seraient tracées par le Ministre (4) ».

---

(1) *M. U.* du 11 octobre.

(2) *Actes du Gouvernement de la Défense nationale*, Déposition du général Lefort, t. VI, p. 36.

(3) Le *Moniteur universel* ne contient aucun décret à ce sujet. Le 10 octobre, M. Laurier, représentant du département de l'Intérieur près la délégation du Gouvernement à Tours, adressait aux préfets la circulaire suivante : « Par décret de la délégation du Gouvernement de la Défense nationale à Tours, rendu sur l'initiative de M. Crémieux et sur les instructions du Gouvernement de Paris, M. Léon Gambetta, Ministre de l'Intérieur, a été chargé de l'administration de la guerre, que M. Crémieux avait reprise à la suite de la démission de l'amiral Fourichon » (J. Reinach, *Dépêches, circulaires, décrets, proclamations et discours de Léon Gambetta*, t. I, p. 365).

(4) *Décret* du 11 octobre (*M. U.* du 12 octobre). — D'après le général Thoumas (*loc. cit.*, p. 99-101), il semble qu'avant de désigner M. de Freycinet, M. Gambetta avait songé à donner les fonctions de délégué au Département de la Guerre au colonel Thoumas, chef du bureau du matériel de l'artillerie, puis à M. Détroyat.

Le 7 octobre, deux jours avant l'arrivée de Gambetta à Tours, M. Jules Lecesne, qui, en sa qualité de président de la « Commission spéciale de l'armement par le concours de l'industrie privée », assistait

Le 12 octobre, le général Lefort, dont la santé était très ébranlée, demandait à être relevé de ses fonctions de secrétaire général de la Guerre qui faisaient double emploi avec celles du délégué au département de la Guerre (1).

Depuis le 4 septembre, c'est-à-dire en moins de quarante jours, l'organisation militaire de la défense natio-

---

aux séances du Conseil que la délégation du Gouvernement tenait tous les matins, donna lecture d'un mémoire dont il était l'auteur en collaboration avec M. de Freycinet. Dans ce document, MM. Lecesne et de Freycinet exposaient les mesures administratives et militaires, dont la réalisation immédiate leur paraissait indispensable pour utiliser les dernières chances qui restaient à la France de rétablir sa situation si compromise. Ils concluaient ainsi : « Le programme qui vient d'être développé peut être réalisé soit avec un Ministre, soit avec un comité. Toutefois, en raison du peu de jours qu'on a devant soi, il serait à craindre que ce comité n'eut pas le temps d'arriver à la cohésion nécessaire pour imprimer aux affaires l'impulsion prompte et énergique qu'elles réclament. Dès lors, la présence d'un Ministre semble préférable. Mais ici surgit une difficulté résultant de ce que nos meilleurs généraux ne sont pas actuellement disponibles pour un tel poste, et qu'on serait par conséquent obligé de recourir à des hommes plus ou moins dépourvus de notoriété. La combinaison qui, peut-être, concilierait le mieux toutes choses, serait de laisser à la tête du ministère de la Guerre une personnalité politique qu'assisteraient un comité militaire pour les affaires de guerre, et un délégué civil pour toute la partie administrative et l'organisation proprement dite. Le délégué serait sans doute facile à trouver parmi des hommes, qui, n'ayant pas les conditions requises pour assurer l'honneur de la tâche, pourraient cependant en accepter le travail » (Aperçu sur la conduite des opérations de la guerre, Tours, 6 octobre).

D'après la déposition de M. de Serres (*Actes du Gouvernement de la Défense nationale*, t. VI, p. 13), M. de Freycinet devait, le 9 octobre, être nommé délégué à la Guerre par M. Crémieux. Mais, comme on annonçait l'arrivée de M. Gambetta, M. de Freycinet crut devoir attendre, avant d'entrer en fonctions, que le Ministre de l'Intérieur eût fait connaître les instructions qu'il apportait de Paris.

(1) Le général Lefort, commandant la 13ᵉ division militaire, au Ministre de la Guerre, Bayonne, 10 février 1871. — Par décret du 2 oc-

nale en province fut donc successivement placée sous la direction supérieure du général Le Flô, ensuite du vice-amiral Fourichon, puis de M. Crémieux, enfin de Gambetta. Ces fluctuations nombreuses ne pouvaient certainement avoir qu'un résultat fâcheux, surtout à un moment où il fallait aller vite. Tout changement d'orientation et de direction avait fatalement comme conséquence une perte de temps irréparable, sans préjudice du trouble jeté dans les esprits et du désordre qui en résultait inévitablement.

Après l'armistice du 28 janvier 1871, de nouveaux membres du Gouvernement de la Défense nationale se transportèrent à Bordeaux (1). Le 6 février, Gambetta, qui ne se trouvait plus « en communion d'idées, ni d'espérances (2) » avec ses collègues, donnait sa démission. Le même jour, deux décrets signés par MM. Crémieux, Glais-Bizoin, Fourichon, Pelletan, Garnier-Pagès et Jules Simon, nommaient M. Emmanuel Arago, Ministre de l'Intérieur et Ministre de la Guerre par intérim (3).

Le départ de Gambetta eut pour conséquence la démission de M. de Freycinet du poste de délégué à la Guerre (4).

---

tobre 1870, le général Lefort avait été promu général de division. Le mauvais état de sa santé ne lui permettant pas d'exercer un commandement actif à l'armée, il fut nommé, sur sa demande, le 14 octobre, commandant de la 13ᵉ division militaire à Bayonne, où, en raison du nombre des dépôts qui se trouvaient dans la division, il savait pouvoir rendre encore d'utiles services (*Ibid.*).

(1) Le départ de M. Jules Simon fut décidé le 29 janvier; celui de MM. Garnier-Pagès, Arago et Pelletan, le 4 février (*Procès-verbaux des séances du Conseil*, loc. cit., p. 623 et 658).
(2) *Procès-verbaux des séances du Conseil*, loc. cit., p. 671.
(3) *M. U.* du 8 février 1871.
(4) *M. U.* du 11 février 1871.

Le 10 février, le général Le Flô arrivait à Bordeaux et reprenait la direction de son ministère (1).

Le 12 février, l'Assemblée nationale ouvrait ses séances. Le 13, M. Jules Favre déposait entre les mains des Représentants du pays les pouvoirs du Gouvernement de la Défense nationale, dont les membres restaient cependant à leur poste jusqu'à ce qu'ils fussent régulièrement relevés. Les Ministres remettaient également leurs démissions et continuaient à assurer l'expédition des affaires courantes jusqu'à la désignation de leurs successeurs (2).

Le 17 février, l'Assemblée nationale nommait M. Thiers chef du Pouvoir exécutif de la République française. Il devait exercer ses fonctions avec le concours de Ministres choisis et présidés par lui. Le général Le Flô continua à faire partie, comme Ministre de la Guerre, du Conseil des Ministres qui, le 19, se présentait devant l'Assemblée (3).

---

(1) *M. U.* du 11 février 1871.
(2) *Supplément au Moniteur universel* du 15 février 1871.
(3) *Supplément au Moniteur universel* des 19 et 21 février 1871.

CHAPITRE II

La délégation du ministère de la Guerre à Tours et à Bordeaux.

§ 1ᵉʳ. — *L'administration centrale.*

En 1870, l'organisation de l'administration centrale du ministère de la Guerre était la suivante :

Cabinet du Ministre : Ouverture, enregistrement et départ des dépêches, communications avec les journaux, affaires réservées et secrètes, etc.

1ʳᵉ direction : Correspondance générale, opérations militaires, états-majors, écoles militaires, recrutement, justice militaire. — 4 bureaux.

2ᵉ direction : Infanterie, garde nationale mobile. — 2 bureaux.

3ᵉ direction : Cavalerie, remontes, gendarmerie. — 3 bureaux.

4ᵉ direction : Artillerie. — 2 bureaux.

5ᵉ direction : Génie. — 2 bureaux.

6ᵉ direction : Intendance militaire, services administratifs, troupes d'administration, personnel des officiers de santé, solde. — 5 bureaux.

7ᵉ direction : Dépôt de la Guerre (archives et travaux historiques, géodésie, topographie). — 2 bureaux.

8ᵉ direction : Comptabilité générale, pensions et secours, service intérieur, archives, liquidation de la dotation de l'armée. — 7 bureaux.

Service de l'Algérie au ministère de la Guerre.

Aumônerie militaire.

Il y avait, en outre, un certain nombre de comités et commissions (1).

On sait que le Ministre de la Guerre commença, le 8 septembre, à envisager le transfert en province d'une partie de ses services (2). La portion du personnel appelée à assurer l'expédition des affaires hors de Paris fut désignée conformément aux indications du général Le Flô ; un arrêté du 11 septembre en fixa la composition.

Au dernier moment des changements de peu d'importance se produisirent, et la délégation du ministère de la Guerre qui, le 13 septembre, partit de Paris pour Tours, comprenait un total de 57 officiers, fonctionnaires ou employés de tous grades et 6 agents secondaires (3).

Le général Lefort avait la direction supérieure de tous les services détachés, avec le titre de secrétaire général

---

(1) *Annuaire militaire de l'Empire français pour l'année 1870*, p. 5 et suiv. — D'après l'État général du personnel et des traitements annuels des chefs et commis des bureaux de l'administration centrale du ministère de la Guerre à la fin du mois de septembre 1870 (Archives du Service intérieur du ministère de la Guerre), l'effectif budgétaire des directeurs, chefs et commis était de 15 pour le cabinet du Ministre, 59 pour la 1re direction, 27 pour la 2e, 36 pour la 3e, 22 pour la 4e, 12 pour la 5e, 95 pour la 6e, 62 pour la 7e, et 101 pour la 8e, soit un total de 429 directeurs, chefs et commis de tous grades.

Un certain nombre d'officiers généraux et supérieurs faisaient partie du cadre de l'Administration centrale soit comme directeurs, soit comme chefs de bureaux. En outre, plusieurs officiers et gardes d'artillerie et du génie étaient détachés aux 4e et 5e directions, comme personnel auxiliaire.

Le personnel affecté au Service de l'Algérie au ministère de la Guerre et à l'aumônerie militaire ne figure pas sur l'État général du personnel de l'administration centrale mentionné ci-dessus. Sur un tableau synoptique de la fonction de chacun des employés détachés à Tours, qui lui est annexé, on trouve à côté du nom du fonctionnaire détaché par le Service de l'Algérie, la rubrique : Ministère de l'Intérieur.

(2) *La Guerre de 1870-71. L'Investissement de Paris*, t. I, p. 22 et suiv.

(3) Renseignements recueillis aux Archives du Service intérieur.

de la Guerre (1). Deux fonctionnaires civils de l'administration centrale, pris l'un au cabinet du Ministre, l'autre à la 5e direction, formèrent son cabinet particulier. Près de lui également fonctionnait un bureau chargé de l'enregistrement des dépêches et comprenant deux employés civils fournis par le personnel du cabinet du Ministre.

En même temps, le général Lefort avait immédiatement sous ses ordres les 1re, 2e et 3e directions. Seul officier pour diriger et centraliser les importants services de la correspondance générale, des opérations militaires, du recrutement, de l'infanterie, de la garde nationale mobile, de la cavalerie et de la remonte, il ne disposait pour ces différentes branches que de 17 employés de tous grades.

Le général Véronique, directeur de la 5e direction, réunissait sous ses ordres les 4e et 5e directions (artillerie et génie). Le lieutenant-colonel Thoumas, chef du bureau du matériel de l'artillerie, était le chef de la fraction de la 4e direction envoyée à Tours. Il emmenait avec lui le chef d'escadron chef du bureau du personnel et 2 employés civils, auxquels on adjoignit 1 chef d'escadron et 4 gardes d'artillerie. Quant à la direction du génie, elle était représentée, en dehors de son directeur, par 1 chef de bureau du grade de chef de bataillon et par 2 gardes du génie.

Les 6e et 8e directions, ainsi que le service de l'Algérie, étaient groupées sous les ordres du sous-intendant militaire Audemard, directeur adjoint de la 6e direction. 16 employés seulement, appartenant aux bureaux chargés des divers services de l'intendance, furent envoyés à Tours : 5 étaient affectés au bureau des subsistances,

---

(1) Circulaire du Ministre de la Guerre aux Généraux commandant les divisions et subdivisions territoriales et actives, aux Préfets des départements, etc....., Paris, 15 septembre.

3 à celui de l'habillement et du campement, 3 à celui des hôpitaux. La 8ᵉ direction ne détacha que 5 employés sur 101.

Comme agents secondaires, 2 huissiers et 4 garçons de bureau furent jugés suffisants, les services appelés à fonctionner hors de Paris devant rester très groupés (1).

Avec les militaires de tous grades détachés comme auxiliaires, la fraction du ministère de la Guerre envoyée en province comprenait environ 57 agents, c'est-à-dire à peu près le quart du personnel du temps de paix (2). De plus, les dossiers, les archives, les cartes étaient restés à Paris. C'est à peine si l'on possédait à Tours

---

(1) D'après les Archives du Service intérieur, il semble que les propositions des diverses directions concernant le personnel à envoyer hors Paris, avaient été beaucoup plus larges que les désignations qui furent définitivement adoptées.

La 1ʳᵉ direction était d'avis d'envoyer avec le directeur ou le sous-directeur, 23 agents, savoir : 8 pour la correspondance générale, 4 pour le bureau des états-majors, 7 pour le recrutement, 4 pour la justice militaire.

La 2ᵉ direction estimait que 5 ou 6 agents étaient nécessaires pour chacun des bureaux de l'infanterie et de la garde nationale mobile.

Le général Lefort offrait de partager le personnel de la 3ᵉ direction par moitié entre Paris et la province.

Le 4ᵉ direction avait désigné 11 agents du personnel de l'administration centrale ou du personnel auxiliaire, dont 8 pour le bureau du matériel.

La 5ᵉ direction réclamait 5 agents et la 8ᵉ direction, 8.

Aucun renseignement n'a été retrouvé concernant la 6ᵉ direction.

Le nombre des garçons de bureau fut de même réduit de 6 à 4.

(2) État du personnel de l'administration centrale du ministère de la Guerre parti de Paris le 13 septembre (Archives du Service intérieur). Ces 57 agents se décomposaient en 13 militaires (officiers, assimilés et sous-officiers) dont 6 appartenant au personnel auxiliaire, et 44 chefs de bureau, sous-chefs, commis, etc.

D'après un autre document retrouvé dans les Archives du Service intérieur, le ministère comptait, avant le départ pour Tours, 429 directeurs, chefs et commis de tous grades et 14 surnuméraires. Après le

les pièces indispensables pour organiser le service et pour permettre d'établir la situation des ressources disponibles (1).

C'est avec un personnel aussi restreint et dans des conditions aussi défectueuses que la délégation du Gouvernement de la Défense nationale en province dut entreprendre la charge écrasante de constituer et de réunir des forces actives, d'assurer la défense de la fraction du territoire où l'ennemi n'avait pas encore pénétré, de diriger la fabrication des armes et des munitions, de passer des marchés et de prendre les mesures nécessaires pour procurer en toute hâte vivres, effets, équipement, harnachement.

Ce fut seulement le 12 septembre que le préfet de Tours fut avisé d'avoir à préparer l'installation de la délégation du ministère de la Guerre, dont les détails devaient être réglés de concert avec un fonctionnaire de l'administration centrale (2). Une partie de l'hôtel du maréchal commandant le corps d'armée (3) fut attribuée

---

départ du 13 septembre, il ne serait plus resté que 382 directeurs, chefs, etc., et 14 surnuméraires. 47 personnes sur 429 appartenant aux cadres de l'administration centrale auraient donc été envoyées à Tours.

(1) De Freycinet, *loc. cit.*, p. 12 et suiv. ; Général Thoumas, *loc. cit.*, p. 52-53.

(2) Le Ministre de la Guerre au Préfet d'Indre-et-Loire, à Tours, Paris, 12 septembre.

(3) Par décision impériale du 17 août 1859, le territoire de la France et de l'Algérie avait été divisé en sept grands commandements : 1er corps d'armée à Paris, comprenant les 1re et 2e divisions militaires; 2e corps à Lille (3e et 4e divisions) ; 3e corps à Nancy (5e, 6e et 7e divisions) ; 4e corps à Lyon (8e, 9e, 10e, 17e, 20e et 22e divisions) ; 5e corps à Tours (15e, 16e, 18e, 19e et 21e divisions) ; 6e corps à Toulouse (11e, 12e, 13e et 14e divisions) ; 7e corps à Alger (les divisions militaires de l'Algérie). Une circulaire du 23 juillet 1870 supprima les 2e 3e et 5e corps d'armée et prescrivit que les 1er, 4e, 6e et 7e prendraient les numéros 8e, 9e, 10e et 11e.

aux bureaux de la Guerre, dont le personnel et les bagages administratifs arrivèrent le 13 septembre dans l'après-midi (1).

Le 17 septembre, l'amiral Fourichon débarquait à Tours et prenait les fonctions de Ministre de la Guerre par intérim.

Il a été impossible de retrouver trace des mesures de détail prises pour l'installation et le fonctionnement de la délégation du ministère de la Guerre (2). Aucune modification importante ne semble avoir été apportée à son organisation jusqu'au 12 octobre, date à laquelle le général Lefort quitta les fonctions de secrétaire général. Une vingtaine de secrétaires, pris dans une section de commis aux écritures de l'intendance ou dans la garde nationale mobile, furent simplement répartis entre les divers bureaux et, à la date du 22 septembre, le colonel d'état-major de Loverdo fut appelé à Tours pour y prendre les fonctions de directeur adjoint à la 1re direction (3). Il était plus spécialement chargé des états-

---

(1) La compagnie d'Orléans remit au ministère de la Guerre 152 billets. 142 furent utilisés par les fonctionnaires et employés et leurs familles.

Le poids des colis expédiés à Tours pour la portion du ministère détachée s'éleva à 4,741 kilogrammes.

Le départ de Paris eut lieu le 13 septembre à 10 h. 45 du matin et l'arrivée à Tours le même jour vers 4 heures du soir (Archives du Service intérieur).

(2) Général Thoumas, *loc. cit.*, p. 51-59.

(3) Archives du Service intérieur; le Général commandant le 15e corps au colonel de Loverdo, Vierzon, D. T., Tours, 22 septembre. — Le colonel de Loverdo était, depuis le 15 mars 1870, chef d'état-major de la 11e division militaire à Perpignan. Le 17 septembre, il reçut l'ordre de se rendre à Paris en passant par Tours, où il arriva le 19. Retenu à Tours par le Ministre de la Guerre, il fut mis à la disposition du général commandant le 15e corps, qui, le 20 septembre, l'affecta à la 3e division d'infanterie de ce corps d'armée à Vierzon. Il rejoignit

majors, de la correspondance générale et des opérations militaires (1).

Quand M. de Freycinet prit, le 11 octobre, les fonctions de délégué à la Guerre, il songea tout d'abord à réorganiser les services de la fraction de l'administration centrale établie à Tours. « Il était indispensable, d'une part, de les mettre en harmonie avec les grands efforts qui allaient leur être demandés, et, d'autre part, de créer plusieurs services nouveaux dont l'absence se faisait gravement sentir au moment des hostilités (2) ».

Mais le personnel faisait défaut ; on ne pouvait penser à utiliser des officiers, car la pénurie des cadres permettait à peine de suffire aux besoins sans cesse grandissants. « On s'adressa de divers côtés, et principalement aux catégories de personnes telles que les ingénieurs et les employés supérieurs des chemins de fer, qui, par leurs antécédents et leurs habitudes d'esprit, devaient se plier plus facilement à l'administration militaire (3) ».

Immédiatement après le départ du général Lefort, le secrétariat général fut remanié et « constitué séparément sur un très grand pied, sous le nom de cabinet du Ministre. Ce fut en réalité un vaste service central, chargé de la correspondance générale et du contrôle de tous les services, et qui, à ce titre, resta sous l'autorité directe du délégué (4) ». En dehors des deux fonctionnaires de l'administration centrale, qui, avec le général Lefort, constituaient le secrétariat général, le

---

son poste le 21 septembre, et le lendemain, était avisé de sa nomination au ministère de la Guerre.

(1) Rapport fait au Ministre de la Guerre par le secrétaire général, Tours, 22 septembre (Archives administratives du ministère de la Guerre).

(2) De Freycinet, *loc. cit.*, p. 16.

(3) *Ibid.*, p. 17.

(4) *Ibid.*, p. 18.

cabinet du Ministre de la Guerre comprit tout d'abord un chef de cabinet et cinq attachés, dont un seul officier du grade de chef d'escadron d'état-major. Un bureau spécial d'une dizaine de secrétaires lui était, en outre, adjoint (1).

Le bureau d'ouverture, d'enregistrement et de départ des dépêches, qui fonctionnait près du secrétariat général, fut scindé en deux sections rattachées au cabinet, l'une chargée de l'enregistrement et l'autre de l'envoi des documents et imprimés.

Le bureau du service intérieur, qui précédemment appartenait à la 8e direction, passa également au cabinet. Un bureau de renseignements sur les militaires tués, blessés, etc., y fut organisé (2).

Au fur et à mesure des nécessités du moment, M. de Freycinet fut en outre amené à organiser une série de services techniques ou de commissions spéciales. Les uns furent rattachés pour ordre au cabinet, comme par exemple le bureau des reconnaissances, l'inspection générale des transports, le génie civil, le comité d'étude des moyens de défense, le service des cartes, etc. D'autres, tels que le comité technique de l'artillerie, les commissions d'achat pour l'habillement et les subsistances, la commission de vérification des marchés, etc., fonctionnèrent près des bureaux auxquels leurs services

---

(1) Les documents retrouvés au ministère de la Guerre ne permettent pas d'établir d'une façon rigoureuse la composition initiale des diverses parties de la délégation du ministère de la Guerre créées ou réorganisées par M. de Freycinet. Il est impossible également de suivre exactement les changements qui se produisirent dans la composition ou la répartition du personnel.

(2) D'après un état retrouvé aux Archives du Service intérieur et portant la date du 5 décembre 1870, le cabinet du Ministre et les services annexés (enregistrement, service intérieur, renseignements sur les blessés, envois de documents divers) comptaient 44 personnes, pour lesquelles 18 pièces étaient nécessaires.

spéciaux se rapportaient, mais absolument en dehors d'eux. En réalité, tous ces services, comités ou commissions, dont, pour les plus importants, l'organisation et le rôle seront exposés à part, dépendaient directement du délégué au ministère de la Guerre (1).

Les 1re, 2e et 3e directions furent groupées sous les ordres d'un directeur par intérim, près de qui fut constitué un cabinet; le poste fut d'abord occupé par le colonel de Loverdo, nommé général de brigade le 14 octobre; puis, à partir du 26 décembre, par le général Haca (2).

---

(1) De Freycinet, *loc. cit.*, p. 18 et suivantes. — D'après l'état signalé ci-dessus, à la date du 5 décembre, les différents services accessoires comportaient déjà à Tours un personnel total de 24 personnes et occupaient 9 pièces. A Bordeaux, par suite de créations ou d'adjonctions nouvelles, ils furent encore développés.

Dans ces conditions, le cabinet occupa bientôt à Tours plus de place que n'en avait nécessité au début la délégation de la Guerre tout entière. L'hôtel du maréchal fut réservé au cabinet du délégué et aux services accessoires, et plusieurs maisons furent louées dans les environs pour y installer les différentes directions (De Freycinet, *loc. cit.*, p. 16 et 18; Général Thoumas, *loc. cit.*, p. 104).

(2) Voici, d'après l'état précité, le personnel affecté aux bureaux des 1re, 2e et 3e directions, ainsi que le nombre des pièces qui leur étaient nécessaires à la date du 5 décembre :

	Personnes.	Pièces.
Cabinet du général directeur des 1re, 2e et 3e directions...	11	4
Bureau de la correspondance générale. — Bureau des états-majors............................	8	3
Bureau du recrutement...........................	3	1
Bureau de la justice militaire...................	4	2
Bureau de l'infanterie............................	12	5
Bureau de la garde nationale mobile...........	6	2
Bureau de la cavalerie. — Bureau des remontes. — Bureau de la gendarmerie..................	12	3

Dans ces différents bureaux, le personnel de l'administration centrale venu de Paris fut, d'une façon générale, suffisant pour assurer le ser-

Un chef d'escadron d'état-major succéda au général de Loverdo dans les fonctions de directeur adjoint par intérim de la 1re direction, spécialement chargé des bureaux des états-majors et des écoles militaires, de la correspondance générale et des opérations militaires. Le 22 octobre, il était remplacé à son tour par le lieutenant-colonel Deshorties (1).

---

vice. Le fonctionnaire détaché de l'administration centrale pour le service de l'Algérie fut versé au bureau de la garde nationale mobile où il s'occupa des corps francs. Le 1er décembre, trois fonctionnaires civils du ministère de la Guerre, détachés au début de la campagne à l'armée de Metz, rejoignirent Tours. Deux furent affectés au bureau de l'infanterie et un au bureau de la cavalerie. Un adjudant d'administration de l'École de Saint-Cyr, qui était parvenu à s'échapper après l'occupation allemande, arriva à Tours vers le 17 octobre et fut employé au bureau des états-majors et des écoles. Le reste du personnel des bureaux tel qu'il est indiqué ci-dessus consistait en secrétaires, expéditionnaires, plantons, pris en presque totalité dans la garde nationale mobile.

Le général de Loverdo fut nommé directeur par intérim par décret du 14 octobre (*M. U.* du 17 octobre). Il fut relevé de ses fonctions le 26 décembre pour motif de santé (*M. U.* du 26 décembre). D'après une note établie par lui à la date du 11 octobre (Archives administratives), il aurait quitté son poste dans les circonstances suivantes : Pour renforcer les effectifs des régiments de ligne et de mobile, le général de Loverdo aurait non sans peine fait signer le 14 décembre à la délégation du Gouvernement de la Défense nationale des décrets qui autorisaient le Ministre de la Guerre à prendre des hommes dans la garde nationale mobilisée. Cette décision, qui avait provoqué dans les journaux de très vives attaques, aurait été suspendue peu après avoir reçu un commencement d'exécution. Le général de Loverdo aurait cru alors devoir donner sa démission.

Il fut remplacé par le général Haca, dont le cabinet se composait au commencement de février 1871 d'un chef d'escadron d'état-major, d'un capitaine d'infanterie de l'armée active et de deux officiers de l'armée auxiliaire (Archives du Service intérieur. Le général Haca resta en fonctions jusqu'au 15 mars 1871, c'est-à-dire jusqu'au moment où la délégation du ministère de la Guerre quitta Bordeaux.

(1) Le lieutenant-colonel Deshorties était depuis le 1er octobre 1870 sous-chef d'état-major du 16e corps d'armée, lorsqu'il fut appelé le

La direction de l'artillerie cessa de dépendre du général Véronique et fut placée sous les ordres du colonel Thoumas, qui prit le titre de directeur adjoint (1).

Les 6ᵉ et 8ᵉ directions furent l'objet de modifications plus importantes. Le 22 octobre, le sous-intendant Audemard était relevé de ses fonctions et « remplacé par un homme habitué au maniement des grandes masses, M. Férot, ancien chef du mouvement général des chemins de fer de l'Ouest, qui assuma la direction suprême. On lui adjoignit peu de temps après un autre fonctionnaire des chemins de fer, M. Lejeune, chargé sous ses ordres de surveiller l'ensemble (2) ».

M. Férot prit le titre de directeur du Service de l'intendance et de la comptabilité au ministère de la Guerre, et constitua près de lui un cabinet. Tout d'abord, l'organisation et la répartition des bureaux ne furent guère

---

18 octobre à la délégation du ministère de la Guerre à Tours. Le 20 octobre, il était nommé président de la Commission d'étude des moyens de défense [Décret du 20 octobre (*M. U.* du 22 octobre)]. Il conserva ces fonctions lorsqu'il fut nommé par décret du 22 octobre (*M. U.* du 25 octobre) directeur adjoint par intérim à la 1ʳᵉ direction détachée du ministère de la Guerre (Bureaux des états-majors, des écoles militaires, de la correspondance générale et des opérations militaires). Il y resta jusqu'au 11 décembre, date à laquelle il fut nommé chef d'état-major du 24ᵉ corps d'armée.

(1) En dehors du personnel venu de Paris, un chef d'escadron fut affecté au bureau du personnel de la direction de l'artillerie. Quant au bureau du matériel, il reçut un capitaine qui fut chargé du service des armes portatives.

Le 5 décembre, la direction de l'artillerie comptait 28 personnes et avait besoin de 10 pièces. Le chiffre du personnel ne paraît pas s'être augmenté à Bordeaux.

Quant à la direction du génie, son effectif, le 5 décembre, était de 6 personnes et 3 pièces lui suffisaient (Archives du Service intérieur).

Le lieutenant-colonel Thoumas fut nommé colonel le 7 octobre et général de brigade le 16 décembre, par M. de Freycinet, pour services exceptionnels.

(2) De Freycinet, *loc. cit.*, p. 35-36.

modifiées et l'on se contenta de renforcer le personnel. Puis, le 26 décembre, un décret institua une sous-direction spéciale pour les services médicaux, dans le but de donner aux médecins la direction technique des services médicaux de l'armée tout en les laissant sous le contrôle administratif et financier de l'intendance. Le docteur Robin, membre de l'Institut, était placé à la tête de cette sous-direction (1).

Enfin un décret du 4 janvier 1871 prescrivit que l'ancienne 6e direction serait partagée en un service central et quatre sous-directions, savoir :

1re sous-direction : intendance militaire, transports, solde et revues de comptabilité ;

2e sous-direction : subsistances militaires, chauffage ;

3e sous-direction : hôpitaux, invalides ;

4e sous-direction : habillement, lits militaires, campement.

Un arrêté ministériel fixait à la même date les attributions respectives du service central et de chacune des sous-directions.

M. Férot, nommé « directeur de l'administration (6e direction) », conservait provisoirement dans ses attributions la 8e direction. A la tête de chacune des 2e et 4e sous-directions était placé un sous-intendant militaire. Le docteur Robin, nommé chef de la 3e sous-direction, était maintenu dans les fonctions que lui avait conférées le décret du 26 décembre 1870 (2).

Par suite du travail considérable qu'ils étaient appelés à fournir et des transformations reconnues nécessaires pour la bonne exécution des services, les bureaux de la Guerre prirent donc peu à peu une extension de plus en

---

(1) *M. U.* du 29 décembre.
(2) *M. U.* du 9 janvier 1871. — Sur l'état du 5 décembre précité, on

plus grande. C'est ainsi que prévoyant, dès le 7 octobre, le tranfèrement de ses bureaux à Bordeaux, l'administration de la Guerre demanda au sous-intendant militaire de préparer des locaux pour une centaine de personnes (1). Mais un état établi le 5 décembre, quelques jours avant le départ pour Bordeaux, parlait déjà de 237 personnes pour lesquelles 80 pièces étaient nécessaires ; en réalité, le personnel transporté peu après de Tours à Bordeaux s'élevait à un total de 199 personnes (2). Enfin, le 5 février 1871, le nombre des militaires et civils employés à un titre quelconque à la délégation du ministère de la Guerre était de 394 (3).

Les événements, qui obligèrent la Ire armée de la Loire

---

trouve les chiffres suivants concernant les bureaux des 6e et 8e directions et le service de l'Algérie :

	Personnes.	Pièces.
Cabinet du directeur de la 6e direction	5	3
Bureau de l'intendance militaire	24	6
Bureau des subsistances militaires	8	3
Bureau des hôpitaux. — Bureau de l'habillement.	30	8
Bureau de la solde	4	2
Bureau du contrôle. — Bureau des fonds	7	3
Service de l'Algérie	1	1

(1) Le Ministre de la Guerre à l'Intendant militaire de la 14e division, à Bordeaux, Tours, 7 et 8 octobre.

(2) D'après un état établi le 13 avril 1872 pour le règlement à la compagnie d'Orléans du transport de la délégation du ministère de la Guerre de Tours à Bordeaux (Archives du Service intérieur).

Les 199 personnes transportées se décomposaient en 56 fonctionnaires, 42 employés, 10 agents secondaires, 19 officiers supérieurs, 22 officiers et 55 hommes de troupe (secrétaires, plantons, ordonnances).

(3) Enregistrement de la note établie par le chef du service intérieur pour envoyer la liste des électeurs appartenant à la délégation du ministère de la Guerre, Bordeaux, 5 février 1871 (Archives du Service intérieur).

D'après les minutes des listes établissant le droit électoral des

à évacuer Orléans et à se replier en deux fractions sur les deux rives du fleuve, déterminèrent la délégation du Gouvernement de la Défense nationale à transférer son

---

fonctionnaires et employés de la délégation du ministère de la Guerre, la composition numérique des différents bureaux et services était la suivante, le 3 février 187 :

Désignation des services.	Nombre des fonctionnaires, officiers et attachés de tous grades.	Nombre des employés, secrétaires, expéditionnaires, etc.	Nombre des plantons, garçons de bureaux, etc.
Cabinet du Ministre................	11	12	2
Enregistrement et envoi des dépêches.	2	10	6
Service intérieur et bureau des renseignements sur les militaires tués, blessés, etc..................	3	20	»
Directeur par intérim des 1re, 2e et 3e directions..................	5	1	3
Bureau de la correspondance générale et des opérations militaires.......	2	3	»
Bureau des états-majors et des écoles militaires......................	2	5	»
Bureau du recrutement.............	2	2	»
Bureau de la justice militaire.......	4	»	»
Bureau de l'infanterie.............	5	8	1
Bureau de la garde nationale mobile.	4	5	»
Directeur adjoint de la 3e direction. — Bureaux de la cavalerie, des remontes et de la gendarmerie.........	8	7	»
4e direction. Directeur adjoint, 1er et 2e bureaux.....................	12	14	3
5e direction. Direction, 1er et 2e bureaux.......................	6	3	2
Directeur des 6e et 8e direction. — Secrétariat de la 6e direction......	6	»	2
Bureau de l'intendance militaire....	6	12	»
Bureau des subsistances militaires...	6	5	2
Bureau des hôpitaux militaires......	7	8	3
Bureau de l'habillement	6	14	3
A reporter.........	97	129	27

siège à Bordeaux. Son but était de ne pas entraver les mouvements futurs des armées par des préoccupations politiques ou administratives (1).

La délégation du ministère de la Guerre quitta en conséquence Tours dans la nuit du 8 au 9 décembre. A Bor-

Désignation des services.	Nombre des fonctionnaires, etc.	Nombre des employés, etc.	Nombre des plantons, etc.
Report............	97	129	27
Bureau de la solde................	2	5	»
Bureau du contrôle et des fonds.....	3	4	»
Service de l'Algérie (pour mémoire)..	»	»	»
Bureau des reconnaissances.........	2	2	»
Génie civil.....................	7	5	»
Camps régionaux (aucun renseignement)........................	»	»	»
Prévôté civile...................	6	1	»
Prévôté militaire.................	1	31	»
Presse française.................	2	»	1
Presse étrangère.................	5	»	»
Comité technique d'artillerie........	3	1	1
Commission d'étude des moyens de défense......................	7	5	1
Inspection principale des transports..	8	2	»
Commission d'achat pour l'habillement, l'équipement et le campement.	5	9	3
Commission d'achat pour les subsistances........................	10	2	2
Commission de vérification des marchés.........................	17	»	»
Conseil de santé des armées,.......	6	2	»
TOTAL...............	181	198	35

En ajoutant à ces chiffres 8 agents secondaires, on arrive à un total différent de celui de 394 donné par le chef du Service intérieur. Plusieurs noms ont été ajoutés au crayon sur les minutes, qui de plus ne fournissent aucune indication sur la fonction remplie par un certain nombre d'agents. Le tableau ci-dessus ne donne donc qu'une idée approximative de la composition numérique des bureaux et services.

(1) *M. U.* du 10 décembre.

deaux, le cabinet du délégué à la Guerre, les services qui dépendaient directement de lui, ainsi que le général de Loverdo et les directions de l'infanterie et de la cavalerie s'installèrent à l'Hôtel de ville. Une partie de l'hôtel de la division militaire situé à proximité fut affectée à la direction de l'artillerie (1).

Dans sa séance du 10 mars 1871, l'Assemblée nationale, sur la proposition de M. Thiers, vota le transport de son siège à Versailles (2). Les délégations des différentes administrations publiques quittèrent alors Bordeaux pour retourner à Paris, mais les événements de la Commune les forcèrent à une nouvelle installation de fortune à Versailles (3).

§ 2. — *Bureau des renseignements sur les militaires tués, blessés, etc.*

La majorité des officiers généraux et des chefs de corps et de service avait perdu de vue les prescriptions concernant les renseignements à fournir sur les militaires tués, blessés, prisonniers ou disparus (4). Le Ministre de la

---

(1) Général Thoumas, *loc. cit.*, p. 200.
(2) Supplément au *Moniteur universel* du 12 mars 1871.
(3) D'après le général Thoumas (*loc. cit.*, p. 259), le général Le Flô partit de Bordeaux le 15 mars. Les différents fonctionnaires et employés civils ou militaires de la délégation du ministère de la Guerre, au nombre de 80, quittèrent Bordeaux entre le 7 et le 16 mars 1871 (Archives du Service intérieur).
(4) Par une circulaire du 15 juillet (*J. M. O.*, 2ᵉ semestre 1870, p. 281), le Ministre avait rappelé aux chefs de corps ou de fractions de corps, faisant partie de l'armée du Rhin, combien il était important pour le département de la Guerre, dans l'intérêt du service et des familles, d'être promptement tenu au courant des mutations qui pourraient survenir au cours de la campagne. Il envoyait en même temps les imprimés nécessaires pour qu'après chaque affaire, les chefs de corps

Guerre se trouvait ainsi dans l'impossibilité de rassurer les familles sur le sort des militaires qui les intéressaient.

Une circulaire du 10 novembre (1) ordonna aux chefs de corps, tant de l'armée régulière que de l'armée auxiliaire, d'informer directement le Ministre tous les quinze jours des mutations résultant des événements de guerre au moyen d'états nominatifs indiquant la date et le lieu de l'événement ainsi que toutes les circonstances susceptibles de calmer l'inquiétude des parents : nature et gravité des blessures, disparition ou capture par l'ennemi, etc.

En outre, les mutations qui s'étaient produites depuis le commencement de la campagne devaient être portées sur un état spécial qui serait transmis au Ministre dans les dix jours.

Un bureau spécial, dépendant du cabinet du délégué à la Guerre, était en même temps organisé à la délégation du ministère. A la fin de la campagne, il comprenait treize employés, presque tous mobiles ou mobilisés.

§ 3. — *Service des renseignements : Bureau des reconnaissances. Prévôtés civile et militaire. Bureau de la presse.*

Aussitôt après son arrivée à Tours avec la délégation du Gouvernement de la Défense nationale, M. Steenackers, directeur des lignes télégraphiques, avait organisé avec

---

puissent lui envoyer des états : 1° pour les tués ou blessés ; 2° pour les militaires tombés au pouvoir de l'ennemi ; 3° pour les militaires disparus ; 4° pour rectifier ou compléter les renseignements fournis antérieurement.

(1) *M. U.* du 12 novembre.
Un rappel semblable fut envoyé le 16 janvier 1871 par le général Le Flô, Ministre de la Guerre, aux officiers généraux, intendants et chefs de corps ou de service de l'armée chargée de défendre Paris.

les ressources de son administration un réseau de postes d'observation, pour signaler les mouvements de l'ennemi, s'il se dirigeait de Paris vers le bassin de la Loire. Ces postes devaient être disposés sur quatre lignes concentriques, distantes d'environ 60 kilomètres, de manière à surveiller les voies principales. La première ligne passait par Rambouillet, Dourdan, Étampes et Malesherbes ; la deuxième par Dreux, Chartres, Voves, Pithiviers et Montargis ; la troisième par Mortagne, Nogent-le-Rotrou, Brou, Châteaudun, Orléans, Sully et Gien ; et enfin la quatrième par Fresnay-le-Vicomte, Le Mans, Saint-Calais, Vendôme, Blois, Romorantin, Vierzon et Sancerre.

Les employés devaient se tenir jour et nuit à la disposition des autorités, pour transmettre les dépêches ; deux fois par jour, à heure fixe, et plus souvent s'il y avait lieu, ils devaient envoyer d'office les renseignements qu'ils avaient pu recueillir eux-mêmes.

Les deux premières lignes seulement furent constituées le 18 septembre. Les deux autres commenceraient successivement à fonctionner lorsque l'ennemi atteindrait la première, puis la seconde (1).

Cette organisation était évidemment insuffisante ; elle ne concernait qu'une partie du territoire et ne pouvait donner que des renseignements vagues et incomplets. Aussi, vers le 18 octobre, le délégué du Ministre de la Guerre instituait dans son cabinet une commission de trois membres qui fut chargée d'établir un service de renseignements sur les effectifs et les mouvements de l'ennemi (2).

---

(1) F. F. Steenackers, *Les Télégraphes et les Postes pendant la guerre de 1870-71*, p. 71-72.

(2) Service des reconnaissances, aperçu sommaire des opérations entreprises pendant la période du 18 octobre 1870 au 7 février 1871, Bordeaux, 20 février 1871.

Ce fut le colonel de gendarmerie Lefebvre-Desnoëttes qui fut chargé

Peu après, une circulaire du 24 octobre (1) prescrivait aux maires d'envoyer sur tous les points où la présence de l'ennemi serait signalée, des émissaires qui observeraient la composition et l'importance des colonnes ennemies, leur itinéraire, les endroits d'où elles partaient et ceux sur lesquels elles paraissaient se diriger, la durée de leur stationnement, enfin toutes les particularités, si minimes et si peu intéressantes qu'elles pussent paraître. Ces indications étaient transmises chaque jour aux sous-préfets par la voie la plus rapide (2).

Les sous-préfets étaient chargés de résumer les renseignements recueillis par les maires et de les transmettre à la fois au Ministre de la Guerre et aux préfets, soit par dépêche soit par exprès, avec leur appréciation sur le degré de confiance qu'il convenait de leur accorder. Pour contrôler les indications qui leur étaient fournies, les sous-préfets devaient d'ailleurs recourir à des émissaires spéciaux et, au besoin, provoquer la formation de comités d'arrondissement.

De leur côté, les préfets devaient adresser au Ministre les renseignements qu'ils auraient pu se procurer directement et ils étaient tenus de communiquer la totalité des nouvelles qui leur parvenaient aux généraux commandant les départements.

Pour accélérer l'envoi des informations au Ministre de la Guerre, on ne devait pas hésiter du reste à négliger les transmissions hiérarchiques.

---

d'organiser ce service, dont il conserva la direction jusqu'au 7 décembre, date à laquelle il prit le commandement de la subdivision de la Haute-Garonne (Archives administratives).

(1) *M. U.* du 29 octobre.

(2) Il était recommandé aux maires d'utiliser, soit comme agents d'observation soit comme agents de transmission, les facteurs ou autres employés des postes, les cantonniers, les gendarmes et aussi tous les habitants qui mettraient au service du pays leur intelligence et leur dévouement.

En même temps, les ingénieurs des départements limitrophes de la zone occupée par l'envahisseur étaient invités à concourir, avec les agents sous leurs ordres, au service des renseignements. La commission envoyait aussi de son côté des agents spéciaux pour élucider certains points qu'il était intéressant de mieux préciser. Enfin, les interrogatoires des prisonniers, dont plusieurs furent convoqués à Tours même (1), et les nouvelles publiées par la presse étrangère venaient compléter ces éléments d'information.

Chaque jour les renseignements recueillis étaient résumés dans un rapport adressé au Ministre de la Guerre avec une carte sur laquelle étaient reportés les emplacements occupés par les forces ennemies que l'on avait pu relever exactement (2).

Le 12 décembre, la commission chargée du service des renseignements fut remplacée par un bureau spécial relevant du chef du cabinet du délégué à la Guerre (3). Ce *bureau des reconnaissances* voyait peu à peu ses attributions s'augmenter et lorsqu'il fut supprimé, le 12 février 1871, il comprenait, en dehors du service des

---

(1) Le Ministre de la Guerre au Général commandant à Blois, Tours, 18 octobre.

(2) Services des reconnaissances, aperçu sommaire, etc.; De Freycinet, *loc. cit.*, p. 25-27.
Le 25 novembre, le Ministre de l'Intérieur et de la Guerre prescrivait à son délégué à la Guerre de préparer un décret ouvrant un crédit de 300,000 francs pour parer aux dépenses nécessitées par les recherches sur les mouvements de l'ennemi. D'autre part, M. de Freycinet déclare qu'une somme de 750,000 francs fut mise à sa disposition pour allouer des fonds secrets aux généraux (*loc., cit.* p. 25).

(3) Arrêté du 13 décembre. Cet arrêté nommait chef du bureau des reconnaissances M. Cuvinot, ingénieur des ponts et chaussées. C'est également ce fonctionnaire que M. de Freycinet indique comme chef du bureau dans son livre *La guerre en province*. — D'après un état donnant la composition des différents bureaux de la délégation du ministère de la Guerre à la date du 3 février 1871, le bureau des

reconnaissances proprement dit, plusieurs bureaux chargés de la presse étrangère, des prévôtés civile et militaire, de l'évacuation des approvisionnements de toute nature devant l'ennemi, de l'appel des contingents dans les départements envahis, de la destruction des lignes télégraphiques et des voies ferrées utilisées par l'ennemi et enfin de l'ordonnancement des dépenses pour fournitures de dynamite sur demande faite par les commandants de corps d'armée (1).

Le 15 décembre, une circulaire avisait les généraux commandant les troupes d'opérations de l'organisation et du fonctionnement du bureau des reconnaissances qui venait d'être organisé à la délégation du ministère de la Guerre (2). Cette circulaire instituait en même temps, à l'état-major de chaque corps d'armée en campagne, un service spécial, chargé de recevoir du bureau des reconnaissances de Tours les documents concernant l'ensemble des opérations de l'ennemi et de lui transmettre

---

reconnaissances proprement dit se composait à cette date, en dehors de M. Cuvinot, de M. Amilhau, ancien magistrat, et de deux conducteurs des ponts et chaussées dessinateurs.

Un autre état *sans date*, mais probbalement de la fin de novembre, donne pour le bureau des reconnaissances la composition suivante : président : le colonel de gendarmerie Lefebvre-Desnoëttes ; membres : M. Amilhau, ancien magistrat, MM. Cuvinot, Sadi-Carnot, Descombes, Bouffet, ingénieurs des ponts et chaussées ; employé : M. Depeyre, étudiant en droit, garde mobile. Cette composition semble être restée à l'état de projet. MM. Sadi-Carnot et Descombes furent en effet employés ultérieurement au bureau topographique (de Freycinet, *loc. cit.*, p. 24). Sur l'état précité du 3 février, M. Descombes figure comme membre de la Commission d'étude des moyens de défense, et M. Depeyre, comme chargé des dépêches au cabinet du Ministre.

Ces indications ne sont données que pour montrer les ressources utilisées par la délégation du Gouvernement de la Défense nationale pour improviser tous les services qu'elle mit sur pied.

(1) Service des reconnaissances, aperçu sommaire, etc. ; Note relative à la suppression du bureau des reconnaissances, Bordeaux, 12 février 1871.

(2) *M. U.* du 17 décembre.

tous les renseignements que, de son côté, il aurait pu réunir. Un officier d'état-major ou un ingénieur, ayant sous ses ordres les interprètes du corps d'armée, devait diriger ce service et présenter chaque jour à son commandant de corps un résumé de la situation.

Peu après, le 31 décembre, le bureau des reconnaissances adressait aux autorités militaires une série de documents qu'il venait d'établir. C'était d'abord un état complet des forces allemandes occupant à cette date un point quelconque du territoire français. Cet état était établi par corps d'armée, par division d'infanterie opérant isolément, par division de cavalerie et par division de landwehr ; il donnait les noms des commandants de corps d'armée et de leur chef d'état-major, ainsi que ceux des généraux commandant les divisions et les brigades, les numéros des régiments entrant dans la composition de chaque division, avec le nombre des bataillons, des escadrons et des batteries. A cet état étaient joints un tableau de répartition des forces allemandes entre les différentes armées et une liste des régiments d'infanterie, de cavalerie et de landwehr avec l'indication des divisions auxquelles ils étaient affectés.

Le bureau des reconnaissances envoyait en même temps, pour être remis aux interprètes des corps d'armée, une instruction pratique sur la façon de procéder à l'interrogatoire des prisonniers et une description sommaire des uniformes de l'armée allemande.

Ces différents documents permettaient donc de contrôler et de vérifier les renseignements plus ou moins vagues fournis par les émissaires ou recueillis près des prisonniers, et d'en déduire la composition et la force approximative des grosses unités que l'on pouvait avoir devant soi (1).

---

(1) Parmi les documents envoyés le 31 décembre par le bureau

Comme la plupart des services nouveaux créés par la délégation de la Défense nationale en province, le service des renseignements souffrit de son organisation hâtive et improvisée, et l'on n'obtint pas les résultats que l'on pouvait escompter. Les renseignements fournis par l'intermédiaire des autorités administratives manquaient souvent d'exactitude et de précision ; néanmoins, leur groupement permettait de se faire une idée assez exacte des emplacements et des mouvements de l'ennemi. Mais malgré toutes les précautions prises, les opérations des émissaires spéciaux, envoyés par le bureau des reconnaissances, étaient souvent gênées par nos propres troupes qui, hantées par la crainte de l'espionnage allemand, n'accordaient aucune créance aux commissions les plus régulières et arrêtaient ces agents. D'autre part, le service spécial de renseignements, organisé dans chaque corps d'armée par la circulaire du 15 décembre, fonctionna très irrégulièrement. Les officiers détachés à ce service furent employés à d'autres missions ; ils n'étaient pas à même de reconnaître les émissaires du service central et il n'y eut jamais entre les corps d'armée et le bureau central cet échange continu de correspondances qui pouvait seul assurer le fonctionnement du service. Enfin, les interrogatoires des prisonniers se faisaient sans aucun esprit de suite et les indications qu'ils fournissaient n'étaient presque jamais transmises à Tours (1).

---

des reconnaissances se trouvait aussi un état des effectifs normaux de l'armée allemande. Cet état n'était envoyé qu'à titre de renseignement, car il était bien spécifié, au contraire, que les compagnies d'infanterie allemande paraissaient réduites à 110 ou 115 hommes et quelquefois moins. Le bureau des reconnaissances se déclarait incapable de fournir en temps utile, des renseignements à ce sujet, et il laissait à chacun des généraux commandant de corps d'armée le soin de rechercher l'effectif des troupes ennemies qui lui étaient directement opposées.

(1) Service des reconnaissances, aperçu sommaire, etc. — D'autre

Vers la fin du mois de décembre, le bureau des reconnaissances crut devoir provoquer la formation de corps spéciaux d'éclaireurs, destinés à opérer en avant des lignes et surtout dans les régions qui échappaient à la surveillance immédiate des armées constituées, dont ils étaient indépendants.

L'un de ces corps fut le *corps des cavaliers détachés ;* il devait comprendre deux escadrons de 150 hommes chacun, dont 50 goumiers montés de la province de Constantine et 100 cavaliers pris dans le dépôt de Tarbes ou dans un dépôt voisin. Ce corps, organisé à Bayonne, ne fut jamais complètement constitué ; à la fin de la campagne, on trouve seulement dans la région d'Alençon un escadron formé de hussards, de chasseurs et de goumiers, fort de 15 officiers et 89 hommes.

D'après le décret d'organisation, le corps des cavaliers détachés relevait du général commandant la subdivision du Mans et devait agir dans les départements de la Sarthe, de l'Orne, de l'Eure, d'Eure-et-Loir, de Seine-et-Oise et du Loiret. Sa mission était « d'éclairer les avant-postes de l'armée française, de recueillir tous les renseignements possibles sur la position et les forces ennemies et d'indiquer les coups de main qu'il conviendrait de tenter sur les postes ou corps isolés peu nombreux ». Les renseignements devaient être obtenus au

---

part, M. de Freycinet dit au sujet du service chargé de recueillir des renseignements sur l'ennemi : « Je ne pense pas.... que, même sous l'Empire, on se fût occupé d'organiser ces informations d'une manière systématique. Quand nous arrivâmes au ministère, rien de semblable n'existait, et il n'y avait même pas un budget de dépenses prévu pour ce chapitre. Les habitudes à cet égard étaient tellement éloignées de ce genre d'investigations, que ce n'a pas été une de nos moindres peines d'amener les généraux à dépenser les fonds secrets qui leur furent alloués dans ce but. C'est au point qu'ayant fait rendre un décret pour une première somme de 750,000 francs, je n'ai pu, malgré tous mes efforts en dépenser 300,000 » (*loc. cit.*, p. 25).

Défense nat. — I. 3

moyen de « stations volantes » établies à proximité de l'ennemi, puis centralisés dans une « station principale ». Ils devaient être communiqués aux chefs des corps de troupes les plus voisins en même temps qu'au Ministre de la Guerre (1).

Un autre corps d'éclaireurs fut organisé dans la région d'Auxerre sous le nom d'*éclaireurs-flanqueurs de l'armée régulière*. Il comprenait un bataillon composé d'environ 300 hommes d'infanterie de ligne et un peloton de cavalerie légère d'une cinquantaine de cavaliers. En dehors des renseignements qu'il devait fournir au bureau des reconnaissances, ce détachement avait pour mission de se porter sur les communications de l'ennemi, en se faisant appuyer au besoin par les forces locales (2).

Lorsque l'organisation de ces corps spéciaux d'éclaireurs fut décidée, la II⁰ armée de la Loire était réunie autour du Mans, pendant que l'armée du général Bourbaki manœuvrait dans l'Est. Il semble donc, d'après les régions où ils furent appelés à opérer, qu'ils étaient

---

(1) Décret du 7 janvier 1871 (*M. U.* du 10 janvier 1871); Service des reconnaissances, aperçu sommaire, etc. — D'après le décret d'organisation, le cadre des officiers ne devait comprendre pour l'ensemble du corps que : 1 chef d'escadrons, 2 capitaines-commandants, 2 capitaines en second, 4 lieutenants et 4 sous-lieutenants, soit un total de 13 officiers.

Le commandant du corps des cavaliers détachés était le chef d'escadrons de Kerdoël. Cet officier n'appartenait pas à l'armée régulière.

(2) Service des reconnaissances, aperçu sommaire, etc. — D'après les renseignements recueillis aux Archives administratives, la création du corps d'*éclaireurs-flanqueurs de l'armée régulière* ou de *tirailleurs de l'armée régulière* fut décidée le 1ᵉʳ janvier 1871. Placé sous le commandement du commandant Odoul, ce corps, au moment de son licenciement, le 16 mars 1871, comprenait comme officiers 5 capitaines et 4 sous-lieutenants et comme troupes un bataillon d'infanterie de 309 hommes et un peloton de cavalerie légère de 49 cavaliers.

Les feuilles de journée du 4ᵉ de ligne signalent que la 7ᵉ compagnie de marche de ce régiment quitta le dépôt le 6 janvier 1871, pour se rendre à Bordeaux, où elle devait concourir à la formation du 78ᵉ de

destinés, comme on se le proposait, à surprendre les mouvements importants que les Allemands pourraient être amenés à exécuter au Sud de Paris, dans la région Tonnerre, Sens, Montargis et Chartres, pour diriger des forces sur l'un ou l'autre des deux théâtres d'opérations.

Si réservée que pût être la presse allemande, elle était cependant toujours à même de fournir de précieuses indications sur l'organisation et les ressources des forces ennemies. Les journaux autrichiens, anglais, italiens et suisses pouvaient aussi être consultés avec fruit. Dès la fin d'octobre, un bureau de la presse étrangère commençait à fonctionner près du cabinet du délégué à la Guerre. Le personnel attaché à ce bureau fut toujours très restreint ; à la fin de la campagne il n'était que de cinq employés (1).

Les prévôtés civile et militaire, rattachées au bureau des reconnaissances, avaient pour mission de rechercher

---

marche ; mais, par suite de nouveaux ordres, les officiers seuls restèrent à ce corps. Les sous-officiers et soldats furent ramenés à Nevers, et, sous le titre de corps de flanqueurs de l'armée régulière, mis à la disposition du chef de bataillon Odoul, commandant supérieur de ce corps.

Enfin, le rapport du commandant des francs-tireurs de la Vienne (Poitiers, 24 août 1871) dit que le IIIᵉ bataillon du régiment des tirailleurs réunis fut constitué en février 1871, avec les francs-tireurs de la Marne, deux compagnies du 4ᵉ de ligne et 30 chasseurs à cheval, sous les ordres du commandant Odoul.

Le commandant Odoul était un lieutenant d'infanterie démissionnaire en 1868. Le 20 octobre 1870, il avait été nommé capitaine pour la durée de la guerre et il fut promu chef de bataillon de l'armée auxiliaire le 8 décembre suivant.

(1) Délégation du ministère de la Guerre à Tours, Composition des différents bureaux (État sans date) ; Délégation du ministère de la Guerre à Tours, Composition des bureaux à la date du 3 février 1871. — D'après la note relative à la suppression du bureau des reconnais-

et d'arrêter les espions ennemis ainsi que les déserteurs et les réfractaires. La prévôté civile se composait à la fin de la campagne d'un prévôt et de dix agents. La prévôté militaire, commandée par un chef d'escadron, était forte de trente-deux maréchaux des logis, brigadiers et gendarmes à pied ou à cheval. Quelques agents civils furent envoyés aux armées, mais leur action mal définie, et surtout mal appréciée, ne rendit pas les services que l'on espérait (1).

Le service des reconnaissances se chargea aussi d'envoyer dans les départements envahis des émissaires

---

sances, (Bordeaux 12 février 1871), le chef du bureau des traductions aurait été un lieutenant de la garde nationale mobile, et les employés de ce bureau auraient été « en nombre variable ».

Un bureau de la presse française était également rattaché au cabinet du délégué à la Guerre. Un avis inséré dans le *Moniteur universel* du 8 novembre rappelait aux journaux français les lois qui punissaient la divulgation des opérations militaires en cours d'exécution, et les invitait à cesser de publier des informations sur les mouvements des armées d'opérations. Si pareil fait se renouvelait, le Gouvernement de la Défense nationale se déclarait décidé à décréter l'état de siège, qui lui donnait le droit de supprimer les journaux.

(1) Service des reconnaissances, aperçu sommaire, etc. ; Note relative à la suppression du bureau des reconnaissances, Bordeaux, 12 février 1871. — Le prévôt civil était un commissaire central. La prévôté civile se serait composée de 1 directeur, 5 agents et 1 secrétaire, et la prévôté militaire, de 31 sous-officiers, brigadiers et gendarmes. (Composition des bureaux à la date du 3 février 1871).

En ce qui concerne la prévôté militaire, on verra plus loin au chapitre *Gendarmerie* qu'un arrêté du 31 octobre avait organisé un service spécial de prévôté à la résidence du Gouvernement de la Défense nationale et qu'un autre arrêté du 11 décembre avait mis à la disposition du Ministre de la Guerre un escadron et deux compagnies de gendarmerie. Ces trois dernières unités n'ayant pas été constituées, il semble que la prévôté militaire, dépendant du bureau des reconnaissances, ait été le même organe que la force de gendarmerie formée le 31 octobre. C'est en effet le même officier que l'on retrouve à la

chargés de faire connaître aux autorités locales et aux intéressés les décrets du Gouvernement de la Défense nationale, qui appelaient sous les drapeaux les jeunes gens des classes 1870 et 1871 ainsi que les mobiles et certaines catégories de mobilisés (1).

Il entreprit aussi la tâche d'intercepter les lignes télégraphiques et les voies de communication utilisées par l'ennemi. Renseigné sur les points importants où la surveillance pouvait être mal établie ou négligemment exercée, son intervention à ce sujet rendit de réels services. La ligne télégraphique de Versailles à Orléans fut coupée pendant les cinq jours qui précédèrent la bataille de Coulmiers. Celle de Versailles à Évreux fut également rendue inutilisable à différentes reprises. Un peu avant l'armistice il en fut de même en plusieurs points sur celle de Versailles à Dijon.

C'est aussi sur l'initiative du service des reconnaissances que furent détruits, le 26 janvier 1871, le pont de Laroche, sur l'Yonne, et, le 3 février, celui de Buffon, sur l'Armançon. Les communications par voies ferrées, entre les réseaux de l'Est et de Lyon étaient ainsi rendues impossibles (2).

Les mesures prises par le Gouvernement de la Défense nationale au sujet de l'évacuation des approvisionnements devant l'ennemi furent assurées par les comités de défense et les comités militaires régionaux. Le bureau des reconnaissances ne semble donc être intervenu que pour en

---

tête de ces deux organisations (Capitaine de gendarmerie Viven, nommé par décision ministérielle du 6 novembre, prévôt spécial à Tours et dans les camps à proximité, promu chef d'escadron le 3 décembre suivant, et maintenu dans ses fonctions jusqu'au 17 mars 1871).

(1) Service des reconnaissances, aperçu sommaire, etc.
(2) *Ibid.*; F. Jacqmin, *Les chemins de fer pendant la guerre de 1870-71*, p. 311.

provoquer la décision et, peut-être, en surveiller l'exécution (1).

Quant aux attributions du bureau des reconnaissances en ce qui concerne l'ordonnancement des dépenses pour fourniture de dynamite aux corps d'armée, il est également impossible de les préciser (2). D'ailleurs les expériences faites pour l'emploi de la dynamite devant les ingénieurs, chefs du génie civil des corps d'armée, n'eurent lieu que les 15 et 16 février 1871 (3).

§ 4. — *Transports par chemins de fer. Inspection principale des chemins de fer, etc.*

L'envahissement d'une grande partie de la France et particulièrement l'investissement de Paris, où convergeaient tous les chemins de fer, avaient apporté une perturbation et une gêne considérables dans les communications par voies ferrées. Le Gouvernement de la Défense nationale jugea d'abord nécessaire de rétablir

---

(1) Note relative à la suppression du bureau des reconnaissances, Bordeaux, 12 février 1871. — D'après ce document, le service des évacuations se composait de quatre inspecteurs et de deux délégués.

(2) L'aperçu sommaire des opérations entreprises par le bureau des reconnaissances, daté du 20 février 1871, ne parle pas de cette mission.

(3) Procès-verbal des expériences faites sur la dynamite, le 15 et le 16 février 1871, à la fabrique de Paulille, près de Port-Vendres. — Cette fabrique de dynamite aurait été organisée dans les conditions suivantes : dans sa séance du 26 octobre, la Commission des moyens de défense, dont il sera parlé plus loin, proposait au Ministre de la Guerre d'ouvrir à M. Barbe un crédit de 60,000 francs pour la construction d'une fabrique de dynamite aux environs de Port-Vendres. Mais, avant de procéder à cette installation, M. Barbe se rendit en Prusse pour étudier les établissements où se fabriquait cet explosif (Résumé des travaux de la Commission d'étude des moyens de défense).

M. Barbe, ancien élève de l'École polytechnique, dirigeait une fabrique de dynamite à Liverdun.

des relations directes et rapides entre les parties du territoire non occupées. Ce fut l'objet du décret et de l'instruction du 16 octobre (1).

Les directeurs des compagnies de chemins de fer étaient invités à s'entendre pour mettre en circulation, de jour et de nuit, sur les lignes encore disponibles, un nombre suffisant de trains de voyageurs et de marchandises. On voulait qu'à l'avenir, les transports de la guerre, troupes ou matériel, n'eussent jamais à s'arrêter plus d'une heure dans les gares de bifurcation dans l'intérieur de chaque réseau et que, dans les gares de jonction entre deux compagnies, le séjour des trains ne dépassât pas deux heures.

La plus grande célérité devait présider à l'exécution des transports de la guerre, qui avaient priorité sur tous les autres. Pour assurer la parfaite régularité de la marche des trains militaires, les compagnies ne devaient pas hésiter à retarder et même à suspendre tout ou partie des services ordinaires, sauf toutefois celui des postes, qu'il importait de toujours maintenir, quitte à introduire dans les trains spéciaux de la guerre, les bureaux ambulants ou les courriers (2).

Si l'ennemi coupait une ligne de chemin de fer, il appartenait aux compagnies de prendre toutes les

---

(1) *M. U.* des 18 et 19 octobre.

(2) Un décret du 8 janvier 1871 (*M. U.* du 10 janvier 1871) régla définitivement le transport par les voies ferrées de la correspondance officielle et privée.

Toutes les fois qu'elles étaient requises par les agents du service des postes, les compagnies de chemins de fer devaient donner place dans les trains spéciaux de la guerre soit aux bureaux ambulants soit aux courriers accompagnant des dépêches.

Des instructions dans ce sens devaient être données aux inspecteurs institués le 8 novembre par l'Administration de la guerre, pour surveiller l'expédition des troupes ou du matériel de campagne par les chemins de fer.

dispositions en leur pouvoir pour assurer, par des moyens quelconques, la continuité des mouvements. Elles n'avaient le droit, dans aucun cas, de refuser d'assurer les transports de la guerre ; elles devaient seulement indiquer à l'autorité militaire les aléas auxquels ils seraient exposés ; cette dernière apprécierait le parti qu'il conviendrait de prendre (1).

Quelques jours après, un décret du 23 octobre (2) donnait au Ministre de la Guerre le droit de suspendre la circulation de tous les trains sur une ou plusieurs lignes de chemins de fer. Autant que possible, l'administration supérieure de la compagnie était avisée à l'avance de cette mesure, mais, en cas d'urgence, il suffisait de prévenir un chef de gare ou de station, qui en référait ensuite à qui de droit. Sauf avis donnant un délai plus long, deux heures après la notification, aucun train ordinaire ne pouvait être engagé sur la section réservée ; toutefois, ceux déjà en circulation sur cette section continuaient jusqu'à destination.

A partir de l'interruption du service général, l'Administration de la guerre, représentée par un de ses agents dûment accrédité, disposait à son gré de la ligne pour ses propres transports. Les agents du chemin de fer étaient tenus d'obtempérer aux ordres du représentant de l'autorité militaire comme à ceux émanant de leur

---

(1) En même temps, les compagnies étaient invitées à faire connaître au Ministre de la Guerre, dans un délai de trois jours, les mesures prises pour assurer l'exécution de ces différentes prescriptions et à lui adresser le plus rapidement possible les horaires, tableaux et graphiques des nouveaux services. Elles avaient aussi à indiquer les parties de leurs réseaux dont la présence de l'ennemi avait interrompu l'exploitation et, pour l'avenir, à signaler immédiatement tout changement de cette nature. Enfin, il devait être recommandé aux chefs de gare d'adresser directement au Ministre tous les renseignements certains qu'ils pourraient recueillir sur les mouvements et les forces de l'ennemi.

(2) *M. U.* du 25 octobre.

propre administration, tout en se conformant cependant aux lois et règlements destinés à assurer la sécurité publique.

En résumé, par ces différentes mesures, le Gouvernement de la Défense nationale demandait aux compagnies de chemins de fer d'établir, avec les tronçons encore disponibles de leurs réseaux, des communications directes entre les différentes parties du territoire non envahi, puis de prévoir sur ces lignes un nombre suffisant de marches de trains pour que l'autorité militaire puisse, le cas échéant, en disposer jusqu'à utilisation complète de leur capacité de rendement.

Il ne semble pas que ce résultat ait été atteint. D'ailleurs, cette exploitation des voies ferrées au profit des transports de la guerre ne pouvait être assurée que par une collaboration intime des compagnies de chemins de fer et de l'autorité militaire. Aucune des dispositions qui viennent d'être exposées ne la prévoyait et ne l'organisait. Ce fut seulement à la fin de la campagne que des mesures furent prises à ce sujet.

Tout d'abord, un arrêté du 17 janvier 1871 institua une commission pour rechercher les moyens d'assurer et de régulariser sur les chemins de fer les transports de troupes, ceux nécessaires à l'intendance et au ravitaillement éventuel de Paris, ainsi que ceux réclamés par les autorités locales et par le commerce. Dans cette répartition, il devait être tenu compte, pour chacun d'eux, de leur importance relative eu égard aux circonstances (1).

---

(1) Cette commission était composée de MM. Férot, directeur de l'Administration au ministère de la Guerre (6ᵉ direction), président ; Maniel, inspecteur général des ponts et chaussées ; Cézanne, ingénieur des ponts et chaussées ; Pierron, chef de bataillon d'infanterie, attaché au cabinet du général directeur par intérim des 1ʳᵉ, 2ᵉ et 3ᵉ directions, et Mathieu, chef d'escadron d'artillerie, faisant fonctions de chef du bureau du matériel à la 4ᵉ direction (artillerie).

Un décret du 28 janvier 1871, entreprit ensuite d'activer et de régulariser les transports militaires par chemins de fer, en établissant des rapports entre les différentes compagnies et l'Administration de la guerre (1).

Chaque compagnie devait se faire représenter auprès du Département de la Guerre par un agent supérieur muni de pouvoirs suffisants pour assurer sur son propre réseau l'exécution des ordres qu'il recevrait du Ministre. Ces agents se rassembleraient chaque jour en conseil, dans un local dépendant du ministère, pour étudier et régler toutes les questions relatives aux transports militaires et intéressant à la fois plusieurs compagnies, particulièrement celles concernant la circulation et la répartition du matériel (2).

Chaque fois, en outre, qu'une armée en opérations était amenée à se servir d'une voie ferrée, la compagnie intéressée était tenue, sur la demande du commandant de cette armée, d'envoyer à la station désignée par lui un agent supérieur du mouvement; il incombait à ce dernier d'assurer l'exécution technique des ordres donnés par le général en chef ou ses représentants.

On n'a sans doute pas été sans remarquer l'antinomie des prescriptions de la circulaire du 16 octobre avec celles du décret du 23 octobre. D'une part, les compagnies de chemins de fer ne pouvaient refuser d'exécuter un transport et leur responsabilité se trouvait dégagée lorsqu'elles avaient signalé les dangers auxquels il serait exposé. D'autre part, l'autorité militaire pouvait requérir une ligne de chemins de fer et en disposer à son gré, mais, si les agents des compagnies étaient tenus d'exécuter ses ordres, ils devaient cependant se conformer

---

(1) *M. U.* du 30 janvier 1871.
(2) D'après le décret du 28 janvier 1871, la réunion des agents des compagnies détachés près du ministère de la Guerre s'appelait le *Syndicat* des chemins de fer.

aux règlements garantissant la sécurité publique. Dans ces conditions, des conflits pouvaient s'élever sans qu'aucune règle précise permît de les trancher. Le décret du 28 janvier 1871, en plaçant auprès de chaque chef d'armée un agent des compagnies chargé de régler les transports qu'on lui demandait, délimitait les responsabilités de chacun (1).

Seule d'ailleurs, la Commission formée par les délégués des compagnies de chemins de fer était à même de renseigner le Ministre sur la situation générale, notamment sur les lignes utilisables et le matériel disponible. Elle pouvait aussi l'éclairer sur les difficultés que rencontreraient les transports qu'il projetait. Elle permettait enfin l'entente intime des compagnies, la coordination des moyens et des efforts, et facilitait par suite l'exécution des ordres militaires.

Dans une de leurs premières réunions, les représentants des compagnies près du Ministre de la Guerre avaient signalé au Gouvernement la nécessité de placer dans les gares des agents ayant autorité sur les troupes de passage (2). Cette question avait été soulevée dès le mois d'octobre par l'intendant en chef de l'armée de la Loire. Il demandait la création de commandants militaires de gare, investis des pouvoirs nécessaires pour restreindre ou suspendre le trafic ordinaire, surveiller le mouvement du matériel de la guerre, régler les expéditions d'après l'urgence des besoins et assurer la police

---

(1) Avant la promulgation du décret du 28 janvier, cette manière de faire avait été appliquée pour la mise en exploitation des lignes de la compagnie de l'Est nécessaires au ravitaillement de l'armée du général Bourbaki. Deux inspecteurs furent en effet mis à sa disposition pour cette mission spéciale (Le Ministre de la Guerre au Général commandant en chef la Ire armée, à Bournois, D. T., Bordeaux, 12 janvier 1871, 9 h. 35 soir).

(2) F. Jacqmin, loc. cit., p. 21.

des gares. Mais leur principale mission devait être surtout de modifier en connaissance de cause la destination des transports de troupes ou de matériel, lorsque des circonstances de guerre les empêchaient d'atteindre le point qui leur avait été fixé au départ (1).

L'organisation de ces commandements de gares demandait un personnel d'officiers actifs et susceptibles de se mettre rapidement au courant des importantes fonctions qu'on se proposait de leur confier. Dans l'état militaire où se trouvait la France, il était impossible de créer un tel service. Aussi, se contenta-t-on de prendre quelques mesures de détail, soit pour assurer la bonne exécution des transports, soit pour empêcher les abus et maintenir la discipline.

Le 7 novembre, le Ministre rappelait qu'aucun corps ou détachement ne devait être mis en route par voies ferrées sans que l'autorité militaire du point de destination eût été avisée par dépêche de l'effectif, du jour et même, s'il était possible, de l'heure d'arrivée. Un officier ou un sous-officier devait précéder la troupe de vingt-quatre heures pour recevoir les indications relatives à son installation. Toute fraction mise en route devait emporter quatre jours de vivres afin d'être pourvue de moyens de subsistance le jour même de son arrivée (2).

---

(1) L'Intendant en chef de l'armée de la Loire au Ministre de la Guerre, 16 octobre.

(2) Le Ministre de la Guerre aux Généraux commandant les divisions et subdivisions territoriales, Tours, 7 novembre. — La prescription d'emporter des vivres pour le trajet et pour l'arrivée paraît avoir été souvent négligée (Le Ministre de la Guerre aux Généraux commandant l'armée de la Loire, les corps d'armée, les divisions et subdivisions territoriales, etc....., Tours, 3 décembre).

Dès le 21 octobre, le Ministre de la Guerre avait ordonné aux compagnies de chemins de fer de distinguer par une étiquette apparente les wagons chargés de matériel appartenant à la Guerre (Le Ministre de

Un décret du 8 novembre instituait ensuite un *service spécial d'inspection des transports de la guerre sur les chemins de fer*. Ce service relevait du directeur des services de l'intendance et se composait d'un inspecteur principal et d'autant d'inspecteurs et agents secondaires que les besoins l'exigeraient. Il semble que la mission de ces inspecteurs et agents était de rechercher dans les gares les approvisionnements en souffrance, d'activer leur transport et d'assurer leur arrivée à destination (1).

D'un autre côté, de trop nombreux militaires parvenaient à se servir du chemin de fer pour quitter leur corps sans autorisation. Une circulaire, insérée au *Moniteur universel* du 29 décembre, prescrivait aux agents des compagnies de refuser l'accès des trains aux isolés et aux groupes de soldats non constitués qui ne seraient pas pourvus de titres réguliers (2). Les représentants de la force publique étaient tenus de prêter leur concours

---

la Guerre aux Directeurs des compagnies de chemins de fer, Tours, 21 octobre).

(1) *M. U.* du 11 novembre. — M. Poirier, ancien chef de la perception et du contrôle du chemin de fer du Nord, était nommé inspecteur principal des transports de la guerre. Le personnel de l'inspection des transports se composait de 7 ou 8 inspecteurs, ayant le grade d'officier d'administration de 1re et de 2e classe de l'armée auxiliaire, et de 2 employés (Délégation du ministère de la Guerre, composition des différents bureaux).

Dans une lettre du 12 octobre, l'intendant général Robert avait demandé au Ministre de la Guerre de mettre à sa disposition des agents pris dans le personnel sans emploi des compagnies de chemins de fer. Placés aux points principaux d'expédition, ces employés auraient eu pour mission de parcourir les lignes et d'empêcher que le matériel ne fût arrêté dans les gares intermédiaires. L'intendant général Robert avait proposé en même temps de faire accompagner par un convoyeur tout envoi de matériel par voies ferrées.

(2) Ces dispositions ne s'appliquaient pas, bien entendu, aux corps ou détachements constitués qui exécutaient un ordre de mouvement sans qu'il eût été possible de les munir de réquisitions régulières. Dans ce cas, le chef de la gare de départ faisait signer au commandant du corps

aux agents des gares et stations et d'assurer la réintégration immédiate de ces hommes à leurs corps. Mais la gendarmerie active, appelée à concourir à la défense du pays, se trouvait désorganisée et ces prescriptions improvisées furent insuffisantes.

Il en fut de même des dispositions édictées par une circulaire du 2 janvier 1871 pour assurer le bon ordre dans le service du transport des troupes par les voies ferrées (1). Dans les grandes gares, et particulièrement dans les gares de croisement, le chef du poste de gendarmerie avait pour consigne :

De questionner chaque chef de détachement entrant en gare sur l'effectif de sa troupe, son point de départ et son point d'arrivée ;

De le renseigner ensuite, après avoir consulté le chef de gare, sur la durée probable de son séjour, et de lui indiquer les établissements voisins de la gare où les hommes pourraient s'approvisionner ou préparer leurs repas ;

Lorsque le détachement n'aurait plus à s'arrêter avant d'arriver à destination, de remettre au chef de gare une dépêche pour le chef du poste de gendarmerie de la gare d'arrivée ;

Enfin, dès qu'il était avisé de l'heure probable du débarquement d'une troupe, le chef du poste de gendarmerie devait aviser l'intendance et la mairie, où un employé restait en permanence de jour et de nuit.

Chaque train pouvant contenir à la fois plusieurs

---

ou détachement une réquisition indiquant le nombre d'hommes à transporter et lui remettait un avis pour la gare d'arrivée.

Il suffit de signaler cette prescription pour faire ressortir les difficultés que rencontraient journellement, dans l'exécution de leur service, les compagnies de chemins de fer, qui, sans avoir été avisées à l'avance, devaient assurer le transport d'unités souvent importantes.

(1) *M. U.* du 5 janvier.

détachements et de nombreux isolés, ayant tous besoin des mêmes renseignements, il était prescrit d'afficher dans les gares importantes les adresses des autorités militaires et administratives, des différentes intendances, de la manutention et des magasins à fourrage.

Il semble, en outre, essentiel de rappeler ici les multiples obligations que différents décrets ou circulaires de la délégation du Gouvernement de la Défense nationale imposèrent aux compagnies de chemins de fer en dehors de celles qui résultaient des transports militaires.

Un premier décret du 11 novembre édictait que les compagnies de chemins de fer pourraient être requises de mettre en état de défense certaines gares, stations ou parties de lignes, et que leur personnel pouvait être temporairement appelé à coopérer aux travaux généraux de défense dans l'étendue du département traversé par la voie ferrée (1).

Un autre décret du 11 novembre donnait à la délégation spéciale instituée auprès du ministère de l'Intérieur pour diriger et surveiller la partie technique de l'organisation des gardes nationales mobilisées (2), le droit de requérir les administrations de chemins de fer à toutes les stations de leurs lignes pour le transport de son personnel et de son matériel (3). Le même jour, une circulaire du Ministre de l'Intérieur aux préfets signalait les ateliers des grandes compagnies de chemins de fer parmi les ressources industrielles pouvant être utilisées pour la construction des batteries départementales (4); on verra plus loin la part importante qu'ils prirent dans la confection du matériel de guerre.

---

(1) *M. U.* du 13 novembre.
(2) Arrêté du 8 novembre (*M. U.* du 13 novembre).
(3) *M. U.* du 16 novembre.
(4) *M. U.* du 14 novembre.

Le 28 novembre, pour faciliter l'action des ingénieurs de l'État qui prêtaient leur concours à la Défense nationale, un décret les autorisait à voyager avec leur personnel par les trains de marchandises et les trains militaires, et même à requérir en cas de nécessité des trains spéciaux (1). Les mêmes facilités étaient accordées aux ingénieurs et au personnel du génie civil par un décret du 5 janvier 1871 (2).

En même temps qu'elles satisfaisaient aux exigences multiples de la guerre, les compagnies de chemins de fer devaient assurer les besoins généraux les plus urgents, tels que le service des voyageurs et le transport des marchandises nécessaires à l'alimentation publique, à l'éclairage des villes, aux travaux indispensables, etc. Une circulaire, adressée le 4 décembre aux directeurs des compagnies, leur rappelait ces obligations ; si des mouvements importants de troupes forçaient à suspendre complètement les trains affectés au public et au commerce, le trafic ordinaire devait être repris dès que les circonstances le permettaient et les compagnies devaient s'efforcer d'assurer l'alimentation des populations de manière qu'il n'en résultât aucune entrave pour la défense du pays.

A ces charges déjà si nombreuses s'ajoutaient les réquisitions présentées par les autorités locales pour assurer des services de peu d'importance. Une autre cause de gêne provenait des vides créés dans les rangs du personnel des compagnies par l'application des décisions concernant le rappel des hommes sous les drapeaux. Ainsi lorsque le décret du 29 septembre avait mobilisé les Français de 21 à 40 ans non mariés ou veufs sans enfants, le Gouvernement de la Défense nationale

---

(1) *M. U.* du 2 décembre.
(2) *M. U.* du 9 janvier 1871.

avait maintenu les exemptions accordées précédemment aux agents des chemins de fer pour le service dans l'armée active et les gardes nationales mobile, mobilisée ou sédentaire (1). Néanmoins dans beaucoup d'endroits, les pouvoirs locaux avaient convoqué les employés subalternes des gares, et la manipulation des wagons n'y était plus assurée que par un personnel insuffisant ou par des hommes de corvée accordés par l'autorité militaire.

Toutes ces difficultés se trouvaient enfin compliquées par l'inexpérience des officiers et des hommes dans l'embarquement et le débarquement du personnel et du matériel, par l'utilisation défectueuse des voies ferrées, par le manque de préparation des transports et par l'encombrement et l'immobilisation du matériel roulant (2). On peut

---

(1) Lettre du Garde des sceaux, Ministre de la Justice, membre et représentant du Gouvernement de la Défense nationale, Tours, 8 octobre (F. Jacqmin, *loc. cit.*, p. 24).

(2) F. Jacqmin, *loc. cit.*, p. 189-190.

« Les circonstances militaires, et malheureusement les revers... », avaient conduit « les intendants d'armée à constituer pour leurs approvisionnements ce qu'ils nommaient des *magasins mobiles*, c'est-à-dire à conserver sur rails, en wagons, une alimentation pour dix jours, de manière, en cas de retraite précipitée, à pouvoir faire refluer rapidement ces réserves à l'intérieur sans laisser à l'ennemi le temps de s'en emparer..... » Appliquée à douze corps d'armée, cette mesure avait « nécessité la disponibilité, à raison de 40 wagons par corps et par jour, de 4,800 wagons continuellement chargés sur rails. Cet énorme stock, joint à tout le matériel en cours de circulation pour l'artillerie, les mouvements de troupes et l'intendance elle-même, menaçait les voies ferrées d'encombrements incessants..... » (De Freycinet, *loc. cit.*, p 41).

Le 8 décembre, il y avait : 1° en gare de Mer, 173 wagons chargés, dont 140 contenant des subsistances, 7 des bagages, des effets, des objets de campement, du matériel d'ambulance, et 26 des munitions d'infanterie et d'artillerie ; 2° en gare de Blois, 119 wagons chargés, dont 75 contenant des subsistances, 38 des effets, des objets de campement et d'équipement, des outils du génie, des ferrures pour les chevaux, etc., et 6 des armes, de la poudre et des munitions (Situations des wagons contenant des subsistances, de l'équipement et des muni-

ainsi se rendre compte des embarras causés par le défaut d'organisation primordiale du service des chemins de fer et de la nécessité qu'il y avait d'instituer un organe central de direction et d'exploitation, comme le fit un peu tard et en partie seulement le décret du 28 janvier 1871.

§ 5. — *Bureau topographique.*

Toutes les planches de cuivre de la carte d'état-major au 80,000ᵉ, planches mères et reproduites, avaient été emballées au mois de septembre et expédiées sur Brest avant l'investissement de Paris. Mais la délégation du Gouvernement de la Défense nationale en province ne fut jamais avisée de cet envoi, qui resta ignoré jusqu'à la fin de la guerre (1).

Les cartes manquaient donc complètement dans les armées de province au moment de leur organisation (2). Pour diriger leurs opérations et donner leurs ordres, les généraux se servaient de cartes Joanne, qu'ils pouvaient trouver chez les libraires, ou de cartes rudimentaires annexées aux annuaires départementaux (3).

---

tions, Mer, 8 décembre, 4 heures soir, et Blois, 8 décembre, 3 heures soir).

(1) Colonel Berthaut, *La carte de France (1750-1898)*, t. I, p. 276. — Le Dépôt de la Guerre aurait pu se rendre compte cependant de la situation précaire dans laquelle se trouvait, au point de vue des cartes, la délégation du Gouvernement de la Défense nationale en province. Dans le courant d'octobre, en effet, on lui fit demander par pigeon voyageur d'envoyer par ballon des épreuves de cartes pour rectifier celles que l'on avait faites en province (*Ibid.*, t. I, p. 277 ; A. Jusselain, Rapport sur l'établissement et les travaux du Bureau topographique fondé pour la durée de la guerre, Bordeaux, 3 février 1871).

(2) Steenackers et Le Goff, *Histoire du Gouvernement de la Défense nationale en province*, t. I, p. 333.

(3) A. Jusselain, *loc. cit.* — Plusieurs cartes de ce genre ont été retrouvées dans les Archives de la Guerre.

Cette situation émut la délégation du Gouvernement de la Défense nationale qui essaya d'abord de requérir des cartes dans les départements ; elle n'obtint difficilement de la sorte que des exemplaires incomplets et en petit nombre (1).

Il importait d'aviser au plus vite. C'est alors qu'un ancien capitaine d'infanterie de marine qui avait repris du service pendant la guerre, M. Jusselain, émit l'idée de rééditer la carte de l'état-major au moyen de la photographie et de l'autographie, et proposa son procédé au Gouvernement. M. de Freycinet, sans s'arrêter aux difficultés, particulièrement d'ordre pécuniaire, qui avaient été soulevées tout d'abord, institua, dès le 12 octobre, le *bureau topographique*. Aidé par des ingénieurs et des dessinateurs appartenant à des compagnies de chemins de fer, M. Jusselain commença immédiatement un double travail de reproduction.

Ce travail consistait :

1° A réduire par la photographie à l'échelle du $120,000^e$ la carte au $80,000^e$ de l'état-major. « Réunies deux à deux et collées sur toile », ces feuilles « formaient des cartes de détail très lisibles, en même temps que des cartes d'ensemble représentant une superficie de 320 lieues carrées (2) » ;

2° A reproduire par l'autographie la carte au $80,000^e$ dans tous ses détails essentiels.

Ces cartes avaient besoin d'être complétées; les exemplaires qui servaient à la reproduction n'avaient pas, en effet, été rectifiés depuis 1852.

On demanda à Paris par pigeon voyageur d'envoyer des épreuves de cartes mises à jour. Mais le Dépôt de la Guerre n'avait plus les planches, et il ne pouvait que

---

(1) De Freycinet, *loc. cit.*, p. 18.
(2) A. Jusselain, *loc. cit.*

faire des reproductions photographiques et héliographiques d'après des épreuves de gravure. Ces reproductions, tirées sur papier mince et pour la plupart presque illisibles d'ailleurs, furent remises au ministère des Travaux publics qui les expédia par ballon à la délégation de Tours. Le Dépôt de la Guerre essaya aussi de faire des cartes microscopiques sur pellicules, qui furent également envoyées en province, mais il ne semble pas que ces cartes aient rendu quelque service (1).

On réclama en même temps aux préfets des départements non envahis tous les documents qu'ils pourraient réunir pour mettre à jour les cartes dont on disposait, et près du bureau des cartes fut installé « un bureau supérieur d'études topographiques, en relations avec les quartiers généraux, et dans lequel travaillaient plusieurs ingénieurs.... Une de leurs missions était de compléter les indications de la carte originale en reproduisant les routes et les chemins de fer tracés depuis l'époque de sa confection (2) ».

Du 15 octobre 1870 au 1er février 1871, le bureau des cartes, composé en moyenne de douze dessinateurs, put donner à l'armée 15,025 exemplaires de cartes dont 1,375 photographiques au 120,000^e et 13,650 autographiées au 80,000^e. Ces cartes concernaient toute la région comprise entre Épinal, Lure et Montbéliard à l'Est; Rennes, Dinan et Granville à l'Ouest; Bourges, Nevers et Chalon-sur-Saône au Sud; Caen, Lisieux et Rouen au Nord (3).

---

(1) Colonel Berthaut, *loc. cit.*, t. I, p. 277.

(2) De Freycinet, *loc. cit.*, p. 24-25. — Ces ingénieurs, parmi lesquels M. de Freycinet cite notamment MM. Cuvinot, Descombes, Carnot, de Serres, Rabel et Lavallée, appartenaient en même temps, pour la plupart, au bureau des reconnaissances, avec lequel le bureau topographique « était en intimes relations ».

(3) A. Jusselain, *loc. cit.* — Le bureau topographique édita en même

LA DÉLÉGATION DU MINISTÈRE DE LA GUERRE.

Concurremment avec le bureau installé près du siège du Gouvernement, la délégation fit organiser à Bayonne sous la direction de M. Marqfroy, un atelier de reproductions photographiques qui fonctionna pendant les mois de décembre 1870 et janvier 1871 (1).

Outre les cartes qu'elle faisait fabriquer, la délégation du ministère de la Guerre s'en procura aussi quelques-unes à l'étranger. Lors de la campagne de l'Est particulièrement, un ingénieur « envoyé en mission dans ce but, réussit à se procurer un assez grand nombre d'exemplaires »..... « de cartes topographiques très détaillées des départements frontières, dressées en Prusse (2) ».

Enfin, une commission instituée pour étudier cer-

---

temps une carte au 10,000ᵉ d'Orléans et de ses environs, qui fut utilisée pour les opérations autour de cette ville, et, pour le Département des Travaux publics, une carte des chemins de fer français au 1ᵉʳ janvier 1871, qui servit à la délimitation des voies ferrées entre les belligérants pendant l'armistice.

Dans son ouvrage : *La Guerre en province* (p. 448), M. de Freycinet dit, d'après une rectification de M. Jusselain, qu'un album complet de cartes, prêté par la ville de Tours à l'amiral Fourichon, servit de base au travail de réédition. M. Jusselain ne parle pas de ce détail dans son rapport du 3 février 1871.

M. Jusselain rapporte également que la maison Mame, de Tours, s'offrit à reproduire à bas prix et en grande quantité les cartes d'état-major pour les mettre en vente dans l'armée. Mais l'Administration de la guerre aurait décliné ces offres par crainte que ces cartes rectifiées ne fussent achetées clandestinement par les agents de la Prusse. De même, lorsque la délégation quitta Tours, il fut ordonné de faire effacer toutes les pierres que l'on ne pouvait emporter.

(1) Colonel Berthaut, *loc. cit.*, t. I, p. 277; Le Ministre de la Guerre à M. Marqfroy, ingénieur à Bayonne, D. T., Bordeaux, 14 janvier 1871, 11 h. 50 soir. — M. Marqfroy avait été chargé d'installer à Bayonne une importante capsulerie.

Cet atelier de reproductions photographiques servit, au mois d'avril 1871, pour obtenir des plans de Paris destinés à l'armée de Versailles. Son matériel fut expédié plus tard au Dépôt de la Guerre.

(2) De Freycinet, *loc. cit.*, p. 34-35; A. Jusselain, *loc. cit.* — C'est le

taines questions intéressant la Défense nationale, *la Commission scientifique*, semble s'être occupée également de confectionner des cartes. Un avis inséré au *Moniteur universel* du 28 décembre prévenait, en effet, les chefs de corps que la commission scientifique remettrait des cartes détaillées du théâtre de la guerre à ceux d'entre eux qui viendraient en demander, en justifiant de leurs titres. Mais, le même jour, l'Administration de la Guerre invitait le président de la commission à lui rétrocéder ce stock, pour ne pas s'exposer à des doubles emplois dans les distributions, et surtout, pour éviter que les instructions envoyées par le Ministre ne fussent pas rédigées sur des cartes identiques à celles qui seraient entre les mains des officiers (1).

§ 6. — *Commission scientifique de la défense nationale. — Commission d'étude des moyens de défense.*

Le 28 septembre, la délégation du Gouvernement de la Défense nationale instituait à Tours une commission scientifique chargée d'étudier les diverses questions relatives à l'emploi des aérostats pour la défense du pays (2).

Génie civil, dont on verra l'organisation plus loin, qui se chargea de cette mission.

(1) Le Ministre de la Guerre au Président de la Commission scientifique, Bordeaux, 28 et 29 décembre. — L'organisation et le rôle de la commission scientifique sont exposés au paragraphe suivant.

(2) Arrêté du 28 septembre (*M. U.* du 9 octobre). — Les membres de cette commission étaient : MM. Serret, de l'Institut, président; Marié-Davy et Fron, astronomes de l'Observatoire de Paris; Isambert, professeur à la Faculté des sciences de Poitiers; de Tastes, professeur au lycée de Tours; Kervella, de Rennes, et Haton, ingénieur des mines. Cette commission siégeait au lycée de Tours.

D'après le *Bulletin des lois* (XIIe série, Tours et Bordeaux, du 12 septembre 1870 au 18 février 1871), l'arrêté du 28 septembre confiait une

Une décision, insérée au *Moniteur universel* du 18 octobre, chargeait ensuite cette commission de l'examen des propositions et des inventions concernant la défense nationale.

Mais un décret du 20 octobre (1) venait bientôt créer un nouvel organe près du cabinet du Délégué à la Guerre. Il importait en effet de débarrasser l'Administration de la Guerre « d'une foule d'inventeurs, qui encombraient les directions techniques, et qu'il n'était pas facile de repousser, car, à cette époque, le sentiment public était très monté; on s'élevait beaucoup contre l'incurie et l'esprit de routine de l'Administration impériale, et chaque inventeur dont on ne discutait pas longuement les idées criait presque à la trahison (2) ».

Un comité d'hommes compétents fut donc réuni sous le nom de *Commission d'étude des moyens de défense*, et chargé d'examiner en séance ces propositions et de signaler ensuite dans un rapport au Ministre les idées qu'il y aurait lieu de retenir.

---

mission scientifique à M. Silbermann, préparateur au Collège de France, vice-président de la Société météorologique, pour l'établissement de ballons captifs et de ballons-estafettes. M. Silbermann faisait partie de la commission indiquée ci-dessus, qui était chargée de diriger les expériences préparatoires. Un crédit de 5,500 francs était ouvert à cet effet au ministère de l'Instruction publique.

D'après le *Bulletin des lois*, M. Haton ne figure pas dans la commission. D'autre part, au lieu de M. *Fron, astronome à l'Observatoire de Paris*, et *Kervella, de Rennes*, on trouve parmi les membres, M. *Froz, physicien à l'Observatoire de Paris*, et *Kervelat, fabricant de ballons*.

Une commission scientifique de la défense nationale avait été antérieurement instituée à Paris. Un décret du 9 septembre avait mis une somme de 40,000 francs à la disposition du Ministre de l'Instruction publique pour les besoins de cette commission (*J. M. O.*, 2ᵉ semestre 1870, p. 425).

(1) *M. U.* du 22 octobre.
(2) De Freycinet, *loc. cit.*, p. 27

Quant à la commission scientifique, un décret du 23 octobre réduisait sa mission à l'étude théorique des questions concernant la défense, qui lui seraient soumises par le Gouvernement. Le nombre de ses membres était en même temps augmenté par l'adjonction de quelques spécialistes militaires ou civils qui, en raison de leurs connaissances, pouvaient lui être nécessaires dans son rôle de commission consultative (1).

Les deux commissions semblent d'ailleurs avoir été indépendantes l'une de l'autre. Il ressort des procès-verbaux des séances de la commission d'étude que des propositions lui étaient envoyées par le Ministre après avoir été étudiées au préalable par la commission scientifique.

Il n'a pas été retrouvé trace des travaux entrepris par la commission scientifique. Elle se préoccupa cependant de procurer à nos troupes les cartes qui lui manquaient. En outre, son président fut investi de la direction provisoire de l'École polytechnique qui s'ouvrit à Bordeaux le 2 janvier 1871 (2), et la commission elle-

---

(1) *M. U.* du 26 octobre. — La composition de la commission scientifique de la défense nationale était alors la suivante : MM. Serret, membre de l'Institut, président; Marié-Davy, astronome de l'Observatoire de Paris; de Champeaux, capitaine de vaisseau; Fron, physicien de l'Observatoire de Paris; Boileau, lieutenant-colonel d'artillerie en retraite; Isambert, professeur à la Faculté des sciences de Poitiers; de Tastes, professeur au lycée de Tours; Silbermann, vice-président de la Société météorologique; Rigaux, capitaine d'artillerie de marine; et de Saint-Léger, ancien officier d'artillerie, membres; Kervella, professeur de pyrotechnie; Haton, ingénieur des mines, et Alexandre Marié, docteur en médecine, secrétaires.

Quelques-uns des nouveaux membres avaient été adjoints à la commission scientifique par une décision insérée au *Moniteur universel* du 21 octobre. Cette décision indiquait déjà que le rôle de la commission devait se borner à l'examen des questions scientifiques intéressant la défense nationale.

(2) *M. U.* du 23 décembre.

même fut chargée de remplir les fonctions de conseil de l'école. Comme plusieurs de ses membres n'avaient pas suivi la délégation du Gouvernement de la Défense nationale, lorsque dans la nuit du 8 au 9 décembre elle transporta son siège à Bordeaux, un décret du 30 décembre en nomma de nouveaux, qui représentaient en même temps dans le conseil de l'École polytechnique, les administrations publiques qui s'y recrutent ordinairement (1).

La commission d'étude des moyens de défense, instituée par le décret du 20 octobre, était composée d'éléments civils et militaires afin de pouvoir examiner tous les projets qui lui seraient soumis (2). Leur nombre fut

---

(1) *M. U.* du 5 janvier 1871. — Étaient nommés membres de la commission scientifique de la défense nationale : MM. le général Véronique, directeur du service du génie au ministère de la Guerre ; le général Thoumas, directeur du service de l'artillerie au ministère de la Guerre ; Piligot, membre de l'Institut, professeur au Conservatoire des arts et métiers ; Phillips, membre de l'Institut, ingénieur en chef des mines, professeur à l'École polytechnique ; Surrel, ingénieur en chef des ponts et chaussées, directeur de la compagnie des chemins de fer du Midi ; Bonis, professeur à l'École centrale des arts et manufactures, essayeur des monnaies et médailles.

Le même décret ouvrait à la commission scientifique, sur le budget du ministère de la Guerre, un crédit de 10,000 francs pour les frais de ses études et expériences. Il annulait en même temps un crédit semblable ouvert à la commission pour des expériences antérieures.

(2) Cette commission était ainsi composée : MM. Deshorties, lieutenant-colonel d'état-major, président ; de Pontlevoye, commandant du génie ; Bousquet, chef d'escadron d'artillerie ; Naquet, professeur de chimie à la Faculté de médecine ; Descombes, ingénieur des ponts et chaussées ; Dormoy, ingénieur des mines ; Marqfroy, ancien ingénieur au chemin de fer du Midi.

A partir du 22 octobre et jusqu'au 11 décembre, le lieutenant-colonel Deshorties fut en même temps directeur adjoint par intérim de la 1re direction de la délégation du ministère de la Guerre. M. Naquet fut désigné par la commission pour remplir les fonctions de secrétaire. M. Marqfroy ne parut jamais à la commission, ayant été envoyé à

très considérable, mais, à côté de quelques rares idées intéressantes, beaucoup étaient impossibles à réaliser et ne sortaient pas du domaine de l'utopie.

Abstraction faite de ceux qui ne méritaient pas de fixer l'attention, les travaux adressés à la commission d'étude consistaient en plans de campagne ou d'opérations, en projets d'organisation défensive, en méthodes d'instruction, en inventions diverses destinées à accroître le bien-être des troupes ou à améliorer leur armement et leur équipement, etc.

Afin de donner une idée du rôle de la commission d'étude des moyens de défense, il convient d'exposer quelques-unes des propositions importantes qui lui furent soumises par le Ministre ainsi qu'un aperçu des initiatives qu'elle crut devoir prendre (1).

Peu après la chute de Metz, et très probablement dans

Bayonne pour monter une capsulerie. L'officier d'artillerie fut souvent changé en raison des nombreuses formations nouvelles d'artillerie (*Enquête sur les Actes du Gouvernement de la Défense nationale*, Déposition de M. Naquet, t. V, p. 545). Le 8 novembre, par exemple, le commandant Bousquet fut remplacé par le lieutenant-colonel Smet, de l'artillerie de la marine, et, le 21 décembre, la commission demandait au Ministre de lui adjoindre un officier d'artillerie, dont l'assistance lui était indispensable.

Le 8 décembre, M. Cendre, ingénieur des ponts et chaussées, fut nommé membre de la commission, et le 30 décembre, M. Verbeckmoes était nommé secrétaire adjoint, avec le droit d'assister aux séances, sans toutefois avoir voix délibérative.

(1) Le nombre des communications qui furent soumises à la commission d'étude des moyens de défense, soit verbalement soit par écrit, s'élève à 1,762 sur lesquelles : 1,333 furent repoussées ; 222 furent jugées dignes d'intérêt mais sans mériter cependant d'être signalées au Ministre ; 207 firent l'objet de rapports ou de renvois au Ministre ou aux différents services intéressés. En outre, la commission reçut et entendit 266 inventeurs ; elle tint 45 séances. (Résumé des travaux de la commission d'étude des moyens de défense).

la première moitié de novembre, deux membres militaires de la commission établissaient un projet de défense de la France, qui était l'application d'une instruction du 21 septembre, répartissant les bataillons de mobiles sur un vaste périmètre autour des armées allemandes, et d'un décret du 24 septembre, créant des commandements régionaux. Le territoire de la France était divisé en cinq grandes régions ; toutes les forces disponibles des gardes nationales mobile et mobilisée étaient appelées à occuper la limite menacée de chacune d'elles, en des points choisis et indiqués par les auteurs du projet. Elles devaient s'opposer aux progrès des troupes allemandes engagées autour de Paris, d'Orléans ou de Dijon, et rendre les 15e, 16e, 17e et 18e corps libres de leurs mouvements pour d'autres opérations qu'ils n'indiquaient d'ailleurs pas (1). Ce projet de défense linéaire, si tant est qu'il pût avoir de bons résultats, reposait sur une connaissance inexacte des moyens dont on pouvait disposer. Les bataillons de mobile étaient pour la plupart susceptibles d'être immédiatement utilisés ; par contre, la garde nationale mobilisée commençait à peine à s'organiser et, en tout cas, les fusils manquaient pour l'armer. Dans toutes les propositions analogues, d'ailleurs, on retrouve la même ignorance de la situation générale et des moyens d'action disponibles et la même confiance dans la valeur intrinsèque des obstacles et des positions.

Le Ministre, ayant réuni un certain nombre de projets établis dans le but d'accélérer et d'améliorer l'instruction des troupes, ordonna à la commission d'étude des moyens de défense, par un arrêté du 11 novembre,

---

(1) *Projet de défense de la France,* par le lieutenant-colonel d'état-major Deshorties, président, et le chef de bataillon du génie de Pontlevoye, membre de la commission d'étude des moyens de défense.

de se réunir entre le 15 et le 20 pour les examiner en dehors des heures habituelles de ses réunions (1).

A la suite des séances qui furent tenues les 15 et 16 novembre, la commission adressa au Ministre, sous forme de *Projet d'instruction destiné aux troupes d'infanterie*, le travail d'un capitaine de chasseurs à pied, auquel elle n'avait apporté que de légères additions. Elle chargea aussi son rapporteur d'établir un projet d'instruction spéciale destiné aux corps de partisans, en se servant d'un mémoire qui lui avait été remis. Le rapporteur reçut également mission de coordonner et de développer des propositions concernant les *camps retranchés*, les *camps d'instruction* et *un plan de campagne résultant des considérations stratégiques présentées sur la position des armées belligérantes* (2).

Pour suffire à l'armement des nombreuses troupes mises sur pied par le Gouvernement de la Défense nationale, on se décida à transformer en armes se chargeant par la culasse tous les anciens fusils se chargeant par la bouche susceptibles de subir utilement cette modification. L'on verra plus loin que cette opération fut entreprise de différents côtés à la fois (3). Aussi la

---

(1) *M. U.* du 13 novembre. — Des membres supplémentaires devaient assister à ces séances extraordinaires avec voix délibérative. C'étaient : MM. Croizette-Desnoyers, ingénieur en chef des ponts et chaussées; Dupuy, ingénieur ordinaire, et le capitaine Patin, adjudant-major au 9e bataillon de chasseurs à pied. M. Dupuy et le capitaine Patin devaient remplir, pour ces délibérations spéciales, les fonctions de rapporteur.

(2) Procès-verbaux des séances des 15 et 16 novembre. — Le 30 décembre, la commission d'étude des moyens de défense demandait au Ministre quelle suite avait été donnée à sa proposition du 17 novembre de faire imprimer le *Projet d'instruction destiné aux troupes d'infanterie*.

(3) Chapitre VII : *Artillerie.* § 5, *Armes portatives.*

multiplicité des systèmes proposés ou même adoptés ne tarda pas à présenter les plus grands inconvénients. Le 3 janvier 1871, la commission d'étude des moyens de défense tint une nouvelle séance extraordinaire pour établir un projet de décret qui indiquerait le type ou les types qu'il conviendrait d'adopter lorsque le comité technique de l'artillerie et la commission d'armement auraient fixé leur choix. Le projet de décret réglait en même temps l'ordre dans lequel le travail devait être exécuté (1).

La commission d'étude avait prié la commission d'armement de se joindre à elle pour cette séance extraordinaire ; mais cette invitation fut déclinée (2). C'est sans doute cette abstention qui explique le silence dans lequel est resté le projet de décret sur ce qui constituait cependant son principal objet (3).

Bien que la commission d'étude des moyens de défense n'eût été instituée que pour examiner des pro-

---

(1) Procès-verbaux de la séance extraordinaire du 3 janvier 1871 et de la séance du 23 janvier 1871. — A la séance du 3 janvier assistaient : MM. Glais-Bizoin, membre de la délégation du Gouvernement de la Défense nationale en province, Cendre, Descombes, Dormoy, de Pontlevoye et Naquet.

(2) Procès-verbal de la séance du 6 janvier 1871.

(3) Voici, à titre d'exemple, quelques autres propositions concernant des sujets très variés, qui furent sérieusement examinées par la commission :

Séance du 26 octobre. — Examen d'armes proposées pour être achetées : fusil Berdan, canon Baudier, canon et cartouche Herr, mitrailleuse Petin-Gaudet, etc.

Séance du 27 octobre. — Moyen présenté par un capitaine de frégate pour faire dérailler les trains sur les chemins de fer au moyen de torpillettes.

Séance du 28 octobre. — Établissement de travaux de défense en utilisant les principales lignes ferrées sur un développement de 2 ou 3 kilomètres, en reliant ces voies par des coupures de route ou d'autres

jets et faire des rapports au Ministre, elle fut entraînée à la longue, par les propositions mêmes qui lui étaient soumises, à traiter de quelques fournitures et achats d'armes diverses : canons, fusils, revolvers, etc.....
Elle empiétait ainsi sur les attributions d'une autre commission, la *commission d'armement*, qui avait été créée par les décrets des 9 et 29 septembre pour centraliser toutes les offres d'armes faites au Gouvernement et aux administrations publiques.

Il ne pouvait résulter que des inconvénients de cette manière de faire. La commission d'étude n'avait ni l'expérience des affaires, ni la connaissance des ressources des divers marchés d'armes, qu'avait pu acqué-

---

obstacles. Les travaux seraient munis d'artillerie de marine et blindés avec de vieux rails. — Emplois pour les retours offensifs de trains portant des canons. — Offre d'une machine à fabriquer et à découper les biscuits. — Plan de campagne proposé par un Italien : L'auteur partait de cette idée que la France n'avait pas plus de 100,000 soldats dignes de ce nom. Il proposait de les diriger sur Metz par Troyes et Saint-Dizier. L'arrivée de cette armée obligerait l'armée de blocus de Metz à se diviser en deux corps, ce qui permettrait au maréchal Bazaine de se dégager. L'armée de secours ne chercherait pas à combattre le corps prussien qui lui serait opposé; elle se replierait sur l'Ouest pour se réunir plus tard à Bazaine qui, par Montmédy, aurait gagné le Nord de la France où il s'embarquerait avec ses forces pour les côtes de Normandie.

Séance du 9 novembre. — Méthode d'instruction des « gardes nationaux mobilisables » que l'on demande à expérimenter dans le Puy-de-Dôme. On formerait d'abord avec les ressources de ce département des groupes de trois bataillons de 400 hommes au plus, composés de très petites compagnies auxquelles on apprendrait aussi rapidement que possible « les mouvements essentiels à la guerre ». Dans chaque groupe, les officiers des bataillons n°s 1 et 2 devraient faire passer chaque jour dans le bataillon n° 3 les gardes nationaux les plus aptes à faire de bons soldats. Par contre, les officiers de ce dernier bataillon répartiraient dans les deux autres les hommes les moins propres à un service de guerre. Dans ces conditions, la sélection se ferait naturellement et l'on arriverait sans peine à constituer des compagnies d'élite. Chaque

rir la commission d'armement. Son initiative, déjà regrettable si elle se fût bornée à des différences d'appréciation sur la valeur du matériel offert par les fournisseurs, eut des conséquences beaucoup plus graves lorsqu'elle accueillit les propositions refusées par la commission d'armement et traita avec des fabricants français et étrangers, dans des conditions onéreuses pour les finances de l'État et sans s'entourer de toutes les garanties désirables (1).

---

bataillon aurait une petite pièce d'artillerie, desservie par 10 hommes ; mais cette instruction spéciale serait donnée à 50 hommes, afin de préparer des canonniers pour les nombreuses pièces en construction. On agirait de même pour la cavalerie. Avec un minimum de 30 chevaux, on exercerait 120 hommes au moins, qui serviraient à former des unités de cavalerie, quand on aurait suffisamment de chevaux pour les remonter. Pour éviter de consommer des munitions nécessaires aux combattants, les gardes nationaux seraient exercés au tir avec des fusils à piston rayés, et on ne leur apprendrait le maniement des fusils se chargeant par la culasse que quelques jours avant de les conduire au feu.

Séance du 14 novembre. — Projet d'un conducteur des ponts et chaussées pour assurer le ravitaillement de Paris : Il proposait de porter l'armée de la Loire vers Rouen, d'y appeler également l'armée du Nord, et de marcher par les deux rives de la Seine, en se servant du fleuve, des routes et des chemins de fer pour amener les approvisionnements. Incidemment, ce projet signalait que l'on pouvait trouver d'excellentes sources de recrutement parmi les nombreux inscrits maritimes qui n'avaient pas été rappelés.

Séance du 17 novembre. — Procédé pour imperméabiliser les vêtements et couvertures des soldats.

Séance du 18 novembre. — Envoi par un anonyme du plan probable de l'état actuel de l'état-major prussien.

Séance du 30 décembre. — Rapport sur l'évacuation des bestiaux dans les pays envahis.

Séance du 6 janvier. — Projet concernant les mesures à prendre concernant les traînards et déserteurs.

(1) *Rapport fait au nom de la Commission des marchés sur les marchés de la Commission d'étude des moyens de défense* (Annexe au procès-verbal de la séance de l'Assemblée nationale du 15 juillet 1872).

Cette question sera d'ailleurs examinée plus en détail lorsque l'on exposera les mesures prises par la délégation du Gouvernement de la Défense nationale pour se procurer les armes qui lui faisaient défaut.

Les procès-verbaux de la commission d'étude des moyens de défense mentionnent encore les travaux d'une autre commission dite *commission des engins de guerre*. Il n'a pas été retrouvé trace des conditions et des circonstances dans lesquelles cette commission a été organisée.

Il semble qu'elle dépendait du ministère des Travaux publics. A la date du 18 janvier 1871, en effet, le Ministre de ce Département signalait à celui de la Guerre que, sous la surveillance de la commission des engins de guerre, la compagnie des chemins de fer d'Orléans était sur le point de terminer une batterie sur trucks et que deux autres batteries du même genre pourraient être livrées peu après (1).

Un organe spécial était cependant chargé, près de la Direction d'artillerie du ministère de la Guerre, d'étudier toutes les propositions ayant pour but d'accroître l'efficacité des moyens de défense. C'était le *Comité technique d'artillerie*, créé par décret du 14 novembre, pour remplacer le comité d'artillerie resté à Paris (2). Les nombreuses commissions organisées par la délégation du Gouvernement de la Défense nationale avec le concours de fonctionnaires des administrations publiques et de membres de l'enseignement supérieur, sous les titres de commission d'armement, commission d'étude des moyens de défense, commission scientifique de la défense nationale, etc., pourraient donc à première vue paraître inutiles. Leur institution permit cependant d'utiliser des

---

(1) Le Ministre des Travaux publics au Ministre de la Guerre, Bordeaux, 18 janvier 1871.
(2) Cf. Chapitre VII, § 9.

hommes remplis de bonne volonté, de talents et d'intelligence. Animés d'un vif désir de contribuer dans la mesure de leurs moyens à la défense du pays, ils étaient tout préparés, par leur existence et leurs occupations antérieures, à assumer les responsabilités qu'allaient exiger d'eux les événements. Cette mesure permit d'autre part de décharger les officiers de toute une série d'études et de travaux qui n'avaient pas un caractère exclusivement technique, alors que les cadres, très réduits par les pertes du début de la campagne, n'étaient pas suffisants pour encadrer les nouvelles formations actives.

De même, lorsqu'il souffrit certaines dérogations aux règles qu'il avait établies et qu'il toléra des empiétements sur les attributions qu'il avait déterminées, le Gouvernement de la Défense nationale ne songea jamais qu'à utiliser toutes les initiatives pour parer le plus rapidement possible aux nécessités auxquelles il se trouvait acculé.

Il fallait d'ailleurs improviser. Les cadres manquaient. Le matériel de toute sorte faisait défaut. Des mesures exceptionnelles étaient nécessaires. Ainsi qu'on pourra le constater, l'effort accompli fut considérable; s'il y eut des défectuosités et des défaillances, elles étaient inévitables, et, en tout cas, elles furent de peu d'importance. Elles prouvent cependant que, dans l'organisation de la Défense nationale, rien ne supplée à une préparation minutieuse, méthodique et raisonnée.

CHAPITRE III

Recrutement et avancement des officiers.

Les formations organisées pendant la première partie de la campagne avaient presque entièrement absorbé les cadres actifs de l'armée. Déjà, la loi du 10 août (1), rappelant à l'activité les anciens militaires de 25 à 35 ans, célibataires ou veufs sans enfants, avait fait rentrer dans l'armée un certain nombre d'officiers démissionnaires. Pour les utiliser, le Ministre de la Guerre avait décidé qu'ils remplaceraient temporairement les officiers de même grade en activité de service, blessés ou tombés malades pendant la campagne. Ils pouvaient dans ces conditions être désignés pour exercer comme auxiliaires, et pour la durée de la guerre seulement, les fonctions de leur ancien grade. A la conclusion de la paix, ils devaient rentrer dans la vie civile (2).

Plus tard, l'article 3 de la loi du 29 août (3), relative aux forces militaires de la France pendant la guerre, avait prescrit que les anciens officiers, sous-officiers et caporaux pouvaient être admis à servir activement pendant la durée de la guerre dans les grades dont ils étaient titulaires. Une circulaire du 4 septembre avait en outre réglé leur position et déterminé leurs droits au commandement (4).

---

(1) *J. M. O.*, 2ᵉ semestre 1870, p. 307.
(2) Le Ministre Secrétaire d'État de la Guerre aux Généraux commandant les divisions militaires, Paris, 18 août (*J. M. O.*, 2ᵉ semestre 1870, p. 353).
(3) *J. M. O.*, 2ᵉ semestre 1870, p. 359.
(4) Le Ministre Secrétaire d'État de la Guerre aux Généraux comman-

Le nombre des officiers demeurait malgré cela insuffisant. Les différentes mesures prises pour accroître les effectifs avaient amené dans les dépôts un contingent d'anciens soldats ou de recrues qui fut bientôt hors de proportion avec les cadres dont on pouvait disposer en province. Aussi le 17 septembre le Ministre de la Justice, M. Crémieux, télégraphiait-il aux préfets pour leur demander dans chaque bataillon de garde mobile les noms d'un capitaine, d'un lieutenant et d'un sous-lieutenant désirant passer à titre temporaire avec leurs grades dans les régiments d'infanterie. Il réclamait aussi par bataillon de mobile le nom d'un sous-officier ayant servi, voulant entrer dans l'armée active avec le grade de sous-lieu-

---

dant les divisions militaires, Paris, 4 septembre. — A grade égal, entre deux officiers dont l'un avait repris du service et l'autre n'avait pas cessé d'appartenir à l'armée, l'ancienneté devait se calculer en déduisant pour le premier le temps passé hors du service. En aucun cas, un officier auxiliaire, pourvu d'une commission provisoire pour la durée de la guerre, ne pouvait exercer les fonctions soit de chef de corps, ou de service, soit de commandant de dépôt.

Par décret du 12 septembre (*J. M. O.*, 2ᵉ semestre 1870, p. 429), le Gouvernement de la Défense nationale décidait que tous les militaires et fonctionnaires, qui avaient perdu leur grade ou leur rang par suite des événements de décembre 1851, étaient réintégrés dans leurs droits et titres, et pouvaient, sur leur demande, recouvrer leur emploi au fur et à mesure des vacances.

Par application de ce décret, le général de brigade Le Flô était réintégré dans l'armée le 16 septembre avec le grade de général de division [*Décret* du 16 septembre (*J. M. O.*, 2ᵉ semestre 1870, p. 495)].

Plus tard, en effet, le 14 novembre, les membres du Gouvernement de la Défense nationale restés à Paris décrétèrent que les militaires qui avaient dû quitter l'armée après le coup d'État de 1851, soit à la suite d'une mesure individuelle, soit pour avoir refusé le serment, pourraient être réintégrés dans l'armée avec le grade immédiatement supérieur à celui dont ils étaient pourvus au moment de leur radiation. L'ancienneté dans le grade ainsi obtenu devait dater du 2 décembre 1851 [*Décret* du 14 novembre (*J. M. O.*, 2ᵉ semestre 1870, p. 580)].

tenant (1). La garde nationale mobile formant une armée séparée, administrée par des lois spéciales, cette mesure parut irrégulière au Ministre de la Guerre. Dès que le lendemain il en eut connaissance, il télégraphia à l'amiral Fourichon, qui le représentait à Tours, pour le prier d'en suspendre l'exécution (2).

Cependant, en présence de l'intérêt qu'il y avait à compléter le plus tôt possible en province les cadres d'officiers, la délégation du Gouvernement de la Défense nationale recourait tout d'abord aux mesures prises antérieurement par le Gouvernement impérial. Elle s'efforçait seulement d'en faciliter l'application. Le 21 septembre, le Ministre de la Guerre par intérim invitait donc les généraux commandant les divisions militaires à stimuler activement la rentrée dans l'armée des officiers en retraite ou démissionnaires. Puis, pour supprimer toute perte de temps, il déléguait par la même note aux commandants des divisions militaires le soin d'affecter ces officiers et de leur délivrer des lettres de service (3).

Bientôt d'ailleurs, la situation amenait l'amiral Fourichon à prendre des mesures exceptionnelles pour la constitution rapide des cadres. Un décret du 23 septembre créait quatre nouveaux cadres de compagnie dans les dépôts des régiments d'infanterie de ligne et deux dans les dépôts des bataillons de chasseurs ; il ordon-

---

(1) Le Ministre de la Justice aux Préfets, D. T., Tours, 17 septembre, 10 h. 3 matin; Le Général, Secrétaire général de la Guerre, au Ministre de la Guerre, Tours, 18 septembre.

(2) Le Ministre de la Guerre à l'amiral Fourichon, D. T., 18 septembre, 6 heures soir.

(3) Le Vice-Amiral, Ministre de la Guerre par intérim, aux Généraux commandant les divisions militaires, Tours, 21 septembre.— Une autre circulaire du même jour autorisait les généraux commandant les divisions militaires à créer dans les dépôts des emplois supplémentaires de sous-officiers, caporaux ou brigadiers, pour permettre d'assurer convenablement le service ainsi que l'instruction des hommes.

naît en même temps que toutes les nominations nécessaires pour l'organisation de ces cadres, dans les grades de capitaine, lieutenant et sous-lieutenant, seraient faites *au choix* par les généraux commandant les divisions militaires sauf ratification par le Ministre. Il pouvait être dérogé aux conditions de temps imposées par la loi sur l'avancement pour passer d'un grade à un autre. Les nominations, enfin, devaient autant que possible porter sur des candidats en activité de service, mais, à défaut, les officiers démissionnaires, âgés de moins de 50 ans, valides et ayant un passé honorable, pouvaient sur leur demande être réadmis définitivement au service avec leur ancien grade et au titre français. De même, les anciens sous-officiers de moins de 40 ans étaient susceptibles d'être réintégrés dans leurs grades et d'être ultérieurement promus sous-lieutenants pour la durée de la guerre. Ces nominations pouvaient même devenir définitives si les services rendus justifiaient cette distinction (1).

Plus tard même, le décret du 23 septembre était modifié en ce sens que des emplois de sous-lieutenants pouvaient être immédiatement conférés à titre définitif aux anciens sous-officiers retirés du service et n'ayant pas plus de 40 ans (2).

Une circulaire du 22 septembre prescrivait de même de constituer immédiatement dans les dépôts des régiments de cavalerie un cadre provisoire d'escadron de dépôt qui comprendrait trois officiers auxiliaires du grade de capi-

---

(1) *Décret* du 23 septembre (*M. U.* du 27 septembre); Circulaire d'envoi du 24 septembre.
(2) Le Ministre de la Guerre aux Généraux commandant les divisions territoriales et actives, D. T., Tours, 20 octobre; Le Ministre de la Guerre aux Généraux commandant les divisions et subdivisions territoriales et les subdivisions actives, etc., Tours, 23 octobre. — Cette dernière circulaire s'occupait plus particulièrement, du reste, de la création des cadres de compagnie dans les dépôts d'infanterie.

taine, de lieutenant et de sous-lieutenant. Le 4 octobre, le Ministre autorisait les généraux commandant les divisions territoriales à nommer ces trois officiers (1). D'autre part, un décret du 15 octobre rendait applicables à la cavalerie les dispositions du décret du 23 septembre, relatives à la réintégration dans l'armée des officiers démissionnaires (2).

Il ne s'était agi tout d'abord que des nominations nécessaires pour assurer l'organisation de nouveaux cadres dans les dépôts. Entre temps, un décret du 6 octobre venait étendre les prérogatives des généraux commandant les divisions militaires (3).

Presque tous les dépôts se trouvaient séparés des portions actives de leurs corps, qui étaient ou tombées au pouvoir de l'ennemi ou enfermées dans des places investies. Il parut indispensable d'assurer à leurs cadres un avancement distinct et indépendant. On décida donc de considérer les dépôts comme en présence de l'ennemi et de leur appliquer les règles de l'avancement en campagne. Les vacances, qui se produiraient dans les portions de corps sans communication avec leurs dépôts, étaient exclusivement réservées à leurs cadres. D'autre part, les officiers ou les sous-officiers proposés pour sous-lieutenants, faisant partie des dépôts, devaient avoir un avancement particulier ne portant que sur les candidats présents au dépôt ou lui appartenant (4).

Dans ces conditions, les généraux commandant les

---

(1) Le Ministre de la Guerre aux Généraux commandant les divisions et subdivisions territoriales, Tours, 4 octobre.

(2) *M. U.* du 17 octobre.

(3) *M. U.* du 11 octobre.

(4) Les dispositions essentielles de l'ordonnance du 16 mars 1838, réglant, en exécution de la loi du 14 avril 1832, l'avancement en campagne, disaient en effet (*J. M. O.*, 1er semestre 1838, p. 474-475, 479-480) :

Art. 95. — Tous les sous-officiers de la portion du corps qui est en

divisions militaires étaient chargés, jusqu'à nouvel ordre, de nommer dans les dépôts, *à titre provisoire*, aux divers grades et aux fonctions spéciales, jusqu'au grade de chef de bataillon ou d'escadron exclusivement, même en *dehors de l'organisation des nouveaux cadres.* Par modification aux prescriptions contenues dans la circulaire du 24 septembre concernant l'application du décret du 23, les nominations n'avaient plus lieu exclu-

---

campagne concourent, avec les sous-officiers portés sur le tableau d'avancement, et qui ne font pas partie de cette portion de corps, pour les emplois de sous-lieutenants dévolus aux sous-officiers, quelle que soit la portion de corps où les vacances ont lieu.....

Art. 96. — L'avancement au grade de lieutenant et à celui de capitaine a lieu de la manière suivante :

La moitié des vacances dans les bataillons, escadrons ou détachements qui font partie d'une armée active, d'une part, et les deux tiers dans la portion de corps qui n'est point en campagne, d'autre part, étant dévolus à l'ancienneté, ces vacances sont données aux sous-lieutenants et aux lieutenants les plus anciens du corps.

Tous les officiers de la portion de corps qui est en campagne concourent avec ceux des officiers qui n'en font point partie, mais qui sont portés sur le tableau d'avancement, pour tous les emplois qui reviennent au tour du choix, quelle que soit la portion de corps où les vacances ont lieu.....

Art. 114. — Lorsqu'une place est investie et qu'une délibération du conseil de défense a constaté que toute communication est interrompue avec le Ministre de la Guerre et avec l'armée, l'avancement aux emplois qui deviennent vacants, soit dans le cadre de l'état-major de la place, soit dans les corps de la garnison, pendant la durée du blocus ou du siège, appartient exclusivement aux militaires qui concourent à la défense de cette place.

Art. 118. — Dans le cas prévu par l'article 114, l'avancement roule exclusivement sur les corps de la garnison, d'après les principes posés pour les troupes en campagne.

Les officiers faisant partie des corps ou portions de corps enfermés dans la place ne cessent pas néanmoins de concourir, pour l'avancement à l'ancienneté, avec les officiers de leur grade, soit dans le corps de leur arme dont ils sont séparés, soit dans la portion du corps auquel ils appartiennent et dont ils sont détachés.

sivement au choix, mais l'avancement aux grades de capitaine ou de lieutenant devait être donné moitié à l'ancienneté et moitié au choix. Lorsqu'il n'était pas possible de pourvoir autrement aux vacances, il pouvait être dérogé aux conditions de temps imposées pour passer d'un grade à un autre.

Les dispositions du décret du 6 octobre s'étendaient en outre pour l'infanterie et la cavalerie aux régiments et aux bataillons de marche (1).

Quant aux armes spéciales, l'avancement continuait à y rouler sur toute l'arme, mais d'après les mêmes principes, sauf que les nominations étaient toutes réservées au Ministre (2).

Le 8 octobre, le Secrétaire général de la Guerre faisait d'ailleurs préparer un projet de décret qui aurait appliqué à toutes les armes les règles établies pour l'infanterie et la cavalerie concernant les nominations aux grades de capitaine et lieutenant et la réintégration des officiers démissionnaires. Mais les directeurs de l'artillerie, du génie et de l'intendance de la délégation du ministère de la Guerre, consultés à ce sujet, émirent des avis défavorables (3). Ils firent remarquer que si, en temps normal, l'avancement jusqu'au grade de capitaine se faisait par régiment dans l'infanterie et la cavalerie, il n'en était pas de même dans l'artillerie, le génie et le train des équipages où il se faisait sur l'ensemble de l'arme. Mais surtout, chacun des généraux commandant

---

(1) Dans les bataillons de marche de chasseurs à pied, l'avancement devait même se faire par bataillon jusqu'au grade de capitaine inclusivement, alors que d'après les règles en vigueur, il devait rouler sur l'ensemble des bataillons.

(2) *Décret* du 6 octobre (*M. U.* du 11 octobre).

(3) En 1870, le *corps des équipages militaires* faisait partie des *troupes de l'administration*. (Annuaire militaire pour *l'année 1870*, p. 833).

les divisions territoriales avait sous ses ordres un nombre trop restreint d'officiers d'artillerie, du génie ou du train pour qu'il pût être fait des promotions équitables. Les circonstances pouvaient donc favoriser certains officiers au détriment d'autres plus méritants, sans avantages réels pour le service. A un point de vue plus général, les directeurs intéressés soumettaient encore au Ministre une double observation : en ce qui concernait leur réintégration dans les cadres, les officiers démissionnaires, étaient placés sur le même pied que les officiers en non-activité ; en outre le décret proposé pouvait avoir de fâcheux effets au point de vue de l'aptitude technique des candidats (1).

Le droit pour les généraux commandant les divisions territoriales de nommer aux grades de capitaine, de lieutenant et de sous-lieutenant, ainsi que la faculté de réintégrer les officiers démissionnaires resteront donc limités à l'infanterie et à la cavalerie. Pour l'artillerie, le génie et le train des équipages, il semble, d'après les mesures qui furent prises ultérieurement, que, si le droit de sanctionner toutes les nominations fut réservé au Ministre, les règles générales concernant la réintégration des anciens officiers et les propositions pour l'avancement leur furent néanmoins appliquées.

Pour les nominations aux divers grades d'officiers subalternes dans l'infanterie et la cavalerie, les généraux commandant les divisions actives jouissaient des

---

(1) Délégation du ministère de la Guerre, Note de la 1re direction pour les différents services et projet de décret, Tours, 8 octobre. — Le service du génie faisait en outre remarquer qu'il ne manquait pas de sous-officiers aptes à faire des officiers et que, jusqu'à présent, il avait pu sans difficulté assurer le recrutement de ses cadres.

Le projet de décret ne parle que des nominations à faire dans les « emplois jusqu'au grade de chef de bataillon et d'escadron exclusive-

mêmes pouvoirs que les généraux commandant les divisions territoriales (1). Lorsque les divisions étaient réunies en corps d'armée, le droit de procéder à ces nominations appartenait aux généraux commandant les corps d'armée, mais ils étaient seulement autorisés à combler les vacances produites par les événements de guerre dans l'infanterie, la cavalerie et la garde nationale mobile (2).

Un peu plus tard, les 10 et 12 décembre, les généraux commandant les 1re et 2e armées étaient autorisés à pourvoir dans les mêmes conditions à toutes les vacances jusqu'au grade de colonel inclusivement.

Les 13 et 14 décembre, les mêmes prérogatives étaient données au général commandant le 24e corps et au général commandant l'armée du Nord, mais jusqu'au grade de colonel exclusivement (3).

---

ment, vacants dans les corps de toutes armes » et ne paraît pas envisager les cadres de l'intendance, du service de santé et des services administratifs.

La restriction visant les officiers des armes spéciales semble avoir été appliquée également aux officiers d'état-major.

(1) Le Ministre de la Guerre au Général commandant le 20e corps d'armée à Gien, Tours, 22 novembre. — Plusieurs des décisions ou circulaires antérieures à cette date, concernant le droit de nommer aux divers grades d'officiers subalternes dans l'infanterie et la cavalerie, sont d'ailleurs adressées en même temps aux généraux commandant les divisions territoriales et aux généraux commandant les divisions actives.

(2) Le Ministre de la Guerre au Général commandant en chef l'armée de la Loire et aux Généraux commandant les corps d'armée, Tours, 30 novembre ; le Ministre de la Guerre au Général commandant en chef les 22e et 23e corps d'armée à Lille, Bordeaux, 18 janvier 1871. — Le Ministre de la Guerre avait également autorisé le commandant de la 1re armée à remplacer dans les corps francs les officiers disparus (Le Général commandant en chef la 1re armée au Colonel commandant le génie de l'armée, Nevers, 23 décembre).

(3) Relevé des dispositions qui ont été prises pendant la guerre en

Pour les armes spéciales, des instructions envoyées le 18 décembre rappelaient que les commandants de corps d'armée ne faisaient que de simples désignations et que le Ministre se réservait de faire les nominations. Néanmoins, pour permettre au service de marcher sans interruption, les candidats devaient, en attendant leur nomination, exercer les fonctions du grade ou de l'emploi pour lequel ils étaient proposés (1).

Le droit de nomination aux grades supérieurs accordé aux commandants d'armée fut suspendu par un télégramme du 30 janvier 1871, c'est-à-dire aussitôt après la signature de l'armistice (2).

En ce qui concerne l'infanterie et l'artillerie de la marine, l'avancement, pour chacune d'elles, roulait sur l'ensemble de l'arme. La dispersion dans les colonies des officiers qui pouvaient être appelés à passer à l'ancienneté et la difficulté des communications rendaient laborieuse l'application d'une mesure analogue à celle prise par le Département de la Guerre. On ne pouvait dans ces conditions conférer aux préfets maritimes et aux gouverneurs le droit de faire des nominations provisoires.

Toutefois, lorsqu'au commencement d'octobre plusieurs bataillons d'infanterie de la marine eurent rejoint

---

ce qui touche le mode de nomination et d'avancement aux différents grades dans l'armée (sans date). — Note du Général, directeur par intérim de la 1re direction, pour la 4e direction, Bordeaux, 16 décembre.

D'après cette dernière note, le général commandant le 22e corps d'armée pouvait aussi désigner des colonels et des généraux de brigade, mais seulement provisoirement. Ces officiers devaient attendre la décision du Ministre pour prendre possession de leurs grades.

(1) Le Général commandant en chef l'armée de la Loire au Colonel commandant le génie de l'armée, Nevers, 23 décembre ; le Ministre de la Guerre au Général commandement en chef les 22e et 23e corps d'armée à Lille, Bordeaux, 18 janvier 1871.

(2) Relevé des dispositions qui ont été prises pendant la guerre, etc.

les troupes en formation sur la Loire, le Ministre de la Marine jugea nécessaire de déléguer au commandant du 15ᵉ corps d'armée, qui les avait sous ses ordres, la faculté d'y pourvoir aux emplois de sous-lieutenant. Dans les unités relevant de lui, ce commandant de corps d'armée était ainsi mis à même de récompenser immédiatement les services rendus par les sous-officiers, et surtout de remplacer, tout au moins numériquement, les officiers disparus (1).

Par la suite, cette mesure fut étendue aux armées du Nord et de l'Ouest, dans lesquelles l'infanterie de la marine était également représentée.

Mais le Ministre de la Marine craignit bientôt qu'à la suite de trop nombreuses nominations provisoires, les cadres de l'infanterie de la marine ne prissent une extension qui ne serait plus en rapport avec les besoins normaux. D'autre part, la réunion sous un même commandement de plusieurs corps d'armée et la formation presque entièrement terminée des bataillons de marche d'infanterie de la marine lui permettaient de suivre plus facilement qu'au début les vacances qui s'ouvraient et de procéder aux nominations nécessaires pour les combler. Il abrogea donc, le 4 décembre, le décret du 13 octobre et décida qu'à l'avenir les généraux commandants en chef lui adresseraient, par l'intermédiaire du Ministre de la Guerre, leurs propositions pour pourvoir aux emplois qui viendraient à vaquer dans les détachements d'infanterie de la marine sous leurs ordres (2).

---

(1) *Décret* du 13 octobre [*Bulletin officiel de la Marine* (B. O. M.), 1870-71. *Délégation hors Paris*, p. 21)].

(2) Le Ministre de la Marine aux Généraux en chef et Commandants des corps d'armée et aux Préfets maritimes et Gouverneurs des colonies, Tours, 4 décembre (*B. O. M.*, *loc. cit.*, p. 79).

Grâce à cette mesure, les cadres des officiers de l'infanterie de la marine ne comprenaient, au 12 janvier 1871, que 123 officiers de plus

Le 11 janvier 1871, il était ordonné de procéder pour l'artillerie de la marine comme pour l'infanterie (1).

Pour utiliser enfin toutes les ressources de l'armée susceptibles d'être employées le Ministre décidait le 10 octobre que les sous-officiers de gendarmerie proposés pour l'avancement pourraient être nommés sous-lieutenants dans les corps d'infanterie. Beaucoup d'entre eux en effet ne pouvaient parvenir à passer officier dans leur arme à cause de la rareté des vacances (2).

Une mesure analogue fut prise à la fin de la campagne en faveur des sous-officiers de l'infanterie de la marine, qui, revenus des colonies ou même échappés de captivité, attendaient dans les dépôts un avancement que les cadres restreints de l'arme ne permettaient pas de leur donner. Après entente avec son collègue de la Guerre, le Ministre de la Marine décidait, le 15 janvier, que ceux de ces sous-officiers qui en exprimeraient le désir, pourraient passer dans l'armée de terre avec le grade de sous-lieutenant (3).

Toutes ces mesures ne suffisaient cependant pas à procurer les cadres dont on avait besoin. Aussi la délégation du Gouvernement de la Défense nationale se décidait, le 13 octobre, à suspendre complètement pendant la durée de la guerre les lois réglant les nominations et l'avan-

---

qu'au début de la campagne, sans que l'on ait remplacé d'ailleurs les 149 officiers de l'arme prisonniers de guerre. Les officiers en surnombre étaient en grande majorité des sous-lieutenants (Situation comparative des officiers de l'infanterie de la marine avant la guerre et au 12 janvier 1871).

(1) Le Ministre de la Marine aux Généraux commandants d'armée et de corps d'armée, Bordeaux, 11 janvier 1871.

(2) *Décret* du 10 octobre (*M. U.* du 15 octobre).

(3) Le Ministre de la Marine aux Préfets maritimes, Bordeaux, 15 janvier 1871 (*B. O. M.*, loc. cit., p. 168).

cement dans l'armée. Des avancements extraordinaires pouvaient être accordés en raison des services rendus ou des capacités. Des grades militaires pouvaient même être conférés à des personnes n'appartenant pas à l'armée. Ces derniers, toutefois, ne resteraient pas acquis après la guerre s'ils n'avaient pas été justifiés par quelque action d'éclat ou par d'importants services constatés par le Gouvernement (1).

Comme conséquence de cette dernière décision, Gambetta groupait le 14 octobre, sous la dénomination commune *d'armée auxiliaire*, « les gardes nationales mobiles, les gardes nationaux mobilisés, la légion étrangère, les corps francs et autres troupes armées relevant du ministère de la Guerre, mais n'appartenant pas à l'armée régulière (2) ». Assimilées entièrement l'une à l'autre pendant la durée de la guerre, l'armée auxiliaire et l'armée régulière étaient soumises au même traitement. Leurs troupes pouvaient être fusionnées à tout instant et les officiers appelés à exercer indifféremment leur commandement dans l'une et l'autre armée sans distinction aucune d'origine. Les officiers et les sous-officiers, choisis en dehors de l'armée et nommés en exécution du décret du 13 octobre, appartenaient nécessairement à l'armée auxiliaire, même s'ils étaient affectés directement à un corps régulier. Les anciens officiers et sous-officiers rentrés dans l'armée appartenaient au contraire à l'armée régulière. S'ils déclaraient toutefois que leur reprise de service était limitée à la durée de la guerre, ils n'étaient susceptibles de recevoir d'avancement qu'au titre de l'armée

---

(1) *Décret* du 13 octobre (*M. U.* du 14 octobre).

(2) *Décret* du 14 octobre (*M. U.* du 16 octobre). — Les forces régulières de la France comprenaient cependant en 1870 un *régiment étranger* à quatre bataillons. Sous la dénomination *Légion étrangère*, le décret du 14 octobre vise sans doute les corps de volontaires étrangers, qui étaient venus offrir leurs services à la France.

auxiliaire. A la cessation des hostilités, il serait statué sur tous les grades conférés dans l'armée auxiliaire, et seulement alors, les officiers et sous-officiers de cette armée, qui l'auraient mérité par leur conduite, passeraient dans les cadres de l'armée régulière (1).

En raison de l'accroissement des forces militaires organisées en province, des officiers et sous-officiers appartenant aux cadres de l'armée régulière reçurent, à la suite de ces mesures, des avancements de grade que leurs services antérieurs ne justifiaient pas toujours suffisamment. Aussi, le 3 novembre, Gambetta décidait-il que, dorénavant, les commissions délivrées par le Ministre de la Guerre ou par les généraux commandant les corps d'armée ou les divisions territoriales, seraient établies à *titre provisoire*, toutes les fois que le titulaire ne

---

(1) L'article 4 du décret du 19 octobre relatif à la *Formation d'un conseil administratif dans chaque division* prescrivait en outre : « lorsqu'il ne pourra être pourvu aux emplois par des sujets offrant les conditions requises, le général de division y suppléera au moyen d'officiers ou de sous-officiers de grade inférieur, qui jouiront de toute l'autorité appartenant au grade dont ils exerceront la fonction ».

D'autre part, un avis du 24 novembre prévenait tous les officiers de l'armée active détachés à l'armée de Bretagne et aux autres forces mobilisées avec l'autorisation du Ministre de la Guerre, qu'ils conservaient tous leurs droits à l'avancement dans l'armée régulière à laquelle ils ne cessaient pas d'appartenir (*M. U.* du 26 novembre).

En ce qui concerne les anciens officiers ayant repris du service, il est intéressant de comparer ces dispositions nouvelles avec celles prises à Paris. Un décret du 24 octobre (*J. M. O.*, 2ᵉ sem. 1870, p. 352) prescrivait que les officiers démissionnaires ou retraités, employés dans l'armée active comme auxiliaires pour la durée de la guerre en exécution des lois des 10 et 30 août, concourraient pour l'avancement avec les autres officiers, déduction faite pour le calcul de l'ancienneté de grade du temps passé hors du service. Après la guerre, les officiers démissionnaires pouvaient sur leur demande être maintenus dans l'armée, et pour les officiers retraités rappelés à l'activité, il devait être procédé à une nouvelle liquidation de la pension de retraite.

se trouverait pas dans les conditions requises pour l'avancement. A la suite d'une action d'éclat ou de services exceptionnels, ces commissions pouvaient être rendues définitives. En tout cas, à la fin de la guerre, les commissions provisoires devaient être classées d'après le mérite des titulaires, et toutes celles qui s'appuieraient sur des services rendus justifiés et suffisants, deviendraient définitives (1).

Par ces différentes dispositions, le Gouvernement entendait laisser aux autorités militaires le soin de choisir les candidats destinés à combler les vacances dans les unités sous leurs ordres. Les mêmes vides existaient à peu près partout, et l'administration centrale ne pouvait le plus souvent pourvoir aux besoins d'un corps sans porter préjudice à ceux d'un autre. D'autre part, le Ministre voulait, aux différents degrés de la hiérarchie, rehausser l'autorité des chefs sur leurs subordonnés, en leur laissant la plus grande influence sur l'avancement des officiers et des sous-officiers. Lorsqu'une vacance se produisait, les généraux devaient rechercher dans les unités sous leurs ordres les moyens de la combler et faire des propositions en conséquence au Ministre, qui se réservait seulement la sanction définitive (2).

Comme dernière ressource enfin, le Ministre décidait, le 10 novembre, que les candidats reconnus admissibles à l'École spéciale militaire de Saint-Cyr, à la suite des

---

(1) *Décret* du 3 novembre (*M. U.* du 5 novembre).
(2) *Circulaire* du 5 novembre (*M. U.* du 7 novembre). — Il importe en effet de remarquer que si les généraux avaient le droit de nommer aux différents emplois d'officiers subalternes dans l'infanterie et la cavalerie, toutes ces nominations étaient ratifiées par un décret ministériel inséré au *Moniteur Universel*. Comme le disait la circulaire du 5 novembre « rien n'asseoit mieux l'autorité d'un général sur ses troupes que cette influence exercée quotidiennement sur l'avancement des offi-

examens écrits pourraient, à titre provisoire, être nommés sous-lieutenants d'infanterie (1). Les généraux commandant les divisions militaires avaient le droit de faire

---

ciers et sous-officiers. Ceux-ci, sachant que leur sort dépend en partie du chef sous lequel ils agissent, s'attachent davantage à mériter son attention par leur bon service, et renoncent aux moyens extérieurs d'influence auprès de l'administration ».

(1) *Circulaire* du 10 novembre (*M. U.* du 11 novembre). — Les dispositions de cette circulaire n'étaient applicables qu'aux candidats déjà liés au service ou qui contracteraient un engagement pour la durée de la guerre. Une circulaire du 24 novembre (*M. U.* du 28 novembre) donnait des instructions de détail pour l'application de cette décision.

Comme conséquence de cette mesure, une circulaire du 16 novembre (*M. U.* du 19 novembre) décidait que tous les candidats ayant subi les examens de l'École spéciale militaire sans avoir été reconnus admissibles, seraient reçus à servir comme sous-officiers dans l'infanterie, s'ils contractaient un engagement pour la durée de la guerre. Ceux de ces candidats servant à la date du 16 novembre dans la cavalerie, étaient admis à bénéficier dans leur arme de cette décision.

Antérieurement, un avis inséré au *M. U.* du 19 octobre avait prévenu les candidats à l'École spéciale militaire qu'il ne serait pas établi de liste d'admission en 1871 et qu'il n'était pas question d'ouvrir de cours dans une ville de l'intérieur pendant la durée de la guerre. Ceux d'entre eux appartenant à la classe 1870 étaient invités à rejoindre les corps auxquels ils étaient affectés.

Une décision insérée au *M. U.* du 26 octobre maintenait au contraire jusqu'à nouvel ordre dans leurs foyers les jeunes gens admis à l'École polytechnique faisant partie de la classe 1870. Ils pouvaient cependant être utilisés pour la défense du territoire par les autorités locales. Le *M. U.* du 26 novembre reproduit la liste d'admission qui avait déjà figuré au *J. O.* du 12 septembre.

Un communiqué inséré au *M. U.* du 23 décembre avisait les candidats que les cours de la première année d'études de l'École polytechnique ouvriraient à Bordeaux, le 2 janvier 1871, sous la direction du président de la Commission scientifique de la Défense nationale. Les élèves ayant contracté un engagement pour la durée de la guerre étaient déliés de cet engagement. S'ils préféraient rester sous les drapeaux, les droits attachés à leur titre d'élève de l'École polytechnique étaient entièrement réservés.

Deux décrets en date du 30 novembre (*M. U.* du 2 décembre) et

ces nominations, mais le Ministre recommandait d'envoyer toujours ces jeunes officiers dans les dépôts, afin d'y apprendre leur métier avant d'être affectés aux bataillons actifs (1).

Plus tard même, le 25 janvier 1871, la délégation du Gouvernement de la Défense nationale ordonnait que les jeunes gens de la classe 1871, candidats à l'École polytechnique ou à celle de Saint-Cyr, pourraient être nommés sous-lieutenants à titre provisoire, après un stage d'instruction de six semaines suivi d'un examen. Le Ministre de la Guerre se réservait d'ailleurs le droit de ne pas confirmer à l'issue de la guerre les grades accordés à titre provisoire en vertu du présent décret (2).

En dehors des mesures qui viennent d'être exposées

---

du 20 janvier 1871 (*M. U.* du 25 janvier) reculèrent d'un an la limite d'âge d'admission à l'École polytechnique, pour tous les candidats à cette école, à partir de la classe 1871, qui justifieraient de leur présence sous les drapeaux pendant la durée de la guerre.

Les candidats à l'École du Service de santé militaire furent prévenus, dès le 23 octobre (*M. U.*), qu'il ne serait pas établi de liste d'admission ni ouvert de cours dans une ville de l'intérieur. Ceux qui appartenaient à la classe de 1870 étaient invités à rejoindre les corps pour lesquels ils étaient désignés.

Enfin, le 19 novembre (*M. U.* du 23 novembre), le Ministre de la Guerre décidait que les élèves du Prytanée militaire, âgés de 17 ans révolus, pouvaient être admis comme sous-officiers dans les corps d'infanterie, s'ils contractaient un engagement pour la durée de la guerre.

(1) Le Ministre de la Guerre aux Généraux commandant les deux armées et aux Généraux commandant les divisions militaires, D. T., Bordeaux, 30 décembre.

Par une circulaire du 6 novembre, le Ministre de la Marine décida également que les admissibles à l'École de Saint-Cyr, engagés dans les régiments de l'infanterie de la marine, pourraient recevoir des commissions de sous-lieutenants à titre provisoire, délivrées par les préfets maritimes, s'ils étaient reconnus avoir une pratique suffisante pour remplir les fonctions d'officier (*B. O. M., loc. cit.*, p. 29).

(2) Décret du 25 janvier 1871 (*M. U.* du 28 janvier 1871). — La

et qui avaient pour but d'improviser en quelque sorte des cadres d'officiers, le Ministre de la Guerre avait proposé à diverses reprises par la voie diplomatique au Gouvernement prussien de procéder à des échanges, qui auraient permis à des officiers de carrière prisonniers sur parole ou captifs en Allemagne de revenir prendre place dans les nouvelles formations. Aucune réponse

---

classe 1871 avait été appelée à l'activité par un décret du 5 janvier. Dans le but de sauvegarder les intérêts des candidats aux écoles militaires et aussi « de ne confier le grade de sous-lieutenant qu'à des jeunes gens capables et dignes d'en remplir convenablement l'emploi », le décret du 25 janvier prescrivait que ces jeunes gens devaient d'abord justifier de leurs chances de succès aux examens au moyen d'un certificat délivré par le chef de l'établissement d'instruction publique de l'État ou autre, où ils faisaient leurs études. Les candidats à l'École polytechnique pouvaient être nommés sous-lieutenants dans une arme quelconque; les candidats à l'École de Saint-Cyr ne pouvaient servir que dans l'état-major, la cavalerie ou l'infanterie. Il appartenait au Ministre de répartir les candidats selon les besoins.

Les jeunes gens classés pour l'infanterie, la cavalerie ou l'état-major devaient être réunis dans les chefs-lieux des divisions militaires désignés par le Ministre. Ceux classés pour l'artillerie étaient groupés à Toulouse, et ceux pour le génie à Montpellier. Après un stage d'instruction de six semaines, pendant lequel ils étaient initiés à la pratique de leur métier en campagne, les candidats subissaient un examen devant une commission constituée dans chaque centre. Ceux qui justifiaient de connaissances suffisantes étaient immédiatement nommés sous-lieutenants. Un délai de quinze jours était accordé aux autres, qui, après un nouvel échec, devaient être incorporés dans des régiments comme simples soldats. Pendant la durée de leur stage, ces jeunes gens recevaient la solde et les prestations de sous-officier. Ceux dont le grade ne serait pas confirmé par le Ministre après la campagne bénéficieraient des conditions accordées aux militaires candidats aux Écoles spéciales, tout en étant dispensés des deux ans de service exigés pour cette catégorie de candidats.

L'article final du décret du 25 janvier 1871 spécifiait enfin que tout sous-officier ou soldat sous les drapeaux, antérieurement déclaré admissible à une école militaire, était de plein droit promu sous-lieutenant dans son arme à titre provisoire.

n'étant parvenue, le Ministre invitait, le 25 novembre, les généraux commandant les corps d'armée à se mettre immédiatement en communication avec les commandants des troupes ennemies en présence de nos avant-postes et de s'informer près d'eux s'ils étaient disposés à faire des échanges (1).

Malgré la pénurie d'officiers de carrière dont on avait pourtant un si pressant besoin, le Gouvernement de la Défense nationale ne fit cependant jamais appel, pour encadrer les formations nouvelles envoyées sur le théâtre de la guerre, aux officiers qui, tombés entre les mains de l'ennemi, avaient cru pouvoir rentrer en France après avoir signé un engagement écrit de ne plus servir contre la Prusse pendant la durée des hostilités (2).

Le 18 septembre, le général Le Flô ordonnait tout d'abord que ces officiers seraient immédiatement, ou

---

(1) Le Ministre de la Guerre aux Généraux commandant les corps d'armée, Tours, 26 novembre. — Il n'a été retrouvé jusqu'ici aucun document permettant d'établir d'une façon certaine la suite qui fut donnée à cette proposition. Il est certain cependant que des échanges eurent lieu et il semble que ce furent surtout des officiers prisonniers sur parole en France qui en bénéficièrent.

(2) Pour apprécier les circonstances qui purent amener certains officiers à « signer le revers » se reporter à : *La Guerre de 1870-71. L'armée de Châlons*, t. III, p. 263 et suiv.

D'après une minute retrouvée dans les Archives du ministère de la Marine, la formule de l'engagement exigé des officiers prisonniers aurait été la suivante :

Je soussigné (nom, prénoms, etc.....), m'engage pendant toute la durée de la guerre contre le Gouvernement français à ne point remplir de service militaire et à n'exercer aucune autre espèce d'action contraire aux intérêts de l'Allemagne et je m'y engage sur ma parole d'honneur.

Sedan, le   septembre 1870.

(*Nom, prénoms, grade, régiment et corps.*)

Les officiers signataires de cet engagement reçurent des sauf-conduits des commissaires allemands pour rentrer en France.

aussitôt après guérison de leurs blessures, dirigés sur l'Algérie pour être mis à la disposition du gouverneur général intérimaire (1). Quelques jours après cependant, à Tours, l'amiral Fourichon revenait en partie sur cette mesure, car une décision du 25 septembre indiquait que certains d'entre eux pouvaient être pourvus d'un emploi dans les dépôts (2). Mais, dans ce cas, les officiers signa-

---

(1) Le Ministre de la Guerre aux Généraux commandant les divisions militaires, Paris, 18 septembre. — Dans la séance tenue à Paris le 17 septembre, à 10 heures du soir, par le Gouvernement de la Défense nationale, il fut décidé, sur la proposition du général Trochu, que les officiers et soldats ayant consenti, après la capitulation de Sedan, à reprendre leur liberté sous la condition de ne plus porter les armes contre l'Allemagne, seraient dirigés sur l'Algérie (*Gouvernement de la Défense nationale, Procès-verbaux des séances du conseil*, etc., p. 131).

Il ressort de dossiers consultés aux Archives administratives du ministère de la Guerre que ces officiers furent très mal accueillis en Algérie et qu'ils furent même l'objet de manifestations hostiles de la part de la population. Pour éviter le retour de pareils faits et calmer l'opinion publique, l'autorité militaire aurait même dû les renvoyer en France.

(2) Le Ministre de la Guerre aux Généraux divisionnaires et aux Intendants militaires, Tours, 27 septembre. — La décision prescrivant l'emploi dans les dépôts des officiers prisonniers sur parole n'a pas été retrouvée. En tout cas, cette mesure ne fut pas générale et semble n'avoir été prise que pour l'infanterie, ainsi qu'il ressort d'une circulaire du 30 octobre, qui rappelle d'envoyer immédiatement en Algérie, les officiers de cavalerie se trouvant dans cette position.

Cependant, le Ministre de l'Intérieur et de la Guerre adressait le 14 octobre la dépêche suivante au Préfet de l'Hérault : « Les lois de l'honneur militaire interdisent de la manière la plus absolue aux officiers signataires de capitulation de reprendre du service pendant la durée de la guerre. C'est une règle que la République ne veut pas enfreindre. Nos soldats ont pu être vaincus, la République ne leur permettra pas de se déshonorer. Une mesure générale a été prise pour l'envoi de ces officiers en Algérie. Avisez ceux qui pourraient réclamer auprès de vous. » (J. Reinach, *Dépêches, circulaires, décrets, proclamations et discours de Léon Gambetta*, t. I, p. 467).

Le 7 novembre enfin, le délégué à la guerre rappelait au général de Loverdo, qu'en dehors de trois officiers généraux qu'il désignait nomi-

taires de l'engagement furent laissés seuls juges de l'étendue des obligations qu'ils avaient souscrites. Ceux qui pensèrent pouvoir reprendre du service actif dans les dépôts furent employés à l'administration et à l'instruction des recrues; jamais ils ne firent partie des cadres des unités appelées à prendre part aux opérations de guerre. Au point de vue de l'avancement, ils furent considérés comme des prisonniers de guerre et traités comme tels, c'est-à-dire qu'ils ne purent être nommés qu'au grade immédiatement supérieur et à l'ancienneté, avec la restriction en plus d'être toujours laissés aux dépôts. L'avancement d'un officier prisonnier sur parole pouvait même être ajourné si cette mesure permettait d'avoir des officiers en état de marcher sur-le-champ. Quant aux officiers qui estimèrent ne pouvoir même pas concourir au service dans les dépôts, ils furent mis en non-activité (1).

Il ne faut pas oublier, d'autre part, le concours pré-

---

nativement, il ne devait plus y avoir en Algérie que des officiers prisonniers sur parole (Le Délégué à la guerre au général de Loverdo, Tours, 7 novembre).

(1) Le Ministre de la Guerre aux Généraux commandant les divisions militaires, Tours, 28 septembre ; Le même aux mêmes, D. T., Tours, 26 octobre, 7 heures soir.

En ce qui concerne particulièrement les officiers d'infanterie de marine revenus de l'armée de Châlons, après avoir prêté serment de ne plus servir contre l'ennemi pendant la durée de la guerre, une circulaire du Ministre de la Marine du 22 septembre les laissait libres d'examiner s'ils pouvaient encore servir loin du théâtre de la guerre, soit dans les dépôts soit dans les colonies, ou bien si leur serment leur interdisait toute fonction militaire de leur grade, auquel cas ils devaient être mis en non-activité.

Le Ministre ajoutait ensuite : « Je suis informé que divers officiers se sont émus de la position qui leur était ainsi faite. Ils ont représenté que tous les officiers compris dans la capitulation de Sedan étaient, au même titre, prisonniers de guerre, et que ceux qui sont rentrés en France sur parole doivent, comme ceux de leurs camarades

cieux qu'apportèrent à la délégation du Gouvernement de la Défense nationale les officiers de tous grades, qui, à la faveur du désordre inévitable, parvinrent à s'échapper lors des capitulations de Sedan et de Metz ou qui purent

envoyés en pays ennemi, être traités comme prisonniers de guerre, être maintenus en activité et avoir droit à la solde de captivité ».

« Je crois devoir faire remarquer que la situation de ces deux catégories d'officiers est tout à fait différente. Le prisonnier de guerre impose à l'ennemi des frais de garde, des dépenses de vivres, l'emploi d'un certain nombre de soldats écartés ainsi du sol national. Il se peut enfin que, par un effort vigoureux dont l'histoire offre des exemples, le prisonnier de guerre sur le sol ennemi lui fasse subir des pertes de personnel et de matériel. Il peut, surtout, parvenir à s'échapper, et rentrer ainsi en France, libre de tout engagement. Il est donc impossible d'établir aucune parité entre la situation des officiers dont il s'agit..... » (*B. O. M.*, *loc. cit.*, p. 10.)

Une autre circulaire du 1er décembre mettait en demi-solde les officiers des différents corps de la marine, qui, à la suite de la prise de Strasbourg, avaient signé l'engagement de ne plus servir contre la Prusse. Cette décision était motivée par la considération « que les officiers qui, par leur serment, s'étaient mis dans l'impossibilité de suivre les destinations qui résultaient de leur position militaire, ne devaient pas être traités plus favorablement que ceux qui subissaient leur captivité en Allemagne » (*Ibid.*, p. 77).

Le 17 décembre, une décision qui rendait applicable aux officiers dépendant du ministère de la Marine les prescriptions du décret du 10 novembre, accordant aux officiers évadés des prisons de l'ennemi une indemnité de 750 francs pour perte d'effets, rappelait que les prescriptions réglementaires refusaient une allocation semblable aux officiers ayant pris un engagement quelconque avec la Prusse (*Ibid.*, p. 81).

Les instructions envoyées tant par le Ministre de la Guerre que par celui de la Marine se montrent certes peu bienveillantes pour les signataires du revers. Elles ne soulignent pas assez cependant la réprobation méritée par ces officiers, qui, méconnaissant les obligations que leur imposaient à la fois les règlements militaires et le sentiment de leurs devoirs professionnels, n'ont pas hésité à séparer leur sort de celui de leurs soldats.

Immédiatement après la guerre, l'Assemblée nationale s'émut de la reproduction par des journaux français de publications allemandes rela-

s'évader des prisons d'Allemagne. Ils vinrent dès leur rentrée en France offrir leurs services. Un décret du 6 novembre (1) rappelait du reste aux officiers qui n'avaient contracté aucun engagement avec l'ennemi qu'ils devaient rejoindre dans un délai de huit jours (2).

En dehors des cadres fournis aux bataillons de fusiliers et aux compagnies de canonniers marins qui furent envoyés aux corps d'opérations ou affectés à la défense des places et des positions fortifiées, les officiers des équipages de la flotte de tous grades furent encore mis à contribution pour concourir à la défense nationale en province. Certains furent placés à la tête de divisions ou subdivisions territoriales. D'autres furent appelés à commander des brigades, des divisions et même des corps d'armée actifs. Plusieurs furent employés dans les états-majors ou comme adjoints des officiers commandant les artilleries divisionnaires ou les réserves d'artillerie. Quelques-uns obtinrent de servir dans la garde nationale mobile, la garde nationale mobilisée ou même des corps francs.

De même, des officiers du commissariat suppléèrent au manque de fonctionnaires de l'intendance dans les

---

tives à des officiers français, qui, au mépris d'engagements d'honneur, seraient rentrés en France et y avaient repris du service. Le Ministre de la Guerre prescrivit, le 22 février 1871, de lui adresser un état nominatif des officiers qui auraient pu se mettre dans ce cas; chacun d'eux devait en même temps exposer par lettre les motifs qui l'avait fait agir (Le Ministre de la Guerre aux Généraux commandant les divisions militaires et les corps d'armée, Bordeaux, 22 février 1871). Ceux de ces officiers dont les explications parurent insuffisantes furent traduits devant des conseils d'enquête.

(1) *M. U.* du 8 novembre.

(2) Un décret du 10 novembre alloua aux officiers rentrés en France après évasion une indemnité de 750 francs pour s'habiller et s'équiper de nouveau.

formations de campagne, et des officiers du corps de santé de la marine exercèrent dans les hôpitaux et les ambulances de la guerre.

Le nombre de ces différents officiers mis ainsi à la disposition du Département de la Guerre se serait élevé à 194 (1).

En résumé, après avoir épuisé toutes les ressources que pouvaient offrir les dépôts et avoir fait appel au concours des anciens officiers démissionnaires ou en retraite (2),

---

(1) État numérique des bataillons de marche et détachements de marine qui ont été affectés à la défense de Paris et mis à la disposition de la Guerre depuis le commencement de la guerre jusqu'à la paix, Paris, 26 juin 1873 (Arch. Mar.).

Ce chiffre de 194 semble ne comprendre que les officiers isolés mis à la disposition de la Guerre en province. Les officiers hors cadres de la marine détachés à Paris comptèrent en effet au 1er des bataillons de marins constitués pour la défense de cette place.

La position et l'administration des officiers mis à la disposition du Département de la Guerre furent réglées par une circulaire du Ministre de la Marine du 14 novembre (*B. O. M.*, *loc. cit.*, p. 34). Ils devaient, ainsi que les marins-ordonnances, compter pour la solde et les services sur un rôle spécial d'équipage, qui prendrait le nom de *Bretagne annexe* et dont la comptabilité serait centralisée au port de Brest. Les officiers servant dans l'armée régulière, la garde nationale ou les corps francs, et rétribués à ce titre par les Départements de la Guerre ou de l'Intérieur, étaient considérés comme en congé sans solde. Les autres percevaient la solde à la mer, avec les indemnités de séjour prévues par les décrets en vigueur.

Les officiers faisant partie des armées d'opérations devaient recevoir par les soins de l'Administration de la Guerre les tentes, cantines et objets de campement prévus pour les officiers de leurs grades de la terre. Ceux ayant droit à une monture touchaient à la remonte leurs chevaux, dont la nourriture était assurée par les subsistances militaires. Les objets de sellerie leur était également remis à titre provisoire et gratuit. Si ces différentes prestations ne pouvaient être délivrées en nature, le Ministre de la Guerre devait allouer aux intéressés une indemnité dont il déterminerait la quotité.

(2) Depuis le commencement de la guerre, de nombreux généraux,

le Gouvernement de la Défense nationale se vit obligé de recourir à des mesures exceptionnelles pour constituer les cadres des formations qu'il mettait sur pied. D'une façon générale, la bonne volonté et le courage ne firent pas défaut à ces officiers improvisés, mais l'exposé de la deuxième partie de la guerre fera malheureusement ressortir trop souvent leur inexpérience générale, leur instruction professionnelle insuffisante, et le peu d'autorité et d'influence qu'ils surent prendre sur leurs subordonnés.

Mesures concernant spécialement les officiers de la garde nationale mobile. — Pour des motifs qu'il n'a pas été possible de déterminer exactement, de nombreuses démissions se produisirent dans les cadres des officiers de la garde nationale mobile lorsqu'on voulut mettre sur pied les unités dont l'organisation était prévue ; les mutations incessantes qui en résultèrent n'étaient pas sans apporter une grande gêne à la mobilisation (1).

Aussi, le Ministre de la Guerre décidait le 8 septembre que les officiers de la garde nationale mobile qui, à l'ave-

---

appartenant à la 2º section du cadre de l'état-major général de l'armée, avaient également été rappelés à l'activité, tant par le Gouvernement impérial que par le Gouvernement de la Défense nationale. Une décision ministérielle du 13 novembre, insérée au *M. U.* du 14, prescrivit pour la province que les généraux de brigade de la 2º section rappelés à l'activité, ayant plus de 65 ans, seraient relevés de leur commandement et rentreraient dans le cadre de réserve à dater du 20 novembre. Ils devaient cependant rester en fonction jusqu'à l'arrivée de leurs successeurs. Toutefois, de très rares exceptions pouvaient être faites en raison de services spéciaux ou de difficultés de remplacement.

(1) On pourrait peut-être imputer la cause de ces démissions à la manière dont avaient été recrutés les officiers de la Garde nationale mobile par le gouvernement déchu. — Cf. *La Guerre de 1870-71. Mesures d'organisation depuis le début de la guerre jusqu'au 4 septembre et situation des forces françaises au 1ᵉʳ septembre*, p. 20-31.

nir, offriraient leur démission, sans appuyer leur détermination par des motifs sérieux et constatés, seraient révoqués, sans préjudice des obligations auxquelles ils resteraient soumis selon leur âge comme simples soldats dans l'armée active, la garde nationale ou la garde nationale sédentaire (1).

Immédiatement après le 4 septembre, il se produisit dans de nombreux bataillons de la garde nationale mobile un vif mouvement de mécontentement contre certains officiers, soit parce qu'ils pouvaient devoir leur grade au seul favoritisme du gouvernement disparu, soit parce que sans titres militaires antérieurs, ils ne semblaient pas posséder les capacités nécessaires pour exercer leur commandement. Les nombreuses pétitions qui lui furent adressées dans ce sens paraissent avoir déterminé le Gouvernement de la Défense nationale à décréter le 17 septembre que les officiers seraient nommés dans chaque bataillon à l'élection, aux jours fixés par l'autorité militaire du département (2). Une note ministérielle fixait peu après les règles à suivre pour le classement des officiers, dont les nominations prenaient date du jour de l'élection (3); mais, comme il importait de pouvoir réparer une erreur, au cas où les suffrages se seraient égarés sur un candidat indigne de porter l'épaulette, un décret du 13 octobre autorisait le Gouvernement à prononcer la révocation de tout officier dont les antécédents seraient de nature à compromettre la dignité de son grade et la considération du corps qui l'avait élu. La même peine pouvait s'appliquer à ceux qui se rendraient coupables

---

(1) Le Ministre de la Guerre aux Généraux commandant les divisions et les subdivisions militaires, Paris, 8 septembre.
(2) *Décret* du 17 septembre (*J. M. O.*, 2ᵉ semestre 1870, p. 498). — Cf. *La Guerre de 1870-71. L'Investissement de Paris*, t. I, p. 32.
(3) *Note ministérielle* du 1ᵉʳ octobre (*J. M. O.*, 2ᵉ semestre 1870, p. 543).

soit d'inconduite soutenue soit d'actes d'indélicatesse. Le même décret donnait au Ministre de la Guerre le droit d'annuler les élections pour cause d'irrégularités constatées dans les opérations (1).

On sait d'ailleurs que ces différentes mesures, datées de Paris, ne furent généralement pas appliquées en province (2).

C'est du moins ce qui ressort d'une circulaire du 21 décembre. Comme on le pratiquait déjà pour les officiers de l'armée régulière, les généraux commandant les armées ou les divisions militaires étaient autorisés par dérogation à l'article 8 de la loi du 1er février 1868, à nommer dorénavant à tous les emplois d'officiers vacants dans la garde nationale mobile jusqu'au grade de capitaine inclusivement, à charge d'en rendre compte succinctement au Ministre. Dans les mêmes conditions, ils avaient également le droit de prononcer les cassations, révocations, destitutions, permutations, etc.

En ce qui concernait les officiers supérieurs, les généraux devaient adresser des propositions au Ministre de la Guerre qui se réservait le droit de statuer à leur sujet (3).

Mesures concernant spécialement les officiers de la garde nationale mobilisée. — Les nécessités de la défense nationale amenèrent la délégation du Gouvernement en

---

(1) *Décret* du 13 octobre (*J. M. O.*, 2° semestre 1870, p. 536). — Un officier révoqué ne pouvait plus se présenter pour un grade quelconque dans aucun bataillon ou batterie de la garde nationale mobile.

(2) Cf. *La Guerre de 1870-71. L'Investissement de Paris*, t. I, p. 40-41.

(3) Le Ministre de la Guerre aux Généraux commandant les armées, les corps d'armée, les camps d'instruction, les divisions et subdivisions militaires, Bordeaux, 21 décembre (*M. U.* des 26-27 décembre).

province à mobiliser la garde nationale sédentaire (1). D'après un décret du 11 octobre, la garde nationale mobilisée devait être organisée dans les communes en compagnies de 100 à 250 hommes. Dans chaque canton, les compagnies étaient groupées en un ou plusieurs bataillons. La réunion des bataillons cantonaux formait par arrondissement une légion commandée par un colonel ou lieutenant-colonel. Dans chaque département, les légions constituaient une brigade, placée sous les ordres d'un commandant supérieur (2).

La loi du 12 août 1870, qui avait rétabli la garde nationale sédentaire dans tous les départements, prescrivait de choisir les officiers à élire parmi les anciens militaires. Le décret du 11 octobre ne maintenait pas pour la garde nationale mobilisée cette restriction, que le rappel à l'activité des anciens militaires rendait d'ailleurs inapplicable. En outre, si le principe de l'élection établi par la loi du 13 juin 1851 devait être appliqué pour tous les grades, jusqu'à celui de chef de bataillon inclusivement, le Ministre de l'Intérieur se réservait la nomination des chefs de légion et des commandants supérieurs.

Il devait être procédé à l'élection des officiers, sous-officiers et caporaux dans les deux jours qui suivraient la formation des compagnies.

« L'élection, on doit le reconnaître, ne donna pas partout des résultats également satisfaisants. A côté de quelques choix excellents à tous points de vue, il se trouva, dans certains départements, des officiers insuffisants, soit sous le rapport de l'instruction militaire soit sous le rapport des connaissances générales. Mais peut-être faut-il l'attribuer moins aux inconvénients du sys-

---

(1) *Décrets* du 29 septembre et du 2 novembre (*M. U.* du 2 octobre et du 5 novembre).
(2) *M. U.* du 13 octobre.

tème électif qu'à la pénurie de candidats capables, et il est permis de se demander si le droit de nomination directe conféré au Gouvernement dans les circonstances que l'on traversait, et eu égard à la rapidité avec laquelle il fallait opérer, aurait donné des résultats sensiblement meilleurs ».

Les nominations des chefs de légion et des commandants supérieurs réservées au Ministre de l'Intérieur permirent d'apprécier les « difficultés presque insurmontables qu'aurait rencontrées la constitution des cadres, si le Gouvernement n'avait laissé une large part à l'élection. Ayant elle-même à faire face à des nécessités multiples et pressantes, l'Administration de la Guerre ne put prêter au Département de l'Intérieur qu'un concours forcément restreint. Dès l'origine, elle déclara qu'aucun officier de l'armée en activité de service ne pouvait être mis à la disposition des corps mobilisés, et qu'elle était au contraire disposée à accepter, pour former les cadres de l'armée auxiliaire, le concours de jeunes gens que leurs antécédents, leurs études spéciales ou leurs aptitudes particulières rendraient propres à des emplois d'officiers. Le ministère de la Marine se trouva également dans l'impossibilité de céder aucun officier à la garde nationale mobilisée. Il fallut donc choisir les chefs de légion et les commandants supérieurs parmi les officiers retraités, souvent aussi faire appel au patriotisme d'hommes dont le courage et le dévouement étaient incontestables, mais qui n'avaient pas à un degré suffisant l'expérience des choses militaires (1) ».

Si à l'origine, l'encadrement de la garde nationale mobilisée se heurta à ces difficultés, il semble cependant que, dans le courant de la campagne, la Guerre et la

---

(1) Henry Durangel, *Rapport sur les dépenses de la mobilisation des gardes nationales*, p. 12.

Marine fournirent un certain nombre de commandants supérieurs et de chefs de légion, qui, en ce qui concerne les officiers de l'armée de terre, provenaient surtout des officiers échappés de Metz sans avoir signé d'engagement avec l'ennemi. La date de la capitulation de cette place (27 octobre) correspond, en effet, avec l'époque à laquelle fut constituée la garde nationale mobilisée (1). Ce n'était d'ailleurs là qu'une application du décret du 14 octobre qui, en fusionnant l'armée régulière et l'armée auxiliaire pendant la durée de la guerre, avait décidé

---

(1) Les 90 commandants supérieurs dont les noms sont cités par M. A. Martinien, dans sa brochure, la *Garde nationale mobilisée*, peuvent, au point de vue de leurs origines et de leurs grades antérieurs, être répartis comme il suit :

Officiers de l'armée active hors cadres, 26 (1 colonel, 4 lieutenants-colonels, 10 commandants, 8 capitaines, 1 capitaine de frégate, 1 lieutenant de vaisseau, 1 adjudant d'administration) ;

Officiers en retraite, 46 (1 général, 3 colonels, 8 lieutenants-colonels, 19 commandants, 12 capitaines, 2 capitaines de vaisseau, 1 capitaine de frégate) ;

Officiers démissionnaires, 9 (5 capitaines, 3 lieutenants, 1 sous-lieutenant);

Divers, 9 (2 capitaines d'infanterie en non-activité, 1 interprète militaire en retraite, 1 percepteur (ex-officier), 1 ancien officier de marine, 1 ancien sous-officier de cavalerie, 1 ancien sous-officier de la légion étrangère, 1 préfet de département, 1 civil).

De même, sur les 393 chefs de légion, commandants de régiments ou commandants de bataillons indépendants cités dans la même brochure, il y avait :

Officiers de l'armée active hors cadres, 43 (6 commandants, 23 capitaines, 8 lieutenants, 3 lieutenants de vaisseau, 2 adjudants d'administration et 1 commis de la marine);

Officiers en retraite, 128 (3 colonels, 4 lieutenants-colonels, 47 commandants, 64 capitaines, 5 lieutenants, 1 sous-lieutenant, 4 officiers de marine dont 2 capitaines de frégate et 1 lieutenant de vaisseau);

Officiers démissionnaires, 62 (15 capitaines, 28 lieutenants, 16 sous-lieutenants, 1 lieutenant de vaisseau, 2 enseignes de vaisseau);

Anciens officiers, 21 (dont 1 capitaine en non-activité, 1 capitaine de

en même temps que les officiers pourraient exercer indifféremment leur commandement dans l'une ou l'autre armée, sans distinction aucune d'origine.

Un décret du 8 novembre (1) décidait que la garde nationale mobilisée serait, au point de vue disciplinaire, soumise à la loi du 13 juin 1851. Parmi les peines applicables, la privation du grade était prévue. Cette mesure devait être prononcée : pour les officiers, par le Ministre de l'Intérieur sur le rapport du commandant supérieur ; pour les sous-officiers et caporaux, par le commandant supérieur. Le même décret ajoutait qu'une fois mise à la disposition du Ministre de la Guerre, la garde nationale mobilisée serait soumise à la discipline de l'armée régulière, ainsi que cela avait été prévu par le décret d'organisation du 11 octobre.

Dès lors, le principe des nominations à l'élection jusqu'au grade de chef de bataillon inclusivement ne pouvait plus subsister. Il ne fut, en effet, appliqué qu'au moment de la constitution des unités de la garde nationale mobilisée ; lorsque le 25 novembre, des camps d'instruction

---

cavalerie réformé pour infirmités, 1 adjudant d'administration en réforme, 5 anciens officiers de marine) ;

Anciens sous-officiers, 39 ;

Anciens brigadiers ou caporaux, 2 ;

Ancien militaire 1 ;

Officiers provenant de la mobile, de la garde nationale sédentaire ou des corps francs, 8 (1 lieutenant-colonel et 1 commandant de mobile, 3 commandants de la garde nationale, 1 ancien colonel de la garde nationale, 1 commandant et 1 capitaine de francs-tireurs) ;

Fonctionnaires ou de professions diverses, 12 (1 agent-voyer, 1 sous-inspecteur des forêts, 1 employé des télégraphes, 1 avocat, 1 capitaine des douanes, 2 anciens officiers étrangers, 1 capitaine au long cours, 1 ingénieur des mines, 1 ingénieur civil, 1 député, 1 maire) ;

Civils ou sans services militaires, 29 ;

Dont la situation antérieure n'a pu être précisée, 50.

(1) *M. U.* du 9 novembre.

furent organisés, pour l'instruction des mobilisés, il fut décidé qu'à partir du jour de l'arrivée des troupes, toute nomination à faire dans les cadres relèverait de l'Administration de la Guerre et serait prononcée par le commandant du camp, le Ministre se réservant toujours celle des chefs de légion et des commandants supérieurs (1).

Peu après d'ailleurs, une circulaire du Ministre de la Guerre, datée du 21 décembre, mettait la garde nationale mobilisée sur le même pied que l'armée active et la mobile. Il était rappelé que du jour où elles étaient remises à l'autorité militaire, les gardes nationales mobilisées appartenaient à l'Administration de la Guerre. En dehors des pouvoirs exceptionnels donnés aux généraux commandant les 1re et 2e armées et les 22e et 24e corps, les généraux commandant les camps d'instruction et les divisions territoriales devaient pourvoir à tous les emplois vacants dans la garde nationale mobilisée jusqu'au grade de capitaine inclusivement, et prononcer dans les mêmes limites les cassations, révocations, destitutions, permutations, etc. Un simple compte rendu des mesures prises était envoyé au Ministre. Pour tout ce qui concernait les officiers supérieurs, au contraire, les généraux se bornaient à adresser des propositions (2).

---

(1) *Décret* du 25 novembre (*M. U.* du 27 novembre).
(2) *M. U.* des 26-27 décembre.

CHAPITRE IV

Augmentation des effectifs.

Pour être à même d'apprécier les mesures prises par le Gouvernement de la Défense nationale pour se procurer les effectifs dont il avait besoin, il semble nécessaire de résumer tout d'abord les dispositions principales réglant le recrutement des différentes parties de l'armée française en 1870.

Pour l'armée active, la loi du 21 mars 1832, modifiée par la loi du 1er février 1868, fixait la durée du service militaire à cinq ans, à l'expiration desquels les hommes passaient dans la réserve où ils restaient quatre ans. Les militaires de la réserve ne pouvaient être rappelés à l'activité qu'en temps de guerre par décret, après épuisement complet des classes précédentes, et par classe, en commençant par la moins ancienne. Le contingent, fixé par une loi annuelle, était partagé en deux portions. Le remplacement était autorisé. La loi prévoyait des cas d'exemption et de dispense.

La loi du 1er février 1868 organisait en même temps la garde nationale mobile, pour concourir comme auxiliaire de l'armée active à la défense des places fortes, des côtes et des frontières, et au maintien de l'ordre à l'intérieur. La garde nationale mobile ne pouvait être appelée à l'activité que par une loi spéciale. La durée du service y était de cinq ans, à compter du 1er juillet de l'année du tirage au sort. Elle se composait :

Des jeunes gens qui, en raison de leur numéro de tirage au sort, n'avaient pas été compris dans le contingent ;

De ceux exemptés pour des motifs autres que défaut de taille ou infirmités, ainsi que de ceux qui se faisaient remplacer dans l'armée active ;

De ceux enfin, qui, libérés du service militaire et de la garde nationale mobile, demandaient à en faire partie.

Les substitutions étaient autorisées entre membres de la même famille jusqu'au 6e degré. En dehors des cas prévus pour l'armée active, la loi dispensait du service dans la garde nationale mobile un certain nombre de personnes employées dans les administrations de l'État ou assurant un service public. Les jeunes gens qui se trouvaient dans un cas d'exemption pour raison de famille pouvaient seuls se faire remplacer. La garde nationale mobile était soumise à des exercices ou réunions d'une journée, qui ne pouvaient se répéter plus de quinze fois par an.

Les dispositions transitoires de la loi du 1er février 1868 prescrivaient que les célibataires ou veufs sans enfant des classes 1866, 1865 et 1864, libérés par les conseils de revision, feraient partie de la garde nationale mobile, les premiers pendant quatre ans, les deuxièmes pendant trois ans et les troisièmes pendant deux ans.

Quant à la garde nationale sédentaire, elle devait comprendre, d'après la loi du 11 janvier 1852, tous les Français de 25 à 50 ans, jugés aptes par un conseil de recensement. Néanmoins, le Gouvernement se réservait le droit de fixer pour chaque localité le nombre des gardes nationaux, et la garde nationale n'était organisée que dans les communes où il le jugeait nécessaire. Le service consistait en service ordinaire dans l'intérieur de la commune et en service de détachement hors du territoire de la commune. La loi du 11 janvier 1852 ne reproduisait pas les dispositions de la loi des 8 avril, 22 mai et 13 juin 1851, qui prévoyait, en outre, pour la garde nationale, le service « de corps mobilisés pour seconder l'armée de ligne dans les limites fixées par la loi ».

D'autre part, après la déclaration de guerre, le Gouvernement impérial avait édicté les mesures suivantes (1) :

Pour l'armée active :

Un décret du 14 juillet appela à l'activité la deuxième portion des contingents des classes 1865, 1866, 1867 et 1868, ainsi que les militaires faisant partie de la réserve ou en congé renouvelable (2).

Le contingent de la classe 1869 fut appelé à l'activité par décret du 26 juillet (3).

La loi du 10 août appela sous les drapeaux, pendant la durée de la guerre, tous les citoyens non mariés ou veufs sans enfant, ayant 25 ans accomplis et moins de 35, qui avaient satisfait à la loi du recrutement et ne figuraient pas sur les contrôles de la garde nationale mobile (4).

Cette même loi prescrivait que le contingent de la classe 1870 se composerait de tous les jeunes gens inscrits sur les tableaux de recensement et ne rentrant dans aucun des cas d'exemption ou de dispense prévus par la loi du 21 mars 1832 modifiée.

Pour la garde nationale mobile :

Une loi du 17 juillet l'appela à l'activité (5).

Un décret du 7 août annonça un projet de loi tendant à mettre dans ses rangs tous les citoyens âgés de moins de 30 ans qui n'en faisaient pas encore partie (6).

---

(1) *Revue d'Histoire*, n° 76, avril 1907, p. 106.
(2) *J. M. O.*, 2º semestre 1870, p. 15.
(3) *Ibid.*, p. 271.
(4) *Ibid.*, p. 307.
(5) *Ibid.*, p. 14.
(6) *Ibid.*, p. 310. — Le projet de loi déposé au Corps législatif le 9 août

Une loi du 18 août y incorpora les jeunes gens des classes 1865 et 1866, célibataires ou veuf sans enfant, qui s'étaient faits exonérer (1).

Une loi du 29 août décida que les bataillons de la garde nationale mobile pouvaient être appelés à faire partie de l'armée active pendant la guerre (2).

Pour la garde nationale sédentaire, enfin :

Un décret du 7 août appela à en faire partie tous les citoyens valides de 30 à 40 ans qui n'y étaient pas encore incorporés (3).

Une loi du 12 août rétablit la garde nationale dans tous les départements et prescrivit sa réorganisation immédiate *conformément aux dispositions de la loi des 8 avril, 22 mai et 13 juin 1851* (4).

Une loi du 29 août reconnut comme faisant partie de la garde nationale tous les citoyens qui se portaient spontanément à la défense du territoire avec l'arme dont ils pouvaient disposer. Il leur suffisait de prendre un des signes distinctifs de cette garde, pour se couvrir de la garantie concédée aux corps militaires constitués (5).

---

prévoyait en outre que, selon les besoins du service, il pourrait être prélevé sur l'effectif de la garde nationale mobile des contingents destinés à être incorporés dans les corps de l'armée active. Ce projet de loi ne fut pas voté par le Corps législatif et il fut remplacé par la loi du 10 août qui appela sous les drapeaux pendant la durée de la guerre les anciens militaires de 25 à 35 ans, célibataires ou veufs sans enfant, n'appartenant pas à la garde nationale mobile (Cf. *Revue d'Histoire*, n° 76, avril 1907, p. 142 et suiv.).

(1) *J. M. O.*, 2e semestre 1870, p. 334. — Cf. Circulaire du 27 août (*Ibid.*, p. 374).
(2) *Ibid.*, p. 359.
(3) *Ibid.*, p. 310.
(4) *Ibid.*, p. 333.
(5) *Ibid.*, p. 359.

Les dispositions qui furent prises par le Gouvernement de la Défense nationale, puis plus tard par la délégation en province, furent en grande partie la conséquence ou le développement des mesures qui viennent d'être exposées.

Appel de la classe 1870. — Le contingent à appeler de la classe 1870 avait été primitivement fixé à 140,000 hommes par une loi du 20 juillet 1870, et le service des jeunes gens de cette classe devait dater du 1er janvier 1871 (1). Ces dispositions furent abrogées par la loi du 10 août 1870, qui décida que le contingent de la classe 1870 se composerait de tous les jeunes gens inscrits sur les tableaux de recensement et que la durée des services daterait du jour de la promulgation de la loi (2). Les opérations des conseils de revision commenceraient le 5 septembre pour être terminées le 19. Les jeunes gens devaient être convoqués à la fois pour le tirage au sort et la formation du contingent. Les exemptions entre frères étaient réduites à celles procurées par un frère mort en activité de service, réformé ou retraité pour blessures ou infirmités reçues ou contractées dans les armées de terre et de mer. Les dispenses étaient maintenues et les remplacements autorisés dans les conditions générales indiquées par la loi de recrutement du 21 mars 1832, modifiée le 1er février 1868 (3).

La répartition du contingent de la classe 1870 parut le 9 septembre. Après prélèvement de 6,950 hommes

---

(1) *J. M. O.*, 2e semestre 1870, p. 204.
(2) *Ibid.*, p. 307.
(3) *Décret* et *Circulaire* du 26 août (*J. M. O.*, 2e semestre 1870, p. 368 et 372). — Une loi du 16 juillet 1870 avait modifié celle du 21 mars 1832 en ce qui concernait le remplacement militaire. Cette loi n'était pas applicable à la classe 1870.

destinés à l'armée de mer, il restait pour l'armée de terre 151,000 hommes environ (1).

Peu après son arrivée à Tours, la délégation du Gouvernement de la Défense nationale dut se préoccuper de la situation qui résultait de l'envahissement d'une partie du territoire.

Le 24 septembre, les commandants des bureaux de recrutement étaient avisés par dépêche que les jeunes soldats affectés à des corps dont les dépôts étaient bloqués seraient répartis entre les corps de la même arme à proximité et dont les dépôts seraient le moins encombrés (2).

Un décret du 1er octobre appela à l'activité la classe 1870 dans tous les départements où la formation du contingent avait pu s'effectuer (3). Les jeunes soldats devaient être mis en route entre le 10 et le 14 octobre (4).

---

(1) *Circulaire* du 9 septembre (*J. M. O.*, 2e semestre 1870, p. 439). Les jeunes soldats du contingent de la classe 1870 devaient être répartis entre les corps de l'armée de terre d'après les proportions ci-après, calculées sur la totalité du contingent réellement disponible, c'est-à-dire déduction faite des hommes dispensés à divers titres :

	P. 100.	Hommes.
Cavalerie	10	15,000
Artillerie	6	9,000
Génie	3	4,500
Équipages militaires	4	6,000
Sections d'ouvriers d'administration	1	1,500
Sections d'infirmiers	2	3,000
Chasseurs à pied	10	15,000
Régiments d'infanterie : le reste des disponibles.		97,000

(2) Le Commandant du dépôt de recrutement de Maine-et-Loire au Général commandant la 2e subdivision à Augers, Angers, 25 septembre.

(3) *M. U.* du 3 octobre.

(4) Circulaire ministérielle au sujet de l'appel à l'activité des jeunes soldats formant le contingent de la classe 1870, Tours, 1er octobre. — D'après cette Circulaire, les jeunes soldats désignés pour les 1re et

Le total de ces conscrits s'éleva à 125,140, dont 5,119 pour l'armée de mer et 120,021 pour l'armée de terre. Onze départements ne fournirent aucun contingent (1).

Revision des dispenses à titre de soutiens de famille accordées aux gardes nationaux mobiles appelés à l'activité. — A la veille de quitter le ministère de la Guerre, le général de Palikao avait signalé aux préfets que de nombreuses réclamations lui avaient été adressées relativement aux dispenses à titre de soutiens de famille accordées par les conseils de revision aux gardes nationaux mobiles appelés à l'activité. Il leur prescrivait, en conséquence, de signaler aux généraux subdivisionnaires les gardes nationaux mobiles qui leur parais-

---

13e sections d'administration, dont les dépôts étaient à Vincennes et à Paris, ainsi que pour la section de commis aux écritures de l'intendance, dont le dépôt était à Vincennes, étaient versés dans des corps d'infanterie.

(1) Relevé du contingent de la classe 1870 mis en route. — Les départements n'ayant pas fourni d'hommes étaient ceux de l'Aisne, du Loiret, de la Marne, de la Meurthe, de la Meuse, de la Moselle, de l'Oise, du Bas-Rhin, de la Seine, de Seine-et-Marne et de Seine-et-Oise. Le département des Ardennes n'avait pu réunir que 219 hommes.

Dans le département de la Haute-Marne, les jeunes soldats de la classe 1870 des deux arrondissements de Langres et de Chaumont, où l'ennemi n'avait pas pénétré, avaient rejoint leurs corps dès que la répartition du contingent avait été indiquée par la circulaire du 9 septembre, c'est-à-dire, avant l'ordre de mise en route du 1er octobre. Par contre, les hommes de l'arrondissement de Vassy, en partie occupé par l'ennemi, n'avaient pas été appelés du tout, quoique plusieurs cantons fussent entièrement libres (Le Commandant du dépôt de recrutement de la Haute-Marne au Ministre de la Guerre, 24 septembre).

D'après d'autres états donnant la répartition de la classe 1870 par corps de troupe, on trouve les chiffres suivants :

Hommes.

Infanterie .. { Ligne.................... 74,702 }
{ Chasseurs à pied .... 13,811 } 88,518
{ Zouaves.................. 5 }

saient être inscrits à tort sur les listes de soutiens de famille, ainsi que ceux à qui il pourrait être délivré des sursis de départ pour être exceptionnellement maintenus

Cavalerie...	Cuirassiers	1.667	
	Dragons	2,995	
	Lanciers	2,349	14,164
	Chasseurs	3,723	
	Hussards	3,427	
	Chasseurs d'Afrique	3	
Artillerie...	Régiments d'artillerie	6,269	
	Train d'artillerie	1,093	7,363
	Ouvriers d'artillerie	1	
Génie			3,506
Train des équipages			1,033
Sections d'infirmiers			2,406
Sections d'ouvriers d'administration			1,087
Section de commis aux écritures			1

soit, pour l'armée de terre, un total de 118,078 jeunes soldats de la classe 1870, c'est-à-dire une différence de 1,943 hommes avec le contingent mis en route.

Une dépêche du 9 octobre avait prescrit à un certain nombre de commandants de dépôts de recrutement de diriger sur les corps d'infanterie à proximité les jeunes soldats de la classe 1870 affectés aux régiments du train des équipages militaires (Comptes rendus en date du 10 octobre des commandants des dépôts de recrutement de la Loire, du Lot-et-Garonne, de la Mayenne, du Nord, du Rhône, de la Haute-Savoie, de la Vienne). Ces régiments avaient, en effet, pour le moment, suffisamment d'hommes pour parer aux premiers besoins prévus.

Quant à la partie de la classe 1870 affectée à l'armée de mer, un état, indiquant la répartition par corps de troupe et ports de guerre, donne les chiffres suivants :

	Hommes.
Infanterie de la marine	2,560
Artillerie de la marine	465
Compagnie d'ouvriers de l'artillerie de la marine	222
Mécaniciens	450
Apprentis marins	1,256

donnant un total de 4,953 hommes, c'est-à-dire une différence de 166 hommes avec le contingent mis en route.

dans leurs foyers. Le nombre de ces sursis ne devait en tout cas jamais dépasser celui des hommes renvoyés à leurs corps (1). Des réclamations nombreuses et fondées ayant continué à se produire dans tous les départements, le Gouvernement de la Défense nationale institua par arrondissement un conseil de revision, qui devait étudier tous les cas de dispenses accordées et désigner pour chaque canton, jusqu'à concurrence de 14 p. 100, les jeunes gens qui auraient le plus de titres à la dispense. Ceux dont les titres ne seraient pas confirmés rejoindraient leurs corps (2).

Mobilisation des célibataires ou veufs sans enfant, de 21 à 40 ans, appartenant à la garde nationale sédentaire. — Décret du 29 septembre. — Le 7 août 1870, le Gouvernement impérial avait décidé que tous les citoyens valides de 30 à 40 ans, ne faisant pas encore partie de la garde nationale sédentaire, y seraient incorporés (3). Le 12 août, une loi réorganisait la garde nationale dans tous les départements. Les anciens militaires devaient être les premiers enrôlés et armés (4).

Par décret du 29 septembre, la délégation du Gouvernement de la Défense nationale ordonnait aux préfets de former immédiatement en compagnies de *gardes nationaux mobilisés* tous les volontaires n'appartenant ni à l'armée régulière ni à la garde nationale mobile, ainsi que tous les Français de 21 à 40 ans non mariés ou veufs sans enfant, y compris ceux appelés à faire partie de l'armée active jusqu'au jour où ils seraient réclamés par

---

(1) Le Ministre de la Guerre aux Généraux commandant les divisions et subdivisions territoriales et aux Préfets des départements, Paris, 3 septembre.
(2) *Décret* du 13 septembre (*J. M. O.*, 2ᵉ semestre 1870, p. 431).
(3) *Décret* du 7 août (*Ibid.*, p. 310).
(4) *J. M. O.*, 2ᵉ semestre 1870, p. 333.

le Département de la Guerre. Une fois organisées, ces compagnies pourraient être mises à la disposition du Ministre de la Guerre (1).

Incorporation dans la garde nationale mobilisée des hommes du contingent de l'armée active de 25 à 35 ans n'ayant fait aucun service. — D'autre part, une loi du 10 août 1870 avait appelé sous les drapeaux tous les hommes non mariés ou veufs sans enfant, ayant 25 ans accomplis et moins de 35, qui avaient satisfait à la loi de recrutement et ne figuraient pas sur les contrôles de la garde nationale mobile (2). Ces hommes furent répartis en trois catégories suivant leur degré d'instruction. Les anciens militaires furent mis en route dès le 12 août (3). Ceux qui appartenaient aux deuxièmes portions des contingents, c'est-à-dire ceux, qui sans avoir été appelés définitivement, avaient été exercés dans les dépôts d'instruction, furent convoqués le 19 août (4). Quant à ceux qui n'avaient fait aucun service ils devaient être appelés successivement en commençant par la classe la plus jeune (5).

On évaluait à 200,000 le nombre des hommes de cette catégorie, aussi leur appel fut-il tout d'abord ajourné.

---

(1) *M. U.* du 2 octobre. — Pour l'organisation détaillée de la garde nationale mobilisée, se reporter au chapitre V, paragraphe 4.
(2) *J. M. O.*, 2ᵉ semestre 1870, p. 307.
(3) *Circulaire* du 12 août (*J. M. O.*, 2ᵉ semestre 1870, p. 347). — Ces anciens militaires devaient être armés et équipés aussitôt après leur arrivée dans les dépôts, et les sous-officiers, caporaux ou brigadiers réintégrés dans leurs anciens grades au fur et à mesure des besoins du service.
(4) *Circulaire* du 19 août (*J. M. O.*, 2ᵉ semestre 1870, p. 354).
(5) *Circulaire* du 31 août (*Ibid.*, p. 388).
L'ordre d'appel devait être le suivant : 1° hommes de la classe 1864 ; 2° hommes de la classe 1863 ; 3° hommes des classes 1862 et 1861 ; 4° hommes des classes 1860 et 1859 ; 5° hommes des classes 1858, 1857, 1856 et 1855.

Les dépôts des divers corps, qui avaient reçu successivement les jeunes soldats des classes 1869 et 1870 et les anciens militaires de 25 à 35 ans, auraient été dans l'impossibilité de recevoir, d'habiller et surtout d'instruire ce supplément d'hommes n'ayant pas servi.

Mais cette situation favorisée n'était pas sans émouvoir l'opinion publique, qui constatait que les charges de la guerre retombaient sur ceux qui déjà avaient eu à faire leur service militaire. Aussi, tant pour donner satisfaction aux sentiments qui s'étaient manifestés que pour se conformer aux instructions du décret du 29 septembre, le Département de la Guerre fit-il inscrire tous les hommes de 25 à 35 ans, n'ayant pas servi, sur les contrôles de la garde nationale sédentaire où ils devaient être mobilisés de préférence. Il restait entendu que, même après avoir reçu un commencement d'instruction dans la garde nationale sédentaire, ces jeunes soldats restaient à la disposition de l'autorité militaire, qui pouvait, selon les besoins, leur donner une autre destination (1).

Incorporation dans la garde nationale mobilisée du contingent de la classe 1870 affecté à la garde mobile. — Dans le même ordre d'idées, le Ministre de la Guerre décidait, le 24 octobre, d'appliquer également les prescriptions du décret du 29 septembre 1870 aux gardes nationaux mobiles de la classe 1870. Toute cette classe ayant été appelée à l'activité, le nombre des jeunes gens appartenant à la garde nationale mobile se trouvait fort

---

(1) Note pour le Ministre, Tours, 27 septembre ; Le Ministre de la Guerre au Ministre de l'Intérieur, Tours, 1ᵉʳ octobre. — A Paris, la troisième catégorie des jeunes gens de 25 à 35 ans, célibataires ou veufs sans enfant, en résidence dans le périmètre investi, fut appelée à l'activité par un décret du Gouvernement de la Défense nationale du 12 novembre (*M. U.* du 26 novembre).

limité, déduction faite surtout de ceux laissés dans leurs foyers comme soutiens de famille et de ceux appartenant aux départements envahis qui n'avaient pu rejoindre. Dans beaucoup de départements, en outre, les dépôts de la garde nationale mobile avaient été entièrement mobilisés et envoyés dans d'autres départements. Le Ministre prescrivit donc que dans les départements où il n'existerait plus de dépôts de la garde nationale mobile, les jeunes gens de la classe 1870, appelés à en faire partie, seraient versés dans la garde nationale mobilisée et en suivraient la destination jusqu'au jour où l'on pourrait les rendre aux formations de la garde nationale mobile (1).

Fusion de l'armée régulière et de l'armée auxiliaire. — Décret du 14 octobre. — Cet amalgame des différentes ressources dont disposait la Défense nationale, amorcé par le décret du 29 septembre, fut d'ailleurs opéré d'une façon plus complète par un décret du 14 octobre. Ce décret groupait, sous la dénomination d'*armée auxiliaire*, « les gardes nationales mobiles, les gardes nationaux mobilisés, la légion étrangère, les corps francs et autres troupes armées relevant du ministère de la Guerre, mais n'appartenant pas à l'armée régulière ». Les troupes de l'armée régulière et de l'armée auxiliaire pouvaient être *fusionnées*. Entièrement assimilées l'une à l'autre *pendant la durée de la guerre* et soumises aux mêmes traitements, elles devaient « être considérées comme les deux fractions d'un seul et même tout : l'Armée de la Défense nationale (2) ».

---

(1) Circulaire ministérielle au sujet de l'incorporation des gardes nationaux mobiles de la classe 1870, Tours, 24 octobre.
(2) *M. U.* du 16 octobre. — Il a déjà été parlé du décret du 14 octobre 1870 dans le chapitre précédent.

On verra plus loin comment la délégation du Gouvernement de la Défense nationale se servit de ces différentes prescriptions pour renforcer les troupes de l'armée active au moyen d'hommes instruits.

Mobilisation de tous les hommes valides de 21 à 40 ans de la garde nationale sédentaire. — Suppression des exemptions. — Décret du 2 novembre. — Mais auparavant, « considérant que la Patrie était en danger; que tous les citoyens se devaient à son salut ; que ce devoir n'avait jamais été ni plus pressant ni plus sacré..... », la délégation du Gouvernement de la Défense nationale décréta, le 2 novembre, la mobilisation de *tous* les hommes valides de 21 à 40 ans, même *mariés ou veufs avec enfant* (1). L'organisation de cette levée, faite par les préfets conformément au décret du 29 septembre, devait être terminée pour le 19 novembre. Les hommes seraient alors mis à la disposition du Ministre de la Guerre. Il n'était plus admis d'autres exemptions que celles résultant des infirmités ou de la nécessité d'assurer certains services publics. L'exemption basée sur la qualité de soutien de famille était abolie même à l'égard de ceux à qui elle avait été antérieurement appliquée par les conseils de revision.

Le Gouvernement se chargeait de pourvoir aux besoins des familles reconnues nécessiteuses, et la République déclarait adopter les enfants des citoyens morts en défendant la Patrie (2).

---

(1) Il est à remarquer qu'un décret du 14 octobre (*M. U.* du 17 octobre) déclarant en état de guerre tout département situé à moins de 100 kilomètres de l'ennemi, autorisait le chef militaire du département à convoquer, pour la défense des points menacés, les gardes nationaux sédentaires jusqu'à 40 ans, des communes qu'il désignerait.

(2) *M. U.* du 5 novembre.

Parmi les exemptés à titre de soutien de famille, visés par le décret du 2 novembre, se trouvaient les jeunes gens des classes 1863 à 1869, que les conseils de revision avaient, à ce titre, dispensés du service dans l'armée active. D'après les règlements en vigueur, ces hommes, bien qu'ils ne dussent faire aucun service militaire, étaient affectés par le recrutement à un corps de l'armée active qui les portait sur ses matricules. On ne pouvait faire autrement que de les appeler dans la garde nationale mobilisée, tant qu'ils n'étaient pas réclamés par l'autorité militaire, ainsi qu'on l'avait fait, du reste, pour la troisième catégorie des hommes de 25 à 35 ans mobilisés par la loi du 10 août. En effet, les dispenses à titre de soutien de famille furent très rares dans la garde nationale mobilisée ; plusieurs des conseils de revision institués dans chaque arrondissement pour appliquer le décret du 29 septembre n'en avaient même admis aucune. Les jeunes gens des classes 1863 à 1869, bien qu'appartenant à l'armée active, auraient donc échappé à toute obligation, s'ils avaient été laissés dans leurs foyers à titre de soutiens de famille, alors que les hommes des classes antérieures, placés dans la même situation, auraient été mobilisés (1).

Un décret subséquent annulait même toutes les exemptions y compris celles pour cause d'infirmités reconnues antérieurement par les conseils de revision ayant statué avant le 2 novembre. On admettait, en effet, qu'accordées dans des circonstances moins graves, ces exemptions n'étaient peut-être plus justifiées, et qu'en tout cas, il importait que tous les citoyens fussent soumis aux mêmes exigences (2).

---

(1) Le Ministre de l'Intérieur au Ministre de la Guerre, Tours, 3 novembre.

(2) *Décret* du 22 novembre (*M. U.* du 28 novembre). — Il devait être statué sur toutes les réclamations basées sur des infirmités dans

Un décret du 7 novembre réglait ensuite l'ordre suivant lequel seraient utilisées ces nouvelles ressources (1).

Les hommes mobilisés par le décret du 29 septembre, c'est-à-dire les célibataires ou veufs sans enfant de 21 à 40 ans, formaient un premier ban, qui comprenait, en outre, tous les jeunes gens appartenant aux classes de 1863 à 1869 exemptés antérieurement à titre de soutiens de famille par les conseils de revision.

Quant au contingent visé par le décret du 2 novembre, il constituait un deuxième ban qui se subdivisait lui-même en trois groupes : le premier comprenant les hommes de 21 à 30 ans ; le deuxième, ceux de 30 à 35 ans ; le troisième, ceux de 35 à 40 ans.

Les bans seraient successivement mis à la disposition du Ministre de la Guerre lorsqu'il en donnerait l'ordre (2). Les mobilisés du premier ban devaient être appelés entre le 1er et le 10 décembre, et ceux du deuxième, entre le 20 et le 30 décembre, pour être réunis dans des camps d'instruction (3).

D'après les renseignements fournis par le ministère de l'Intérieur, le premier ban de la garde nationale mobilisée, le seul qui fut appelé sous les drapeaux,

---

la forme prescrite par le décret du 7 novembre cité plus loin, c'est-à-dire par un conseil de revision établi au chef-lieu d'arrondissement. Il comprenait le sous-préfet, un lieutenant de gendarmerie et un membre du conseil municipal, et était assisté d'un médecin étranger à l'arrondissement. Les médecins du réclamant pouvaient être entendus si ce dernier le désirait.

(1) *M. U.* du 9 novembre.

(2) Il devait aussi être formé par les soins du ministère de la Guerre un contingent pour la marine avec les hommes ayant servi dans la flotte et munis de brevets de spécialité.

(3) *Décret* du 25 novembre (*M. U.* du 27 novembre). — Une note du 12 décembre 1870 interdisait en outre aux gardes nationaux mobilisés, appelés à l'activité, de contracter des engagements dans les corps de francs-tireurs et dans le train auxiliaire.

devait atteindre, le 8 janvier 1871, le chiffre de 648,910 hommes. Treize départements seulement ne pouvaient fournir aucun mobilisé (1).

Mais en réalité, vingt-trois départements ne donnèrent que des contingents insignifiants et l'effectif des mobilisés du premier ban se réduisit à 578,900 hommes.

Sur ce chiffre, au moment de l'armistice, 490,800 étaient passés sous l'autorité militaire par suite des événements de guerre et avaient été remis au ministère de la Guerre par le Département de l'Intérieur, et 88,100 restaient encore dans les départements sous l'autorité civile (2).

Quant aux hommes du 2ᵉ ban, le manque d'armes empêcha de les appeler à l'activité. Au moment de l'armistice, il aurait été en effet matériellement impossible d'en pourvoir même le 1ᵉʳ groupe (hommes de 21 à 30 ans), dont on évaluait le contingent à environ 290,000 hommes (3).

Versement dans l'artillerie régulière des mobilisés, célibataires ou veufs sans enfant, de 21 à 40 ans, ayant servi dans l'artillerie et la cavalerie. — On a vu plus

---

(1) Effectif des mobilisés de 21 à 40 ans (célibataires, veufs sans enfant et soutiens de famille). — Les treize départements ne pouvant fournir de mobilisés du premier ban étaient ceux de l'Aisne, des Ardennes, de l'Eure-et-Loir, de la Marne, de la Meurthe, de la Meuse, de la Moselle, de l'Oise, du Bas-Rhin, du Haut-Rhin, de la Seine, de Seine-et-Oise et des Vosges.

(2) Note du Bureau des gardes nationales pour le Délégué à la Guerre, Bordeaux, 28 janvier 1871. — D'après M. Durangel (*Rapport sur les dépenses de la mobilisation des gardes nationales mobilisées*, p. 462), le nombre nombre total des gardes nationaux mobilisés aurait été de 650,079.

(3) Note du Bureau des gardes nationales pour le Délégué à la Guerre, Bordeaux, 28 janvier 1871. — D'après M. Henry Durangel (*loc. cit.*, p. 34), le premier groupe du deuxième ban devait comprendre au moins 300,000 hommes.

haut que toutes les exemptions accordées par les conseils de revision ayant statué avant le 2 novembre 1870 avaient été annulées. Un certain nombre d'anciens militaires ou d'hommes des deuxièmes portions des contingents admis antérieurement au bénéfice de ces exemptions à titre de fils de veuve, de frère de militaire, etc., avaient ainsi pu échapper au rappel prévu par la loi du 10 août. Comme le décret du 2 novembre n'admettait plus d'autres exemptions que celles résultant des infirmités ou de la nécessité d'assurer certains services publics, ces hommes se trouvaient incorporés dans la garde nationale mobilisée. Or, les dépôts de plusieurs régiments d'artillerie manquaient d'hommes instruits pour former les batteries qui étaient nécessaires pour la constitution des nouveaux corps d'armée mis sur pied (1). D'autre part le décret du 29 septembre autorisait le département de la Guerre à réclamer pour le service de l'armée active les gardes nationaux mobilisés (2). Aussi une circulaire du 18 novembre du Ministre de la Guerre décidait-elle que tous les mobilisés de 21 à 40 ans, célibataires ou veufs sans enfant, ayant servi dans l'artillerie de terre et de mer et dans le train d'artillerie, seraient rappelés dans l'armée active et dirigés sur les dépôts des corps de leur arme (3).

Le 12 décembre, toujours pour renforcer l'artillerie, une mesure analogue était prise concernant les gardes nationaux mobilisés, célibataires ou veufs sans enfant, de 21 à 40 ans, ayant servi dans la cavalerie (4). Un tiers devait être versé dans les régiments du train

---

(1) Note pour la Direction de l'artillerie, Tours, 7 novembre. — Notes de la Direction de l'artillerie des 8 et 17 novembre.
(2) Cf. ci-dessous la note (3) de la page 493.
(3) M. U. du 20 novembre.
(4) Note pour la 1re direction (Bureau du recrutement), Tours, 3 décembre ; Rapport au Ministre, Tours, 4 décembre.

d'artillerie, et les deux autres tiers dans les régiments d'artillerie de campagne (1).

La circulaire du 18 novembre procura à l'artillerie de terre 1,720 hommes instruits, dont 20 furent affectés au train d'artillerie (2); celle du 12 décembre lui donna un nouveau contingent de 1,451 hommes (3).

Versement dans l'infanterie régulière des mobilisés, célibataires ou veufs sans enfant, de 21 à 40 ans, ayant servi dans les corps autres que l'artillerie et la cavalerie. — Prélèvements opérés dans la garde nationale mobilisée pour compléter la garde nationale mobile. — La classe 1870 avait été levée un an à l'avance. Pour combler les vides qui se produisaient dans les rangs des combattants, dont il importait cependant de maintenir les effectifs au complet, on hésitait à appeler sous les drapeaux la classe 1871, composée de jeunes gens de 18 ans que l'on supposait incapables, pour la plupart, de supporter les fatigues d'une campagne (4). On fit donc encore appel à la garde nationale mobilisée et, à cet effet, deux décrets furent promulgués le 14 décembre.

Le premier, complété par une circulaire du 17 décembre, autorisait le Ministre de la Guerre à prélever

---

(1) *Circulaire* du 12 décembre (*M. U.* du 15 décembre).

(2) État des mobilisés passés aux régiments d'artillerie et du train d'artillerie (Circulaire du 18 novembre).

(3) État des anciens militaires de 20 à 40 ans, mobilisés, ayant servi dans la cavalerie, dirigés sur les régiments d'artillerie (Circulaire du 12 décembre). — On remarquera que des mesures semblables à celles décidées le 18 novembre et le 12 décembre 1870, ainsi que celles prévues par le décret du 14 décembre exposées plus loin, concernant les prélèvements d'anciens militaires à opérer sur la garde nationale *mobilisée* au profit de l'armée active, ne pouvaient pas être prises vis-à-vis de la garde nationale *mobile*. Cette dernière, en effet, ne comprenait pas d'hommes ayant servi.

(4) Rapport au Ministre, Bordeaux, 14 décembre.

dans la garde nationale mobilisée tous les célibataires ou veufs sans enfant, ayant servi dans les divers corps des armées de terre et de mer, autres que l'artillerie et la cavalerie, pour les répartir entre les dépôts d'infanterie les plus à proximité du lieu de leur résidence. Cette mesure atteignait même les gardes nationaux qui faisaient partie des corps mobilisés ayant quitté le département. Il appartenait à leurs chefs de corps de les diriger sur les dépôts que leur indiqueraient les commandants de recrutement (1).

Le deuxième décret permettait également au Ministre de la Guerre de puiser, au fur et à mesure des besoins, dans la garde nationale mobilisée pour compléter les régiments de la garde nationale mobile. Ces prélèvements s'opéreraient en commençant par les gardes nationaux mobilisés les moins âgés, qui devaient d'ailleurs être affectés aux régiments, bataillons ou batteries de la garde nationale mobile provenant du département auquel ils appartenaient (2). La première conséquence de cette mesure était de diriger sur les bataillons actifs opérant en province, les hommes instruits, équipés et armés des dépôts des régiments de garde nationale mobile (3). Ces dépôts devaient ensuite être ramenés à l'effectif de 1,000 hommes au moyen des mobilisés du département (4).

Un détail qu'il importe de souligner c'est que, contrai-

---

(1) *Décret* du 14 décembre (*M. U.* du 17 décembre); *Circulaire* du 17 décembre (*M. U.* du 20 décembre).
(2) *Décret* du 14 décembre (*M. U.* du 17 décembre).
(3) Le Ministre de la Guerre aux Généraux commandant les divisions territoriales, Bordeaux, 18 décembre.
(4) Le Ministre de l'Intérieur et de la Guerre aux Généraux commandant les divisions et subdivisions territoriales et aux Préfets, Bordeaux, 16 janvier 1871.

rement à ce qui avait été admis jusqu'alors, aucun homme visé par les circulaires du 18 novembre et du 12 décembre et par le premier décret du 14 décembre pour passer dans l'armée active, n'était autorisé à se racheter.

L'application de ces différentes mesures rencontra d'ailleurs de sérieuses difficultés (1). Elles avaient en effet l'inconvénient d'enlever à la garde nationale mobile une grande partie des éléments sur lesquels elle pouvait compter pour lui fournir des instructeurs et des gradés, ou de désorganiser les formations constituées en exécution des décrets du 29 septembre et du 2 novembre. Certains tempéraments durent donc y être apportés.

C'est ainsi que les gardes nationaux mobilisés réunis au camp de Conlie pour former l'armée de Bretagne y furent maintenus (2). D'autre part, en ce qui concerne les départements du Nord et du Pas-de-Calais, le géné-

---

(1) Le décret du 29 septembre autorisait bien le Ministre de la Guerre à réclamer, quand il le jugerait convenable, les hommes appelés à faire partie de l'armée active incorporés dans la garde nationale mobilisée. Il mettait aussi à sa disposition les compagnies de gardes nationaux mobilisés dont l'organisation était terminée, mais cette dernière prescription paraît, en raison de son caractère général, viser les unités constituées et non les individus qui les composaient. Le décret du 14 octobre prévoyait bien aussi, d'autre part, la fusion des troupes de l'armée auxiliaire avec celles de l'armée régulière. Il semble néanmoins que si les mesures prises par les *Circulaires* du 18 novembre et du 12 décembre étaient justifiées pour les hommes âgés de moins de 35 ans, elles n'étaient autorisées par aucun texte précis pour ceux âgés de 35 à 40 ans. Le premier décret du 14 décembre remit les choses au point.

(2) Le Ministre de la Guerre aux Préfets d'Ille-et-Vilaine et de la Loire-Inférieure, au Général commandant le département d'Ille-et-Vilaine et au Général commandant la 15ᵉ division militaire, à Nantes, D. T., Tours, 24 novembre ; Le Commandant du dépôt de recrutement d'Ille-et-Vilaine au Ministre de la Guerre, Rennes, 6 janvier 1871.

ral commandant en chef l'armée du Nord décida, de concert avec le commissaire de la Défense nationale à Lille, qu'aucun homme de 21 à 40 ans ayant servi dans la cavalerie ne serait pris pour l'artillerie dans les bataillons de gardes nationaux mobilisés en présence de l'ennemi. Quant aux corps en formation de la garde nationale, on ne pouvait y puiser des hommes que pour la cavalerie, l'artillerie et l'infanterie de la marine (1).

D'autre part, un grand nombre d'anciens militaires avaient été élus officiers, sous-officiers ou caporaux dans la garde nationale. Pour ne pas désorganiser ces cadres, le Ministre décida, dès le 29 novembre, que les prescriptions de la circulaire du 18 ne s'appliqueraient pas aux anciens militaires pourvus d'un grade d'officier ou d'adjudant dans les gardes nationales mobiles, mobilisées ou sédentaires (2). Cette mesure fut confirmée pour la garde nationale mobilisée par le premier décret du 14 décembre. Le 23 décembre, les anciens militaires élus sous-officiers ou caporaux dans la garde nationale mobilisée étaient à leur tour dispensés de l'appel prescrit par le décret du 14. De plus, les autorités militaires étaient invitées à dispenser du rappel à l'activité les mobilisés de 21 à 40 ans, « partout où l'application de cette mesure donnerait lieu de la part des autorités et des populations à une répugnance bien constatée ». Cette disposition ne concernait cependant pas les anciens cavaliers rappelés

---

(1) Le Commandant du dépôt de recrutement du Pas-de-Calais au Ministre de la Guerre, Arras, 2 janvier 1871; Le Commandant du dépôt de recrutement du Nord au Ministre de la Guerre, Lille, 5 janvier 1871. — En raison des circonstances exceptionnelles, ces mesures furent approuvées par le Ministre de la Guerre (Le Ministre de la Guerre au Général commandant en chef l'armée du Nord, Bordeaux, 12 janvier 1871).

(2) Le Ministre de la Guerre aux Préfets, D. T., Tours, 29 novembre, 11 h. 31 soir.

dans l'artillerie car, « en raison du rôle de l'artillerie dans la guerre actuelle, les ressources de cette arme étaient devenues promptement insuffisantes. Or, il n'existait pas en ce moment d'autres moyens de la recruter et il était d'un intérêt majeur que ses pertes fussent immédiatement réparées (1) ».

Pour toutes ces raisons, le premier décret du 14 décembre n'amena dans les dépôts des corps d'infanterie qu'un peu plus de 4,000 hommes (2).

En ce qui concerne le deuxième décret du 14 décembre qui versait dans les dépôts de la garde nationale mobile un certain nombre de mobilisés du département, son application donna lieu également à de nombreuses réclamations. Dans beaucoup de départements, les mobilisés avaient été organisés ou étaient sur le point d'être organisés en unités prêtes à entrer en campagne. Il ne fallait donc pas compter sur eux pour alimenter la mobile. Il paraissait en outre difficile de verser les mobilisés les plus jeunes dans des dépôts de la mobile qui, ne pouvant les équiper et les armer, les maintiendraient inactifs, alors que des fractions constituées de la garde nationale mobilisée étaient susceptibles de prendre part aux opérations actives. De nombreux tempéraments enfin avaient été apportés à l'application des prescriptions du décret. Dans ces conditions, le Ministre prescrivait le 16 janvier 1871, que tous les gardes nationaux

---

(1) Le Ministre de la Guerre aux Commandants des dépôts de recrutement, D. T., Bordeaux, 23 décembre ; Le Ministre de la Guerre aux Généraux commandant les divisions militaires et les corps d'armée, D. T., Bordeaux, 23 décembre ; Le Délégué au Département de la Guerre au Délégué du Ministère de l'Intérieur, Bordeaux, 30 décembre.

(2) État des mobilisés passés dans les corps d'infanterie (*Décret* du 14 décembre).

mobilisés passés dans les dépôts de la mobile, feraient retour à la garde nationale mobilisée (1).

Maintien sous les drapeaux de la classe 1863. — D'après l'article 30 de la loi du 21 mars 1832 modifiée le 1ᵉʳ février 1868 (2), les soldats qui avaient achevé leur temps de service devaient recevoir en temps de guerre leur congé définitif après l'arrivée au corps du contingent destiné à les remplacer. Les militaires de la classe 1863 étaient donc au plus tard libérables le 31 décembre 1870 à l'expiration de leur sept années de service puisque la classe 1870 avait été incorporée dans le courant d'octobre.

Des demandes de libération furent adressées au Gouvernement; celui-ci se basant sur la loi du 10 août 1870, qui avait rappelé au service tous les anciens militaires, maintint sous les drapeaux les militaires qui en temps normal auraient été libérables le 31 décembre 1870 (3).

Appel de la classe 1871. Mesures préliminaires. — Après avoir hésité, comme on l'a vu plus haut, à mobiliser la classe 1871, le Gouvernement fit cependant prendre les mesures nécessaires pour en préparer la levée, afin de ne pas attendre, pour procéder à cet appel, que les ressources dont il disposait fussent épuisées.

Le 2 janvier 1871, le Ministre de l'Intérieur et de la Guerre envoyait aux préfets et aux sous-préfets des instructions pour la formation des tableaux de recense-

---

(1) Le Ministre de la Guerre aux Généraux commandant les divisions et subdivisions territoriales et aux Préfets, Bordeaux, 16 janvier 1871.

(2) *J. M. O.*, 1ᵉʳ semestre 1868, p. 235.

(3) Rapport au Ministre, Bordeaux, 31 décembre; Le Ministre de la Guerre aux Généraux commandant les divisions et les subdivisions territoriales et actives, D. T., Bordeaux, 31 décembre.

ment (1), et un décret du 5 janvier prescrivait de commencer immédiatement les opérations de la formation du contingent (2).

Le contingent appelé comprenait tous les jeunes gens valides inscrits. Il ne devait pas y avoir de tirage au sort ; la désignation des hommes à affecter à l'armée de mer devait être fixée ultérieurement.

Le défaut de taille et les infirmités étaient seuls admis comme motifs d'exemption. Lorsque les circonstances le permettraient, des mesures seraient prises à l'égard des jeunes gens qui invoqueraient les autres cas prévus par la loi.

Le remplacement n'était autorisé qu'entre frères et parents jusqu'au 6ᵉ degré. La garde mobile de la classe 1871 ne se composerait donc que de jeunes gens remplacés par leurs parents.

Il n'était pas établi de liste de soutiens de famille.

Les dispenses prévues par la loi étaient maintenues (3).

Les opérations des conseils de revision devaient commencer immédiatement après la confection des tableaux de recensement et être terminées le 10 février 1871. Dans ce but, les préfets pourraient faire fonctionner dans chaque arrondissement un conseil de revision présidé par le sous-préfet et comprenant trois notables à la place du conseiller de préfecture et des conseillers généraux et d'arrondissement désignés par la loi. Un seul officier, choisi par le général commandant la subdivision, suppléait à la fois le membre militaire du conseil

---

(1) Le Ministre de l'Intérieur et de la Guerre aux Préfets des départements et aux Sous-Préfets, Bordeaux, 2 janvier 1871.
(2) *M. U.* du 10 janvier 1871.
(3) Inscrits maritimes, élèves de l'École polytechnique, membres de l'instruction publique, élèves des divers cultes.

de revision et le commandant de recrutement (1). La présence d'un membre de l'Intendance n'était pas nécessaire. Les médecins militaires pouvaient être remplacés par des médecins civils.

Dans les départements envahis, la levée de la classe 1871 était remise à une date ultérieure, mais les jeunes gens de ces départements avaient la faculté de se faire inscrire dans d'autres (2).

De la plupart des mesures qui viennent d'être exposées, il résulte que la délégation du Gouvernement de la Défense nationale chercha à incorporer dans les formations actives tous les hommes instruits ou ayant reçu un commencement d'instruction, et, qu'en même temps, elle s'efforça, dans sa lutte contre l'invasion, d'appliquer le principe du service personnel et effectif pour tous. Une série de prescriptions ne cessèrent du reste de rappeler qu'aucun citoyen ne pouvait se dérober aux devoirs qui lui incombaient.

C'est ainsi que les gardes nationaux mobiles, qui, après s'être engagés dans l'armée active, s'y faisaient remplacer, furent prévenus le 12 octobre qu'ils retombaient dans la garde nationale mobile (3).

De même, il est intéressant de rappeler une circulaire du 16 janvier 1871 prescrivant de renvoyer dans leurs corps les mobiles employés dans les bureaux des divisions militaires. Tout en privant l'armée d'éléments actifs, cet abus motivait « les plaintes des mobilisés qui

---

(1) Cet officier devait prendre des notes sur l'aptitude physique des conscrits, et comme la classe 1871 était appelée à fournir un contingent considérable à la cavalerie, il devait s'enquérir de tous les hommes ayant l'habitude du cheval quelle que soit leur taille.

(2) *Circulaires* du 9 janvier 1871 (*M. U.* du 11 janvier 1871) et du 29 janvier 1871 (*M. U.* du 30 janvier 1871).

(3) Avis adressé aux chefs de corps le 12 octobre 1870.

s'étonnaient de voir des mobiles maintenus dans les départements, alors qu'ils étaient appelés sous les drapeaux ». Le personnel des bureaux devait donc être réduit au strict nécessaire et se composer d'hommes agés de plus de 40 ans et dégagés de toute obligation militaire. Exception pourtant était faite pour les mobiles chargés d'un service important et qui, en raison de leurs connaissances spéciales, ne pouvaient être remplacés sans inconvénient (1).

Mesures diverses concernant les engagés volontaires pour la durée de la guerre. — Une loi du 17 juillet 1870 autorisait la réception d'engagements volontaires pour la durée de la guerre. Ces engagements étaient reçus par les maires des chefs-lieux de canton, et, pour les faciliter, le soin de constater l'aptitude physique des candidats, confié tout d'abord aux commandants des dépôts de recrutement et aux chefs de corps, avait été étendu aux officiers de gendarmerie et même aux maires des chefs-lieux de canton (2).

Ces derniers se montrèrent trop faciles dans l'acceptation des engagés. Plusieurs, incapables de servir, furent réformés peu après leur arrivée au corps. Le 16 décembre, le délégué au Département de la Guerre faisait rappeler aux maires qu'ils engageaient ainsi l'État dans des dépenses inutiles, dont à l'avenir ils pourraient être rendus responsables (3).

Les engagés volontaires pour la durée de la guerre

---

(1) Le Ministre de la Guerre aux Généraux commandant les divisions et subdivisions territoriales et aux Préfets, Bordeaux, 16 janvier 1871.

(2) *J. M. O.*, 2ᵉ semestre 1870, p. 14, 196, 199, 200, 323 et 331.

(3) Note pour le Général directeur, Bordeaux, 13 décembre ; Le Ministre de l'Intérieur et de la Guerre aux Préfets et aux Sous-Préfets, Bordeaux, 16 décembre (*M. U.* du 18 décembre).

devaient n'être conservés dans les dépôts que le temps strictement nécessaire à leur instruction et être envoyés le plus rapidement possible aux formations mobilisées. Deux circulaires télégraphiques des 1ᵉʳ et 6 octobre prescrivirent de n'accepter que des hommes ayant fait au moins un an de service pour les régiments de zouaves, la cavalerie, le génie et les équipages militaires (1). La dernière de ces circulaires suspendait également jusqu'à nouvel ordre les engagements volontaires pour les sections d'ouvriers d'administration, la section de commis aux écritures des bureaux de l'intendance et les sections d'infirmiers.

Le 14 janvier, une nouvelle circulaire autorisait les engagements volontaires dans tous les corps de l'armée de terre ou de mer, sauf dans les compagnies d'ouvriers d'artillerie, de canonniers-artificiers, d'ouvriers du génie et d'ouvriers constructeurs des équipages militaires, la 13ᵉ section d'ouvriers militaires d'administration, la section de commis aux écritures des bureaux de l'intendance et les sections d'infirmiers militaires. Les engagés volontaires se présentant pour la cavalerie devaient justifier de l'habitude du cheval (2).

Il est impossible de préciser les effectifs dont pouvait

---

(1) Le Ministre de la Guerre aux Préfets des départements, D. T., Tours, 1ᵉʳ et 6 octobre. — La limite d'âge pour les engagements volontaires pendant la durée de la guerre avait été prorogée pour les anciens militaires jusqu'à 40 ans.

Le motif invoqué pour limiter les engagements dans les zouaves et la cavalerie était que ces corps devaient être utilisés de suite. Pour le train des équipages se reporter au chapitre X.

(2) Le Ministre de la Guerre aux Généraux commandant les divisions et subdivisions militaires et aux Préfets des départements, D. T., Bordeaux, 14 janvier 1871.

disposer, tant dans les départements non envahis qu'en Algérie, la délégation du Gouvernement de la Défense nationale en arrivant à Tours le 13 septembre 1870. Les situations fournies le 1ᵉʳ de chaque mois permettent seulement de fixer approximativement les effectifs sous les drapeaux au 1ᵉʳ octobre 1870.

A cette date, les troupes de l'armée active comptaient :

	Officiers.	Hommes.
1° A l'intérieur, en forces immédiatement disponibles....................	1,405	52,587
2° En Algérie.......................	1,264	36,015
3° Dans les dépôts, en éléments plus ou moins instruits..................	2,714	202,453
Soit un total de.......	5,383	291,055

La garde nationale mobile pouvait mettre de suite en ligne :

	Officiers.	Hommes.
1° A l'intérieur.....................	2,576	127,810
2° En Algérie.......................	185	9,593
Elle avait en plus dans ses dépôts.......	»	102,992
Soit en tout.........	3,761	240,395
Enfin les corps francs atteignaient un total de.....................	321	8,032 (1)

La réunion de toutes ces forces donnait 540,000 hommes environ.

Pour permettre de se rendre compte de l'effort fait par la délégation du Gouvernement de la Défense nationale, on a résumé ci-après les résultats de la revue d'effectifs qui fut passée dans toutes les troupes de la République, dans les départements et en Algérie, le 5 février 1871.

---

(1) D'après les renseignements fournis par M. A. Martinien, des

Les armées ou corps d'armée de campagne comptaient :

	Hommes (1).
Armée régulière	116,500
Garde nationale mobile	97,727
Garde nationale mobilisée	132,177
Corps francs	17,585
Formant un total de	363,989

Il restait encore à l'intérieur, dans les places, les dépôts et les camps :

Armée régulière	113,432
Garde nationale mobile	75,129
Garde nationale mobilisée	229,196 (2)
Soit un total de	417,757

archives historiques du ministère de la Guerre, ces chiffres se décomposent de la façon suivante :

		DISPONIBLES A L'INTÉRIEUR.		EN ALGÉRIE.		DANS LES DÉPÔTS.	
		Officiers.	Hommes.	Officiers.	Hommes.	Officiers.	Hommes.
Armée active.	État-major	»	»	362	216	»	»
	Infanterie	919	43,774	349	46,231	4,139	116,447
	Cavalerie	304	3,730	383	8,822	1,056	43,807
	Artillerie	68	3,466	51	2,913	297	17,104
	Génie	7	423	12	423	36	4,669
	Train des équipages	14	823	83	3,231	186	11,428
	Administration	89	360	»	3,525	»	9,598
	Gendarmerie	4	91	24	654	»	»
	Totaux	1,405	52,587	1,264	36,045	2,714	202,453
Garde nationale mobile		2,576 (1)	127,840 (1)	185	9,593	»	102,992 (2)
Corps francs		321	8,032	»	»	»	»

(1) Dont 313 officiers et 16,210 hommes déjà affectés au 15ᵉ corps.
(2) Dont, pour l'infanterie, 93,242 hommes et, pour l'artillerie, 9,750 hommes.

(1) Y compris les officiers.
(2) Non compris 88,000 mobilisés environ non encore remis par les départements à l'administration de la Guerre.

En Algérie, il y avait encore soit en éléments organisés soit dans les dépôts :

Armée régulière...........................	33,815
Garde nationale mobile.....................	13,801
Garde nationale mobilisée..................	2,665
Donnant en tout....................	50,281

On obtient ainsi un total général de 832,027 hommes, auquel il convient d'ajouter les effectifs de l'armée de l'Est internés en Suisse depuis le 1er février, c'est-à-dire :

Armée régulière...........................	64,000
Garde nationale mobile.....................	48,081
Garde nationale mobilisée..................	4,021
Corps francs...............................	2,041
Soit un total de................	118,143 (1)

Dans ces conditions, on trouve que, sans parler des pertes subies pendant la campagne, la délégation du Gouvernement de la Défense nationale mit sur pied dans les départements environ 400,000 hommes.

La Nation répondit donc, dans un bel élan de patriotisme, à l'appel de ceux qui ne désespérèrent pas du salut de la Patrie. Mais, on ne saurait trop le répéter, l'étude de la Défense nationale en province démontrera qu'on n'improvise pas une armée. Au début, quand on ne fit partir que les meilleurs éléments, on put mobiliser des unités composées d'anciens militaires et par suite susceptibles de figurer utilement sur un champ de bataille. Mais quand les besoins toujours grandissants forcèrent à puiser indistinctement dans les dépôts, les troupes ainsi formées perdirent beaucoup de leur valeur et l'on peut affirmer que, malgré les efforts faits pour

---

(1) D'après les renseignements fournis par M. A. Martinien, ces diffé-

activer leur instruction, les dernières unités envoyées sur le théâtre de la lutte, étaient composées d'hommes qui surent se faire tuer, mais non de soldats.

rents chiffres se décomposent de la façon suivante :

		AUX ARMÉES. 1	A L'INTÉRIEUR, dans les places, les dépôts et les camps. 2	EN ALGÉRIE. 3	INTERNÉS en Suisse (a). 4	TOTAUX. 5
Armée régulière.	Infanterie	78,817	58,484	11,684	46,563	195,548
	Cavalerie	13,421	20,374	10,857	3,137	47,789
	Artillerie	16,885	17,151	2,404	9,730	46,170
	Génie	2,690	2,990	629	1,584	7,893
	Train des équipages	1,057	1,484	3,557	»	6,095
	Administration	2,048	5,996	3,996	2,427	14,467
	Gendarmerie	1,582	6,953	688	559	9,785
	TOTAUX	116,500	113,432	33,815	64,000	327,747
Garde nationale mobile.	Infanterie	90,556	72,082	13,801	47,926	224,365
	Cavalerie	956	»	»	»	956
	Artillerie	6,032	2,145	»	»	8,177
	Génie	183	902	»	155	1,240
	TOTAUX	97,727	75,129	13,801	48,081	234,738
Garde nationale mobilisée.	Infanterie	127,856	226,473	2,665	3,699	360,693
	Cavalerie	504	119	»	»	623
	Artillerie	911	2,488	»	125	3,524
	Génie	2,906	116	»	197	3,219
	TOTAUX	132,177	229,196	2,665	4,021	368,059
Corps francs.	Infanterie	16,214				
	Cavalerie	449				
	Artillerie	293	»	»	2,041	19,626
	Génie	235				
	Divers	392				
	TOTAUX	17,583	»	»	2,041	19,626(b)

(a) Dans ces chiffres ne sont pas comprises la 2ᵉ division du 15ᵉ corps et la 1ʳᵉ division du 20ᵉ corps restées à Besançon et qui figurent dans la colonne 2.
(b) Ce dernier chiffre est certainement inférieur à la réalité, car il a été formé pendant la guerre, tant à Paris qu'en province, 523 corps francs comprenant 2,893 officiers et 141,257 hommes.

CHAPITRE V

Infanterie.

§ 1ᵉʳ. — *Armée régulière (infanterie de ligne, chasseurs à pied, zouaves, etc.).*

Après la constitution de la garnison de Paris, il ne restait plus comme forces disponibles, dans les départements non envahis et en Algérie, que les unités suivantes (1) :

1° Dans les départements non envahis :

INFANTERIE DE LIGNE.

27ᵉ régiment de marche ;
11 IVᵉˢ bataillons non enrégimentés (2) ;

---

(1) Le nombre des unités disponibles en province a été obtenu en se basant sur les renseignements donnés par : *La Guerre de 1870-71. Mesures d'organisation depuis le début de la guerre jusqu'au 4 septembre et situation des forces françaises au 1ᵉʳ septembre* (IIᵉ partie, p. 72), et par *La Guerre de 1870-71. L'Investissement de Paris* (t. I, p. 251).

(2) Sur les IVᵉˢ bataillons des 100 régiments d'infanterie : 12 formaient 4 régiments de marche affectés à l'armée de Châlons ; 8 étaient enfermés dans des places investies ; 66, dont 3 mobilisés à Paris, formaient 22 régiments de marche affectés aux 13ᵉ et 14ᵉ corps (garnison de Paris) ; 3 (IVᵉˢ bataillons des 17ᵉ, 52ᵉ et 53ᵉ régiments) formaient le 27ᵉ régiment de marche, qui se trouvait à Lyon le 1ᵉʳ septembre ; 11 non enrégimentés restaient donc disponibles, savoir ceux des : 4ᵉ, 22ᵉ, 36ᵉ, 45ᵉ, 50ᵉ, 77ᵉ, 78ᵉ, 79ᵉ, 84ᵉ, 85ᵉ et 92ᵉ régiments d'infanterie de ligne.

104 compagnies de dépôt (1);
184 compagnies provisoires de dépôt (2);
90 compagnies hors rang (3).

Chasseurs a pied.

15 compagnies de dépôt (4);
14 compagnies provisoires de dépôt (5);
14 sections hors rang.

---

(1) D'après les mesures prises au début de la guerre, les dépôts des régiments d'infanterie avaient été tout d'abord formés avec les 8es compagnies des IIes et IIIes bataillons. Le 27 août, les 8es compagnies des IIes bataillons furent portées à 200 hommes et, peu après, 80 de ces unités étaient appelées ou maintenues à Paris. D'autre part, 8 dépôts de régiments d'infanterie, soit 16 compagnies, se trouvaient dans des places investies. Il restait donc 104 compagnies disponibles.

(2) Compagnies créées par décret du 2 septembre (*J. M. O.*, 2e semestre 1870, p. 403), à raison de deux par dépôt de régiment d'infanterie. 8 dépôts de régiments d'infanterie se trouvant au 1er septembre dans des places investies, il n'a été tenu compte que des compagnies provisoires organisées dans 92 dépôts. Ces compagnies devaient être encadrées par des officiers retirés du service, mais encore valides, qui consentiraient à reprendre du service avec leur ancien grade. A défaut de lieutenants et de sous-lieutenants, elles pouvaient recevoir un capitaine en second. Les cadres de sous-officiers et de caporaux (5 sergents et 10 caporaux par compagnie) devaient être constitués à l'aide des militaires des dépôts [*Circulaire* du 3 septembre (*J. M. O.*, 2e semestre 1870, p. 409)]. Elles étaient dénommées 1res et 2es compagnies provisoires (Le Ministre de la Guerre au général commandant la 18e division militaire, Paris, 8 septembre 1870).

(3) Huit compagnies hors rang de régiments d'infanterie étaient dans des places investies, et 2 avaient été maintenues à Paris.

(4) D'après les mesures prises au début de la guerre, les dépôts des 20 bataillons de chasseurs devaient comprendre les 7e et 8e compagnies de chaque bataillon. Parmi ces unités : 4 compagnies firent partie de l'armée de Châlons; 3 dépôts (6 compagnies) restèrent enfermés à Metz et à Strasbourg; 3 dépôts (6 compagnies) furent maintenus à Paris; 9 compagnies furent appelées à Paris. 15 compagnies restaient donc disponibles.

(5) Compagnies créées par décret du 2 septembre, à raison d'une par

INFANTERIE. 131

Régiments étrangers.

V^e bataillon du 1er régiment étranger (1);
2e régiment étranger en formation qui devait comprendre cinq bataillons de huit compagnies (2).

2° En Algérie (3) :

Infanterie de ligne.

16e, 38e, 39e et 92e régiments.

Zouaves.

7e, 8e et 9e compagnies des trois bataillons de chacun des trois régiments (4);
Compagnies hors rang des trois régiments.

---

dépôt de bataillon de chasseurs, sous le nom de compagnie provisoire. — 6 dépôts de bataillons de chasseurs se trouvant au 1er septembre dans des places investies ou à Paris, il n'a été tenu compte que des compagnies provisoires organisées dans 14 dépôts. Pour le même motif, on n'a considéré comme disponibles que 14 sections hors rang.

(1) Organisé par décret du 22 août (*J. M. O.*, 2e semestre 1870, p. 362). — Un décret du 29 septembre porta ce bataillon de 8 à 10 compagnies (*M. U.* du 4 octobre). Le nombre des compagnies fut ramené à 8 quand le Ve bataillon fut versé dans le régiment étranger de marche.

Lorsque la guerre éclata, il n'existait qu'un régiment étranger. Par suite de la création d'un deuxième régiment le 1er septembre, ce régiment prit le n° 1.

(2) Organisé par décret du 1er septembre (*J. M. O.*, 2e semestre 1870, p. 401). — Ce régiment ne fut jamais constitué. Les bataillons devaient être formés au fur et à mesure de l'arrivée des engagés. Une circulaire du 5 septembre 1870 prescrivit de refuser l'engagement de tous les individus paraissant de nationalité prussienne ou appartenant aux Confédérations du Nord ou du Sud. Ceux, dont les engagements avaient déjà été acceptés, devaient sans exception être dirigés sur l'Algérie (Le Ministre de la Guerre aux généraux divisionnaires et subdivisionnaires, aux intendants et sous-intendants militaires, Paris, 8 septembre).

(3) Chiffres extraits du volume : *La Guerre de 1870-71. Mesures d'organisation depuis le début de la guerre*, loc. cit., p. 74.

(4) Le 3 septembre, des ordres avaient été donnés pour que trois

Tirailleurs.

IVᵉ bataillon des trois régiments (1);
7ᵉ compagnie des quatre bataillons de chacun des trois régiments;
Compagnies hors rang des trois régiments.

1ᵉʳ Régiment Étranger.

Quatre bataillons à huit compagnies chacun;
Une compagnie hors rang.

Infanterie légère d'Afrique.

Trois bataillons à cinq compagnies.

Corps disciplinaires.

Sept compagnies (cinq de fusiliers et deux de pionniers).

Organisation des dépôts. — Dès son arrivée à Tours, le général Lefort envoyait dans les dépôts l'ordre de mobiliser les 8ᵉ compagnies des IIIᵉ bataillons des régiments d'infanterie. Fortes de 200 hommes, officiers compris, elles devaient se composer autant que possible d'anciens militaires, de soldats de la deuxième portion des contingents et de jeunes soldats de la classe 1869 (2).

Les cadres des unités composant les dépôts devenaient bientôt insuffisants pour administrer et instruire les

---

cadres de compagnies, tirés des dépôts des trois régiments de zouaves, fussent envoyés à Antibes (1ᵉʳ zouaves), Avignon (2ᵉ zouaves) et Montpellier (3ᵉ zouaves). Ces cadres devaient former trois petits dépôts sur lesquels seraient dirigés les nombreux hommes engagés dans les zouaves pour la durée de la guerre. Chaque petit dépôt devait amener d'Algérie environ 400 hommes.

(1) Au 1ᵉʳ régiment de Tirailleurs, c'est le Iᵉʳ bataillon qui était resté en Algérie; le régiment de campagne avait été formé avec les IIᵉ, IIIᵉ et IVᵉ bataillons. Il fut également organisé des petits dépôts pour chacun des régiments de Tirailleurs à Antibes (1ᵉʳ régiment), Avignon (2ᵉ régiment) et Montpellier (3ᵉ régiment).

(2) Le Ministre de la Guerre aux Généraux commandant les divisions militaires, D. T., Tours, 15 septembre.

hommes qui rejoignaient leurs corps, à la suite des mesures prises dès le début de la guerre pour l'augmentation des effectifs. Aussi, le 21 septembre, le Ministre autorisait-il les commandants des divisions militaires à créer, selon les exigences du service, des emplois supplémentaires de sous-officiers, de caporaux et brigadiers (1) ; quelques jours après, un décret du 23 septembre (2) créait quatre nouveaux cadres de compagnie dans les dépôts des régiments d'infanterie et deux dans les dépôts des bataillons de chasseurs. Dans les régiments d'infanterie, les compagnies nouvelles devaient s'appeler 1re, 2e, 3e et 4e compagnies de dépôt; celles qui seraient en plus, en dehors des deux compagnies provisoires organisées le 2 septembre, prendraient les numéros 5 et 6. Dans les bataillons de chasseurs, les compagnies étaient numérotées d'après les mêmes principes (3).

Ces cadres de compagnie devaient en principe comprendre un capitaine, un lieutenant et un sous-lieutenant. Il était interdit de former un cadre avec deux lieutenants ou deux sous-lieutenants ; les vacances étaient maintenues s'il était impossible de les combler en se conformant à ces prescriptions (4). Mais la disproportion entre le nombre des candidats pour les grades de capitaine et de lieutenant et celui beaucoup plus nombreux des sous-officiers susceptibles d'être promus sous-lieutenants, amenait le Ministre à décider que dans les

---

(1) Le Ministre de la Guerre aux Généraux commandant les divisions militaires, Tours, 21 septembre.
(2) *M. U.* du 27 septembre.
(3) Le Ministre de la Guerre au Général commandant la 18e division militaire, Tours, 30 septembre. — Dans la pratique, ces compagnies destinées à être mobilisées furent appelées *compagnies de marche*.
(4) Le Ministre de la Guerre au Général commandant la 18e division militaire, Tours, 28 septembre.

cadres des compagnies de dépôt n'ayant pas de lieutenant, il pourrait être nommé deux sous-lieutenants, le plus ancien remplissant les fonctions de lieutenant et remplaçant le capitaine en cas d'absence (1).

Dès le 28 septembre, deux des cadres formés dans les dépôts de la ligne recevaient chacun 200 hommes, et le Ministre demandait de hâter la formation de ces compagnies et de lui rendre compte lorsqu'elles seraient prêtes à être mobilisées et à faire mouvement (2).

La constitution de régiments et de bataillons de marche enlevait bientôt aux dépôts des corps la majeure partie des cadres de compagnie créés par le décret du 23 septembre. Tant pour instruire les recrues de la classe 1870 que pour former au besoin de nouvelles troupes de marche, un décret du 20 octobre prescrivait de créer le nombre de cadres de compagnie nécessaire pour ramener à quatre le chiffre des compagnies mobilisables des dépôts des régiments d'infanterie et à deux celui des compagnies mobilisables des dépôts des bataillons de chasseurs à pied (3).

Malgré cette mesure, de nouveaux cadres étaient bientôt nécessaires pour continuer l'organisation des troupes d'infanterie que l'on voulait envoyer à l'ennemi. Un autre décret autorisait donc le 26 novembre la création dans les dépôts de nouveaux cadres de compagnie. Mais ces cadres ne devaient être formés que lorsque l'effectif des hommes de troupe l'exigerait, et en tout cas, en sus des deux compagnies provisoires, les dépôts des régiments d'infanterie ne pouvaient avoir plus de quatre

---

(1) *Décret* du 5 octobre (*M. U.* du 11 octobre).

(2) Le Ministre de la Guerre au Général commandant la 18e division militaire, Tours, 28 septembre.

(3) *Décret* du 20 octobre (*M. U.* du 25 octobre) et Circulaire d'envoi du 23 octobre.

compagnies mobilisables et les dépôts des bataillons de chasseurs plus de deux (1).

Dans ces conditions, les dépôts des corps d'infanterie se trouvaient avoir, en raison de leur effectif et du nombre de leurs compagnies, l'importance d'un bataillon. Pour y assurer les détails du service intérieur, un décret du 24 novembre créait dans chacun d'eux pour la durée de la guerre un emploi d'adjudant (2).

Effectif des compagnies mobilisées. — Un décret du 19 octobre et une circulaire du 26 octobre 1870 avaient organisé dans chacune des divisions militaires un *conseil administratif de la division* dont l'une des attributions était d'assurer la prompte organisation des forces militaires réunies dans les dépôts. Les instructions envoyées à ces conseils administratifs recommandaient pour l'infanterie de former des compagnies de 100 à 150 hommes seulement (3).

Dans ces conditions, les dépôts des régiments d'infanterie n'auraient pu encadrer que 900 hommes dans les six cadres de compagnie qu'ils possédaient et les bataillons de chasseurs que 450 hommes dans leurs trois cadres de compagnie (4). Or, les effectifs des dépôts dépassaient de beaucoup ces chiffres.

D'autre part, les cadres disponibles ne permettaient

---

(1) *Décret* du 26 novembre (*M. U.* du 29 novembre) et Circulaire d'envoi du 1er décembre.

(2) *Décret* du 24 novembre 1870 (*M. U.* du 26 novembre) et Circulaire d'envoi du 1er décembre.

(3) *Décret* du 19 octobre (*M. U.* du 23 octobre); *Circulaire* du 26 octobre (*M. U.* du 31 octobre).

(4) D'après ce qui a été exposé plus haut, les dépôts d'infanterie comprenaient, dans les régiments de ligne : 2 compagnies provisoires et 4 compagnies mobilisables ; dans les bataillons de chasseurs : 1 compagnie provisoire et 2 compagnies mobilisables.

pas de mobiliser à un aussi faible effectif un nombre suffisant de compagnies pour former les corps d'armée dont on avait besoin. Des ordres antérieurs avaient d'ailleurs prescrit de constituer à 200 hommes les compagnies prêtes à partir (1).

Les prescriptions du décret du 19 octobre, en ce qui concerne l'effectif des compagnies d'infanterie, ne furent donc pas exécutées. Mais cette augmentation des effectifs était regardée par la délégation du Gouvernement de la Défense nationale comme un médiocre expédient pour suppléer à l'insuffisance des cadres et particulièrement au manque de capitaines expérimentés. Il avait, à son avis, « pour résultat d'affaiblir la qualité des troupes. Les compagnies ainsi développées étaient loin de présenter la cohésion, la discipline et la mobilité des compagnies normales (2) ».

Cependant, malgré les plaintes des commandants de corps d'armée (3), on ne pouvait, aussi bien dans l'infanterie régulière que dans la garde nationale mobile, créer un plus grand nombre de compagnies à effectif moins élevé. On s'efforça donc de remédier dans la mesure du possible aux inconvénients que l'on était obligé de subir.

Le Ministre reconnut tout d'abord la nécessité d'augmenter les cadres subalternes. Le 19 octobre, il décidait que les compagnies d'infanterie auraient pendant toute la campagne cinq sergents de section et douze caporaux. Rappelant en même temps la circulaire du 21 septembre, qui autorisait dans les dépôts la nomination

---

(1) Le Ministre de la Guerre aux Généraux commandant les divisions militaires, D. T., Tours, 15 septembre; le même au Général commandant la 18e division militaire, Tours, 28 septembre.

(2) De Freycinet, *La Guerre en province*, p. 51.

(3) Le Délégué à la Guerre au général de Loverdo, Tours, 24 octobre.

supplémentaire des sous-officiers et caporaux nécessaires pour le service, le Ministre insistait pour que, dorénavant, les compagnies mobilisées partissent avec tous leurs gradés. En outre, dès que ces unités auraient rallié les corps de marche auxquels elles étaient affectées, toutes les vacances d'officiers devaient autant que possible être comblées, de manière à mettre trois officiers par compagnie (1).

Il semble même qu'on voulut sanctionner cette disposition par un décret. Dans les premiers jours de novembre, le Délégué à la Guerre faisait en effet étudier les mesures suivantes :

Dans la première, on reconnaissait que l'effectif normal d'une compagnie était « de 150 hommes commandés par un capitaine, un lieutenant et un sous-lieutenant, ayant sous leurs ordres un sergent-major, quatre sergents, un fourrier et huit caporaux ». Mais comme « l'absence d'un grand nombre d'officiers prisonniers » et le nombre des soldats à encadrer avaient amené à former « des compagnies doubles de l'effectif normal », on décidait que tout en conservant trois officiers, ces compagnies auraient six sergents et seize caporaux. Elles devaient, en outre, être composées de militaires appartenant à des classes différentes, afin de mélanger les jeunes soldats avec des hommes familiarisés avec les détails du service (2).

---

(1) Le Ministre de la Guerre aux Généraux commandant les divisions et les subdivisions territoriales et actives, etc., etc...... Tours, 29 octobre. — Les compagnies provisoires organisées dans les dépôts par décret du 2 septembre devaient déjà comprendre 5 sergents et 10 caporaux (*J. M. O.*, 2ᵉ semestre 1870, p. 403).

(2) Décret du Gouvernement de la Défense nationale, Tours, 2 novembre (Archives de l'Artillerie). — Ce *Décret* ne fut pas publié, car il ne figure ni au *M. U.* ni au *Bulletin des Lois* (XIIᵉ série, Tours et Bordeaux, du 12 septembre 1870 au 18 février 1871).

L'autre projet admettait également que « dans les régiments de l'infanterie de ligne de marche et dans les régiments de la garde nationale mobile, l'effectif des compagnies » atteignait « un chiffre trop considérable pour la bonne action du commandement ». On proposait donc que dans chaque compagnie dépassant 150 hommes, les cadres existants fussent augmentés d'un sous-lieutenant, de deux sergents et de quatre caporaux (1).

On envisageait en même temps la possibilité, lorsque les nécessités de la guerre le permettraient, de former deux nouvelles compagnies avec l'une des compagnies primitives, c'est-à-dire de doubler les cadres, tout au moins en officiers (2).

Mais on sait que pendant toute la durée de la Défense nationale en province, l'Administration de la Guerre ne put se procurer qu'à grand'peine les cadres d'officiers et de sous-officiers qui lui étaient nécessaires. La réduction de l'effectif des compagnies d'infanterie ne put donc se réaliser. Il ressort, en effet, des feuilles de journées de l'époque, que les compagnies de marche, formées en province pendant les derniers mois de l'année 1870, quittaient les dépôts avec 217 hommes environ, cadres subalternes compris. Si à partir du mois de janvier 1871, les compagnies mises sur pied ne furent plus qu'à 130 hommes, peut-être ne faut-il voir dans cette réduction de l'effectif qu'une conséquence de l'épuisement des ressources des dépôts en hommes instruits, équipés et armés.

Au même ordre d'idées, se rattachent les mesures

---

(1) Projet de décret (infanterie et garde nationale mobile) (Archives de l'Artillerie).

(2) Note pour le Délégué du Ministre de la Guerre, Tours, 2 novembre (Arch. Art.).

prises en ce qui concerne le nombre des compagnies des bataillons de chasseurs à pied de marche. Au début, les dépôts des bataillons de chasseurs ne présentaient pas, comme gradés, des ressources suffisantes pour organiser six cadres de compagnie par bataillon de marche. On constitua donc des bataillons de marche à quatre compagnies d'un effectif de plus de 200 hommes. Mais il fut reconnu plus tard, qu'à effectif égal, il importait, pour assurer la solidité de ces corps, de leur donner le même encadrement qu'aux bataillons d'infanterie de marche. Un décret du 18 décembre prescrivit en conséquence de porter de quatre à six le nombre des compagnies des bataillons de chasseurs, toutes les fois que l'effectif de ces corps dépasserait 800 hommes. Les services rendus depuis le début de la Défense nationale permettaient d'ailleurs à cette date de nommer sous-lieutenants un plus grand nombre de sous-officiers et de donner de l'avancement aux lieutenants et aux sous-lieutenants. Les généraux commandant les corps d'armée ou les armées, chargés de faire les nominations provisoires nécessaires, étaient autorisés à faire passer dans les chasseurs des officiers et des sous-officiers pris dans l'infanterie de ligne (1).

Formation de régiments et de bataillons de marche nouveaux. — Par analogie avec le décret du 28 juillet qui autorisait la création de régiments de marche avec les IVes bataillons des régiments d'infanterie, un décret du 29 septembre (2) prévoyait la formation de

---

(1) Décret du 16 décembre (*M. U.* du 19 décembre) et Circulaire d'envoi du 20 décembre. — En 1870, l'avancement des officiers jusqu'au grade de capitaine exclusivement se faisait sur l'ensemble des 20 bataillons de chasseurs.

(2) *M. U.* du 4 octobre.

bataillons de chasseurs à pied de marche, constitués en principe à six compagnies, avec les compagnies de dépôt des bataillons de chasseurs à pied. Ces corps devaient être commandés par des chefs de bataillon.

Avec les officiers et les soldats français rentrant d'Italie après le licenciement de la Légion Romaine, un bataillon à six compagnies était organisé par décret du 1er octobre, sous la dénomination de Ier bataillon d'infanterie de marche (1).

Au fur et à mesure, d'ailleurs, que la constitution des nouveaux corps d'armée l'exigeait, le Ministre créait d'urgence les régiments et bataillons de marche nécessaires, et un décret du 5 octobre (2) confirmait la formation de onze régiments d'infanterie de marche, de trois régiments de zouaves de marche et onze bataillons de chasseurs à pied de marche. Chacun de ces régiments était à trois bataillons de six compagnies : les bataillons de chasseurs n'étaient qu'à quatre compagnies. Le même décret prévoyait en outre la création de bataillons d'infanterie de marche formant corps, commandés par des chefs de bataillon (3).

Pour organiser les divers détachements de Tirailleurs algériens venus en France pour prendre part à la guerre, un régiment de Tirailleurs algériens de marche à deux bataillons de six compagnies était formé par décret du 2 octobre (4).

Puis successivement des décrets du 14 novembre, du

---

(1) *M. U.* du 4 octobre. — Ce bataillon de marche entra plus tard dans la composition du 47e de marche.

(2) *M. U.* du 11 octobre.

(3) Les régiments d'infanterie de marche portaient les nos 28 à 38, les régiments de zouaves de marche, les nos 1 à 3, les bataillons de chasseurs à pied de marche, les nos 1 à 8.

(4) *M. U.* du 8 octobre.

13 décembre 1870 et du 30 janvier 1871 (1), confirmèrent la création :

Le premier de dix-huit régiments d'infanterie de marche, d'un quatrième régiment de zouaves de marche, de six bataillons de chasseurs à pied de marche, d'un troisième bataillon dans le régiment de Tirailleurs algériens de marche, et de cinq bataillons d'infanterie de marche (2) ;

Le deuxième, de quinze régiments d'infanterie de marche, de neuf bataillons de chasseurs à pied de marche, d'un bataillon de fusiliers de discipline de marche et d'un régiment d'infanterie légère d'Afrique de marche à deux bataillons (3) ;

Le troisième, de seize régiments d'infanterie de marche, de cinq bataillons de chasseurs à pied de marche et d'un deuxième régiment de Tirailleurs algériens de marche (4).

D'autre part, comme on l'a déjà vu, un décret en date du 16 décembre 1870 décidait de porter à six compagnies les bataillons de chasseurs de marche dont l'effectif dépassait 800 hommes. Les cadres devaient être pris dans la subdivision d'arme et, en cas d'insuffisance, dans l'infanterie (5).

Mais, l'organisation des corps d'infanterie de marche ne se fit pas conformément aux décrets exposés ci-dessus et il semble intéressant de donner quelques

---

(1) *M. U.* du 17 novembre, du 16 décembre 1870 et du 1er février 1871.

(2) Les régiments prenaient les nos 39 à 56 et les bataillons de chasseurs, les nos 9 à 14.

(3) Nos 57 à 71 pour les régiments, nos 15 à 23 pour les bataillons de chasseurs.

(4) Nos 72 à 87 pour les régiments, nos 24 à 28 pour les bataillons de chasseurs.

(5) *M. U.* du 19 décembre.

détails sommaires sur les mesures qui furent réalisées (1).

Cinquante-six régiments d'infanterie de marche furent créés en province depuis le 4 septembre jusqu'à l'armistice.

Les cinq premiers (n°s 29 à 33) furent constitués à trois bataillons avec les 8es compagnies des IIIes bataillons (2).

Les 34e et 35e régiments d'infanterie de marche furent formés avec des IVes bataillons disponibles, le premier à trois et le deuxième à deux bataillons de six compagnies (3).

Vingt-sept régiments de marche, portant les n°s 36 à 46, 48, 49, 51, 52, 55, 57 à 62, 64 à 66, 70 et 71, furent constitués, pour la plupart à dix-huit compagnies, avec des compagnies de marche provenant généralement de

---

(1) Les renseignements concernant l'organisation des corps d'infanterie de marche ont été puisés dans les travaux encore manuscrits de M. A. Martinien, des Archives historiques du ministère de la Guerre.

(2) Le 28e régiment de marche avait été constitué à Paris et fit partie de la garnison de cette place. — Le 29e régiment d'infanterie de marche comptait 21 compagnies au lieu de 18, que comprenaient les 4 autres régiments. 93 compagnies de dépôt, sur les 104 disponibles, se trouvaient donc employées.

(3) Le 34e régiment d'infanterie de marche comprenait les IVes bataillons des 4e, 36e et 77e régiments de ligne ; le 35e d'infanterie de marche, qui fit partie de la garnison de Belfort, les IVes bataillons des 45e et 84e régiments de ligne. — Le IVe bataillon du 85e de ligne, désigné pour former le IIIe bataillon du 35e de marche, ne put rejoindre à temps et forma plus tard le 50e de marche.

Il importe de rappeler que des régiments de marche portant également les n^{os} de 34 à 39 furent créés à Paris après le 27 septembre. Un décret du 28 octobre prescrivit que les régiments de marche de la garnison de Paris prendraient la dénomination de régiments d'infanterie de ligne et porteraient les n°s 101 et suivants (J. M. O., 2e semestre 1870, p. 556).

dépôts différents. Leur ensemble donnait un total de 80 bataillons et 464 compagnies (1).

---

(1) 19 de ces régiments étaient à trois bataillons de six compagnies. Le 38e avait vingt compagnies (Ier et IIe bataillons à sept compagnies, IIIe bataillon à six). Le 42e avait dix-neuf compagnies (Ier et IIe bataillons à six compagnies, IIIe à sept). Le 49e devait être organisé à trois bataillons de six compagnies, mais onze des compagnies désignées pour former le régiment reçurent une autre affectation et le 49e se trouva réduit à deux bataillons, l'un de quatre et l'autre de trois compagnies. Le 52e ne comptait que quatre compagnies par bataillon, les douze compagnies réunies à Rochefort, ayant dû partir précipitamment pour Gien dans la nuit du 13 au 14 novembre. Le 55e était à quatorze compagnies (Ier et IIe bataillons à cinq compagnies, IIIe à quatre). Les 58e et 59e de marche avaient dix-sept compagnies chacun (Ier et IIe bataillons à six compagnies, IIIe à cinq).

Le 71e de marche fut d'abord formé le 21 décembre avec un bataillon du 56e de marche et douze compagnies provenant de dépôts différents. Le 26 décembre, le bataillon du 56e de marche rejoignit son corps. Il fut remplacé par un bataillon à quatre compagnies fournies : deux par le dépôt du 9e de ligne et une par chacun des dépôts des 12e et 53e de ligne.

Le 40e de marche fut constitué tout d'abord le 12 octobre à quatorze compagnies (Ier et IIe bataillons à six compagnies, IIIe bataillon à deux). Les quatre dernières compagnies du IIIe bataillon furent formées le 1er janvier 1871 par prélèvement sur les quatorze compagnies existantes et avec 475 jeunes soldats envoyés par les dépôts des 78e et 89e de ligne.

Toutes les unités destinées à la formation du 59e de marche reçurent comme point de concentration Le Mans. Mais, par suite des événements, le régiment se trouva divisé. Une première fraction, comprenant le Ier bataillon et deux compagnies du IIe bataillon, fut affectée à la colonne mobile de Tours (général Camô, 2e brigade). Une deuxième fraction, composée de deux compagnies du IIe bataillon, fut incorporée le 27 novembre dans la 1re brigade de la 2e division du 21e corps. Une troisième fraction, forte également de deux compagnies du IIe bataillon, fut placée dans la 2e brigade de la 2e division du 21e corps. Quant à la quatrième fraction, le IIIe bataillon à cinq compagnies, elle quitta Le Mans le 26 novembre pour faire partie de la colonne mobile commandée par le colonel Rousseau. Le régiment ne fut réuni que le 5 janvier 1871 au camp de Boudan, près de Savigné-l'Évêque.

Le 47ᵉ régiment de marche fut d'abord formé à deux bataillons par dédoublement du Iᵉʳ bataillon d'infanterie de marche, et, en décembre 1870, il fut porté à trois bataillons par adjonction du IVᵉ bataillon du 78ᵉ de ligne (1).

Le 50ᵉ de marche fut formé à deux bataillons de cinq compagnies avec le IVᵉ bataillon du 85ᵉ de ligne (six compagnies) et deux compagnies du dépôt du même régiment qui se dédoublèrent.

Le 53ᵉ de marche comprit les IVᵉˢ bataillons des 22ᵉ, 79ᵉ et 92ᵉ régiments d'infanterie de ligne venant d'Algérie (2).

Le 54ᵉ de marche fut formé à Bitche par dédoublement du IIᵉ bataillon du 86ᵉ de ligne renforcé des isolés d'infanterie recueillis dans la place après Frœschwiller. Le deuxième bataillon ainsi constitué n'avait que quatre compagnies.

L'un des bataillons du 56ᵉ de marche provient des débris d'un bataillon du 56ᵉ de ligne échappé de Sedan et reconstitué tout d'abord à six compagnies à Nîmes, sous le titre de VIᵉ bataillon d'infanterie de marche. Les deux autres bataillons du 56ᵉ de marche furent formés avec des compagnies prises dans douze dépôts différents.

---

(1) Le Iᵉʳ bataillon d'infanterie de marche se dédoubla après avoir été renforcé par 500 mobiles des Deux-Sèvres et 200 mobiles de Saône-et-Loire. Le IVᵉ bataillon du 78ᵉ de ligne le rejoignit le 20 décembre seulement. Le 47ᵉ régiment de marche comprenait ainsi trois bataillons à six compagnies.

(2) Les IVᵉˢ bataillons des 22ᵉ, 79ᵉ et 92ᵉ avaient été envoyés en Algérie au commencement d'octobre 1870 quand furent rappelés en France les 16ᵉ, 38ᵉ et 39ᵉ régiments de ligne. — Ces trois IVᵉˢ bataillons furent ramenés en France vers le 10 novembre pour former le 53ᵉ de marche.

Un des IVᵉˢ bataillons disponibles, celui du 50ᵉ, ne fut pas employé dans la constitution des régiments de marche. Il resta en effet à Langres et contribua à la défense de la place.

Le 63ᵉ de marche fut formé avec trois bataillons de six compagnies organisés chacun dans un même dépôt (1).

Un 65ᵉ régiment de marche *bis* fut formé à deux bataillons de cinq compagnies dans les mêmes conditions (2).

Cinq régiments de marche portant les nᵒˢ 67, 68, 69, 72 et 73 furent constitués avec trois bataillons dont deux provenaient d'un même dépôt. Le IIIᵉ bataillon du 69ᵉ régiment de marche fut d'ailleurs le VIIIᵉ bataillon de marche d'infanterie de la marine, provenant du dépôt du 2ᵉ régiment de cette arme à Brest. Tous ces bataillons étaient à cinq compagnies (3).

Puis les ressources des dépôts commençant à diminuer, neuf régiments, les nᵒˢ 74, 75, 77 à 82 et 85 furent formés à trois bataillons de six compagnies avec des compagnies ou des détachements provenant de dépôts différents (4).

---

(1) Iᵉʳ bataillon formé au dépôt du 78ᵉ de ligne, IIᵉ au dépôt du 85ᵉ et IIIᵉ au dépôt du 84ᵉ.

(2) Iᵉʳ bataillon formé au dépôt du 65ᵉ de ligne, IIᵉ au dépôt du 33ᵉ de ligne. Le bataillon provenant du dépôt du 33ᵉ de ligne passa le 20 janvier 1871 au 67ᵉ de marche, où il remplaça un bataillon provenant du dépôt du 65ᵉ de ligne, qui fut à son tour affecté au 65ᵉ de marche *bis*. Le régiment se trouva donc formé avec deux bataillons provenant du même dépôt.

(3) 67ᵉ de marche : Iᵉʳ bataillon formé au dépôt du 65ᵉ de ligne, IIᵉ et IIIᵉ bataillons formés au dépôt du 75ᵉ de ligne ;

68ᵉ de marche : Iᵉʳ et IIᵉ bataillons formés au dépôt du 24ᵉ de ligne, IIIᵉ bataillon formé au dépôt du 33ᵉ de ligne ;

69ᵉ de marche : Iᵉʳ et IIᵉ bataillons formés au dépôt du 43ᵉ de ligne ;

72ᵉ de marche : Iᵉʳ bataillon formé au dépôt du 33ᵉ de ligne, IIᵉ et IIIᵉ bataillons formés au dépôt du 91ᵉ de ligne.

Le 75ᵉ de marche se composait de deux bataillons du 3ᵉ de ligne échappés de Sedan à l'effectif de 1,100 hommes et de quatre compagnies provenant du 40ᵉ de ligne.

Ces cinq corps et le 65ᵉ de marche provenaient de la région du Nord et firent partie de l'armée du général Faidherbe.

(4) C'est-à-dire que sur les 18 compagnies entrant dans la composi-

Le 76ᵉ de marche fut constitué à deux bataillons de six compagnies par la réunion des IIᵉ et Vᵉ bataillons d'infanterie de marche.

Les 83ᵉ et 84ᵉ régiments ne furent pas formés.

Les cinquante-six régiments d'infanterie de marche énumérés ci-dessus donnent un total de 161 bataillons ou 933 compagnies.

On a vu que les Iᵉʳ, IIᵉ et Vᵉ bataillons d'infanterie de marche entrèrent dans la constitution de régiments d'infanterie de marche.

Le IIIᵉ bataillon d'infanterie de marche, formé à Belfort, participa à la défense de cette place (1).

Le IVᵉ bataillon d'infanterie de marche, qui devait être réuni à Soissons, ne fut pas organisé. Bien qu'il n'en soit pas parlé dans les décrets régularisant la constitution des corps de marche d'infanterie, d'autres bataillons indépendants furent formés. Les uns, portant les nᵒˢ VI, VII, VIII, XI, XII et XIII, n'eurent qu'une existence éphémère et furent fondus, peu après leur création, dans des régiments de marche. D'autres furent maintenus

---

tion du régiment, quelques-unes furent formées avec des éléments provenant de deux dépôts différents. L'homogénéité de ces corps était donc encore inférieure à celle des corps créés précédemment.

Le 85ᵉ régiment de marche fut formé le 28 janvier 1871. Sept autres régiments de marche (nᵒˢ 86 à 92) furent constitués dans les mêmes conditions du 1ᵉʳ février au 1ᵉʳ mars 1871. Ces 8 régiments donnent donc un total de 24 bataillons ou 144 compagnies.

Un 34ᵉ régiment de marche *bis* fut également formé le 23 février 1871 à Grenoble avec des compagnies provisoires encore constituées dans les dépôts voisins et avec des hommes évadés d'Allemagne et de Suisse. Il devait comprendre trois bataillons de six compagnies, mais il semble que sa constitution n'était pas encore terminée lorsqu'il fusionna avec le 34ᵉ régiment d'infanterie de ligne.

(1) Ce bataillon, constitué par le dépôt du 45ᵉ de ligne, comprenait 6 compagnies.

dans les places où ils avaient été organisés. C'est ainsi que l'on trouve à Longwy les IXe et X[e] bataillons de marche (1).

Les trois bataillons d'infanterie de marche qui restèrent indépendants donnent un total de 14 compagnies.

Après la deuxième prise d'Orléans par les Allemands, des bataillons provenant en général d'un même dépôt furent envoyés sur le théâtre des opérations et employés isolément. Il y eut ainsi sept bataillons qui s'appelèrent bataillon de marche du n^e régiment d'infanterie et formèrent ensemble 27 compagnies (2).

Il fut organisé trente bataillons de chasseurs à pied de marche qui, à la fin de la campagne, comptaient 164 compagnies (3).

Les trois premiers régiments de zouaves de marche

---

(1) Les IXe et X[e] bataillons d'infanterie de marche eurent comme noyaux deux compagnies du IVe bataillon du 44e de ligne, venues de Metz à Longwy. Au moyen des évadés de Sedan et des conscrits des environs de la place, on put les constituer à quatre compagnies chacun.

(2) Bataillon de marche du 19e de ligne à six compagnies. Bataillon de marche mixte des 25e et 86e de ligne à six compagnies. Bataillons de marche des 26e, 41e, 62e, 94e et 97e de ligne à trois compagnies chacun.

(3) Savoir : dix bataillons à quatre compagnies (5e, 6e, 8e à 12e, 14e, 16e, 25e); quatre à cinq compagnies (17e, 20e, 24e, 26e); onze à six compagnies (1er, 2e, 4e, 13e, 18e, 19e, 22e, 23e, 27e à 29e); deux à sept compagnies (3e et 7e bis); trois à huit compagnies (7e, 15e, 21e).

Au début on pensa utiliser les compagnies existant dans les dépôts des bataillons de chasseurs, sans les amalgamer en bataillons. C'est ainsi que, le 23 septembre, le Ministre de la Guerre affectait à chacune des premières brigades des divisions d'infanterie du 15e corps, deux compagnies de chasseurs à pied. Leur effectif devait se rapprocher le plus possible de 300 hommes. Quelques jours après, deux nouvelles compagnies étaient envoyées aux brigades qui n'en étaient pas encore

furent organisés dans les petits dépôts des régiments de zouaves créés à Antibes, Avignon et Montpellier, chacun avec quatre des compagnies laissées dans les dépôts,

dotées. Le 30 septembre, ces quatre compagnies furent groupées dans chaque division en bataillon de chasseurs à pied de marche, dont l'effectif était par conséquent d'environ 1,200 hommes.

D'autres bataillons furent ensuite formés à trois ou quatre compagnies. Plusieurs se dédoublèrent plus tard dans les conditions que régla un décret du 18 décembre.

Le 3e bataillon de chasseurs à pied de marche fut d'abord constitué avec trois compagnies provenant des 5e, 16e et 20e bataillons de chasseurs à l'effectif de 7 officiers et 1,030 hommes. Il fut renforcé le 26 décembre par 116 hommes du 5e bataillon de chasseurs, le 31 décembre par deux compagnies provenant du dépôt du 19e bataillon de chasseurs et le 1er janvier 1871 par les 4e, 5e et 6e compagnies du IIe bataillon du 4e régiment de zouaves de marche. Tous ces éléments furent amalgamés en sept compagnies.

Le 7e bataillon de chasseurs à pied de marche fut d'abord formé à quatre compagnies qui se dédoublèrent le 5 novembre. Ce bataillon fut détruit à Loigny le 2 décembre 1870. Un détachement de 80 hommes fut versé au 8e bataillon de marche, et le restant du bataillon, 200 chasseurs, fut dirigé sur Toulon. Ces hommes formèrent le noyau de deux compagnies, qui, renforcées d'une compagnie de 272 hommes venant du dépôt du 4e bataillon, de deux compagnies de 190 hommes venant du dépôt du 8e bataillon, d'une compagnie de 270 hommes venant du dépôt du 12e bataillon, et un peu plus tard d'une compagnie de 200 hommes venant du dépôt du 16e bataillon, formèrent le 7e bataillon *bis* de chasseurs à pied de marche, qui, en janvier 1871, était incorporé dans la 2e brigade de la 2e division du 25e corps.

Le 14e bataillon de chasseurs à pied de marche fut formé par la réunion de quatre compagnies provenant du dépôt du 12e bataillon et par quatre compagnies provenant du dépôt du 14e bataillon. Il fut scindé le 1er janvier 1871, et les quatre compagnies provenant du 14e bataillon formèrent le 25e bataillon de chasseurs de marche.

Un 30e bataillon de chasseurs de marche à cinq compagnies fut aussi formé le 15 février 1871, c'est-à-dire après la signature de l'armistice. De même un certain nombre de bataillons *bis* furent réorganisés plus tard avec des troupes rentrant de Suisse.

Rappelons que trois bataillons de chasseurs à pied, portant les nos 21, 22 et 23, furent formés à Paris pendant le siège.

complétées surtout par des engagés volontaires (1). Au début, les régiments de zouaves de marche comprenaient deux bataillons à neuf compagnies ; mais ces bataillons atteignant un effectif trop élevé, un décret du 4 octobre 1870 répartit les dix-huit compagnies de chaque régiment en trois bataillons de six compagnies (2).

Le 4ᵉ régiment de zouaves de marche fut organisé avec des éléments pris en Algérie dans les dépôts des trois régiments actifs. Les quatre régiments de zouaves de marche comprirent ensemble 12 bataillons ou 72 compagnies.

Des détachements de Tirailleurs algériens destinés à renforcer l'armée du Rhin avaient été arrêtés à Paris et à Saint-Cloud le 3 septembre, puis dirigés sur l'armée de la Loire en formation le 18 septembre, c'est-à-dire au moment où Paris allait être complètement investi. Renforcés au moyen d'hommes échappés de Sedan (3) et par des éléments tirés des dépôts, ils formèrent le 2 octobre 1870, le 1ᵉʳ régiment de Tirailleurs de marche. Quant au 2ᵉ régiment de marche, il fut constitué avec le bataillon des trois régiments resté en Algérie (4). On eut ainsi 6 bataillons ou 36 compagnies de Tirailleurs.

---

(1) Les régiments de zouaves devant être immédiatement utilisés, les hommes se présentant pour s'engager dans ces corps ne furent acceptés que s'ils avaient servi au moins un an (Le Ministre de la Guerre par intérim aux Préfets des départements, D. T., Tours, 2 octobre).

(2) *M. U.* du 8 octobre. — Un régiment de zouaves de marche fut en outre créé à Paris le 27 septembre. Le 28 octobre, ce régiment de marche devint le 4ᵉ régiment de zouaves [*Décret* du 28 octobre (*J. M. O.*, 2ᵉ semestre 1870, p. 556)].

(3) Le 9 septembre, le Ministre avait décidé que les Tirailleurs sortant des hôpitaux ou rejoignant isolément seraient dirigés sur les petits dépôts des régiments de zouaves, qui venaient d'être organisés à Antibes (1ᵉʳ régiment), à Avignon (2ᵉ régiment) et à Montpellier (3ᵉ régiment).

(4) Le 2ᵉ régiment de Tirailleurs de marche ne fut formé qu'en jan-

Par décret du 22 août 1870, un V⁰ bataillon avait été formé à Tours dans le régiment étranger pour recevoir les étrangers qui s'engageraient pour la durée de la guerre (1). Le nombre des compagnies, primitivement fixé entre six et huit, fut porté à dix par un décret du 29 septembre (2). Néanmoins, le 30 septembre, le V⁰ bataillon du 1ᵉʳ étranger, ne comprenant que 8 compagnies, fut dirigé sur Bourges, puis de là sur Orléans, où il se trouvait le 10 octobre. En même temps, un détachement de 200 hommes avait été envoyé à Brest, où il resta du 1ᵉʳ octobre au 6 novembre, date à laquelle il gagna le camp de Conlie ; il fut alors incorporé dans l'armée de Bretagne (3).

D'autre part, le colonel du 1ᵉʳ régiment étranger était invité dans le courant de septembre à organiser deux bataillons d'où seraient éliminés les militaires de tous grades d'origine allemande. Les Iᵉʳ et IIᵉ bataillons du régiment ainsi constitués à 8 compagnies débarquaient à Toulon le 11 octobre et étaient affectés au 15ᵉ corps. Ils furent rejoints le 26 octobre par le Vᵉ bataillon. Ces trois bataillons formèrent le régiment étranger de marche.

Après les affaires de Bacon et de Coulmiers, l'effectif de ce corps était déjà réduit à 2,000 hommes ; lorsqu'après les journées des 2, 3 et 4 décembre autour d'Orléans, le régiment arriva le 7 décembre à Bourges, il ne comptait plus que 800 hommes, dont près de 400 sous-officiers, caporaux, tambours et clairons.

On forma provisoirement alors un bataillon à six pelotons, chaque peloton se composant des débris de quatre des anciennes compagnies. A ce bataillon s'adjoignit

---

vier 1871. Le bataillon fourni par le 3ᵉ régiment de Tirailleurs fut seul amené en France, les deux autres restèrent en Algérie.
(1) *J. M. O.*, 2ᵉ semestre 1870, p. 362.
(2) *M. U.* du 4 octobre.
(3) D'après les renseignements inédits de M. A. Martinien.

une compagnie provenant du 2ᵉ régiment étranger, forte d'environ 90 hommes, qui, tout en marchant avec le régiment étranger de marche, continua à s'administrer séparément (1). En même temps, trois cadres de compagnie étaient envoyés le 15 décembre à Cahors où ils devaient former un dépôt destiné à recevoir les engagés volontaires, mais en réalité le régiment étranger de marche fut réorganisé avec environ 2,000 Français du contingent (2).

Un VIᵉ bataillon, rattaché toujours au 1ᵉʳ régiment étranger, fut aussi créé à Saint-Omer, le 12 janvier 1871. Ce bataillon, qui resta indépendant, devait comprendre six compagnies, mais en fait il n'en fut formé que trois avant l'armistice, dont deux actives et une de dépôt. Au 1ᵉʳ février, l'effectif total était de 12 officiers et 215 hommes (3).

Enfin un décret du 5 janvier 1871 organisa en Algérie, pour la durée de la guerre, une compagnie formant corps avec les Hanovriens réfugiés dans cette colonie. Elle devait porter le nom de compagnie d'*auxiliaires hanovriens*, avoir un effectif de 200 hommes et être traitée comme une compagnie française pour la solde, les prestations et l'uniforme. Le capitaine et le sergent-major devaient être français, le lieutenant hanovrien et le

---

(1) Le 2ᵉ régiment étranger, en formation à Caen depuis le 1ᵉʳ septembre 1870, devait être constitué avec des éléments irlandais. Il fut licencié le 16 novembre suivant. Une seule compagnie, composée de 4 officiers et 91 hommes de troupe, avait pu être réunie. Elle fut dirigée sur le Vᵉ bataillon du 1ᵉʳ régiment étranger.

(2) Note de la 2ᵉ direction pour la 1ʳᵉ direction, Bordeaux, 15 décembre ; le Capitaine commandant le détachement du 1ᵉʳ régiment étranger, à Cahors, au Colonel commandant la subdivision du Lot, Cahors, 29 décembre.

(3) *Décret* du 12 janvier 1871 (*M. U.* du 15 janvier 1871). — Une troisième compagnie active fut formée le 30 janvier et une quatrième le 16 février 1871.

sous-lieutenant français ou choisi parmi les sous-officiers hanovriens. Cette compagnie parvint à comprendre 3 officiers et 157 hommes (1).

Les corps étrangers utilisés ou mis sur pied par la délégation du Gouvernement de la Défense nationale s'élevèrent donc à deux bataillons anciens à huit compagnies et à deux bataillons formés pendant la guerre, ayant ensemble onze compagnies actives et deux de dépôt, soit un total de 4 bataillons ou 27 compagnies actives (2).

Par dépêche en date du 17 octobre, chacun des trois bataillons d'infanterie légère d'Afrique mobilisa deux compagnies de marche de 250 hommes chacune. Elles quittèrent séparément l'Algérie entre le 26 octobre et le 22 novembre pour aller former un bataillon de marche sur la Loire. Ce bataillon ne fut réuni que le 5 décembre 1870 ; le 13 décembre, il fut dédoublé pour constituer un régiment de marche à deux bataillons de trois compagnies chacun.

Par prélèvement sur les sept compagnies disciplinaires, une décision du 16 novembre 1870 mobilisa quatre compagnies qui formèrent un bataillon de fusiliers de discipline de marche. Il fut licencié en janvier, en raison du mauvais esprit des soldats ; les hommes furent répartis dans des corps de leur arme respective (3).

En résumé, indépendamment des régiments consti-

---

(1) *M. U.* du 9 janvier 1871.

(2) 1er et IIe bataillons du régiment étranger à huit compagnies chacun. Ve bataillon : huit compagnies plus un détachement évalué à une compagnie, envoyé à l'armée de Bretagne, et une compagnie provenant du 2e régiment étranger non formé. VIe bataillon : trois compagnies dont une de dépôt.

(3) *Décret* du 31 décembre 1870 (*M. U.* du 4 janvier 1871). — La

INFANTERIE. 453

tués (1), la délégation du Gouvernement de la Défense nationale organisa en province pour prendre part à la lutte contre l'Allemagne :

	Bataillons.	Compagnies.
56 régiments d'infanterie de marche, soit....	161	933
3 bataillons d'infanterie de marche.........	3	14
7 bataillons de régiment d'infanterie de marche..............................	7	27
30 bataillons de chasseurs à pied de marche..	30	164
4 régiments de zouaves de marche.........	12	72
2 régiments de Tirailleurs algériens de marche................................	6	36
1 régiment étranger de marche et 1 bataillon étranger...........................	4	27
1 régiment d'infanterie légère d'Afrique de marche...............................	2	6
1 bataillon de fusiliers de discipline de marche...............................	1	4
Soit un total de...........	216	1,283

Mais dans ces différents régiments ou bataillons furent incorporées 474 compagnies, qui, ainsi qu'on l'a vu plus haut, étaient disponibles, ou en formation le 17 septembre (2). Le total des compagnies d'infanterie régulière constituées par la délégation du Gouvernement de la Défense nationale avant l'armistice se réduit donc à 809 compagnies.

4ᵉ compagnie, qui n'avait jamais pu rejoindre les trois premières, avait été licenciée dès le 20 décembre.

(1) 16ᵉ, 38ᵉ, 39ᵉ et 92ᵉ régiments d'infanterie de ligne et 27ᵉ régiment d'infanterie de marche.

(2) Les 474 compagnies se décomposent ainsi :

Régiments d'infanterie......	11 IVᵉˢ bataillons à 6 compagnies.. 66		
	104 compagnies de dépôt.......... 104		354
	184 compagnies provisoires de dépôt. 184		
Chasseurs à pied.	15 compagnies de dépôt.......... 15		29
	14 compagnies provisoires de dépôt. 14		
Zouaves........	27 7ᵉ, 8ᵉ et 9ᵉ compagnies.............		27

Ces formations avaient presque complètement épuisé, au moment de l'armistice, les ressources des dépôts ; quelques unités purent bien encore être constituées pendant le mois de février et au commencement de mars 1871 (1), mais ensuite, il fallait attendre l'appel de la classe 1871 pour trouver de nouveaux éléments dans les dépôts d'infanterie (2).

En raison de leur constitution et de leur composition, tous ces corps étaient de valeurs bien différentes. Au début, les compagnies prises dans les dépôts pour former les régiments et les bataillons de marche ne devaient comprendre que des hommes n'appartenant pas à la classe 1870 (3), mais bientôt on dut faire appel

Tirailleurs algériens........	3 IVes bataillons à 6 compagnies.. 12 7es compagnies...............	18 12	30
Régiment étranger..........	2 bataillons à 8 compagnies...... Ve bataillon à 8 compagnies......	16 8	24
Infanterie légère d'Afrique.....	2 compagnies par bataillon.........		6
Corps disciplinaires........	4 compagnies.....................		4

Sur ces 474 compagnies, 118 étaient déjà réunies en 17 bataillons, savoir : 11 IVes bataillons d'infanterie, 3 IVes bataillons de Tirailleurs, Ier, IIe et Ve bataillons du régiment étranger.

(1) Sept régiments d'infanterie de marche (nos 86 à 92) formés entre le 1er février et le 1er mars 1871, c'est-à-dire 21 bataillons ou 126 compagnies, et 1 bataillon de chasseurs (le 30e) formé le 15 février à 5 compagnies.

(2) Minute d'une note sur l'effectif de l'infanterie, 28 janvier 1871. — Au 18 février 1871, après le désastre de l'armée de l'Est, il ne restait plus comme troupes disponibles d'infanterie en France, en cas de reprise des hostilités, que : 53 régiments d'infanterie de marche à 3 bataillons de 600 hommes en moyenne ; 26 bataillons de chasseurs à pied de marche de 700 hommes en moyenne ; 116 dépôts d'infanterie de ligne et de chasseurs à pied pour l'instruction des hommes (Note de la 2e direction, Bordeaux, 18 février 1871).

(3) Le Ministre de la Guerre aux Généraux commandant les divisions militaires, D. T., Tours, 26 octobre, 1 heure soir.

aux conscrits qui avaient rejoint les dépôts au milieu d'octobre.

D'ailleurs les nécessités toujours pressantes empêchèrent d'attendre la constitution complète des régiments ou même des bataillons. Dans beaucoup de corps, et particulièrement dans ceux venant d'Afrique, les unités, bataillons ou compagnies, furent jetées sur le théâtre des opérations et même incorporées dans des corps d'armée auxquels elles n'étaient pas affectées, au fur et à mesure qu'elles étaient prêtes ou qu'elles débarquaient en France. Et ce ne fut que beaucoup plus tard, lorsque les circonstances le permirent ou que les hasards rapprochèrent leurs différents éléments, que plusieurs régiments ou bataillons purent se constituer définitivement.

Distribution d'outils de terrassiers aux troupes d'infanterie. — Pour permettre à l'infanterie qu'il organisait de faire un usage fréquent de la fortification passagère, le Gouvernement de la Défense nationale estimait tout d'abord nécessaire de constituer un approvisionnement d'outils portatifs à raison de 10 pelles, 10 pioches, 2 haches et 2 serpes pour 100 hommes. Les outils devaient être alternativement portés sur la face extérieure du sac par les hommes de chaque compagnie. En même temps, il portait, de 10,000 à 20,000 outils, l'approvisionnement des parcs d'armée, sans modifier d'ailleurs la composition des parcs de corps d'armée (1). Mais quelques jours plus tard, sur l'avis du commandant en chef de l'armée de la Loire, le nombre des

---

(1) *Décret* du 15 novembre (*M. U.* du 18 novembre). — D'après une lettre du même jour, cette mesure avait pour but de satisfaire aux besoins révélés par la guerre en cours. Les corps d'armée, dotés d'un plus grand nombre d'outils, se trouvaient en mesure de construire immédiatement les tranchées-abris ou autres ouvrages néces-

outils portatifs était réduit de moitié et, en outre, ces outils devaient être portés par des hommes d'élite recevant une prime spéciale (1).

Administration des régiments de marche. — Les compagnies appelées à former les régiments de marche continuaient à compter aux dépôts qui les avaient fournies et leurs hommes restaient immatriculés à leurs anciens corps. Les compagnies ne devaient être ni rayées ni reconstituées ; elles conservaient leurs numéros sur la situation du régiment ou du bataillon auquel on les avait prises (2).

Une circulaire du 22 août 1870 avait réglé l'administration des régiments d'infanterie de marche. Dans chacun d'eux un conseil d'administration éventuel de cinq membres était chargé de diriger l'administration et de surveiller les opérations des comptables ; il était constitué, aussitôt après la réunion des bataillons ou compagnies, par l'officier général de la circonscription en présence d'un fonctionnaire de l'intendance. Les fonds étaient perçus sur un état de solde unique au titre du régiment ; il en était de même des prestations en

---

saires « pour couvrir des lignes de bataille ou occuper des positions » (Le Ministre de la Guerre au Général commandant le génie du 17º corps, Tours, 15 novembre).

Le seul outillage de terrassement dont disposaient les troupes de ligne dans la première partie de la guerre consistait en moyenne, par régiment, en 11 pelles et 10 pioches portées par les sapeurs (*La Guerre de 1870-71. L'Investissement de Metz*, p. 117).

(1) Le Délégué du Ministre au département de la Guerre aux Généraux commandants et aux Commandants du génie des corps d'armée, Tours, 27 novembre. — Les hommes porteurs d'outils recevaient une prime journalière de 5 centimes payée par les soins du commandant du génie des corps d'armée.

(2) Le Ministre de la Guerre au Général commandant la 18ᵉ division militaire, Tours, 29 et 30 septembre.

nature. Mais les feuilles de journées étaient établies au titre des corps d'origine et envoyées dans les dépôts où la régularisation des dépenses s'opérait comme pour des fractions détachées (1).

§ 2. — *Troupes de la marine.*

Les études précédentes sur la guerre de 1870-71 ont montré la part prise par la marine à la défense du territoire avant l'investissement de Paris. La division du général de Vassoigne, comprenant environ 9,000 hommes d'infanterie et 800 hommes d'artillerie de la marine, avait été faite prisonnière à Sedan (2); en outre, 3,200 fantassins et 1,950 artilleurs avaient été réunis à Paris pour former quatre bataillons de marche et onze batteries d'artillerie; de même treize bataillons des équipages de la flotte, présentant un effectif de 8,300 hommes, avaient été appelés dans la capitale avant la fin d'août (3).

La délégation du Gouvernement de la Défense nationale en province ne négligea pas l'aide puissante que

---

(1) Circulaire concernant le mode d'administration des régiments d'infanterie de marche, Tours, 10 octobre.

(2) État des troupes d'infanterie et d'artillerie de la marine qui ont pris part à la guerre contre l'Allemagne, Paris, 26 juin 1873 (Arch. Mar.). — Cf. *La Guerre de 1870-71. L'Armée de Châlons*, t. I, p. 13; t. I (*Documents*), p. 233-235.

(3) *La Guerre de 1870-71. L'Investissement de Paris*, t. I, p. 316 et suiv. — Pour la formation des bataillons d'infanterie de la marine qui firent partie de la garnison de Paris, chacun des quatre régiments d'infanterie de la marine avait mobilisé quatre compagnies de marche désignées par les lettres A, B, C, D.

Il y eut bien, dans la garnison de Paris, seize batteries d'artillerie de la marine, mais onze seulement venaient du dépôt du régiment d'artillerie de la marine. Les cinq autres furent formées à Paris dans le courant de septembre avec des évadés de Sedan, des engagés volontaires, d'anciens militaires, etc.

pouvait lui apporter le ministère de la Marine. En dehors des officiers et des sous-officiers qui furent demandés à maintes reprises pour combler les vides existant dans les cadres de l'armée, ce département fut en effet appelé à fournir des bataillons d'infanterie de la marine ou de marins, ainsi que des artilleurs de la marine et des canonniers de la flotte pour former des batteries; en même temps ses arsenaux étaient mis à contribution, soit pour délivrer le matériel qui pouvait être immédiatement utilisé, soit pour construire celui qui faisait défaut.

1° *Infanterie de la marine.* — En ce qui concerne particulièrement l'infanterie de la marine, son concours fut sollicité dès que l'on songea à constituer un corps d'armée sur la Loire pour continuer la lutte en province (1).

A ce moment, les dépôts des quatre régiments de cette arme, installés dans les ports de Cherbourg, (1er régiment), Brest (2e régiment), Rochefort (3e régiment) et Toulon (4e régiment), comptaient chacun six compagnies (2). Mais quelque temps après, pour permettre aux préfets maritimes de préparer à l'avance l'organisation d'unités nouvelles, le Ministre de la Marine les autorisait sur leur demande, le 2 octobre, à appliquer à l'infanterie de la marine les dispositions du décret du 23 septembre, qui créait quatre nouveaux cadres de compagnie dans chacun des régiments d'infanterie de ligne (3).

---

(1) Le Délégué du ministère de la Marine au Ministre de la Marine à Paris, D. T., Tours, 16 septembre (Arch. Mar.).

(2) *Décret* du 15 août 1870 (*Bulletin officiel du Ministère de la Marine*, 2e semestre 1870).

(3) Le Préfet maritime de Rochefort au Ministre de la Marine à Tours, Rochefort, 19 septembre (Arch. Mar.); Le Ministre de la Marine aux Préfets maritimes, Tours, 2 octobre (*Bulletin officiel de la Marine, 1870-71. Délégation hors Paris*, p. 15).

Pour former le régiment d'infanterie de la marine qu'on destinait au 15e corps d'armée, l'on s'adressa aux dépôts des 2e, 3e et 4e régiments qui devaient fournir chacun un bataillon. Toutefois l'organisation des différentes unités ne se fit que progressivement, et il ne fallut pas moins d'un mois pour que le régiment fût constitué à son effectif définitif.

Une compagnie du 3e régiment, forte de 3 officiers et 120 hommes, fut d'abord appelée de Rochefort à Tours; elle fut peu après portée à 200 hommes et suivie d'une autre compagnie du même régiment (1). Ces deux unités étaient destinées à former le noyau du VIe bataillon d'infanterie de la marine de marche.

Deux autres compagnies venant du 4e régiment à Toulon devaient aussi constituer à Tours le noyau d'un VIIe bataillon (2).

Chacun des deux dépôts devait en même temps fournir un officier pour servir de comptable aux nouveaux bataillons. Les compagnies devaient se mettre en route avec tous leurs effets, y compris le campement; avant le départ, les hommes recevraient 90 cartouches ainsi que des vivres pour le trajet et un jour de pain en plus.

Quelques jours plus tard, ordre était donné aux dépôts des 3e et 4e régiments d'organiser une 3e compagnie de marche, qui devait amener avec elle les chevaux de selle pour les officiers de l'état-major des bataillons ainsi que six animaux de bât pour transporter les bagages des

---

(1) Le Ministre de la Marine au Préfet maritime de Rochefort, Tours, 18 septembre (Arch. Mar.). — Ces deux compagnies furent désignées par les lettres E et F dans la série des compagnies formées par le 3e régiment.

(2) Le Ministre de la Marine au Préfet maritime de Toulon, Tours, 18 septembre (Arch. Mar.). — Ces deux compagnies furent désignées par les lettres E et F dans la série des compagnies formées par le 4e régiment.

officiers, la comptabilité et la cantine d'ambulance (1).

Entre temps, le 2ᵉ régiment à Brest avait reçu l'ordre de former un bataillon à trois compagnies qui devint le Vᵉ bataillon d'infanterie de la marine de marche (2).

Pour toutes ces formations nouvelles, le Ministre renouvelait les instructions qu'il avait déjà données lors de la constitution des premières unités de marche, relativement à l'habillement, aux vivres, à la désignation des comptables, etc. Toutefois, en raison de l'effectif de 200 hommes fixé pour chaque compagnie, il décidait que le nombre des sous-officiers serait porté de 10 à 12 et celui des caporaux de 12 à 16. Chaque bataillon devait en outre comprendre une section hors rang composée d'un adjudant, d'un sergent, secrétaire de l'officier payeur, d'un caporal clairon et d'un caporal infirmier (3).

Dans la première quinzaine d'octobre, le régiment d'infanterie de la marine de l'armée de la Loire comprenait donc 3 bataillons, chacun à 3 compagnies de 200 hommes, soit un effectif total de 1,800 hommes (4).

Le 13 octobre, le Ministre de la Marine décidait d'augmenter ce chiffre, et il prescrivait aux préfets mari-

---

(1) Compagnies G. — Le Ministre de la Marine au Préfet maritime de Rochefort, Tours, 28 septembre ; Le Ministre de la Marine au Préfet maritime de Toulon, Tours, 4 octobre (Arch. Mar.).

(2) Le Ministre de la Marine au Préfet maritime de Brest, Tours, 28 septembre (Arch. Mar.). — Les trois compagnies étaient désignées par les lettres E, F, G.

(3) Le Ministre de la Marine aux Préfets maritimes de Brest et Rochefort, Tours, 3 octobre (Arch. Mar.).

(4) Le Vᵉ bataillon (trois compagnies) partit de Brest pour Le Mans le 5 octobre et continua ensuite son mouvement sur Nevers [Le Préfet maritime de Brest au Ministre de la Marine à Tours, D. T., Brest, 5 octobre, 1 heure soir (Arch. Mar.)].

La compagnie G du VIᵉ bataillon quitta Rochefort pour Tours le 6 octobre. Ce bataillon (trois compagnies) était réuni à Nevers le 7 octobre. [Le Préfet maritime de Rochefort au Ministre de la Marine à Tours,

times de Brest, Rochefort et Toulon de former de suite chacun un détachement de 300 hommes destiné à renforcer à raison de 100 hommes par compagnie les Ve, VIe et VIIe bataillons. Les trois compagnies de ces bataillons étaient dotées en outre d'un quatrième officier (1).

Mais Toulon recevait l'ordre, le 17 octobre, de remplacer ce renfort par deux compagnies de marche (2) et un détachement de 400 hommes, puis, le 25 octobre, de former une troisième compagnie de marche (3) et un second détachement de 400 hommes, et enfin, le 19 novembre, de diriger également sur l'armée de la Loire, une quatrième compagnie (4) destinée primitivement à rejoindre un corps d'armée dont on avait projeté l'organisation à Avignon (5).

L'on s'aperçut bientôt que les renforcements d'effectif au moyen des 800 isolés provenant de Toulon et des 600 isolés fournis par les dépôts de Brest et de Roche-

---

Rochefort, 5 octobre; Le Ministre de la Guerre au Ministre de la Marine, Tours, 1er octobre (Arch. Mar.)].

Le VIIe bataillon (trois compagnies) venant de Toulon était rassemblé à Nevers le 10 octobre (Rapport sur les marches faites par le VIIe bataillon de marche de l'infanterie de la marine).

(1) Le Ministre de la Marine aux Préfets maritimes, Tours, 13 octobre; Le Ministre de la Marine au Préfet maritime de Rochefort, Tours, 25 octobre; Le Préfet maritime de Brest au Ministre de la Marine, Brest, 3 novembre (Arch. Mar.). — Le 4e officier de compagnie, un sous-lieutenant, fut envoyé par chacun des ports avec les détachements de renfort.

(2) Compagnies H et I.
(3) Compagnie J.
(4) Compagnie K.
(5) Le Ministre de la Marine au Préfet maritime de Toulon, D. T., Tours, 17 octobre; Le même au même, Tours, 25 octobre (Arch. Mar.). — Les compagnies H et I formées au 4e régiment, à 4 officiers et 200 hommes chacune, partirent le 26 octobre et rejoignirent le VIIe bataillon le 3 novembre [Le Préfet maritime de Toulon au Ministre

fort, accroîtraient d'une façon exagérée le nombre d'hommes de chaque compagnie et rendraient très difficile le commandement. Le Ministre de la Marine ordonna donc, le 26 octobre au 3ᵉ régiment et le 7 novembre au 2ᵉ régiment, de former chacun deux nouvelles compagnies de marche de 150 hommes avec les 300 isolés qu'ils devaient envoyer à l'armée. Une fois rendues à destination, elles devaient être complétées à 200 hommes avec les hommes fournis par le 4ᵉ régiment. Les cadres de ces nouvelles compagnies comprendraient comme les précédentes 4 officiers, 12 sous-officiers et 16 caporaux. Pour ces deux derniers grades toutefois, le dépôt du 3ᵉ régiment n'était tenu de fournir des titulaires que dans

---

de la Marine à Tours, D. T., Toulon, 29 octobre, 3 h. 20 soir (Arch. Mar.); Rapport sur les marches faites par le VIIᵉ bataillon de marche de l'infanterie de la marine].

Quant au 1ᵉʳ détachement de 400 hommes, il devait être réparti entre les trois bataillons du régiment. Il quitta Toulon le 22 octobre et rejoignit son corps le 25 à Ardon. Il comprenait alors exactement 3 officiers et 407 hommes, et fut partagé de la façon suivante : 1 officier et 133 hommes à chacun des Vᵉ et VIᵉ bataillons ; 1 officier et 141 hommes au VIIᵉ bataillon [Le Préfet maritime de Toulon au Ministre de la Marine à Tours, Toulon, 20 octobre ; Le même au même et au Général commandant à Marseille, D. T., Toulon, 23 octobre, 9 h. 15 matin (Arch. Mar.) ; Rapport sur les marches faites par le VIIᵉ bataillon de marche de l'infanterie de la marine].

La compagnie J, forte de 4 officiers et 196 hommes, partit de Toulon le 5 novembre [Le Préfet maritime de Toulon au Ministre de la Marine à Tours, Toulon, 7 novembre (Arch. Mar.)].

Le 2ᵉ détachement de 400 hommes était prêt à partir le 19 novembre et dut être dirigé à la fin du mois sur Orléans pour être, lui aussi, réparti entre les trois bataillons du régiment. Il était composé de recrues. Ce détachement fit mouvement avec la compagnie K, comprenant comme les précédentes 4 officiers et 200 hommes [Le Préfet maritime de Toulon au Ministre de la Marine à Tours, D. T., Toulon, 29 octobre, 3 h. 20 soir ; Le même au même, Toulon, 19 novembre ; Le Ministre de la Guerre au Ministre de la Marine, Tours, 23 novembre (Arch. Mar.)].

les limites de ses ressources, et celui du 2ᵉ régiment avait l'ordre de ne pourvoir qu'à la moitié des emplois. Les places vacantes de sous-officiers et de caporaux devaient être comblées lorsque les compagnies rejoindraient le régiment (1).

En résumé, le régiment de marche de l'infanterie de la marine affecté au 15ᵉ corps d'armée se trouva à la fin de novembre composé de trois bataillons comprenant ensemble dix-sept compagnies. Son effectif, qui, au moment de sa formation à Nevers en octobre, était de 1,800 hommes, avait été porté à 3,800 hommes (2).

En dehors de ce régiment de marche, les dépôts des quatre régiments d'infanterie de la marine contribuèrent à former des bataillons indépendants ou même des compagnies isolées.

Dès septembre, le 1ᵉʳ régiment, à Cherbourg, avait

---

(1) Le Ministre de la Marine au Préfet maritime de Rochefort, Tours, 26 octobre ; Le Ministre de la Marine au Préfet maritime de Brest, Tours, 7 novembre (Arch. Mar.). — Les deux compagnies formées au 3ᵉ régiment à Rochefort furent dénommées compagnies I et J, une compagnie H ayant été mise, dans les premiers jours d'octobre, à la disposition de la délégation du Gouvernement de la Défense nationale à Tours. Elles quittèrent Rochefort le 1ᵉʳ novembre et rejoignirent le VIᵉ bataillon de marche au camp d'Argent, le 3 novembre au soir [Le Commandant du VIᵉ bataillon de marche de l'infanterie de la marine au Directeur du bureau des troupes à la délégation du ministère de la Marine, à Tours, camp d'Argent, 5 novembre (Arch. Mar.)].

Les deux compagnies formées à Brest reçurent les lettres M et N. Le 2ᵉ régiment avait en effet constitué dans le courant d'octobre un bataillon à cinq compagnies (H, I, J, K et L), le VIIIᵉ bataillon d'infanterie de la marine de marche, qui fut envoyé à l'armée du Nord. Les compagnies M et N rejoignirent le Vᵉ bataillon de marche le 21 novembre (Rapport sur les opérations et les marches faites par le Vᵉ bataillon de marche de l'infanterie de la marine, Brest, 29 mai 1871).

(2) Le Ministre de la Marine au Ministre de la Guerre, Tours,

formé un bataillon de 800 hommes, répartis en quatre compagnies, qui prit le numéro IX dans la série des bataillons de marche. Destiné primitivement à la défense des lignes de Carentan, il fut envoyé, le 11 décembre, à la IIe armée de la Loire, où il fut incorporé au 21e corps (1).

Le 10 novembre, le Ministre prescrivait au préfet maritime de Cherbourg d'organiser au même effectif un X^e bataillon de marche, qui rejoignit le 21e corps le 20 novembre (2).

Enfin, le 3 décembre, une dernière compagnie forte de 200 hommes fut envoyée au Havre par le 1er régi-

---

7 novembre (Arch. Mar.). — A la suite de ces augmentations, la composition du régiment de marche d'infanterie de la marine était la suivante :

V^e bataillon de marche provenant du 2e régiment (Brest) à cinq compagnies : E, F, G, M, N;

VIe bataillon de marche provenant du 3e régiment (Rochefort) à cinq compagnies : E, F, G, I, J;

VIIe bataillon de marche provenant du 4e régiment (Toulon) à sept compagnies : E, F, G, H, I, J, K.

L'intention première du Ministre avait été d'augmenter l'effectif du régiment de 1,700 hommes seulement, avec 1,400 hommes venant de Toulon et 300 hommes venant de Rochefort [Le Ministre de la Marine au Ministre de la Guerre, Tours, 26 octobre (Arch. Mar.)].

(1) Historique *manuscrit* du 1er régiment d'infanterie de la marine. — Le IXe bataillon de marche comprenait les compagnies E, F, G, H du 1er régiment. Il partit pour Carentan, le 19 septembre, à l'effectif de 818 sous-officiers, caporaux et soldats, rejoignit la IIe armée de la Loire le 11 décembre à Marchenoir et fut affecté à la 2e brigade de la 2e division du 21e corps.

(2) Le Ministre de la Marine au Préfet maritime de Cherbourg, Tours, 10 novembre; Le Préfet maritime de Cherbourg au Ministre de la Marine, D. T., Cherbourg, 18 novembre (Arch. Mar.); Historique *manuscrit* du 1er régiment d'infanterie de la marine. — Le Xe bataillon de marche comprenait les compagnies I, J, K, L du 1er régiment; ces compagnies étaient toutes à 200 hommes, dont 12 sous-officiers et 16 caporaux. Chaque homme emportait 90 cartouches, et il était en outre prescrit de distribuer une hachette par 10 hommes. La compa-

ment; à défaut d'autres cadres disponibles, elle était commandée par un sous-lieutenant et n'avait que deux autres officiers, également sous-lieutenants (1).

Le 2e régiment, à Brest, constitua, en octobre, un bataillon à cinq compagnies, le VIIIe bataillon de marche, qui, destiné à l'armée du Nord, rejoignit Amiens le 29 octobre. Les 1,000 hommes qui le composèrent furent recrutés parmi les jeunes soldats de la classe de 1870 et les engagés volontaires pour la durée de la guerre, auxquels 550 échappés de Sedan servirent de noyau (2).

---

gnie L n'avait que 3 officiers. Le Xe bataillon de marche fut affecté à la 1re brigade de la 2e division du 21e corps.

Les IXe et Xe bataillons, mais particulièrement le IXe, subirent beaucoup de pertes pendant la campagne. A l'armistice, leurs effectifs étaient respectivement réduits à 250 et 410 hommes. Le Ministre proposa au Général commandant la IIe armée de les fondre en un seul bataillon. Ce dernier refusa et préféra laisser les choses en l'état parce que ces deux bataillons appartenaient à deux brigades différentes et que leur fusion eût privé l'une d'elles d'une troupe de choix [Le Ministre de la Marine au Commandant de la IIe armée, Bordeaux, 26 janvier 1871; Le Commandant de la IIe armée au Ministre de la Marine, Laval, 2 février 1871 (Arch. Mar.)].

(1) Le Préfet maritime de Cherbourg au Ministre de la Marine à Tours, D. T., Cherbourg, 7 décembre, 3 heures soir (Arch. Mar.). — Cette compagnie prit la lettre M. Les deux derniers sous-lieutenants étaient deux sous-officiers nommés provisoirement par le préfet maritime.

La compagnie arriva au Havre le 6 décembre et revint à Cherbourg le 13 mars 1871 [Le Ministre de la Marine au Préfet maritime de Cherbourg, Bordeaux, 1er mars 1871; Le Préfet maritime de Cherbourg au Ministre de la Marine à Bordeaux, Cherbourg, 13 mars 1871 (Arch. Mar.)].

A la conclusion de la paix, un dernier bataillon d'infanterie de la marine de marche était en formation à Cherbourg au dépôt du 1er régiment (Travaux inédits de M. A. Martinien).

(2) On sait d'autre part (*La Guerre de 1870-71. L'Investissement de Paris*, t. I, p. 320) que les échappés de Sedan qui, à partir du 6 sep-

Quatre compagnies furent d'abord organisées et quittèrent Brest le 27 octobre ; elles furent bientôt rejointes à Amiens par la cinquième compagnie (1).

Plus tard, en fin décembre, le dépôt du 2e régiment d'infanterie de la marine envoya aux lignes de Carentan un autre bataillon à quatre compagnies, le XIIe bataillon de marche (2), qui suivit le sort du XIe bataillon de marche, formé à Rochefort par le dépôt du 3e régiment.

Au début d'octobre, le dépôt du 3e régiment, à Rochefort, envoyait à Tours une compagnie, la compagnie H,

---

tembre, étaient arrivés à Paris, furent renvoyés le 10 septembre dans leurs dépôts respectifs.

(1) Le Ministre de la Marine au Préfet maritime de Brest, D.T., Tours, 26 octobre; Historique *manuscrit* du 2e régiment d'infanterie de la marine ; Historique *manuscrit* du VIIIe bataillon de marche du 2e régiment d'infanterie de la marine (Arch. Mar.). — Les quatre premières compagnies, compagnies H, I, J, K, étaient à Amiens le 29 octobre, et la cinquième, compagnie L, le 31 octobre. En décembre, lorsque le général Faidherbe réorganisa l'armée du Nord, le VIIIe bataillon de marche d'infanterie de la marine constitua, avec deux bataillons de marche du 43e de ligne, le 69e régiment de marche, dont il fut le IIIe bataillon. Ce régiment appartint à la 1re brigade de la 2e division du 22e corps.

(2) Le XIIe bataillon comprenait les compagnies O, P, Q, R du 2e régiment. Le bataillon ne fut pas complètement organisé dès le début. Le préfet maritime de Brest reçut, le 8 décembre, l'ordre d'envoyer à Carentan deux compagnies à 200 hommes chacune. Ces deux compagnies, O et P, qui ne comptaient en tout que 3 officiers, partirent le 10 décembre. Le lendemain, le préfet maritime était avisé d'avoir à envoyer à Cherbourg, menacé par l'ennemi, tous les hommes d'infanterie de la marine disponibles. Le 26 décembre, le XIIe bataillon de marche était à Carentan, comptant quatre compagnies et 11 officiers [Le Ministre de la Marine au Préfet maritime de Brest, D. T., Tours, 8 décembre ; Le même au même, D. T., 11 décembre ; Le Préfet maritime de Brest au Ministre de la Marine, D. T., Brest, 9 décembre, 3 h. 15 soir ; Le Préfet maritime de Cherbourg au Ministre de la Marine, Cherbourg, 27 décembre (Arch. Mar.)].

forte de 3 officiers et 97 hommes, pour y assurer la garde de la délégation du ministère de la Marine. Elle arriva à destination le 9 octobre, reçut peu après un renfort de 25 hommes (1), puis suivit le Gouvernement de la Défense nationale à Bordeaux. Le 24 décembre, le Ministre de la Marine décidait d'envoyer cette unité rejoindre aux lignes de Carentan le XIe bataillon de marche, qui, formé également par le 3e régiment, venait d'y arriver. Cet ordre ne fut pas exécuté, et c'est seulement le 10 janvier 1871 que la compagnie H quittait Bordeaux pour rejoindre à Issoudun le XIe bataillon, désigné pour faire partie du 25e corps d'armée.

En quittant Bordeaux, la compagnie H y laissait un détachement de 35 hommes commandé par un sous-lieutenant. Elle ne partit donc qu'avec 2 officiers et 87 hommes. Le préfet maritime de Rochefort reçut l'ordre d'envoyer à Issoudun un détachement pour ramener son effectif à 200 hommes; mais en réalité, la compagnie H fut reformée avec des hommes pris dans les XIe et XIIe bataillons de marche, lorsqu'elle les eut rejoints.

Quant à la fraction laissée à Bordeaux, son effectif fut complété par un détachement envoyé de Rochefort. Elle devint plus tard la compagnie N du 4e régiment et fit partie du XIIIe bataillon de marche (2).

---

(1) Le Ministre de la Marine au Préfet maritime de Rochefort, D. T., Tours, 2 octobre; Le Préfet maritime de Rochefort au Ministre de la Marine, D. T., Rochefort, 8 octobre, 3 h. 42 soir; Le Ministre de la Marine au Préfet maritime de Rochefort, Tours, 23 octobre (Arch. Mar.).

(2) Historique *manuscrit* du 3e régiment d'infanterie de la marine; Le Ministre de la Marine aux Préfets maritimes de Cherbourg et de Rochefort, Bordeaux, 24 décembre; Le Ministre de la Marine au Préfet maritime de Rochefort, Bordeaux, 12 janvier 1871; Le même au même, Bordeaux, 30 janvier; Le Ministre de la Marine aux Préfets

D'autre part, le dépôt du 3ᵉ régiment d'infanterie de la marine avait reçu, le 2 décembre, l'ordre de constituer le XIᵉ bataillon de marche, à quatre compagnies de 200 hommes, encadrées, armées et équipées comme les unités précédemment formées (1). Elles arrivèrent le 9 décembre à Cherbourg, où elles furent rejointes le surlendemain par deux autres compagnies (2). Aux lignes de Carentan, le XIᵉ bataillon de marche fut réuni au XIIᵉ bataillon, venant de Brest, et tous les deux furent placés sous les ordres d'un lieutenant-colonel. Ils quittèrent Carentan le 10 janvier 1871 pour faire partie d'une division d'infanterie du 25ᵉ corps en formation à Issoudun, où le XIᵉ bataillon fut augmenté d'une compagnie, la compagnie H, venant de Bordeaux (3).

Un peu plus tard, les XIᵉ et XIIᵉ bataillons de marche furent envoyés à Bordeaux, où ils arrivèrent le 15 février. En raison de son effectif, le XIᵉ bataillon fut alors scindé en deux. Il ne conserva que quatre compagnies ; les trois autres formèrent le XIVᵉ bataillon de marche (4).

---

maritimes de Toulon et de Brest, Bordeaux, 31 janvier 1871 ; Le Chef de bataillon commandant le régiment de marche d'infanterie de la marine au Directeur du bureau des troupes à la délégation du ministère de la Marine, Vierzon, 19 janvier 1871 (Arch. Mar.).

(1) Le Ministre de la Marine au Préfet maritime de Rochefort, Tours, 2 décembre. — C'étaient les compagnies K, L, M, N du 3ᵉ régiment.

(2) Compagnies O et P du 3ᵉ régiment. Les quatre premières compagnies avaient un effectif total de 811 officiers et soldats, et les deux dernières, 329 officiers et soldats [Historique *manuscrit* du 3ᵉ régiment d'infanterie de la marine (Arch. Mar.)]

(3) Le Ministre de la Marine au Ministre de la Guerre, Bordeaux, 6 janvier 1871 ; Le même au même, Bordeaux, 8 janvier 1871 ; Le Chef de bataillon commandant le régiment de marche de l'infanterie de la marine au Directeur du bureau des troupes à la délégation du ministère de la Marine, Vierzon, 19 janvier 1871. — D'après ce dernier document, c'est à Issoudun qu'aurait été consacrée la réunion définitive des XIᵉ et XIIᵉ bataillons sous le nom de *régiment de marche*.

(4) Le Ministre de la Marine au Ministre de la Guerre, Bordeaux,

Le 30 janvier 1871, le Ministre de la Marine prescrivit au préfet maritime de Rochefort d'envoyer immédiatement à Bordeaux les gradés et les soldats nécessaires pour porter à 130 hommes l'effectif du détachement qu'y avait laissé la compagnie H avant de partir rejoindre le XIe bataillon. Le lendemain, les préfets maritimes de Brest et de Toulon étaient invités à préparer chacun la formation d'une compagnie de 200 hommes pour venir former, avec le détachement du 3e régiment qui se trouvait déjà à Bordeaux, un XIIIe bataillon de marche. Du jour de sa réunion, ce bataillon devait compter au 4e régiment (1). Il était destiné à assurer, tout au moins au début, un service de place ; aussi avait-il été recommandé de choisir, pour le former, des soldats d'élite, d'une conduite parfaite et d'une discipline éprouvée. Les hommes devaient cependant avoir la tenue de campagne et partir des dépôts avec 90 cartouches (2). Le 9 février, le XIIIe bataillon était réuni à Bordeaux (3).

---

16 février 1871 (Arch. Mar.). — Les compagnies M, N, O, P restèrent au XIe bataillon ; les compagnies H, K, L passèrent au XIVe.

(1) Les trois compagnies du XIIIe bataillon de marche prirent donc les lettres que devaient recevoir les compagnies à former au 4e régiment d'infanterie de la marine : celle formée à Toulon, la lettre L ; celle formée à Brest, la lettre M, et celle formée à Rochefort, la lettre N. Il importe de ne pas confondre ces deux dernières avec celles portant les mêmes lettres qui avaient été constituées antérieurement par les dépôts de Brest et de Rochefort, savoir : la compagnie M du 2e régiment incorporée au Ve bataillon de marche et la compagnie N du 3e régiment versée au XIe bataillon.

A cette date d'ailleurs, la compagnie M du Ve bataillon prenait part au combat de Pontarlier (Rapport sur les opérations et les marches faites par le Ve bataillon de marche du 2e régiment d'infanterie de la marine, Brest, 29 mai 1871).

(2) Le Ministre de la Marine au Préfet maritime de Rochefort, Bordeaux, 30 janvier 1871 ; Le Ministre de la Marine aux Préfets maritimes de Toulon et Brest, Bordeaux, 31 janvier 1871 (Arch. Mar.).

(3) Le Préfet maritime de Toulon au Ministre de la Marine à Bor-

En résumé, du 4 septembre à l'armistice, le département de la Marine organisa et mit à la disposition de celui de la Guerre pour les armées de province, 42 compagnies d'infanterie de la marine comprenant un effectif de 8,900 hommes ; entre l'armistice et la paix, 3 nouvelles compagnies comptant 550 hommes furent encore tirées des dépôts, et enfin, à la conclusion de la paix, un bataillon était en formation à Cherbourg (1).

Pour encadrer ces formations nouvelles, le Ministre de la Marine put tout d'abord satisfaire aux besoins, en officiers et sous-officiers, avec les resources des dépôts et surtout avec les nombreux prisonniers évadés des

---

deaux, Bordeaux, 8 février 1871 ; Le Ministre de la Marine au Général commandant la 14e division militaire, à Bordeaux, Bordeaux, 8 février 1871 (Arch. Mar.). — Au moment de la conclusion de la paix, les XIe, XIIe, XIIIe et XIVe bataillons d'infanterie de la marine de marche, formant un effectif total de 3,070 hommes, étaient donc disponibles à Bordeaux. Ils accompagnèrent plus tard l'Assemblée nationale à Versailles.

(1) Ces compagnies se répartissent de la façon suivante :

Formées entre le 4 septembre et l'armistice.

		Hommes.	
à Cherbourg : 9 compagnies.	E, F, G, H (IXe bataillon)........	800	
	I, J, K, L (Xe bataillon).........	800	1,800
	M (Le Havre)....................	200	
à Brest : 14 compagnies.	E, F, G, M, N (Ve bataillon)......	900	
	H, I, J, K, L (VIIIe bataillon).....	1,000	2,700
	O, P, Q, R (XIIe bataillon)	800	
à Rochefort : 12 compagnies.	E, F, G, I, J (VIe bataillon).......	900	
	H (Tours et Bordeaux, puis XIe bataillon).....................	100	2,200
	K, L, M, N, O, P (XIe bataillon) ..	1,200	
à Toulon : 7 compagnies.	E, F, G, H, I, J, K (VIIe bataillon).	1,400	2,200
	Isolés..........................	800	
	TOTAL................	8,900	

mains de l'ennemi. Le souci de ne pas léser les intérêts des gradés en service dans les colonies au moment de la déclaration de guerre et de ne pas désorganiser les unités mobilisées en nommant au grade supérieur des officiers et des sous-officiers faisant partie de leurs cadres, l'avaient amené, d'autre part, à ne faire que des nominations de sous-lieutenants (1). Mais, par suite de la

---

Ces 42 compagnies reçurent les destinations suivantes :

	Compagnies.	Hommes.
Armée de la Loire, puis armée de l'Est (V^e, VIe, VIIe bataillons, plus 800 isolés)	17	4,000
IIe armée de la Loire (IXe, X^e, XIe, XIIe bataillons)..	19	3,700
Armée du Nord (VIIIe bataillon)	5	1,000
Le Havre (compagnie M de Cherbourg)	1	200
TOTAUX	42	8,900

Formées entre l'armistice et la paix.

Brest : compagnie M du XIIIe bataillon		200
Rochefort : compagnie N du XIIIe bataillon (complément de l'effectif laissé par H)		150
Toulon : compagnie L du XIIIe bataillon		200
TOTAUX		9,450

En formation à la paix.
Cherbourg : XVe bataillon.

(1) Rapport du Contre-Amiral directeur du personnel au Ministre de la Marine sur la réorganisation des dépôts de l'infanterie de la marine, Paris, 14 août 1870. — Aucun Saint-Cyrien de la dernière promotion n'avait été affecté à l'infanterie de la marine. Les cadres des sous-officiers présentaient heureusement d'excellents éléments, particulièrement d'anciens sergents-majors capables de diriger comme sous-lieutenants l'administration d'une compagnie, en attendant l'arrivée des capitaines ou des lieutenants (Rapport précité; Le chef de bataillon commandant le Ve bataillon de marche de l'infanterie de la marine au Directeur du bureau des troupes à la délégation du ministère de la Marine à Tours, Brest, 1er octobre).

Pour sauvegarder, autant que possible, les intérêts des sous-officiers proposés pour sous-lieutenants qui se trouvaient dans les colonies, le

prolongation des hostilités, les officiers et particulièrement les sous-officiers susceptibles de devenir officiers ne tardèrent pas à manquer dans les dépôts. Dans ces conditions, le Ministre de la Marine invita, le 5 janvier 1871, les gouverneurs des colonies à profiter de toutes les occasions pour renvoyer en France les gradés proposés pour l'avancement et capables de faire, dès leur arrivée, un bon service de guerre, lorsque leur maintien dans la colonie ne serait pas indispensable ou quand ils préféreraient ne pas y continuer leur service (1).

Malheureusement, cette mesure ne put commencer à produire son effet qu'après la conclusion de l'armistice (2), et, vers la fin de la campagne, des unités durent rejoindre les formations de guerre avec des incomplets dans leurs cadres d'officiers. Il fallut même remplacer par des sous-lieutenants les capitaines et les lieutenants qui faisaient défaut (3).

Ministre recommandait le 20 novembre aux Préfets maritimes de les comprendre dans les promotions qui pourraient avoir lieu aussitôt après leur retour en France [Le Ministre de la Marine aux Préfets maritimes, Tours, 20 novembre (*Bulletin officiel de la Marine, 1870-71, Délégation hors Paris*, p. 44)].

En ce qui concerne les mesures édictées pour la nomination des sous-lieutenants de l'infanterie de la marine, se reporter au chapitre III ci-dessus.

(1) Le Ministre de la Marine aux Gouverneurs des colonies, Bordeaux, 5 janvier 1871 (*Bulletin officiel de la Marine*, loc. cit., p. 162). — A cette époque, les colonies étaient rattachées au ministère de la Marine.

(2) Le 14 janvier, 5 capitaines, 3 lieutenants et 1 sous-lieutenant de l'infanterie de la marine quittaient Saïgon pour Toulon, accompagnés de 20 sous-officiers proposés pour le grade de sous-lieutenant et des cadres de la 3e batterie de l'artillerie de la marine (Le Contre-Amiral gouverneur par intérim de la Cochinchine au Préfet maritime de Toulon, Saïgon, 14 janvier 1871).

(3) Le Préfet maritime de Cherbourg au Ministre de la Marine, D. T.,

Quant aux hommes, on n'éprouva, au début, aucune difficulté. De nombreux soldats avaient pu s'évader de Sedan. D'autre part, les dépôts des régiments d'infanterie de la marine avaient reçu les anciens soldats rappelés pour la durée de la campagne et surtout les contingents des classes 1869 et 1870. Ces derniers comprenaient même les jeunes soldats destinés aux équipages de la flotte. Ces différentes mesures avaient tellement augmenté les effectifs des dépôts que le Ministre de la Marine suspendit le 29 octobre les engagements volontaires dans l'infanterie de la marine, sauf pour les jeunes gens susceptibles de devenir rapidement caporaux et sous-officiers (1).

Il revint d'ailleurs sur cette décision le 29 décembre, lorsque les événements nécessitèrent l'organisation d'un nombre de bataillons de marche supérieur à ce qui avait été prévu tout d'abord et qu'il fallut renforcer les garnisons de quelques-unes de nos colonies (2).

Quoi qu'il en soit, il semble que, sauf à Cherbourg, où le 1er régiment organisait encore un bataillon de marche, les dépôts des régiments d'infanterie de la marine étaient complètement épuisés au moment de l'armistice. Il leur était même impossible de combler les vides qui existaient dans les cadres ou dans les rangs

---

Cherbourg, 7 décembre, 3 heures soir; Le même au même, Cherbourg, 27 décembre, etc. (Arch. Mar.). — Afin de conserver pour le service actif le plus grand nombre possible d'officiers, le Ministre avait prescrit, le 4 septembre, de faire remplir les fonctions d'officiers comptables par des sous-commissaires et des aides-commissaires [Le Ministre de la Marine aux Préfets maritimes de Brest, Cherbourg et Toulon, Paris, 4 septembre (Arch. Mar.)]. Mais cette décision fut rapportée dès le 10 septembre, en raison des inconvénients qu'elle présentait.

(1) Le Ministre de la Marine aux Préfets maritimes, Tours, 29 octobre (*Bulletin officiel de la Marine*, loc. cit., p. 27).

(2) Le Ministre de la Marine aux Préfets maritimes, Bordeaux, 19 décembre (*Ibid.*, p. 84).

des unités mobilisées et, pour constituer de nouveaux détachements, ils devaient attendre l'arrivée des recrues de la classe de 1871 (1).

2° *Bataillons et compagnies des équipages de la flotte.* — Lorsque la résistance s'organisa en province, la délégation du Gouvernement de la Défense nationale fit à son tour appel au concours des équipages de la flotte. Pour augmenter ses ressources, le Ministre de la Marine donna l'ordre aux ports et aux stations navales de réduire le nombre des bâtiments en service ; les hommes devenus ainsi disponibles servirent à former de nouvelles unités de marche (2), qui furent organisées dans les trois ports de Brest, Cherbourg et Toulon.

Dès le 1er octobre, les levées et les rappels à l'activité avaient permis au préfet maritime de Brest de former deux bataillons de marche, à six compagnies chacun, organisés sur le même pied que ceux qui avaient été envoyés à Paris ; ils prirent les nos I et II et furent affectés à l'armée du Nord (3). Le 26 octobre, le préfet maritime de Brest recevait l'ordre de procéder à l'orga-

---

(1) Le Ministre de la Marine au Général commandant en chef la IIe armée, Bordeaux, 26 janvier 1871 ; Le Préfet maritime de Toulon au Ministre de la Marine, Toulon, 1er février 1871 (Arch. Mar.).

(2) *Note préliminaire sur le compte définitif des dépenses ordinaires de la Marine (Exercice 1870)*, p. 7 (Arch. Mar.). — A la suite de cet ordre, on aurait fait passer, de l'état d'armement à celui de réserve, 4 corvettes cuirassées, 13 béliers ou batteries cuirassées, 3 frégates ou corvettes à hélices, 12 avisos ou bâtiments de flottille et plusieurs transports.

(3) Le Préfet maritime de Brest au Ministre de la Marine, à Tours, Brest, 1er octobre 1870 (Arch. Mar.). — Au moment de la formation du bataillon, chaque compagnie comprit d'abord : 1 officier, 5 gradés (1 premier maître, 1 second maître, 1 fourrier, 1 caporal d'armes, 1 quartier-maître mécanicien), 124 hommes (4 canonniers brevetés,

nisation de deux nouveaux bataillons (1) et, dès le 4 novembre, un cinquième bataillon était même constitué; mais, pour encadrer cette dernière unité, il était nécessaire de faire venir d'autres ports quelques lieutenants de vaisseau (2). Ces trois bataillons furent dirigés sur l'armée de la Loire; le IIIe et le IVe la rejoignirent à Bourges le 31 octobre; le Ve partit pour Le Mans le 23 novembre (3).

L'organisation d'un sixième bataillon de marins fut

---

6 fusiliers, 10 mécaniciens, 4 charpentiers, 1 calfat, 1 clairon, 58 matelots ou apprentis marins).

Des promotions provisoires furent faites pour augmenter le nombre des seconds maîtres et des quartiers-maîtres et, en général, les compagnies se composèrent de 2 officiers (1 lieutenant de vaisseau et 1 enseigne), 14 gradés (1 premier maître, 4 seconds maîtres, 1 fourrier et 8 quartiers-maîtres), 116 hommes dont 1 clairon.

A chaque commandant de bataillon du grade de capitaine de frégate étaient adjoints : 1 lieutenant de vaisseau, adjudant-major, 1 aide-commissaire, officier d'administration, 1 médecin de 1re classe et 1 médecin de 2e classe. Chaque bataillon était à six compagnies.

Les deux premiers bataillons de marins formés à Brest comprenaient, comme hommes, peu de *spécialités*, mais beaucoup de mécaniciens. « La grande majorité était formée par les inscrits et les apprentis marins, la minorité, de fusiliers. Comme chefs d'escouade, on employa de préférence des matelots mécaniciens qui se comportèrent très bien. La moitié à peine des sous-officiers était titulaire de ses grades; l'autre moitié avait reçu des galons provisoires en raison des nécessités ».

« A l'exception de quelques gradés, aucun homme ne connaissait le fusil Chassepot. Par contre, les bataillons manœuvraient suffisamment pour exécuter assez bien les manœuvres de l'école de bataillon. » (Commandant Lévi, *La Défense nationale dans le Nord en 1870-71*, t. I, p. 37 à 41).

(1) Le Préfet maritime de Brest au Ministre de la Marine, à Tours, D. T., Brest, 26 octobre, 4 h. 57 soir (Arch. Mar.).

(2) Le Préfet maritime de Brest au Ministre de la Marine, à Tours, Brest, 5 novembre (Arch. Mar.).

(3) Le Préfet maritime de Brest au Ministre de la Marine, Tours, D. T., Brest, 31 octobre, 8 h. 59 matin; Le même au même, D. T.,

encore commencée à Brest dans le courant du mois de novembre. Mais faute d'officiers pour l'encadrer, cette unité fut dissoute en cours de formation ; les hommes furent laissés à la disposition du préfet maritime pour compléter l'effectif des bâtiments armés sur rade ou de ceux qui viendraient y relâcher (1).

Le port de Cherbourg parvint à organiser quatre bataillons de marins numérotés de III à VI. Les trois premiers furent affectés à la défense des lignes de Caren-

---

Brest, 10 novembre, 3 h. 35 soir; Le même au même, D. T., Brest, 23 novembre, 1 h. 50 soir (Arch. Mar.).

Le III° bataillon de marins de Brest fut dissous le 26 janvier 1871 à Bourges, en vertu d'un ordre du Ministre de la Marine daté du 15 janvier. Ses officiers et ses hommes furent répartis entre le IV° bataillon de marins de Brest et les IV° et V° bataillons de marins de Toulon pour égaliser leurs effectifs. L'ensemble des trois bataillons de marins restant formaient un total de 50 officiers et 2,580 hommes, soit pour chaque bataillon une moyenne de 16 officiers et 860 hommes [Le Général commandant la 19° division militaire au Ministre de la Marine, Bourges, 26 janvier 1871 (Arch. Mar.)].

D'après le Journal de l'état-major des batteries de la marine à Orléans, deux compagnies formant un total de 4 officiers et 230 hommes, détachés *du bataillon de marins de marche* arrivèrent, le 17 novembre, de Bourges à Orléans pour coopérer au service des batteries construites autour de cette ville et armées avec des canons de la marine.

D'autre part, le général commandant la division de Bourges signale, le 24 novembre, que 150 canonniers, choisis dans le IV° bataillon de Brest, à Bourges, ont déjà été envoyés à Orléans, et qu'un détachement de 37 fusiliers marins est parti le jour même pour Chevilly (Le Général commandant la division militaire de Bourges au Ministre de la Guerre à Tours, D. T., Bourges, 24 novembre, 8 h. 50 soir).

Le Journal précité de l'état-major des batteries de la marine à Orléans ne mentionne pas l'arrivée de cette dernière fraction.

(1) Le Préfet maritime de Brest au Ministre de la Marine, à Tours, D. T., Brest, 25 novembre, 5 h. 5 soir ; Le Ministre de la Marine au Préfet maritime de Brest, D. T., Tours, 26 novembre, 5 heures soir (Arch. Mar.).

Pour récompenser enfin les services et la bonne conduite, il fut créé dans chaque régiment de garde mobile, par assimilation avec les régiments de l'armée régulière, une première classe pour les sous-officiers, caporaux et soldats. Elle pouvait atteindre le quart de l'effectif total des présents. Les sous-officiers, caporaux et soldats de 1re classe devaient être répartis en nombre égal dans chaque compagnie et traités, sous le rapport de la solde, comme dans les régiments d'infanterie (1).

§ 4. — *Garde nationale mobilisée.*

Malgré la loi du 12 août 1870, ordonnant de rétablir la garde sédentaire dans tous les départements, ce fut seulement après le 4 septembre que l'organisation de la garde nationale sédentaire se généralisa tant en province qu'à Paris.

Le 14 septembre, une circulaire du Gouvernement de la Défense nationale adressée de Paris aux préfets leur prescrivait de hâter la mise à exécution de la loi du 12 août; elle ordonnait à tous les maires de dresser immédiatement les contrôles de la garde nationale en y comprenant tous les citoyens de 21 à 60 ans. Ceux-ci, une fois inscrits, seraient appelés à élire leurs officiers (2). Ce premier travail terminé, les maires devaient, de concert avec les officiers élus, préparer la formation de *compagnies détachées*, destinées, conformément à la loi des 8 avril, 22 mai et 13 juin 1851, à faire un service actif hors du territoire de la commune, ou même un service de corps mobilisés pour seconder l'armée de ligne.

---

(1) Le Ministre de la Guerre aux Généraux commandant les divisions territoriales et les corps d'armée, Tours, 13 novembre.

(2) Circulaire du Ministre de l'Intérieur aux Préfets de la République, Paris, 14 septembre (*J. O.* du 15 septembre).

Cette manière de procéder présentait de sérieux inconvénients dont le Gouvernement ne tarda pas à s'apercevoir; tout d'abord la division du travail en deux opérations successives, constitution des contrôles généraux, puis formation des compagnies détachées, devait causer une perte de temps ; d'autre part, le manque d'armes ne permettait d'armer que les compagnies détachées et, par suite, la partie sédentaire de la garde nationale n'était appelée à être formée que sur le papier (1); enfin, comme on l'a déjà vu (2), la loi organique du 11 janvier 1852, en vigueur au début de la guerre, ne prévoyait pour la garde nationale que le service ordinaire à l'intérieur de la commune et le service de détachement hors du territoire de la commune. C'était seulement la loi du 12 août 1870, qui, en rétablissant les dispositions de la loi des 8 avril, 22 mai et 13 juin 1851, avait permis d'envisager le service « de corps mobilisés pour seconder l'armée de ligne dans les limites fixées par la loi ». Il pouvait donc y avoir dans les esprits un certain doute sur les obligations qui pouvaient être imposées à la garde nationale (3).

Somme toute, au moment où Paris fut investi, rien n'avait encore été fait pour utiliser la garde nationale sédentaire.

Dans ces conditions, la délégation du Gouvernement de la Défense nationale se décida, sous la pression des événements, à organiser, d'une manière spéciale et indépendante, des unités susceptibles d'être employées pour les opérations actives. Pour se procurer les hommes

---

(1) Henry Durangel, *Rapport sur les dépenses de la mobilisation des gardes nationales*, p. 8.
(2) Voir ci-dessus chap. IV, p. 99 et 101.
(3) Henry Durangel, *loc. cit.*, p. 8.

nécessaires, elle promulgua les décrets du 29 septembre et du 2 novembre 1870, qui mobilisèrent successivement tous les hommes valides de 21 à 40 ans de la garde nationale sédentaire et incorpora dans la garde nationale mobilisée tous les hommes appelés à faire partie de l'armée active qui n'avaient pas encore été réclamés par le département de la Guerre (1).

Le décret du 29 septembre ordonnait aux préfets de constituer immédiatement des compagnies de garde nationale mobilisée, qui pouvaient, leur organisation une fois terminée, être mises à la disposition du Ministre de la Guerre. Il les autorisait également, pour armer ces compagnies, à réclamer les armes des autres gardes nationaux sédentaires et des pompiers, et au besoin à requérir les armes de chasse et autres. Enfin, les gardes nationaux mobilisés devaient être immédiatement soumis à des exercices militaires (2).

Le 1er octobre 1870, une circulaire du Ministre de l'Intérieur prescrivait aux préfets d'exécuter sans retard le décret du 29 septembre. Les maires devaient dans les trois jours dresser la liste des mobilisables. Des conseils de revision, institués dans chaque arrondissement, devaient se réunir quarante-huit heures après la formation des listes. Pouvaient être exemptés les individus désignés par l'article 8 de la loi du 13 juin 1851 et ceux dont la présence serait jugée indispensable par le Ministre compétent pour assurer la marche d'un service public intéressant la défense nationale (3).

---

(1) Voir ci-dessus chap. IV, p. 106 et 110.
(2) *M. U.* du 2 octobre.
(3) *M. U.* du 4 octobre. — Les conseils de revision d'arrondissement se composaient du préfet ou du sous-préfet, de l'intendant ou du sous-intendant militaire ou du fonctionnaire qui en tenait lieu, d'un conseiller général, d'un conseiller d'arrondissement et d'un médecin, tous trois désignés par le préfet.

Lorsque les conseils de revision eurent terminé leurs opérations, le Gouvernement de la Défense nationale procéda à la formation des corps et, par un décret en date du 11 octobre, régla leur composition et leur organisation (1).

Les hommes étaient répartis par les maires, assistés de deux conseillers municipaux, en compagnies de 100 à 250 hommes. Au besoin, plusieurs communes limitrophes, appartenant au même canton, pouvaient concourir à la formation d'une seule compagnie. Il devait y avoir par canton un bataillon comprenant 4 compagnies au moins et 10 au plus. Au-dessus de ce chiffre, il était constitué deux ou plusieurs bataillons. Dans chaque arrondissement, la réunion des bataillons cantonaux formait une légion commandée par un lieutenant-colonel ou un colonel. Les légions d'un même département étaient groupées en une brigade portant le nom du département; elle était placée sous les ordres d'un commandant supérieur.

Les cadres des différentes unités de mobilisés étaient ceux prévus pour la garde nationale sédentaire. Le Ministre de l'Intérieur nommait les commandants supérieurs, les colonels et lieutenants-colonels. Les autres grades étaient, conformément à la loi du 13 juin 1851, donnés à l'élection.

Dans chaque département, un arrêté du préfet réglait l'uniforme, qui devait obligatoirement comprendre une vareuse avec col et pattes rouges et un képi portant le nom ou tout au moins les initiales du département (2).

---

(1) *M. U.* du 13 octobre.
(2) La rigueur de la température fit peu à peu modifier cette prescription. Au moment de leur mise en route, les gardes nationaux mobilisés devaient être pourvus d'une vareuse, d'un pantalon, d'une capote, ou d'un manteau ou d'un capuchon, d'un képi, d'un havresac ou d'une musette, d'un ceinturon avec giberne, cartouchière et porte-sabre,

A défaut de fusils pour la totalité des hommes réunis, les mobilisés les plus jeunes devaient être armés les premiers. Comme, d'ailleurs, il n'était pas possible de rassembler les gardes nationaux mobilisés avant d'avoir pourvu, au moins en partie, à leur habillement, à leur équipement et à leur armement, on décida de les laisser provisoirement dans leurs communes respectives, en leur imposant l'obligation de faire un minimum de deux heures d'exercices par jour, et de se réunir par canton au moins une fois par semaine.

Il était adjoint, autant que possible, à chaque compagnie, des instructeurs pris parmi les anciens militaires, ou, à défaut, des militaires temporairement détachés de leur corps.

L'exécution des différents décrets relatifs à l'organisation de la garde nationale mobilisée fut poussée avec une très grande activité dans certains départements. Les quelques difficultés qui se présentèrent dans l'application des différents décrets furent résolues par une circulaire du secrétaire général du ministère de l'Intérieur aux préfets, en date du 15 octobre.

Le dernier article du décret du 11 octobre disposait qu'il serait pourvu ultérieurement aux règlements des mesures concernant la solde, l'habillement, l'équipement, etc. Cette restriction ne devait cependant pas empêcher les préfets de s'occuper activement de cette partie de l'organisation et de passer les marchés nécessaires. La seule question réservée était celle de l'imputation des dépenses. Elle fut réglée par le décret

---

d'une tente-abri, d'une couverture et du matériel de campement nécessaire (Henry Durangel, *loc. cit.*, p. 26).

On verra plus loin que les départements durent verser à l'État une somme de soixante francs par garde national mobilisé pour son habillement et son équipement. Cette somme était insuffisante, mais l'État prit le supplément de dépenses à sa charge.

du 22 octobre 1870 (1) et la circulaire du 25 octobre (2).

Les gardes nationaux mobilisés devaient être habillés, équipés et soldés par l'État au moyen de fonds fournis par les départements et les communes. La solde leur était due dès qu'ils avaient quitté leur canton; elle était calculée d'après les tarifs en vigueur pour la garde nationale mobile. L'armement était fourni par l'État; toutefois les communes contribueraient pour la moitié aux frais d'achat ou de transformation d'armes effectués par la Commission d'armement. Les préfets fixaient la somme à payer par leurs départements d'après les listes arrêtées par les conseils de revision. Ils se basaient sur les données suivantes : 60 francs par homme pour l'habillement et l'équipement, plus trois mois de solde calculée à raison de 1 fr. 50 par homme et par jour, soit un total de 155 francs par garde national mobilisé (3). Les fonds applicables à l'habillement et l'équipement devaient être versés au Trésor le 30 novembre 1870; ceux relatifs à la solde étaient payables en deux termes égaux, les 15 et 30 décembre 1870. La portion de dépenses qui ne pourrait être acquittée sur les ressources départementales devait être payée par les communes, soit au moyen de leurs disponibilités, soit par des emprunts, soit enfin par des taxes imposées aux contribuables proportionnellement au montant de leurs contributions directes.

Quant aux dépenses d'armement, les dispositions du décret du 22 octobre, prévoyant que les communes y contribueraient pour moitié, furent rapportées. Un

---

(1) *Bulletin des lois*, 12ᵉ série, 1870-71, p. 89.
(2) *M. U.* du 28 octobre.
(3) Cette somme de 1 fr. 50 n'exprimait pas la base de l'allocation faite à chaque homme. C'était simplement une base d'évaluation pour déterminer la somme à payer par le département, une moyenne destinée à tenir compte de la différence entre la solde des simples gardes et celle des officiers, sous-officiers et caporaux.

décret du 5 novembre fixa à 20 francs par garde national mobilisé la somme à fournir pour l'armement. Le montant du versement que les départements devaient faire pour chaque homme, se trouvait de ce fait porté à 215 francs (1).

Un décret du 6 novembre ouvrit au Ministre de l'Intérieur un crédit initial de 60 millions pour subvenir aux premières dépenses de la garde nationale mobilisée (2). Au fur et à mesure des versements effectués par les départements, cette somme fut portée successivement à 115 millions (3).

Pour assurer dans un délai aussi bref que possible l'habillement et l'équipement, une circulaire du Ministre de l'Intérieur invita chaque préfet à faire appel à toutes les ressources de l'industrie locale en recourant soit à des ouvriers en régie, soit à des marchés de gré à gré, soit à des adjudications (4). Mais les préfets n'agissaient

---

(1) Henry Durangel, *loc. cit.*, p. 23. — Le recouvrement des sommes dues pour les gardes nationaux mobilisés ne s'effectua que dans 70 départements. De faibles dégrèvements furent accordés à certains d'entre eux, de sorte que pour 692,536 mobilisables, il fut versé au Trésor 146,807,148 fr. 51, pour lesquels les départements payèrent sur leurs ressources disponibles 44,899,390 fr. 26 ; 101,907,758 fr. 25 restaient donc à la charge des communes qui payèrent 22,490,963 fr. 09 au moyen de leurs fonds disponibles et de souscriptions, 48,518,149 fr. 80 au moyen d'emprunts, 30,898,645 fr. 36 au moyen de taxes spéciales. Par une loi du 11 septembre 1871, l'État prit d'ailleurs à sa charge toutes les dépenses provoquées par l'application des décrets des 22 octobre et 5 novembre 1870, ainsi que par celui du 3 novembre qui mettait à la charge des départements les frais de construction et d'organisation des batteries d'artillerie départementales, et enfin par celui du 25 novembre qui réglait la part contributive des départements à l'établissement des camps d'instruction (Henry Durangel, *loc. cit.*, p. 36 et 64).

(2) *Bulletin des lois*, 12e série, 1870-71, p. 154.

(3) Henry Durangel, *loc. cit.*, p. 24.

(4) Une circulaire du 17 novembre fixa les prix qui ne devaient être dépassés dans aucun cas. Tous les marchés passés pour l'organisation

qu'à titre d'intermédiaires de l'État et, en principe, tous les marchés devaient être approuvés par le Ministre. Quant aux articles qu'il était impossible de se procurer dans certains départements, un agent délégué près du Ministre de l'Intérieur fut chargé de traiter au nom des préfets intéressés.

Dans chaque arrondissement, une commission, composée du sous-préfet ou d'un conseiller de préfecture, d'un officier d'administration et d'un expert choisi dans les commerçants de la localité, devait assurer la réception des fournitures (1).

Malheureusement, la hâte avec laquelle on dut procéder empêcha de prendre toutes les précautions d'usage, soit au moment de la passation des marchés, soit à celui de leur exécution. Dans beaucoup de départements, des plaintes justifiées se produisirent tant pour la mauvaise qualité des matières premières, que pour la confection défectueuse des objets (2). Beaucoup de fournisseurs ne purent satisfaire aux commandes dans les délais qui leur avaient été imposés, et souvent les gardes nationaux mobilisés furent mis à la disposition du Département de la Guerre sans être complètement habillés ou équipés. Le premier souci de l'autorité militaire dut être alors de les pourvoir, dans la mesure de ses ressources, des effets indispensables qui leur manquaient (3).

---

de la garde nationale mobilisée pouvaient être contrôlés et liquidés provisoirement par la Commission de contrôle des marchés instituée au ministère de la Guerre, par décret du 8 décembre 1870.

(1) Henry Durangel, *loc. cit.*, p. 25.

(2) Le Ministre de la Guerre aux Généraux commandant les divisions et les subdivisions territoriales et aux Préfets des départements, Bordeaux, 30 janvier 1871 (*M. U.* du 3 février 1871).

(3) Le Ministre de la Guerre aux Généraux et aux Intendants, Bordeaux, 3 février 1871.

Diverses mesures prises sous l'empire de nécessités impérieuses vinrent malheureusement affaiblir la garde nationale mobilisée en la privant d'une partie de ses meilleurs éléments. Les circulaires du 18 novembre et du 12 décembre ainsi que les décrets du 14 décembre avaient en effet prescrit de verser dans l'armée régulière les mobilisés célibataires ou veufs sans enfant ayant précédemment servi (1). Le 18 décembre, le directeur du génie civil aux armées était également autorisé à recruter son personnel subalterne dans la garde nationale mobilisée (2).

« D'autres décisions prélevèrent encore, pour la fabrication du matériel, tous les ouvriers d'art spéciaux ; pour les services administratifs de l'armée, les jeunes gens instruits et de bonne volonté. Enfin le service des ambulances, du train auxiliaire, des fournisseurs de l'armée réduisit trop souvent l'effectif des bataillons.

« Il fallut, de plus, dispenser provisoirement tous les chefs d'industrie et une partie des ouvriers employés à la confection de l'équipement et de l'habillement ou des produits alimentaires, et ces exemptions, bien qu'indispensables et contrôlées avec tout le soin que permettaient les circonstances difficiles du moment, provoquèrent dans quelques localités des réclamations très vives, et l'on peut affirmer que, si l'appel n'avait comporté aucune exception, il aurait été accepté avec plus d'empressement par toutes les classes de la population (3) ».

On a vu plus haut que d'après les renseignements

---

(1) Voir ci-dessus chap. IV, p. 113 et suiv.
(2) Arrêté du 18 décembre 1870 (*M. U.* du 21 décembre).
(3) Henry Durangel, *loc. cit.*, p. 32. — A la fin de décembre 1870, le Ministre de l'Intérieur, par un arrêté qui n'a pas paru au *Moniteur Universel*, et dont on n'a retrouvé que la minute, avait chargé un

fournis par le ministère de l'Intérieur, l'effectif du 1ᵉʳ ban de la garde nationale mobilisée atteignait, le 8 janvier 1871, le chiffre de 648,910 hommes, et que 13 départements n'avaient fourni aucun contingent (1). Défalcation faite des ressources insignifiantes procurées par 10 autres départements partiellement envahis, le département de la Guerre évaluait, le 28 janvier, à 578,900 hommes le total des gardes nationaux mobilisés en province. A cette date, 106,500 étaient passés sous l'autorité militaire par le fait même des événements, et 384,300 avaient été remis par le ministère de l'Intérieur à celui de la Guerre. Ces derniers avaient été maintenus dans les départements, envoyés dans les camps d'instruction ou dirigés sur les armées. Au moment de l'armistice, 490,800 mobilisés étaient donc passés à la Guerre, et 88,100 hommes restaient encore à la disposition de l'autorité civile (2).

En ce qui concerne spécialement l'infanterie, il fut organisé en province, avec toutes ces ressources, 749 bataillons à 6, 8, 9 ou 10 compagnies : 21 d'entre eux firent

---

ancien préfet, M. Baragnon, de lui rendre un compte exact de l'état d'avancement de l'organisation des unités de la garde nationale mobilisée dans dix départements, tous situés en dehors de la zone des opérations actives, savoir : Loire, Puy-de-Dôme, Haute-Loire, Lozère, Ardèche, Hérault, Gard, Vaucluse, Bouches-du-Rhône, Drôme. Aidé par les préfets et les autorités militaires, M. Baragnon devait aussi proposer le déplacement et la répartition de ces forces soit dans les camps, soit sur d'autres points du territoire.

(1) Voir ci-dessus chap. IV, p. 113.

(2) Minute d'une note du chef du bureau des gardes nationales pour le délégué à la Guerre, Bordeaux, 28 janvier 1871. — Ces chiffres n'étaient d'ailleurs pas définitifs. D'après un état établi à la date du 10 février, 590,807 mobilisés avaient été passés à la Guerre, et les préfets pouvaient encore en remettre 88,131. Le 22 février, c'étaient 618,194 mobilisés qui avaient été remis à la Guerre, mais 574,682 seulement étaient armés, et les préfets disposaient encore de 60,795 hommes.

partie des garnisons de différentes places investies (1); 7 furent envoyés en Algérie (2); 354 autres restèrent dans les départements ou furent dirigés sur les camps d'instruction (3); de sorte qu'il n'y eut à proprement parler que 367 bataillons incorporés dans les forma-

---

(1) Ces bataillons formaient 7 légions, comprenant ensemble 20 bataillons et 1 bataillon indépendant. Ils étaient ainsi répartis : 3 légions à 3 bataillons (Haute-Marne), à Langres; 2 légions à 3 bataillons (Haute-Saône), à Besançon; 1 légion à 2 bataillons (Loire), à Auxonne; 1 légion à 3 bataillons (Ardennes), à Givet (2 bataillons) et Mézières (1 bataillon); 1 bataillon à Péronne (A. Martinien, *La Garde nationale mobilisée* et travaux inédits).

(2) C'étaient : la 2e légion des Alpes-Maritimes à 4 bataillons, dont 2 partirent le 9 février et 2 le 14 février 1871; 3 bataillons de la Côte-d'Or envoyés en Algérie le 17 novembre 1870 (A. Martinien, *loc. cit.*).

(3) La plus grande partie de ces bataillons était dans les camps. Il y avait en effet :

	Légions.	Bataillons.
Au camp de Sathonay	23	et 1
Au camp de Toulouse	13	»
Aux cantonnements de la Gartempe	13 —	1
Au camp des Alpines	12	»
Au camp de Nevers	6 —	10
Au camp de la Rochelle	4	»
Au camp de Saint-Médard	4	»
Au camp de Montpellier	6	»
Au camp de la Brancardière	2	»
Au camp du Pont du Château	2	»
Au camp de Candale	1	»
Au camp de Cherbourg	»	8

Soit 86 légions et 20 bataillons indépendants ou détachés.

Le reste, 23 légions, 7 régiments, 5 bataillons, étaient dans les principales villes des départements suivants : Allier, 2 légions; Alpes-Maritimes, 1 légion; Aveyron, 1 légion; Cher (Bourges) 1 légion; Drôme, 1 légion; Loire, 2 légions; Côtes-du-Nord, 2 bataillons; Haute-Loire, 1 légion; Nord, 7 régiments à 3 bataillons; Pas-de-Calais, 3 légions; Rhône, 1 légion; Savoie, 1 légion; Haute-Savoie, 1 légion; Deux-Sèvres, 1 légion et 1 bataillon; Somme, 2 légions et 2 bataillons; Vienne (Poitiers), 3 légions; Cantal, 3 légions (A. Martinien, *loc. cit.*).

tions de campagne (1), avec un effectif total d'environ 260,000 hommes (2).

D'après le décret du 11 octobre 1870, la constitution des cadres de la garde nationale mobilisée devait être conforme à celle prévue par le décret du 6 octobre 1851. Elle fut réglée dans ses détails par une circulaire du Ministre de l'Intérieur du 20 novembre 1870. Dans chaque

---

(1) Des 367 bataillons : 285 formaient 87 légions ; 22 formaient 8 régiments (mobilisés du Nord et de l'Aisne); 60 étaient indépendants ou détachés d'autres légions. Ils avaient reçu les affectations suivantes :

IIᵉ armée (de la Loire)........	27 légions formant ensemble 82 bataillons ; 5 bataillons isolés.
Iʳᵉ armée (de l'Est).	4 légions comprenant ensemble 13 bataillons ; 2 bataillons isolés.
Armée du Nord...	1 légion comprenant 4 bataillons ; 8 régiments comprenant ensemble 22 bataillons ; 4 bataillons isolés.
Armée des Vosges.	25 légions comprenant ensemble 77 bataillons ; 1 bataillon isolé.
Armée de Bretagne.	6 légions comprenant ensemble 24 bataillons.
Corps d'armée du Havre........	2 légions comprenant ensemble 13 bataillons ; 15 bataillons isolés.
Division de la Nièvre...........	2 bataillons isolés.
Lignes de Carentan	10 légions comprenant ensemble 33 bataillons ; 1 bataillon isolé.
Corps Lipowski...	2 légions comprenant ensemble 7 bataillons ; 9 bataillons isolés.
Corps Cathelineau.	1 légion comprenant 2 bataillons ; 11 bataillons isolés.
Colonne mobile du Doubs........	3 légions comprenant ensemble 11 bataillons.
Corps du général Charette.......	1 légion comprenant 3 bataillons ; 9 bataillons isolés.
Corps du général Berrenger......	5 légions comprenant ensemble 16 bataillons ; 1 bataillon isolé.

(A. Martinien, *loc. cit.*).

(2) Exactement 262,515 hommes (d'après les travaux inédits de M. A. Martinien).

département, il devait y avoir à côté du commandant supérieur (1), un capitaine-major, un capitaine trésorier et un lieutenant chargé de l'habillement. Si le département fournissait plusieurs légions, ces officiers étaient, autant que possible, choisis dans une légion différente. Ils étaient adjoints au conseil central de la garde nationale mobile du département qui remplissait la fonction de conseil d'administration pour les unités de la garde nationale mobilisée.

Les légions étaient commandées par des lieutenants-colonels. Il y avait aussi dans chacune d'elles un chirurgien-major ayant rang de commandant. L'état-major d'un bataillon comprenait un commandant, un aide-major du rang de capitaine, s'il était docteur en médecine, de lieutenant s'il était seulement officier de santé, un capitaine ou lieutenant adjudant-major, un adjudant sous-officier.

Chaque compagnie avait un capitaine, un lieutenant et un sous-lieutenant. Si l'effectif de la compagnie dépassait 150 hommes, des officiers supplémentaires pouvaient être élus.

Les légions en marche ou les corps détachés devaient avoir un officier payeur et un officier chargé des détails prélevés tous deux sur le cadre d'officiers. De même, les officiers d'ordonnance attachés aux commandants supérieurs comptaient parmi les officiers du département (2).

Les règles de discipline qu'il convenait d'imposer à la garde mobilisée firent l'objet d'un décret du

---

(1) Les commandants supérieurs recevaient la solde de colonel et la plupart eurent ce titre. Toutefois deux avaient le titre de général de division et onze celui de général de brigade (A. Martinien, *La Garde nationale mobilisée*).

(2) Henry Durangel, *loc. cit.*, p. 13.

8 novembre (1). Tant qu'elle restait sous la dépendance du Ministre de l'Intérieur, la loi du 16 juin 1851 lui était applicable. Une fois mise à la disposition de l'autorité militaire, elle était astreinte à la même discipline que l'armée régulière. Toutefois, dans les départements en état de guerre, les gardes nationaux convoqués pour la défense étaient immédiatement placés sous le régime des lois militaires (2).

D'après le décret du 11 octobre 1870, organisant la garde nationale mobilisée, les compagnies pouvaient comprendre, au moment de leur formation, de 100 à 250 hommes (3). Le 16 janvier 1871, le Ministre de la Guerre décida que, dans les unités de mobilisés remises à son département par celui de l'Intérieur, les compagnies seraient organisées sur le même pied que celles des régiments d'infanterie (4).

Dès la réception de cette circulaire, des instructions furent données pour que tous les bataillons de la garde nationale mobilisée passés à la Guerre fussent réduits à six compagnies comprenant 3 officiers et un effectif de 100 à 130 hommes. Les légions, d'autre part, devaient compter trois bataillons.

Cette réorganisation une fois accomplie, les officiers en surnombre furent mis à la suite. Quant aux hommes en excédent, ils furent versés dans des corps de l'armée régulière par application des prescriptions contenues dans le premier décret du 14 décembre 1870 (5).

---

(1) *M. U.* du 9 novembre.
(2) *Décret* du 14 octobre (*M. U.* du 17 octobre).
(3) En réalité, l'effectif des compagnies varia, selon les cantons, entre 90 et 250 hommes.
(4) *Circulaire* du Ministre de la Guerre, Bordeaux, 18 janvier 1871 (Archives administratives).
(5) Travaux inédits de M. A. Martinien. — Voir plus haut chap. IV, p. 115.

CHAPITRE VI

Cavalerie.

§ 1ᵉʳ. — *Armée régulière.*

Une fois la garnison de Paris constituée, le Gouvernement de la Défense nationale disposait comme cavalerie régulière des éléments suivants (1) :

1° Régiments disponibles :

	Escadrons.
En France :	
6ᵉ hussards	4
6ᵉ dragons	4
9ᵉ cuirassiers	4
1ᵉʳ régiment de cuirassiers de marche (2)	4
En Algérie :	
8ᵉ hussards (3)	4
1ᵉʳ, 2ᵉ et 3ᵉ spahis (4)	18

---

(1) *La Guerre de 1870-71. Mesures d'organisation depuis le début de la guerre jusqu'au 4 septembre et situation des forces françaises au 1ᵉʳ septembre*, p. 74 ; *La Guerre de 1870-71. L'Investissement de Paris*, t. I, p. 254.

(2) Le 6ᵉ hussards, le 6ᵉ dragons, le 9ᵉ cuirassiers et le 1ᵉʳ cuirassiers de marche étaient groupés en une division de cavalerie sous les ordres du général Reyau.

(3) Le 8ᵉ hussards comptait six escadrons, mais ce régiment étant venu en France au mois de décembre avec quatre escadrons seulement, les deux autres escadrons figurent parmi les escadrons disponibles dans les dépôts.

(4) A la fin d'août 1870, chacun des régiments de spahis avait cependant envoyé en France les détachements suivants : le 1ᵉʳ, une

2° Dans les dépôts :

En France (1) : Escadrons.

Cuirassiers (2).................................. 13
Dragons (3)..................................... 14
Lanciers (4)..................................... 12

---

division du 5e escadron (4 officiers, 60 hommes, 66 chevaux), le 2e, un peloton du 3e escadron (2 officiers, 34 hommes, 38 chevaux), le 3e, une division du 3e escadron (2 officiers, 50 hommes, 57 chevaux). Ces éléments formèrent un escadron qui fit partie de la garnison de Paris.

(1) Sauf de très rares exceptions, les pelotons hors-rang se trouvaient avec les dépôts de leurs corps. Les pelotons hors-rang et les ateliers des régiments de cavalerie de la Garde, dont les escadrons de dépôt avaient formé des régiments de marche de la garnison de Paris, avaient été transportés à Lyon le 10 septembre.

(2) En se mobilisant, chacun des régiments de cuirassiers, de dragons et de lanciers avait laissé un escadron au dépôt, et en exécution des prescriptions contenues dans le décret du 26 août 1870, avait formé un sixième escadron.

Parmi les dix escadrons de cuirassiers laissés dans les dépôts, un, celui du 4e cuirassiers, était enfermé à Toul ; quatre provenant des 5e, 6e, 7e et 10e cuirassiers avaient formé le 1er régiment de cuirassiers de marche. Il ne restait donc que cinq escadrons disponibles.

Le dépôt du 4e cuirassiers ne fut reconstitué que le 8 novembre à Limoges. Il n'y avait donc de créés que neuf sixièmes escadrons de cuirassiers. L'un d'eux, celui du 1er régiment, ayant contribué à former le 2e régiment de cuirassiers de marche (garnison de Paris), huit sixièmes escadrons de cuirassiers restaient donc disponibles.

(3) Sur les douze escadrons de dragons laissés dans les dépôts, un, appartenant au 11e dragons, était investi dans Thionville, et huit, provenant des 1er, 3e, 9e et 10e dragons et des 2e, 4e, 5e et 8e dragons avaient formé les 1er et 2e régiments de dragons de marche (garnison de Paris). Trois escadrons restaient donc disponibles.

Le dépôt du 11e dragons étant investi et n'ayant été reconstitué à Lille que le 1er janvier 1871, on n'a compté que onze sixièmes escadrons de dragons.

(4) Sur les huit escadrons de lanciers laissés dans les dépôts, quatre provenant des 1er, 4e, 7e et 8e lanciers avaient formé le 1er régiment de lanciers de marche (garnison de Paris). Quatre restaient disponibles avec les huit sixièmes escadrons.

CAVALERIE.

	Escadrons.
Chasseurs (1)	9
Hussards (2)	8
En Algérie :	
Chasseurs (3)	4
Hussards (4)	2
Chasseurs d'Afrique (5)	8

3° Compagnies de remonte : 6 compagnies en France, 3 compagnies en Algérie.

Enfin, sept régiments de cavalerie, les 2e, 5e et 6e lanciers, les 7e, 11e et 12e chasseurs et le 3e hussards, appartenant aux divisions de cavalerie des 1er, 5e et 12e corps, étaient parvenus à s'échapper en partie de Sedan. Après s'être repliés sur Paris, ils avaient été dirigés, pour se reconstituer, sur des places où se trouvaient des dépôts de cavalerie (6).

Par suite de l'appel des réserves, les dépôts regor-

---

(1) Dix régiments de chasseurs, en France avant la guerre, avaient laissé chacun un escadron dans les dépôts. L'un d'eux, celui du 5e chasseurs, était enfermé dans Verdun.

(2) Laissés par chacun des sept régiments de hussards stationnés en France avant la guerre, plus le 1er escadron du 6e hussards renvoyé au dépôt après avoir été primitivement mobilisé.

(3) 2e et 3e escadrons du 1er régiment c^t 1er et 2e escadrons du 9e régiment de chasseurs.

(4) 5e et 6e escadrons du 8e régiment de hussards.

(5) 1er et 2e escadrons des 1er et 2e chasseurs d'Afrique, 4e et 5e escadrons du 3e chasseurs d'Afrique et 5e et 6e escadrons du 4e chasseurs d'Afrique.

(6) Deux escadrons du 10e dragons, les 1er et 3e, parvinrent aussi à s'échapper. Ils furent dirigés sur le dépôt du corps à Limoges. Une fois reconstitués, ils contribuèrent à former des régiments de marche. Le 2e lanciers fut envoyé à Pontivy, le 5e lanciers à Poitiers, le 6e lanciers à Saumur, le 7e chasseurs à Carcassonne, le 11e chasseurs à Avignon, le 12e chasseurs à Clermont-Ferrand et le 3e hussards à Chambéry. Il est impossible d'établir, pour la plupart de ces corps, la situation

geaient d'hommes; la formation de nouveaux escadrons ne présentait de ce côté aucune difficulté. L'on a vu plus haut les mesures prises pour se procurer des officiers auxiliaires (1).

Pour ne pas dégarnir les dépôts de tous leurs cadres d'officiers, une circulaire du 11 septembre prescrivit de ne mettre que deux sous-lieutenants, au lieu de trois, dans les escadrons de guerre des anciens régiments appelés à se reformer (2). De même que pour l'infanterie, une circulaire du 21 septembre autorisait les généraux commandant les divisions militaires à créer dans les dépôts de cavalerie le nombre d'emplois supplémentaires de sous-officiers et de brigadiers, que paraîtraient réclamer les besoins de l'instruction et les nécessités du service (3).

Le 21 septembre également, le Ministre créait, dans chacun des dépôts de cavalerie, un cadre provisoire d'escadron de dépôt (4), et, le 26, il ordonnait que dans

---

dans laquelle ils se trouvaient quand, entre le 10 et 13 septembre, ils rejoignirent les garnisons où ils devaient se reformer. L'on sait seulement, d'après les historiques des corps, que le 2ᵉ lanciers comptait 250 hommes, que le 7ᵉ chasseurs était réduit à trois escadrons et le 6ᵉ lanciers à un escadron. Du 19 au 26 septembre, tous ces corps reconstitués repartaient pour les différents théâtres d'opérations; seul, le 6ᵉ lanciers ne quitta Saumur que le 15 octobre.

(1) Voir plus haut chap. III, p. 66.

(2) Le Ministre de la Guerre au Général commandant la 18ᵉ division militaire, à Tours, Paris, 11 septembre.

(3) Le Ministre de la Guerre aux Généraux commandant les divisions militaires, Tours, 21 septembre.

(4) Le même aux mêmes, Tours, 22 septembre. — Le commandement de l'escadron provisoire devait revenir au capitaine instructeur, à moins qu'il n'existât un capitaine commandant plus ancien parmi les officiers auxiliaires. Le cadre officiers de l'escadron provisoire comprenait en outre trois officiers auxiliaires, du grade de capitaine, de lieutenant ou de sous-lieutenant.

chaque dépôt, un peloton de 25 à 30 hommes montés et complètement armés et équipés fût constamment prêt à partir. Immédiatement après la mise en route de ce peloton, un autre devait être reformé (1).

Une circulaire du 26 octobre relative à l'organisation des conseils administratifs institués dans chaque division militaire par le décret du 19 octobre (2), prescrivait d'organiser les hommes présents dans les dépôts de cavalerie en escadrons de 100 à 150 cavaliers.

Ces dépôts comptaient en moyenne 1,000 hommes. C'était donc un minimum de six escadrons qu'il fallait former dans chacun d'eux. Le manque d'officiers rendait cette mesure absolument irréalisable. Malgré le rappel à l'activité de tous les anciens officiers et sous-officiers susceptibles de rendre des services, c'est à peine en effet si l'on avait déjà pu constituer dans chaque dépôt les cadres d'un escadron (3).

On ne pouvait d'autre part, comme pour l'infanterie, augmenter les effectifs des escadrons de marche mobilisés. Le commandement de ces unités renforcées eut été impossible. Les cavaliers ne possédaient qu'une instruction militaire très sommaire, et les chevaux n'étaient qu'imparfaitement dressés. D'ailleurs le manque de harnachement ne permettait pas de mobiliser immédiatement de gros effectifs de cavalerie.

Dans ces conditions, les escadrons qui furent désignés pour former les régiments de cavalerie de marche

---

(1) Le Ministre de la Guerre au Général commandant la subdivision de Tours, Tours, 26 septembre.

(2) *Décret* du 15 octobre (*M. U.* du 23 octobre); *Circulaire* du 26 octobre (*M. U.* du 31 octobre).

(3) Rapport établi par le général commandant la 13e division militaire en exécution de la circulaire du 26 octobre 1870, Bayonne, 11 novembre (Arch. Art.).

partirent des dépôts avec environ 6 officiers et une moyenne de 120 à 125 hommes (1). Quant aux dépôts, il semble qu'on renonça à mettre en vigueur les dispositions de la circulaire du 26 octobre et que l'on se borna, comme le permettait la circulaire du 21 septembre, à mettre les cadres de sous-officiers et de brigadiers en rapport avec l'importance de l'effectif (2).

Malgré les formations nouvelles qu'ils eurent à fournir, les dépôts de cavalerie conservèrent donc un effectif considérable et en tout cas très supérieur aux besoins que l'on pouvait prévoir. Aussi le 21 novembre, le Ministre le limitait-il à 600 hommes pour les régiments de réserve et de ligne et à 700 hommes pour les régiments de légère. Tous les hommes en excédent, choisis naturellement parmi les moins aptes au service de la cavalerie, devaient être versés dans l'infanterie (3).

La tâche de la direction de la cavalerie à la délégation de l'administration centrale du ministère de la Guerre était rendue très difficile par la dissémination des dépôts, dont un grand nombre avaient dû quitter leurs garnisons envahies ou menacées par l'ennemi. Une inspection générale des dépôts de cavalerie fut créée en novembre 1870 pour centraliser les renseignements concernant leur situation et provoquer les mesures

---

(1) Documents inédits de M. A. Martinien.

(2) On n'a pas retrouvé de prescriptions générales fixant les cadres de sous-officiers et de brigadiers que devaient posséder les dépôts de cavalerie. Le général commandant la 13ᵉ division militaire estimait que pour un dépôt comptant près de 1,000 hommes, il fallait 20 sous-officiers, 3 fourriers, 3 brigadiers fourriers et 30 brigadiers (Rapport précité du 11 novembre).

(3) Le Ministre de la Guerre aux Commandants des dépôts de cavalerie, Tours, 22 novembre.

générales d'organisation et d'instruction (1). C'est par l'intermédiaire de cet organe que tous les corps d'armée successivement mis sur pied furent dotés de la cavalerie qui leur était nécessaire.

En dehors des sept régiments anciens cités plus haut qui furent reconstitués, la délégation du Gouvernement de la Défense nationale créa en effet en province :

9 régiments de cuirassiers de marche (2) ;
8 régiments de dragons de marche et 2 régiments, les 7e et 11e dragons, reconstitués en entier avec des éléments nouveaux (3) ;

---

(1) Edmond Poyer, directeur adjoint retraité du ministère de la Guerre, *La Cavalerie française de 1870 à 1875 (Annuaire spécial de l'arme de la cavalerie française et du service des remontes. Année 1876,* p. 20.) — La date du décret créant l'inspection générale des dépôts de cavalerie n'a pas été retrouvée. Le général Guépratte fut nommé à cet emploi le 30 décembre 1870 ; le général Lefort, que l'on avait désigné tout d'abord, n'avait pu accepter en raison de son mauvais état de santé (Archives administratives du ministère de la Guerre).

(2) Nos 3 à 11. Les 1er et 2e régiments de cuirassiers de marche avaient été formés le 2 et le 15 septembre. Le 1er faisait partie de la division Reyau et le 2e de la garnison de Paris. Les cuirassiers et carabiniers de la Garde fournirent à ces neuf régiments de cuirassiers de marche : le 1er régiment, deux escadrons et trois pelotons ; le 2e, deux escadrons et un peloton.

(3) Nos 3 à 10. Les 1er et 2e régiments de dragons de marche, formés le 26 août et le 7 septembre, faisaient partie de la garnison de Paris. Les dragons de la Garde fournirent à ces huit régiments un escadron réparti par moitié entre deux régiments.

Quant aux 7e et 11e dragons, ils furent reconstitués dans la région du Nord. En novembre 1870, il existait à Lille un détachement provenant du dépôt du 4e dragons, auquel se joignirent successivement de petits détachements des 2e, 5e et 12e dragons et des hommes évadés de Sedan et de Metz. Le général Bourbaki, qui organisait l'armée du Nord, forma tout d'abord deux escadrons de *dragons du Nord ;* d'autres escadrons furent ensuite créés. En janvier 1871, le dépôt du 7e dragons fut envoyé de Fougères à Valenciennes, et les dragons du Nord furent

5 régiments de lanciers de marche (1);
10 régiments de cavalerie mixte de marche (2);
2 régiments de chasseurs de marche (3);
4 régiments de hussards de marche (4);
3 régiments de chasseurs d'Afrique de marche (5).

Tous les régiments de marche étaient à quatre escadrons. Les 7e et 11e dragons en comptaient chacun cinq en février 1871. En outre, deux escadrons de marche provenant des dépôts du 3e cuirassiers et du 2e lanciers opérèrent isolément. Défalcation faite des 70 escadrons qui existaient dans les dépôts, c'est donc un total de 106 escadrons de marche, que la délégation du Gouvernement de la Défense nationale mit sur pied en province (6).

---

répartis en deux régiments, les 7e et 11e dragons (Travaux inédits de M. A. Martinien).

(1) Nos 2 à 6. Le 1er régiment de lanciers de marche, formé le 3 septembre, faisait partie de la garnison de Paris.

(2) Nos 2 à 11. Le 1er régiment de cavalerie mixte de marche, formé le 12 septembre, faisait partie de la garnison de Paris. C'était un régiment de cavalerie de ligne ainsi que le 5e. Tous les autres étaient des régiments de cavalerie légère, sauf cependant le 11e, qui comprenait deux escadrons de dragons et deux de hussards. Chacun des régiments de dragons, de lanciers et de guides de la Garde fournit un escadron à l'ensemble des régiments mixtes formés en province.

(3) Nos 1 et 2.

(4) Nos 1 à 4.

(5) Nos 1 à 3. Le 3e régiment, formé le 22 janvier 1871, resta en Algérie.

(6) A la fin de la campagne, les dépôts pouvaient encore fournir quelques escadrons; leur nombre n'a pu être déterminé exactement.

L'escadron de marche du 3e cuirassiers fut attaché à l'armée de Bretagne. L'escadron de marche du 2e lanciers fit partie de la 4e division du 21e corps. Cet escadron versa ses lances à l'artillerie le 28 novembre et reçut des fusils Spencer.

D'après Edmond Poyer (loc. cit., p. 11), le commandant du 3e régiment de dragons de marche fut nommé par décret du 10 septembre, et

Sauf de très rares exceptions, les régiments de marche furent formés d'après les règles édictées par le décret du 26 août 1870, c'est-à-dire par le groupement de quatre escadrons provenant de dépôts différents (1).

En dehors des régiments de marche formés par la délégation de la Défense nationale, il fut créé deux corps d'éclaireurs qui, en raison de leur composition, paraissent susceptibles d'être rattachés à l'armée régulière.

Le *régiment provisoire des éclaireurs algériens*, organisé par décret du 18 octobre 1870, pouvait être considéré comme un régiment de spahis de marche. Il comprenait trois escadrons — un par province — forts chacun de 50 spahis célibataires et de 200 cavaliers des goums. Les officiers français de l'état-major du régiment et des escadrons devaient être choisis parmi ceux des

---

ceux du 1er régiment de chasseurs de marche, du 1er régiment de hussards de marche et du 2e régiment mixte de marche par décret du 14 septembre, c'est-à-dire avant le départ de la délégation du ministère de la Guerre pour Tours. D'après les documents inédits recueillis par M. A. Martinien, les dates de formation de ces régiments seraient cependant les suivantes : 3e dragons de marche, 19 septembre; 1er chasseurs de marche, 21 septembre; 1er hussards de marche, 21 septembre; 2e régiment mixte, 20 septembre.

Par contre, deux régiments de cavalerie de marche ont été formés après le 10 février, date à laquelle le général Le Flô avait repris la direction du ministère de la Guerre à Bordeaux. Ce sont : le 11e cuirassiers de marche formé le 11 février 1871 ; le 10e dragons de marche formé le 12 février 1871.

On peut dire néanmoins que c'est la délégation du Gouvernement de la Défense nationale qui a mis sur pied ces divers régiments.

(1) Voici les exceptions que l'on a pu relever d'après les renseignements inédits de M. A. Martinien :

Les 7e et 11e régiments de cuirassiers de marche avaient chacun un escadron formé par deux pelotons de cuirassiers de la Garde et deux pelotons de carabiniers de la Garde. Le 9e régiment de cuirassiers de

régiments de cavalerie d'Algérie et parmi ceux de toutes armes employés dans les bureaux arabes (1).

L'autre corps d'éclaireurs fut formé le 7 janvier 1871, sous le nom de *corps de cavaliers détachés*. Il devait être fort de deux escadrons de 150 hommes chacun, dont un tiers de goumiers de la province de Constantine et deux tiers de cavaliers pris dans le dépôt de Tarbes ou un dépôt voisin (2). Il ne fut affecté à aucun corps d'armée, car il avait été créé pour une mission spéciale qui a été exposée plus haut (3). Il ne fut d'ailleurs pas complètement organisé (4).

A peine l'armistice venait-il d'être signé que la

---

marche avait un escadron formé de trois pelotons de cuirassiers de la Garde et d'un peloton de carabiniers.

Les 4ᵉ et 6ᵉ régiments de dragons de marche avaient été constitués chacun avec huit demi-escadrons provenant de huit dépôts différents. Un escadron du 8ᵉ régiment de dragons de marche avait été formé avec deux demi-escadrons provenant de dépôts différents. L'un de ces demi-escadrons venait des dragons de la Garde. Un escadron du 9ᵉ régiment de dragons de marche était constitué avec un demi-escadron de dragons de la Garde et un demi-escadron de lanciers de la Garde.

Un escadron du 5ᵉ régiment de lanciers de marche provenait par moitié de deux dépôts différents. Il en était de même d'un escadron du 6ᵉ régiment mixte de marche.

Le 1ᵉʳ régiment de chasseurs d'Afrique de marche comprenait deux escadrons du 1ᵉʳ chasseurs d'Afrique et deux escadrons du 3ᵉ et le 2ᵉ régiment de marche, deux escadrons du 2ᵉ chasseurs d'Afrique et deux escadrons du 4ᵉ.

(1) Edmond Poyer, *loc. cit.*, p. 17; Documents inédits de M. A. Martinien. — Les deux premiers escadrons de ce régiment prirent part aux opérations des 16ᵉ et 17ᵉ corps autour d'Orléans, les 3 et 4 décembre, puis suivirent ces deux corps dans leur retraite vers Beaugency. Le régiment ne fut réuni que le 27 décembre. Il fit partie de la IIᵉ armée de la Loire.

(2) *Décret* du 7 janvier 1871 (*M. U.* du 10 janvier 1871).

(3) Voir plus haut chap. II, p. 33.

(4) En dehors des régiments de cavalerie de marche ou d'éclaireurs

délégation du Gouvernement de la Défense nationale décrétait, le 4 février 1871 (1), la réorganisation de l'arme de la cavalerie qui devait comprendre à l'avenir 75 régiments, dont :

- 12 de réserve (cuirassiers) ;
- 26 de ligne (16 de dragons, 10 de lanciers) ;
- 30 de légère (18 de chasseurs, 12 de hussards) ;
- 4 de chasseurs d'Afrique ;
- 3 de spahis.

Tous ces corps devaient être à six escadrons de 150 hommes et 120 chevaux.

En outre, l'avancement à l'ancienneté ou au choix pour les grades de sous-lieutenant, de lieutenant et de capitaine devait se faire sur l'ensemble de l'arme et non plus par régiment.

Mais ce décret ne fut mis à exécution que le 10 mars 1871 par le général Le Flô, qui, depuis le 10 février 1871, avait repris la direction du ministère de la Guerre à Bordeaux. Il rentre donc dans les mesures

---

qui viennent d'être cités, quelques corps de cavalerie furent encore organisés en province pour répondre à des besoins locaux. Ce furent :

L'escadron des éclaireurs à cheval, formé le 25 octobre, à Bourges, avec des hommes de l'armée régulière, et qui, pendant toute la campagne, resta stationné dans la 19ᵉ division militaire, dont cette ville était le chef-lieu ;

L'escadron de marche de Montmédy, formé en octobre 1870 avec des échappés de Sedan et dissous le 10 décembre suivant ;

Les deux escadrons du Havre, formés le 24 janvier 1871 avec des engagés volontaires pour la durée de la guerre et des gardes mobiles de divers départements, principalement de la Seine-Inférieure et de l'Oise ;

L'escadron mixte de la division de Pointe de Gévigny, formé le 30 janvier 1871 à Nevers, qui resta stationné dans cette ville (Documents inédits de M. A. Martinien).

(1) *M. U.* du 6 février 1871.

prises après la campagne pour la réorganisation de l'armée (1).

Harnachement. — Des instructions des 17 et 31 août 1870 avaient prescrit de faire confectionner par les maîtres selliers, dans chaque régiment de cavalerie, cent harnachements complets.

Pour activer la confection des effets de toute nature, les commandants des dépôts de cavalerie étaient autorisés le 4 septembre à mettre les ouvriers nécessaires à la disposition des maîtres ouvriers (2).

---

(1) Dans le décret du 4 février 1871, venaient forcément se fondre et disparaître les décrets suivants rendus à Paris par le Gouvernement de la Défense nationale :

1° Celui du 5 octobre 1870, licenciant le corps des Cent-Gardes et versant les cadres et les hommes de cette unité dans le 2ᵉ régiment de cuirassiers de marche (*J. M. O.*, 2ᵉ semestre 1870, p. 532) ;

2° Celui du 28 octobre 1870, supprimant la Garde impériale (*J. M. O.*, 2ᵉ semestre 1870, p. 556) ;

3° Celui du 2 novembre 1870, portant que les régiments de cavalerie de marche, dont la formation avait été décidée avant l'investissement de Paris et dont plusieurs faisaient partie de la garnison de cette place, prendraient les numéros à la suite dans la série des régiments de cavalerie dans les trois subdivisions de l'arme.

Par application de cette mesure, les 1ᵉʳ et 2ᵉ régiments de cuirassiers de marche devenaient les 11ᵉ et 12ᵉ cuirassiers ; les 1ᵉʳ, 2ᵉ et 3ᵉ régiments de dragons de marche et le 1ᵉʳ régiment de cavalerie mixte devenaient les 13ᵉ, 14ᵉ, 15ᵉ et 16ᵉ dragons ; les 1ᵉʳ et 2ᵉ régiments de lanciers de marche devenaient les 9ᵉ et 10ᵉ lanciers ; le 1ᵉʳ régiment de chasseurs de marche et le 2ᵉ régiment de cavalerie mixte devenaient les 13ᵉ et 14ᵉ chasseurs et le 1ᵉʳ régiment de marche de hussards devenait le 9ᵉ hussards.

Mais en réalité, ces nouvelles désignations ne furent prises temporairement que par les régiments de cavalerie de marche de la garnison de Paris : le 2ᵉ cuirassiers de marche, les 1ᵉʳ et 2ᵉ dragons de marche, le 1ᵉʳ régiment de cavalerie mixte et le 1ᵉʳ lanciers de marche.

(2) Le Ministre Secrétaire d'État de la Guerre aux Généraux commandant les divisions et subdivisions territoriales, aux Intendants et Sous-

Le 3 octobre, le Ministre envoyait aux dépôts des corps de cavalerie des instructions non seulement pour hâter l'achèvement des cent harnachements qui avaient fait l'objet des décisions des 17 et 31 août, mais encore pour faire entreprendre ces confections en nombre illimité par les maîtres selliers. D'après les ordres qu'il avait reçus, l'atelier de Saumur devait livrer aux corps tous les arçons qui lui seraient demandés (1).

Dans une circulaire du 1er janvier 1871, le Ministre revenait sur ce sujet. Les maîtres selliers devaient préparer à l'avance les pièces nécessaires pour pouvoir monter 150 selles environ, aussitôt que des arçons nouveaux leur parviendraient de Saumur. Rien n'empêchait d'ailleurs de fabriquer des brides à l'avance (2).

D'importants marchés avaient été passés en outre dès le début de la guerre. Pendant la période du 15 août au 7 septembre, l'intendant militaire de la 1re division à Paris avait traité pour la fourniture d'environ 10,000 selles ainsi que des accessoires nécessaires (3).

Intendants militaires, aux Conseils d'administration des corps de cavalerie, Paris, 4 septembre.

(1) Le Ministre de la Guerre aux Intendants militaires des divisions militaires, Tours, 3 octobre.

(2) *Instructions relatives à la remonte des corps*, Bordeaux, 1er janvier 1871 (*M. U.* du 1er janvier 1871). — Dès le 25 décembre, l'atelier d'arçonnerie de Saumur avait été installé à Bordeaux, où toute l'école de cavalerie vint le rejoindre dans le courant de février 1871, pour n'en repartir que le 23 mai suivant. Il avait confectionné pendant la durée de la guerre 22,000 arçons réglementaires (Edmond Poyer, *loc. cit.*, p. 20 et 21).

(3) Exactement 9,947 selles, dont 2,000 de cuirassiers, 2,300 de dragons, 800 de lanciers, 4,700 de chasseurs et hussards et 147 du modèle 1854. Des marchés étaient conclus également pour la fourniture de 1,000 arçons de selles à palette, et 1,000 arçons de selles à troussequin [État des marchés passés au nom du ministère de la Guerre par

Plus tard, entre le 13 octobre 1870 et le 31 janvier 1871, la délégation du ministère de la Guerre à Tours et à Bordeaux achetait plus de 38,000 selles; mais, en raison des délais nécessaires, la majeure partie de ce matériel ne pouvait être livrée avant la fin des hostilités (1).

Outils portatifs de cavalerie. — Il semble que, pendant la deuxième partie de la campagne 1870-71, on sentit la nécessité de pourvoir les régiments de cavalerie d'un certain nombre d'outils portatifs de destruction. Il ressort en effet d'une dépêche du 1er décembre 1870 que la cavalerie du 15e corps d'armée reçut à cette date dix scies à main, qui devaient surtout être utilisées pour couper les lignes télégraphiques. D'autres envois semblables étaient en même temps annoncés à bref délai (2).

Administration des régiments de cavalerie de marche. — Une circulaire du 8 septembre 1870 régla le mode d'administration des régiments de cavalerie de marche.

---

l'Intendant militaire de la 1re division, à Paris (Service du harnachement de la cavalerie), Paris, 10 mai 1872].

(1) Exactement 38,800 selles, dont 4,500 de cavalerie de réserve, 1,500 de cavalerie de ligne et 32,800 d'un modèle anglais (selle des Horse-Guards), adopté après des essais faits à Tours par des officiers de cavalerie (État indicatif des marchés passés par la Délégation de Tours et de Bordeaux pour le service du harnachement de la cavalerie, Versailles, 22 avril 1871 ; Edmond Poyer, *loc. cit.*, p. 21).

Après réductions provenant de résiliations, l'importance des marchés, passés par la délégation de Tours et Bordeaux pour achat de harnachement de cavalerie, dépassa 6,500,000 francs (exactement 6,530,615 fr. 52) [État des marchés passés au nom du ministère de la Guerre par la délégation de Tours et de Bordeaux (Harnachement de la cavalerie), 10 mai 1872].

(2) Le Ministre de la Guerre au commandant du génie du 15e corps, à Chevilly (D. T.), Tours. 1er décembre.

Chaque escadron continuait à relever de son corps d'origine; il était considéré comme détachement s'administrant séparément. La solde de l'état-major était perçue et régularisée par le 1er escadron de chaque régiment. Néanmoins, un conseil éventuel de cinq membres dirigeait l'ensemble de l'administration et surveillait les opérations des officiers comptables (1).

Assimilation des vétérinaires diplômés servant dans les corps de troupe à cheval aux adjudants sous-officiers. — Les corps de troupe à cheval comprenaient dans leurs rangs, comme simples cavaliers, de nombreux vétérinaires diplômés. Les cadres des vétérinaires se trouvant déjà dépassés, le Ministre ne pouvait donner suite aux propositions faites en leur faveur dans le but de les employer comme vétérinaires auxiliaires. Par mesure d'équité, il décida toutefois le 28 octobre que ces jeunes gens seraient assimilés aux adjudants sous-officiers et qu'ils jouiraient de la solde et des indemnités attribuées à ce grade. Ils étaient en même temps classés pour le grade d'aide-vétérinaire auxiliaire, s'il devenait nécessaire de créer de nouveaux emplois (2).

Formation d'élèves maréchaux ferrants dans les dépôts de corps de troupe à cheval. — La suspension des cours de l'école de cavalerie privait les corps de troupe à cheval des maréchaux ferrants que fournissait chaque année l'école de maréchalerie de cet établissement.

Pour assurer ce service, aussi bien dans les formations de guerre que dans les dépôts, une circulaire du 21 janvier 1871 prescrivait aux commandants de ces derniers

---

(1) Le Ministre de la Guerre aux Intendants militaires des divisions militaires, Paris, 8 septembre.
(2) Le Ministre de la Guerre aux Généraux commandant les divisions militaires, Tours, 18 octobre (*M. U.* du 21 octobre).

de former des élèves maréchaux ferrants avec tous les ouvriers en fer présents à l'effectif ou compris dans les contingents devant rejoindre prochainement.

En même temps que leur instruction professionnelle spéciale, ces élèves maréchaux devaient recevoir des vétérinaires, dirigés par les capitaines instructeurs, quelques notions sur les premiers soins à donner aux chevaux (1).

Équipages régimentaires des régiments de cavalerie de marche. — D'après une décision du 10 octobre 1870, les équipages régimentaires d'un régiment de cavalerie de marche devaient comprendre cinq voitures, dont une pour l'état-major du régiment et une pour chacun des escadrons (2).

§ 2. — *Garde nationale mobile.*

Un régiment à six escadrons, dit des mobiles à cheval, fut créé par décision du 4 décembre 1870 (3).

Dans la pensée de ses organisateurs, ce régiment, constitué sur le pied des régiments de cavalerie légère, était destiné « à opérer, en avant des lignes, des reconnaissances hardies et étendues ». Sa mission était « non seulement d'agir comme un corps d'éclaireurs dont les reconnaissances deviennent souvent offensives, mais de toujours transformer ses mouvements en reconnaissances agressives ». Composé d'excellents cavaliers

---

(1) Le Ministre de la Guerre aux Généraux commandant les divisions et subdivisions territoriales et aux Commandants des dépôts des corps de troupe à cheval, Bordeaux, 21 janvier 1871.

(2) Le Ministre de la Guerre par intérim au Général commandant la 1re division du 16e corps d'armée, Tours, 12 octobre. — Au début de la campagne, les régiments de cavalerie étaient partis avec six voitures [Décision du 17 décembre 1867 (*J. M. O.*, 2e semestre 1867, p. 530)].

(3) Documents inédits de M. A. Martinien.

armés et équipés à la légère et montés sur des chevaux rapides avec un paquetage allégé, encadré par des officiers spécialement choisis, le régiment des mobiles à cheval devait, en opérant d'une façon absolument indépendante du reste de l'armée, tomber à l'improviste sur l'ennemi, détruire ses communications, inquiéter ses convois, enlever des prisonniers, puis, son coup de main terminé, se retirer rapidement pour recommencer dans une nouvelle direction (1).

C'était en quelque sorte une mission analogue à celle que l'on voulut confier plus tard au *corps des cavaliers détachés* dépendant du Bureau des reconnaissances (2). Il semble que, sans se faire une idée bien nette du rôle dévolu à la cavalerie et des moyens qui lui sont indispensables pour agir efficacement, on rêvait de créer en France un corps susceptible de rivaliser avec les *ulans prussiens*, dont les exploits, amplifiés par la presse, remplissaient toutes les imaginations.

En dépit de son nom, le régiment des mobiles à cheval était recruté dans la garde nationale mobilisée parmi les hommes faisant preuve d'aptitudes spéciales. On voulait ainsi supprimer le délai nécessaire à l'instruction des cavaliers et permettre au corps d'être presque immédiatement disponible.

Un sabre et un fusil Chassepot constituaient l'armement. La tenue était celle de la garde nationale mobile avec les modifications nécessaires.

Les chevaux devaient être choisis par des officiers spéciaux, détachés auprès des commissions de remonte, parmi les chevaux de selle requis par les préfets et les sous-préfets dans chacun des grands centres (3).

---

(1) Projet de décret daté du 1er décembre 1870 et minute d'une note explicative destinée à la presse.
(2) Voir ci-dessus chap. II, § 3, p. 33.
(3) Projet de décret daté du 1er décembre 1870.

Quatre escadrons furent formés le 15 décembre 1870, un autre le 24 décembre, et le sixième le 5 janvier 1871. Mais au 15 de ce dernier mois, le régiment des mobiles à cheval se trouvait encore à Périgueux (1). Contrairement au but que l'on s'était proposé en l'organisant, ce corps fut désigné pour faire partie de la division de cavalerie du 25ᵉ corps d'armée.

§ 3. — *Remonte* (2).

Les achats effectués avec la plus grande diligence depuis le commencement de la guerre, ainsi que la cession par la gendarmerie d'un certain nombre de chevaux dressés, avaient permis tout d'abord de remonter sans difficulté les escadrons et batteries de nouvelle formation (3).

Afin d'imprimer aux opérations de la remonte toute la régularité et la promptitude exigées par les circons-

---

(1) Documents inédits de M. A. Martinien : Le Ministre de la Guerre au Colonel commandant le régiment des mobiles à cheval, à Périgueux, D. T., Bordeaux, 14 et 15 janvier 1871. — Le régiment était placé le 4 décembre sous les ordres du colonel de Bourgoing, ancien diplomate, qui était auparavant lieutenant-colonel du 12ᵉ régiment de mobiles (A. Martinien, *Garde nationale mobile*, p. 2 et 8).

(2) Le service de la remonte, placé sous le commandement et la direction d'officiers supérieurs de cavalerie, était en 1870 divisé à l'intérieur en quatre circonscriptions subdivisées en vingt dépôts d'achat. En Algérie, le service de la remonte était assuré par trois dépôts de remonte et par trois dépôts d'étalons, sous la direction d'un officier supérieur.

Il ne fut pas fait d'emprunts au personnel du service des remontes, pour encadrer ou pour constituer les formations nouvelles de cavalerie (Edmond Poyer, *loc. cit.*, p. 19).

(3) On chercha cependant, vers le milieu d'octobre et dans le courant de novembre, à se procurer, en dehors du service de la remonte, un certain nombre de chevaux. Mais ces animaux étaient destinés, soit à certaines batteries à pied de la garde nationale mobile transformées en

tances, le Ministre de la Guerre créait le 27 novembre, pour la durée de la guerre, une inspection générale du service des remontes, chargée de réunir tous les chevaux de selle nécessaires aux corps de troupe à cheval de l'armée régulière (1).

Lorsqu'au milieu de décembre, la délégation du Gouvernement de la Défense nationale put craindre un ralentissement dans les achats, elle préféra obtenir de la réquisition les animaux qui lui étaient nécessaires plutôt que de recourir à des marchés d'entreprise (2).

---

batteries montées, soit aux batteries demandées à la garde nationale mobilisée.

Trois décrets du 12 octobre (*J. M. O.*, supplément 1871, p. 5 et 6) prescrivaient en effet aux préfets de la Haute-Garonne, d'Ille-et-Vilaine et du Cher de requérir respectivement dans leurs départements 300, 500 ou 240 chevaux de trait destinés au service de l'artillerie, harnachés moitié en chevaux de devant, moitié en chevaux de derrière. Une commission, composée du préfet, d'un conseiller général et d'un notable commerçant, devait déterminer les prix des animaux et harnais requis, dont le montant serait remboursable après la guerre.

Une circulaire du 22 novembre 1870 (*M. U.* du 25 novembre) autorisait d'autre part les préfets à requérir les chevaux nécessaires aux batteries d'artillerie de la garde nationale mobilisée de leurs départements.

(1) *Décret* du 27 novembre (*M. U.* du 29 novembre). Cette inspection avait antérieurement existé ; elle avait pris fin en 1859, lors du passage du titulaire dans le cadre de réserve (Edmond Poyer, *loc. cit.*, p. 29).

(2) Le Ministre de la Guerre au Président de la Commission des marchés de l'Assemblée Nationale, Versailles, 6 mai 1871. — Une seule exception fut faite pour la remonte du régiment des mobiles à cheval. Le colonel fut autorisé à se procurer directement les 900 à 1,000 chevaux nécessaires à son corps.

Du 1er janvier au 31 décembre 1870, le service de la remonte acheta pour les besoins de l'armée régulière 103,136 animaux pour lesquels elle paya 73,177,002 francs. Dans ces chiffres ne sont pas compris les achats faits à Paris depuis le 10 septembre, ni ceux faits par les commissions d'achat des corps.

Une circulaire du 8 décembre (1) invitait les préfets à adresser la liste des personnes possédant des chevaux aux commandants des circonscriptions de remonte. Ceux-ci fixaient la date à laquelle ils se rendraient dans les chefs-lieux d'arrondissement, où les propriétaires étaient obligés d'amener leurs chevaux. Les animaux reconnus aptes au service de guerre étaient alors réquisitionnés. Après estimation de leur valeur, il était remis aux propriétaires des certificats d'achat, à acquitter sur les crédits du budget extraordinaire du service des remontes.

Les chevaux requis par la remonte pour l'armée régulière ne pouvaient, sous aucun prétexte, être remis aux troupes de la garde nationale mobilisée et aux corps d'éclaireurs, dont les préfets devaient assurer les besoins, au moyen de réquisitions particulières.

Une circulaire du 20 décembre (2) adressée aux préfets et sous-préfets leur donnait quelques prescriptions de détail et les invitait à hâter l'application stricte et régulière des instructions envoyées le 8 décembre.

La réquisition des chevaux, à laquelle le public n'était pas habituée, souleva de nombreuses objections tant des particuliers que des autorités administratives. Dans la forme très mitigée sous laquelle elle se présentait, elle ne visait cependant que les chevaux de luxe et ne pouvait causer de préjudices graves aux intérêts de l'agriculture, du commerce et de l'industrie. Il n'y avait donc pas lieu de s'exagérer les conséquences d'une mesure dont l'application avait déjà été faite aux mois d'octobre et de novembre précédents pour assurer la remonte de l'artillerie des gardes nationales mobile et mobilisée.

---

(1) *M. U.* du 10 décembre.
(2) *M. U.* du 21 décembre.

Aussi, en même temps qu'elle accordait aux propriétaires une diminution de leurs charges, en décidant que les chevaux seraient désormais conduits aux chefs-lieux de canton, et non plus aux chefs-lieux d'arrondissement, une circulaire du 25 janvier 1871 (1) rappelait, en termes nets et précis, toutes les autorités intéressées à l'application complète et rapide des prescriptions édictées les 8 et 20 décembre précédents. Les officiers du service des remontes étaient même autorisés à requérir directement, lorsqu'ils les rencontraient, les animaux qui auraient dû leur être présentés ou qui n'avaient pas été portés sur les listes des préfets. Les fonctionnaires civils de tous ordres étaient soumis aux dispositions concernant la réquisition des chevaux et étaient invités à donner l'exemple (2).

Le nombre des chevaux réquisitionnés pour l'armée régulière pendant la période du 1er janvier au 21 février 1871 ne fut d'ailleurs que de 2,057. Les achats continuèrent à être la source la plus importante pour le recrutement des chevaux; car, pendant la même période, le service de la remonte se procurait par ce moyen 13,533 animaux (3).

---

(1) *M. U.* du 27 janvier 1871.

(2) Il importe donc d'habituer de longue date la nation aux mesures quelquefois gênantes que lui imposeront la mobilisation. Toutes ces hésitations ne se seraient pas produites si les lois édictées par la Révolution française pour la levée des chevaux avaient été maintenues en vigueur pour le temps de guerre et si l'application éventuelle en eût été préparée dès le temps de paix.

(3) Pour les 2,057 chevaux réquisitionnés la remonte paya 1,203,510 francs, et pour les 13,533 animaux achetés du 1er janvier au 28 février 1871, 9,399,025 francs.

Non compris les achats faits à Paris, après le 10 septembre 1870, et ceux effectués par les commissions des corps, le service de la remonte acheta, du 1er janvier 1870 au 28 février 1871, 118,726 animaux qui coûtèrent 83,779,597 francs. Le prix moyen d'un cheval revenait à

Effectif en chevaux des dépôts. — Le 1ᵉʳ janvier 1871, le Ministre décidait que les effectifs en chevaux des dépôts des corps de troupe à cheval seraient amenés puis conservés au chiffre de 350 animaux de selle pour les régiments de cavalerie et à celui de 400 animaux de selle ou de trait pour les régiments d'artillerie. Il n'était pas fixé de limites pour le train d'artillerie, le train des équipages militaires et le génie. Les chevaux dont ces derniers régiments auraient besoin leur seraient envoyés au fur et à mesure de leurs demandes. Ils étaient invités à ne pas trop laisser diminuer leurs effectifs, pour pouvoir toujours être à même d'atteler les formations qu'ils pouvaient être appelés à constituer.

Les différents corps devaient adresser leurs demandes à l'inspecteur général des remontes, chargé d'y donner satisfaction.

Dès leur arrivée dans les dépôts, particulièrement dans ceux de cavalerie, les chevaux devaient être rapidement dressés afin de pouvoir être mobilisés aussitôt que possible (1).

---

705 francs. Malgré les circonstances, les achats se firent donc dans de bonnes conditions (Le Ministre de la Guerre au Président de la Commission des marchés de l'Assemblée nationale, Versailles, 6 mai 1871).

(1) *Instructions relatives à la remonte des corps*, Bordeaux, 1ᵉʳ janvier 1871 (*M. U.* du 1ᵉʳ janvier 1871).

CHAPITRE VII

Artillerie.

§ 1er. — *Armée régulière (artillerie de terre et de la marine).*

Après la constitution de l'armée de Paris, il restait en province, comme éléments disponibles d'artillerie (1):

1° *A l'intérieur :*

1 batterie montée de 12 organisée (2);
Des fractions plus ou moins importantes des batteries échappées de Sedan (3), savoir :
    4 batteries montées dont deux de 4 et deux de 12 (4),

---

(1) Travaux inédits de M. A. Martinien.

(2) 3e batterie du 12e d'artillerie. Cette batterie, appartenant à la réserve du 13e corps, fut laissée par ordre du général Vinoy à Mézières. Elle y resta du 2 septembre au 5 novembre, date à laquelle elle partit pour Douai, où elle fut incorporée dans le 22e corps d'armée (Armée du Nord).

(3) En ce qui concerne les unités échappées de Sedan, voir *La Guerre de 1870-71. L'Armée de Châlons*, t. III, p. 354 et suiv.

(4) 5e et 6e batteries du 12e d'artillerie (batteries de 4), et 11e et 12e batteries du 6e d'artillerie (batteries de 12). Les 5e et 6e batteries du 12e appartenaient à la 3e division du 1er corps. Elles purent gagner Mézières à l'exception d'une section de la 6e, attachée à la 1re division du 1er corps pendant la bataille, et de la réserve de la 5e, qui fut enlevée. Ces deux batteries furent envoyées à Lyon, où elles étaient reconstituées pour le 9 octobre.

Les 11e et 12e batteries du 6e d'artillerie appartenaient à la réserve du 1er corps. Deux officiers (le capitaine en premier et le capitaine en

1 batterie de canons à balles (1),
2 batteries à cheval (2) ;
29 batteries à pied, dont 7 appartenant au régiment d'artillerie de la marine (3) ;
2 compagnies de pontonniers (4) ;
15 compagnies du train d'artillerie (5) ;

---

second), un adjudant, un maréchal des logis chef et un certain nombre d'hommes et de chevaux de la 11ᵉ batterie parvinrent, le soir de Sedan, à gagner Mézières, où rejoignit aussi la réserve de la batterie, qui comprenait ainsi 32 hommes et 5 caissons. Une section de la 12ᵉ batterie put aussi battre en retraite sur Mézières, où elle retrouva la réserve. Ces deux batteries furent dirigées sur Grenoble, d'où elles repartirent le 29 septembre.

(1) 9ᵉ batterie du 12ᵉ d'artillerie (3ᵉ division du 1ᵉʳ corps). Cette batterie, qui put s'échapper presque complètement, fut envoyée à Lyon ; elle était reconstituée pour le 9 octobre.

(2) 1ʳᵉ et 6ᵉ batteries du 20ᵉ d'artillerie, qui appartenaient aux réserves des 1ᵉʳ et 5ᵉ corps. La 1ʳᵉ batterie avait pu ramener 120 hommes, 118 chevaux, 5 pièces, 7 caissons et 1 forge. Quant à la 6ᵉ batterie, le capitaine et 45 sous-officiers, brigadiers et canonniers seulement avaient pu s'échapper. Une partie des réserves et des bagages du 20ᵉ d'artillerie avaient, en outre, rejoint la 1ʳᵉ batterie à Mézières. Ces éléments furent dirigés sur le dépôt du 19ᵉ d'artillerie à Valence, où ils arrivèrent le 15 septembre. Les deux batteries repartirent de Valence le 10 octobre.

(3) Les vingt-deux batteries provenant des régiments de l'artillerie de terre portaient les numéros 1, 1 bis, 2, 2 bis et 13. (Cf. *La Guerre de 1870-71. Mesures d'organisation depuis le début de la guerre jusqu'au 4 septembre*, p. 9 et 11). Une fraction d'une de ces batteries, la 2ᵉ bis du 14ᵉ d'artillerie, marchait avec le parc du 14ᵉ corps, envoyé de Paris à Tours le 11 septembre.

Les batteries provenant du régiment d'artillerie de la marine portaient les numéros 14, 20, 21, 22, 24, 25 et 28. Trois de ces batteries, la 21ᵉ, la 22ᵉ et la 25ᵉ, furent transformées en batteries mixtes au cours de la campagne.

(4) 7ᵉ et 12ᵉ compagnies du 16ᵉ régiment d'artillerie (pontonniers); ces deux compagnies marchaient avec les équipages de pont dont il sera parlé plus loin. Le dépôt du 16ᵉ d'artillerie était enfermé dans Strasbourg.

(5) Dans les deux régiments du train d'artillerie, les seize compa-

ARTILLERIE.   231

11 dépôts et pelotons hors rang de régiments d'artillerie montés (1) ;
3 dépôts et pelotons hors rang de régiments d'artillerie à cheval (2) ;
2 dépôts et pelotons hors rang de régiments du train d'artillerie, et le dépôt de l'escadron du train d'artillerie de la Garde (3) ;
5 compagnies d'ouvriers d'artillerie (4) ;
3 compagnies de canonniers artificiers (5) ;

---

gnies s'étaient dédoublées à la mobilisation. Étaient disponibles à l'intérieur vers le 15 septembre :

1ᵉʳ régiment : 4ᵉ compagnie (parc du 6ᵉ corps), échappée de Sedan ; 5ᵉ compagnie bis (parc du 14ᵉ corps) ; 8ᵉ compagnie, échappée de Sedan avec un équipage de pont de réserve ; 10ᵉ compagnie bis (parc du 6ᵉ corps), échappée de Sedan ; 12ᵉ compagnie, échappée de Sedan avec un équipage de pont de réserve ; 14ᵉ compagnie bis (parc du 14ᵉ corps) ; 16ᵉ compagnie bis (parc du 13ᵉ corps).

2ᵉ régiment : 5ᵉ compagnie (au dépôt) ; 5ᵉ compagnie bis (parc du 14ᵉ corps) ; 11ᵉ compagnie, échappée de Sedan avec l'équipage de pont du 7ᵉ corps ; 14ᵉ compagnie et 14ᵉ compagnie bis (parc du 13ᵉ corps) ; 15ᵉ compagnie bis (parc du 14ᵉ corps) ; 16ᵉ compagnie (parc du 13ᵉ corps) ; 16ᵉ compagnie bis (au dépôt).

(1) Il y avait quinze régiments d'artillerie montés (nᵒˢ 1 à 15). Un dépôt était en Algérie (3ᵉ régiment), deux à Vincennes (4ᵉ et 11ᵉ régiments), deux dans des places investies (1ᵉʳ à Metz et 5ᵉ à Strasbourg). Il restait donc dix dépôts disponibles à l'intérieur, plus celui du régiment monté de la Garde transféré à Bourges le 9 septembre, puis à Toulouse le 28 du même mois.

(2) Il y avait quatre régiments d'artillerie à cheval (nᵒˢ 17 à 20). Deux dépôts étaient dans des places investies (17ᵉ à Metz et 20ᵉ à Strasbourg). Il en restait donc deux disponibles, plus celui du régiment à cheval de la Garde transféré à Bourges, entre le 10 et le 25 septembre, puis à Toulouse, où il arrivait le 29 septembre.

(3) Le dépôt de l'escadron du train d'artillerie de la Garde avait suivi les dépôts des deux régiments d'artillerie de la Garde.

(4) Sur dix compagnies d'ouvriers d'artillerie, une était en Algérie (10ᵉ), deux à Paris (6ᵉ et 9ᵉ), deux dans des places investies (3ᵉ à Strasbourg et 7ᵉ à Metz). Les autres compagnies disponibles avaient d'ailleurs fourni des détachements soit aux parcs et aux grands parcs des armées de Metz et de Châlons, soit pour la défense de Paris (4ᵉ compagnie).

(5) Sur cinq compagnies de canonniers artificiers, une était à Paris (2ᵉ)

2 parcs d'artillerie (1) ;
3 équipages de pont (2).

2° *En Algérie :*

4 batteries montées (3) ;
5 batteries à pied (4) ;
3 batteries de montagne (5) ;
1 compagnie de pontonniers (6) ;
2 compagnies du train d'artillerie (7) ;
1 dépôt et peloton hors rang d'un régiment d'artillerie monté (8) ;
1 compagnie d'ouvriers d'artillerie (9).

En dehors de ces éléments plus ou moins organisés, qui allaient constituer le premier noyau des formations nouvelles, la Délégation du Gouvernement de la Défense nationale disposait, en arrivant à Tours, des ressources suivantes en personnel et en matériel.

Y compris les élèves de l'École d'application, les offi-

---

et une à Metz (3e). Comme les compagnies d'ouvriers d'artillerie, les compagnies d'artificiers disponibles avaient déjà fourni de nombreux détachements aux parcs et aux grands parcs des armées organisées antérieurement.

(1) Parcs constitués à Paris pour les 13e et 14e corps, mais envoyés à Tours le 11 septembre. D'après la minute d'une note du 19 février 1871, relative au matériel d'artillerie employé dans la campagne de 1870-71, six fractions de grands parcs se seraient échappées de Sedan. Il n'a pas été possible de préciser lesquelles.

(2) Un équipage de réserve à Lyon, qui n'a pas encore été utilisé ; deux équipages de l'armée de Châlons (7e corps et réserve) échappés de Sedan et dirigés sur Angers.

(3) 3e, 4e, 7e et 10e batteries du 3e d'artillerie.

(4) 1re, 1re bis, 2e, 2e bis et 13e batteries du 3e d'artillerie.

(5) 5e, 9e et 11e batteries du 3e d'artillerie.

(6) 11e compagnie du 16e d'artillerie (pontonniers).

(7) 5e compagnie du 1er régiment à Alger et 15e compagnie du 2e régiment à Constantine.

(8) Dépôt et peloton hors rang du 3e d'artillerie.

(9) 10e compagnie.

ciers hors cadres et les capitaines en résidence fixe, le total des officiers d'artillerie était de 1,680 environ au 1er juillet 1870. De juillet à septembre ce nombre fut augmenté de 170. Mais sur cet ensemble de 1,850 officiers, les formations de la première partie de la campagne et les places assiégées en avaient absorbé près de 1,400; il ne fallait donc plus compter en province que sur 450 officiers (1).

Les dépôts avaient de forts effectifs, mais, faute de moyens suffisants, il était difficile d'assurer leur habillement et leur équipement; en outre, ils ne comprenaient que très peu de gradés subalternes et se composaient surtout d'engagés volontaires pour la durée de la guerre ou de jeunes soldats appelés au début de la campagne. Malgré toute l'activité déployée, leur instruction n'était encore qu'ébauchée; en particulier, le manque presque absolu de harnachement avait considérablement gêné le dressage des conducteurs.

Quant aux chevaux, les ressources fournies par la remonte étaient plus que suffisantes.

En ce qui concerne le matériel, enfin, il existait en province, dans les arsenaux non envahis, une quantité suffisante de canons de campagne et de voitures diverses

---

(1) Rapport sur les ressources de l'artillerie pendant la guerre de 1870-71, 6 février 1871 (Arch. Art.). — D'après l'*Annuaire militaire de 1870*, l'artillerie comptait, au 31 janvier 1870, 54 colonels, 60 lieutenants-colonels, 224 chefs d'escadron, 440 capitaines en premier, 281 capitaines en second, 262 lieutenants en premier, 223 lieutenants en second et 46 sous-lieutenants faisant fonction de lieutenants en second. Soit un total de 1,590 officiers auxquels il faut ajouter 95 sous-lieutenants élèves de l'École d'application. Dans ces chiffres ne sont pas compris les cadres du train d'artillerie qui, à la même date, comprenaient 1 colonel, 1 lieutenant-colonel, 7 chefs d'escadron, 44 capitaines en premier, 25 capitaines en second, 34 lieutenants en premier, 10 lieutenants en second et 25 sous-lieutenants, soit 147 officiers.

pour parer aux premiers besoins (1). La fonderie de canons et l'École de pyrotechnie de Bourges, les arsenaux de construction de Rennes, Toulouse, Lyon, Besançon et Douai, ainsi que les directions d'artillerie des départements non occupés par l'ennemi, étaient à même de procurer de nouvelles ressources. Enfin l'atelier de

---

(1) D'après *La Guerre de 1870-71. Mesures d'organisation depuis le début de la guerre et situation des forces françaises au 1er septembre*, p. 102, il y aurait eu disponibles au 1er septembre, à l'intérieur et en Algérie, 2,565 pièces de campagne dont quelques-unes étaient déjà groupées en batteries. La défense de Paris en aurait absorbé environ 1,112 (*La Guerre de 1870-71. L'Investissement de Paris*, p. 146). La Délégation du Gouvernement de la Défense nationale aurait donc trouvé en province à peu près 1,500 bouches à feu.

Il est assez difficile de préciser la situation exacte du matériel d'artillerie disponible en province vers le 15 septembre 1870. Les documents retrouvés diffèrent en effet suivant qu'ils font état, soit seulement de pièces prêtes à être attelées, soit de tous les canons existant dans les arsenaux, sur affût ou non.

D'après des renseignements fournis le 10 octobre au Ministre de la Guerre, le service de l'artillerie avait organisé à cette date 12 batteries de 12, 10 batteries de 8 et 29 batteries de 4. 7 autres batteries de 4 pouvaient être prêtes vers la fin du mois. Les batteries à cheval déjà affectées au 15e corps $\left(\dfrac{14^e}{18^e}, \dfrac{14^e}{19^e} \text{ et } \dfrac{15^e}{19^e}\right)$ et au 16e corps $\left(\dfrac{1^{er} \text{ et } 6^e}{20^e}\right)$ ne comptaient que 4 pièces. On arrive donc à un total de 398 bouches à feu. En outre, le nombre de pièces de campagne encore disponibles dans les arsenaux, y compris celles de la marine, était encore de 1,028, savoir : 110 de 12, 84 de 8 et 834 de 4. Quant aux canons à balles, une seule batterie avait pu être organisée [Renseignements sur le matériel d'artillerie disponible, Tours, 10 octobre (Papiers Gambetta, Arch. Aff. étrang.)].

Une note lue à Paris, le 4 octobre, par le Ministre de la Guerre au Gouvernement de la Défense nationale, donne comme matériel disponible en province un total de 36 batteries de campagne ainsi qu'un nombre considérable de canons de 4 rayé sur affûts, de caissons garnis et vides, de projectiles vides, etc. D'autre part, une note répondant à une question du Comité de défense signale, le 8 octobre 1870, l'existence d'environ 7,006 canons en dehors de 24 batteries de campagne

fabrication de canons à balles de Meudon avait été transporté en septembre 1870 à Nantes, où bientôt le commandant de Reffye allait commencer à construire des mitrailleuses en même temps que des canons de 7 se chargeant par la culasse (1).

---

déjà constituées. La minute d'une note du 19 février 1871, relative au matériel d'artillerie employé dans la campagne de 1870-71, indique qu'au 13 septembre 1870, il y avait dans les arsenaux de province, des ressources suffisantes pour mettre sur pied environ 40 batteries de campagne. Enfin, un rapport de novembre 1871 sur les achats d'armes, munitions et harnais d'artillerie achetés en Angleterre par l'administration de la guerre, dit que la Délégation disposait des éléments nécessaires pour former 80 batteries.

Dans un article intitulé : *L'Artillerie française avant et depuis la guerre* (Revue des Deux-Mondes, 15 janvier 1871, p. 198-199), le général Susane écrit : « A la date du 1ᵉʳ juillet 1870, nous possédions 3,216 canons rayés de campagne de 4, de 8 et de 12 et 190 canons à balles ou mitrailleuses, au total : 3,406 bouches à feu avec 3,175 affûts et 7,436 caissons à munitions, c'est-à-dire le matériel nécessaire pour mettre en ligne, si on avait pu les servir et les atteler, 3,000 canons de bataille ou 500 batteries de 6 pièces..... A ce nombre de 3,406 canons de campagne, il faut ajouter 581 canons rayés de montagne, également pourvus de tout l'attirail correspondant, ce qui portait le nombre total des bouches à feu rayées de bataille à 3,987. On s'expliquera maintenant par ces chiffres comment, malgré la perte de toute l'artillerie de l'armée du Rhin et de celle du 12ᵉ corps formée au mois d'août et prise à Sedan, malgré l'occupation des grands arsenaux de Strasbourg et de Metz, le Gouvernement de Tours a eu l'agréable surprise de constater qu'il y avait encore des canons dans les provinces non envahies par l'ennemi..... »

« Au 1ᵉʳ juillet 1870, l'artillerie lisse de campagne se composait encore de 5,379 canons et obusiers, avec 3,554 affûts et 4,627 caissons à munitions, nombres correspondants à la composition de 360 batteries de 6 pièces au moins. Les canons de cette catégorie étaient et sont journellement rayés..... »

(1) En 1870, les établissements de l'artillerie comprenaient :

Une école centrale de pyrotechnie militaire, qui avait été dirigée le 27 juin 1870 de Metz sur Bourges ;

Vingt-trois directions dont huit avec arsenal de construction, savoir : Alger, Bastia, Bayonne, *Besançon*, Bourges, Brest, Cherbourg, Cons-

Formation de batteries nouvelles. — C'était surtout des batteries de campagne qu'il était nécessaire de former en province pour doter de l'artillerie nécessaire les corps d'armée qui allaient être successivement mis en ligne.

Pour cela, la Délégation du Gouvernement de la Défense nationale fusionna avec toutes les ressources de l'artillerie de terre celles que l'artillerie de la marine put lui donner.

L'organisation des batteries à pied fut pour ainsi dire suspendue, car, du 13 septembre à la fin de la campagne, il ne fut formé que deux batteries nouvelles (1). Plusieurs de celles déjà existantes furent transformées

---

tantine, *Douai*, Grenoble, *La Fère*, La Rochelle, *Lyon*, *Metz*, Mézières, Nantes, Oran, Paris, Perpignan, *Rennes*, *Strasbourg*, Toulon et *Toulouse*;

Quatre poudreries : Le Bouchet, Metz, Le Ripault et Saint-Chamas;
Une fonderie de canons à Bourges ;
Un atelier de fabrication de canons à balles à Meudon ;
Une capsulerie à Paris ;
Trois manufactures d'armes à Chatellerault, Saint-Étienne et Tulle (une quatrième manufacture d'armes, à Mutzig, avait été supprimée au commencement de 1870).

L'école de pyrotechnie, installée tout d'abord à Bourges, dut, à la fin de la campagne, être transportée à Toulouse.

Parmi les arsenaux disponibles, ceux de Besançon et de Douai furent, par suite de leur situation, consacrés spécialement à créer des ressources pour la défense des régions de l'Est et du Nord.

Les établissements du Ripault et de Saint-Chamas étaient les seules poudreries militaires dont pouvait disposer la Défense nationale en province.

Lors de l'investissement de Paris, un atelier de fabrication des capsules avait été organisé à Bourges, mais au bout de peu de temps cette installation fut abandonnée, comme on le verra plus loin dans le paragraphe concernant les mesures prises pour la fabrication des armes portatives et de leurs munitions.

(1) 14e batterie du 9e régiment et 14e batterie du 12e (Travaux inédits de M. A. Martinien).

en batteries montées; d'autres furent appelées à participer à l'organisation de batteries mixtes, c'est-à-dire de batteries montées commandées et servies par des artilleurs, mais dont les attelages étaient fournis par le train d'artillerie. Dans ces conditions, le nombre des batteries à pied était descendu à la fin de la campagne de 34 à 25, dont 5 appartenant à l'artillerie de la marine. A ce moment, sur les 20 batteries restantes de l'artillerie de terre, 10 étaient réparties dans différentes places de guerre, 6 étaient restées dans les dépôts et 4 avaient été maintenues en Algérie (1).

Pendant la période qui s'étend depuis son arrivée à Tours jusqu'à la fin de février 1871, la Délégation du Gouvernement de la Défense nationale mit sur pied (2) :

105 batteries montées de 4 rayé de campagne, auxquelles il faut ajouter les quatre batteries existant antérieurement en Algérie (3).

---

(1) Les batteries à pied réparties dans les places étaient : les $\frac{2^e \text{ bis}}{2^e}$, $\frac{14^e}{9^e}$ et $\frac{13^e}{12^e}$ à Lyon, la $\frac{1^{re} \text{ bis}}{6^e}$ à Grenoble, la $\frac{2^e \text{ bis}}{8^e}$ à La Fère, la $\frac{2^e \text{ bis}}{9^e}$ à Besançon, la $\frac{14^e}{12^e}$ à Langres, la $\frac{1^{re}}{15^e}$ à Douai, la $\frac{2^e \text{ bis}}{15^e}$ à Valenciennes et à Douai, la $\frac{1^{re} \text{ ter}}{15^e}$ à Lille.

Des six batteries restées dans les dépôts, plusieurs avaient des fractions détachées avec des parcs de corps d'armée de nouvelle formation.

Les quatre batteries maintenues en Algérie appartenaient au 3e régiment ; deux étaient à Alger, une à Oran et une à Constantine.

Une des batteries à pied disponibles au 13 septembre, la $\frac{1^{re} \text{ bis}}{8^e}$, coopéra à la défense de Soissons et fut faite prisonnière lors de la capitulation de cette place, le 15 octobre (Travaux inédits de M. A. Martinien).

(2) Travaux inédits de M. A. Martinien.

(3) L'une de ces batteries, la $\frac{4^e}{5^e}$, fut transformée plus tard en batterie de canons à balles.

Sur les 105 batteries nouvelles, quatre eurent comme noyau les débris plus ou moins importants de batteries échappées de Sedan et quatre provenaient du régiment d'artillerie de la marine (1);

7 batteries montées de 7 rayé de campagne, se chargeant par la culasse (2);

4 batteries montées de 8 rayé de campagne (3);

11 batteries montées de 12 rayé de campagne, auxquelles s'ajoute la batterie de 12 existant antérieurement $\left(\frac{3^e}{12^e}\right)$;

8 batteries montées *mixtes* de 4 rayé de campagne, dont une fournie par le régiment d'artillerie de la marine;

---

(1) Sur les 105 batteries de 4 organisées par la Défense nationale en province, neuf furent formées après l'armistice, du 28 janvier 1871 à la fin de février 1871.

(2) Une de ces batteries fut formée après l'armistice.

Les formations du début de la campagne ne comprenaient pas de batteries de 7. Sans attendre la pression de l'opinion publique qui réclamait des pièces se chargeant par la culasse pour lutter à armes égales avec les Allemands, le service de l'artillerie avait fait commencer la construction de plusieurs batteries de 7 dès l'installation à Nantes de l'atelier du commandant de Reffye. De concert avec la commission d'armement, il avait également commandé à l'industrie privée de nombreuses pièces du même modèle (Note du délégué du Ministre de la Guerre et réponse du colonel Thoumas, Tours, 31 octobre).

(3) Les pièces de 8 ne figuraient pas dans les formations du début de la campagne.

La bouche à feu de 8 rayée de campagne avait été adoptée par décision du 6 février 1869; le 5 février 1870, le Ministre de la Guerre avait donné des ordres pour l'organisation de dix-huit batteries de ce calibre, des portions de parc et des approvisionnements de munitions correspondants [Le Ministre de la Guerre au Président du Comité de l'artillerie, Paris, 5 février 1870 (Arch. Art.)]. En septembre 1870, les canons étaient en grande partie terminés (Le Directeur de la fonderie de Bourges au Ministre de la Guerre, Bourges, 23 septembre). Le canon de 8 produisait des effets sensiblement égaux à ceux du canon de 12 et, à nombre égal de voitures, permettait d'emporter un nombre de coups beaucoup plus considérable (172 coups par pièce au lieu de 129) (Le Ministre de la Guerre au Général commandant l'artillerie du 15e corps, Tours, 21 septembre).

ARTILLERIE. 239

2 batteries montées *mixtes* de 7 rayé de campagne, se chargeant par la culasse ;

9 batteries montées *mixtes* de 8 rayé de campagne, dont cinq fournies par le régiment d'artillerie de la marine ;

10 batteries montées *mixtes* de 12 rayé de campagne, dont quatre fournies par le régiment d'artillerie de la marine. Deux de ces batteries furent formées par le dédoublement de la 12ᵉ compagnie du 16ᵉ régiment (pontonniers) et de la 12ᵉ compagnie du 1ᵉʳ régiment du train d'artillerie qui servait ou qui attelait l'équipage de pont de réserve échappé de Sedan et dirigé sur Angers. La compagnie nouvelle de pontonniers s'appela 17ᵉ compagnie (1) ;

23 batteries à cheval de 4 rayé de campagne. Deux furent en partie constituées avec les débris des deux batteries à cheval échappées de Sedan (2) ;

11 batteries de canons à balles, plus une provenant de la reconstitution d'une batterie échappée de Sedan (3) ;

25 batteries de montagne. Le personnel de cinq de ces batteries fut fourni par le régiment d'artillerie de la marine. Une autre fut formée à Belfort par la 4ᵉ compagnie ter du 1ᵉʳ régiment du train d'artillerie. Il faut ajouter à ces 25 batteries les trois batteries de montagne disponibles en Algérie, qui y furent maintenues (4).

Il fut donc organisé dans l'armée régulière un total de 215 batteries de différents calibres, dont 196 fournies par l'artillerie de terre et 19 par le régiment d'artillerie

---

(1) Historique *manuscrit* du 16ᵉ régiment d'artillerie (pontonniers).

(2) Trois de ces batteries furent formées après l'armistice.

(3) Une de ces batteries, la $\frac{19^a}{14^c}$, était primitivement une batterie montée de 4. Ayant été en grande partie prise par les Allemands près de Chambord, le 9 décembre 1870, elle fut reconstituée en batterie de canons à balles. Une douzième batterie de canons à balles fut formée le 28 décembre par la transformation de la $\frac{4^e}{3^e}$, batterie montée de 4, en batterie de canons à balles.

(4) Une des vingt-cinq batteries de montagne nouvelles fut formée après l'armistice.

de la marine (1). L'effort demandé aux divers dépôts était donc considérable, d'autant plus que, pour plusieurs d'entre eux, les progrès de l'ennemi nécessitaient des déplacements qui étaient une cause de dérangement et de perte de temps.

Par suite de ces changements de garnison, les dépôts des régiments d'artillerie stationnés en France se trouvaient groupés, au mois de décembre 1870, à Grenoble, Rennes, Toulouse et Valence. Cette mesure eut pour conséquence heureuse de faciliter, dans les derniers

---

(1) D'après un état établi à la date du 26 juin 1873 (Arch. Mar.), l'artillerie de la marine aurait mis sur pied, pour prendre part à la guerre contre l'Allemagne, en dehors des troupes qui furent faites prisonnières à Sedan :

1° A Paris, pendant le siège :

Cinq batteries montées.................	850 hommes.
Onze — à pied.................	1,100 —
Détachements de parc.................	50 —
État-major.................	73 —
TOTAL.........	2,073 hommes.

2° Hors de Paris :

Vingt-huit batteries mixtes et de campagne, détachements de parc, etc...............	2,369 hommes.

Il semble que dans ce dernier chiffre on a compris :

a) Les quatorze batteries montées ordinaires ou mixtes (16e bis, 21e, 21e bis, 22e, 25e, 25e bis, 25e ter, 29e, 30e, 31e, 32e, 33e, 34e et 35e) et les cinq batteries de montagne (1re, 2e, 3e, 4e et 5e) affectées à des corps de campagne ;

b) Un détachement d'artillerie de la marine envoyé à Langres ;

c) Un détachement d'artillerie de la marine affecté au parc du 15e corps d'armée ;

d) Cinq batteries à pied restées dans les ports pour en assurer la défense (14e batterie à Lorient, Brest et Cherbourg, 14e bis à Lorient, 20e à Toulon, 24e à Rochefort et 28e à Brest) ;

e) La batterie de conducteurs à Lorient avec son annexe de Toulon ;

f) La batterie de dépôt à Lorient (Travaux inédits de M. A. Martinien).

ARTILLERIE.

temps de la campagne, l'organisation des batteries qui étaient demandées, en permettant de réunir les ressources de plusieurs corps (1).

La constitution des cadres d'officiers de ces différentes batteries fut une des plus grosses difficultés qu'eut à vaincre la direction de l'artillerie de la délégation du ministère de la Guerre en province. On commença par retirer d'Algérie et des différents établissements tout ce qu'il était possible de prendre ; on donna des emplois actifs à tous les officiers comptables qui le demandèrent. On put ainsi placer dans les nouvelles fonctions actives la majeure partie des 450 officiers qui restaient disponibles. Les officiers qui rentrèrent de Sedan, puis de Metz, libres de toute obligation vis-à-vis de l'ennemi, augmentèrent de 150 unités environ les cadres de l'artillerie. On fit ensuite à peu près 260 promotions nouvelles et, en particulier, on nomma sous-lieutenants tous les sous-officiers capables de remplir ces fonctions. Enfin, en appelant à des emplois d'officiers à titre auxiliaire toutes les bonnes volontés admissibles, on se procura encore 190 officiers environ. On arriva ainsi à un total de 1,050 officiers. Dans ces conditions, avec le concours des officiers de l'artillerie de la marine et de quelques

---

(1) Deux dépôts étaient à Grenoble (2e et 6e régiments d'artillerie montés), quatre à Rennes (7e, 8e, 10e et 15e régiments d'artillerie montés), cinq à Toulouse (9e, 12e, 13e et 14e régiments d'artillerie montés et 18e régiment d'artillerie à cheval) et deux à Valence (19e et 20e régiments d'artillerie à cheval). Un dépôt provisoire du 20e régiment d'artillerie à cheval avait été en effet organisé à Valence, le dépôt du régiment étant resté à Strasbourg. Les dépôts des deux régiments d'artillerie et de l'escadron du train d'artillerie de la Garde, après avoir contribué à former à Bourges une batterie montée de 4, furent envoyés à Toulouse. Là, en raison de leur faible effectif, ils furent licenciés et répartis dans les autres dépôts d'artillerie de la garnison.

Défense nat. — 1.

officiers de la flotte, on parvint à doter de trois officiers toutes les batteries envoyées à l'ennemi, sauf celles de montagne qui n'en comprenaient qu'un seul (1).

Le cadre des officiers supérieurs était naturellement très restreint et il fut tout au plus possible de mettre un chef d'escadron pour trois ou quatre batteries. Quant aux états-majors particuliers de l'artillerie, ils étaient réduits au strict minimum et les chefs d'escadron manquaient souvent d'adjoints au courant de leurs fonctions (2).

Au début, les dépôts regorgeaient d'hommes. Leurs

---

(1) Rapport sur les ressources de l'artillerie pendant la guerre de 1870-71, 6 février 1871 (Arch. Art.). — Il ressort des travaux inédits de M. A. Martinien que, sur l'ensemble des batteries à pied, montées, à cheval ou de canons à balles organisées en province, onze furent commandées par des capitaines nommés à titre auxiliaire, dix par des capitaines nommés à titre provisoire, treize par des capitaines démissionnaires, cinq par des capitaines en retraite, trois par des lieutenants ou sous-lieutenants. Les autres commandants de batterie étaient des capitaines en premier et en second de l'armée régulière. Quant aux batteries de montagne, elles devaient, en principe, être commandées par des sous-lieutenants ; cependant, une le fut par un lieutenant de vaisseau, trois par des capitaines et cinq par des lieutenants.

Au début de la guerre, les batteries montées comprenaient 4 officiers et les batteries de canons à balles et les batteries à cheval des divisions de cavalerie 5 officiers : 1 capitaine en premier, 1 capitaine en second, 1 lieutenant en premier, 1 ou 2 lieutenants en second ou sous-lieutenants. Le capitaine commandant et les lieutenants marchaient avec la batterie de combat (6 pièces, 6 caissons). Le capitaine en second, s'il n'était pas détaché comme adjoint d'un officier supérieur, marchait avec la réserve de la batterie (échelon actuel). Dans chaque division d'infanterie, les réserves de batterie étaient groupées, pendant les marches et combats, avec les voitures de munitions d'infanterie, de manière à former un parc avec réserve divisionnaire (Lieutenant-colonel Rouquerol, *L'artillerie dans la bataille du 18 août*, p. 11).

(2) Note du délégué du Ministre de la Guerre du 18 octobre ; le Ministre de la Guerre au Général commandant l'artillerie du 15ᵉ corps, Tours, 23 octobre ; le Ministre de la Guerre au Général commandant

meilleurs éléments étaient les gradés subalternes et les hommes qui, en nombre relativement important, parvinrent à s'échapper de Sedan (1), ainsi que les réservistes rappelés au début de la guerre, qui n'avaient pas été incorporés dans les formations envoyées à l'ennemi.

Mais, une fois ces ressources épuisées, on se trouvait en présence d'hommes insuffisamment instruits, soit comme canonniers, soit comme conducteurs. Pour remédier à cet inconvénient, différentes mesures furent successivement prises.

Les gendarmes ayant appartenu à l'artillerie furent invités à rentrer dans leur ancienne arme pendant la durée de la guerre, avec le grade qu'ils avaient en quittant l'artillerie, ou avec celui qu'ils avaient acquis depuis, s'il était plus élevé que le premier (2). On put

---

supérieur de la région de l'Est, à Besançon, Tours, 4 novembre. — Il semble résulter de cette dernière lettre que l'on préférait, dans la deuxième partie de la guerre, manquer d'officiers supérieurs plutôt que de nommer chefs d'escadron des capitaines, pour la plupart d'ailleurs jeunes d'âge et de grade, qui ne pouvaient être remplacés dans le commandement de leurs batteries.

Le Ministre de la Guerre chercha vainement à remplacer les officiers manquant dans les états-majors par des officiers de la flotte (Le Ministre de la Guerre au Ministre de la Marine, Tours, 26 octobre).

Au début de la campagne, il y avait un chef d'escadron par trois batteries d'artillerie divisionnaire et par deux batteries des réserves d'artillerie de corps d'armée (Lieutenant-colonel Rouquerol, loc. cit., p. 13).

(1) Le Major commandant le 6e d'artillerie au Général commandant l'artillerie dans la 22e division militaire, Grenoble, 18 septembre; le Général commandant l'artillerie dans la 19e division militaire au Ministre de la Guerre, Bourges, 25 septembre.

(2) Le Ministre de la Guerre aux Généraux commandant les divisions militaires, Tours, 5 octobre. — Un décret semblable, promulgué à Paris le 23 octobre (J. M. O., 2e semestre 1870, p. 550), appela à concourir à la formation de nouvelles batteries pour la défense de la capitale les anciens militaires de l'artillerie servant dans la gendarmerie

ainsi donner de bons sous-officiers à des batteries nouvelles sans recourir à des nominations hâtives et prématurées.

Le 3e d'artillerie, stationné en Algérie et qui avait été moins mis à contribution pour les formations du début de la campagne, dirigea ensuite sur chacun des dépôts des douze régiments montés ou à cheval disponibles en France, un détachement de 2 sous-officiers, 4 brigadiers, 4 artificiers et 30 hommes armés et équipés. On les remplaça par des jeunes soldats de la classe 1870 envoyés de la métropole (1), ou par d'anciens militaires ou des hommes de la 2e portion du contingent, admis antérieurement à bénéficier d'une exemption et mobilisés depuis (2).

Plus tard enfin, on versa dans les dépôts des régiments d'artillerie les célibataires ou veufs sans enfant de 21 à 40 ans, mobilisés par le décret du 29 septembre et qui, antérieurement, avaient servi dans l'artillerie (3). Cette mesure fut étendue quelque temps après aux hommes de la même catégorie ayant servi dans la cavalerie (4).

Puis quand, malgré toutes les précautions prises, on craignit que l'artillerie et principalement le train d'artillerie pussent manquer d'hommes dans le courant du mois de janvier 1871, le Délégué du Ministre de la Guerre autorisa la 4e direction à puiser sans ménage-

---

ou les sapeurs-pompiers ou faisant partie des corps de gardiens de la paix, de douaniers ou de forestiers mis à la disposition du département de la Guerre.

(1) Le Ministre de la Guerre au Gouverneur général de l'Algérie, Tours, 17 octobre.

(2) Note du bureau du recrutement pour la direction de l'artillerie, Tours, 7 novembre ; Note de la direction de l'artillerie pour le bureau du recrutement, Tours, 8 novembre.

(3) Circulaire du 18 novembre (*M. U.* du 20 novembre).

(4) Circulaire du 12 décembre (*M. U.* du 15 décembre).

ments dans les dépôts d'infanterie et de cavalerie (1). Les unités que contribuèrent à former ces auxiliaires trouvèrent encore des cadres parmi les militaires rentrés dans les dépôts après s'être échappés des mains de l'ennemi et parmi ceux qui, évacués des armées comme malades, étaient suffisamment rétablis pour reprendre du service (2). Quand on étudiera plus en détails l'organisation des corps d'armée formés pendant la deuxième partie de la guerre, on verra, en effet, que les batteries qui prirent une part active aux opérations comprenaient, en général, un noyau solide de sous-officiers et d'hommes, militaires de l'armée active ou anciens militaires.

Toutefois, à la fin de janvier 1871, les ressources en officiers et cadres subalternes étaient presque complètement épuisées, et l'on considérait comme impossible de constituer de nouvelles batteries avant que l'on eût pu former et instruire des gradés (3).

En même temps, d'ailleurs, que l'on mettait sur pied des batteries nouvelles, il fallait continuellement envoyer des renforts à celles qui étaient en ligne. Non seulement les pertes causées par le feu de l'ennemi créaient de nombreux vides, mais les hommes et les chevaux, qui manquaient d'entraînement, étaient très éprouvés par les intempéries et les fatigues de la campagne et devenaient rapidement la proie des épidémies (4). Malgré les

---

(1) Note de la 4ᵉ direction pour le délégué du Ministre, Bordeaux, 25 décembre.

(2) Le Ministre de la Guerre aux Généraux commandant l'artillerie à Toulouse, à Grenoble et à Rennes, Bordeaux, 13 janvier 1871.

(3) *Rapport de la sous-commission chargée de rechercher l'armement en artillerie et en armes portatives* (J. O. du 3 juin 1871, p. 1215).

(4) Le Général commandant l'artillerie du 15ᵉ corps au Ministre de la Guerre, Vierzon, 27 octobre; le Colonel commandant l'artillerie du 16ᵉ corps au Ministre de la Guerre, Marchenoir, 2 novembre.

formations nouvelles qu'elle était appelée à constituer, la direction de l'artillerie de la délégation du ministère de la Guerre donna toujours satisfaction dans le plus bref délai possible à toutes les demandes de renforts en hommes, chevaux et matériel qui lui furent adressées (1).

En raison de la pénurie des ressources en matériel dont on disposait, certaines batteries créées dans la deuxième partie de la guerre différaient comme organisation de celles formées au début.

Les batteries montées de 4 rayé de campagne ne comptaient que 3 officiers, 120 hommes, 88 chevaux et 15 voitures (6 pièces, 6 caissons, 1 affût de rechange, 1 chariot de batterie et 1 forge), au lieu de 4 officiers, 148 hommes, 132 chevaux et 18 voitures (6 pièces, 8 caissons, 1 affût de rechange, 2 chariots de batterie et 1 forge) (2).

Les batteries à cheval de 4 rayé de campagne se trouvaient réduites tout d'abord à 3 officiers, 100 hommes, 103 chevaux et 10 voitures (4 pièces, 4 caissons, 1 chariot de batterie et 1 forge), tandis que celles des armées du Rhin et de Châlons comprenaient 5 officiers, 155 hommes, 175 chevaux et 18 voitures (3).

---

(1) Rapport sur les achats d'armes, munitions et harnais d'artillerie effectués en Angleterre par l'administration de la Guerre (Délégation de Tours et Bordeaux), Paris, novembre 1871.

(2) Le Ministre de la Guerre au Président du conseil d'administration du 7e régiment d'artillerie monté à Rennes, Tours, 16 septembre; Note du général Thoumas (sans date).

Le 24 novembre, le Ministre de la Marine informait le Ministre de la Guerre qu'il mettait à sa disposition trois batteries de 4 rayé de campagne fournies par le régiment de l'artillerie de la marine, à l'effectif chacune de 3 officiers et 98 sous-officiers, brigadiers et canonniers.

(3) Le Ministre de la Guerre au Général commandant la 8e division

Dans la suite, les batteries à cheval furent organisées à 6 pièces (1).

L'effectif réglementaire d'une batterie de 4 rayé de montagne s'élevait à 4 ou 5 officiers, 231 hommes, 30 chevaux et 128 mulets. Dans la deuxième partie de la campagne, les batteries étaient réduites à 1 officier, 96 hommes, 32 mulets et 12 chevaux de trait. Comme matériel, elles étaient seulement dotées de 6 pièces, 36 caisses et 2 affûts de rechange portés à dos de mulets et de 2 chariots de parc avec 36 caisses blanches de munitions. Les six conducteurs nécessaires pour les chariots de parc devaient être pris dans l'artillerie; les autres, destinés à conduire les mulets de bât, dans la garde nationale mobile ou mobilisée. L'officier et un adjudant sous-officier étaient seuls montés; tout le reste de la batterie, sous-officiers compris, était à pied (2).

Les batteries montées de canons à balles avaient le même effectif en hommes et en chevaux que celui indiqué plus haut pour les batteries montées de 4 rayé de campagne; elles attelaient également 15 voitures (6 pièces, 6 caissons, 2 chariots de batterie, 1 forge). Celles qui au début de la guerre étaient attachées aux divisions d'infanterie comprenaient 5 officiers, 148 hommes et

---

militaire à Lyon, Tours, 28 septembre; État des bouches à feu en ligne au 22 février 1871.

(1) Sur 20 batteries à cheval formées de septembre 1870 à février 1871, 11 auraient été à 4 pièces et le reste à 6 pièces. (État des batteries montées, mixtes et à cheval formées de septembre à février, par le personnel de l'artillerie proprement dit, annexé au Rapport sur les ressources de l'artillerie pendant la guerre de 1870-71, 6 février 1871).

(2) Le Ministre de la Guerre aux Généraux commandant les divisions militaires à Rennes, Lyon, Toulouse, Grenoble, et au Général commandant l'artillerie en Algérie, Tours, 13 novembre; Le même aux mêmes, D. T., Tours, 18 novembre.

122 chevaux avec 18 voitures (6 pièces, 8 caissons, 2 chariots de batterie, 1 affût de rechange et 1 forge) (1).

Quant aux batteries de 12 rayé de campagne, leur organisation dans la deuxième partie de la campagne était la même qu'au début (195 hommes, 170 chevaux et 22 voitures : 6 pièces, 12 caissons, 1 affût de rechange, 2 chariots de batterie, 1 forge). Le nombre des officiers fut cependant réduit de 4 à 3. Les batteries de 7 et de 8 rayé de campagne étaient formées sur le même pied que les batteries de 12 (2).

Les effectifs des batteries mixtes étaient à peu de chose près les mêmes que ceux des batteries montées de même calibre (3). Comme on l'a vu plus haut, les servants provenaient des batteries à pied de l'artillerie de terre et de l'artillerie de la marine, et les attelages étaient conduits par le train d'artillerie. En principe, chacun des deux détachements devait vivre et s'administrer à part, mais, pour la simplicité et la facilité des services et de l'existence, la fusion fut souvent complète (4). De même, pour tirer parti de toutes les ressources, le commandement des sections et celui des pièces fut confié aux offi-

---

(1) Le délégué du Ministre de la Guerre au commandant de Reffye, à Nantes, Tours, 12 octobre; État du nombre de bouches à feu en ligne au 22 février 1871.

(2) A l'armée du Nord, toutes les batteries montées (de 12, de 8 et de 4 de campagne) se composaient de 18 voitures : 6 pièces, 9 caissons, 1 affût de rechange, 1 forge et 1 chariot de batterie.

Quant aux batteries de montagne, leurs munitions étaient transportées soit dans des caissons de 4 de campagne, ou dans des caissons système Gribeauval, aménagés à cet effet, soit dans des caisses de montagne chargées sur des voitures de réquisition (Renseignements sur l'artillerie de l'armée du Nord).

(3) Composition de batteries mixtes de 4 et de 12 rayé de campagne, Tours, 16 et 17 septembre.

(4) Historique *manuscrit* de la 15e compagnie principale du 1er régiment du train d'artillerie.

ciers et aux sous-officiers du train, à défaut d'officiers et de sous-officiers d'artillerie pour tenir ces emplois (1).

Dans l'impossibilité où l'on se trouvait de distribuer les selles nécessaires, il avait été décidé au début que les maréchaux des logis des détachements fournis par les batteries à pied resteraient à pied, et ce ne fut qu'au fur et à mesure des achats de harnachement que les chefs de pièces reçurent une monture.

Projets d'organisation de batteries auxiliaires et d'augmentation du nombre des pièces dans les batteries. — En raison de l'insuffisance des ressources, et particulièrement du manque de harnais, les premiers corps d'armée organisés par la Défense nationale comprenaient une proportion d'artillerie qui pouvait paraître insuffisante (2); il semblait cependant d'autant plus nécessaire de les doter d'une forte artillerie que les troupes qui les composaient étaient moins aguerries et que, dans les premières rencontres de la guerre, l'artillerie allemande avait montré une grande supériorité sur la nôtre, tant comme nombre que comme matériel.

Pour remédier à cet inconvénient, on songea, dans les premiers jours d'octobre 1870, à créer des batteries auxiliaires servies par des canonniers de l'artillerie de la garde mobile choisis parmi les plus exercés et traînées par des attelages de réquisition. Ces animaux, payés à

---

(1) Le Ministre de la Guerre au Général commandant l'artillerie du 15ᵉ corps d'armée à Bourges, Tours, 26 septembre. — C'était un chef d'escadron du train d'artillerie qui commandait l'artillerie de la 3ᵉ division du 17ᵉ corps.

(2) D'après une note sans date du général Thoumas, les Français auraient disposé à Sedan de 480 bouches à feu pour 110,000 à 120,000 hommes, soit 4 pièces par 1,000 hommes, tandis qu'au moment où il fut formé, le 15ᵉ corps n'avait qu'un peu plus de deux bouches à feu par 1,000 hommes, c'est-à-dire moitié moins.

l'aide de bons de dégrèvement sur les impositions de l'année suivante, auraient été conduits par des gardes nationaux mobiles à pied (1).

Cette solution présentait de graves inconvénients dont, d'ailleurs, on ne se dissimulait pas l'importance. L'artillerie ainsi attelée était condamnée à manœuvrer au pas, et quelle confiance pouvait-on avoir dans des conducteurs improvisés et mal encadrés, qui, dans des moments difficiles, pouvaient être pris de panique et abandonner leurs pièces? Aussi après avoir pensé à rattacher chacune de ces batteries auxiliaires à un régiment d'infanterie, qui en aurait assuré la protection (2), on renonça à leur organisation.

Pour remédier à l'insuffisance des cadres qui ne permettait pas de créer des batteries nouvelles, on proposa également au Ministre d'augmenter la proportion d'artillerie, en constituant dans les batteries déjà formées les sections à trois pièces au lieu de deux. Sans qu'il devînt nécessaire d'augmenter les cadres d'officiers, les batteries se trouveraient ainsi portées à neuf pièces au lieu de six, et, avec la précaution de répartir entre toutes les pièces les anciens canonniers, il suffirait, pour assurer le service des nouvelles bouches à feu, de créer par batterie trois maréchaux des logis et trois brigadiers, qui pouvaient même être pris dans la cavalerie (3).

---

(1) Le général des Pallières, commandant la 1re division du 15e corps, au Ministre de la Guerre, Nevers, 30 septembre ; le Délégué du Ministre de la Guerre au général de la Motterouge, commandant le 15e corps d'armée à Bourges, au général d'Aurelles, au Mans, au général Fiéreck, à Rennes, Tours, 8 octobre.

(2) Le Général commandant le 16e corps au Ministre de la Guerre, Tours, 13 octobre ; Le Général commandant la 2e subdivision militaire au Général commandant la 16e division militaire, à Tours, Le Mans, 13 octobre.

(3) Le Général commandant l'artillerie du 15e corps au Ministre de

Ce projet, qui paraissait séduisant au Ministre de la Guerre et à son délégué, ne fut cependant pas adopté. Le manque de harnachement ne permettait pas d'atteler ce supplément de pièces, et en outre, le service de l'artillerie estimait que le commandement, la conduite et l'administration d'une batterie de six pièces étaient déjà une charge assez lourde pour un officier, pour que l'on pût songer à l'augmenter (1).

Augmentation de la dotation des batteries en obus armés de fusées percutantes. — Pendant les premières rencontres de la guerre, il avait paru que l'infériorité de notre matériel d'artillerie vis-à-vis des Allemands tenait surtout à l'emploi de la fusée à deux durées, qui n'assurait l'éclatement du projectile qu'à deux distances dont la plus grande ne dépassait pas 3,000 mètres (2).

On pouvait pallier à cet inconvénient par l'emploi

---

la Guerre, Villeneuve, 12 novembre. — Pour augmenter les batteries de canons à balles des corps d'armée, le lieutenant-colonel de Reffye avait, de son côté, proposé au Ministre de la Guerre d'envoyer dans les batteries existantes deux canons de plus. Il estimait que les corps d'armée déjà formés possédaient le personnel nécessaire pour servir et atteler ces nouvelles pièces. Plus tard, lorsque les ressources en officiers le permettraient, ces batteries de 8 pièces devaient être dédoublées en deux batteries de 4 pièces, qui, à leur tour seraient reformées à 6 pièces par l'adjonction de chevaux de cavalerie et de fantassins spécialement choisis (Le Directeur des ateliers de fabrication des canons à balles au Directeur de la 4ᵉ direction du ministère de la Guerre à Tours, Nantes, 1ᵉʳ décembre).

(1) Note pour le Ministre, Tours, 14 novembre.
(2) En 1870, l'artillerie utilisait quatre espèces de fusées :
1° La fusée hexagonale à deux durées pour obus oblongs *ordinaires* de 12 et de 4, qui devait éclater à 1,500 et à 3,000 mètres environ avec les canons de 4 et de 12 rayé de campagne, et à 1,200 et à 2,200 mètres environ avec les canons de 4 rayé de montagne ;
2° La fusée à quatre durées et à quatre canaux indépendants pour obus oblongs *à balles* de 12, qui éclatait aux distances de 500, 800,

de fusées percutantes qui permettaient de lutter aux grandes distances contre l'artillerie adverse. Déjà d'ailleurs, au Mexique et à Metz, l'on n'avait pas hésité à négliger les dangers supposés de la fusée percutante dans le transport des projectiles, pour s'en servir à l'exclusion de toute autre, car, aux distances inférieures à 2,500 mètres, son emploi présentait encore des avantages. Aussi, sans prendre une décision aussi radicale, le Ministre dotait le 16 octobre l'artillerie d'un approvisionnement de fusées percutantes suffisant pour que chaque batterie de 4 ou de 12 pût transporter respectivement 90 ou 70 projectiles munis à l'avance de ces fusées (1).

Train d'artillerie. — Quinze compagnies du train

1,100 ou 1,400 mètres. Lorsque le but était au delà de 1,700 mètres, il était recommandé de ne plus employer les obus à balles ;

3° La fusée à quatre durées et à quatre canaux indépendants pour obus oblongs *à balles* de 4. Pour le canon de 4 rayé de campagne, les distances d'éclatement étaient de 500, 800, 1,000 ou 1,200 mètres; pour un but situé au delà de 1,500 mètres, on ne devait plus se servir des obus à balles. Pour le canon de 4 rayé de montagne, les fusées étaient réglées pour 350, 570, 750 ou 900 mètres, et le tir avec obus à balles devait cesser au delà de 1,200 mètres;

4° La fusée percutante.

(*Note sur l'emploi des fusées métalliques pour projectiles oblongs dans le tir des canons de 12 et de 4 rayé de campagne et de 4 rayé de montagne,* juillet 1870).

(1) Le Ministre de la Guerre au Général commandant l'artillerie du 15ᵉ corps à Bourges, Tours, 16 octobre ; Le Chef d'escadron commandant l'artillerie de la 1ʳᵉ division du 15ᵉ corps au Général commandant l'artillerie du 15ᵉ corps, Argent, 22 octobre.

A l'armée de Metz, dès le 30 juillet, le commandant de l'artillerie du 3ᵉ corps prescrivait « de faire préparer à l'avance dans toutes les batteries... trois projectiles par pièce avec des fusées percutantes, en leur assignant dans les coffres de l'avant-train une place bien déterminée et en prenant toutes les précautions... » que pourrait suggérer l'expérience (*La Guerre de 1870-71. Journées des 30 et 31 juillet,* p. 56).

d'artillerie restaient disponibles en province. Huit d'entre elles attelaient les parcs des 13ᵉ et 14ᵉ corps, qui, envoyés le 11 septembre 1870 de Paris à Tours, formèrent les parcs des 15ᵉ et 16ᵉ corps d'armée (1). Deux autres étaient demeurées au dépôt du 2ᵉ régiment (2), trois marchaient avec les équipages de pont de l'armée de Châlons dirigés sur Angers après Sedan (3), deux enfin étaient revenues à leur dépôt après s'être également échappées avec des fractions du parc du 12ᵉ corps (4).

Six de ces dernières compagnies furent utilisées pour la formation de batteries mixtes (5), et dans le même but, les deux régiments du train d'artillerie formèrent vingt-deux nouvelles compagnies (6).

D'autre part, le train d'artillerie mit sur pied vingt-trois autres compagnies qui attelèrent une partie des formations destinées à transporter les munitions d'infanterie et d'artillerie des corps d'armée créés en province par le Gouvernement de la Défense nationale (7).

---

(1) Avec le parc du 13ᵉ corps marchaient la 16ᵉ compagnie bis du 1ᵉʳ régiment et les 14ᵉ, 14ᵉ bis et 16ᵉ compagnies du 2ᵉ régiment. Avec le parc du 14ᵉ corps étaient les 5ᵉ et 14ᵉ bis du 1ᵉʳ régiment et les 5ᵉ bis et 15ᵉ bis du 2ᵉ.

Ces renseignements, ainsi que les suivants, sont puisés dans les travaux inédits de M. A. Martinien.

(2) 5ᵉ et 16ᵉ bis du 2ᵉ régiment.
(3) 8ᵉ et 12ᵉ du 1ᵉʳ régiment et 11ᵉ du 2ᵉ régiment.
(4) 4ᵉ et 10ᵉ bis du 1ᵉʳ régiment.
(5) 4ᵉ, 8ᵉ, 10ᵉ bis et 12ᵉ du 1ᵉʳ régiment, 5ᵉ et 16ᵉ bis du 2ᵉ régiment.
(6) Douze compagnies au 1ᵉʳ régiment et dix au 2ᵉ régiment du train d'artillerie. On rappelle que la 4ᵉ compagnie ter du 1ᵉʳ régiment forma, le 18 octobre 1870 à Belfort, une batterie de montagne (1ʳᵉ batterie de montagne de l'armée des Vosges). Cette unité, ayant été énumérée avec les batteries organisées en province, n'a pas à être comprise dans les formations nouvelles du train d'artillerie.
(7) Onze compagnies au 1ᵉʳ régiment et douze au 2ᵉ régiment. Trois de ces douze dernières compagnies attelèrent des réserves divisionnaires ; toutes les autres furent employées dans les parcs d'artillerie.

Cinq autres compagnies enfin formèrent des compagnies de dépôt (1).

C'est donc un total de cinquante compagnies nouvelles que forma le train d'artillerie.

Au moment où la délégation du ministère de la Guerre arriva à Tours, elle ne pouvait compter que sur cinquante officiers du train d'artillerie seulement. Pour encadrer les nouvelles formations, elle dut procéder à quatre-vingt-cinq nominations de sous-lieutenants à titre définitif, auxquelles s'ajoutèrent quatre ou cinq nominations de sous-lieutenants à titre auxiliaire (2).

Organes de ravitaillement en munitions. — Le service du transport des munitions des corps d'armée, organisés successivement en province, nécessita la formation de trente et une réserves divisionnaires, comprenant ensemble 310 voitures, et de 10 parcs de corps d'armée

---

(1) Ces compagnies appartenaient au 1er régiment La 5e compagnie fut reconstituée à Lille le 18 novembre 1870, et la 5e compagnie quater formée à Douai le 19 décembre 1870. Ces deux compagnies formèrent compagnies de dépôt pour l'armée du Nord dans la dernière de ces villes. Les trois autres furent constituées à Niort, la 22e bis le 6 décembre 1870, la 24e le 11 janvier 1871 et le 24e bis le 13 janvier 1871.

Le dépôt du 1er régiment du train, après être resté à Saint-Omer jusqu'au 10 septembre, fut, en effet, envoyé à Bourges, où il demeura du 13 au 24 septembre 1870, puis à Niort, où il séjourna jusqu'au 27 février 1871, puis enfin à Perpignan, où il arriva le 1er mars.

Le dépôt du 2e régiment fut également transporté d'Auxonne à Bourges, puis à Poitiers d'où il partit le 16 février 1871 pour Bayonne.

Le dépôt de l'escadron du train d'artillerie de la Garde avait été licencié à Toulouse le 1er janvier 1871, sans avoir contribué à la formation de nouvelles unités du train.

(2) Rapport sur les ressources de l'artillerie pendant la guerre de 1870-71, 6 février 1871 (Arch. Art.). — D'après ce document, l'effectif des officiers du train d'artillerie était de 153 au 1er juillet 1870. Il fut augmenté de 10 de juillet à septembre. Sur ces 163 officiers, 50 seulement étaient disponibles en province vers le 15 septembre.

donnant un total de 1,200 voitures (1). Le train d'artillerie ne pouvant suffire à fournir les cadres, conducteurs et attelages nécessaires, il fallut faire appel au train des équipages militaires, dont plusieurs fractions furent mises à la disposition de l'artillerie (2).

Les réserves divisionnaires semblent avoir été constituées uniformément à 10 caissons à 4 roues, avec un personnel de 52 hommes et 80 chevaux, commandés par un sous-lieutenant ou un adjudant (3). Les caissons transportaient environ 285,000 cartouches, soit à peu près 15 cartouches par homme (4).

Quant aux parcs proprement dits, chacun d'eux devait

---

(1) Minute d'une note relative au matériel d'artillerie employé pendant la guerre de 1870-71, 19 février 1871.

(2) Note de la 4ᵉ direction pour la 6ᵉ direction, Tours, 30 octobre; Note de la 6ᵉ direction pour la 4ᵉ direction, Tours, 28 novembre. — Le train des équipages fournit à l'artillerie cinq compagnies montées complètement harnachées sans compter quelques renforts en hommes et une certaine quantité de harnais et de voitures.

(3) Composition d'un détachement du train d'artillerie destiné à atteler une réserve divisionnaire de corps d'armée, Tours, 17 septembre; Le Ministre de la Guerre au Général commandant l'artillerie du 15ᵉ corps d'armée, à Bourges, Tours, 21 septembre.

Au début de la guerre, les réserves divisionnaires comptaient : 1 officier (lieutenant ou sous-lieutenant) ou 1 adjudant, 46 hommes, 72 chevaux et 20 voitures, savoir : quatorze caissons à 2 roues, cinq à 4 roues et un chariot D'après les documents précités, il fut impossible, dans la deuxième partie de la guerre, de doter les réserves divisionnaires de caissons légers à 2 roues.

(4) Le Ministre de la Guerre au Général commandant l'artillerie du 15ᵉ corps d'armée, à Bourges, Tours, 21 septembre; Composition détaillée du parc d'un corps d'armée à trois divisions (Arch. Art.).

Pour permettre d'apprécier les efforts faits par la délégation du Gouvernement de la Défense nationale, il a paru nécessaire de résumer les dispositions réglementaires en 1870 concernant la dotation en munitions des troupes en campagne.

D'après la décision ministérielle du 13 octobre 1867 fixant la composition des parcs de campagne, l'approvisionnement en munitions d'un

comprendre en moyenne 300 hommes, 350 chevaux ou

---

corps d'armée devrait comporter en dehors des munitions contenues dans les coffres des batteries ou portées par les hommes :

Pour l'artillerie : la valeur de quatre caissons par pièce de 12 et de 8/5ᵉ de caisson par pièce de 4;

Pour l'infanterie : un nombre suffisant de voitures pour compléter à 280 cartouches par fantassin le nombre de cartouches portées par les hommes et les caissons.

Lorsque la pièce de 8 entra dans la composition de l'armement, on décida que ses approvisionnements en munitions seraient calculés sur les mêmes bases que pour la pièce de 12.

La réserve de munitions d'un corps d'armée était répartie entre le parc du corps d'armée et le grand parc d'armée.

Le parc du corps d'armée transportait pour l'artillerie la moitié des approvisionnements prévus et pour l'infanterie un nombre suffisant de cartouches pour porter à environ 130 cartouches l'approvisionnement de l'homme (90 cartouches) et celui des réserves divisionnaires (20 à 24 cartouches).

Le grand parc se partageait à son tour en deux échelons : le premier, sur roues, comprenait pour l'artillerie le tiers des munitions du grand parc et pour l'infanterie environ 20 cartouches par homme. Il devait suivre l'armée à deux ou trois journées de marche. Le deuxième échelon, échelonné sur la ligne d'opérations, consistait en caisses blanches ou en barils contenant pour l'artillerie les deux tiers des munitions du grand parc et pour l'infanterie 130 cartouches.

Avec les trois réserves divisionnaires pour munitions d'infanterie et les voitures nécessaires au transport du matériel pour les rechanges et réparations, un parc de corps d'armée à trois divisions d'infanterie, une division de cavalerie, une réserve d'artillerie de cinq batteries et un équipage de pont, donnait un total de 248 voitures (dont 40 pour l'équipage de pont). Il fallait, pour l'atteler, cinq compagnies du train d'artillerie dont l'effectif variait entre 230 et 250 chevaux. Le parc se partageait en cinq subdivisions attelées chacune par une compagnie du train. La 1ʳᵉ, la 2ᵉ et la 3ᵉ comprenaient les voitures d'une division d'infanterie, y compris la réserve divisionnaire; la 4ᵉ, les voitures de la division de cavalerie et de la réserve d'artillerie; la 5ᵉ, l'équipage de pont et les voitures pour rechanges et réparations.

Le personnel d'un parc de corps d'armée consistait en un état-major (1 colonel, directeur, 1 chef d'escadron, sous-directeur, 2 capitaines, adjoints, 4 gardes dont 1 chef artificier, 2 ouvriers d'état, 1 ou 2 médecins, 2 vétérinaires) et en troupes techniques [une demi-batterie à pied

mulets (1) et 130 voitures. Mais les ressources en personnel, en attelages et en matériel dont disposait le service de l'artillerie ne lui permirent pas, non seulement de constituer les parcs des nouveaux corps d'armée sur le pied de ceux engagés dans la première partie de la campagne, mais même de leur donner une composition uniforme. C'est ainsi, par exemple, que le parc d'artillerie du 17e corps ne compta jamais que 78 voitures en

---

(1 officier, 100 hommes), une compagnie de pontonniers à l'effectif réduit de 100 hommes, une section d'ouvriers d'artillerie (1 officier, 40 hommes), un détachement d'armuriers (10 hommes) et un détachement d'articiers (12 hommes)].

La fraction sur roues du grand parc d'une armée de trois corps comprenant sept divisions d'infanterie, trois divisions de cavalerie, trois réserves d'artillerie de corps d'armée et une réserve générale d'artillerie de huit batteries de campagne et une de montagne donnait un total de 252 voitures. Cinq compagnies du train d'artillerie étaient nécessaires pour l'atteler.

Le personnel d'un grand parc d'armée comprenait un état-major (1 général de brigade ou colonel, directeur, 1 lieutenant-colonel, sous-directeur, 2 chefs d'escadron, adjoints, 4 capitaines, 6 gardes, 2 ouvriers d'état, 1 chef d'escadron du train d'artillerie, inspecteur, 1 capitaine du train d'artillerie, adjoint, 3 médecins, 2 vétérinaires) et des troupes techniques [une batterie à pied, une compagnie d'ouvriers, une section d'armuriers (1 officier, 33 hommes), et un détachement d'artificiers (1 officier, 60 hommes)].

Un équipage de pont de réserve pouvait en outre être attaché à chaque armée. Il devait marcher habituellement avec le grand quartier général et comportait 77 voitures attelées par deux compagnies du train d'artillerie et une compagnie de pontonniers [Rapport au Ministre du Directeur du Comité d'artillerie, 25 novembre 1867 (Arch. Art.)].

Pendant la deuxième partie de la campagne, sauf à l'armée du Nord, il ne semble pas qu'il fut constitué de parc d'armée.

(1) État du nombre des bouches à feu en ligne à la date du 22 février 1871.

Avec chaque parc d'artillerie devaient marcher un détachement de servants et un autre d'ouvriers d'artillerie (Personnel du parc du 15e corps ; Le Ministre de la Guerre au Général commandant la 16e division militaire à Rennes, Tours, 5 décembre).

dehors des réserves divisionnaires et que, pour augmenter son approvisionnement en cartouches, il fut doté, le 12 novembre, d'une réserve de munitions d'infanterie portées par des mulets, dont la conduite était assurée par des gardes mobiles (1). De même, le parc d'artillerie du 21ᵉ corps ne comprit d'abord que des munitions en caisses blanches ou en barils, portées par 80 voitures de réquisition ; ce ne fut que plus tard qu'il reçut quelques caissons pour munitions d'infanterie (2).

---

(1) Journal de marche de l'artillerie du 17ᵉ corps. — Cette réserve de munitions d'infanterie était transportée dans 168 caisses nécessitant 84 bâts. Le personnel en hommes et en animaux qui lui était affecté était de 50 gardes mobiles, commandés par 1 sous-officier et 2 caporaux, et 90 mulets (Le Ministre de la Guerre au Général commandant le 17ᵉ corps, Tours, 12 novembre).

(2) Rapport sur les mouvements du parc d'artillerie du 21ᵉ corps, 13 avril 1871 (Arch. Art.).

A l'armée du Nord, les dispositions prises pour le ravitaillement en munitions étaient un peu différentes.

Le parc d'artillerie comprenait « une demi-ligne de caissons attelés par batterie », c'est-à-dire probablement trois caissons par batterie.

En ce qui concerne les munitions d'infanterie, chaque bataillon était doté d'un caisson Gribeauval attelé avec des chevaux de réquisition et portant de 16,000 à 20,000 cartouches, suivant leur poids. Il y avait en plus, au parc d'artillerie, un caisson pour deux bataillons.

Derrière les troupes d'opérations, il y avait toujours quatre trains prêts à partir. Le premier transportait « une demi-ligne de caissons par batterie ». Chacun des trois autres comprenait 33 wagons, dont 30 plates-formes portant chacune un caisson Gribeauval contenant de 16,000 à 20,000 cartouches pour les différents fusils en service dans l'armée du Nord. Les 3 derniers wagons étaient chargés avec des caisses blanches d'artillerie.

Pendant l'armistice on organisa des parcs de corps d'armée comprenant « une ligne de caissons par batterie, un caisson à munitions d'infanterie par bataillon et quelques affûts de rechange », et un grand parc transportant un approvisionnement semblable en munitions d'artillerie et d'infanterie. En outre, on conservait toujours en gare les quatre trains dont il vient d'être parlé (Renseignements sur l'artillerie de l'armée du Nord).

Dans les circonstances où l'on se trouvait, le service de l'artillerie estimait d'ailleurs qu'il était inutile de faire suivre les corps d'armée d'une grande quantité de voitures, qui ne pouvaient qu'encombrer les routes et être une cause d'embarras dans les mouvements de retraite qu'il était facile de prévoir. D'autre part, étant donné que la lutte allait se dérouler en territoire national, à proximité immédiate des arsenaux, il lui parut préférable de constituer en arrière de l'armée une série de dépôts de munitions en caisses blanches, spécialement affectées et réservées aux corps d'armée d'opérations et toujours prêtes à être embarquées à la première demande, sur wagons ou sur voitures de réquisition pour ravitailler les parcs d'artillerie (1).

Pontonniers et équipages de pont. — Les deux équipages de pont disponibles en province se trouvaient réunis à Angers le 18 septembre. Le premier comprenait un équipage de pont de corps d'armée servi par la 7e compagnie de pontonniers et attelé par la 11e compagnie du 2e régiment du train d'artillerie; le deuxième était un équipage de pont de réserve avec lequel marchaient la 12e compagnie de pontonniers et les 8e et 12e compagnies du 1er régiment du train d'artillerie (2).

---

(1) Le Ministre de la Guerre au Général commandant l'artillerie du 15e corps d'armée, à Bourges, Tours, 21 septembre; Le même au même, à Salbris, Tours, 23 octobre. — Le 8 décembre 1870, il y avait, à la gare de Mer, 26 wagons de munitions (14 d'obus, 5 de cartouches et 7 d'obus et de cartouches) et à la gare de Blois, 6 wagons de munitions, de poudre et d'armes (1 d'obus, 2 de cartouches, 1 de cartouches et de poudre, 1 de poudre et 1 d'armes) (Situation des wagons contenant des subsistances, de l'équipement et des munitions, Mer, 8 décembre, 4 heures du soir; *Ibid.*, Blois, 8 décembre, 3 heures soir).

(2) Un *équipage de pont de corps d'armée* se composait en 1870 de trois divisions semblables et d'une réserve. Chaque division comprenait

L'équipage de pont de réserve fut disloqué quelques jours après. Le matériel fut envoyé à Nantes, puis à Rochefort. Quant à la 12e compagnie de pontonniers et aux 8e et 12e compagnies du 1er régiment du train d'artillerie, elles contribuèrent à former des batteries mixtes (1).

La 7e compagnie de pontonniers resta avec son équipage de pont, mais elle dût céder une grande partie de ses cadres aux 8e et 12e compagnies pour l'organisation

---

12 voitures, savoir : 1 haquet de culées, 2 haquets de chevalets, 8 haquets de 1/2 bateau, 1 haquet de rechanges. La réserve transportait les outils, les approvisionnements et les rechanges nécessaires pour réparer les bateaux, les voitures et le harnachement. Elle assurait aussi le ferrage des chevaux. Elle comprenait 4 voitures : 2 chariots de batterie de 4 et 2 forges de campagne de 4. L'équipage de pont de corps d'armée pouvait lancer un pont de 75 mètres sans chevalets et un pont de 105 mètres avec chevalets. Il était servi par une compagnie de pontonniers (3 officiers, 100 hommes) et attelé par une compagnie du train d'artillerie (1 officier, 107 hommes). Il comptait 12 chevaux de selle et 174 chevaux de trait, dont 12 haut-le-pied, pour ses 40 voitures (*Composition de l'équipage de pont de corps d'armée modèle 1866*).

Un *équipage de pont de réserve* comprenait 4 divisions d'équipage identiques et une réserve. Chaque division pouvait lancer un pont de 64 mètres et se composait d'une section de deux culées (1 haquet, 1 chariot), d'une section de deux chevalets (1 haquet, 1 chariot), de quatre sections de deux bateaux chacune (2 haquets et un chariot par section), d'une section de forge (1 forge et un chariot). Chaque division d'équipage comptait donc 18 voitures. La réserve comprenait 1 haquet et 4 chariots de parc. Cela formait un total de 77 voitures (41 haquets, 32 chariots de parc, 4 forges), portant 32 bateaux et 4 nacelles. L'équipage de pont de réserve était servi par une compagnie de pontonniers (3 officiers, 130 hommes), et attelé par deux compagnies du train d'artillerie (3 officiers, 217 hommes pour les deux compagnies). Il comptait 25 chevaux de selle et 500 chevaux de trait (*Instruction du 19 novembre 1853*).

(1) La 12e compagnie de pontonniers et la 12e compagnie du 1er régiment du train d'artillerie formèrent par dédoublement de leurs éléments deux batteries mixtes de 12 qui s'appelèrent 12e et 17e compagnies de pontonniers. La 8e compagnie du 1er régiment du train d'artillerie

des batteries mixtes. En échange, elle reçut environ 140 jeunes soldats de la classe de 1870, qu'elle dressa aux manœuvres de pontage.

Le 19 octobre, la 7e compagnie de pontonniers fut, avec son équipage de pont, rattachée à l'armée de la Loire qu'elle rejoignit à Salbris.

Envoyée à Orléans le 13 novembre, elle y fut rejointe par une partie de l'équipage de pont de réserve envoyé précédemment à Rochefort (1). Ce dernier matériel fut attelé par 250 chevaux de réquisition fournis par des entrepreneurs civils et par 100 chevaux de prise qui, à défaut d'hommes de la 11e compagnie du 2e régiment du train d'artillerie, furent conduits par des pontonniers.

Tout ce matériel de pont fut perdu lors de l'évacuation d'Orléans le 4 décembre. La 7e compagnie de pontonniers, la 11e compagnie du 2e régiment du train d'artillerie et les attelages traînant les haquets et les chariots vides furent dirigés par étapes sur Amboise, et de là, sur Angers, où les attelages de réquisition furent renvoyés (2).

Conformément à de nouveaux ordres, la 7e compagnie de pontonniers et la 11e compagnie du 2e régiment du

---

se dédoubla pour constituer deux batteries mixtes de 12 avec la 2e batterie *bis* et la 14e batterie *bis* du 7e régiment d'artillerie. Ces quatre batteries entrèrent dans la formation de la réserve d'artillerie du 16e corps d'armée.

(1) La 7e compagnie disposait ainsi du matériel suffisant pour jeter un pont de 340 mètres.

(2) D'après le marché qui avait été passé, les entrepreneurs étaient tenus de mettre 260 chevaux à la disposition du service de l'artillerie. Il devait être payé 40 francs par jour et par attelage à 4 chevaux et les conducteurs et les chevaux recevaient les vivres de campagne. Les dépenses engagées par cette location s'élevèrent à 138,860 francs (Bordereaux d'envoi à la Commission des marchés de l'Assemblée nationale des marchés passés en 1870-71 par le service de l'artillerie, Versailles, 17 avril 1871).

train d'artillerie arrivèrent à Bourges le 19 décembre. Elles trouvèrent à la gare, chargé sur wagons, un nouvel équipage de réserve envoyé de Lyon. La direction d'artillerie de cette place expédia dans la suite tout le matériel de pont susceptible de faire campagne qu'elle possédait et l'on constitua ainsi, à Saint-Amand, un équipage pouvant lancer plus de 400 mètres de pont (1).

Cet équipage fut rattaché à l'armée de l'Est. Le personnel nécessaire fut envoyé le 2 janvier à Pesmes, sur l'Ognon, avec une division d'équipages. Il devait y construire deux ponts de chevalets et relever un pont de bateaux construit par l'artillerie de la place d'Auxonne. A la suite des opérations de l'armée de l'Est, ce dernier matériel fut ramené à Besançon, où, le 2 janvier 1871, il retrouvait la fraction d'équipage restée à Saint-Amand.

Le 27 janvier, tout le matériel fut laissé à Besançon; le personnel de l'équipage de pont, avec 12 voitures vides, se dirigea sur Pontarlier, et le 30 au soir, les pontonniers furent envoyés au fort de Joux pour y servir des pièces d'artillerie et protéger le passage de l'armée de l'Est en Suisse (2).

Une compagnie de pontonniers portant le n° 18, fut formée à Lyon, le 12 janvier 1871, mais elle resta dans cette place jusqu'à la fin de la campagne. Une seule compagnie de pontonniers prit donc part aux opérations de la Défense nationale en province (3).

---

(1) 55 bateaux, 5 nacelles et 10 chevalets.
(2) Historique *manuscrit* du 16° régiment d'artillerie (Pontonniers).
(3) Il y avait aussi à l'armée des Vosges, une compagnie franche de pontonniers, les pontonniers volontaires du Rhône, comprenant 3 officiers et 40 hommes (Documents inédits de M. A. Martinien).

D'après des documents trouvés aux archives du ministère de la Marine, les ports de Rochefort et de Toulon auraient construit, pendant la guerre, le matériel de quatre équipages de pont de réserve sans les voitures.

§ 2. — *Garde nationale mobile.*

Au 4 septembre 1870, la garde nationale mobile disposait de 125 batteries d'artillerie à pied, dont 11 avaient formé 2 régiments, et de 2 compagnies de pontonniers (1).

Avant l'investissement de Paris, un décret du 11 septembre vint, d'autre part, modifier les cadres des batteries de la garde nationale mobile. Il était créé dans chaque régiment provisoire d'artillerie, deux emplois de lieutenant adjudant-major et chaque batterie devait comprendre 2 maréchaux des logis chefs, dont un vaguemestre, 6 maréchaux des logis, 1 fourrier, 8 brigadiers, 8 artificiers, 4 ouvriers en fer et en bois, et 3 trompettes, dont un élève (2).

---

(1) Le nombre des unités d'artillerie de garde nationale mobile, prévu par les tableaux annexés à la loi du 1ᵉʳ février 1868, était de 122 batteries et 5 compagnies de pontonniers. Mais parmi ces dernières, deux unités, celles du Haut-Rhin et du Bas-Rhin, ne furent pas pourvues de leur matériel spécial et furent utilisées comme batteries, et une troisième, celle de la Haute-Garonne, fut transformée en batterie par un décret du 31 août 1870 (*J. M. O.*, 2ᵉ semestre 1870, p. 409). Un autre décret du 18 juillet 1870 (*J. M. O.*, 2ᵉ semestre 1870, p. 226) avait en outre porté de cinq à six le nombre des batteries du département de la Seine. D'autre part, la batterie de la Marne avait été faite prisonnière à Vitry-le-François le 25 août 1870, ce qui donne bien 125 batteries et 2 compagnies de pontonniers.

Les *deux régiments provisoires d'artillerie de la garde nationale mobile* existant avant le 4 septembre étaient :

Le 1ᵉʳ régiment, formé avec les batteries de la Seine, dont le commandement pouvait être confié à un lieutenant-colonel ayant sous ses ordres trois chefs d'escadron, commandant chacun deux batteries (Décret du 18 juillet 1870, *J. M. O.*, 2ᵉ semestre 1870, p. 226) ;

Le 2ᵉ régiment, formé avec les cinq premières batteries du département de la Moselle, commandé par un lieutenant-colonel (Décret du 7 août 1870, *J. M. O.*, 2ᵉ semestre 1870, p. 335).

(2) *J. M. O.*, 2ᵉ semestre 1870, p. 426. — D'après l'instruction du

Un autre décret du 14 septembre consacra, d'autre part, la formation de deux nouveaux régiments provisoires d'artillerie, au moyen des batteries du département du Nord (1).

Lorsque la délégation du Gouvernement de la Défense nationale arriva à Tours, 56 batteries et les 2 compagnies de pontonniers de la garde nationale mobile étaient enfermées dans des places assiégées ou menacées d'un investissement (2); 69 batteries de l'organisation primitive restaient donc seulement disponibles en province.

Mais, tant avant l'investissement de Paris qu'après l'arrivée de la délégation du Gouvernement de la Défense nationale à Tours, il fut formé dans les départements envahis 31 nouvelles batteries de la garde nationale mobile, dont 12 batteries de mitrailleuses. Ces

---

28 mars 1868 sur l'organisation de la garde nationale mobile, le cadre d'une batterie devait comprendre 1 capitaine, 1 lieutenant en premier, 1 lieutenant en second, 1 maréchal des logis chef, 4 maréchaux des logis dont 1 instructeur, 8 brigadiers et 1 trompette.

(1) *J. M. O.*, 2ᵉ semestre 1870, p. 432. — Les deux régiments étaient commandés par des lieutenants-colonels ; le premier, portant le n° 3, était formé avec les dix premières batteries du département du Nord ; le deuxième, portant le n° 4, comprenait les dix dernières batteries du même département. L'état-major de chacun de ces régiments comportait 3 médecins aides-majors, 2 lieutenants adjudants-majors, 1 lieutenant officier payeur et 1 lieutenant officier de détail, 2 adjudants sous-officiers d'état-major et 1 maréchal des logis chef vaguemestre. Les quatre lieutenants de l'état-major du régiment étaient pris parmi les lieutenants des batteries auxquelles ils ne cessaient pas de compter. Les batteries de ces régiments n'avaient pas de maréchaux des logis chefs vaguemestres.

(2) Sur ces 56 batteries, 15 étaient à Paris, 10 à Strasbourg, 4 à Schlestadt, 2 à Neuf-Brisach, 4 à Toul, 2 à Thionville, 7 à Metz, 3 à Soissons, 5 à La Fère, 2 à Verdun, 1 à Montmédy et 1 à Laon.

Les deux compagnies de pontonniers se trouvaient à Paris.

dernières furent l'objet d'un décret du 3 novembre 1870 (1).

La délégation du Gouvernement de la Défense nationale eut donc à sa disposition, en province, 100 batteries de garde nationale mobile.

En principe, toutes les batteries de la garde nationale mobile étaient des batteries à pied. Mais, en dehors des 12 batteries de mitrailleuses, 26 batteries, prises tant parmi celles d'anciennes formations que dans celles créées depuis le début de la guerre, furent organisées en batteries montées ou de montagne (2).

---

(1) On n'a pu retrouver la date exacte de la formation des 19 autres batteries nouvelles de la garde nationale mobile.

(2) Ces 26 batteries se décomposaient en 7 batteries de 12 RC (rayé de campagne), 1 batterie de 8 RC, 2 batteries de 7 RC, 14 batteries de 4 RC, 1 batterie de canons Armstrong et 1 batterie de 4 rayé de montagne.

Il a été impossible de préciser, d'une façon générale, les conditions dans lesquelles ces batteries furent organisées, ni les mesures qui furent prises pour leur procurer le matériel roulant, les harnachements et les chevaux qui leur étaient nécessaires. On a seulement retrouvé, à la date du 12 octobre, des décrets invitant les préfets des départements de l'Ille-et-Vilaine, de la Haute-Garonne et du Cher à requérir respectivement 500, 300 et 240 chevaux de trait destinés au service de l'artillerie. Les chevaux devaient être tout harnachés, moitié en chevaux de devant, moitié en chevaux de derrière (*J. M. O.*, supplément 1871, p. 5 et 6).

Les 500 chevaux requis en Ille-et-Vilaine étaient « destinés à atteler deux batteries de 8 et trois batteries de 12 de chacune 12 à 14 voitures (6 pièces, 6 caissons et 2 autres voitures telles que chariot pour munitions ou affût de rechange). Ces batteries devaient être servies par cinq batteries de la garde nationale mobile, *les chevaux étant menés en main par des hommes de ladite garde nationale* ». Le général commandant la 16ᵉ division militaire était chargé d'organiser ces unités avec les batteries de la garde nationale mobile sous ses ordres. Si leur nombre était insuffisant, il demanderait au Ministre les batteries manquantes. Le matériel serait fourni par la direction d'artillerie de Rennes, et à défaut par la direction de Nantes et les arsenaux de la marine. Les chevaux ne

Les différentes batteries constituées par la garde nationale mobile ne furent pas toutes utilisées pour la défense nationale en province. 32 batteries montées et

---

devaient être réquisitionnés que successivement et au fur et à mesure qu'ils pourraient être utilisés (Le Ministre de la Guerre au Général commandant la 16ᵉ division militaire, à Rennes, Tours, 14 octobre). Ces cinq batteries étaient destinées aux troupes réunies au camp de Conlie. Le 27 octobre, le personnel était prêt et M. de Kératry demandait au Ministre que la direction d'artillerie de Rennes lui remît le matériel. Mais le harnachement manquait et il fallait le faire confectionner d'urgence (Le Général commandant l'armée de Bretagne au Ministre de la Guerre, à Tours, D. T., Nantes, 27 octobre, 8 h. 10 matin).

Les 300 chevaux fournis par la Haute-Garonne devaient atteler trois batteries de 12 formées dans les mêmes conditions par le général commandant la 12ᵉ division militaire. Le matériel de ces batteries serait prélevé sur le matériel des quatre batteries de 12 offertes par la ville de Toulouse (Le Ministre de la Guerre au Général commandant la 12ᵉ division militaire, à Toulouse, Tours, 14 octobre).

Les 240 chevaux requis dans le Cher étaient destinés à quatre batteries de 4 organisées par le général commandant la 19ᵉ division militaire avec du matériel fourni par la direction de Bourges (Le Ministre de la Guerre au Général commandant la 19ᵉ division militaire, à Bourges, Tours, 14 octobre). Pour permettre la formation de ces dernières unités, trois batteries de la garde nationale mobile de la Charente-Inférieure furent envoyées à Bourges, où elles arrivèrent le 22 et le 25 octobre. A cette date les quatre batteries étaient constituées, mais les attelages n'étaient pas encore complets (Le Ministre de la Guerre au Général commandant l'artillerie à Bourges, Tours, 19 octobre ; Le Général commandant supérieur de la région du Centre au Ministre de la Guerre, Bourges, 22 octobre ; Récit des opérations auxquelles a pris part l'artillerie de la garde mobile de la Charente-Inférieure).

La réquisition des chevaux ne se fit pas sans difficultés, soit que le pays fût déjà épuisé par des réquisitions antérieures, comme dans le Cher, soit que les préfets craignissent de mécontenter les populations (Le Général commandant supérieur de la région du Centre au Ministre de la Guerre, Bourges, 22 octobre ; le Préfet d'Ille-et-Vilaine au Ministre de l'Intérieur, Rennes, 21 octobre; Le Général commandant supérieur de la région de l'Ouest au Ministre de la Guerre, Le Mans, 29 octobre).

L'effectif des batteries de la garde nationale mobile fut d'environ

1 batterie à pied furent affectées à des corps d'armée de campagne (1); 27 batteries à pied, 1 batterie montée et 1 batterie de montagne firent partie des garnisons de

120 hommes. Il semble d'ailleurs qu'on renonça à l'idée de faire mener les chevaux en main. On projeta en effet d'utiliser quelques-unes de ces batteries pour servir des batteries mixtes comprenant 90 artilleurs servants de la garde nationale mobile (Le Préfet de Maine-et-Loire au Ministre de la Guerre, à Tours, D. T., Angers, 15 novembre, 10 h. 2 soir; Le Ministre de la Guerre au Préfet de Maine-et-Loire, à Angers, D. T., Tours, 16 novembre). Les conducteurs et les chevaux d'une batterie servie par la garde nationale mobile de la Seine-Inférieure, furent fournis par le dépôt du 15e d'artillerie (Historique *manuscrit* de la 1re batterie de la garde nationale mobile de la Seine-Inférieure). Dans d'autres batteries, des mobiles furent dressés au service de canonniers-conducteurs (Historique *manuscrit* de la batterie de la garde nationale du Var; Rapport sur l'artillerie de la garde nationale mobile du Pas-de-Calais). Enfin, la 4e batterie de la garde nationale mobile de la Seine-Inférieure, après avoir versé le 30 janvier son matériel de 4 de montagne, fut affectée le 5 février à une batterie de 4 de campagne, dont les attelages étaient conduits par des gardes nationaux mobilisés du Nord (Mémoire sur la 4e batterie de la garde mobile de la Seine-Inférieure).

(1) Ces batteries étaient, à la fin de la campagne, réparties de la manière suivante :

Ire armée (armée de l'Est) : 2 batteries de 12 RC et 1 batterie de 4 RC, soit 3 batteries montées ;

IIe armée (armée de la Loire) : 7 batteries de canons à balles, 2 batteries de 12 RC, 1 batterie de 7 RC, soit 10 batteries montées ;

Armée du Nord : 1 batterie de 8 RC, 4 batteries de 4 RC, soit 5 batteries montées (Une des batteries de 4 RC, la 4e de la Seine-Inférieure, fut organisée en batterie de montagne jusque fin janvier 1871) ;

Armée des Vosges : 1 batterie de canons à balles, 2 batteries de 12 RC, 2 batteries de 4 RC, 1 batterie à pied (parc de l'armée des Vosges), soit 5 batteries montées et 1 batterie à pied ;

Armée de Bretagne : 1 batterie de 12 RC, 1 batterie de 4 RC, 1 batterie de canons Armstrong, soit 3 batteries montées ;

Corps d'armée du Havre : 2 batteries de canons à balles, 2 batteries de 4 RC, soit 4 batteries montées ;

Colonne mobile de Bourges : 1 batterie de 7 RC, 1 batterie de 4 RC, soit 2 batteries montées.

places assiégées ou investies (1); enfin, 34 batteries à pied et 4 batteries montées restèrent dans des places ou des garnisons de l'intérieur (2).

Vers la fin de la campagne, les six batteries du département des Bouches-du-Rhône et les sept batteries du département du Doubs furent réunies en deux régiments. Le premier fut formé le 19 janvier 1871 à Lyon, et le deuxième le 1er février 1871 à Besançon. Mais il semble que cette réunion fut surtout faite pour faciliter et simplifier l'administration des batteries provenant d'un même département, réunies momentanément dans la même place, car ces régiments n'étaient pas homogènes et ils furent même disloqués plus tard. Le régiment des Bouches-du-Rhône, en effet, comprenait trois batteries à pied qui restèrent à Lyon, avec un détachement au fort des Rousses, et deux batteries montées et une batterie à pied qui furent dirigées sur l'armée des Vosges. Quant au régiment du Doubs, il avait quatre batteries à pied et une batterie montée à Besançon, une batterie de montagne à la colonne mobile du Doubs et une batterie montée au 24e corps (3).

---

(1) Ces batteries se trouvaient à la fin de la campagne :
Batteries à pied : 6 à Langres, 8 à Besançon, 5 à Belfort, 1 au fort de Salins, 2 à Mézières, 1 à Amiens, 1 à Péronne, 3 dans les lignes de Carentan, soit 27 batteries ;
Batterie montée : 1 de 4 RC à Besançon (batterie de sortie) ;
Batterie de montagne : 1 de 4 rayé de montagne à Besançon.
(2) A la fin de la campagne, ces batteries occupaient les emplacements suivants :
Batteries à pied : 2 à Dunkerque, 1 à Calais, 1 à Boulogne, 1 à Aire, 1 à Saint-Omer, 6 à Lille, 1 à Douai, 1 à Arras, 3 à Cambrai, 2 à Valenciennes, 2 à Bouchain, 2 à Landrecies, 1 à Condé, 1 à Givet, 1 à Auxonne, 6 à Lyon, 1 à Toulouse, 1 à Blaye, soit 34 batteries ;
Batteries montées : 1 de 4 RC à Lille, 1 de 4 RC à Arras, 2 de canons à balles à Nantes, soit 4 batteries.
(3) A. Martinien, *La Garde nationale mobile*, p. 8 et 31.

Mesures prises pour l'organisation des douze batteries de mitrailleuses de la garde nationale mobile. — Comme on vient de le voir, ces douze batteries avaient été créées par un décret du 3 novembre 1870 (1), dans le but d'augmenter le nombre des canons à balles disponibles tout en réservant les ressources des régiments d'artillerie pour l'organisation de batteries de campagne.

Les douze batteries de mitrailleuses devaient être fournies par sept départements de l'Ouest et du Sud-Ouest (2). Les servants étaient recrutés principalement parmi les ouvriers d'art, les conducteurs parmi les hommes habitués à la conduite des chevaux. A défaut d'engagements volontaires contractés pour la durée de la guerre, les canonniers étaient désignés d'office par l'autorité militaire dans les bataillons de gardes nationaux *mobiles* ou *mobilisés*.

Chaque batterie de mitrailleuses comprenait 3 officiers (1 capitaine, 1 lieutenant en premier et un lieutenant en second), 11 sous-officiers (1 adjudant, 1 maréchal des logis chef et 9 maréchaux des logis dont 1 fourrier), 8 brigadiers, 96 hommes (2 trompettes, 2 maréchaux ferrants, 2 bourreliers, 8 artificiers, 40 servants et 42 conducteurs), 14 chevaux de selle (3) et 64 chevaux de trait.

Les servants recevaient l'armement et l'équipement des hommes appartenant aux autres batteries de la garde

---

(1) *M. U.* du 6 novembre.

(2) Les départements de Maine-et-Loire, Deux-Sèvres, Charente-Inférieure, Gironde et Basses-Pyrénées, devaient fournir deux batteries chacun et ceux de la Charente et de la Vendée une batterie chacun. Dans les départements où il était formé deux batteries, un chef d'escadron devait être nommé pour les commander.

(3) En dehors des 3 officiers, étaient seulement montés l'adjudant, le maréchal des logis chef, le maréchal des logis fourrier, 2 maréchaux des logis, 2 brigadiers, 2 trompettes et 2 maréchaux ferrants.

nationale mobile; les gradés montés et les conducteurs, ceux des hommes du train d'artillerie.

Les officiers étaient nommés directement par le pouvoir exécutif au titre de l'armée auxiliaire et pour la durée de la guerre (1).

Quant aux chevaux de selle et de trait, ainsi que le harnachement, ils devaient être obtenus par voie de réquisition dans les départements où s'organisaient les batteries. Les harnais devaient être modifiés au lieu de rassemblement des batteries pour être adaptés au matériel.

Le décret du 3 novembre 1870 était muet sur la façon dont les départements devaient se procurer le matériel roulant. Certains crurent qu'ils devaient en assurer la fourniture, comme cela était prévu pour les batteries départementales de la garde nationale mobilisée. Mais une note, insérée au *Moniteur universel* du 16 novembre 1870, déclara que le matériel serait construit par l'État et que les batteries en prendraient livraison au lieu de rassemblement qui serait fixé ultérieurement.

---

(1) Certains officiers furent nommés par le Ministre de la Guerre, et d'autres par les généraux commandant les divisions militaires. Ces derniers furent même autorisés à exercer leur choix parmi les anciens sous-officiers d'artillerie qui faisaient partie de la garde nationale mobilisée (Le Général commandant la 14º division militaire au Ministre de la Guerre, à Tours, D. T., Bordeaux, 21 novembre, 12 h. 30 soir; Le Ministre de la Guerre au Préfet de la Gironde, à Bordeaux, D. T., Tours, 22 novembre ; Le Général commandant la 21º division militaire au Ministre de la Guerre, D. T., Limoges, 21 novembre, 3 h. 17 soir). On se proposait d'ailleurs de choisir les officiers parmi les ingénieurs civils ou les anciens élèves de Polytechnique. D'après l'ouvrage de M. A. Martinien (*La Garde nationale mobile*, p. 17 et suiv.), les capitaines commandant les douze batteries de mitrailleuses de la garde nationale mobile étaient : 1 sous-lieutenant d'artillerie hors cadres, 1 adjudant d'artillerie hors cadres, 1 brigadier de gendarmerie hors cadres, 2 anciens sous-officiers d'artillerie, 1 élève de marine démissionnaire, 1 ex-ouvrier d'artillerie et 5 civils.

Aussitôt après la réunion dans les départements du personnel et des chevaux, l'intention du Ministre était de diriger les 12 batteries de mitrailleuses sur Nantes, pour y recevoir, près des officiers de l'atelier de construction de canons à balles installé dans cette ville, l'instruction spéciale qui leur était indispensable (1). Mais leur organisation et particulièrement le recrutement des cadres subalternes et des conducteurs ne se firent pas sans de grandes difficultés. Le rappel dans l'armée active de tous les mobilisés ayant servi dans l'artillerie avait, en effet, enlevé les éléments sur lesquels on aurait pu compter. Dans certains départements, en outre, les bataillons de garde nationale mobile ou mobilisée avaient déjà été envoyés aux armées de campagne ou dirigés sur des camps d'instruction.

Malgré toute l'activité recommandée à maintes reprises par le Ministre de la Guerre (2), les premières batteries, dont le personnel fut constitué, ne purent être dirigées sur Nantes que le 10 décembre (3). Il fallut attendre

---

(1) Le Ministre de la Guerre au Général commandant le 15ᵉ division militaire, à Nantes, Tours, 26 novembre. — L'atelier de fabrication de canons à balles du commandant de Reffye avait été transporté de Meudon à Nantes avant l'investissement de Paris.

(2) Le Ministre de la Guerre au Général commandant la 14ᵉ division militaire, à Bordeaux, D. T., Tours, 19 novembre ; Le même au Préfet de la Gironde, à Bordeaux, Tours, 22 novembre ; Le même aux Généraux commandant les divisions militaires, à Nantes, Bordeaux, Bayonne et Limoges, D. T., Tours, 28 novembre.

(3) Le Général commandant la 21ᵉ division militaire au Ministre de la Guerre, à Tours, D. T., Limoges, 29 novembre, 3 h. 17 soir ; Le Général commandant la 15ᵉ division militaire au Ministre de la Guerre, Nantes, 29 novembre ; Le même au même, D. T., Nantes, 2 décembre, 10 heures matin ; Le Général commandant la 14ᵉ division militaire au Ministre de la Guerre, D. T., Bordeaux, 2 décembre, 11 h. 50 matin ; Le Ministre de la Guerre au Général commandant la 15ᵉ division militaire à Nantes, Tours, 5 décembre.

En répondant le 14 décembre au Général commandant la 15ᵉ division

ensuite que le matériel fut fabriqué et l'instruction du personnel terminée. Aussi la plupart des batteries de canons à balles de la garde nationale mobile ne furent-elles guère organisées définitivement que dans le courant du mois de janvier 1871; dans les Deux-Sèvres même, la mise sur pied fut encore plus lente et les deux batteries de ce département étaient encore à Nantes lorsque l'armistice fut signé (1).

D'autre part, on dut renoncer, en partie tout au moins, à faire livrer par les départements les chevaux et les harnais, qui furent fournis soit par le service de la remonte, soit par l'atelier de fabrication de canons à balles.

Une fois instruites et pourvues de leur matériel à Nantes, les batteries de mitrailleuses de la garde nationale mobile furent envoyées aux armées (2). Pour assurer

---

militaire, le Ministre prescrivait qu'en raison du service tout spécial des canons à balles, il n'était pas indispensable de rechercher pour leurs cadres des hommes déjà au courant du service de l'artillerie.

(1) Le Général commandant la 15e division militaire au Ministre de la Guerre, Nantes, 11 janvier 1871.

Les batteries de canons à balles de la garde nationale mobile reçurent leur matériel aux dates suivantes : Charente et 1re de Maine-et-Loire, 5 janvier 1871; 1re des Basses-Pyrénées, 10 janvier; 1re de Charente-Inférieure, 11 janvier; 1re et 2e de la Gironde et 2e des Basses-Pyrénées, 12 janvier; 2e de la Charente-Inférieure, 15 janvier; 2e de Maine-et-Loire, 25 janvier; Vendée, 3 février (États récapitulatifs des batteries de campagne délivrées par les ateliers de fabrication de canons à balles du 12 septembre 1870 au 8 février 1871, Nantes, 8 février 1871).

(2) Les batteries de canons à balles de la garde nationale mobile reçurent les affectations suivantes : Charente et Vendée, 26e corps; 1re et 2e de la Charente-Inférieure, corps d'armée du Havre; 1re et 2e des Basses-Pyrénées, 25e corps; 1re et 2e de la Gironde, 19e corps; 1re et 2e de Maine-et-Loire attachées d'abord à la colonne du général Cléret, passèrent ensuite au 19e corps.

Une seule d'entre elles, la 1re batterie des Basses-Pyrénées, prit une part effective à la campagne. Le 28 janvier, le jour même de l'armis-

leur ravitaillement en hommes et en chevaux, le Ministre organisa près de l'atelier de fabrication un dépôt spécial, qui devait comprendre pour chacune des batteries 20 servants et 20 conducteurs, envoyés par les départements ayant fourni ces unités, et des chevaux de selle et de trait provenant de la remonte (1).

Mais il fut impossible à certains départements de mobiliser ce supplément de personnel, et l'effectif prévu de 480 canonniers ne fut jamais atteint. Ces hommes ne devaient d'ailleurs être dirigés sur Nantes qu'après le départ de cette ville des batteries qu'ils étaient destinés à recompléter. Pour assurer l'instruction de ce dépôt, le Ministre autorisait, le 20 janvier, le général commandant la 15ᵉ division militaire à constituer un cadre, comprenant : 1 capitaine, 1 lieutenant ou sous-lieutenant, 1 adjudant, 1 maréchal des logis chef, 1 fourrier, 6 maréchaux des logis, 6 brigadiers, 2 maréchaux ferrants, 1 bourrelier et 2 trompettes. Les officiers pouvaient être choisis parmi ceux à la disposition du directeur de l'atelier de fabrication de canons à balles (2).

---

tice, elle assista avec le 25ᵉ corps à l'attaque du faubourg de Vienne, sur la rive gauche de la Loire, devant Blois [Cf. *Le Canon à balles en 1870* (Revue d'Histoire, n° 110, février 1910, p. 320)].

(1) Le Ministre de la Guerre au Général commandant la 15ᵉ division militaire, à Nantes, Bordeaux, 10 janvier 1871.

(2) Le même au même, Bordeaux, 20 janvier 1871. — Une autre proposition se rapportant à l'artillerie de la garde nationale mobile fut faite au Ministre par le directeur de l'artillerie de Rennes ; elle consistait à charger deux pièces de montagne sur une charrette pour en faire une section très mobile pouvant passer partout. Cette proposition, acceptée par le Ministre pour deux batteries, ne fut pas mise à exécution et on ne trouve trace, dans la garde mobile, que de la batterie de montagne du département du Doubs (Le Colonel directeur de l'artillerie à Rennes au Ministre de la Guerre, Rennes, 13 octobre ; Le Ministre de la Guerre au Directeur de l'artillerie, à Rennes, Tours, 16 octobre).

§ 3. — *Garde nationale mobilisée* (1).

En même temps que le ministère de la Guerre réorganisait l'artillerie de l'armée régulière, le ministère de l'Intérieur s'efforçait de munir la garde nationale mobilisée d'une artillerie puissante. On espérait pouvoir ainsi accroître les ressources de la Défense nationale, en dehors des moyens réguliers fournis par les arsenaux de l'État (2).

D'après un décret du 3 novembre 1870 (3), chaque département était tenu de mettre sur pied, dans un délai de deux mois, une batterie de campagne par 100,000 âmes de population. La première devait être prête dans les trente jours.

Les batteries montées, équipées et pourvues de tout leur matériel et personnel, y compris les officiers et un chef d'escadron par trois batteries, devaient être établies aux frais des départements et à la diligence des préfets, investis à cet effet de tous droits de réquisition nécessaires. Avant leur mise en service, les batteries devaient être présentées à l'autorité militaire du département, qui s'assurerait que les pièces étaient susceptibles de faire campagne et délivrerait dans les trois jours un certificat en conséquence.

L'État se réservait la faculté de disposer des batteries ainsi formées. Dans ce cas, le montant de la dépense était remboursé aux départements. Les batteries restant à la disposition d'un département faisaient, de droit, partie des forces constituées au moyen des gardes nationales de cette circonscription.

---

(1) Ministère de l'Intérieur. Organisation et liquidation du service des batteries d'artillerie de la garde nationale mobilisée. Rapport présenté par M. Henry Durangel, Versailles, 19 février 1872.
(2) Note du colonel Thoumas (sans date).
(3) *M. U.* du 5 novembre.

Matériel. — Le 8 novembre 1870, un arrêté du Ministre de l'Intérieur et de la Guerre créait au ministère de l'Intérieur une délégation spéciale pour diriger et surveiller l'exécution de toutes les mesures relatives à l'organisation des gardes nationales mobilisées et sédentaires, en ce qui concernait « la partie technique de cette organisation (1) ». M. Maurice Lévy, ingénieur des ponts et chaussées, était investi de cette délégation et était chargé d'assurer la direction de ce service.

Le délégué spécial du ministère de l'Intérieur disposait pour l'exécution de sa mission de pouvoirs très étendus. Il avait le droit de requérir tous les ateliers de l'industrie privée avec leur personnel et leur matériel, ainsi que toutes les matières premières et ouvrées, les ingénieurs et conducteurs des ponts et chaussées, les ingénieurs des mines et gardes-mines, les ingénieurs civils et tous les contremaîtres et ouvriers reconnus aptes à prendre part aux travaux d'armement. Cependant, en toutes circonstances, ce droit de réquisition était primé par celui accordé au Ministre de la Guerre par les décrets antérieurs ou à venir (2).

Pendant toute la durée du travail dans les ateliers ainsi requis, les patrons, les employés, les chefs d'ateliers étaient considérés comme faisant un service militaire. Ils étaient par suite dispensés de tout autre service dans l'armée active, dans l'armée auxiliaire ou dans la garde nationale sédentaire, et devaient être embrigadés militairement (3).

---

(1) *M. U.* du 12 novembre.
(2) Décret du 11 novembre (*M. U.* du 16 novembre). — La délégation jouissait en outre de la franchise postale avec les administrations publiques et les particuliers avec qui elle avait à correspondre. Les compagnies de chemins de fer étaient tenues d'obtempérer à toutes ses réquisitions pour le transport du personnel ou du matériel d'armement.
(3) Application des décrets du 11 octobre (*M. U.* du 14 oc-

Il était indispensable de doter toute l'artillerie de la garde nationale mobilisée d'un matériel construit d'après un type unique. Il fallait, pour cela, centraliser et organiser le travail des ateliers appelés à concourir à cette fabrication, afin d'assurer dans la construction des éléments constitutifs des batteries, qui doivent être interchangeables, l'uniformité et la précision qui facilitent le service et assurent économiquement l'entretien et le remplacement. On évitait également toute confusion possible pour l'approvisionnement et le ravitaillement en munitions.

Il importait en outre de procurer aux départements dépourvus de ressources les moyens de remplir leurs obligations sans se faire une concurrence fâcheuse. Il était, d'autre part, expéditif et économique de confier l'entreprise des batteries de plusieurs départements à de grandes compagnies industrielles, installées dans des localités hors d'atteinte de l'invasion, largement approvisionnées en matières premières et munies d'un outillage qu'il suffisait d'approprier aux besoins nouveaux.

Mais une centralisation excessive aurait peut-être eu des inconvénients aussi grands que la dissémination des efforts. Dans ces conditions, la délégation spéciale du ministère de l'Intérieur offrit aux départements de faire exécuter à leurs frais, par l'intermédiaire de *commissions régionales*, tout ou partie des travaux, dont ils ne pouvaient prendre eux-mêmes la direction.

Trois de ces commissions régionales furent installées à Saint-Étienne, à Nantes et à Lille. Elles étaient composées d'officiers d'artillerie attachés aux manufactures ou aux établissements militaires, d'ingénieurs, de négo-

---

tobre) et du 10 novembre (*M. U.* du 13 novembre). — Voir ci-après : *Organisation en compagnies ou bataillons des ouvriers travaillant dans les ateliers utilisés pour la confection du matériel de guerre.*

ciants ou industriels non intéressés aux travaux d'armement. Elles jouissaient de tous les droits accordés à la délégation spéciale (1).

Pour arriver au but que l'on se proposait et éviter toute perte de temps en essais ou en tâtonnements, le

---

(1) La commission régionale de Saint-Étienne fut instituée par un arrêté du 9 novembre (*M. U.* du 12 novembre). Elle comprenait six membres : un ingénieur, membre de la commission d'armement, un ingénieur en chef des mines, un ingénieur directeur d'une compagnie de mines, un négociant, un commandant d'artillerie attaché à la manufacture d'armes de Saint-Étienne et le président du syndicat des armuriers de la Loire.

Cette commission régionale s'étendait sur cinquante départements, de l'Est, du Sud-Est, du Centre et du Sud-Ouest, les départements envahis restant en dehors.

Cinq départements du Nord formaient la circonscription de la commission régionale de Lille, instituée par un arrêté du 30 novembre (*M. U.* du 2 décembre). Elle se composait d'un ingénieur des mines, d'un officier d'artillerie, d'un ingénieur civil et de trois industriels ou commerçants. En raison des circonstances, cette commission n'eut à opérer que pour le département du Nord, les quatre autres départements étant envahis ou s'étant directement procuré leur matériel d'artillerie.

La commission régionale de Nantes, organisée par un arrêté du 13 décembre (*M. U.* du 22 décembre), comprenait quinze départements de l'Ouest et du Nord-Ouest. Elle se composait d'un commissaire de la marine, président, d'un ingénieur des mines, du directeur d'Indret, d'un ingénieur de la marine, d'un lieutenant-colonel et d'un commandant d'artillerie, d'un conseiller général de la Loire-Inférieure, du président de la Chambre de commerce et d'un conseiller municipal de Nantes. Chacun des départements rattachés à la commission devait en outre désigner un délégué pour lui être adjoint.

En dehors de ces trois commissions régionales, le préfet des Bouches-du-Rhône mit en réquisition, le 22 novembre, toutes les grandes usines de son département. Il fut chargé par les ministères de la Guerre et de l'Intérieur de faire construire, au compte de l'État, un certain nombre de batteries. Il offrit ensuite à plusieurs de ses collègues de leur livrer les batteries imposées à leurs départements.

Ministre de l'Intérieur recommandait aux préfets, par une circulaire du 11 novembre (1), d'adopter comme type général et unique de bouche à feu pour les batteries départementales, le canon de 7 se chargeant par la

---

(1) *M. U.* du 14 novembre. — Dans cette circulaire, le Ministre de l'Intérieur recommandait de s'associer entre départements voisins pour diminuer les frais généraux et empêcher la concurrence, à condition que cette entente se fasse sans perte de temps et que l'on puisse former rapidement un comité régional composé *d'un petit nombre* d'hommes d'action se chargeant de faire l'ensemble des commandes et d'en surveiller l'exécution. Les commandes devaient être adressées à de grandes maisons, auxquelles on imposerait au besoin l'obligation de faire confectionner les pièces de peu d'importance dans les petits ateliers de la région pour donner du travail à tous. Avant de faire exécuter le travail, les départements devaient justifier qu'ils disposaient des fonds nécessaires.

Si l'on se trouvait en présence d'une impossibilité absolue d'exécution, le Gouvernement se chargeait de construire les batteries aux frais du département.

Pour établir un compte exact des ressources de chaque département, le Ministre envoyait en même temps un questionnaire qui, une fois rempli, devait être retourné à la délégation du ministère de l'Intérieur.

Le Ministre indiquait en même temps aux préfets comme ressources industrielles à mettre en œuvre :

1° Les ateliers de fonderie, de ferronnerie, de sellerie et de charronnage ainsi que les chantiers de bois appartenant à des particuliers ;

2° Les ateliers des grandes compagnies de chemins de fer et de transports maritimes ;

3° Les ateliers de la marine de l'État et ceux de la guerre, s'ils n'étaient pas déjà utilisés.

Tous ces établissements pouvaient être requis par les préfets conformément aux prescriptions d'un décret qui devait être annexé à la circulaire du 11 novembre. Mais ce décret, qui parut également le 11 novembre (*M. U.* du 16 novembre), ne fut pas rendu dans les termes prévus par le Ministre de l'Intérieur. Il n'y était plus question que de la réquisition des ateliers de l'industrie privée, de leur personnel et de leur matériel.

Le Ministre de la Marine, en particulier, signala cette différence de textes par une circulaire du 14 novembre, dans laquelle il invitait les préfets maritimes et les directeurs des établissements de la marine hors

culasse, système du lieutenant-colonel de Reffye, qui pouvait être exécuté en acier ou en bronze. Mais les dessins de cette pièce, dont le modèle venait à peine d'être définitivement fixé, ne purent être achevés et livrés que le 15 décembre. Ce ne fut donc qu'à partir de cette époque que commença la fabrication des canons.

Dès leur organisation, les commissions régionales de Saint-Étienne et de Nantes avaient été autorisées à ne pas attendre les demandes des départements et à donner aux grands ateliers de leur région des commandes limitées à 100 batteries pour la première et à 25 pour la deuxième. Les modèles du matériel roulant de 8 et de 12 de campagne ayant été désignés comme applicables au canon de 7, sauf quelques modifications dans l'affût, les constructeurs commencèrent leurs travaux, dès que l'on put leur fournir un recueil complet de dessins et de tables de construction (1).

Un décret du 22 novembre conféra aux préfets le droit de requérir les chevaux nécessaires et les harnais

---

les ports à ne pas tenir compte des prescriptions de la circulaire du 11 novembre et à n'entreprendre de travaux que suivant son autorisation (*Bulletin officiel de la Marine, 1870-1871, Délégation hors Paris*, p. 33).

(1) Les établissements de l'artillerie devaient mettre à la disposition de la délégation du ministère de l'Intérieur ou de ses agents départementaux tous les modèles, dessins et tables de construction existant dans les archives, *mais sans se dessaisir de ces documents* [Décision du Ministre de l'Intérieur et de la Guerre du 8 novembre (*M. U.* du 12 novembre)].

La délégation du ministère de l'Intérieur réunit des dessinateurs pris parmi les conducteurs des ponts et chaussées et les élèves des écoles des arts et métiers, mais le travail de copie, quoique mené avec la plus grande activité, demanda beaucoup de temps. Un recueil complet de dessins et de tables de construction fut autographié et envoyé dans chaque département et à tous les entrepreneurs.

susceptibles d'être employés. Des comités de remonte étaient chargés de faire le recensement des chevaux et harnais qui pouvaient être utilisés et, à la date fixée, les propriétaires étaient tenus de les présenter à l'estimation d'un jury nommé par les préfets (1). Pour éviter aux départements des frais d'entretien inutiles, il fut décidé que les propriétaires resteraient détenteurs des animaux jusqu'au jour où la livraison du matériel et l'organisation des cadres permettraient de constituer définitivement les batteries.

Le décret du 8 décembre, qui organisa la réquisition des chevaux pour l'armée régulière, vint gêner la levée des animaux destinés à l'artillerie de la garde nationale mobilisée; quelques préfets durent même ajourner leurs opérations, de sorte qu'à la fin de janvier 1871 tous les chevaux nécessaires n'étaient pas encore fournis (2).

Pour venir en aide aux départements privés de toutes ressources, le décret du 22 novembre précité mettait à la disposition du Ministre de l'Intérieur un crédit de

---

(1) *M. U.* du 25 novembre. — Les réquisitions devaient être payées soit au comptant, soit au moyen d'obligations départementales rapportant 5 p. 100 à partir du jour de la livraison. Les conseils généraux devaient déterminer ultérieurement le mode de remboursement de ces obligations.

Une circulaire du 29 novembre prescrivit aux comités de remonte de désigner d'abord les chevaux de luxe et les chevaux des propriétaires qui en possédaient plusieurs.

(2) Il ne fut acheté que 6,000 chevaux pour les batteries départementales. Leur acquisition occasionna une dépense de 3,331,000 francs environ, dont 704,000 francs furent payés en obligations départementales. Après l'armistice, les chevaux furent revendus par les Domaines pour 2,078,000 francs. Les frais occasionnés pour la réquisition et la vente des animaux s'élevant à peu près à 63,000 francs, la perte résultant de l'opération fut d'environ 1,290,000 francs.

20 millions, exclusivement réservé au matériel. Un décret du 30 décembre augmenta ce crédit de 4 millions pour assurer la fabrication des projectiles et des gargousses.

Au mois de décembre, en présence des retards constatés dans la fabrication des canons et du matériel roulant, une circulaire ministérielle autorisa qu'un tiers des batteries départementales fût constitué par des pièces de 4, de 8 et de 12 rayées de campagne. De plus, la Guerre céda à l'Intérieur 300 pièces de 8 et de 12 comme prime aux départements qui fourniraient les affûts, les caissons, les projectiles, les harnachements et les chevaux (1).

Chacune des batteries de la garde nationale mobilisée devait posséder un approvisionnement de 200 coups. Il était impossible aux départements d'assurer la fabrication de ces munitions. Aussi le ministère de l'Intérieur décida-t-il, le 14 décembre, de créer à Bordeaux un établissement de pyrotechnie où se fabriqueraient les munitions nécessaires à l'artillerie départementale (2). Cet établissement fut dans la suite installé à Cette, dans les bâtiments d'une usine abandonnée requise à cet effet. Il devait produire par jour 5,000 gargousses pour canon de 7; mais il ne commença à fonctionner que dans la seconde quinzaine de février. La conclusion de la paix arrêta le travail : 1,500 gargousses seulement étaient prêtes, près de 10,000 étaient en voie d'achèvement (3).

---

(1) Les batteries de la garde nationale mobilisée devaient avoir la même composition que les batteries de l'armée régulière (15 voitures pour les batteries de 4, 22 voitures pour les batteries de 7, de 8 et de 12).
(2) *M. U.* du 18 décembre.
(3) L'organisation de cette usine fut confiée à M. Toussaint, ingé-

Faute de ressources suffisantes, quelques départements demandèrent et obtinrent l'autorisation d'ajourner la construction d'une partie du matériel qu'ils devaient fournir. De ce fait, le nombre des batteries de la garde nationale qui devaient être mises sur pied fut réduit de 359, chiffre imposé par le décret du 5 novembre, à 250 (1), comportant au total 1,500 bouches à feu, 5,130 voitures, 1,800,000 projectiles, le harnachement de 38,000 chevaux, les armements et assortiments divers, etc. Pour servir ce matériel, 46,000 hommes étaient nécessaires et les dépenses prévues s'élevaient à 85 millions.

Il faut reconnaître que, lorsqu'on commença cette tâche colossale, ni la délégation spéciale du ministère de l'Intérieur, ni les commissions régionales, ni les industriels soumissionnaires eux-mêmes ne se rendirent un compte exact de la difficulté et de la durée du travail. Le matériel dont on entreprit la construction ne put être livré dans les délais. Pour parer à cet inconvénient, on procéda à des achats en Angleterre et en Amérique. Mais, pour ce dernier pays particulièrement, il était déjà trop tard pour que les acquisitions pussent arriver à temps.

Dès que l'on put considérer comme prochaine la cessation définitive des hostilités, des ordres furent envoyés, le 18 février 1871, pour suspendre les traités qui n'avaient pas reçu un commencement d'exécution ou pour réduire l'importance des marchés en cours. Néanmoins il fut

---

nieur civil, qui se retira le 5 février 1871. M. Scheurer-Kestner, manufacturier à Thann, consentit à lui succéder dans la direction de l'établissement.

(1) Dont 54 batteries de 4, 166 batteries de 7 se chargeant par la culasse, 13 batteries de 8 et 18 batteries de 12.

ARTILLERIE.   283

livré comme matériel d'artillerie à la délégation du ministère de l'Intérieur :

- 1,002 canons de 7 se chargeant par la culasse dont 557 en bronze et 445 en acier fondu sur lesquels 328 étaient entièrement finis ;
- 240 canons de 4, 24 canons de 8 et 6 canons de 12 rayé de campagne en bronze ;
- 30 canons de 4 de montagne ;
- 330 pièces américaines système Parrott (1) ;
- 85 pièces anglaises (6 du calibre de 6 livres, 25 de 9 livres et 54 de 12 livres) ;
- 2,458 affûts avec leurs avant-trains et leurs accessoires (845 pour pièces de 4 ou pour pièces anglaises et américaines et 1,613 pour pièces de 7, 8 et 12) ;
- 3,296 caissons complets (829 pour pièces de 4 et 2,467 pour pièces de 7, 8 et 12) ;
- 518 chariots de batterie ;
- 346 forges de campagne munies de l'outillage réglementaire ;
- Le harnachement pour 37,000 chevaux ;
- Et enfin 263,000 obus (2).

Le compte général des dépenses s'élevait, après toutes

---

(1) C'est-à-dire 55 batteries à 6 pièces. Cependant la délégation du ministère de l'Intérieur avait fait acheter en Amérique, par la Commission d'armement, 50 batteries Parrott. Ce matériel arriva en France en janvier 1871. Elle dut en outre prendre à sa charge l'acquisition de 25 nouvelles batteries Parrott, décidée le 28 novembre par le Ministre de l'Intérieur et de la Guerre, sur la proposition de la Commission d'étude des moyens de défense. Ce dernier matériel devait être livré le 28 janvier 1871. Mais le 12 février, il n'était pas encore complètement embarqué. L'État français ne put arriver à résilier le marché, et, après une transaction, les 25 batteries Parrott débarquèrent à Alger dans le courant du mois de septembre 1871.

(2) Pour constituer le matériel des batteries de la garde nationale mobilisée, la délégation du ministère de l'Intérieur, les commissions régionales ou les commissions départementales conclurent des marchés soit avec des compagnies de chemins de fer, soit avec des sociétés ou des particuliers présentant de sérieuses garanties.

La délégation du ministère de l'Intérieur emprunta aussi, comme on

réductions faites, à 33 millions, y compris les frais d'installation et de fabrication de la pyrotechnie de Cette et l'achat de 6,000 chevaux (1).

La délégation du ministère de l'Intérieur s'était constamment appliquée à exiger des constructions soignées, quitte à augmenter de quelques semaines les délais de fabrication ; elle avait montré dans ses réceptions la plus grande sévérité. Dans ces conditions, le matériel fabriqué sous sa direction et son contrôle put, après

---

vient de le voir, le concours de la *Commission d'armement* pour ses achats à l'étranger.

Le matériel des batteries départementales fut constitué dans les conditions suivantes :

MATÉRIEL.	FABRIQUÉ OU ACHETÉ		ACHETÉ en Amérique (batteries Parrott).
	directement par les départements.	par la délégation.	
Bouches à feu................	469	918	330
Affûts........................	1,030	1,063	385
Caissons......................	1,688	1,278	330
Chariots......................	236	227	55
Forges........................	133	158	55
Harnachement (collections pour une batterie)................	127	82	55

C'est-à-dire que les départements se déchargèrent sur la délégation du soin de leur procurer la plus grande partie des bouches à feu, tandis qu'ils firent acheter ou confectionner avec les ressources dont ils disposaient sur leur propre territoire la moitié environ du matériel roulant et du harnachement.

(1) On a vu plus haut qu'un crédit total de 24 millions avait été mis à la disposition de la délégation du ministère de l'Intérieur. Ce crédit fut employé jusqu'à concurrence de 23 millions. Les départements payèrent de leur côté un peu plus de 10 millions (exactement 10,185,778 francs), qui leur furent remboursés en cinq annuités, conformément à la loi du 11 septembre 1871. Cette loi exonéra en effet les départements des dépenses faites pour la construction et l'organisation des batteries de la garde nationale mobilisée.

ARTILLERIE.

vérification, être en grande partie repris par le service de l'artillerie.

Personnel. — La composition, le mode de recrutement, l'armement et l'équipement des batteries de la garde nationale mobilisée furent réglés par un arrêté du 22 novembre (1).

Ces batteries étaient constituées, en principe, comme les batteries montées de l'armée régulière sur le pied de guerre (2). Contrairement à ce qu'avait prescrit le décret

---

(1) *M. U.* du 29 novembre.
(2) D'après une note du 29 novembre, annexée à l'arrêté du 22 novembre 1870, les cadres et la composition des batteries de la garde nationale mobilisée étaient fixés ainsi qu'il suit :

PERSONNEL.	BATTERIES de 7, 8 et 12 rayés de campagne.		BATTERIE DE 4 rayé de campagne.		BATTERIE DE 4 rayé de montagne.	
	Hommes.	Chevaux.	Hommes.	Chevaux.	Hommes.	Chevaux ou mulets.
Capitaine en premier, monté.	1	3	1	3	1	3
Capitaine en second, monté..	1	3	1	3	1	3
Lieutenant en premier, monté.	1	2	1	2	1	2
Lieutenants en second ou sous-lieutenants, montés......	2	4	2	4	2	4
Adjudant, monté...........	1	1	1	1	1	1
Maréchal des logis chef, monté	1	1	1	1	1	1
Fourriers, montés..........	2	2	2	2	2	2
Maréchaux des logis, montés.	8	8	8	8	8	8
Brigadiers.. { montés......	8	8	8	8	»	»
{ à pied........	4	»	2	»	10	»
Trompettes.. { montés......	3	3	3	3	3	3
{ à pied........	1	»	1	»	1	»
Maréchaux ferrants, montés..	3	3	3	3	3	3
Artificiers	8	»	8	»	8	»
Servants	62	»	50	»	60	»
Conducteurs	88	132	56	84	128	128
Ouvriers	4	»	4	»	4	»
Bourreliers...............	2	»	1	»	2	»
TOTAUX......	5 officiers. 195 hommes. 170 chevaux		5 officiers. 148 hommes. 122 chevaux.		5 officiers. 234 hommes. 30 chevaux. 128 mulets.	

du 3 novembre, il devait y avoir un chef d'escadron pour deux batteries, et ce n'était que provisoirement, dans les départements fournissant un nombre impair d'unités, que trois batteries pouvaient être réunies sous les ordres d'un même officier supérieur.

Le personnel des batteries départementales devait être recruté d'abord au moyen de volontaires, puis parmi les gardes nationaux mobilisés ayant servi dans l'artillerie de terre et de mer, parmi les anciens élèves des écoles spéciales du Gouvernement et des écoles professionnelles, parmi les ouvriers d'art ou les personnes ayant des connaissances techniques se rapprochant de celles exigées par le service des bouches à feu. Le recrutement de ce personnel fut d'ailleurs très gêné par les dispositions de la circulaire du 18 novembre, qui avait rappelé dans l'armée active les mobilisés ayant servi dans l'artillerie (1).

Le système électif des gradés de la garde nationale, admis par la loi du 13 juin 1851 et par l'article 5 du décret du 11 octobre 1870 (2), avait donné, pour la nomination des officiers surtout, des résultats peu satisfaisants. Le décret du 22 novembre renonçait à ce procédé. La nomination des officiers des batteries de la garde nationale mobilisée était confiée au Ministre de l'Intérieur, qui exerçait son choix sur une liste de présentation dressée par le préfet, avec titres à l'appui pour chaque candidat. Il appartenait au Ministre de la Guerre, une fois les batteries réunies, de pourvoir, au fur et à

---

(1) Les considérants de l'arrêté du 22 novembre visaient bien la circulaire du 18 novembre, mais aucun des articles n'en spécifiait l'abrogation. On a vu plus haut, p. 117 et suiv., les mesures qui furent prises pour sauvegarder les intérêts de la garde nationale mobilisée.

(2) *M. U.* du 13 octobre. — Ce décret réglait l'organisation des compagnies de gardes nationaux mobilisés par le décret du 29 septembre 1870.

mesure des besoins, aux emplois d'officiers d'un grade plus élevé que celui de chef d'escadron.

Les officiers ou anciens officiers faisant défaut pour satisfaire aux besoins de l'artillerie régulière, il fallut recruter ceux de l'artillerie de la garde nationale mobilisée parmi les candidats, que leurs connaissances techniques et leurs aptitudes spéciales désignaient plus particulièrement (1).

Quant aux sous-officiers, ils étaient nommés par le chef d'escadron sur une liste de proposition arrêtée en conseil par les officiers de chaque batterie. Le capitaine commandant présidait ce conseil avec voix prépondérante en cas de partage.

Les mobilisés servant comme officiers ou sous-officiers dans les armes autres que l'artillerie, et qui, en raison de leurs connaissances spéciales, étaient appelés dans cette dernière, devaient, autant que possible, y entrer avec leur grade ou le grade immédiatement inférieur.

Toute dérogation à cette règle devait être signalée au Ministre de l'Intérieur pour les officiers, et aux chefs d'escadron pour les sous-officiers.

L'armement et l'équipement des hommes non montés étaient ceux des batteries de la garde nationale mobile. Les hommes montés étaient armés et équipés comme les conducteurs du train d'artillerie.

L'uniforme était celui de la garde nationale mobilisée

---

(1) Le Ministre de la Guerre au Préfet de l'Aveyron, à Rodez, Bordeaux, 7 janvier 1871. — Sur dix-neuf commandants de batterie de la garde nationale mobilisée dont on a pu connaître les antécédents, on trouve un enseigne de vaisseau, un ancien garde d'artillerie, sept anciens sous-officiers d'artillerie ou sous-officiers d'artillerie en retraite, un ancien sous-officier de chasseurs, un ancien élève de l'École polytechnique, trois anciens élèves de l'École centrale, un ingénieur des mines, un ingénieur de la marine, un ingénieur civil, un capitaine au long cours et un civil (Travaux inédits de M. A. Martinien).

sauf deux bandes rouges avec passepoil au pantalon, et, pour les hommes montés, une fausse botte en cuir noirci.

Les officiers et les hommes recevaient la solde et les allocations de l'artillerie de la garde nationale mobile qui, sous ce rapport, était assimilée à l'artillerie régulière (1).

Pour assurer l'instruction des diverses unités de la garde nationale mobilisée, un décret du 26 novembre créait des *camps régionaux* (2), où les mobilisés devaient être exercés et entraînés. On reconnaissait bientôt que, faute d'instructeurs et de matériel, le dressage des artilleurs et des chevaux ne pouvait s'y faire dans de bonnes conditions. Aussi, par arrêté du 2 janvier 1871, formait-on, près des directions d'artillerie de la Guerre, des dépôts destinés à instruire l'artillerie départementale (3).

Dès qu'une batterie avait reçu son contingent d'hommes et de chevaux, elle se rendait au dépôt qui lui était assigné et passait sous l'autorité du Ministre de la Guerre. Là, l'instruction des hommes et le dressage des chevaux devaient être assurés, au moyen de matériel fourni par la Guerre, par un cadre d'anciens officiers et sous-officiers demeurés en dehors de la mobilisation et ayant servi dans l'artillerie ou la cavalerie.

---

(1) Toutefois l'indemnité d'entrée en campagne était payée par moitié, l'une lors de la prise des fonctions, et l'autre au moment où la batterie était désignée pour faire partie des formations de guerre.

(2) *M. U.* du 27 novembre. — Les mesures spéciales concernant l'organisation des camps régionaux seront exposées ultérieurement.

(3) *M. U.* du 6 janvier 1871. — Des mesures analogues avaient été prises pour les batteries de canons à balles de l'artillerie régulière et de la garde nationale mobile. Celles-ci avaient été envoyées à Nantes, pour y recevoir près des officiers de l'atelier de construction l'instruction spéciale qui leur était nécessaire. Il n'avait cependant pas été créé à Nantes de dépôt spécial pour l'artillerie régulière [*Le canon à balles en 1870* (Revue d'Histoire, n° 110, février 1910, p. 318)].

Après un séjour de vingt jours au dépôt, les batteries pouvaient, si leur matériel était au complet, être réclamées par le commandant du camp auquel elles appartenaient.

A la tête de chaque dépôt devait être un colonel, ayant sous ses ordres 1 capitaine et 2 lieutenants instructeurs d'artillerie, 1 capitaine et 2 lieutenants instructeurs de cavalerie et 12 à 18 sous-officiers instructeurs. La nomination de ce personnel appartenait, comme celle des officiers de l'artillerie de la garde nationale mobilisée, au Ministre de l'Intérieur.

Un arrêté du 3 janvier 1871 (1) fixait à 17 le nombre des dépôts, nombre qui fut bientôt porté à 19 (2). Les frais d'installation et d'entretien étaient mis à la charge des départements, au prorata des batteries que leur imposait le décret du 3 novembre 1870 (3).

Mais, en dépit des avantages qui leur étaient concédés, il fut très difficile de trouver les instructeurs nécessaires, et les dépôts ne purent remplir la mission que l'on attendait d'eux. Les uns ne purent être constitués, et l'organisation des autres fut à peine ébauchée.

Malgré les obstacles qui gênèrent la construction du matériel et la réunion du personnel, le Ministre de l'Intérieur avait constitué le 28 janvier 1871, au moment

---

(1) *M. U.* du 8 janvier 1871.

(2) Les dix-sept dépôts étaient installés à : Lille, Arras, Cherbourg, Rennes, Lorient, Nantes, Bourges, Rochefort, Bordeaux, Pau, Clermont-Ferrand, Saint-Étienne, Toulouse, Montpellier, Grenoble, Lyon et Toulon. Le deux dépôts supplémentaires furent placés à Brest et à Valence.

(3) La loi du 11 septembre 1871, qui exonéra les départements des dépenses faites pour la construction et l'organisation des batteries de la garde nationale mobilisée, mit également à la charge de l'État les frais résultant de l'installation des camps et des dépôts d'instruction.

de l'armistice, un certain nombre de batteries de la garde nationale mobilisée, dont quelques-unes purent prendre une part plus ou moins effective aux opérations (1).

En effet, deux batteries du Rhône, armées de canons Armstrong, furent affectées, l'une à la division Crémer le 16 novembre, l'autre, au 24ᵉ corps le 26 du même mois. Trois batteries de la Seine-Inférieure, munies de canons de divers calibres, furent incorporées le 25 novembre dans le corps d'armée du Havre; à la même date, deux autres batteries du même département, sans matériel, étaient en service l'une au Havre, l'autre au fort de Sainte-Adresse (2). Une batterie à pied de Maine-et-Loire entra le 20 novembre dans la composition du parc d'artillerie du 21ᵉ corps d'armée. Enfin, le département de la Somme avait mis sur pied trois batteries. La première de ces batteries et une section de la troisième, servant du canon de 4 rayé de campagne, prirent part, le 26 novembre, au combat de Villers-Bretonneux (3).

Dans le courant de décembre 1870, deux batteries du

---

(1) Travaux inédits de M. A. Martinien.

(2) Des trois batteries de la Seine-Inférieure qui firent partie du corps d'armée du Havre, une était armée de canons Armstrong, une de canons Withworth, et la dernière de canons rayés de montagne.

(3) Complètement désorganisée pendant la retraite qui suivit le combat, la 1ʳᵉ batterie ne fut reconstituée que le 18 janvier 1871 à Douai, où elle servit de dépôt.

La 2ᵉ batterie de la Somme, qui servait 6 canons lisses, resta à Abbeville pour défendre cette place jusqu'au 4 février, date où elle fut envoyée à Hesdin.

La 3ᵉ batterie, dont une section avait pris part au combat de Villers-Bretonneux, où elle perdit un caisson, fut détachée à Abbeville du 31 décembre au 4 février, puis fut également envoyée à Hesdin.

Une 4ᵉ batterie de la Somme fut enfin formée à Hesdin, le 6 février, avec des éléments provenant des 2ᵉ et 3ᵉ batteries. Elle comprenait 89 hommes, 60 chevaux, 3 pièces Withworth et 2 mitrailleuses (Historique *manuscrit* de l'artillerie départementale de la Somme).

Pas-de-Calais furent remises au ministère de la Guerre. La 1re, commandée par un lieutenant de vaisseau, comprenait quatre pièces anglaises, dont les munitions étaient transportées dans des caissons Gribeauval. Elle se composait, comme servants, de fusiliers marins et, comme conducteurs, de mobilisés. Elle assista dans ces conditions à la bataille de Pont-Noyelles (23 décembre); le matériel ayant été jugé défectueux, cette batterie fut dissoute le 1er janvier, et les chevaux et les harnais furent versés au 15e d'artillerie à Douai. La 2e batterie resta à Arras, où elle participa à l'organisation défensive de la place (1).

Le 15 décembre également, une batterie du Calvados, avec du 4 rayé de montagne, fut affectée à la 3e division du 19e corps.

Pendant le mois de janvier 1871, 40 batteries départementales furent remises au ministère de la Guerre. Huit seulement furent placées dans des formations mobilisées, savoir : deux batteries du Rhône, l'une avec du 4 rayé de campagne, l'autre avec du 4 rayé de montagne, versées le 7 janvier au 24e corps; une batterie du Morbihan sans matériel, qui partit de Lorient le 9 janvier pour rejoindre la division Gougeard; deux batteries de 12 rayé de campagne de Maine-et-Loire affectées, la première, le 11 janvier, à la réserve du corps d'armée des Vosges, la deuxième, le 25 janvier, à la colonne mobile du général Cléret; enfin, deux autres batteries du Rhône, armées avec du 4 rayé de campagne et incorporées, le 28 janvier, à la division Ochsenbein. Une batterie à pied de l'Aisne, sans matériel, fut, en outre, versée le 10 janvier au 15e régiment d'artillerie à Douai. Les 32 autres batteries remises à la Guerre pendant le mois de janvier res-

---

(1) Mémoire sur la 2e batterie mobilisée du Pas-de-Calais, Arras, 2 avril 1871. — Voir ci-dessous le paragraphe : *Personnel et matériel fournis par la marine au service de l'artillerie.*

tèrent dans les dépôts d'instruction ou dans les places; 15 d'entre elles étaient munies de matériel (1).

En résumé, à la fin du mois de janvier 1871, c'est-à-dire trois jours après la signature de l'armistice, le département de l'Intérieur avait passé à celui de la Guerre 54 batteries de la garde nationale mobilisée, dont 31 pourvues de leur matériel (2).

La remise des batteries départementales à la Guerre continua après l'armistice. Pendant le mois de février 1871, on compte, en effet, 30 de ces batteries, dont 17 avec leur matériel (3). Au moment de la signature de la paix, d'autres batteries se trouvaient encore dans les

---

(1) Parmi les quinze batteries pourvues de matériel, deux étaient armées avec du 4 rayé de campagne (Gironde), deux avec du 7 rayé de campagne (Ardèche), une avec du 12 rayé de campagne (Charente-Inférieure), trois avec du canon Armstrong, cinq avec du canon Vavasseur, une avec du canon Blackley et une avec des mitrailleuses. Ces dix dernières batteries appartenaient au département du Nord.

Les deux batteries de la Gironde furent remises, le 12 janvier, à la Guerre, qui semble leur avoir fourni du matériel provenant de ses arsenaux. Le 21 février, ces batteries n'étaient pas encore en état de quitter Toulouse, où elles avaient été envoyées pour terminer leur instruction et achever leur organisation (Le Ministre de la Guerre au Général commandant la 12ᵉ division militaire, à Toulouse, Bordeaux, 8 janvier 1871 ; Le Ministre de la Guerre au Préfet de la Gironde, Bordeaux, 12 février 1871).

Les dix-sept batteries non pourvues de matériel provenaient : une du Cher, trois du Doubs, trois du Gers, deux de Maine-et-Loire, trois du Nord, une de Seine-et-Marne et quatre du Tarn.

(2) Le rapport sur l'*Organisation et la liquidation du service des batteries d'artillerie de la garde nationale mobilisée* (loc. cit., p. 17) prétend qu'au moment de l'armistice, le personnel de 151 batteries était constitué et que 57 batteries étaient munies de leur matériel.

(3) Les dix-sept batteries pourvues de leur matériel étaient : trois de l'Allier (deux de 7 RC, une de 4 RC), une des Basses-Alpes (4 rayé de montagne), une des Hautes-Alpes (7 RC), une de l'Aveyron (7 RC), trois de la Charente-Inférieure (12 RC), une du Finistère (4 RC), quatre de l'Isère (deux de 4 RC, deux de canons de montagne système Primat),

ARTILLERIE.

dépôts d'instruction; mais, pour la plupart, leur organisation n'était pas terminée, ou était même à peine ébauchée.

§ 4. — *Matériel d'artillerie de campagne* (1).

Pour augmenter les ressources en matériel d'artillerie de campagne dont il disposait en arrivant à Tours, le Gouvernement de la Défense nationale pouvait utiliser la fonderie de canons de Bourges, les cinq arsenaux de Lyon, Rennes, Toulouse, Besançon et Douai et l'atelier de construction de canons à balles, transporté à Nantes (2).

Lorsque l'ennemi menaça d'occuper Bourges, la fonderie de canons fut évacuée en partie. On ne cessa pas cependant d'y procéder à la coulée des canons bruts,

---

une de la Haute-Loire (4 rayé de montagne), une du Rhône (4 RC), une de la Somme (3 canons Withworth et 2 mitrailleuses).

Les treize batteries sans matériel étaient : deux de la Corse, une de la Drôme, une de l'Isère, deux du Jura, trois des Landes, une de la Haute-Marne et trois de la Vienne.

(1) Dans les paragraphes précédents, en même temps que l'on traitait de l'organisation des batteries fournies par l'armée régulière, la garde nationale mobile et la garde nationale mobilisée, on a été amené, particulièrement pour cette dernière, à parler du matériel qui fut mis à leur disposition. On a cherché à résumer dans le présent paragraphe les mesures prises pour assurer aux armées constituées en province le matériel d'artillerie qui leur était nécessaire, en insistant principalement sur les ressources procurées par le service de l'artillerie de l'administration de la Guerre.

(2) Le matériel de l'atelier de construction de canons à balles avait été transporté de Meudon à Paris. On pensa ensuite à l'installer à La Rochelle. Mais, après un rapport du commandant de Reffye, envoyé en mission sur place, le Ministre autorisa le 7 septembre son installation à Nantes [Cf. *Le canon à balles en 1870* (*Revue d'Histoire*, n° 110, février 1910, p. 294 et 305)].

qui étaient terminés à Toulouse, où les ateliers enlevés de Bourges avaient été transportés, ainsi qu'au rayage des pièces lisses de 8 et de 12, qui existaient en grand nombre dans les arsenaux. Cette dernière opération se faisait aussi dans des ateliers de l'industrie privée.

On se procurait ainsi une moyenne de 14 canons par semaine (1).

Ces résultats n'étant pas suffisants, on eut recours aux ateliers et fonderies de la marine (2) et aux arsenaux des cinq ports militaires qui pouvaient produire par semaine 10 batteries de 4 rayé et deux mitrailleuses ou 7 batteries de 12 ou de 8 rayé.

En dehors des pièces de 12 et de 4 et des canons à balles qui composaient l'artillerie au début de la guerre, le Gouvernement de la Défense nationale fit organiser également des batteries de 8 et de 7; ces dernières pièces se chargeaient par la culasse et furent confectionnées soit en bronze soit en acier.

L'atelier de fabrication des canons à balles de Nantes put mettre sur pied, entre le 12 septembre 1870 et le 8 février 1871, 18 batteries complètes de mitrailleuses et 4 batteries de canons de 7, soit ensemble 357 voitures. Dans le même laps de temps, il livra, pour compléter ou remplacer du matériel en service, 47 canons à balles, 15 canons de 7 et environ 100 caissons, chariots de batteries, forges et affûts de rechange. En même temps, le lieutenant-colonel de Reffye avait organisé un atelier destiné à la confection et au chargement des munitions pour mitrailleuses et canons de 7 (3).

---

(1) Note sur la production des divers établissements et ateliers de l'artillerie, 22 février 1871.
(2) Les ateliers et la fonderie de la marine se trouvaient à Nevers, Indret et Ruelle.
(3) Atelier de fabrication de canons à balles. État récapitulatif des

Quand les Allemands menacèrent sérieusement Le Mans, l'on décida de transporter à Tarbes ces diverses installations. L'évacuation commença le 1er février 1871, et l'usine improvisée à Tarbes se trouvait prête à fonctionner vers le milieu du mois de mars suivant. Lorsque, le 22 mars 1871, fut envoyé l'ordre de suspendre les travaux, on terminait 6 nouvelles batteries de canons à balles en cours d'exécution (1).

Au moment où cessèrent les hostilités, les établissements de la Guerre et de la Marine réunis produisaient environ une batterie par jour (2).

L'industrie privée fut mise également à contribution par l'intermédiaire de la Commission d'armement et surtout de la délégation spéciale créée au Ministère de

---

batteries de campagne délivrées par lesdits ateliers depuis le 12 septembre 1870 jusqu'au 8 février 1871, Nantes, 8 février 1871 ; Ateliers de fabrication de canons à balles. Situation du matériel qui a été fourni pour les parcs, fractions de parcs et pour le remplacement dans les batteries, directions et places diverses, Nantes, 8 février 1871.

8 batteries de canons à balles furent livrées à des batteries de l'armée de terre et 10 à des batteries de la garde nationale mobile organisées par le décret du 3 novembre 1870. Chacune de ces batteries comprenait 15 voitures : 6 pièces, 6 caissons, 1 forge et 2 chariots de batterie, sauf une batterie de la garde nationale mobile qui ne reçut qu'un chariot de batterie.

4 batteries de 7 furent servies par des batteries de l'armée régulière. Chacune d'elles comptait 21 voitures : 6 pièces, 12 caissons, 1 forge et 2 chariots de batterie. Deux d'entre elles avaient en plus 1 affût de rechange.

Le matériel livré à titre de complément ou de remplacement s'élevait pour les canons à balles à 47 pièces, 47 caissons, 6 forges et 12 chariots de batterie, et pour les canons de 7 à 15 pièces, 24 caissons, 2 forges, 4 chariots de batterie et 6 affûts de rechange.

(1) Observations sur le projet de déplacement des ateliers de Tarbes (octobre 1871).

(2) Note sur la production des établissements et ateliers de l'artillerie, 22 février 1871.

l'Intérieur, le 8 novembre 1870, pour l'organisation des batteries de la garde nationale mobilisée (1). La nécessité d'organiser tout d'abord un outillage retarda la livraison des commandes. Au moment de l'armistice, la production des différentes usines auxquelles on s'était adressé commençait seulement, mais dépassait déjà une batterie par jour. Ce matériel était particulièrement destiné aux batteries départementales, et, à la fin de février 1871, il y avait encore en fabrication pour ces dernières 254 batteries, indépendamment du matériel destiné à la Guerre (2).

On peut estimer, en résumé, qu'à la fin de la campagne, l'ensemble des arsenaux et des ateliers de l'industrie privée du territoire non encore envahi était à même de produire par mois les bouches à feu nécessaires pour 100 batteries.

Comme complément de ressources, il faut encore citer les achats faits à l'étranger soit par la Commission d'armement, soit par la délégation spéciale du Ministère de l'Intérieur, qui s'élevaient à 75 batteries Parrott et 25 batteries Withworth. Mais l'administration de la Guerre s'opposait à mettre en service ces bouches à feu dans les corps d'armée d'opérations, tant à cause des difficultés que l'on éprouvait à se procurer des munitions que pour éviter plus tard des complications dans le ravitaillement. La qualité des canons Parrott était d'ailleurs défectueuse ; quant aux pièces Withworth, quelques-unes servirent à armer des batteries départementales (3).

---

(1) Cf. ci-dessus, p. 275 et suiv.
(2) Le matériel d'artillerie livré à la délégation spéciale du Ministère de l'Intérieur pour les batteries départementales a été indiqué plus haut, p. 283.
(3) Rapport de la sous-commission chargée de rechercher l'armement en artillerie et armes portatives (*J. O.* du 3 juin 1871, p. 1215).

Diverses batteries de modèle étranger, autres que les batteries Parrott et Withworth, firent encore partie, vers la fin de la guerre, de certaines formations actives, mais elles se trouvaient généralement sur des théâtres d'opérations secondaires. Ces batteries, composées principalement de canons Armstrong ou de mitrailleuses Gattling, étaient servies par des mobilisés.

Pour la confection du matériel roulant, on eut surtout recours aux ateliers de la Marine et à ceux de l'industrie privée. Leur rendement était d'environ 300 voitures par semaine.

Quant aux arsenaux de l'artillerie, leur travail consistait d'abord à mettre au point les voitures défectueuses fournies par l'industrie et à constituer les batteries et les parcs. Cette organisation nécessitait de nombreux mouvements de matériel. Il fallait faire converger sur un même arsenal, de divers points du territoire, souvent très éloignés les uns des autres, les pièces, le matériel roulant, les accessoires divers et les munitions. Lorsque tout le matériel d'une batterie était constitué, il fallait ensuite le diriger sur le dépôt où avaient été réunis le personnel et les attelages (1).

---

(1) Pour les batteries de canons à balles, on procédait autrement. En principe, les dépôts chargés d'organiser des batteries de canons à balles devaient diriger sur Nantes, au fur et à mesure de leur organisation, les différentes sections de la batterie (sous-officiers, hommes et chevaux), chacune avec un officier. De cette façon, les officiers de l'atelier de construction de canons à balles pouvaient assurer l'instruction spéciale du personnel des batteries. Il semble que dans la pratique les servants étaient envoyés à Nantes, dès qu'ils étaient prêts, avec une partie des cadres de la batterie, et que les chevaux et les conducteurs rejoignaient ensuite [Le Ministre de la Guerre au Général commandant la 22ᵉ division militaire à Grenoble, Tours, 15 octobre; Le Ministre de la Guerre au Directeur de l'atelier de canons à balles à Nantes, Tours, 28 octobre; *Le canon à balles en 1870* (Revue d'Histoire, n° 110, février 1910, p. 317)].

Malgré ces difficultés, les établissements de la Guerre et de la Marine parvenaient à mettre sur pied, à la fin de la campagne, 18 batteries par semaine, soit un total de près de 300 voitures (1).

Si l'on s'en tient seulement aux ressources mises sur pied par les établissements dépendant du ministère de la Guerre, on trouvera que, pendant la période qui s'étend du 12 septembre 1870 au 7 février 1871, les sept directions d'artillerie disponibles en province ont livré 229 batteries de campagne (2), auxquelles doivent s'ajouter les 18 batteries de mitrailleuses et les 4 batteries de 7 fournies par l'atelier de fabrication de canons à balles de Nantes. Ce chiffre de 251 batteries témoigne de l'effort fait par le service de l'artillerie, et il convient de le rapprocher des *quelques ressources qu'on espérait trouver* le 12 septembre 1870, pour doter d'artillerie le corps d'armée en voie d'organisation derrière la Loire (3).

Au 15 septembre, l'artillerie n'avait plus que deux

---

(1) Note sur la production des divers établissements et ateliers de l'artillerie, 22 février 1871.

Les 18 batteries susceptibles d'être organisées chaque semaine à la fin de la campagne se décomposaient en 4 batteries de canons à balles à 15 voitures, 10 batteries de 4 RC à 15 voitures, 3 batteries de 7 RC à 22 voitures et 1 batterie de 12 RC à 22 voitures.

(2) Relevé récapitulatif des batteries de campagne délivrées par les directions d'artillerie du 12 septembre 1870 au 7 février 1871. — Les 229 batteries livrées se décomposaient en : 27 batteries de 4 rayé de montagne, 145 batteries de 4 RC, 2 batteries de 7 RC, 14 batteries de 8 RC, 36 batteries de 12 RC, 3 batteries d'obusiers de 12, 2 de canons à balles. 160 de ces batteries furent remises à l'armée régulière, 18 à la garde nationale mobile, 3 à la garde nationale mobilisée et 6 à des corps francs ; 42 restèrent dans les places et les directions.

(3) Note sur l'organisation d'un corps d'armée en arrière de la Loire, 12 septembre 1870.

poudreries en activité, Le Ripault et Saint-Chamas. On fit travailler pour le compte de la Guerre les poudreries d'Angoulême, Esquerdes, Pont-de-Buis, Saint-Médard et Toulouse, qui dépendaient alors du ministère des Finances. Les deux établissements de la Guerre et celui de Saint-Médard fabriquaient seuls de la poudre à canon. Vers le 10 décembre 1870, on dut évacuer Le Ripault.

A la fin de la guerre, les poudreries encore en activité produisaient journellement :

    3,400 kilogrammes de poudre à canon (dont 2,900 kilogrammes pour Saint-Chamas);
    4,410 kilogrammes de poudre à mousquet de guerre fine;
    4,450 — de poudre à mousquet de guerre demi-fine;
    3,300 — de poudre de mine.

Ces quantités étant insuffisantes, des achats importants de poudre furent effectués en Angleterre par les soins de la Commission d'armement (1).

Les gargousses pour l'artillerie étaient préparées dans les arsenaux de la Guerre et de la Marine, qui, à la fin de la campagne, pouvaient fournir une moyenne de 4,000 coups par jour (2).

Les projectiles étaient fondus dans les usines de l'in-

---

(1) Note sur la production des divers établissements et ateliers de l'artillerie, 22 février 1871; Minute d'une note concernant les établissements de l'artillerie (sans date, mais probablement de la première moitié de février 1871).

(2) Note sur la production des divers établissements et ateliers de l'artillerie, 22 février 1871. — D'après une situation du nombre des coups de canon fournis du 13 septembre 1870 au 31 janvier 1871, les ateliers établis à Bourges, Douai, Grenoble, Lyon, Nantes, Rennes, Toulon et Toulouse livrèrent : 278,212 coups de canon pour 4 RC, 32,152 coups pour 4 rayé de montagne, 10,000 coups pour 7 RC, 206,846 coups pour 8 RC, 114,263 coups pour 12 RC, 4,446 coups pour canon-obusier de 12, 103,456 coups pour canons à balles, 300 coups pour canon de 12 de montagne. Soit un total de 749,675 coups de canon ou une moyenne d'environ 5,300 coups par jour.

dustrie privée et terminés dans les établissements de l'artillerie. On pouvait tabler sur une production de 11,000 obus par semaine (1).

Quant aux munitions pour mitrailleuses, un atelier fut installé à Nantes avec des machines amenées de Meudon ou fournies par un industriel de Paris. Dès le mois de septembre 1870, cet atelier permettait de faire environ 20,000 cartouches par jour. Peu à peu l'outillage fut augmenté, et l'on atteignit, à la fin de la guerre, une production journalière de plus de 75,000 cartouches. Il fut fabriqué au total 5,600,000 douilles ; on put ainsi satisfaire aux besoins de toutes les batteries de mitrailleuses (2).

Malgré les pertes considérables causées par le passage en Suisse de l'armée de l'Est, le Gouvernement de la Défense nationale disposait encore, à la fin du mois de février 1871, d'un important matériel d'artillerie.

Les armées en ligne possédaient environ 1,200 bouches à feu avec plus de 300,000 coups de canon, soit un total approximatif de 200 batteries avec 17 réserves divisionnaires et 8 parcs de corps d'armée, formant ensemble à peu près 4,000 voitures (3).

---

(1) Note sur la production des divers établissements et ateliers de l'artillerie, 22 février 1871. — Le total de 11,000 obus par semaine se décomposait en : 5,000 obus de 4, 2,500 obus de 8, 2,500 obus de 12 et 1,000 obus de 7.

(2) Le Lieutenant-Colonel directeur des ateliers de fabrication de canons à balles au Ministre de la Guerre, Tarbes, 18 mars 1871.

(3) Il semble qu'au 22 février 1871 la délégation du Gouvernement de la Défense nationale disposait en province de :

1,164 pièces en ligne, savoir : 523 pièces de 4 RC, dont 58 dans des batteries à cheval, avec 124,510 coups ; 148 pièces de 4 de montagne, avec 30,838 coups ; 138 canons à balles, avec 54,941 coups ; 66 pièces de 7 RC, avec 19,250 coups ; 54 pièces de 8 RC, avec 11,917 coups ;

ARTILLERIE.

Dans les établissements de l'artillerie, il existait encore 22 batteries prêtes à être attelées (1), sans compter 443 pièces de campagne diverses (2).

La réserve de munitions prêtes à être expédiées dépassait 200,000 coups (3), et les arsenaux dispo-

---

182 pièces de 12 RC dont 36 non attelées, avec 43,976 coups ; 53 canons étrangers, avec 16,300 coups ;

12 pièces de 12 RC affectées à un corps d'armée, mais n'ayant pas encore rejoint ;

66 pièces disponibles, savoir : 42 pièces de 4 RC, dont 6 appartenant à une batterie à cheval, 6 pièces de 4 de montagne, 18 canons à balles. (Note sur l'état actuel des approvisionnements de l'armée et des arsenaux, 22 février 1871 ; Etat du nombre des bouches à feu en ligne à la date du 22 février 1871 ; Etat des munitions aux armées, 23 février 1871).

Ces pièces auraient été réparties entre 208 batteries et 3 fractions de batterie, savoir : 83 batteries 1/2 de 4 RC montées, soit 501 pièces ; 15 batteries de 4 RC à cheval dont 13 à 4 pièces, soit 64 pièces ; 25 batteries 1/2 de 4 de montagne, soit 153 pièces ; 26 batteries de canons à balles, soit 156 pièces ; 11 batteries de 7 RC, soit 66 pièces ; 9 batteries de 8 RC, soit 54 pièces ; 30 batteries 1/2 de 12 RC, soit 183 pièces ; 9 batteries de modèles étrangers dont une à 5 pièces, soit 53 pièces. Total : 208 batteries, plus 3 demi-batteries comprenant ensemble 1,230 pièces (État numérique des hommes et des chevaux à la date du 22 février 1871).

Ce dernier état ne parle pas des 12 pièces de 12 affectées à un corps d'armée, mais n'ayant pas rejoint.

Le nombre de coups de canon dont disposaient les corps d'armée de campagne était, au 23 février 1871, de 302,032 coups, dont 124,510 pour 4 RC, 30,438 pour 4 rayé de montagne, 54,941 pour canons à balles, 19,950 pour 7 RC, 11,917 pour 8 RC, 43,976 pour 12 RC et 16,300 pour canons étrangers (État des munitions aux armées, 23 février 1871).

(1) 10 batteries de 4, 2 batteries de 8, 10 batteries de 12 (Note sur l'état actuel des approvisionnements de l'armée et des arsenaux, 22 février 1871).

(2) 45 canons de 4 de campagne, 87 canons de 4 de montagne, 177 canons de 7, 134 canons de 12 (*Ibid.*).

(3) 227,042 coups d'après la note sur l'état actuel des approvisionnements de l'armée et des arsenaux du 22 février 1871, dont 116,400

saient encore de près de 4 millions de kilogrammes (1) de poudre à canon et de près de 400,000 projectiles (2).

Le nombre des voitures diverses de campagne disponibles dans les établissements de l'artillerie était supérieur à 1,600 (3).

---

coups de canon de 4 de campagne, 5,200 coups de canon de 4 de montagne, 4,050 coups de canon de 7, 19,825 coups de canon de 8, 41,175 coups de canon de 12, 40,392 coups de canon à balles.

205,578 coups d'après la situation des approvisionnements de l'artillerie dans les arsenaux au 23 février 1871, dont 106,120 coups de canon de 4 de campagne, 5,200 coups de canon de 4 de montagne, 4,050 coups de canon de 7, 17,641 coups de canon de 8, 41,175 coups de canon de 12, 31,392 coups de canon à balles.

(1) Approvisionnement en poudre :

a) D'après la note sur l'état actuel des approvisionnements de l'armée et des arsenaux du 22 février 1871 :

Poudre à canon.....................	3,899,014	kilogr.
Poudre à mousquet fine de guerre.........	311,237	—
Poudre à mousquet demi-fine de guerre....	504,632	—
TOTAL..............	4,714,883	kilogr.

b) D'après la situation des approvisionnements de l'artillerie dans les arsenaux au 23 février 1871 :

Poudre de guerre à canon................	3,606,076	kilogr.
— à fusil ordinaire........	404,918	—
— à fusil B..............	236,243	—
— à fusil M.............	82,932	—
— anglaise à canon (A)....	292,938	—
— anglaise à fusil (B)......	74,894	—
Poudre de commerce extérieur............	16,787	—
Poudre de mine.....................	8,600	—
Poudre de chasse	20,923	—

(2) Exactement 398,021, dont 137,916 projectiles de 4, 3,000 projectiles de 7, 64,925 projectiles de 8, 192,180 projectiles de 12 (Note sur l'état actuel des approvisionnements de l'armée et des arsenaux, 22 février 1871 ; Situation des approvisionnements de l'artillerie dans les arsenaux au 23 février 1871).

(3) Exactement 1,643 voitures diverses (Note sur l'état actuel des approvisionnements de l'armée et des arsenaux, 22 février 1871).

ARTILLERIE. 303

Les dépenses, engagées en Province par la seule administration de la Guerre pour le matériel d'artillerie proprement dit, atteignent près de 51 millions (1).

En admettant, défalcation faite des troupes d'artillerie, un effectif de 540,000 hommes en ligne à la fin de la

---

(1) Les crédits engagés depuis le 13 septembre 1870 jusqu'au 25 février 1871 pour payement de dépenses faites au titre des chapitres budgétaires administrés par le service de l'artillerie s'élevèrent à 67,798,718 francs, se décomposant ainsi :

	BUDGET ordinaire.	BUDGET extraordinaire.	BUDGET SPÉCIAL pour la transformation de l'armement (Loi du 2 août 1868).
	francs.	francs.	francs.
Harnachement.	27,218(1)	8,400,000(2)	»
Arsenaux, directions, etc., constructions	1,205,540(3)	45,714,400(4)	»
Armes portatives	130,770(5)	1,800,000(6)	6,620,300(6)
Fonderies	276,650(7)	»	»
Forges	310,100(8)	3,206,000(8)	»
Poudreries	232,520(9)	»	»
Capsuleries	174,820	»	»
TOTAL	2,357,618	58,820,400	6,620,300
TOTAL GÉNÉRAL		67,798,718	

(1) Entretien des harnais en magasins.
(2) Dont 5,700,000 pour achats à l'étranger et 2,400,000 pour confection.
(3) Pour achats d'objets de matériel, confection de munitions, etc.
(4) Pour achats d'armes, de munitions, de pièces d'armes, d'accessoires, de matières premières, confection de matériel d'artillerie et de munitions dans les ateliers de l'artillerie, création d'ateliers spéciaux, etc.
(5) Entretien des armes en magasins.
(6) Fabrication d'armes dans les manufactures de l'État.
(7) Achat de bronze.
(8) Fabrication de projectiles, fournitures de fers d'arsenaux, etc.
(9) Confection de munitions, fabrication de poudres, etc.

(État des dépenses faites par l'artillerie, 25 février 1871).

Dans ces dépenses ne sont pas comprises celles faites par l'administration de la Marine, par la Commission d'armement et par la délégation spéciale du ministère de l'Intérieur.

En ne faisant état que des crédits engagés par les arsenaux, les fonderies et les forges, et de ceux affectés aux poudreries, crédits

campagne, on trouve que la proportion d'artillerie était d'environ 2,3 bouches à feu par 1,000 hommes. Le matériel de toute sorte, disponible dans les arsenaux ou susceptible d'être livré à brève échéance, permettait d'assurer le remplacement du matériel qui pourrait être perdu ou détruit. Il était même possible d'augmenter le nombre des batteries conservées en réserve dans les arsenaux, prêtes à être attelées.

---

dont une partie concerne cependant les munitions pour armes portatives, on obtient, pour le matériel d'artillerie proprement dit, un total de dépenses de 50,945,210 francs.

Les marchés passés en province avec des industriels par le service de l'artillerie, de novembre 1870 à mars 1871, pour rayage de canons, fabrication de projectiles, de fusils et de hausses, construction d'affûts, de forges, de chariots de batteries et de caissons, achats de bois à charbon pour poudre, fourniture de fers d'arsenaux, etc., etc., s'élevèrent à 8,741,804 francs. A la suite des résiliations faites après la conclusion de la paix, ce total fut liquidé à 6,842,629 francs.

En comparant ces dépenses avec les crédits engagés pour le matériel d'artillerie proprement dit, on pourra se rendre compte du concours apporté aux établissements de la Guerre par l'industrie privée qui, comme on le sait, fut surtout mise à contribution pour la construction du matériel des batteries départementales.

Les commandes faites aux forges comprenaient :

1° Des projectiles pour les tirs des bouches à feu de campagne et de place;

2° Des fers, tôles, essieux, etc., pour la construction et la réparation du matériel.

Les marchés conclus avant la guerre, ou lors des premiers préparatifs de lutte étaient, pour une très grande partie, passés avec des établissements de la Moselle, de l'Alsace et des Ardennes. Il devint donc nécessaire, après l'envahissement de ces contrées, de faire de nouvelles commandes aux forges du Centre, du Midi et de l'Ouest. L'armée du Rhin comptait dans ses approvisionnements plus de 300,000 projectiles de campagne qui disparurent avec cette armée; un nombre plus considérable fut laissé dans les places prises ou investies; il fallut les remplacer. En outre, plus de 8,000 affûts et voitures de campagne furent perdus avec l'armée du Rhin, sans compter ce qui était renfermé dans Paris et les places investies. On se trouva encore dans l'obligation de

Les bouches à feu en ligne disposaient d'un approvisionnement d'environ 250 coups par pièce. La réserve constituée dans les arsenaux dépassait 250 coups. La fabrication des munitions, telle qu'elle était organisée, permettait d'ailleurs d'assurer aisément le ravitaillement des batteries en ligne, même si quelques-uns des établissements producteurs tombaient au pouvoir de l'ennemi ou cessaient d'être en communication facile avec les armées (1).

L'insuffisance de la production en poudre de guerre forçait, il est vrai, à recourir à des achats de poudre anglaise dont l'utilisation était une source de complications dans la fabrication des gargousses et des cartouches ; mais, malgré son emploi, on parvenait pourtant à satisfaire à tous les besoins.

Somme toute, les ressources en matériel auraient permis une augmentation du nombre des batteries de campagne, si d'autres considérations n'étaient venues s'y opposer.

Le service de la remonte, d'abord, prévoyait des difficultés. S'il assurait aisément les envois de chevaux nécessaires pour maintenir l'effectif des attelages des batteries de campagne, il lui semblait plus difficile d'augmenter ses achats pour subvenir à l'organisation de batteries nouvelles. On a vu d'ailleurs les objections qu'avaient soulevées, tant de la part des particuliers

---

construire un matériel considérable et, s'il n'a pas été fait en 1870 de plus grandes commandes dans les forges, c'est grâce aux approvisionnements qui existaient dans les arsenaux de Douai, de Rennes, de Toulouse et de Lyon (Bordereaux d'envoi à la Commission des marchés de l'Assemblée nationale des marchés passés en 1870-71 par le service de l'artillerie, Versailles, 17 avril 1871).

(1) Les usines où se fabriquaient les projectiles se trouvaient à Fourchambault, Montluçon, La Voulte, Les Landes, Rennes, Nantes, Le Havre-Fives-Lille.

que des autorités administratives, les mesures prises en décembre 1870 pour assurer la réquisition des chevaux (1).

Ensuite, les ressources en harnachement étaient toujours précaires. A la rigueur, cependant, l'administration de la Guerre pouvait utiliser les harnais livrés à la Commission d'armement avec les batteries Parrott achetées en Amérique, harnais qui seraient venus augmenter la petite réserve dont elle disposait encore.

Mais l'obstacle qui s'opposait à la création de batteries nouvelles provenait surtout des difficultés que l'on rencontrait pour la constitution du personnel. Les dépôts des régiments d'artillerie avaient été épuisés par la mise sur pied des batteries organisées pendant le mois de janvier 1871. On pouvait, à la rigueur, escompter l'emploi des batteries de la garde nationale mobilisée, mais leurs officiers et leurs cadres subalternes laissaient beaucoup à désirer, et, malgré les efforts faits pour assurer et développer leur instruction, il fallait encore un certain temps avant qu'ils fussent à même de rendre de réels services (2).

§ 5. — *Armes portatives.*

A son arrivée à Tours, l'administration de la Guerre disposait des ressources suivantes dans les départements non envahis :

1° 300,000 fusils modèle 1866 entre les mains des troupes et 130,000 dans les magasins d'artillerie ;

500,000 fusils à percussion rayés, qui constituaient l'armement des gardes nationaux sédentaires et surtout des gardes nationaux mobiles ;

---

(1) Cf. ci-dessus, p. 224.
(2) Rapport de la sous-commission chargée de rechercher l'armement en artillerie et armes portatives (*J. O.* du 3 juin 1871, p. 215).

Quant aux fusils à tabatière, ils étaient presque tous à Paris ou dans les places investies, et il n'en existait en province que 50,000 (1).

2° La production des trois manufactures d'armes de Saint-Étienne, Tulle et Châtellerault, qui, non compris les fusils de cavalerie, était de 650 fusils par jour. L'activité déployée fit d'abord augmenter la fabrication. Elle diminua plus tard lorsque les progrès de l'ennemi forcèrent d'abandonner Châtellerault. De sorte que, du 17 septembre 1870 au 28 février 1871, les manufactures

---

(1) Note sur l'armement de l'infanterie, 23 février 1871. — Les fusils en service ou existant dans les approvisionnements de l'artillerie en 1870 étaient les suivants :

Fusils se chargeant par la culasse : 1° Fusils modèle 1866 ou Chassepot. Calibre 11^{mm}; longueur sans baïonnette 1,305^{m}; avec la baïonnette 1,878^{m}; poids sans baïonnette 4^{kg},200; avec baïonnette 4^{kg},760; hausse graduée de 200 à 1,600 mètres. Il existait, du même modèle, une carabine de cavalerie, une carabine avec baïonnette, une carabine de gendarmerie et un mousqueton.

2° Fusils modèle 1867 (armes à percussion transformées au système de chargement par la culasse), armes à bloc du genre dit à *tabatière*. Calibre, 17^{mm},8; longueur sans baïonnette, 1,423^{m}, avec baïonnette, 1,933^{m}; poids sans baïonnette, 4^{kg},435, avec baïonnette, 4^{kg},785 ; hausse mobile, sans curseur, portant trois crans de mire pour les distances de 200, 400 et 600 mètres. Il existait, du même modèle, un fusil de dragon et une carabine.

Fusils se chargeant par la bouche. — Fusils modèle 1857 et modèle 1822 transformé bis (transformation de 1857), fusils à percussion rayés. Calibre 17^{mm},8; longueur sans baïonnette 1,423^{m}; poids sans baïonnette 4^{kg},225; hausse graduée pour les distances de 200, 400 et 600 mètres. On désignait par fusils transformés bis les fusils modèles 1816 et 1822, déjà transformés en fusils à percussion lisses et que l'on avait de nouveau transformés en fusils rayés. Il existait dans le même genre un fusil de dragon et un mousqueton de gendarmerie modèle 1857 et une carabine modèle 1859. En outre, les magasins de l'artillerie contenaient encore des armes à percussion non rayées de modèles antérieurs à 1857 (*Aide-mémoire à l'usage des officiers d'artillerie*, chap. XVII, p. 6, 24, 25, 50 et 111).

d'armes de l'État purent livrer 122,000 fusils, c'est-à-dire 735 par jour, en moyenne (1).

La manufacture d'armes de Saint-Étienne fabriqua, en outre, 20,000 fusils de cavalerie modèle 1866 (2).

3° En exécution des marchés passés antérieurement à Paris, 11,000 fusils 1866 achetés en France et environ 17,000 fusils se chargeant par la culasse provenant d'Angleterre (3).

---

(1) Note sur l'armement de l'infanterie, 23 février 1871. — Une note de la 4ᵉ direction (artillerie), du 8 octobre 1870, évalue à environ 783 fusils modèle 1866 la production journalière des trois manufactures d'armes.

Les ateliers et les machines de la manufacture de Châtellerault furent évacués sur Bayonne lorsque le Gouvernement quitta Tours le 9 décembre pour se rendre à Bordeaux. Les ateliers de fabrication des armes blanches et les grosses forges restèrent cependant à Châtellerault. La manufacture de Bayonne était à même de fournir 750 fusils par semaine à partir du 15 février 1871. A cette même date, la production quotidienne normale des trois manufactures atteignait 830 fusils.

On se préoccupa aussi de préparer à Toulon des locaux pour recevoir le matériel de Saint-Étienne. Si une évacuation de cette usine avait été nécessaire, sa production aurait été suspendue pendant 2 à 3 mois [Minute d'une note concernant les établissements de l'artillerie (sans date, mais probablement de la première moitié de février 1871); Note sur la production des divers établissements de l'artillerie, 22 février 1871].

(2) Supplément à la note sur l'état de l'armement au 23 février 1871, Bordeaux, 23 février 1871.

Les crédits engagés du 13 septembre 1870 au 25 février 1871, au titre des chapitres budgétaires administrés par le service de l'artillerie pour la fabrication des armes portatives dans les manufactures de l'État, s'élevèrent à 8,420,300 francs, auxquels il faut ajouter 130,770 francs pour l'entretien des armes en magasin pendant la même période (État des dépenses faites par l'artillerie, 23 février 1871).

(3) Rapport sur les achats d'armes, munitions et harnais d'artillerie effectués en Angleterre par l'administration de la Guerre (délégation de Tours et Bordeaux), Paris, novembre 1871. — D'après ce document, le nombre des fusils arrivés d'Angleterre, à la suite des marchés passés antérieurement par le Gouvernement impérial était de 24,990 dont 22,917 fusils Snider, 1,155 fusils Remington et 918 fusils modèle 1866.

4° Les achats effectués par la Commission d'armement, instituée par décret du 9 septembre 1870 (1). Dans ses opérations cette commission crut devoir s'affranchir de certaines règles que l'administration de la Guerre s'était imposées lors de ses premiers achats. Cette dernière, en effet, pour éviter les inconvénients résultant de la multiplicité des modèles, avait en principe limité ses commandes au fusil modèle 1866, au Snider et au Remington égyptien; elle exigeait, en outre, pour tout fusil livré, un approvisionnement de 400 cartouches. La Commission d'armement, au contraire, acheta d'abord tous les fusils et cartouches qui existaient sur le marché, sauf à commander, pour le recevoir plus tard, un complément de munitions.

Dans ces conditions, la Commission d'armement importa avant le 1er mars 1871, 4,878 fusils modèle 1866, 24,732 Snider et 66,710 Remington égyptien. Mais à côté de ces armes, dont les types, adoptés par l'artillerie, étaient déjà en service, elle fournit plus de 210,000 fusils ou carabines de modèles divers (2).

On put faire entrer à Paris environ 8,000 de ces fusils, qui furent tous livrés avant le 10 octobre.

D'après un autre document, les marchés passés à Paris avant l'investissement pour l'acquisition d'armes et de munitions en Angleterre devaient assurer la livraison de 149,000 fusils, dont 1,200 Chassepot, et de 59,600,000 cartouches. La dépense prévue était de 22,693,492 francs. « Connaissant à peu de chose près le stock d'armes se chargeant par la culasse qui existait à l'étranger, l'administration, en concluant ces marchés sous la pression de l'opinion publique et d'après les ordres du Gouvernement, ne se faisait pas d'illusion sur leur résultat ». Il n'aurait été livré, en effet, que 27,425 fusils, dont 2,705 Chassepot, et 11,414,500 cartouches. Les marchés furent résiliés pour le reste (Bordereaux d'envoi à la Commission des marchés de l'Assemblée nationale des marchés passés en 1870-71 par le service de l'artillerie, Versailles, 17 avril 1871).

(1) L'étude du rôle de la Commission d'armement fera l'objet d'un paragraphe spécial.

(2) Rapport sur les achats d'armes, munitions et harnais d'artille-

La plupart étaient d'une utilisation immédiate difficile. L'opinion publique réclamait en effet des armes perfectionnées pour toutes les troupes, même pour celles qui n'étaient pas envoyées à l'ennemi. Certaines armes ne pouvaient être immédiatement distribuées, parce qu'elles n'étaient livrées qu'avec un approvisionnement de cartouches insuffisant, et qu'il était prudent d'attendre un supplément de munitions. Quelques-unes étaient dépourvues de baïonnettes qu'il fallait demander à d'autres fournisseurs. Plusieurs enfin étaient trop courtes et ne pouvaient servir que pour la cavalerie.

L'administration de la Guerre dut donc, autant que possible, grouper, à mesure qu'elles lui parvenaient, les armes livrées par la Commission d'armement, de manière à ne distribuer dans un même corps d'armée qu'un

---

rie, etc., Tableau n° 1 ; État récapitulatif des diverses armes reçues par l'artillerie de la Commission d'armement. — D'après ce dernier document, les fusils divers reçus avant le 1er mars 1871 de la Commission d'armement étaient : 69,120 fusils se chargeant par la bouche ; 13,370 fusils Remington-Springfield; 17,440 fusils Peabody; 17,420 fusils Springfield transformés, calibre 50 (12%,7); 17,804 fusils divers; 75,733 carabines diverses. Au total 210,887 fusils et carabines.

D'après un autre document (Supplément à la note sur l'état de l'armement au 23 février, Bordeaux, 23 février 1871), la Commission d'armement aurait seulement livré à la Guerre, dans les premiers jours de mars, 151,000 fusils et 70,000 carabines de cavalerie se chargeant par la culasse et 50,000 revolvers américains et Lefaucheux.

Quant aux fusils se chargeant par la bouche, il en aurait été livré, au 23 février, 566,000, auxquels il faut ajouter 128,600 que le ministre de l'Intérieur avait en magasins et, qu'à cette date, il mit à la disposition du département de la Guerre.

Tous ces chiffres diffèrent sensiblement entre eux, ainsi que de ceux qui se trouvent dans le rapport présenté à l'Assemblée nationale au nom de la Commission des marchés sur les opérations de la Commission d'armement pendant la guerre (*J. O.* du 23 juillet 1873). On remarquera qu'il s'agit, d'une part, d'armes *livrées* à l'administration de la Guerre par la Commission d'armement et, d'autre part, d'armes *importées* par la même commission.

nombre très restreint de modèles de fusils, pour éviter par la suite de trop grandes complications dans le ravitaillement en munitions (1).

Pendant les mois de septembre et octobre 1870, l'administration de la Guerre se contenta des armes portatives que lui fournissait la Commission d'armement. Mais à partir du mois de novembre, le délégué au ministère de la Guerre fit passer directement en Angleterre, par le service de l'artillerie, une série de marchés.

L'institution de la Commission d'armement avait pour but de centraliser les offres d'armes et de munitions de guerre faites au Gouvernement et aux administrations publiques. En procédant en dehors d'elle, on allait fatalement retomber dans les inconvénients que l'on avait voulu éviter (2).

Les marchés passés en Angleterre par l'administration

---

(1) C'est ainsi que le 24ᵉ corps d'armée, organisé à Lyon dans les premiers jours de décembre 1870, recevait presque exclusivement des fusils Remington (Rapport sur les achats d'armes, munitions et harnais d'artillerie, etc.).

(2) Les différents marchés de l'administration de la Guerre concernant les armes, les munitions, les harnais, etc., conclus tant à Paris par le Gouvernement impérial, que plus tard à Tours et à Bordeaux par la délégation de la Défense nationale, furent vivement critiqués dans le rapport fait à l'Assemblée nationale au nom de la Commission des marchés chargée d'examiner tous les marchés passés par les administrations publiques depuis le 18 juillet 1870 (J. O., 1871, p. 3666 et suiv.).

Le rapport sur les achats d'armes, munitions et harnais d'artillerie effectués en Angleterre par l'administration de la Guerre (délégation de Tours et Bordeaux) de novembre 1871, que l'on a déjà cité, était surtout destiné à réfuter les critiques de la Commission des marchés. L'appréciation des motifs invoqués de part et d'autre sortirait du cadre de cette étude. Les prix acceptés par la Guerre ont pu être trouvés exagérés ; certaines formalités administratives ont pu ne pas être respectées, soit dans la passation des marchés, soit dans la réception des marchan-

de la Guerre concernaient un total de 68,000 fusils, sur lesquels il en a été reçu 47,992 dont 30,792 avant le 15 février 1871. Tous ces fusils étaient du modèle Snider (1).

Dès le début d'octobre, des mesures furent prises pour

---

dises. Mais ces critiques et d'autres encore n'ont pas été adressées seulement à l'administration de la Guerre. Elles ont été faites aussi à la Commission d'armement, à la Commission d'étude des moyens de défense, aux administrations départementales, etc. L'activité, l'énergie, l'intelligence de tous ceux qui ont collaboré à l'organisation de la défense nationale en province ne pouvaient suppléer aux déficits en armes portatives qui existaient dans nos arsenaux et nos magasins. L'expérience de 1870-71 montre ce que valent et ce que coûtent des approvisionnements improvisés.

Quoi qu'il en soit, l'on n'a pris dans le rapport sur les achats d'armes, munitions et harnais d'artillerie effectués en Angleterre par l'administration de la Guerre que les renseignements et les chiffres concernant les existants en province et les fournitures faites. Toutes les parties de ce document où sont discutées les critiques de la Commission des marchés ont été laissées de côté.

(1) Rapport sur les achats d'armes, munitions et harnais d'artillerie, etc., Tableau n° 3. — Les armes livrées avant le 15 février 1871 coûtèrent 3,688,006 fr. 20 et celles fournies après cette date 2,013,864 fr. 60, soit au total 5,701,870 fr. 80.

D'après le rapport sur les achats d'armes, munitions et harnais d'artillerie, etc., quatre contrats furent conclus en Angleterre par l'administration de la Guerre :

1° Le 12 novembre, pour 10,000 Snider à 120 francs; ils furent livrés du 14 décembre 1870 au 12 janvier 1871 ;

2° Le 19 novembre, pour 20,000 Snider à 120 francs; ils furent livrés du 18 janvier au 11 mars 1871. Ces deux marchés furent passés avec un même fournisseur, déjà titulaire d'un contrat passé le 25 août 1870, sur lequel il devait encore 2,440 armes, qui furent livrées du 14 novembre au 14 décembre 1870 ;

3° Le 30 novembre, pour 10,000 Snider à 120 francs; le fournisseur put en livrer 11,852 ;

4° Le 15 décembre, pour 8,000 Snider longs à 100 fr. 80, livrables avant le 31 décembre, et 20,000 Snider courts à 109 fr. 62, livrables

réserver aux unités appelées à participer à la lutte les armes les plus perfectionnées.

Le Ministre de la Guerre décida le 7 octobre que les

avant le 28 février. Il ne fut fourni que quelques Snider longs qui furent livrés à la place de Snider courts. Pour ces derniers, le délai de livraison fut prorogé jusqu'au 10 mars 1871, date à laquelle 6,140 armes avaient été livrées.

L'administration de la Guerre fut également en pourparler avec un autre fournisseur qui offrait 30,000 Chassepot à 135 francs, 55,000 Snider à 108 francs et 100,000 Enfield à 44 francs. Mais ce fournisseur ne put jamais établir l'existence des armes qu'il proposait.

Un tableau sans date des traités pour achats d'armes et de munitions en Angleterre indique d'autre part que l'administration de la Guerre aurait conclu, avec différents fournisseurs, les marchés suivants :

1° Pour	10,000 fusils Snider à 120 francs, soit...	1,200,000 fr.
2° Pour	10,000 fusils Snider à 120 francs, soit...	1,200,000
Pour	20,000 fusils Snider à 120 francs, soit...	2,400,000
3° Pour	30,000 fusils 66 à 138 francs, soit.......	4,140,000
Pour	55,000 fusils Snider à 110 francs, soit...	6,050,000
Pour	100,000 fusils Enfield à 45 francs, soit....	4,500,000
4° Pour	150,000 fusils Enfield ou Springfield, soit.	9,000,000
5° Pour	20,000 fusils Snider courts à 109 fr. 62, soit.............................	2,192,400
Pour	8,000 fusils Snider longs à 100 fr. 80, soit.	806,400

Il semble bien que, de ces derniers marchés, furent conclus seulement ceux numérotés 1°, 2° et 5°. Le marché 3° resta, comme on l'a vu, à l'état de projet. Quant au marché 4°, aucun autre document n'en parle.

D'après les bordereaux d'envoi à la Commission des marchés de l'Assemblée nationale des marchés passés en 1870-71 par le service de l'artillerie (Versailles, 17 avril 1871), les traités passés après l'investissement de Paris auraient porté :

1° Sur 40,000 fusils Snider avec 400 cartouches pour 5,280,000 francs et 6,022 revolvers pour 369,944 francs.

2° Sur 20,000 fusils Snider pour 2,192,400 francs.

Le premier traité aurait été exécuté entièrement, le deuxième pour le tiers environ seulement.

Le prix des fusils Snider stipulé dans les premiers marchés passés en août par l'administration de la Guerre variait de 76 fr. 25 à 112 francs; ce prix fut porté à 120 francs pour les commandes faites à partir du

corps et détachements envoyés en Algérie seraient armés de fusils à percussion et laisseraient en France les fusils modèle 1866 dont ils se trouveraient détenteurs au mo-

mois de novembre. Les fournisseurs firent « valoir le renchérissement occasionné par la présence en Angleterre d'un grand nombre de délégués des villes, des départements, des comités de défense, etc., qui cherchaient tous à acquérir des armes, renchérissement encore augmenté..... par les circonstances politiques (C'était le moment où la revision des traités de 1856 menaçait de créer de nouvelles complications en Europe) ». Des fusils Snider furent bien offerts à 110 francs par un fournisseur, mais il ne put réaliser son contrat dans les conditions prévues.

Malgré son intention de n'accepter que des armes se chargeant par la culasse, l'administration de la Guerre fut amenée à acheter 680 fusils Enfield se chargeant par la bouche. Ces fusils avaient été joints par un fournisseur à un envoi de fusils Snider, et ils furent tout d'abord refusés. Mais quelques jours après, vers le 20 novembre, un mouvement des Allemands dans la direction du Mans décida le Gouvernement à armer de suite une partie des troupes rassemblées au camp de Coulie pour les porter en avant. Dans cette circonstance critique, on utilisa toutes les armes dont on pouvait disposer, et les 680 fusils Enfield furent envoyés au camp de Conlie avec d'autres armes du même genre.

En ce qui concerne les revolvers, l'administration de la Guerre aurait, vers le milieu de novembre, signé un contrat qui lui assurait seulement 1,000 revolvers Lefaucheux et 4,000 revolvers Colt, au prix de 62 fr. 50, y compris 50 cartouches et les accessoires réglementaires pour chaque revolver. 4,000 de ces armes furent livrées vers la fin du mois et les 1,000 autres vers le 15 décembre. Le nombre des cartouches fut d'ailleurs porté de 50 à 150 pour les revolvers Lefaucheux sans augmentation de prix (Rapport sur les achats d'armes, munitions et harnais d'artillerie, etc.).

Le fusil modèle 1866 exigeait en outre de nombreuses pièces de rechange, notamment des aiguilles, des rondelles de caoutchouc et des têtes mobiles. Après l'investissement de Paris, il ne restait plus en province que de très faibles approvisionnements de ce genre. Pour subvenir aux besoins, on fit d'abord en France des commandes de pièces d'armes et de nécessaires d'armes. Elles s'élevèrent à 248,257 francs. Après les résiliations acceptées à la fin de la campagne, elles furent liquidées pour 198,875 francs. Plus tard, quand le nord du département du Doubs, où l'on s'était surtout adressé, fut envahi, il fallut recourir à l'industrie

ment de leur désignation (1). Le 12 octobre, il fut décidé que jusqu'à nouvel ordre il ne serait plus fait d'envoi de fusils modèle 1866 aux dépôts d'infanterie, et que l'instruction des jeunes soldats serait assurée avec les seules armes existantes (2). Les fusils modèle 1866

---

anglaise et lui faire pour 522,140 francs de commandes, qui furent exécutées avant la conclusion de la paix (Bordereaux d'envoi à la Commission des marchés de l'Assemblée nationale des marchés passés en 1870-71 par le service de l'artillerie, Versailles, 17 avril 1871).

Le rapport sur les achats d'armes, munitions et harnais d'artillerie, etc., ne cite, d'autre part, que trois marchés passés en Angleterre pour la fourniture de pièces de rechange. Le premier, signé le 12 novembre, portait sur 40,000 jeux de pièces de rechange à 1 franc et 40,000 nécessaires d'armes pour Snider à 2 fr. 50. Au 15 mars, il avait été livré 33,380 pièces de rechange et 17,486 nécessaires d'armes. Le deuxième, conclu le 31 décembre, stipulait la livraison de 50,000 têtes mobiles, dont 20,000 étaient restées dans Paris. Elles devaient être livrées au prix de 0 fr. 90 à raison de 2,000 par semaine. Ce chiffre ne put jamais être atteint, les contrôleurs d'armes chargés de la réception étant en nombre insuffisant. A la cessation des hostilités, on s'aperçut que de nombreux fusils rendus par les mobiles avaient besoin de réparations. On accepta donc 70,000 têtes mobiles dont les dernières furent fournies le 31 mai 1871. L'ensemble de ces différents contrats aurait occasionné une dépense de 140,095 francs.

(1) Le Ministre de la Guerre aux Généraux commandant les divisions militaires, Tours, 7 octobre.

(2) Le Ministre de la Guerre aux Généraux commandant les divisions militaires, Tours, 12 octobre. — Un peu plus tard, le Ministre prescrivait de remettre sans retard à l'artillerie les armes des hommes entrant aux hôpitaux pour un traitement prolongé, ou envoyés en congé de convalescence. Il devait en être de même des armes abandonnées dans les gares (Le même aux mêmes, Tours, 18 novembre). Ces prescriptions n'ayant pas toujours été exécutées, le Ministre ordonna peu après de faire rechercher, au besoin par la gendarmerie, les armes, accessoires, pièces de rechange et munitions abandonnées dans des établissements publics ou des maisons particulières [Le même aux mêmes, Bordeaux, 24 décembre (*M. U.* du 29 décembre)].

A différentes reprises en outre depuis le commencement de la guerre, le Ministre de la Guerre ou les généraux commandant les corps

provenant des manufactures de l'Etat étaient exclusivement destinés aux troupes de ligne et aux régiments de garde nationale mobile incorporés dans les formations actives. On pouvait de cette façon conserver une réserve d'armement suffisante pour parer à toute éventualité. Les corps de francs-tireurs non encore armés et les corps de garde nationale mobile, autres que les précédents, dont l'armement devait être modifié, recevraient les armes perfectionnées achetées à l'étranger, au fur et à mesure de leur arrivée.

Quant aux gardes nationaux, les armes à percussion existant en France leur étaient destinées, à défaut d'armes perfectionnées acquises à l'étranger (1).

Mais les ressources disponibles ne permirent pas de réaliser immédiatement ce programme. Des bataillons de mobiles furent obligés de rejoindre les formations de guerre avec des armes ancien modèle. Si l'on put aussi réunir dans un même régiment des bataillons armés de fusils perfectionnés d'un type déterminé, on fut forcé de les accoler dans les brigades, les divisions ou les corps d'armée, à d'autres unités dont l'armement était tout à fait différent. Au cours des opérations, il fallait ensuite remplacer les armes anciennes et procéder à des échanges pour réduire le plus possible la diversité des modèles dans les unités appartenant au même groupement.

---

d'armée avaient rappelé les dispositions contenues dans l'article 29 de l'ordonnance du 3 mai 1832 sur le service des armées en campagne. Non seulement les cartouches des hommes entrant aux hôpitaux ou décédés devaient être données à ceux qui en manquaient, mais ces prescriptions devaient être étendues à certaines pièces de rechange du fusil modèle 1866, telles que les aiguilles et les obturateurs en caoutchouc (Le Ministre de la Guerre aux Généraux commandant les divisions militaires et aux Chefs de corps, Paris, 3 septembre).

(1) *M. U.* du 4 octobre 1870, documents communiqués; Le Ministre de la Guerre aux Généraux commandant les divisions militaires, Tours, 12 octobre.

D'autre part, les règles qui présidaient à l'organisation des forces de la Défense nationale étaient une source nouvelle de difficultés.

En principe, le département de la Guerre devait pourvoir aux besoins des troupes de ligne et des bataillons de mobiles déjà constitués, c'est-à-dire de ceux des sept premières divisions militaires. Le département de l'Intérieur devait armer les bataillons de mobiles des autres divisions, ainsi que la garde nationale et les corps francs.

Cette répartition de l'armement entre les deux ministères était logique au commencement de la campagne. Elle n'était d'ailleurs que l'application des lois organiques concernant les gardes nationales mobile et sédentaire. Mais, il n'y aurait eu que des avantages à ce qu'elle disparût plus tard, surtout après la promulgation du décret du 14 octobre 1870, qui, après avoir constitué l'armée auxiliaire, l'assimila entièrement pendant la durée de la guerre à l'armée régulière, avec laquelle elle était appelée à fusionner selon les besoins. La levée et l'organisation première des unités de l'armée auxiliaire pouvaient être laissées aux préfets, mais leur armement devait exclusivement appartenir à l'autorité militaire qui, seule, était à même de prévoir quand et comment elles seraient employées. Si cette distinction fut maintenue jusqu'au bout, il semble que ce fut surtout pour ne pas donner une besogne nouvelle aux bureaux de l'artillerie de la délégation du ministère de la Guerre, qui, avec un effectif très restreint, devait assurer chaque jour une lourde tâche. Il semble aussi que ce fut pour utiliser toutes les bonnes volontés qui ne demandaient qu'à agir, et qui, dans leur zèle généreux, ne doutaient pas d'obtenir de meilleurs résultats.

Parmi les armes qu'elle se procurait, la Commission d'armement attribuait au ministère de la Guerre celles se chargeant par la culasse. Elle affectait les armes de modèle plus ancien ou de qualité inférieure au ministère de l'Intérieur. Lorsque ce dernier mettait à la disposition de la Guerre des bataillons de mobiles et, plus tard, des bataillons de mobilisés prêts à entrer en ligne, on devait donc s'efforcer tout d'abord et dans la mesure du possible de changer leur armement.

Les nécessités de la situation obligèrent souvent l'administration de la Guerre à envoyer au feu des unités nouvelles avant que leur organisation ne fût complètement terminée. Le manque de temps, la difficulté des communications, la pénurie des approvisionnements empêchèrent de leur donner l'armement prévu, ou même seulement l'armement correspondant à celui des troupes qu'elles allaient rejoindre. Parfois d'ailleurs, sous la pression des événements, leur destination et leur affectation primitives étaient modifiées en cours de route. Ce ne fut que plus tard, lorsque des circonstances nouvelles le permirent, et surtout lorsqu'on disposa d'un approvisionnement de cartouches suffisant, qu'on put essayer de mettre un peu d'ordre dans ce chaos. Mais tous ces changements d'armes ne se firent qu'au prix de très grosses difficultés, et si ces mesures eurent l'avantage de satisfaire l'opinion publique et de relever le moral des troupes, en leur donnant confiance dans leur armement, quel usage pouvaient faire de leurs fusils des hommes qui, la veille de se battre, recevaient une arme nouvelle et inconnue d'eux (1)?

Malgré les achats considérables faits à l'étranger, la délégation du Gouvernement de la Défense nationale manquait toujours de fusils à tir rapide, particulière-

---

(1) L'entretien des armes laissait également beaucoup à désirer dans les troupes de nouvelle formation et particulièrement dans la garde mobile. On verra plus loin que les mêmes plaintes se produisirent au sujet de la conservation des munitions. Le Ministre fut obligé de signa-

ment pour armer les gardes nationaux mobilisés appelés devant l'ennemi. Le 21 janvier, on décida de transformer le plus promptement possible en armes se chargeant par la culasse tous les fusils susceptibles de subir utilement cette modification. Cette opération devait être effectuée par les soins de la Commission d'armement ou des préfets, qui étaient autorisés à passer des marchés en conséquence. Mais pour assurer la valeur de cette transformation et surtout pour faciliter l'approvisionnement en munitions, on ne devait admettre que le système comportant l'emploi de la cartouche à tabatière pour les anciens fusils français à silex ou à percussion, ou de la cartouche dite *Snider Boxer* pour les armes étrangères de calibre plus réduit, tels que le fusil Enfield, le fusil Springfield ou autres semblables (1).

Il n'avait pas encore été possible néanmoins au moment de l'armistice de doter d'armes nouvelles toute l'infanterie des corps d'armée d'opérations. Au cours des retraites d'Orléans, du Mans et de la frontière suisse, beaucoup d'hommes avaient perdu leurs fusils et leurs munitions. Leur réarmement absorba une partie des ressources existantes en fusils des modèles les plus perfectionnés.

---

ler cette défectuosité par une circulaire du 15 novembre 1870. Il était difficile qu'il en fût autrement avec des hommes dont l'instruction et l'éducation militaires n'avaient pu qu'être ébauchées. L'arme qu'ils avaient entre les mains nécessitait, en raison de son mécanisme relativement délicat et compliqué, des soins attentifs, et cependant, faute de fusils mêmes, il avait été impossible de leur donner autre chose que de très vagues notions sur l'emploi et l'entretien de leur armement avant de le leur remettre.

(1) Décret du 21 janvier 1871 (*M. U.* du 24 janvier 1871). — Comme on le sait, la Commission d'étude des moyens de défense s'était préoccupée de cette question (Cf. ci-dessus, p. 60).

Aussi, sur les 800,000 fantassins environ dont disposait le Gouvernement de la Défense nationale, au mois de février 1871, aux armées ou dans les dépôts, un peu plus de la moitié seulement étaient armés de fusils se chargeant par la culasse (1).

En dehors de ces armes entre les mains des troupes, il ne restait plus de chassepots en magasin le 22 fé-

---

(1) Le nombre des fantassins disponibles était exactement de 804,719. Ils étaient munis de fusils de 15 modèles différents, dont :

441,052 se chargeant par la culasse :

Fusils modèle 1866............................	290,417
— Remington de *trois* modèles employant *trois* cartouches différentes..................	42,210
— Snider..............................	64,857
— à tabatière...........................	32,047
— Albini..............................	1,508
— Berdan.............................	5,700
— Winchester........................	1,150
— Spencer............................	3,063
— Sharp..............................	100

et 363,667 se chargeant par la bouche :

Fusils à percussion...........................	159,717
Carabines Minié............................	4,209
Fusils Enfield	36,439
— Springfield.........................	163,302

(Rapport sur les achats d'armes, munitions et harnais d'artillerie, etc.).

D'après un autre document (décomposition par espèces d'arme de l'armement des troupes à pied au 23 février 1871), le nombre des fusils se chargeant par la culasse aurait été de 439,152 et celui des fusils se chargeant par la bouche, de 369,067.

Ces chiffres diffèrent légèrement entre eux ainsi que de ceux contenus dans le rapport de la sous-commission de l'Assemblée nationale chargée de rechercher l'armement en artillerie et armes portatives (*J. O.* du 3 juin 1871, p. 1215). Mais ces derniers ont été établis à un moment où, d'après l'auteur du rapport lui-même, tous les renseignements nécessaires n'étaient pas encore parvenus. D'ailleurs, il est impossible de certifier l'exactitude absolue des chiffres qui sont cités ci-dessus, mais ils se rapprochent suffisamment de la vérité pour qu'on puisse se faire une idée générale de la situation.

vrier 1871. Toutes les armes étrangères de modèle perfectionné se chargeant par la culasse, soit fournies par la Commission d'armement, soit achetées directement par l'administration de la Guerre, avaient également été distribuées (1). La réserve d'armes portatives se réduisait à environ 130,000 fusils se chargeant par la bouche ou anciens fusils transformés achetés par la Commission d'armement et que le ministère de l'Intérieur venait de passer à la Guerre (2).

Mais on était en droit de compter sur les armes qu'il restait encore à fournir d'après les marchés passés tant par l'administration de la Guerre que par la Commission d'armement. Les livraisons, qui devaient s'échelonner à peu près par tiers jusqu'à la fin du mois de mai, pouvaient assurer 300,000 fusils se chargeant par la culasse (3). Pour cette même date, les manufactures de l'État étaient à même de fournir 75,000 chassepots. Si ces prévisions se réalisaient, il fallait donc encore attendre trois mois avant de pouvoir armer de fusils se

---

(1) A l'exception cependant de 35,000 carabines américaines provenant de la Commission d'armement.

(2) Exactement 128,668 fusils, dont 60,820 Springfield se chargeant par la bouche, 56,552 fusils transformés, 8,528 fusils à tabatière et 2,768 mousquetons.

(3) Rapport de la sous-commission de l'Assemblée nationale chargée de rechercher l'armement en artillerie et armes portatives (*J. O.* du 3 juin 1871, p. 1215). D'après ce rapport, ces livraisons d'armes devaient exactement procurer 301,000 fusils se chargeant par la culasse, provenant :

D'Amérique, en février et mars, 44,000 ; en mars et avril, 58,000 ; en avril et mai, 22,000.

D'Angleterre, en février, mars et avril, 72,000 ; en mars et avril, 45,000.

En France, en mars, 30,000 ; en avril, 30,000 (transformation de fusils se chargeant par la bouche d'après le système Samain).

Ces chiffres diffèrent de ceux fournis par le rapport sur les achats d'armes, munitions et harnais d'artillerie, etc..... et par l'état réca-

chargeant par la culasse et ayant une réelle valeur les 800,000 fantassins que le Gouvernement de la Défense nationale avait encore sur pied.

Armement des hommes montés. — On disposait, au début des hostilités, pour l'armement des troupes à cheval de 229,782 sabres de cavalerie de sept mo-

---

pitulatif des diverses armes reçues par l'artillerie de la Commission d'armement.

Il ressort, en effet, de ces deux documents que :

les marchés passés par l'artillerie donnèrent, après le 15 février, 17,200 fusils Snider;

les livraisons faites par la Commission d'armement après le 1er mars exclusivement procurèrent :

Fusils modèle 1866	18,406
— Snider	48,586
— Remington-Springfield	7,320
— Remington-Egyptien	69,780
— Peabody	17,220
— Springfield transformés calibre 50	16,275
— divers	5,986
TOTAL	183,573

Le total des armes se chargeant par la culasse, que devaient fournir les marchés, n'aurait donc été que de 200,773 fusils.

Mais il est à remarquer :

1° Que dans ce dernier total ne figurent pas les fusils transformés en France, au nombre de 60,000. En réalité d'ailleurs, on n'entreprit, au commencement de mars, que la transformation de 25,000 fusils Springfield au type Samain et la fabrication de 25,000 culasses système Samain, et ces travaux furent presque immédiatement interrompus. 80,000 fusils à silex avaient aussi été transformés depuis le mois de novembre 1870 en fusils du type Samain. Mais ces armes n'avaient aucune valeur;

2° Que la Commission d'armement a résilié plusieurs marchés ou en a arrêté l'exécution, dès que la conclusion de la paix fut devenue certaine. Les fournitures faites, que l'on trouvera mentionnées aux documents annexes, diffèrent donc des prévisions que l'on pouvait attendre de l'exécution complète des marchés.

dèles différents et de 68,614 sabres de canonniers (1).

Les 63 régiments de cavalerie existant avant la guerre, ainsi que les 6 batteries montées, les 6 batteries à cheval, l'escadron du train d'artillerie et l'escadron du train de la Garde, dont les hommes étaient armés de sabres de cavalerie, n'avaient pu employer plus de 70,000 sabres. Les 120 batteries montées, les 32 batteries à cheval, les sapeurs conducteurs du génie et les éléments du train des équipages mobilisés pour les armées de Metz et de Châlons n'utilisèrent guère qu'un maximum de 20,000 sabres de canonniers.

Les 7 régiments anciens et les 41 régiments nouveaux de cavalerie reconstitués ou formés pendant la deuxième partie de la campagne n'en nécessitèrent pas plus de 60,000. Dans ces conditions, même en tenant compte des armes qui restèrent dans les arsenaux ou les dépôts des places investies, on comprend que la délégation du Gouvernement de la Défense nationale ne parut pas éprouver de difficultés pour armer, soit avec des sabres d'artillerie, soit avec des sabres de cavalerie, ses artilleurs et ses conducteurs montés.

En ce qui concerne les armes à feu pour la cavalerie, la manufacture de Saint-Étienne fabriqua, du 17 septembre 1870 au 22 février 1871, 20,000 fusils de cavalerie modèle 1866. D'autre part, la Commission d'armement remit à la Guerre, avant le 1er mars 1871, 70,000 carabines de cavalerie et 50,000 revolvers. Sur ces quantités, 18,000 fusils de cavalerie modèle 1866, 37,000 carabines et 35,000 revolvers furent distribués avant la signature de la paix (2).

---

(1) Note de la 3e direction, 22 septembre 1870.
(2) Supplément à la note sur l'état de l'armement au 23 février, Bordeaux, 23 février. — D'après le tableau n° 1 annexé au rapport sur

Pour faciliter l'introduction en France du matériel de guerre acheté à l'étranger, le Gouvernement de la Défense nationale décida le 9 septembre que les armes et les cartouches seraient affranchies de tous droits de douane et pourraient être importées par tous les bureaux (1). Quelques jours après, cette mesure était étendue aux poudres, aux artifices, munitions et projectiles de guerre, sous la condition d'une déclaration indiquant la quantité et la destination (2).

De même, pour faire suite aux dispositions contenues dans la loi du 1er septembre 1870, autorisant la réquisition de toute commande d'armes faite par l'étranger dans les fabriques françaises aux prix stipulés par les contrats (3), la délégation du Gouvernement de la Défense nationale décréta que toutes les armes et munitions de guerre pourraient être requises à leur arrivée en France. Il appartenait à l'administration de la Guerre d'en déterminer la valeur et d'en prendre possession contre un récépissé ouvrant droit à remboursement (4).

§ 6. — *Cartouches.*

Cartouches modèle 1866 (5). — En dehors des cartouches portées par les hommes, la délégation du Gou-

---

les achats d'armes, munitions et harnais d'artillerie, etc....., la Commission d'armement avait reçu, au 1er mars 1871, 75,743 carabines américaines de huit modèles différents et plus de 55,000 revolvers.

Les carabines américaines furent délivrées à la gendarmerie, à des escadrons mobilisés, à l'artillerie et aussi à des corps francs non montés.

(1) Décret du 9 septembre (*J. M. O.*, 2e semestre 1870, p. 424).
(2) Décret du 8 octobre (*M. U.* du 11 octobre).
(3) *J. M. O.*, 2e semestre 1870, p. 391.
(4) Décret sans date inséré au *M. U.* du 14 octobre.
(5) La cartouche modèle 1866 était à étui combustible formé de papier recouvert de gaze de soie. La capsule fermait l'étui à sa partie

vernement de la Défense nationale ne disposait en province, au 13 septembre 1870, que de cinq millions de cartouches 1866 réparties dans les magasins de l'artillerie et dans les différents parcs qui avaient pu s'échapper de Sedan (1).

Dix-sept ateliers installés en dehors de Paris pouvaient fabriquer quotidiennement 400,000 cartouches modèle 1866 (2), mais la production de ces ateliers allait être réduite par le manque des éléments nécessaires à la confection des cartouches, particulièrement des capsules et des papiers découpés.

En 1870, le ministère de la Guerre ne possédait qu'une

---

postérieure; la charge était de $5^{gr},50$; la balle, en plomb pur comprimé, pesait 25 grammes ; elle était engagée dans un cône en papier relié à l'étui par une ligature en fil. Poids de la cartouche : $31^{gr},8$ (*Aide-Mémoire à l'usage des officiers d'artillerie*, chap. XVII, p. 134).

(1) Minute d'une note relative au matériel de l'artillerie employé dans la campagne de 1870-71, 19 février 1871. — D'après le rapport sur les achats d'armes, munitions et harnais d'artillerie effectués en Angleterre par l'administration de la Guerre (Délégation de Tours et Bordeaux), Paris, novembre 1871, le nombre des cartouches disponibles était d'environ 5,500,000, savoir :

1,941,204 dans les directions d'artillerie (Bayonne, 89,280 ; Besançon, 25,889 ; Bourges, 303,768 ; Brest, 373,844 ; Cherbourg, 69,760 ; Grenoble, 174 ; La Rochelle, 182,568 ; Lyon, 787 ; Nantes, 140,769 ; Perpignan, néant ; Rennes, 130,740 ; Toulon, 623,625 ; Toulouse, néant) ;

1,500,000 provenant des parcs de l'armée de Sedan et envoyées dans les places du Nord ;

2,000,000 dans les parcs des 13e et 14e corps, sortis de Paris.

Cependant, d'après une note adressée le 17 septembre 1870 par la direction d'artillerie de Paris au général Trochu, les parcs des 13e et 14e corps ne portaient que 1,026,000 cartouches modèle 1866.

(2) Rapport sur les achats d'armes, munitions et harnais d'artillerie, etc. — Les ateliers de fabrication de cartouches étaient installés à Alger, Angers, Bayonne, Besançon, Bourges, Brest, Cherbourg, Douai, Grenoble, La Rochelle, Valence, Rennes, Perpignan, Toulon, Toulouse, Le Ripault et Saint-Chamas.

seule capsulerie installée à Paris. Après la bataille de Sedan, cet établissement fut transféré en partie à Bourges, où la fonderie devait fabriquer les alvéoles et l'école de pyrotechnie en exécuter le chargement. Cette dernière opération fut assurée entre le 26 septembre et le 16 novembre 1870 au moyen de 10 millions d'alvéoles emportées de Paris avant l'investissement. Mais les machines destinées à fabriquer les alvéoles étaient à peine installées à Bourges que les progrès de l'ennemi forcèrent de transporter la capsulerie à Toulouse, où elle ne commença à produire qu'à partir du 19 novembre.

L'administration de la Guerre passa bien quelques marchés avec des industriels français pour se procurer des capsules ou des alvéoles vides. Mais auparavant, grâce au concours d'ingénieurs civils, deux capsuleries furent créées à Bordeaux et à Bayonne, et l'installation de deux autres fut projetée à Angers et à Douai (1).

---

(1) Les crédits engagés depuis le 13 septembre 1870 jusqu'au 25 février 1871 pour payement des dépenses faites au titre des chapitres budgétaires administrés par le service de l'artillerie ne mentionnent, pour les capsuleries, qu'une dépense de 174,820 francs prévue au budget ordinaire [État des dépenses faites par l'artillerie, 25 février 1871 (Cf. ci-dessus, p. 303, note 1)].

D'autre part, on n'a relevé dans les bordereaux d'envoi à la Commission des marchés de l'Assemblée nationale des marchés passés en 1870-71 par le service de l'artillerie (Versailles, 17 avril 1871), que les dépenses suivantes concernant l'achat ou la fabrication des capsules :

NATURE DES MARCHÉS.	IMPORTANCE TOTALE des marchés passés.	OBSERVATIONS.
	fr. c.	
Capsules et alvéoles...........	37,150 00	Liquidés pour 31,050 francs.
Cuivre pour alvéoles..........	46,000 00	Résilié avant exécution.
Fulminate...................	2,500 00	Entièrement payés.
Mercure....................	27,140 50	Id.

Dans ces conditions, il y a tout lieu de penser que les dépenses

La capsulerie de Bordeaux commença à fabriquer dans la deuxième quinzaine d'octobre, mais une explosion vint paralyser ses efforts. Celle de Bayonne, de beaucoup la plus importante, fonctionna à partir du 18 novembre. Prévue pour une production quotidienne de 500,000 capsules, elle parvenait dans la suite à en fournir plus d'un million.

Néanmoins, avant que l'on ait pu obtenir ces résultats, la confection des cartouches fut pendant longtemps très gênée par le manque de capsules. L'installation des machines à fabriquer les alvéoles présenta de grandes difficultés; en outre, l'état des communications empêcha souvent l'arrivée des cuivres en planches dans les capsuleries. Ce n'est donc que peu à peu que la fabrication journalière des capsules, limitée tout d'abord à 400,000, put monter jusqu'à près de deux millions (1).

Vers le 1er novembre, un agent du ministère de la

---

engagées pour l'installation et le fonctionnement, sous la direction d'ingénieurs civils, des capsuleries de Bordeaux et de Bayonne furent supportées par le budget du ministère des Travaux publics ou celui du ministère de l'Intérieur.

Il ne fut passé en France que deux marchés pour achat de capsules. Ils furent conclus par la direction d'artillerie de Douai : l'un, le 7 janvier 1871, d'une valeur de 21,000 francs, fut liquidé pour 18,900 francs; l'autre, le 10 janvier 1871, d'une valeur de 6,750 francs, fut complètement exécuté.

Pour les alvéoles vides, un seul marché fut passé par la place de Bordeaux, le 16 février 1871. Son importance financière était de 9,400 francs. Il fut liquidé pour 5,400 francs.

(1) Rapport sur les achats d'armes, munitions et harnais d'artillerie, etc.; Minute d'une note concernant les établissements de l'artillerie; Note sur la production des divers établissements et ateliers de l'artillerie, 22 février 1871; M. Marqfroy, directeur de la capsulerie de Bayonne, au Directeur de l'artillerie au ministère de la Guerre, 25 octobre 1870 et 25 février 1871. — Les documents retrouvés n'ont pas permis d'établir ce qu'il advint des capsuleries projetées à Angers et à Douai. La minute précitée d'une note concernant les établissements de l'artillerie parle d'une capsulerie fonctionnant à Nantes à

Guerre résidant en Angleterre signala la possibilité de se procurer des capsules dans ce pays. Un marché fut immédiatement conclu pour la livraison de 20 millions de capsules, à raison de 2 millions par semaine, du 11 novembre au 7 janvier, le dernier envoi devant être de 4 millions. Mais à la date fixée, il n'avait été livré que 4,800,000 capsules (1).

Le même fournisseur expédia également en France dans le courant de décembre 5 millions d'alvéoles vides, qui furent immédiatement utilisées (2).

Grâce à ces achats, qui vinrent grossir, alors qu'il était très faible, le stock provenant des capsuleries installées en France, on put augmenter le rendement des ateliers de confection de cartouches. Malgré cela, la pénurie des capsules continua à se faire sentir longtemps encore, et, le 13 janvier 1871, le ministère de la Guerre demandait encore à la Commission d'armement de lui en procurer 25 millions (3).

---

la fin de la campagne. D'autre part, des renseignements sur l'artillerie de l'armée du Nord mentionnent l'existence dans le département du Nord d'une capsulerie départementale, qui, au moment de l'armistice, fournissait de 50,000 à 60,000 capsules par jour.

(1) Les conditions de livraison ne purent être scrupuleusement observées à la suite d'une explosion survenue le 11 décembre dans l'usine où se fabriquaient les capsules.

Le prix convenu était de 6 fr. 875 le mille, prix auquel le même fournisseur livrait déjà à la Marine.

D'après un tableau sans date des traités pour achat d'armes et de munitions en Angleterre, l'administration de la Guerre aurait passé en Angleterre un autre marché qui devait lui assurer 25 millions de capsules pour cartouches modèle 1866 à la date du 31 décembre 1870. Le prix était de 7 francs le mille. Le rapport sur les achats d'armes, munitions, harnais d'artillerie, etc., et les bordereaux d'envoi à la Commission des marchés de l'Assemblée nationale ne parlent pas de ce contrat.

(2) Au prix de 5 fr. 60 le mille.

(3) Rapport sur les achats d'armes, munitions et harnais d'artillerie, etc.

La fourniture des papiers découpés appartenait à un industriel de Paris, qui dut aussi transporter à Nantes une partie de son installation. En présence des difficultés qu'il rencontra et qui ne lui permirent pas de fournir les quantités nécessaires, on dut faire appel à d'autres fournisseurs qui, malgré toute l'activité déployée, ne purent satisfaire immédiatement aux demandes qui leur furent présentées (1).

Le manque de capsules et de papiers découpés empêcha au début d'utiliser la capacité de production des ateliers de confection de cartouches qui existaient (2). Il était, dans ces conditions, inutile de songer à en installer de nouveaux. On eût manqué d'ailleurs des outillages nécessaires qui, jusque-là, sortaient exclusivement de l'atelier de précision de Paris et dont la fabrication ne pouvait s'improviser (3).

On parvint néanmoins assez rapidement à construire en province le matériel nécessité par le chargement des cartouches. En effet, lorsque les mouvements de l'ennemi provoquèrent l'évacuation des deux ateliers d'Angers et du Ripault, on put presque immédiatement en installer de nouveaux à Châtellerault, aux Sables-

---

(1) Rapport sur les achats d'armes, munitions et harnais d'artillerie, etc. — D'après les bordereaux d'envoi à la Commission des marchés de l'Assemblée nationale des marchés passés en 1870-71 par le service de l'artillerie (Versailles, 17 avril 1871), les marchés concernant l'achat de carton et papiers pour cartouches modèle 1866 s'élèvent à 450,964 francs. Il n'a pas été possible de déterminer l'importance des résiliations obtenues après la cessation des hostilités.

(2) La fabrication fut suspendue dans plusieurs ateliers ; d'autres furent occupés à transformer quelques milliers de cartouches sans balle, qui avaient été réservés pour les exercices de tir.

(3) Rapport sur les achats d'armes, munitions et harnais d'artillerie, etc.

d'Olonne, à la poudrerie civile d'Angoulême, à Dunkerque et à Lille (1).

Après avoir dépendu tout d'abord de la fabrication des capsules et du papier, le rendement des ateliers de confection de cartouches de la Guerre se ressentit donc ensuite des changements d'installation imposés par la situation militaire. La production hebdomadaire était, au 17 septembre 1870, de 2,800,000. Elle monta progressivement pour atteindre, entre le 1er et le 8 octobre, le chiffre de 3,200,000. Puis, elle baissa brusquement et, le 22 octobre, elle tomba au-dessous de 1,500,000. Mais, dans les premiers jours de décembre, elle revint dépasser 4,500,000. Enfin, après être redescendue vers le milieu du même mois légèrement au-dessous de 4 millions, elle se remit à progresser et, au 18 février 1871, elle dépassait 7 millions (2).

---

(1) Minute d'une note concernant les établissements de l'artillerie.

(2) Tableau indiquant la situation hebdomadaire de la fabrication des cartouches à balle modèle 1866, du 17 septembre 1870 au 25 février 1871. Il n'a pas été possible de déterminer l'importance des dépenses engagées par le service de l'artillerie pour l'installation ou le fonctionnement de ces ateliers de confection de cartouches.

Dans les bordereaux d'envoi à la Commission des marchés de l'Assemblée nationale des marchés passés en 1870-71 par le service de l'artillerie (Versailles, 17 avril 1871), on a relevé les chiffres suivants concernant l'achat de matières premières nécessaires à la fabrication des cartouches modèle 1866 :

NATURE DES MARCHÉS.	IMPORTANCE TOTALE des marchés passés.	OBSERVATIONS.
	fr. c.	
Gaze de soie et mousseline.....	724,525 00	Entièrement payés.
Collerettes pour cartouches modèle 1866.	4,000 00	Id.
Cartons et papiers pour cartouches modèle 1866.	450,964 00	Il n'a pas été possible de déterminer la quotité liquidée.
Boîtes pour cartouches........	88,132 00	Id.
Trousses, fils, etc.............	8,194 80	Entièrement payés.

De son côté, la Commission d'armement se préoccupa de la fabrication des cartouches modèle 1866. Elle commanda des outillages à Saint-Étienne et fit étudier, par des ingénieurs de l'État, des procédés de confection. Mais la multiplicité des affaires qu'elle avait à traiter l'empêcha de donner une suite utile à ce projet (1).

Dans plusieurs départements, des ingénieurs de l'État avaient pris des dispositions pour l'établissement d'ateliers destinés à la fabrication des cartouches. Afin de mettre ces mesures à exécution, un décret du 13 octobre prescrivit au Ministre des Travaux publics de faire installer immédiatement, par les ingénieurs des ponts et chaussées et des mines, des ateliers de confection de cartouches modèle 1866 dans les départements désignés par le ministère de la Guerre (2). Ces ateliers commencèrent à produire vers le milieu de novembre (3); dans le courant du mois de février 1871, leur rendement atteignait une moyenne de 400,000 cartouches par jour (4).

Le département de la Marine apporta également le

---

(1) Rapport sur les achats d'armes, munitions et harnais d'artillerie, etc.

(2) *M. U.* du 15 octobre 1870. — Un crédit de 5 millions de francs était ouvert à cet effet au Ministre des Travaux publics.

(3) Rapport sur les achats d'armes, munitions et harnais d'artillerie, etc. — Au 31 décembre 1870, les ateliers du ministère des Travaux publics n'avaient encore livré que 2,975,135 cartouches.

(4) Note sur la production des divers établissements et ateliers de l'artillerie, 22 février 1871. — Il n'a pas été possible de préciser exactement le nombre et les emplacements des différents ateliers de confection de cartouches organisés par le ministère des Travaux publics. Sur un enregistrement des envois de capsules aux ateliers de confection de cartouches du 24 novembre 1870 au 15 février 1871, on a relevé les noms suivants : *Alger, Angers, Angoulême, Bayonne,* Bordeaux, *Besançon, Brest, Cherbourg, Saint-Chamas, Grenoble, Perpignan, Rennes, Le Ripault, Toulon, Toulouse, Valence, Bourges, Châtellerault, La Rochelle,* Pau (ingénieur en chef), Avignon (ingénieur en chef),

concours de ses ateliers, qui, à la fin de février 1871, fournissaient près de 300,000 cartouches par jour (1).

En résumé, à la cessation des hostilités, la fabrication des cartouches modèle 1866 était assurée par des ateliers montés par trois départements ministériels différents. La Guerre fournissait un million de cartouches par jour, les Travaux publics, 400,000 et la Marine, 300,000. Ces rendements pouvaient être aisément dépassés et atteindre un total quotidien de 2 millions.

Au commencement d'octobre, alors que son stock disponible dépassait à peine 7 millions de cartouches, l'administration de la Guerre se trouvait en présence d'une fabrication qui allait décroître et de besoins qui, par contre, paraissaient devoir sans cesse augmenter. Elle s'empressa, dans ces conditions, de saisir toutes les

---

Nantes (manufacture des tabacs), Morlaix (manufacture des tabacs), Montélimar (Travaux publics), Perpignan (Travaux publics), Tonneins (manufacture des tabacs), Laval (Travaux publics), Lyon, *Douai*, Marseille, La Rochelle (ingénieur en chef). Les envois à l'atelier du Ripault, près de Tours, cessèrent le 9 décembre. Il semble aussi que l'atelier d'*Angers* ait été transféré, au cours de la campagne, aux *Sables-d'Olonne*.

L'atelier de Lyon dépendait des Travaux publics (Le Colonel directeur d'artillerie à Lyon au Ministre de la Guerre, Lyon, 6 octobre 1871).

Dans le Nord, en dehors de *Douai*, des ateliers ont fonctionné à *Lille* et à Roubaix. La production journalière de ces trois différentes cartoucheries variait entre 250,000 et 280,000 cartouches modèle 1866 par jour (Renseignements sur l'artillerie de l'armée du Nord).

Dans les énumérations ci-dessus, on a porté en italiques les noms des localités où se trouvaient, d'après ce qui a été dit plus haut, des ateliers de confection dépendant du ministère de la Guerre. On remarquera qu'il n'est pas fait mention de Dunkerque où, comme on l'a vu, devait exister cependant un atelier.

(1) Note sur la production des divers établissements de l'artillerie, 22 février 1871.

occasions qui se présentèrent pour passer une série de marchés.

En France, on s'adressa dans quelques grands centres industriels et l'on accepta toutes les offres qui furent faites, même si les types proposés différaient légèrement du modèle réglementaire. Ces commandes procurèrent un appoint de munitions d'infanterie qui atteignit 10,400,000 cartouches, mais qui ne fut livré qu'à partir du mois de décembre (1).

Les contrats à exécuter en Angleterre devaient en principe être plus productifs. Six marchés furent conclus entre le 10 octobre et le 15 décembre; ils portaient sur un total de 53 millions de cartouches modèle 1866. Les livraisons commencèrent le 3 novembre. Mais les fournisseurs ne respectèrent pas les délais qui leur avaient été imposés, de sorte qu'au 15 février 1871, l'administration de la Guerre n'avait encore reçu que 6,376,000 cartouches (2).

---

(1) Rapport sur les achats d'armes, munitions et harnais d'artillerie, etc. — 8,400,000 cartouches furent livrées à Lyon à 150 et 140 francs le mille, 1,000,000 à Bourges à 135 francs le mille et 1,000,000 à Douai à 155 francs d'abord, puis à 111 francs le mille. Pour l'exécution de ces divers marchés l'État fournissait la poudre.

Les cartouches fabriquées dans les établissements de l'artillerie revenaient à près de 90 francs le mille, avec emploi de la main-d'œuvre civile, mais sans faire entrer en ligne de compte l'achat et l'entretien des outillages et des bâtiments, les risques d'explosion, etc.

D'après les bordereaux d'envoi à la Commission des marchés de l'Assemblée nationale des marchés passés en 1870-71 par le service de l'artillerie (Versailles, 17 avril 1871), les marchés passés en France pour l'achat de cartouches modèle 1866 s'élèvent à un total de 2,039,000 francs. Cette dépense fut liquidée pour 1,209,478 fr. 85, soit pour une livraison de 10,400,000 cartouches un prix moyen d'environ 116 francs le mille.

(2) Les marchés conclus en Angleterre pour l'achat de cartouches modèle 1866 furent passés dans les conditions suivantes :

1° Le 10 octobre pour 2 millions de cartouches à 190 francs le mille,

Lorsque la conclusion de la paix fut devenue certaine, l'administration de la Guerre arrêta les livraisons à la dernière date fixée par les marchés qui furent résiliés de plein droit. Sur les 53 millions de cartouches commandées il n'en fut fourni que 17 millions environ (1).

Le défaut d'approvisionnements de réserve de cartouches modèle 1866 et les difficultés que l'on éprouvait

---

livrables avant le 25 novembre. Un deuxième contrat passé le 8 novembre porta le marché à 4 millions de cartouches. 444,000 furent livrées ;

2° Le 14 octobre pour 3 millions de cartouches à 180 francs le mille, livrables avant le 1ᵉʳ décembre. Le fournisseur ne put rien livrer ;

3° Le 26 octobre pour 10 millions de cartouches à 150 francs le mille, livrables avant le 30 novembre. Le contrat fut modifié le 30 novembre et porté à 20 millions de cartouches livrables avant le 10 janvier 1871. 8,700,000 cartouches furent fournies ;

4° Le 12 novembre pour 10 millions de cartouches à 145 francs le mille, livrables à raison de 350,000 par semaine jusqu'au 15 avril 1871. Un deuxième traité fut conclu le 19 novembre avec le même fournisseur pour 2 millions de cartouches à 152 francs le mille, livrables à raison de 250,000 par semaine entre le 1ᵉʳ décembre et le 31 janvier. Sur l'ensemble, 9,924,992 cartouches furent fournies dans les délais ;

5° Le 1ᵉʳ décembre pour 10 millions de cartouches à 152 francs le mille. Les livraisons devaient commencer le 16 décembre, mais 2,586,000 cartouches seulement furent fournies après le 15 février ;

6° Le 15 décembre pour 4 millions de cartouches à 148 francs le mille, livrables avant le 28 février. 1,281,840 furent reçues.

Les marchés conclus les premiers furent les plus onéreux. En dehors des retards dans les livraisons, ces marchés donnèrent lieu à d'autres déboires. Les matériaux employés pour la confection des cartouches n'étaient pas conformes aux types réglementaires. Il fallut refuser plusieurs lots pour cause de ratés nombreux. D'autres durent être réservés pour des exercices de tir parce qu'ils encrassaient trop les fusils. (Rapport sur les achats d'armes, munitions et harnais d'artillerie, etc.).

(1) D'après le tableau n° 4 annexé au rapport sur les achats d'armes, munitions et harnais d'artillerie, etc., les marchés passés en Angleterre auraient procuré exactement 17,181,840 cartouches modèle 1866 au prix de 2,551,738 fr. 42.

Les bordereaux d'envoi à la Commission des marchés de l'Assemblée

à en constituer provoquèrent, dans les premiers jours d'octobre, une série de mesures pour diminuer la consommation des munitions.

Dès les premiers engagements, les troupes formées en province par le Gouvernement de la Défense nationale témoignèrent, en effet, de leur inexpérience en se livrant à une fusillade désordonnée. Leur manque d'éducation militaire se manifesta encore par le peu de soins qu'elles prirent de leurs munitions. En outre, beaucoup de bataillons de garde nationale mobile ne possédaient que des cartouchières en toile ; après quelques jours de mauvais temps, les cartouches furent avariées, et il fallut les remplacer.

Des mesures énergiques s'imposaient donc pour arrêter la consommation des munitions, qui, dès le début, prenait des proportions inquiétantes ; et cela d'autant

---

nationale ne contiennent aucun renseignement précis. Ils mentionnent seulement un marché de 10,000,000 de cartouches modèle 1866 passé le 10 octobre et annulé, un marché de 5,000,000 de cartouches modèle 1866 passé le 12 novembre, un marché de 20,000,000 de cartouches Remington et Chassepot passé le 1er décembre et un marché de 4,000,000 de cartouches modèle 1866 passé le 15 décembre. L'importance de ces deux derniers marchés aurait été respectivement de 3,060,000 francs et de 592,000 francs.

Enfin, d'après un tableau sans date des traités pour achats d'armes et de munitions en Angleterre, l'administration de la Guerre aurait conclu avec différents fournisseurs les marchés suivants :

1° 20,000,000 de cartouches 66 à 150 fr. le mille, soit 3,000,000 fr.
2° 5,000,000   —   à 145 fr.   —   725,000 fr.
3° 10,000,000   —   à 152 fr.   —   1,520,000 fr.
4° 4,000,000   —   à 148 fr.   —   592,000 fr.

Il semble qu'il ne faille pas faire état des renseignements contenus dans ce document. Il ne mentionne pas tous les marchés qui ont été conclus pour la fourniture de cartouches modèle 1866. En outre, l'importance de plusieurs contrats qu'il cite a été augmentée en cours d'exécution.

plus que les commandants des places menacées par les progrès de l'ennemi réclamaient contre l'insuffisance de leurs approvisionnements et que de nouvelles formations étaient projetées. Or, pour chaque fantassin mis en ligne, il fallait prévoir 130 cartouches, dont 90 destinées à être portées par l'homme et 40 transportées dans les caissons des réserves divisionnaires et des parcs d'artillerie de corps d'armée.

Le service de l'artillerie de la délégation du ministère de la Guerre proposa donc au Gouvernement (1), de conserver le stock disponible de cartouches modèle 1866 pour les unités formées par le ministère de la Guerre. Les sociétés, communes ou départements qui achèteraient des fusils Chassepot pour l'armement des gardes nationales et des corps francs, devaient se pourvoir également des munitions qui leur seraient nécessaires. L'artillerie conseillait aussi de ne procéder au réarmement des bataillons de garde nationale mobile en fusils modèle 1866 qu'avec la plus grande circonspection, et seulement lorsqu'on disposerait d'un approvisionnement de cartouches suffisant pour subvenir à tous les besoins au cours des opérations.

Enfin, une circulaire du 8 octobre (2) prescrivit de veiller attentivement à la conservation des cartouches, édicta des ordres pour empêcher le gaspillage (3) et

---

(1) Note pour le Gouvernement, 7 octobre.

(2) Le Ministre de la Guerre par intérim aux Généraux commandant les divisions et subdivisions territoriales, les divisions et les brigades actives, Tours, 8 octobre.

(3) Le 23 novembre, le Ministre rendait les chefs de corps responsables du ravitaillement en cartouches. Les distributions par le service de l'artillerie devaient se faire dans le plus grand ordre et sous la surveillance des officiers; les corps ne devaient toucher que le nombre de cartouches nécessaires pour remplacer celles qui avaient été brûlées (Le Ministre de la Guerre aux Généraux commandant les corps d'armée, Tours, 23 novembre).

donna des conseils pour éviter au combat une consommation exagérée de munitions. La distribution de cartouches à balles pour les exercices de tir fut même suspendue jusqu'à nouvel ordre (1). Seules, les quelques cartouches sans balle dont disposait encore l'artillerie purent, dans les localités où elles se trouvaient, être utilisées pour l'instruction des jeunes soldats réunis dans les dépôts. De ce fait, les hommes de trop nombreux bataillons de formation nouvelle tirèrent leur premier coup de fusil sur le champ de bataille.

Au moment de la conclusion de la paix, en dehors des cartouches portées par les hommes, les corps d'armée en ligne possédaient, dans leurs réserves divisionnaires et leurs parcs d'artillerie, 12,700,000 cartouches modèle 1866. En outre, il y en avait encore dans les arsenaux de la Guerre plus de 53 millions et demi en réserve (2).

La production des ateliers de confection de cartouches modèle 1866, installés en France, pouvait augmenter quotidiennement cet approvisionnement d'environ 2 millions de cartouches. En outre, les marchés passés à l'étranger par l'administration de la Guerre assu-

---

(1) Dans certaines divisions militaires, le tir à la cible reprit vers le 15 novembre (Rapport du général commandant la 20ᵉ division militaire, Clermont-Ferrand, 16 novembre). Dans d'autres divisions, il était encore suspendu le 30 novembre (Rapport du général commandant la 13ᵉ division militaire, Bayonne, 30 novembre).

(2) Exactement 12,710,000 et 53,541,203 cartouches (Note sur l'état actuel des approvisionnements de l'armée et des arsenaux, 22 février 1871 ; Situation des approvisionnements de l'artillerie dans les arsenaux au 23 février 1871).

Ce dernier chiffre se rapproche très sensiblement de celui de 53,541,800 cartouches donné comme existant au 22 février par le rapport de la sous-commission chargée de rechercher l'armement en artillerie et armes portatives (*J. O.* du 3 juin 1871, p. 1215).

raient, dans un délai plus ou moins long, un supplément de près de 47 millions de cartouches (1).

Cartouches pour fusils modèle 1867 (fusils à tabatière) (2). — Il n'a pas été possible de déterminer l'importance de l'approvisionnement en cartouches pour fusils à tabatière qui existait en province lorsque la délégation du Gouvernement de la Défense nationale arriva à Tours.

Au cours de la campagne, quelques ateliers furent organisés pour la confection de ces cartouches (3). De son côté, la Commission d'armement en fournit 5,954,000, dont 2,390,000 furent remises à la Guerre avant le 1er mars; 3,564,000, attribuées au ministère de l'Intérieur, furent versées plus tard à l'artillerie (4).

A la conclusion de la paix, il y avait, dans les réserves divisionnaires des corps d'armée en ligne, 2,000,000 de

---

(1) On a vu plus haut que des marchés avaient été passés en Angleterre pour 53 millions de cartouches modèle 1866. 6,376,000 seulement avaient été livrées au 15 février 1871; 46,700,000 restaient donc encore à fournir. La résiliation des marchés, après la conclusion de la paix, limita les livraisons après le 15 février 1871 à 10,803,840 cartouches (Rapport sur les achats d'armes, munitions, et harnais d'artillerie, etc.).

(2) La cartouche pour armes à tabatière (cartouche modèle 1867) était une cartouche métallique à inflammation centrale : culot en laiton embouti, percé au centre pour la mise en place de l'amorce; étui en clinquant recouvert de papier collé; balle évidée avec cannelures extérieures. Pour le fusil, le poids de la charge était de 4^{gr},50, celui de la balle de 36 grammes, celui de la cartouche de 48 grammes (*Aide-Mémoire des officiers d'artillerie*, chap. XVII, p. 51).

(3) Note sur la production des divers établissements et ateliers de l'artillerie, 22 février 1871.

(4) Rapport sur les achats d'armes, munitions et harnais d'artillerie, etc., Tableau n° 2.

cartouches pour fusils à tabatière (1), et dans les arsenaux plus de 23,000,000 (2).

Cartouches pour fusils français se chargeant par la bouche (cartouches modèle 1859 et modèle 1863). — Au début de la campagne, les approvisionnements en munitions pour fusils à percussion étaient très insuffisants, et, dès le commencement de septembre 1870, de fortes commandes avaient été faites (3). Les ateliers de confection installés dans un grand nombre d'arsenaux avaient un rendement journalier de 120,000 cartouches; la délégation du Gouvernement de la Défense nationale en province trouva donc un approvisionnement important en arrivant à Tours (4).

La confection des munitions des armes se chargeant par la bouche ne présentait d'ailleurs aucune difficulté, et il était facile de la développer à la demande des besoins. Néanmoins, à la fin de septembre, alors qu'il ne se rendait pas exactement compte de l'armement qu'il pourrait donner aux fractions de la garde nationale

---

(1) État des munitions aux armées, 23 février 1871.

(2) Exactement 23,154,652 (Situation des approvisionnements de l'artillerie dans les arsenaux au 23 février 1871). — Dans le Nord, on ne put se procurer l'outillage spécial nécessaire à la fabrication des munitions pour fusils à tabatière. Un marché de 1 million de cartouches fut passé en Belgique. Il était en cours d'exécution au moment de l'armistice (Renseignements sur l'artillerie de l'armée du Nord).

(3) Note lue par le Ministre de la Guerre au Gouvernement de la Défense nationale sur le personnel et le matériel existant en province, Paris, 4 octobre.

(4) Note sur la production des divers établissements et ateliers de l'artillerie, 22 février 1871.

Dans les bordereaux d'envoi à la Commission des marchés de l'Assemblée nationale des marchés passés par le service de l'artillerie en 1870-71 (Versailles, 17 avril 1871), on trouve trace d'un contrat établi le 10 décembre pour fourniture de cartouches modèle 1863, d'une valeur de 27,000 francs. Ce marché fut exécuté entièrement.

mobile appelées à un service actif, le Ministre décida de reconstituer les approvisionnements en cartouches à balle modèle 1859 et 1863, et toute distribution de ces munitions aux gardes nationaux sédentaires fut interdite jusqu'à nouvel ordre (1).

A la conclusion de la paix, il existait pour les fusils à percussion 6,015,000 cartouches dans les réserves divisionnaires (2) et plus de 33 millions de cartouches dans les arsenaux (3).

Cartouches pour fusils étrangers se chargeant par la culasse. — L'administration de la Guerre chercha à se procurer en Angleterre des munitions en même temps que des fusils se chargeant par la culasse. Les marchés qu'elle passa à cet effet portaient sur des cartouches Snider et sur des cartouches Remington.

Les commandes de cartouches Snider faites en octobre et novembre s'élevaient à un total de 13 millions ; 9,771,000 seulement furent reçues entre le 1er novembre 1870 et le 15 février 1871 (4).

Au 15 octobre, la Commission d'armement n'avait

---

(1) Le Ministre de la Guerre aux Généraux commandant les divisions et subdivisions militaires et aux Directeurs d'artillerie, Tours, 29 septembre.

(2) État des munitions aux armées, 23 février 1871. — D'après un autre document (Note sur l'état actuel des approvisionnements de l'armée et des arsenaux, 22 février 1871), cet approvisionnement aurait été de 6,150,000 cartouches. Il semble que ces chiffres s'appliquent à l'ensemble des armes se chargeant par la bouche provenant de France ou de l'étranger.

(3) Exactement 33,321,710 (Situation des approvisionnements de l'artillerie dans les arsenaux au 23 février 1871).

(4) Trois marchés furent passés en Angleterre pour l'achat de cartouches Snider :

1° Le 10 octobre, pour 4,000,000 de cartouches à 180 francs le mille ;
2° Le 14 octobre, pour 5,000,000 de cartouches à 180 francs le mille ;

livré que 194,000 cartouches Remington pour 10,970 fusils. L'administration de la Guerre para à cette insuffisance d'approvisionnement, en passant en Angleterre, entre le 14 octobre et le 13 décembre, quatre marchés qui devaient lui assurer 28 millions de cartouches. Les livraisons ne commencèrent que le 1er décembre 1870, et, au 15 février 1871, 8,860,000 cartouches Remington avaient seulement été reçues. La pénurie des cartouches de ce modèle fut toujours si grande que les caisses à peine débarquées en France étaient expédiées par train spécial aux armées (1).

Les délais stipulés dans les marchés passés par la Commission d'armement ne furent pas non plus toujours

---

3° Le 12 novembre, pour 4,000,000 de cartouches à 120 francs le mille.

Le premier marché fut complètement exécuté du 1er novembre au 12 décembre. Le titulaire du deuxième marché ne put fournir que 1,765,000 cartouches qui furent livrées avant le 20 novembre. Au 1er février 1871, le dernier marché avait procuré 4,006,000 cartouches.

L'ensemble des dépenses d'achat de cartouches Snider en Angleterre, par le ministère de la Guerre, s'élève à 1,518,400 francs.

Le dernier marché concernait à la fois la fourniture de 10,000 fusils Snider et de 400 cartouches par fusil. Le même fournisseur avait passé, le 19 novembre, un nouveau marché pour 20,000 Snider. Il voulait également les livrer avec 400 cartouches. C'est pour cela que son envoi du 15 février comprenait 4,006,000 cartouches. Mais une clause du marché permit à l'État français de ne plus accepter de cartouches Snider après le 15 février (Rapport sur les achats d'armes, munitions et harnais d'artillerie, etc.).

Le tableau sans date des traités pour achats d'armes et de munitions en Angleterre ne mentionne que le troisième marché.

(1) Les contrats conclus en Angleterre pour achat de cartouches Remington furent les suivants :

1° Le 14 octobre, un marché fut passé pour 2 millions de cartouches, à 180 francs le mille, livrables au 1er décembre; 844,000 cartouches furent reçues avant le 20 novembre;

2° Le même fournisseur offrit alors de fournir 4 millions de car-

respectés par les fournisseurs. Néanmoins, cette Commission avait pu fournir à la Guerre, avant le 1ᵉʳ mars 1871, plus de 57 millions de cartouches pour armes de différents modèles se chargeant par la culasse (1).

Afin de suppléer à la lenteur avec laquelle les cartouches lui étaient livrées, la Commission d'armement traita le 24 octobre avec M. Hotchkiss, à Vienne, pour le transport de son industrie en France et la fabrication de cartouches Remington. Le contrat, qui ne fut signé que le 7 novembre, assurait au fournisseur la fabrication d'un minimum de 50 millions de douilles métalliques vides. Mais l'usine, installée au Viviez (Aveyron),

---

touches, à 158 francs le mille. Le marché fut conclu le 28 novembre. Les munitions devaient être livrées du 7 décembre au 10 février; 2,900,000 furent reçues;

3° Un autre marché, du 1ᵉʳ décembre, devait assurer 10 millions de cartouches à 154 francs le mille, mais rien ne fut livré;

4° Enfin, un marché fut signé le 13 décembre pour 12 millions de cartouches, à 158 francs le mille. Les livraisons qui devaient commencer le 14 décembre et se terminer le 10 mars furent assurées dans les délais.

Sur l'ensemble de ces marchés, 8,860,000 cartouches furent reçues avant le 15 février et coûtèrent 1,482,248 francs (3,744,000 à 180 francs le mille et 5,116,000 à 158 francs). 6,884,000 ne purent être livrées qu'après le 14 février et coûtèrent 1,087,672 francs (158 francs le mille) (Rapport sur les achats d'armes, munitions et harnais d'artillerie, etc.).

Le tableau sans date des traités pour achats d'armes et de munitions en Angleterre ne mentionne que les trois derniers marchés.

Dans les bordereaux d'envoi à la Commission des marchés de l'Assemblée nationale des marchés passés par le service de l'artillerie en 1870-71 (Versailles, 17 avril 1871), on trouve trace de deux contrats passés en France pour achat de cartouches Remington. Le premier, établi à Lyon le 30 janvier 1871, était d'une valeur de 160,000 francs; il fut liquidé pour 20,800 francs et procura 230,000 cartouches, soit 90 fr. 43 le mille. Le deuxième, établi également à Lyon le 1ᵉʳ février 1871, était d'une valeur de 80,000 francs. Il était en cours d'exécution au 17 avril 1871.

(1) D'après le tableau n° 2, annexé au rapport sur les achats d'armes, munitions et harnais d'artillerie, etc., la Commission d'armement livra

ne put fonctionner avant la fin de janvier 1871 (1). Au 10 mars 1871, sa production journalière était estimée à 100,000 cartouches, chiffre que l'on pensait pouvoir porter ultérieurement à 200,000 (2).

Au moment de la conclusion de la paix, les réserves et les parcs des corps d'armée d'opérations renfermaient un approvisionnement de 4,810,000 cartouches de toutes sortes pour armes diverses se chargeant par la culasse (3). En outre, il existait dans les arsenaux de l'artillerie environ 40 millions de cartouches de modèles variés

---

à la Guerre, avant le 1er mars 1871, 57,199,277 cartouches pour armes se chargeant par la culasse, savoir :

Pour fusils Snider		6,826,000
—	Remington-Springfield et Berdan calibre 58 (14%,7)	1,605,000
—	Remington-Égyptien calibre 11%.	11,122,000
—	Remington-Espagnol, Berdan et Peabody calibre 44 (10%,1)	2,090,680
—	Sharp calibre 50 (12%,7)	693,440
—	Sharp à capsule	3,156,000
—	Springfield transformés	600,000
—	Peabody calibre 58 (14%,7)	464,000
—	Winchester	4,500,000
—	Spencer et carabines Sharp, Remington et Joslyn	25,230,342
—	Warner	911,815
	TOTAL	57,199,277

(1) Rapport fait au nom de la Commission des marchés sur les opérations de la Commission d'armement pendant la guerre (*J. O.* du 23 juillet 1873). — On trouvera plus loin au paragraphe : *Commission d'armement*, des détails sur l'organisation et le fonctionnement de cette usine.

(2) Rapport de la sous-commission chargée de rechercher l'armement en artillerie et armes portatives (*J. O.* du 3 juin 1871).

(3) État des munitions aux armées, 23 février 1871.

pour armes étrangères de système analogue (1). Les reliquats à fournir sur les marchés passés par l'administration de la Guerre s'élevaient à près de 7 millions de cartouches Remington (2). Quant à la Commission d'armement, ses marchés en cours lui assuraient la livraison de plus de 104 millions de cartouches (3).

Cartouches pour fusils étrangers se chargeant par la bouche. — La Commission d'armement fournit à la Guerre, avant le 1er mars 1871, environ 2 millions de

---

(1) Exactement 40,404,927 cartouches (Situation des approvisionnements de l'artillerie dans les arsenaux au 23 février 1871).

Le rapport de la sous-commission chargée de rechercher l'armement en artillerie et en armes portatives (*J. O.* du 3 juin 1871, p. 1215) et la note sur l'état actuel des approvisionnements de l'armée et des arsenaux du 22 février 1871 donnent, comme disponible à cette dernière date, pour les fusils se chargeant par la culasse, un approvisionnement de 63,559,579 cartouches. Ce chiffre se rapporte à l'ensemble des munitions existantes tant pour les fusils français se chargeant par la culasse autres que le chassepot que pour les armes étrangères se chargeant par la culasse. C'est en effet exactement le total des chiffres donnés par la situation des approvisionnements de l'artillerie dans les arsenaux au 23 février 1871, savoir :

Cartouches pour armes françaises se chargeant par la culasse autres que les fusils modèle 1866.........	23,154,652
Cartouches pour fusils étrangers se chargeant par la culasse..................................	40,404,927
Total.............	63,559,579

(2) Exactement 6,884,000.

(3) Exactement 104,882,000, dont 19,700,000 pour les armes venant d'Amérique et 85,182,000 pour les armes venant d'Angleterre [Rapport de la sous-commission chargée de rechercher l'armement en artilerie et armes portatives (*J. O.* du 3 juin 1871, p. 1215)].

Il s'agit probablement du nombre de cartouches qui auraient pu être livrées si tous les marchés en cours avaient reçu leur complète exécution. En effet, d'après le tableau n° 2 annexé au rapport sur les achats d'armes, munitions et harnais d'artillerie, etc., la Commission d'armement n'a livré à l'administration de la Guerre, après le 1er mars 1871,

cartouches pour fusils Enfield et 12 millions et demi de cartouches pour fusils Springfield (1).

Vers la fin de la campagne, deux ateliers furent organisés pour la fabrication de ces cartouches (2), et, au 23 février 1871, les arsenaux contenaient un approvisionnement d'environ 7 millions de cartouches pour armes étrangères se chargeant par la bouche (3).

De son côté, le ministère de l'Intérieur avait reçu de la Commission d'armement plus de 12 millions de cartouches pour fusils Enfield et Springfield, qui furent remises plus tard à la Guerre (4).

---

que 48,171,822 cartouches pour armes étrangères se chargeant par la culasse, savoir :

Pour fusils	Snider	14,135,000
—	Remington-Springfield et Berdan calibre 58 (14$^m/_m$,7)	2,522,000
—	Remington-Egyptien calibre 11$^m/_m$	10,539,000
—	Remington-Espagnol, Berdan et Peabody calibre 44 (10$^m/_m$,1)	4,843,280
—	Sharp calibre 50 (12$^m/_m$,7)	1,227,000
—	Springfield transformés	7,233,700
—	Peabody calibre 58 (14$^m/_m$,7)	1,776,000
—	Winchester	232,848
—	Spencer et carabines Sharp, Remington et Joslyn	5,662,994
	TOTAL	48,171,822

(1) Rapport sur les achats d'armes, munitions et harnais d'artillerie, etc., Tableau n° 2.

(2) Note sur la production des divers établissements et ateliers de l'artillerie, 22 février 1871.

(3) Exactement 7,065,726 (Situation des approvisionnements de l'artillerie dans les arsenaux au 23 février 1871).

(4) Du 12 avril au 26 mai 1871, le ministère de l'Intérieur remit à la Guerre 4,961,000 cartouches Enfield et 7,054,240 cartouches Springfield (Rapport sur les achats d'armes, munitions et harnais d'artillerie, etc., Tableau n° 2).

Le rapport de la sous-commission chargée de rechercher l'armement en artillerie et armes portatives (*J. O.* du 3 juin 1871, p. 1215) et la

§ 7. — *Harnachement.*

En dehors des harnachements des unités ou fractions d'unités qui avaient pu s'échapper de Sedan, il existait en province au 16 septembre, dans les directions et régiments d'artillerie, des approvisionnements suffisants pour atteler environ 1 millier de voitures à 4 chevaux. En combinant les harnais en surnombre, on pouvait légèrement augmenter ce chiffre (1). Une partie de ces derniers harnachements avait besoin de réparations ou était même proposée pour la réforme.

L'ensemble de ces différentes ressources formait un total d'environ 7,000 harnais d'artillerie (2).

Dès le début de la guerre, des commandes avaient été faites aux industriels parisiens, qui jusque-là

---

note sur l'état actuel des approvisionnements de l'armée et des arsenaux du 22 février 1871 donnent, comme disponible à cette dernière date, pour les armes à percussion, un approvisionnement de 40,287,000 cartouches. C'est à peu de chose près le total des chiffres donnés par la situation des approvisionnements de l'artillerie dans les arsenaux au 23 février 1871, savoir :

Cartouches pour armes à percussion françaises...	33,321,710
Cartouches pour armes à percussion étrangères...	7,065,726
TOTAL...	40,387,436

(1) Ce harnachement consistait en 3,091 harnais pour chevaux de selle, 1,131 harnais pour porteurs de devant, 1,070 harnais pour sous-verges de devant, 1,505 harnais pour porteurs de derrière et 1,433 harnais pour sous-verges de derrière (Rapport sur les ressources de l'artillerie pendant la guerre de 1870-71, 6 février 1871).

(2) Rapport sur les achats d'armes, munitions et harnais d'artillerie, etc.

L'artillerie possédait au 1ᵉʳ janvier 1870 le harnachement de 55,519 chevaux, savoir : 8,607 harnachements pour chevaux de selle et 46,912 harnachements pour chevaux de trait.

On estimait, en effet, que 50,000 chevaux étaient nécessaires pour

avaient la spécialité de fournir le harnachement de l'artillerie. 500 harnais provenant de ces commandes furent envoyés en province.

A peine arrivé à Tours, le service de l'artillerie de la délégation du ministère de la Guerre provoqua de toutes parts des offres qui lui assurèrent le harnachement de 20 batteries (3,500 chevaux) (1). On put ainsi parer aux premiers besoins ; mais, ces ressources étant loin d'être suffisantes, les établissements de l'artillerie furent autorisés à passer des marchés pour toutes les quantités qui leur seraient offertes, et les corps furent invités à faire fabriquer par leurs maîtres selliers un aussi grand nombre que possible de harnais.

Sur la demande de l'administration de la Guerre (2), la Commission d'armement avait entrepris aussi de faire confectionner des harnais à Bordeaux et en Autriche et de procéder à des achats à l'étranger. Mais, le 6 octobre, elle déclina temporairement cette mission, et ce ne fut qu'à la fin de décembre qu'elle se procura en Angleterre 2,400 harnais dont la livraison devait être terminée le 15 mars 1871 (3).

---

atteler les batteries, parcs et équipages correspondant à environ 1,000 bouches à feu (Bordereaux d'envois à la Commission des marchés de l'Assemblée nationale des marchés passés en 1870-71 par le service de l'artillerie, Versailles, 17 avril 1871).

(1) Note relative au harnachement de l'artillerie (sans date, mais probablement du commencement de novembre).

(2) Note pour la Commission d'armement, 1er octobre.

(3) *Rapport fait au nom de la Commission des marchés sur les opérations de la Commission d'armement pendant la guerre*, p. 78.

La Commission d'armement paya les harnais qu'elle acheta le 31 décembre à raison de 512 fr. 50 le groupe de quatre. Dans un marché passé le 21 décembre, on demandait, comme on le verra plus loin, à l'administration de la Guerre 550 francs pour la même fourniture. Mais à l'excuse de la Guerre, il faut dire que lorsqu'elle commença à passer des marchés en Angleterre, les besoins étaient pressants et, pour les satisfaire, elle dut subir les exigences des fournisseurs, dont quelques-

348   LA GUERRE DE 1870-1871.

L'administration de la Guerre se décida donc à faire de nouvelles commandes en France (1). Les premières livraisons qui en résultèrent, ajoutées à celles des commandes précédentes, lui permirent de donner aux trois premiers corps d'armée mis sur pied les attelages qui leur étaient nécessaires, c'est-à-dire un total de plus de 10,000 chevaux (2).

Il était surtout difficile de se procurer des selles. On pensa alors à s'adresser à l'étranger. L'ingénieur des

---

uns seulement étaient outillés pour suffire à d'importantes commandes. La Commission d'armement, qui, tout d'abord, avait décliné la mission de fournir des harnais, se trouva, au contraire, en présence de fournisseurs nouveaux qui avaient eu le temps de s'organiser et qui, pour obtenir des commandes, offrirent des prix plus réduits.

Chacun des deux marchés envisagés portait sur une fourniture de 600 groupes de quatre harnais. Mais la Guerre exigeait trois livraisons de 200 groupes avant le 15 janvier 1871, tandis que le représentant de la Commission d'armement ne demandait que 50 groupes par semaine et accordait jusqu'au 15 mars.

La Commission d'armement acheta aussi en Angleterre de vieux harnais et les fit remettre à neuf. Elle obtint ainsi 313 jeux de 4 harnais, 120 colliers, 1,346 paires d'attelles et 474 paires de traits, au prix total de 149,350 francs. Malgré les réparations faites, ces harnais et accessoires n'étaient pas susceptibles d'être mis en service.

(1) La Marine offrit de faire fabriquer dans ses arsenaux les arçons, les ferrures et la bouclerie que le commerce ne pouvait plus procurer. Il fut même question de lui demander de fabriquer des harnais (Note au sujet de la fabrication des harnachements par la Marine, Tours, 1er octobre).

(2) Des harnais pour 3,000 chevaux furent commandés dans chacune des places de Rennes, Toulouse, Niort et Poitiers. Plus tard, le lieutenant-colonel de Reffye, directeur de l'atelier de fabrication de canons à balles installé à Nantes, fut invité à faire fabriquer 6,000 harnais dans cette ville (Note relative au harnachement de l'artillerie).

Les bordereaux d'envoi à la Commission des marchés de l'Assemblée nationale des marchés passés par le service de l'artillerie (Versailles, 17 avril 1871) mentionnent deux séries de traités avec des industriels français pour fourniture de harnachement d'artillerie.

La première série comprend 63 contrats s'élevant ensemble à

manufactures de l'État qui, à défaut d'officier, surveillait la confection et la réception des cartouches modèle 1866 commandées en Angleterre, fut chargé de rechercher et d'acheter à Londres des harnais pour 20,000 chevaux.

Un premier marché lui procura 4,000 harnais d'occasion, de provenance américaine, qui furent livrés et embarqués à New-York entre le 28 novembre 1870 et le 2 février 1871 (1). D'autres contrats, passés avec trois négociants anglais, lui assurèrent ensuite 17,000 harnais neufs, dont les premiers furent livrés le 6 décembre. Près de 15,000 de ces harnais arrivèrent en France avant la fin de la guerre, et 7,000 purent être mis en service dans les batteries et parcs envoyés à l'ennemi (2).

Enfin la direction de l'artillerie à la délégation du

3,238,688 fr. 17, sur lesquels 2,829,229 fr. 11 avaient été payés au 17 avril 1871.

La deuxième série comprend 57 contrats passés du 1er décembre 1870 au 27 février 1871 pour une somme totale de 2,143,622 fr. 33, sur lesquels, par suite de résiliations totales ou partielles, 1,731,554 fr. 20 avaient été payés au 17 avril 1871.

(1) Ces harnais revinrent à 109 fr. 50 par cheval. 3,996 furent livrés et mis en service dans les deux régiments du train d'artillerie où ils firent un assez bon usage (Rapport sur les achats d'armes, munitions et harnais d'artillerie, etc.).

(2) Les harnais étaient livrés par groupe de cinq : un porteur et un sous-verge de derrière, un porteur et un sous-verge de devant, un cheval de selle de troupe avec poitrail. 1,000 étaient du modèle anglais, dit de Woolwich, avec la bricole française. Les autres se rapprochaient dans l'ensemble du modèle français. Cependant, toutes les selles furent des selles de l'artillerie anglaise adaptées aux harnais français; pour beaucoup, les sellettes de sous-verge furent remplacées par des mantelets.

Les harnais de modèle anglais coûtèrent 148 fr. 10 et 160 francs par cheval. Les harnais se rapprochant du modèle français revinrent à 167 fr. 50, 175 francs, 181 fr. 25 et 200 francs par cheval. Autrement dit, les prix allèrent en augmentant. Cette variation de prix fut la con-

ministère de la Guerre traita directement, le 21 décembre, avec un autre négociant anglais pour 600 jeux de 4 harnais, soit 2,400 harnachements de chevaux. A la suite de malentendus, 820 harnachements seulement furent livrés avant la fin des opérations (1).

Par l'intermédiaire de la Commission d'armement, il fut aussi acheté en Amérique 15,000 harnais. Mais le premier envoi n'arriva à Bordeaux que le 22 février 1871 (2).

En résumé, les marchés passés en Angleterre procurèrent à l'administration de la Guerre, avant le 15 février

---

séquence non seulement des circonstances, mais aussi de la qualité des harnachements. Les livraisons composées de harnais du modèle anglais laissèrent à désirer pour certains détails; quant aux harnais du modèle français, ils ne donnèrent lieu qu'à des observations sans importance, et ceux provenant du dernier marché étaient supérieurs aux autres.

En 1870, en temps de paix, le harnachement d'un cheval d'artillerie revenait, en France, à 160 francs. Les harnais achetés en Angleterre coûtèrent en moyenne 183 fr. 44 par cheval (Rapport sur les achats d'armes, munitions et harnais d'artillerie, etc.).

Les bordereaux d'envoi à la Commission des marchés de l'Assemblée nationale mentionnent, en outre, un achat de harnachements pour 80 attelages à 4 chevaux et 52 chevaux de selle fait à Bruxelles par l'intermédiaire d'un capitaine interné en Belgique. L'importance de ce marché était de 45,720 francs.

(1) Ce dernier marché revint à 137 fr. 50 par cheval. — Le service de l'artillerie de la délégation de Tours ne disposait que de huit ouvriers d'état selliers, qui avaient fort à faire en France avec les réceptions et expéditions de harnais commandés dans l'industrie privée. Un d'entre eux fut cependant envoyé en Angleterre à la fin de novembre 1870.

La surveillance de la confection et de la réception du harnachement fut, dans les derniers jours de janvier 1871, assurée en Angleterre par un capitaine chargé de contrôler les fournitures d'armes.

(2) Ces harnais furent procurés par M. Remington. Leur achat coûta 2,671,858 fr. 94. 2,500 attelages à 4 avaient été cédés par le

1871, près de 20,000 harnais. Ils lui assuraient en outre à bref délai plus de 4,000 autres harnachements de chevaux, sans compter ceux commandés en Amérique (1).

Du 16 septembre 1870 à la conclusion de la paix, 50,000 chevaux harnachés avaient été fournis aux corps d'armée en campagne, et il restait encore en magasin 7,200 harnachements pour chevaux de selle et 12,500 harnachements pour chevaux de trait (2). En outre, l'administration de la Guerre pouvait encore disposer des

---

gouvernement américain aux prix de 703 fr. 15 pour les harnais en service et de 828 fr. 75 pour les harnais neufs.

Une partie de ces harnais, de qualité très inférieure, était hors d'état de rendre aucun service (*Rapport fait au nom de la Commission des marchés sur les opérations de la Commission d'armement pendant la guerre*, p. 35).

(1) L'administration de la Guerre reçut exactement, à la suite des marchés passés par elle en Angleterre : 19,286 harnais avant le 15 février, 4,110 harnais après le 15 février, soit 23,396 harnais représentant une dépense totale de 3,846,995 fr. 52 (Rapport sur les achats d'armes, munitions et harnais d'artillerie, etc.).

Les bordereaux d'envoi à la Commission des marchés de l'Assemblée nationale ne relatent que les contrats passés en Angleterre par l'intermédiaire de l'ingénieur des manufactures de l'Etat. En dehors des 4,000 harnais de provenance américaine, les traités conclus avec les négociants anglais n'auraient assuré que 15,500 harnais au lieu de 17,000 ; ils auraient par conséquent occasionné une dépense de 2,963,182 fr. 47 au lieu de 3,056,036 fr. 62.

D'après ce document également, les frais de transport d'Angleterre en France des harnais dont il mentionne l'achat auraient coûté 40,089 fr. 90.

(2) Rapport sur les achats d'armes, munitions et harnais d'artillerie, etc.). — Comme cela avait été fait pour les armes et munitions, les effets de harnachement, d'équipement et d'habillement achetés à l'étranger pour le compte des départements de la Guerre, de la Marine et de l'Intérieur, bénéficièrent de la franchise en douane, sous réserve d'une déclaration indiquant la quantité et la destination (*Décret* du 28 janvier 1871, *M. U.* du 30 janvier 1871).

harnais des batteries Parrott achetées en Amérique par la Commission d'armement (1).

§ 8. — *Commission spéciale de l'armement par le concours de l'industrie privée.*

Pour centraliser toutes les offres d'armes et de munitions de guerre faites au Gouvernement et aux administrations publiques, un décret du 9 septembre 1870 institua une Commission spéciale de l'armement par le concours de l'industrie privée (2). Cette commission devait siéger au ministère des Travaux publics. Peu après, d'ailleurs, elle était d'une façon plus complète rattachée à ce département, car un décret du 13 septembre prescrivit que les opérations qu'elle proposerait seraient soumises au contrôle du Ministre des Travaux publics qui les rendrait exécutoires (3).

Le nombre des membres de la Commission d'armement, fixé en principe à cinq, dont un représentant de l'administration de la Guerre, fut successivement augmenté (4). Au moment de l'investissement de Paris, la commission se divisa. Quelques-uns de ses membres restèrent dans la capitale et participèrent aux travaux du siège ; les autres suivirent à Tours la délégation du Gouvernement de la Défense nationale. Ce dernier groupe, à la tête duquel se trouvait le président, M. Jules Le Cesne, ancien député du Havre, se composait de huit membres, dont un représentant des deux ministères de la Guerre et de l'Intérieur (5).

---

(1) Rapport de la sous-commission chargée de rechercher l'armement en artillerie et armes portatives, *J. O.* du 3 juin 1871.
(2) *J. O.* du 10 septembre.
(3) *J. O.* du 14 septembre.
(4) Deux décrets du 10 et un du 17 septembre (*J. O.* des 12, 14 et 17 septembre) nommèrent trois autres membres.
(5) *Rapport fait au nom de la Commission des marchés sur les opéra-*

La mission de la Commission d'armement siégeant à Tours fut précisée par un décret du 29 septembre. Elle consistait à prendre toutes les mesures relatives à l'armement des gardes nationales sédentaires ou mobilisées, des corps francs ou autres appelés à concourir à la défense du pays. La répartition des armes acquises ou transformées par ses soins lui incombait également (1).

Mais la Commission d'armement ne voulut pas accepter cette dernière responsabilité. Elle ignorait, en effet, les nécessités de la défense et la situation exacte des opérations militaires, seuls éléments qui auraient pu la guider. Une circulaire du Ministre de l'Intérieur, du 14 octobre, vint donc déterminer le sens exact du décret du 29 septembre. La Commission devait se borner à présenter aux ministères de la Guerre et de l'Intérieur

---

tions de la Commission d'armement pendant la guerre, p. 4 (Ce rapport figure aux annexes du procès-verbal de la séance de l'Assemblée nationale du 23 juillet 1873).

La partie de la Commission d'armement qui opéra en province se composait, en dehors du président, de :

MM. le colonel Thoumas, sous-directeur de l'artillerie à la délégation du ministère de la Guerre (remplacé plus tard par le colonel en retraite Lenglier, déjà membre du Comité technique de l'artillerie) ;
Durangel, directeur de l'administration départementale et communale au ministère de l'Intérieur ;
Charles Le Cesne, ancien négociant ;
Gustave Marqfroy, ingénieur civil, ancien élève de l'École polytechnique (quitta plus tard la commission pour organiser et diriger la capsulerie de Bayonne) ;
Alexis Thomas, substitut du procureur général ;
De Mouy, président du tribunal de 1re instance de Rambouillet ;
Mayer, ingénieur civil, ancien élève de l'École polytechnique ;
Paul Janet, membre de l'Institut.

Les membres de la Commission d'armement ne recevaient qu'une indemnité de déplacement de 15 francs par jour, indemnité qui fut portée plus tard à 25 francs.

(1) *M. U.* du 2 octobre.

les états des arrivages d'armes et à remettre ensuite à leurs représentants les lots que chacun d'eux avait choisis. Dans ce choix, la Guerre avait la priorité et s'attribuait presque exclusivement les armes se chargeant par la culasse. Il appartenait ensuite aux Ministres intéressés, auxquels toutes les demandes devaient être adressées, de répartir les armes laissées à leur disposition soit entre les différentes unités mises sur pied, soit entre les départements et les villes.

La circulaire du 14 octobre 1870 rappelait ensuite aux préfets et aux comités locaux de défense qu'ils ne devaient pas gêner par une initiative intempestive les achats de la Commission d'armement. Malgré les termes précis du décret du 9 septembre 1870, plusieurs départements ou villes avaient cru bon, en effet, d'entrer directement en relations avec des fournisseurs d'armes, soit en France, soit à l'étranger, pour se procurer le matériel dont ils avaient besoin. Plusieurs même réclamaient pour qu'il fut fait distraction à leur profit d'une certaine partie des crédits ouverts à la Commission.

Les démarches des délégués des départements et des villes, qui, pour la plupart, manquaient de compétence raisonnée, eurent de très fâcheuses conséquences. Elles occasionnèrent une déplorable concurrence avec les agents de la Commission et provoquèrent une hausse dont la France fit tous les frais. Car, en dehors des prix plus élevés dont ils bénéficiaient, les fournisseurs préféraient livrer directement aux représentants des comités départementaux ou locaux, pour échapper au contrôle que le Gouvernement avait voulu établir en centralisant les achats (1).

La Commission d'armement étendit simultanément

---

(1) *Rapport fait au nom de la Commission des marchés*, etc., p. 144; Circulaire du Ministre de l'Intérieur du 14 octobre 1870 (*M. U.* du

ses opérations en France, en Angleterre, aux États-Unis, en Italie, en Autriche et en Suisse.

En France, où la fabrication du matériel de guerre était alors monopolisée dans les manufactures ou fonderies de l'État, on crut cependant devoir faire appel au concours de plusieurs grands établissements. Les usines du Creusot, de Fourchambault, de Decazeville, ainsi que les ateliers des Messageries maritimes, furent chargés de fabriquer 52 batteries de 7 et 100 canons à balles. Des projectiles furent également mis en commande. Mais, comme il fallut tout d'abord improviser l'outillage, aucun des marchés conclus ne fut exécuté dans les délais prévus. Au moment de l'armistice, quelques pièces de canon et un petit approvisionnement de projectiles avaient seulement été livrés. On se procura aussi en France des baïonnettes, pour suppléer à celles qui manquaient aux fusils achetés en Amérique (1).

La Commission d'armement se fit représenter en Angleterre par un agent spécial, assisté d'un inspecteur des Finances. La réception des armes et des munitions fut assurée, sous la direction d'un capitaine d'artillerie,

---

16 octobre); Note sur les Commissions d'armement et d'étude des moyens de défense, février 1871. — D'après ce dernier document, un décret du 31 décembre 1870 aurait attribué à la Commission d'armement le droit exclusif de passer en Angleterre des marchés pour l'acquisition du matériel de guerre. Mais ce décret n'a été retrouvé ni au *Moniteur universel* ni au *Bulletin des Lois*. A ce moment-là, d'ailleurs, le mal causé par la concurrence des acheteurs envoyés simultanément par la Commission d'armement, l'administration de la Guerre et les départements ou les villes était fait.

(1) La compagnie de Fourchambault livra un peu plus de 6,000 baïonnettes. L'usine de Pont-Salomon reçut le 4 octobre une commande de 20,000 baïonnettes qui fut augmentée dans la suite. Plus de 45,500 baïonnettes furent livrées sur ce marché. Ces armes, attendues avec impatience, étaient remises aux troupes aussitôt après livraison (*Rapport fait au nom de la Commission des marchés*, etc., p. 89-90).

par neuf contrôleurs français, deux ingénieurs civils commissionnés dépendant de l'administration de la Guerre et trois ouvriers d'État. En dehors de nombreuses armes portatives, on put se procurer, en Angleterre, 30 batteries Withworth, de la poudre et des harnais (1). Toutefois, malgré les recherches qui furent faites, ce ne fut que le 13 février 1871, que l'on put passer un marché pour la construction de voitures d'artillerie (2).

---

(1) Les 30 batteries Withworth revinrent à 1,383,883 francs. 18 batteries étaient du calibre de 3 livres anglaises et 12 du calibre de 12 livres.

Les commandes de poudre s'élevèrent à 12,000 barils de poudre à 100 francs le baril ; 2,000 barils furent ultérieurement décommandés comme inutiles.

Les achats d'armes portatives effectués en Angleterre portèrent surtout sur des fusils et des cartouches Snider, sur des fusils Enfield (se chargeant par la bouche) et sur 20,270 fusils Chassepot. Pour ces derniers, le concessionnaire du brevet Chassepot en France intenta un procès aux fabricants pour leur faire payer le droit de brevet (*Rapport fait au nom de la Commission des marchés*, etc., p. 63, 68, 69, 76 et 77).

On trouvera plus loin le nombre d'armes de toutes sortes importées en France par la Commission d'armement d'octobre 1870 à fin février 1871.

Pour plusieurs marchés d'armes portatives passés directement par l'artillerie, le rapporteur de la Commission des marchés de l'Assemblée nationale a constaté que l'administration de la Guerre avait payé plus cher que la Commission d'armement. Le reproche paraît exact si l'on ne tient compte que des prix. Mais, comme cela a déjà été dit, la Guerre n'acceptait que certains modèles, et les armes devaient être munies de leurs accessoires et d'un approvisionnement de 400 cartouches. La Commission d'armement, qui n'exigeait pas les mêmes conditions, pouvait trouver des prix inférieurs.

Pour échapper aux difficultés qu'elle éprouvait au début pour fréter en Angleterre des bateaux destinés à transporter du matériel de guerre, la Commission d'armement acheta un petit steamer, qu'elle revendit ensuite. L'entretien du bateau revint à 77,000 francs dont il faut déduire les frets qui, sans cela, auraient dû être payés (*Rapport fait au nom de la Commission des marchés*, etc., p. 81).

(2) L'ordre pour cette commande remontait au 24 novembre ; il fut renouvelé le 28 décembre. Mais les dessins et les tables de construction

En Amérique, la Commission d'armement s'adressa à M. Remington, dont elle monopolisa la fabrication; mais une grande partie des armes livrées par ce fournisseur manquait de baïonnettes (1). Par son intermédiaire

---

faisaient défaut. Une adjudication eut lieu le 20 janvier 1871 ; on s'aperçut alors que le soumissionnaire ne construisait pas lui-même et qu'il avait un sous-traitant sur lequel il prélevait un bénéfice de près de 80,000 francs. On obtint de l'intermédiaire qu'il renoncerait à son contrat moyennant une commission de 10 p. 100 sur les travaux qu'exécuterait le véritable constructeur avec lequel on traita le 13 février (*Rapport fait au nom de la Commission des marchés*, etc., p. 77).

(1) Trois contrats furent passés avec M. Remington, le 17 septembre, le 30 septembre et le 18 novembre 1870. Ils procurèrent 109,100 fusils Remington égyptien, 1,200 fusils Remington espagnol, 19,120 Springfield transformés en Remington, 5,020 carabines Remington, 17,036 revolvers et quelques cartouches pour fusils et revolvers. Les premières livraisons d'armes arrivèrent en France le 6 octobre 1870, et les dernières le 3 mai 1871. Le montant de ces marchés passés directement avec M. Remington s'éleva à 11,823,073 fr. 30.

M. Remington devait également fournir 2,500,000 cartouches Remington fabriquées en Amérique et 5,500,000 fabriquées en Angleterre. Mais la Commission d'armement renonça aux cartouches américaines dont elle ne pouvait contrôler la fabrication, et elle porta la livraison provenant d'Angleterre à 16,000,000 de cartouches. Les délais de livraison de la première commande expiraient le 10 décembre, ceux de la deuxième le 10 février, mais ils ne furent pas observés. La fourniture des cartouches achetées en Angleterre par l'intermédiaire de M. Remington s'est liquidée par une dépense de 1,770,500 francs pour 1,878,000 cartouches Snider et 12,058,000 cartouches Remington.

M. Remington fut en outre chargé de tous les achats à faire en Amérique moyennant une commission de 2 1/2 p. 100. On espérait ainsi faire l'économie d'un contrôleur sur place et obtenir de meilleures conditions qu'en faisant agir un représentant du Gouvernement français. Néanmoins, quand on voulut acheter des armes au Gouvernement fédéral, des maisons rivales proposèrent à ce dernier des prix supérieurs, et il fallut payer leur désistement.

M. Remington tirait ordinairement ses baïonnettes d'Allemagne. Il ne fallait pas compter, pour en fabriquer, sur nos manufactures d'armes qui suffisaient à peine à produire les fusils qu'on leur demandait. Pour suppléer au manque de baïonnettes, on recueillit en Angleterre un stock

également, la Commission put se procurer quelques autres armes portatives, mais la plupart de ces achats furent sans utilité pratique, soit parce que les armes étaient de trop faible longueur, soit parce qu'il y en avait trop peu du même modèle. 50 batteries de canons Parrott, avec tout leur matériel roulant et leurs harnais, furent également achetées au Gouvernement fédéral. Dans cette affaire, comme dans l'achat de canons effectué en Angleterre, la Commission d'armement n'eut qu'à transmettre un ordre émanant du Ministre de l'Intérieur et de la Guerre et à souscrire un traité au nom et pour le compte de la délégation du ministère de l'Intérieur, chargée d'organiser l'artillerie de la garde nationale mobilisée (1).

---

d'anciennes baïonnettes triangulaires, auxquelles on se proposait d'adapter des poignées. Mais fort peu de ces armes purent être livrées avant l'armistice (*Rapport fait au nom de la Commission des marchés*, etc., p. 10 et suiv.).

(1) Dès le mois de septembre 1870, la Commission d'armement connaissait l'existence du matériel Parrott dans les arsenaux des États-Unis ainsi que les prix demandés par le Gouvernement fédéral. Mais, mal édifiée sur la valeur de cette artillerie, elle s'abstenait de toute initiative. Le représentant de la Commission d'armement en Amérique avait estimé à 36,000 francs le prix d'une batterie rendue en France. Des intermédiaires vinrent au commencement de novembre à Tours offrir à la Commission d'armement ces batteries au prix de 75,000 francs chacune. Leurs propositions furent déclinées. Ils s'adressèrent alors à la Commission d'étude des moyens de défense, qui, le 28 novembre, arracha au Ministre un contrat d'achat de 25 batteries dans ces conditions. Quelque temps après, le délégué du ministère de l'Intérieur pour l'armement des batteries départementales demanda à la Commission d'armement de lui procurer des batteries américaines. Sur l'ordre du Ministre, un marché pour l'achat de 50 batteries fut conclu par l'intermédiaire de M. Remington. Le marché, qui comprenait en outre 600 projectiles par pièce, au prix de 9 à 10 francs le coup chargé, revint à 3,713,532 francs, et les 50 batteries arrivèrent en France avant fin de l'armistice.

Quant aux 25 batteries achetées par la Commission d'étude, elles ne

ARTILLERIE.

Les achats faits dans les autres pays ne procurèrent que des ressources insignifiantes ou de mauvaise qualité. En Autriche, la commission trouva des fusils Werndl qu'elle refusa d'acheter pour ne pas augmenter le nombre des modèles et aussi parce que la sortie des armes était rigoureusement prohibée. Elle fit marché cependant pour 3,000 chassepots qui, en raison des difficultés qu'ils éprouvèrent pour traverser la frontière, ne purent arriver en France qu'au mois d'avril 1871 (1).

La Belgique était envahie par les délégués des départements et des villes. L'inexpérience des uns, le défaut de scrupules des autres provoquèrent une hausse considérable et amenèrent la fabrication d'armes de pacotille. Le Gouvernement belge, d'ailleurs, s'opposait à toute expédition d'armes en France. La Commission d'armement fit cependant acheter les fusils modèle 1866 ramassés par des maraudeurs sur les champs de bataille et réparés à Liége ; elle passa d'autre part un marché pour 10,000 chassepots (2).

---

parvinrent qu'en septembre 1871, dans des conditions qui ne laissent aucun doute sur la mauvaise foi des intermédiaires. A la suite d'une transaction passée le 7 juin 1871, le Gouvernement français paya pour cette fourniture 2,605,000 francs [*Rapport fait au nom de la Commission des marchés sur les opérations de la Commission d'armement*, etc., p. 34 ; *Rapport fait au nom de la Commission des marchés sur les marchés de la Commission d'étude des moyens de défense* (annexé au procès-verbal de la séance du 15 juillet 1872), p. 7 à 23].

Il y aurait donc eu 75 batteries Parrott achetées en Amérique. On a vu cependant plus haut (p. 283) qu'il ne fut livré à la délégation du ministère de l'Intérieur que 330 pièces système Parrott, soit 55 batteries.

(1) Le prix convenu était de 85 francs par arme, baïonnette comprise. Ces fusils, embarqués à Vienne sur le Danube, furent d'abord arrêtés par les glaces, puis furent saisis en Hongrie et envoyés à Raab. De là, ils purent parvenir à Trieste d'où ils furent expédiés sur Londres.

(2) Les fusils ramassés sur les champs de bataille revenaient à 135 francs pièce. Chacun des 10,000 chassepots devait revenir à 105 francs ; 3,700 seulement furent livrés. Les fusils furent d'abord

Quant aux achats effectués en Suisse et en Italie, ils ne donnèrent qu'un petit nombre d'armes de qualité médiocre ou même mauvaise, dont la diversité des modèles rendait l'emploi impraticable (1).

Cette rapide énumération montre qu'en dehors de l'Angleterre et de l'Amérique, on ne trouva aucun marché d'armes sérieux.

D'octobre 1870 à la fin de février 1871, la Commission d'armement put importer en France près de 195,000 fusils se chargeant par la culasse, dont 133,000 étaient disponibles au 31 janvier. A ce stock, il faut ajouter environ 79,000 carabines, 73,000 revolvers et 51,000 sabres-baïonnettes. Les munitions achetées en même temps que ces armes s'élevaient à un total de 71 millions de cartouches pour fusils et carabines et de 15 millions de cartouches pour revolvers. Mais les fusils étaient de quatorze modèles différents, les carabines de sept autres, et ces vingt et un types d'armes nécessitaient l'emploi de huit sortes de cartouches (2).

Les marchés passés par la Commission d'armement ne purent tous être résiliés à la conclusion de la paix,

---

sortis en fraude moyennant une prime de 6 francs par arme. Puis on se décida à les faire passer par l'Angleterre (*Rapport fait au nom de la Commission des marchés*, etc., p. 119-121).

(1) On trouva bien en Suisse 21,242 armes, 805,430 cartouches et 1,690,000 capsules, mais il ne fut livré à Thonon que 14,037 armes, 403,020 cartouches et 754,000 capsules. Le reste se perdit dans un naufrage sur le lac de Genève ou fut saisi par le Gouvernement suisse. Une partie du matériel séquestré disparut dans un incendie de l'arsenal de Morges ; ce qui fut sauvé fut rendu à la France après la paix (*Rapport fait au nom de la Commission des marchés*, etc., p. 123-127).

En Italie, on acheta 5,428 fusils d'origine française ou autrichienne, rayés ou lisses. Un peu plus de 2,000 seulement pouvaient être utilisés, et encore fallait-il rayer ceux qui ne l'étaient pas (*Ibid.*, p. 111-114).

(2) D'après le *Rapport fait au nom de la Commission des marchés*, etc. (p. 278-279), ces différents chiffres se décomposent exactement de la façon suivante :

et les livraison continuèrent jusqu'au mois de juin 1871. A cette date, le total des armes se chargeant par la culasse, remises à la Guerre, s'élevait à plus de 340,000 fusils. Le nombre des carabines n'avait guère changé, les achats ayant été interrompus dès que l'utilisation de ces armes parut impossible. Quant aux acquisitions en munitions pour armes se chargeant par la culasse, elles dépassèrent 111 millions de cartouches (1).

I. — *Fusils et carabines.*

CALIBRES.	MODÈLES.	NOMBRE de fusils.	NOMBRE de carabines.	CARTOUCHES correspondantes.
Cal. 42 (10mm,7).	Fusil Remington espagnol.	3,680	»	2,166,320
	Fusil Berdan............	5,760	»	
	Fusil Peabody...........	21,240	»	
Cal. 44 (11mm).	Fusil Remington égyptien.	75,760	»	11,989,320
	Fusil Remington grec. ...	1,700	»	
	Fusil Winchester........	3,000	»	4,500,000
	Carabine Winchester.....	»	3,000	
Cal. 50 (12mm,7).	Fusil Sharp.............	2,700	»	6,154,160
	Fusil Allen (Springfield transformé)............	25,060	»	
Cal. 54 (13mm,7).	Fusil Spencer...........	5,367	»	»
	Carabine Spencer........	»	37,071	34,018,797
	Carabine Remington.....	»	20,767	
	Carabine Sharp..........	»	6,787	
	Carabine Warner........	»	2,500	
	Carabine Gallagher.....	»	2,500	
	Carabine Joslyn.........	»	6,600	
	Fusil Joslyn............	900	»	»
Cal. 58 (14mm,7).	Fusil Remington (ancien Springfield)..........	7,460	»	4,390,400
	Fusil Snider long.......	27,926	»	8,168,000
	Fusil Snider court......	5.580	»	
Cal. 11mm.	Fusil Chassepot.........	8,511	»	131,700
	TOTAUX.....	194,644	79,225	71,518,697

Nota. — Les calibres des armes anglaises et américaines sont exprimés en centièmes de pouce ; 1 pouce = 0^m,025399.

II. *Revolvers.* — 73,060 revolvers avec 14,879,246 cartouches.

III. *Sabres-baïonnettes.* — 51,286 sabres-baïonnettes, dont 17,849 provenant d'Angleterre et d'Amérique et 33,437 fabriqués en France ; 37,736 seulement étaient disponibles au 31 janvier 1871.

(1) D'après les états des armes et cartouches de provenance étran-

Les armes Remington qui arrivaient d'Amérique en grand nombre n'étaient pas accompagnées de munitions ; il fallait tirer celles-ci d'Angleterre où la production ne parvenait pas à satisfaire aux demandes. Le 24 octobre, la commission s'aboucha avec M. Hotchkiss, à Vienne, pour l'établissement en France d'un atelier de confection de cartouches métalliques, et un contrat signé le 7 novembre stipula la fourniture d'un minimun de 50 millions de douilles vides (1).

Cette usine fut organisée à Viviez (Aveyron); mais à la suite de difficultés de toute nature, la fabrication des douilles métalliques ne put commencer avant la fin de janvier. Indépendamment de cette installation particulière, l'établissement de Viviez comprenait une série d'ateliers pour le chargement des cartouches, pour la fonte des balles, pour la fabrication du fulminate et des mélanges détonants destinés aux amorces et une gargousserie pour canons de 7. Le rendement de ces divers

---

gère livrées par la Commission d'armement à l'administration de la Guerre, annexés au rapport sur les achats d'armes, munitions et harnais d'artillerie, etc., les quantités reçues par la Guerre, au mois de juin 1871, directement de la Commission d'armement ou par l'intermédiaire du ministère de l'Intérieur, s'élevèrent à 341,395 fusils et 78,710 carabines se chargeant par la culasse, avec 111,325,179 cartouches; 75,080 revolvers avec 13,921,000 cartouches et 68,022 sabres-baïonnettes.

Ces chiffres ne représentent certainement pas toutes les livraisons faites. Certains mêmes sont inférieurs à ceux signalés par la Commission d'armement comme importés à la fin de février 1871. Le *Rapport fait au nom de la Commission des marchés sur les opérations de la Commission d'armement pendant la guerre* (p. 138 et suivantes) signale, en effet, de nombreuses pertes d'armes au cours des mouvements effectués entre les divers arsenaux.

Certaines armes achetées à l'étranger furent conservées en France dans les arsenaux après la paix, pour être éventuellement mises en service. On trouvera à la fin du chapitre un tableau indiquant les principales caractéristiques de celles qui existaient encore au 1er décembre 1879.

(1) À 67 fr. 50 le mille, soit un total de 3,775,000 francs.

ateliers fut insignifiant, et le stock obtenu ne put, en tout cas, être utilisé pour les opérations (1).

En dehors des armes se chargeant par la culasse, la Commission d'armement acheta aussi en Amérique et en Angleterre un grand nombre de fusils à piston rayés (2). Son intention était de les transformer en armes se chargeant par la culasse, ainsi qu'elle se proposait de le faire également pour les armes à percussion qui existaient en France.

Pour les transformations qui devaient s'opérer en

---

(1) Le Gouvernement s'engageait à faire l'avance de l'outillage, à fournir les bâtiments et la force motrice. Comme aucune clause ne prévoyait la résiliation du contrat, l'État s'engageait pour une période de plus d'un an.

L'usine fut installée dans des ateliers loués par l'État à la Compagnie des chemins de fer d'Orléans jusqu'au 31 décembre 1871.

L'atelier de fabrication du fulminate était installé pour produire journellement la quantité correspondant à 200,000 cartouches. On adjoignit à ce service le chargement des fusées percutantes de 7, à raison de 1,000 fusées par jour. La production totale fut limitée à un million d'amorces et à 6,500 fusées.

La production prévue pour l'atelier de chargement des cartouches et de fabrication des balles était, comme pour l'atelier de fabrication de douilles, de 200,000 par jour. En avril 1871, 625,000 cartouches et 1,750,000 balles étaient seulement fabriquées.

La gargousserie devait fournir 1,000 charges de 7 par jour. Environ 6,000 furent livrées.

La liquidation de l'établissement de Viviez n'était pas encore terminée en 1873 (*Rapport fait au nom de la Commission des marchés*, etc., p. 104 à 110 et *Annexes*, p. 182 à 221).

D'après le rapport sur les achats d'armes, munitions et harnais d'artillerie, etc., l'installation de l'usine du Viviez aurait occasionné une dépense de près d'un million et, à la date du 31 mars 1871, sa production n'aurait été que de 324,000 cartouches Remington.

(2) Le nombre des fusils se chargeant par la bouche remis à la Guerre, soit directement par la Commission d'armement, soit par l'intermédiaire du ministère de l'Intérieur, s'éleva à 118,360 (4,040 In-

Angleterre, elle adopta le 17 décembre 1870 le système Peabody, mais les contrats avec les industriels ne purent être signés qu'au mois de janvier 1871, et ils furent résiliés presque aussitôt (1).

En France, la Commission voulut tout d'abord faire subir une semblable amélioration aux armes dont elle disposait immédiatement. Elle réquisitionna au Havre et à Avignon environ 330,000 fusils à silex vendus par les Domaines. 15,000 de ces fusils furent transformés en fusils à tabatière, et plus de 80,000 autres en fusils du type Samain, dont la Commission avait acheté le brevet (2).

---

field et 114,320 Springfield) avec 27,024,080 cartouches (7,672,000 Infield et 19,352,080 Springfield) (Tableaux 1 et 2 annexés au rapport sur les achats d'armes, munitions et harnais d'artillerie, etc.).

(1) *Rapport fait au nom de la Commission des marchés*, etc. (p. 70-71). — Les contrats étaient passés pour la fourniture de 400,000 culasses, et les dépenses engagées s'élevaient à 8,145,500 francs. Pour résilier ces contrats, il fallut payer un dédit de 2,208,204 francs.

(2) Le système de transformation Samain avait été soumis le 16 octobre à une commission d'officiers d'artillerie. Leur avis fut favorable et la Commission d'armement acheta le brevet Samain à raison de 1 franc par arme transformée, prix payable jusqu'à un maximum de 100,000 armes. L'usage révéla de nombreuses défectuosités dans ce système, dont le Comité technique d'artillerie proposa, le 27 janvier, le rejet. Néanmoins, à défaut de système meilleur, le Ministre ordonna le 29 janvier, à la Commission, de continuer à l'utiliser (*Rapport fait au nom de la Commission des marchés*, etc., Annexes, p. 128-133).

Le reste des fusils à silex requis, environ 200,000, devait être transformé en fusils à percussion.

La question de la transformation des fusils se chargeant par la bouche en fusils se chargeant par la culasse montre une fois de plus les inconvénients qui peuvent résulter de l'intervention d'initiatives trop indépendantes. Dès le mois d'octobre, la Commission d'armement avait accepté, sur la proposition de l'artillerie, un mode de transformation. La Commission d'étude intervint et un autre modèle fut accepté. Un peu plus tard, le préfet du Rhône faisait adopter un troisième type et les marchés passés pour fabriquer les transformations antérieures étaient annulés. Toutes ces tergiversations n'activaient pas les opérations [*Rap*-

Bien qu'en septembre et octobre, nos arsenaux fussent dépourvus non seulement de fusils à tir rapide, mais même de fusils rayés, l'opération n'aurait jamais dû être entreprise à l'égard des fusils à silex. Ces armes avaient, en effet, des canons de fer à fort calibre et de médiocre épaisseur ; le rayage diminua encore cette épaisseur et compromit la solidité du fusil. En tout cas, il aurait fallu arrêter le travail au mois de novembre, lorsqu'on reçut de l'étranger des armes rayées, à canon d'acier de faible calibre, qui pouvaient fournir après modification un armement de meilleure qualité. D'ailleurs, pour pourvoir les troupes mises sur pied, on dut distribuer, dès leur arrivée en France, presque toutes les armes se chargeant par la bouche achetées à l'étranger, et l'on ne put guère entreprendre la transformation des fusils Springfield qu'au moment où les hostilités étaient terminées (1).

Les crédits mis successivement à la disposition de la Commission d'armement s'élevèrent à 170 millions de francs (2), sur lesquels 123 millions environ furent dépensés (3).

---

port fait au nom de la *Commission des marchés sur les marchés de la Commission d'étude des moyens de défense* (Annexe au procès-verbal de la séance du 15 juillet 1872), p. 3].

A elle seule, la Commission d'étude des moyens de défense étudia et renvoya à l'examen du Comité d'artillerie vingt-quatre systèmes différents de transformation d'armes se chargeant par la bouche en armes se chargeant par la culasse. Le type auquel elle donna la préférence fut le système Green [Résumé des travaux de la Commission d'étude des moyens de défense (sans date)].

(1) Ce ne fut qu'au début de mars 1871 que l'on commença la transformation de 25,000 fusils Springfield, en même temps que la fabrication de 25,000 culasses système Samain (*Rapport fait au nom de la Commission des marchés*, etc., p. 95-103).

(2) Décret du 18 janvier 1871 (*M. U.* du 21 janvier 1871).

(3) *Rapport fait au nom de la Commission des marchés*, etc.,

Cet exposé sommaire suffit à déterminer le rôle de la Commission d'armement. On peut regretter « l'irréflexion avec laquelle la Commission ou ses représentants accaparèrent des armes, des munitions, du matériel qui ne pouvaient trouver en France aucun emploi. Ce matériel démodé encombra les magasins, les quais, les navires et retarda souvent l'arrivée des armes neuves si impatiemment désirées ». La direction négligea d'autre part de tenir ses agents à l'étranger au courant de l'ensemble de ses opérations ; par suite, son représentant en Angleterre, ignorant les marchés conclus en Amérique, traita de son côté dans ce pays et entra en concurrence avec le propre intermédiaire de la Commission. La transformation des armes portatives fut cause de frais énormes et sans utilité immédiate. L'absence de contrôle financier « provoqua l'exagération des dépenses et favorisa les prévarications » de quelques intermédiaires, car l'honorabilité des membres mêmes de la Commission demeura toujours au-dessus de tout soupçon. Enfin, le défaut de personnel compétent empêcha d'organiser une vérification sérieuse des livraisons, vérification que l'extrême urgence des besoins n'aurait d'ailleurs pas toujours permis de faire (1).

Mais, en regard de ces fautes dont plusieurs ne peuvent lui être imputées, la Commission sut généralement déjouer les tentatives des escrocs qui spéculaient sur les

---

p. 34. — D'après ce document, les crédits ouverts à la Commission d'armement n'auraient été que de 160 millions de francs.

Il semble qu'il ne s'agit ici que des dépenses faites hors Paris. Au 31 décembre 1870, les crédits atteignaient déjà 117,500,000 francs et 92,500,000 francs avaient été dépensés. Les 24 millions restants furent reportés sur l'exercice 1871 [Décret du 10 janvier 1871 (*M. U.* du 13 janvier)].

(1) *Rapport fait au nom de la Commission des marchés*, etc., p. 145-146.

malheurs de la France, et refusa les offres trompeuses ou les prix exagérés, qui souvent n'étaient que la conséquence des agissements irréfléchis des représentants des départements ou des comités locaux. Son expérience des affaires commerciales et son habileté à profiter des variations du change ont épargné au pays un surcroît de dépenses. Puisqu'il avait décidé d'enlever à l'autorité militaire la charge de procurer l'armement qui faisait défaut, le Gouvernement de la Défense nationale se serait épargné bien des déboires s'il avait respecté lui-même et fait respecter par tous le décret du 9 septembre 1870, qui donnait à la Commission d'armement le mandat de centraliser les offres de matériel de guerre et de procéder à tous les achats nécessaires.

Achats faits par la Commission d'étude des moyens de défense (1). — A plusieurs reprises, il vient d'être parlé de l'intervention de la Commission d'étude des moyens de défense. Cette commission, dont la constitution et le rôle ont été exposés précédemment (2), commença à s'occuper, dans les derniers jours d'octobre 1870, des moyens de procurer à la Défense nationale en province des armes et des munitions. Malgré son inexpérience, elle crut devoir s'entremettre directement, au lieu de soumettre à la Commission d'armement ou à la direction de l'artillerie de la délégation du ministère de la Guerre le résultat de ses recherches et de ses démarches (3). On

---

(1) *Rapport fait au nom de la Commission des marchés sur les marchés de la Commission d'étude des moyens de défense* (Annexe au procès-verbal de la séance de l'Assemblée nationale du 15 juillet 1872).

(2) Cf. ci-dessus, p. 54.

(3) La Commission d'étude des moyens de défense ne disposait d'aucun crédit. Lorsqu'il fallut effectuer le règlement de ses commandes, qui avaient toutes été approuvées par Gambetta, en sa double qualité de Ministre de l'Intérieur et de la Guerre, on imputa au budget du

ne reviendra pas sur les inconvénients que présentait cette manière de faire.

Le 8 novembre, la Commission d'étude commanda, à une maison de Rive-de-Gier, 36 canons de 7 en acier, système de Reffye, avec affûts en fer ou en bois, et un nombre illimité de canons bruts en acier qui devaient être terminés à la fonderie de Nevers. Une première livraison de 4 canons devait avoir lieu fin novembre; une autre de 8 le 15 décembre; deux autres de 12 chacune à la fin des mois de décembre et janvier. Les épreuves étaient laissées à la discrétion du colonel de Reffye.

Les prix de ces diverses fournitures n'étaient pas déterminés d'une façon précise (1). D'ailleurs, les délais de livraison furent loin d'être respectés. A la signature de la paix, toutes les pièces étaient prêtes. Quant aux affûts, 28 furent fournis en fer; 8 autres n'étaient pas encore commencés. L'administration de la Guerre, désarmée par les clauses du contrat, dut accepter la commande (2).

---

ministère de l'Intérieur les contrats destinés à assurer l'armement de la nation, et au budget de la Guerre les contrats qui intéressaient l'armement des troupes régulières. De cette façon, sur l'ensemble des marchés passés par la Commission d'étude, l'administration de la Guerre n'eut à en liquider que quatre [Bordereaux d'envoi à la Commission des marchés de l'Assemblée nationale des marchés passés en 1870-71 par le service de l'artillerie, Versailles, 17 avril 1871; Résumé des travaux de la Commission d'étude des moyens de défense (sans date)].

Quant aux marchés imputés au budget du ministère de l'Intérieur, ils furent liquidés par la Commission d'armement.

(1) Les canons devaient être payés à raison de 800 francs les 100 kilogr. Quant aux affûts, leur prix devait être fixé après exécution de l'un d'eux (Ibid.).

(2) L'administration de la Guerre put réduire cependant la fourniture des canons bruts de forge à ceux déjà livrés. A la signature de la paix, 40,550 francs avaient déjà été payés, et il était encore dû au fournisseur 76,049 francs (Ibid.).

ARTILLERIE. 369

Un marché pour 50,000 obus oblongs en fonte avec fusées, destinés aux canons d'acier, avait également été passé le 8 novembre avec les forges de Commentry. Là encore les prix n'étaient pas fixés, mais, à la paix, le marché put être résilié avant d'avoir été complètement exécuté (1).

Le 17 novembre, malgré un avis défavorable émis par la Commission d'armement concernant les conditions onéreuses du marché, la Commission d'étude fit signer au Ministre une convention avec un industriel anglais, pour la fourniture de 150,000 fusils Enfield auxquels devait être adapté un système de chargement par la culasse, dit système Green. Les fournisseurs ne purent exécuter la commande, et le marché n'eut par conséquent pas de suite (2).

Le 24 novembre 1870, un traité fut signé avec la compagnie d'Anzin pour une batterie de canons de 7, en bronze, se chargeant par la culasse, du système Reffye, livrable le 31 janvier 1871. Quatre canons seulement furent fournis, et encore longtemps après (3).

---

(1) D'après les bordereaux d'envoi à la Commission des marchés de l'Assemblée nationale, il aurait été passé deux contrats portant chacun livraison de 50,000 obus oblongs en fonte pour canon de 7.
Un seul de ces marchés fut liquidé par l'administration de la Guerre. Le prix convenu était de 80 francs les 100 kilogr. Le fournisseur consentit à réduire la fourniture de moitié, c'est-à-dire à 25,000 projectiles déjà en cours d'exécution.
Quant au deuxième marché, aucun autre document n'en parle. Il semble qu'il n'a pas été exécuté.
(2) En dehors de l'achat des fusils et de leur tranformation, le marché comportait l'acquisition du brevet Green. Son importance était de 9,112,000 francs [Résumé des travaux de la Commission d'étude des moyens de défense (sans date)].
(3) L'importance de ce marché était de 50,000 francs. A la conclusion de la paix, il était en cours d'exécution [Bordereaux d'envoi à la Commission des marchés de l'Assemblée nationale des marchés passés

Un achat de 2,000 revolvers fut encore conclu à Liége, le 26 novembre (1). Enfin le 28 novembre, la Commission traitait avec trois industriels américains pour la fourniture de 70,000 fusils Enfield, 1,000 carabines et 25 batteries Parrott. Cette dernière convention était particulièrement onéreuse, en raison des exigences des intermédiaires (2). Le 7 juin 1871, une transaction résiliait le marché en ce qui concernait les fusils et les carabines, mais maintenait, bien que la paix fût signée depuis longtemps, la fourniture des 25 batteries et de leurs munitions pour la somme de 2,605,000 francs. Les conditions dans lesquelles cette transaction fut exécutée prouvent d'ailleurs combien la Commission d'étude se trompa sur la confiance qu'il convenait d'accorder dans cette affaire à ses contractants.

L'ensemble des dépenses qui résultèrent des marchés passés par la Commission d'étude des moyens de défense s'éleva à 16,335,000 francs.

§ 9. — *Comité technique de l'artillerie.*

Pour suppléer à l'absence du Comité consultatif de l'artillerie, qui était resté à Paris et dont beaucoup de

---

en 1870-71 par le service de l'artillerie, Versailles, 17 avril 1871 ; Résumé des travaux de la Commission d'étude des moyens de défense, (sans date)].

(1) Les prix convenus étaient de 42 fr. 75 le revolver et de 70 francs le mille de cartouches.

85,000 francs furent payés pour ce marché qui était complètement terminé avant l'armistice. Il ne fut donc pas fourni de cartouches. Ces revolvers furent livrés à Dunkerque et à Lille et distribués aux troupes formées dans la région du Nord, auxquelles le service de l'artillerie n'avait d'ailleurs pas le moyen d'en envoyer d'autres (*Ibid.*).

(2) En ce qui concerne les conditions acceptées pour l'achat des 25 batteries Parrott, Cf. ci-dessus, p. 358, note 1.

membres, du reste, avaient été pourvus d'emplois dans les armées de Metz, de Châlons ou de Paris (1), la délégation du Gouvernement de la Défense nationale institua près d'elle, le 14 novembre, pour la durée de la guerre, un Comité technique de l'artillerie (2).

Présidé par un général ou un colonel de l'arme, le Comité technique devait comprendre autant d'officiers qu'il serait nécessaire pour l'examen des questions qui lui seraient soumises par la direction de l'artillerie de la délégation du ministère, sans toutefois que le nombre de ses membres put être supérieur à sept. Un chef d'escadron ou un capitaine remplirait les fonctions de secrétaire.

Le comité était spécialement chargé d'étudier, le plus rapidement possible, toutes les propositions ayant pour but d'accroître l'efficacité des moyens de défense. Chacune de celles-ci devait être l'objet d'un rapport spécial adressé au Ministre de la Guerre.

Le Comité technique faisait en quelque sorte double emploi avec la Commission d'étude des moyens de défense. A différentes reprises, les mêmes questions leur furent successivement soumises, et les divergences d'appréciation, qui purent se produire, n'étaient pas pour accélérer la solution des affaires (3). Dans les circonstances critiques que l'on traversait, il semble qu'il aurait mieux valu se contenter des engins existants ou

---

(1) Le Comité consultatif de l'artillerie, réorganisé par décret du 11 mars 1830, était présidé par un général de division et comprenait comme membres, en 1870, douze généraux, dont huit de division. Un colonel d'artillerie était secrétaire du comité ; il avait comme adjoint un chef d'escadron (*Annuaire militaire pour l'année 1870*).

(2) Décret du 14 novembre (*M. U.* du 23 novembre).

(3) Le fait se produisit surtout, on l'a vu plus haut, pour le choix du type à adopter pour la transformation des fusils se chargeant par la bouche, en fusils se chargeant par la culasse.

déjà étudiés, plutôt que de procéder à des recherches et à des expériences nouvelles. Mais, il faut le reconnaître, le sentiment à peu près général de toutes les classes de la population était que, sous le régime impérial, l'administration de la Guerre ne s'était pas tenue au courant des perfectionnements modernes; on était encore tout disposé à l'accuser de routine, sinon de mauvaise volonté (1), alors qu'il lui était impossible de donner satisfaction à des exigences mieux intentionnées que justifiées.

Ces reproches ne sauraient résister à une étude impartiale. Si le gouvernement déchu avait manqué de prévoyance, en ne tenant pas ses approvisionnements au complet et en ne mettant pas son armement à hauteur de celui de ses antagonistes probables, on ne peut en effet incriminer l'administration de la Guerre, et particulièrement le service de l'artillerie, qui avait doté notre infanterie du fusil 1866, incontestablement supérieur au fusil prussien, et qui avait étudié un canon de 7 se chargeant par la culasse.

Quoi qu'il en soit, le Comité technique de l'artillerie paraît n'avoir joué qu'un rôle très effacé. Les officiers d'artillerie disponibles étaient presque tous aux armées, où ils étaient d'ailleurs en nombre insuffisant pour l'encadrement des formations nouvelles. Dans ces conditions, la présidence de ce Comité fut confiée à un colonel d'artillerie en retraite, qui représentait en outre le service de l'artillerie à la Commission d'armement. Au mois de février 1871, le Comité ne se composait plus, en dehors du président, que d'un chef d'escadron d'artillerie, secrétaire, qui commandait en même temps l'ar-

---

(1) F.-F. Steenackers et F. Le Goff, *Histoire du Gouvernement de la Défense nationale en province*, t. I, chap. VI ; Rapport sur les achats d'armes, munitions et harnais d'artillerie, etc..., Paris, novembre 1871.

tillerie de la place de Bordeaux, et d'un capitaine d'artillerie adjoint (1).

§ 10. — *Organisation en compagnies ou bataillons des ouvriers travaillant dans les ateliers utilisés pour la confection du matériel de guerre.*

Il importait d'assurer aussi rapidement que possible la confection du matériel de guerre qui manquait et, par suite, de maintenir dans leurs ateliers les ouvriers occupés à sa fabrication. Mais, d'autre part, le Gouvernement entendait que ces ouvriers fussent astreints aux mêmes obligations que les citoyens des diverses levées auxquelles ils appartenaient (2).

Deux décrets du 11 octobre et du 10 novembre 1870 (3) décidèrent que, dans les ateliers affectés par le Ministre de la Guerre ou par la Commission d'armement à la fabrication du matériel de guerre, les ouvriers ou employés appartenant au contingent de l'armée active, à la garde nationale mobile ou à la garde nationale sédentaire seraient formés en compagnies ou bataillons spéciaux et exercés tous ensemble, une fois par semaine, à la manœuvre du canon, dans des conditions ne gênant pas la marche du travail. Dans chaque localité, les chefs d'ateliers devaient proposer les ouvriers et employés dont le concours leur était nécessaire. La liste en était définitivement arrêtée par l'autorité mili-

---

(1) Rapport sur les achats d'armes, munitions et harnais d'artillerie, etc., Paris, novembre 1871 ; Délégation du ministère de la Guerre à Bordeaux. Composition des différents bureaux à la date du 3 février 1871.

(2) Le décret du 29 septembre mobilisa en effet tous les Français de 21 à 40 ans non mariés ou veufs sans enfants, puis celui du 2 novembre tous les hommes valides de 21 à 40 ans.

(3) *M. U.* du 14 octobre et du 13 novembre 1870.

taire pour les hommes du contingent de l'armée active et de la garde nationale mobile, et par l'autorité civile pour les gardes nationaux sédentaires.

Les ouvriers d'autres localités admis ultérieurement dans ces ateliers devaient être incorporés dans ces compagnies, et, en cas d'urgence même, tous les ouvriers exerçant un métier se rapportant à la fabrication des armes, des voitures et des harnachements, pouvaient être désignés dans les différentes levées pour être affectés d'office aux compagnies d'ouvriers, et attachés aux ateliers où leur concours pouvait être utile.

Tout ouvrier ou employé cessant son travail devait immédiatement suivre le sort des autres hommes de sa catégorie.

Ces différentes mesures furent étendues au personnel des ateliers requis par la délégation spéciale du ministère de l'Intérieur chargée de la partie technique de l'organisation des gardes nationales mobiles et sédentaires (1), et particulièrement de l'armement des batteries départementales servies par la garde nationale mobilisée (2).

Tout d'abord l'application de ces décrets donna naissance à de nombreux abus. Comme l'on était pressé d'organiser le travail, la désignation des ouvriers requis pour la confection de l'armement national fut faite très hâtivement. L'on constata bientôt que l'on avait retenu dans les ateliers de simples manœuvres qui, sans inconvénient, pouvaient être remplacés par des hommes non mobilisables. De faux entrepreneurs, de faux ouvriers étaient même parvenus à se faire inscrire sur les contrôles des compagnies spéciales. Une revision sévère des

---

(1) Décret du 11 novembre (*M. U.* du 16 novembre).
(2) Batteries créées par décret du 3 novembre (*M. U.* du 5 novembre).

dispenses accordées devint bientôt nécessaire, particulièrement à Saint-Étienne.

Des instructions nouvelles prescrivirent de spécifier la période pendant laquelle chaque ouvrier était maintenu dans son atelier; ces périodes devaient se terminer en même temps que le délai imposé au fournisseur par son contrat pour la livraison du matériel dont la fabrication lui était confiée.

L'autorité militaire reçut une copie de chacune des réquisitions individuelles établies à cet effet; il lui incombait de faire rejoindre, dans le plus bref délai, à l'expiration de leur mission spéciale, les hommes momentanément détournés du service militaire (1).

Le développement de la production des établissements de l'artillerie força ces derniers également à conserver leur personnel normal, et les amena même à augmenter l'effectif de leurs travailleurs. Pour couper court aux difficultés et aux réclamations qui se produisirent, les gardes nationaux mobiles, mobilisés ou sédentaires, employés dans ces établissements, furent aussi formés en compagnies spéciales (2).

§ 11. — *Personnel et matériel d'artillerie fournis par la marine.*

Personnel. — En même temps qu'il formait des bataillons de marche de marins, le département de la Marine mit à la disposition de la Guerre, pour la défense nationale en province, un certain nombre de matelots

---

(1) *Ministère de l'Intérieur. Organisation et liquidation du service des batteries d'artillerie de la garde nationale mobilisée*, rapport présenté par M. Henry Durangel, Versailles, 19 février 1872, p. 12.

(2) Le Ministre de la Guerre au Préfet des Bouches-du-Rhône, à Marseille, Tours, 23 novembre.

canonniers qui furent employés à servir soit des batteries de campagne, soit des pièces de gros calibre installées sur des positions organisées défensivement ou dans des places fortes.

Sans qu'il ait été possible de préciser pour toutes les unités les circonstances dans lesquelles elles ont été formées, on constate en effet la présence des batteries suivantes dans les différentes armées ou places :

1° *A l'armée du Nord :*

Deux batteries mixtes de 12 rayé de campagne servies par des canonniers marins et attelées par la 3ᵉ compagnie du 1ᵉʳ régiment du train d'artillerie ;

Une batterie mixte de campagne de quatre pièces anglaises également servie par des marins, mais dont les attelages étaient conduits par des gardes nationaux mobilisés du Pas-de-Calais ;

Une compagnie de canonniers marins à Dunkerque (1).

Le personnel-servants des trois batteries de campagne dont il vient d'être question fut emprunté en grande partie aux bataillons de marins affectés à l'armée du Nord (2).

Le port de Brest envoya à l'armée du Nord, vers le

---

(1) Documents inédits de M. A. Martinien.

(2) Iᵉʳ et IIᵉ bataillons de marins de Brest et IIIᵉ bataillon de marins de Toulon.

La formation des deux batteries mixtes de 12 RC fut décidée le 6 novembre. Le personnel de la 1ʳᵉ batterie provint du IIIᵉ bataillon de marins de Toulon, et celui de la 2ᵉ batterie mixte, du IIᵉ bataillon de Brest. Chacune d'elles fut commandée par un lieutenant de vaisseau (Commandant Lévi, *La Défense nationale dans le Nord en 1870-71*, t. I, p. 37 et suiv.).

Quant à la batterie mixte de quatre pièces anglaises, formée dans le courant de décembre, la 1ʳᵉ compagnie du IIIᵉ bataillon de marins de Toulon lui fournit 1 capitaine, 1 lieutenant, 2 sous-officiers et les servants ; les mobilisés du Pas-de-Calais lui procurèrent 1 lieutenant chef

10 novembre, un détachement, commandé par un lieutenant de vaisseau, qui comprenait 11 sous-officiers et quartiers-maîtres canonniers et 42 chefs de pièce brevetés. Ce détachement s'administrait séparément; il fut renforcé peu après par 10 quartiers-maîtres de canonnage, 20 canonniers brevetés et 20 matelots choisis parmi les plus aptes au canonnage, qui partirent de Brest le 17 novembre. Ces hommes étaient destinés à servir 50 canons de 16 centimètres que le port de Cherbourg envoya par mer à Dunkerque. Ils formèrent, sans doute, la compagnie de canonniers de la marine que l'on trouve dans cette ville à la fin de la campagne (1).

2° *Aux troupes réunies au camp de Conlie :*
Vers le 10 novembre, le port de Brest envoyait au camp de Conlie un détachement commandé par un enseigne de vaisseau; il comprenait 2 sous-officiers et

---

de section, 1 maréchal des logis chef, 1 fourrier, 1 maréchal des logis, 2 brigadiers et les conducteurs. Ainsi constituée, la batterie prit part au combat de Pont-Noyelles (23 décembre 1870). Quelques jours après Bapaume (3 janvier 1871) la batterie fut dissoute; les officiers de marine prirent le commandement d'une batterie de 12 de réserve; les marins restèrent à Arras pour le service de l'artillerie de la place; les chevaux et les harnais furent versés au 15ᵉ d'artillerie (Mémoire sur la 2ᵉ batterie mobilisée du Pas-de-Calais, Arras, 2 avril 1871).

(1) Le Préfet maritime de Brest au Ministre de la Marine, à Tours, Brest, 8 novembre (Arch. Mar.); Commandant Lévi, *loc. cit.*, t. I, p. 44.

Le détachement de canonniers envoyé par le port de Brest à l'armée du Nord se composait définitivement d'un lieutenant de vaisseau commandant, 1 enseigne, 2 aspirants et 103 marins. Il était désigné administrativement sous le titre : *Inflexible, annexe n° 1*. Les hommes étaient tous armés de chassepots et munis de havresacs ainsi que de tous les objets de campement.

Un ordre du 27 novembre envoya dans chaque place de la région du Nord 1 quartier-maître et 3, 4, 5 ou 6 pointeurs brevetés pour le service des bouches à feu de la marine.

4 quartiers-maîtres canonniers avec 31 chefs de pièce (1).

Le 22 novembre, le port de Lorient dirigeait également sur le camp de Conlie, 2 quartiers-maîtres canonniers, 20 canonniers, dont 10 brevetés, et 12 matelots (2).

Ces divers éléments constituèrent le noyau des batteries de campagne servies par des marins qui furent formées au camp de Conlie, savoir :

Une batterie de mitrailleuses et deux batteries de 4 de montagne qui furent affectées à la 4e division placée sous les ordres du général Gougeard, et qui devint la 4e division du 21e corps (3);

Une batterie de mitrailleuses, dite de l'armée de Bretagne, qui semble être restée au camp de Conlie (4).

3° *Aux troupes chargées de la défense de Nevers :*

On trouve parmi les troupes faisant partie de la division du général du Temple, qui opéra aux environs de Nevers, deux batteries mixtes formées de marins, de

---

(1) Le Préfet maritime de Brest au Ministre de la Marine, à Tours, Brest, 8 novembre (Arch. Mar.). — Ce détachement, comme celui envoyé à l'armée du Nord, devait s'administrer séparément et être désigné sous le titre d'*Inflexible, annexe n° 2.*

D'après un état numérique des bataillons de marche et détachements de marins qui ont été affectés à la défense de Paris et mis à la disposition de la Guerre depuis le commencement de la guerre jusqu'à la paix (Paris, 26 juin 1873), ce détachement aurait eu deux officiers au lieu d'un.

(2) Le Préfet maritime de Lorient au Ministre de la Marine, à Tours, D. T., Lorient, 22 novembre, 9 h. 30 matin (Arch. Mar.). — D'après l'état numérique du 26 juin 1873 précité, ce détachement n'aurait compris que 30 hommes.

(3) Général Gougeard, *Deuxième armée de la Loire. Division de l'armée de Bretagne*, p. 24; Historique *manuscrit* de l'artillerie de l'armée de Bretagne, Lorient, 12 avril 1871.

(4) Documents inédits de M. A. Martinien. — A la fin de novembre, le port de Brest mit aussi à la disposition du commandant du camp de Conlie, un détachement de 160 charpentiers et 25 perceurs avec leurs

mobiles et de mobilisés; et à la division de la Nièvre, une batterie mixte de 4 rayé de campagne, servie par des marins et commandée par un enseigne de vaisseau (1).

On fit sans doute entrer dans le personnel de ces différentes batteries quelques canonniers appartenant aux bataillons de marche de marins qui opéraient dans cette région.

4° *A Lyon :*

Un bataillon du génie auxiliaire de marins, formé à Toulon, avait quitté cette ville le 20 octobre 1870 pour venir renforcer les troupes chargées d'organiser la défense de Lyon. Sur la demande du Ministre de la Guerre, 30 canonniers lui avaient été adjoints (2).

Un peu plus tard, l'artillerie de la place de Lyon fut encore renforcée par une compagnie de canonniers, qui partit de Toulon, le 13 novembre, à l'effectif de 2 officiers et 120 hommes (3).

5° *A Besançon :*

Dans le courant d'octobre, le port de Toulon organisa un détachement comprenant 6 officiers et 200 hommes,

---

outils [Le Préfet maritime de Brest au Ministre de la Marine, à Tours, D. T., Brest, 23 novembre, 10 heures matin (Arch. Mar.)]. Toutefois, ce détachement ne figure pas sur l'état numérique du 26 juin 1873 précité.

(1) Documents inédits de M. A. Martinien.

(2) Le Préfet maritime de Toulon au Ministre de la Marine, à Tours, Toulon, 27 octobre (Arch. Mar.). — Ce bataillon dont l'organisation spéciale sera étudiée en même temps que celle des autres troupes du génie devait aussi emmener avec lui une batterie de débarquement de 4 de montagne [Le Ministre de la Marine au Préfet maritime de Toulon, Tours, 18 octobre (Arch. Mar.)]. Il n'a pas été possible d'établir si cette batterie a été réellement dirigée sur Lyon.

(3) Le Préfet maritime de Toulon au Ministre de la Marine, à Tours, D. T., Toulon, 13 novembre, 10 h. 5 matin (Arch. Mar.).

qui fut appelé Ier bataillon de marins de Toulon. Accompagné de 50 ouvriers d'artillerie, il fut dirigé, le 22 octobre, sur Besançon, pour servir des pièces de marine à longue portée (1).

6° *A Orléans :*

Lorsque, après la bataille de Coulmiers et la réoccupation d'Orléans, on décida d'organiser définitivement cette dernière ville, le département de la Guerre fit appel à celui de la Marine pour armer et servir un certain nombre de batteries de position.

L'organisation et le commandement de ces batteries furent confiés à un capitaine de vaisseau, et l'on mit à sa disposition une compagnie de canonniers de la marine. Le noyau de cette unité fut constitué par 1 lieutenant de vaisseau et 113 gradés subalternes ou canonniers venant de Brest, auxquels vinrent se joindre 20 canonniers et 1 enseigne de Lorient, 10 quartiers-maîtres de canonnage et 20 matelots de Toulon. Ces différents groupes se réunirent à Orléans entre le 14 et le 17 novembre (2).

---

(1) Le Préfet maritime de Toulon au Ministre de la Marine, à Tours, Toulon, 20 octobre ; Le même au même, D. T., Toulon, 23 octobre, 9 h. 15 matin (Arch. Mar.) ; Rapport du capitaine de vaisseau Rolland, général de division de l'armée auxiliaire, commandant la 7e division militaire à Besançon. — Le Ier bataillon de marins de Toulon se composait de : 1 capitaine de frégate commandant, 1 lieutenant de vaisseau, 2 enseignes, 1 aide-commissaire, 1 médecin, 1 premier maître, 6 seconds maîtres, 12 quartiers-maîtres, 10 canonniers, 10 fusiliers, 158 matelots, 1 fourrier, 1 commis aux vivres, 1 infirmier.

(2) Journal de l'état-major des batteries de la marine à Orléans ; Le Ministre de la Marine au Préfet maritime de Brest, D. T., Tours, 12 novembre ; Le même au Préfet maritime de Lorient, D. T., Tours, 12 novembre ; Le même au Préfet maritime de Toulon, D. T., Tours, 12 novembre (Arch. Mar.). — La compagnie de canonniers ainsi formée à Orléans devait être administrée par son chef et former une annexe de l'*Inflexible* dont le Préfet maritime de Brest désignerait le numéro.

A cette dernière date arrivèrent également deux compagnies de fusiliers marins, comprenant ensemble 4 officiers et 230 hommes, détachées d'un bataillon de marche de marine qui se trouvait alors à Bourges (1).

Les renforcements en officiers et en personnel continuèrent jusqu'au 26 novembre, de sorte qu'à cette date, les effectifs de la marine, répartis dans sept batteries de gros calibre construites autour d'Orléans, au Nord de la Loire, comprenaient :

> 13 officiers (1 capitaine de vaisseau, 2 capitaines de frégate, 7 lieutenants de vaisseau, 3 enseignes) ;
> 18 chefs de timonerie, maîtres ou seconds maîtres ;
> 65 quartiers-maîtres ;
> 152 chefs de pièce brevetés ;
> 353 matelots, secrétaires, ouvriers, armuriers, etc. (2).

Comme armement, beaucoup de ces hommes n'avaient que des sabres et des pistolets.

A la suite des combats des 3 et 4 décembre autour d'Orléans, les marins abandonnèrent leurs batteries après avoir encloué les pièces et détruit les appareils de

---

(1) Probablement le IV⁰ bataillon de marins de Brest (Cf. ci-dessus, p. 175).

(2) Journal de l'état-major des batteries de la marine à Orléans. — Le 18 novembre arrivèrent 1 lieutenant de vaisseau et 18 chefs de pièce de la *Jeanne-d'Arc* [Le Ministre de la Marine au Préfet maritime de Cherbourg, D. T., Tours, 14 novembre (Arch. Mar.)].

Le 19 novembre, le journal précité signale l'arrivée à Orléans d'un détachement d'environ 60 hommes venant de Rochefort et d'un détachement d'environ 90 hommes venant de Brest. D'après d'autres documents, cette dernière fraction ne comprenait que 72 hommes [Le Ministre de la Marine au Préfet maritime de Brest, D. T., 17 novembre ; Le Préfet maritime de Brest au Ministre de la Marine à Tours, D. T., Lorient, 18 novembre, 3 h. 40 soir (Arch. Mar.)].

Huit armuriers rejoignirent la compagnie le 23 novembre. Ils furent immédiatement employés à ajuster les hausses sur les pièces.

Le 25 et le 26 novembre, 2 capitaines de frégate vinrent prendre l'un

pointage et les munitions. Ils se retirèrent sur La Ferté-Saint-Aubin et La Motte-Beuvron. Ils furent dirigés de là, par voie ferrée, sur Tours, d'où ils gagnèrent les lignes de Carentan.

7° *A Cherbourg et aux lignes de Carentan :*

Les canonniers de la marine furent employés également, au début des hostilités, à l'organisation défensive des différents ports de guerre. Lorsqu'on put se convaincre plus tard que les forces navales allemandes ne pouvaient venir inquiéter sérieusement nos côtes, on se borna à mettre Cherbourg à l'abri des insultes d'un bâtiment ennemi. C'est ainsi que le fort de Querqueville fut occupé par un détachement comprenant 5 officiers et 120 hommes (1).

La marine contribua en outre à l'organisation des lignes de Carentan et à la constitution des troupes chargées de les occuper. Profitant d'une relâche à Cherbourg de l'escadre du Nord, qui était venue, à la fin de septembre, réparer et ravitailler ses bateaux, le Ministre de la Marine prescrivit au vice-amiral commandant de mettre à la disposition du préfet maritime, pour la défense des lignes de Carentan, ses compagnies de débarquement, complétées à 120 hommes par frégate, et la moitié de ses canonniers (2). Ces derniers formaient,

---

le commandement de la première ligne de batteries et l'autre les fonctions de chef d'état-major du commandant des batteries.

Le 26 novembre également, arrivèrent, par voie ferrée à Orléans, 4 chaloupes à vapeur avec un canon par chaloupe, les munitions, le matériel et un chariot de transport. Leurs équipages se composaient d'un enseigne de vaisseau, 8 mécaniciens et 22 matelots. Un lieutenant de vaisseau devait commander cette flottille.

(1) État numérique des bataillons de marche et détachements de marins... mis à la disposition de la Guerre, Paris, 26 juin 1873 (Arch. Mar.).

(2) Le Ministre de la Marine au Vice-Amiral commandant l'escadre

le 17 octobre, six compagnies à 100 hommes (1). Il semble que plus tard, tout le personnel débarqué fut employé au service de 212 pièces de gros calibre fournies par les arsenaux de marine. Ainsi qu'on l'a vu plus haut, il fut renforcé dans les premiers jours de décembre par les hommes des batteries de la marine d'Orléans (2).

A la fin de décembre 1870, les pertes subies au cours de la campagne avaient désorganisé le personnel des batteries de campagne de la IIe armée de la Loire. D'autre part, les hommes laissés dans les dépôts n'avaient pas une instruction assez avancée pour pouvoir être envoyés à l'armée. L'on songea encore dans cette occurrence à demander à la marine des canonniers pointeurs et des chefs de pièce. Mais c'est à peine si 20 canonniers et 15 ou 20 marins purent être mis à la disposition du commandant en chef de la IIe armée (3). Ces chiffres

---

du Nord, à Cherbourg, Tours, 19 septembre ; Le Commandant en chef de l'escadre du Nord au Ministre de la Marine, à Tours, Cherbourg, 1er octobre ; Le même au même, D. T., Cherbourg, 6 octobre 11 h. 35 matin ; Le Ministre de la Marine au Vice-Amiral commandant l'escadre du Nord, à Cherbourg, D. T., Tours, 6 octobre (Arch. Mar.). — L'escadre du Nord débarqua environ 1,140 fusiliers ou canonniers à destination des lignes de Carentan. Ils furent remplacés numériquement jusqu'à concurrence de moitié par des matelots de pont.

(1) Situation des troupes se trouvant à Cherbourg et aux lignes de Carentan le 17 octobre (Arch. Mar.).

(2) Le personnel de la marine employé aux batteries des lignes de Carentan atteignit environ 2,000 hommes divisés en batteries. Au point de vue administratif, il était considéré comme étant sur des bâtiments de guerre, sauf en ce qui concerne la nourriture, pour laquelle était allouée une indemnité journalière de 1 fr. 75 aux sous-officiers et de 1 fr. 50 aux marins.

(3) Le Commandant en chef de la IIe armée au Ministre de la Guerre, à Bordeaux, D. T., Le Mans 30 décembre, 7 h. 45 soir ; Le Ministre de la Guerre au Ministre de la Marine, Bordeaux, 1er janvier 1871; Le même au même, Bordeaux, 1er janvier 1871 ; Le même au même, Bordeaux, 5 janvier 1871 (Arch. Mar.).

semblent prouver que la marine était arrivée, à ce moment, à la limite des ressources en hommes qu'elle pouvait employer à terre, sans désorganiser les équipages de ses bâtiments.

Matériel. — Depuis le début des hostilités jusqu'à l'investissement de Paris, la Marine avait remis à la Guerre 164 pièces de gros calibre, qui furent envoyées dans les forts de Paris. Elle lui avait également donné tout le matériel d'artillerie de campagne dont elle pouvait immédiatement disposer (1).

Lorsque la délégation du Gouvernement de la Défense nationale entreprit de continuer la lutte contre l'envahisseur, le département de la Guerre adressa à celui de la Marine des demandes pressantes, soit pour envoyer des pièces de gros calibre dans les places menacées, soit pour reconstituer le matériel de campagne détruit ou pris par l'ennemi.

Les dispositions nécessaires avaient d'ailleurs été déjà prises dès le commencement de septembre pour armer les enceintes et les fronts de mer des ports militaires (2).

---

(1) On utilisa tout d'abord le matériel existant pour l'instruction des troupes ou pour le service aux colonies. Il servit à constituer huit batteries montées, dont trois — deux batteries de 4 RC et une batterie de mitrailleuses — suivirent l'armée de Châlons, et cinq firent partie de la garnison de Paris. Indépendamment de ces pièces, on enleva aux bâtiments qui se trouvaient en France les canons rayés de 12 de campagne et de 4 de montagne qu'ils possédaient et on répara tout le matériel d'artillerie de campagne et de montagne qui existait dans les arsenaux des ports. Dans ces conditions, la Marine put remettre à la Guerre 86 affûts de campagne de 12 et de 8, 42 affûts de 4 de campagne, 72 affûts de 4 de montagne, 18 canons rayés de 4 de campagne, 72 canons rayés de 4 de montagne avec les caissons, voitures et munitions qui avaient pu être préparés [Note sur le concours apporté à la défense nationale par les directions de l'artillerie et des constructions navales du ministère de la Marine, Bordeaux, 10 février 1871 (Arch. Mar.)].

(2) Le Ministre de la Marine au Ministre de la Guerre, Paris, 1er sep-

En dehors de ces organisations qui, sauf à Cherbourg, ne furent pas poursuivies, la Marine remit à la Guerre, pour l'armement des places fortes ou des positions organisées défensivement, 868 canons des divers modèles en usage sur la flotte, avec, pour la plupart de ces pièces, les affûts, les assortiments, les munitions et les projectiles nécessaires à leur emploi (1). Elle fournit des approvisionnements considérables d'objets divers, tels que bois pour plates-formes, palissades ou barrières, matériel pour l'installation de magasins, de batteries et blockhaus, etc. (2).

Tout d'abord, la Marine ne songea à remettre à la Guerre que ce qui ne lui était pas nécessaire pour assurer la défense de ses arsenaux et parer à l'armement éventuel de quelques-uns des navires disponibles dans ses ports (3). Mais, peu à peu, l'on se rendit compte que tous les efforts devaient être consacrés à la défense du territoire envahi, et qu'il ne fallait réserver à la lutte sur mer que ce qui était strictement indispensable pour assurer la protection des côtes et la liberté du commerce.

---

tembre ; Le Ministre de la Marine aux Préfets maritimes, Paris, 7 septembre (Arch. Mar.). — Le 7 septembre, le Ministre de la Marine soumettait également à son collègue de la Guerre un projet de défense éloignée de Cherbourg [Le Ministre de la Marine au Ministre de la Guerre, Paris, 7 septembre (Arch. Mar.)].

(1) Note préliminaire sur le compte définitif des dépenses ordinaires de la marine (exercice 1870). — A l'aide d'autres documents retrouvés aux Archives de la Marine (Répartition du matériel que la Marine a livré à divers services, Tours, 25 novembre 1870 ; État des confections entreprises par le département de la Marine sur commande du département de la Guerre, sans date), on a pu préciser l'emploi de beaucoup de ces pièces (Voir tableau à la fin du chapitre).

(2) Pour les lignes de Carentan en particulier, la Marine fournit le bois des baraques, des poudrières et des plates-formes, le matériel pour les signaux, etc.

(3) Le Ministre de la Marine aux Préfets maritimes, Tours, 14 septembre (*Bulletin officiel de la Marine, 1870-71. Délégation hors*

En principe, les demandes du département de la Guerre devaient parvenir aux arsenaux par l'intermédiaire du Ministre de la Marine. Plusieurs directions et établissements de l'artillerie furent cependant autorisés à s'entendre directement avec les arsenaux et les ateliers de la Marine pour éviter des retards ou des mécomptes. C'est ainsi que le port de Lorient, appelé par sa situation à collaborer avec l'usine d'Indret pour la construction de batteries de mitrailleuses, fut invité à se mettre en relation, non seulement avec cet établissement, mais encore avec la direction d'artillerie de Nantes et l'atelier de fabrication de canons à balles installé dans cette ville (1).

En ce qui concerne particulièrement la construction de matériel d'artillerie pour le département de la Guerre, la fonderie de Nevers fabriqua des canons de 7 en acier et en bronze, et celle de Ruelle des canons rayés de 12 et de 4 de campagne et de 4 de montagne. Les arsenaux des ports, avec le concours des ateliers de Guérigny, coulèrent des canons et établirent du matériel roulant pour l'artillerie de campagne ; ils rayèrent et munirent de hausses nouvelles les canons de 12 et de 8 lisses qui existaient en grand nombre dans les arsenaux de la

---

Paris, p. 7); Le Préfet maritime de Brest au Délégué du ministère de la Marine, à Tours, Brest, 17 septembre; Le Major général de la Marine au Préfet maritime de Rochefort, Rochefort, 17 septembre (Arch. Mar.).

(1) Le Ministre de la Marine aux Préfets maritimes de Brest, Rochefort et Toulon, Tours, 17 septembre; Le Ministre de la Marine au Préfet maritime de Lorient, Tours, 27 septembre (Arch. Mar.). — Indret devait fabriquer les canons et l'arsenal de Lorient le matériel roulant, affûts, caissons et autres objets destinés à compléter les batteries. Les directions d'artillerie de Rennes et de Nantes devaient expédier à Lorient les modèles nécessaires. Les munitions pour les mitrailleuses devaient être confectionnées à Nantes, mais Lorient devait chercher s'il ne pourrait préparer quelques-uns des éléments nécessaires de manière à augmenter la production journalière.

Guerre. Tous les établissements possédant des fonderies confectionnèrent des projectiles.

Avant la fin de novembre, les ressources en matériel de 8 et de 12 parurent suffisantes et, à la demande de la Guerre, les ports entreprirent la confection du matériel de 4 rayé de campagne.

Dans ces conditions, en dehors de l'armement de la flotte et des colonies, le département de la Marine put fournir à la défense nationale depuis le commencement de la guerre :

- 42 batteries de 12 rayé de campagne à 22 voitures et 4 batteries de 4 de montagne complètes avec leurs munitions ;
- 42 batteries de 4 rayé de campagne à 15 voitures avec une partie des canons seulement ;
- 16 batteries de mitrailleuses à 15 voitures ;
- 650 roues et 230 essieux de rechange ;
- 1,600 caisses d'approvisionnement pour canons de 12 et de 4 rayé de campagne ;
- 768 canons lisses de 12 et de 8 transformés en canons rayés et munis de leurs hausses.

Les ports avaient en outre fabriqué 70 affûts de siège pour canons de 12 rayés, et 80 affûts de place pour canons de 24 et de 12. Ils avaient exécuté aussi la plus grande partie des arçons de selle et de sellette, des mors, des étriers et de la bouclerie nécessaires pour la confection du harnachement de 24,000 chevaux d'artillerie, et ils produisirent, même pendant l'armistice, une certaine quantité de harnais complets.

Quant à l'armement des troupes d'infanterie, la Marine avait également délivré à la Guerre, soit directement, soit pour approvisionner les troupes mises à sa disposition, 21,000 fusils modèle 1866, avec 16 millions de cartouches, 7,948 carabines et 19,253 fusils rayés, sans compter un grand nombre de nécessaires d'armes, d'aiguilles et de ressorts de rechange pour fusils Chassepot, tirés des réserves ou fabriqués exprès.

Les ports de Rochefort et de Toulon avaient encore

construit le matériel de trois équipages de pont de réserve à l'exclusion des voitures. Un quatrième équipage fut terminé pendant l'armistice.

A ce moment, les travaux en cours dans les ateliers de la Marine permettaient d'escompter à bref délai un matériel d'artillerie considérable. Une commande envoyée par le ministère de la Guerre, le 24 janvier, comprenait en effet :

> 40 batteries de 4 rayé de campagne, comportant 600 voitures ;
> 20 batteries de canons à balles, soit 300 voitures ;
> 200 caissons pour obus de 12 et de 8 et autant pour obus de 4 ;
> 100 forges de campagne et 200 chariots de batterie ;
> 100 affûts de montagne.

C'est-à-dire un total de 1,700 voitures avec un approvisionnement de 10,000 caisses blanches à munitions (1).

L'exécution de ces travaux, d'une si haute importance pour la défense nationale, exigeait qu'on laissât à la disposition des arsenaux et des ateliers de la Marine tous leurs ouvriers, même ceux qui pouvaient être astreints aux obligations de la garde nationale mobile, mobilisée ou sédentaire. Il était nécessaire d'autre part d'assurer la protection et la garde de ces différents établissements. De ces divers besoins naquirent les compagnies d'ouvriers militaires maritimes.

C'est à la fin du mois de septembre 1870 que le directeur de Guérigny conçut le premier l'idée de ces formations. Sur sa demande, son personnel fut dispensé du service dans la garde nationale sédentaire et organisé en compagnies d'ouvriers (2).

---

(1) Note préliminaire sur le compte définitif des dépenses ordinaires de la Marine (exercice 1870) ; État des confections entreprises par le département de la Marine sur commande du département de la Guerre, sans date (Arch. Mar.).

(2) Le Ministre de la Marine au Directeur de l'établissement de Gué-

Quelques jours plus tard, le 4 octobre, le Ministre étendait ces dispositions à tous les établissements de la Marine, dont les ouvriers étaient appelés à bénéficier des dispenses de service prévues par certains articles de la loi organique de la garde nationale. Il s'agissait surtout d'éviter une désorganisation du personnel, qui aurait amené un arrêt et un retard dans l'exécution des travaux en cours; mais le Ministre envisageait en même temps l'éventualité de faire coopérer, le cas échéant, les ouvriers à la défense locale, tout en les affectant plus spécialement à la protection des ateliers et des arsenaux. Il prescrivait donc aux préfets maritimes de les former en compagnies et de leur distribuer non seulement des armes et des munitions, mais encore un uniforme destiné à leur conférer d'une façon indéniable le caractère de belligérant (1).

---

rigny, Tours, 24 septembre (Arch. Mar.). — Le Ministre annonçait en même temps l'envoi, par le port de Toulon, de 600 fusils rayés avec 200 cartouches par arme, et des effets d'équipement disponibles. A la réception de ces armes, le directeur de Guérigny devait faire remettre à la disposition du préfet de la Nièvre les armes que les ouvriers avaient pu toucher antérieurement comme faisant partie de la garde nationale de la commune.

Un projet de décret, retrouvé aux Archives de la Marine, prévoyait l'organisation, à Guérigny, d'un bataillon d'ouvriers à cinq compagnies de 5 officiers et 125 hommes, commandé par l'officier du génie maritime, sous-directeur de l'établissement. Les autres officiers devaient être choisis parmi les officiers du génie maritime, les officiers du service armé détachés et, à défaut, parmi les gradés de l'établissement; ils étaient nommés par le Ministre sur la proposition du directeur. Il n'a pas été possible de préciser si ce décret a été promulgué.

(1) Le Ministre de la Marine aux Préfets maritimes et aux Directeurs des établissements hors des ports, Tours, 4 octobre (*Bulletin officiel de la Marine, 1870-71. Délégation hors Paris*, p. 15). — Cet uniforme, réduit à une vareuse en molleton, un pantalon et un bonnet de travail, ne devait être porté que lorsque les hommes seraient réunis en corps de troupe. Sa fourniture, par le département de la Marine, était

Le Gouvernement de la Défense nationale prenait bientôt d'ailleurs, comme on l'a vu plus haut, une mesure analogue pour tous les ateliers affectés par le ministère de la Guerre et par la Commission d'armement à la fabrication et à la confection des armes et des munitions (1). Les ouvriers de la marine furent, à partir de ce moment, traités sur le même pied que ceux des autres établissements de l'État ou des ateliers de l'industrie privée spécialement requis pour la construction du matériel de guerre (2).

---

considérée par le Ministre comme une mesure de bienveillance destinée surtout à épargner son achat aux ouvriers. Si toutefois « l'adoption d'un uniforme devait froisser des susceptibilités » comme paraissaient le craindre certains préfets, le Ministre laissait toute liberté pour ne pas y donner suite.

Dès le 10 octobre, le préfet maritime de Lorient rendait compte de l'organisation des compagnies d'ouvriers militaires de son arsenal (Le Préfet maritime de Lorient au Ministre de la Marine, à Tours, Lorient, 10 octobre).

En assurant lui-même l'armement des compagnies d'ouvriers militaires, le Ministre de la Marine cherchait à faciliter la distribution des armes aux gardes nationaux par les municipalités qui, presque partout, manquaient des sommes nécessaires [Le Ministre de la Marine aux Préfets maritimes et aux Directeurs des établissements de la Marine, à Ruelle, Nevers, Guérigny et Indret, Tours, 15 octobre (*Bulletin officiel de la Marine, 1870-71. Délégation hors Paris*, p. 22)].

Il n'apparaît pas que les unités d'ouvriers militaires maritimes aient été employées à la défense générale du pays. Un seul document permet d'établir que l'on a envisagé, au mois de janvier 1871, la participation du bataillon d'ouvriers d'Indret à la défense de Nantes [Le Directeur de l'établissement d'Indret au Ministre de la Marine, à Bordeaux, Indret, 20 janvier 1871 (Arch. Mar.)].

(1) Décrets du 11 octobre et du 10 novembre (*M. U.* des 14 octobre et 13 novembre 1870); Le Ministre de la Marine aux Préfets maritimes de Brest, Lorient et Toulon, Tours, 14 octobre (Arch. Mar.).

(2) Le Ministre de la Guerre aux Préfets maritimes et aux Directeurs des établissements de la marine, à Ruelle, Nevers, Guérigny et Indret, Tours, 15 octobre 1870 (*Bulletin officiel de la Marine, 1870-71. Délégation hors Paris*, p. 33).

ARTILLERIE.

	ARMES REMINGTON.				FUSIL.	ARMES WINCHESTER.		MOUSQUETON
	Fusil Remington égyptien.	Fusil Springfield transformé calibre 50.	Fusil Springfield transformé calibre 58.	Mousquetons Remington nos 1 et 2.	Peabody.	Fusil.	Carabine.	Spencer.
Calibre............	11$^{m/m}$	12$^{m/m}$,7	11$^{m/m}$,7	13$^{m/m}$,7	11$^{m/m}$	10$^{m/m}$,7	10$^{m/m}$,7	13$^{m/m}$,7
Système de fermeture.	Bloc.	Bloc.	Bloc.	Bloc.	Bloc.	A répétition. Tube-magasin sous le canon. Culasse mobile. 16 cartouches dans le magasin.	A répétition. Tube-magasin sous le canon. Culasse mobile. 13 cartouches dans le magasin.	Bloc. A répétition. Magasin d. la crosse, 7 cartouchus.
Graduation de la hausse..........	100 à 1100 mèt. Mod. 1866.	100 à 700 mèt. Fourreau cuir. Croisière laiton.	100 à 500 mèt. Courte et légère.	100 à 500 mèt. Pas de baïonnette. N° 1. 0^m,867 N° 2. 0^m,888	300 à 1100 mèt. Pas de baïonnette.	100 à 1000 mèt.	100 à 500 mèt. Pas de baïonnette.	100 à 900 mèt. Pas de baïonnette.
Baïonnette.........						Bronzée.		0^m,941
Longueur de l'arme sans baïonnette.	1^m,278	1^m,235	1^m,394		1^m,315	1^m,175	1^m,000	
Longueur de l'arme avec baïonnette.	1^m,851	1^m,750	1^m,854			1^m,557	»	»
Poids de l'arme sans baïonnette......	4^k,145	4^k,120	4^k,270	3^k,107	4^k,055	3^k,910	3^k,560	3^k,765
Poids de l'arme avec baïonnette......	4^k,800	4^k,905	4^k,626			4^k,140	»	»

CARTOUCHES

	à bourrelet ou genre Boxer avec plaque d'extraction en fer.	genre Boxer avec plaque d'extraction en fer.	à bourrelet replié.	métallique à inflammation périphérique.			à bourrelet plein.	métallique à inflammation périphérique. Étui cylindrique. Deux cannelures sur la balle.		métallique à inflammation périphérique.	
				1er type. Cannelures non apparentes.		2e type. Cannelures apparentes.				1er type. Cannelures non apparentes.	2e type. Cannelures apparentes.
Poids de la charge...	gr. 5,0	gr. 4,8	gr. 5,5	gr. 2,85		gr. 2,85	gr. 5,3	gr. 4,7		gr. 2,85	gr. 2,85
Poids de la balle....	22,5	26,6	36,0	22,5		25,05	21,2	16,0		22,5	25,05
Poids de la cartouche.	37,0	38,8	52,4	30,58		32,06	39,5	20,8		30,58	32,06

Pièces de la Marine utilisées pour l'armement

ONT ÉTÉ ENVOYÉS A :	CANONS RAYÉS DE 14 %₁₀.			CANONS RAYÉS DE	
	Nombre.	Avec ou sans affûts.	Nombre de coups par pièce.	Nombre.	Avec ou sans affûts.
Carentan	»	»	»	110	avec
Besançon	»	»	»	12	avec (3)
Lyon	»	»	»	100	avec
Belfort	»	»	»	»	»
Grenoble	»	»	»	8	avec
Bourges	»	»	»	25	avec
Nantes	40	?	200	»	»
Orléans	76(7)	avec	200	»	»
Dunkerque	»	»	»	50	avec
Conlie	»	»	»	20	?
Angoulême	»	»	»	»	»
Calvados	»	»	»	»	»
Lille	»	»	»	50	?
Loire-Inférieure	20	avec	200	»	»

ARTILLERIE.

ou des positions organisées défensivement.

RAYÉS DE 19 c/m.		OBUSIERS DE 30 c/m.			OBSERVATIONS.
Avec ou sans affûts.	Nombre de coups par pièce	Nombre.	Avec ou sans affûts.	Nombre de coups par pièce	
»	»	69	avec	120 (2)	(1) Dont 100 obus et 20 paquets à mitraille. (2) Dont 100 obus et 20 boulets. (3) 6 affûts à échantignolle pour tir sous grands angles ont été en outre envoyés à Besançon. Le nombre des pièces ne concorde pas avec celui fourni par le rapport du capitaine de vaisseau commandant la 7ᵉ division militaire, à Besançon.
»	»	»	»	»	(4) Dont 10 paquets à mitraille avec gargousses vides.
avec	300(4)	60	avec	300 (5)	(5) Dont 20 paquets à mitraille avec gargousses vides.
»	»	»	»	»	(6) Dont 10 paquets à mitraille.
»	»	»	»	»	(7) D'après un autre document (Journal de l'état-major des batteries de la marine, à Orléans) le nombre des pièces envoyées aurait été de 74 canons de 14 c/m et de 10 obusiers de 30 c/m, tous approvisionnés à 200 coups. Le nombre des pièces mises en batterie aurait été de 50 canons de 14 c/m et de 8 obusiers de 30 c/m. Elles furent prises par l'ennemi. 24 canons de 14 c/m et 2 obusiers de 30 c/m étaient restés immobilisés sur trucs; ils furent réexpédiés à Tours avec les munitions non déchargées, qui s'élevaient à environ 12,000 coups. 4 canons de 12 c/m se trouvaient en outre sur 4 canots à vapeur. Ils furent aussi pris par l'ennemi.
»	»	»	»	»	
»	»	30	?	?	
»	»	10	avec	200	
»	»	»	»	»	
»	»	15	?	?	
»	»	6	sans	0	
»	»	48	avec	100 (8)	(8) Dont 20 paquets à mitraille. (9) Gargousses vides. (10) 150 boulets, 100 obus, 50 paquets à mitraille.
»	»	30	avec	300(10)	
»	»	20	avec	200	

CHAPITRE VIII

Génie.

§ 1ᵉʳ. — *Armée régulière* (1).

Après la constitution de la garnison de Paris, les seules unités du génie disponibles en province, dans les départements non envahis, étaient :

La 1ʳᵉ compagnie de mineurs du 2ᵉ régiment du génie, à Belfort (2);

---

(1) D'après les travaux inédits de M. A. Martinien. — En 1870, le génie comprenait :

Comme corps de troupe : *a*) 3 régiments ayant chacun 2 bataillons de 8 compagnies, dont 1 de mineurs et 7 de sapeurs, et 1 compagnie de sapeurs-conducteurs. Sur le pied de guerre, chaque bataillon devait être porté à 9 compagnies, dont 8 de sapeurs. Il devait y avoir, en outre, 4 compagnies de dépôt par régiment. Cette organisation ne devait se faire qu'au fur et à mesure des besoins [Décret du 14 juillet 1870 (*J. M. O.*, 2ᵉ semestre 1870, p. 222)] ; *b*) 1 compagnie d'ouvriers à Metz.

Comme établissement : un arsenal de construction à Metz.

Le 1ᵉʳ régiment était à Metz, le 2ᵉ à Montpellier, et le 3ᵉ à Arras.

Un décret du 21 août 1870 créa deux nouvelles compagnies de sapeurs dans chacun des 2ᵉ et 3ᵉ régiments ; un autre décret du 3 septembre 1870 créa encore deux nouvelles compagnies dans chacun des trois régiments.

Ces deux dernières compagnies, qui devaient porter les nᵒˢ 17 et 18 au 1ᵉʳ régiment et les nᵒˢ 19 et 20 aux 2ᵉ et 3ᵉ régiments ne furent organisées en province qu'après la chute du Gouvernement impérial. Elles se distinguent par leurs numéros des autres compagnies mises sur pied par la délégation du Gouvernement de la Défense nationale, qui prirent, comme on le verra plus loin, des numéros bis

(2) La 1ʳᵉ compagnie de mineurs du 2ᵉ régiment du génie se trouvait

Les 1ʳᵉ et 2ᵉ compagnies de dépôt, la compagnie de sapeurs-conducteurs, et la compagnie hors rang du 2ᵉ régiment du génie, à Montpellier;

La 1ʳᵉ compagnie de dépôt, la compagnie de sapeurs-conducteurs et la compagnie hors rang du 3ᵉ régiment du génie, à Lyon, et la 2ᵉ compagnie de dépôt du même régiment à Arras (1).

C'est-à-dire qu'il restait une seule compagnie active d'ancienne formation, qui était affectée à une place forte et quatre compagnies de dépôt qui avaient été organisées par application du décret du 14 juillet 1870. Quant aux deux compagnies de sapeurs-conducteurs, elles avaient déjà fourni les attelages nécessaires aux compagnies et aux parcs du génie mobilisés depuis le commencement de la guerre, et elles ne comprenaient que les éléments qu'elles avaient pu reconstituer.

Il y avait aussi en Algérie 3 compagnies du génie (2), mais, disséminées dans les différentes villes ou postes des trois provinces, elles y furent maintenues.

Le dépôt du 1ᵉʳ régiment du génie était enfermé à Metz. Le dépôt du 3ᵉ régiment fut donc tout d'abord chargé d'organiser les compagnies nouvelles reconsti-

---

le 1ᵉʳ septembre à Lyon (*La Guerre de 1870-71. Mesures d'organisation depuis le début de la guerre jusqu'au 4 septembre et situation des forces françaises au 1ᵉʳ septembre*, p. 81). Le 13 septembre, cette compagnie fut envoyée à Belfort, où elle resta jusqu'à la fin de la campagne. Elle avait un détachement de 40 hommes à Besançon.

(1) Le dépôt du 3ᵉ régiment du génie était, au début de la guerre, à Arras. Le 7 septembre 1870, l'état-major, la 1ʳᵉ compagnie de dépôt, la compagnie de sapeurs-conducteurs et la compagnie hors rang, à l'effectif de 15 officiers et 1,064 hommes de troupe, partirent d'Arras pour se rendre à Lyon.

(2) 5ᵉ compagnie du 1ᵉʳ régiment, dans la province de Constantine ; 7ᵉ compagnie du 2ᵉ régiment, dans la province d'Alger ; 6ᵉ compagnie du 3ᵉ régiment, dans la province d'Oran.

tuées au titre du 1ᵉʳ régiment; puis, un peu plus tard, le 30 septembre 1870, une troisième compagnie de dépôt du 1ᵉʳ régiment fut créée à Lyon. De même, chacun des 2ᵉ et 3ᵉ régiments avait, le 25 septembre, augmenté son dépôt d'une troisième compagnie. Le 5 novembre, les unités, qui se trouvaient à Lyon aux dépôts des 1ᵉʳ et 3ᵉ régiments, furent dirigées sur Bordeaux, où elles arrivèrent le 7. La compagnie de sapeurs-conducteurs du 3ᵉ régiment fut cependant laissée à Lyon jusqu'au 23 décembre, date à laquelle elle rejoignit Bordeaux.

Au fur et à mesure de la constitution de nouveaux corps d'armée, des compagnies du génie furent mobilisées dans les différents dépôts. On commença pour cela par utiliser les débris des 19 compagnies qui venaient de disparaître au milieu du désastre de Sedan.

Sept compagnies de sapeurs furent mises sur pied au titre du 1ᵉʳ régiment. L'une fut envoyée à Langres (1), pour coopérer à la défense de la place. Les six autres furent affectées à des corps d'armée (2).

Le 2ᵉ régiment organisa successivement, à Montpellier, 13 compagnies, dont une fut dirigée sur Lyon, où elle

---

(1) 17ᵉ compagnie du 1ᵉʳ régiment du génie, organisée dès le 23 septembre 1870 à Lyon, envoyée à Langres le 1ᵉʳ octobre suivant.

(2) 18ᵉ compagnie du 1ᵉʳ régiment du génie, organisée le 30 septembre, affectée au 16ᵉ corps d'armée;

3ᵉ compagnie bis du 1ᵉʳ régiment du génie, organisée le 26 octobre, affectée au 17ᵉ corps d'armée;

7ᵉ compagnie bis du 1ᵉʳ régiment du génie, organisée le 26 octobre, affectée au 18ᵉ corps d'armée;

8ᵉ compagnie bis du 1ᵉʳ régiment du génie, organisée le 26 octobre, affectée au 21ᵉ corps d'armée;

1ʳᵉ compagnie bis du 1ᵉʳ régiment du génie, organisée le 1ᵉʳ décembre, affectée à l'armée des Vosges;

2ᵉ compagnie bis du 1ᵉʳ régiment du génie, organisée le 1ᵉʳ janvier 1871, affectée au 26ᵉ corps d'armée.

contribua à la mise en état de défense de cette ville. Les douze autres furent placées dans des corps d'armée (1).

Une quatorzième compagnie fut en outre formée à Lille pendant la campagne, au titre du 2ᵉ régiment pour renforcer le génie de l'armée du Nord (2).

La 2ᵉ compagnie de dépôt du 3ᵉ régiment, qui avait été laissée à Arras, fut mobilisée et affectée à l'armée du Nord (22ᵉ corps). Dix autres compagnies furent encore formées par le 3ᵉ régiment. La dernière resta au dépôt, les neuf autres furent rattachées à des corps d'armée, et l'une d'elles, après avoir été presque complètement

---

(1) 19ᵉ compagnie du 2ᵉ régiment du génie, organisée le 11 septembre 1870, affectée au 15ᵉ corps d'armée ;

20ᵉ compagnie du 2ᵉ régiment du génie, organisée le 23 septembre, affectée à la division Cremer ;

2ᵉ compagnie bis du 2ᵉ régiment du génie, organisée le 13 octobre, affectée à l'armée du Nord (22ᵉ corps) ;

3ᵉ compagnie bis du 2ᵉ régiment du génie, organisée le 13 octobre, affectée au 24ᵉ corps d'armée ;

4ᵉ compagnie bis du 2ᵉ régiment du génie, organisée le 21 octobre, affectée au 21ᵉ corps d'armée ;

5ᵉ compagnie bis du 2ᵉ régiment du génie, organisée le 27 octobre, affectée au 24ᵉ corps d'armée ;

6ᵉ compagnie bis du 2ᵉ régiment du génie, organisée le 27 octobre, affectée au 20ᵉ corps d'armée ;

8ᵉ compagnie bis du 2ᵉ régiment du génie, organisée le 26 novembre, affectée au 25ᵉ corps d'armée ;

9ᵉ compagnie bis du 2ᵉ régiment du génie, organisée le 26 novembre, affectée à la réserve de la IIᵉ armée de la Loire ;

10ᵉ compagnie bis du 2ᵉ régiment du génie, organisée le 18 décembre, affectée à la division Pélissier ;

11ᵉ compagnie bis du 2ᵉ régiment du génie, organisée le 18 décembre, affectée au 25ᵉ corps d'armée ;

13ᵉ compagnie bis du 2ᵉ régiment du génie, organisée le 13 janvier 1871, affectée à la place de Lyon ;

14ᵉ compagnie bis du 2ᵉ régiment du génie, organisée le 13 janvier, affectée au 24ᵉ corps d'armée (2ᵉ formation).

(2) 12ᵉ compagnie bis du 2ᵉ régiment du génie, organisée le 13 décembre 1870, affectée au 22ᵉ corps d'armée.

désorganisée à la bataille de Saint-Quentin, fut reconstituée à Lille dans le courant de février (1).

En résumé, le Gouvernement de la Défense nationale put mobiliser 32 compagnies du génie, dont 29 prirent part à des opérations actives.

En principe, chaque corps d'armée de nouvelle formation devait comprendre deux compagnies du génie, à raison d'une demi-compagnie (section) pour chacune des trois divisions d'infanterie et d'une demi-compagnie pour la réserve du génie de corps d'armée. C'était exactement la moitié de ce que possédaient comme troupes du génie, dans la première partie de la campagne, les divisions et les corps d'armée; mais, pour compenser un peu cette insuffisance, l'effectif des compagnies fut porté à 100 hommes (2).

---

(1) 19e compagnie du 3e régiment du génie, organisée le 18 septembre, affectée au 15e corps d'armée;

20e compagnie du 3e régiment du génie, organisée le 28 septembre, affectée au 16e corps d'armée;

4e compagnie bis du 3e régiment du génie, organisée le 26 octobre, affectée au 17e corps d'armée;

5e compagnie bis du 3e régiment du génie, organisée le 26 octobre, affectée au 18e corps d'armée;

11e compagnie bis du 3e régiment du génie, organisée le 26 octobre, affectée au 20e corps d'armée;

14e compagnie bis du 3e régiment du génie, organisée le 26 octobre, affectée au 19e corps d'armée;

1re compagnie bis du 3e régiment du génie, organisée le 1er décembre, affectée au 23e corps d'armée;

2e compagnie bis du 3e régiment du génie, organisée le 1er décembre, affectée au 19e corps d'armée;

3e compagnie bis du 3e régiment du génie, organisée le 1er janvier 1871, affectée au 26e corps d'armée;

7e compagnie bis du 3e régiment du génie, organisée le 1er janvier 1871, restée à Bordeaux.

(2) Le Général commandant le 25e corps d'armée au Colonel commandant le génie du 15e corps, à Bourges, Tours, 22 septembre.

Au moment de la déclaration de la guerre, le matériel du génie comprenait (1) :

1° *Outils portatifs pour compagnies de sapeurs ou de mineurs :* 72 assortiments dont 54 avec étuis et 18 sans étuis. Ces derniers formaient la réserve d'arsenal et comprenaient 4 assortiments en première urgence et 14 en deuxième.

En juillet 1870, les 54 assortiments avec étuis et les 4 assortiments sans étuis de première urgence étaient en service dans les régiments ou déposés à l'arsenal de Metz (2).

2° *Parcs de compagnie*, formés chacun de deux voitures dites de section : 42 parcs pour compagnies de sapeurs et 6 pour compagnies de mineurs. Toutes ces voitures, munies de leur harnachement, étaient réparties entre les trois régiments du génie, les entrepôts de Lyon et de Satory et l'arsenal de Metz (3).

3° *Parcs de corps d'armée*, comprenant chacun 9 voitures : 9 parcs sur roues et avec harnachement répartis 2 à Lyon, 4 à Metz, 2 à Satory et 1 au corps d'occupation

---

(1) Situation sommaire du matériel de guerre du génie au mois de juillet 1870 avant la déclaration de guerre, Paris, 22 mai 1872.

(2) Un assortiment d'outils portatifs pour compagnie du génie se composait de 16 chargements d'outils d'art et de 108 chargements de gros outils, savoir : 36 pioches, 36 pelles, 30 haches et 6 serpes [*Historique du matériel de guerre du génie* (*Revue du Génie militaire*, 2ᵉ semestre 1900, p. 215)].

(3) Les deux voitures de section, formant le parc d'une compagnie de sapeurs, étaient attelées à 4 chevaux et transportaient 76 pelles rondes, 18 pelles carrées, 38 pioches, 14 haches, un assortiment d'outils de pétardement, des outils de maçon, de tailleur de pierre, d'ouvrier en bois, etc. Ces outils étaient répartis par moitié sur chacune des deux voitures dont le chargement était identique (*La Guerre de 1870-71. L'Investissement de Metz*, p. 116).

de Rome; 1 parc démonté et sans harnachement entreposé à Vincennes (1).

4° *Parcs d'armée* à 56 voitures : 2 parcs de marche montés sur roues et munis de leur harnachement, entreposés à Satory; 1 parc de réserve démonté et sans harnais à Vincennes (2).

5° *Approvisionnements de dépôt* d'outils de terrassiers ou tranchants destinés à parer aux besoins des armées en campagne, répartis à Soissons (20,000 outils), Metz, Strasbourg, Belfort, Arras, Lyon, Perpignan, Bayonne (à raison de 10,000 outils dans chacune de ces places) et à Toulon (5,000 outils) (3).

En dehors des trois compagnies de sapeurs restées en Algérie, les trois régiments du génie avaient mobilisé avant le 4 septembre :

3 compagnies de mineurs et 43 compagnies de sapeurs

---

(1) Des neuf voitures d'un parc du génie de corps d'armée, huit étaient à 6 chevaux et une à 4 chevaux, savoir : six prolonges portant 2,000 gros outils emmanchés, une prolonge portant des agrès de ponts, une forge outillée et une voiture de section, destinée au service de la direction du parc. Le parc du génie de corps d'armée transportait 2,000 outils, dont 1,150 pelles et 542 pioches (*Historique du matériel de guerre du génie*, loc. cit., p. 227; *L'Investissement de Metz*, p. 117.)

(2) L'outillage d'un parc du génie d'armée comportait 4,700 pelles et 2,200 pioches (*L'Investissement de Metz*, p. 117). — D'après l'*Historique du matériel de guerre du génie* (p. 228), il aurait existé, en juillet 1870, quatre parcs au lieu de trois indiqués par la situation sommaire du matériel avant la déclaration de guerre.

Il est vrai qu'à partir du 16 juillet 1870, les ateliers de l'arsenal de construction du génie de Metz furent développés de manière à doubler leur production journalière, mais il est probable qu'une grande partie du matériel ainsi construit resta dans la place.

(3) En dehors du matériel indiqué ci-dessus, il existait encore un *approvisionnement de défense des places* comprenant environ 112,000 outils de terrassier ou tranchants et 19,000 outils de mineurs, répartis dans 128 places et 210,000 *sacs à terre* répartis entre l'arsenal du génie et les places des directions de Mézières, Langres, Metz et Strasbourg.

affectées aux 10 corps d'armée mis sur pied depuis le commencement de la campagne (1);

1 compagnie de mineurs et 3 compagnies de sapeurs restées à Metz (2);

1 compagnie de mineurs et 3 compagnies de sapeurs affectées à la défense de Paris (3);

1 compagnie de mineurs disponible à Lyon (4);

Soit un total de 55 compagnies.

En admettant que chacune de ces compagnies ait reçu un assortiment d'outils portatifs, il n'y aurait plus eu que 17 assortiments sans étuis disponibles, s'ils n'étaient pas restés dans l'arsenal de Metz.

Les 42 parcs pour compagnies de sapeurs et les 6 parcs pour compagnies de mineurs furent également utilisés par les compagnies mobilisées au début de la guerre (5).

---

(1) Corps d'armée numérotés de 1 à 7 et de 12 à 14. — Les compagnies affectées aux différents corps d'armée étaient les suivantes :

1er régiment du génie : 2e de mineurs, 1re, 2e, 3e, 4e, 6e, 7e, 8e, 9e, 10e, 11e, 12e et 13e de sapeurs;

2e régiment du génie : 2e de mineurs, 1re, 2e, 3e, 4e, 5e, 6e, 8e, 9e, 10e, 11e, 12e, 13e, 14e, 15e et 16e de sapeurs;

3e régiment du génie : 1re de mineurs, 1re, 2e, 3e, 4e, 5e, 7e, 8e, 9e, 10e, 11e, 12e, 13e, 14e, 15e, 16e et 18e de sapeurs.

(2) 1re de mineurs et 14e, 15e et 16e de sapeurs du 1er régiment du génie.

(3) 17e et 18e de sapeurs du 2e régiment du génie et 2e de mineurs et 17e de sapeurs du 3e régiment du génie (non compris les compagnies affectées aux 13e et 14e corps).

(4) 1re de mineurs du 2e régiment du génie.

(5) Trois de ces compagnies devaient être employées comme compagnies de chemins de fer et une comme compagnie de télégraphie militaire.

A la suite d'essais faits en 1867 et 1868, le Ministre avait décidé, le 17 novembre 1868, que, dans chaque régiment du génie, la 1re compagnie de sapeurs serait organisée en compagnie de chemins de fer. « On admit dès le début la possibilité de partager ces compagnies en plusieurs détachements, qui, protégés par des partis de cavalerie, devaient

Quant aux parcs de corps d'armée, « 8 furent mis en service à l'armée du Rhin ; les autres furent affectés aux

pouvoir être envoyés au loin détruire des ouvrages d'art sur les chemins de fer et même sur les routes ordinaires ». Une décision du 14 décembre 1869, modifiée le 21 mars 1870, affectait, en conséquence, à chaque demi-compagnie de chemins de fer, en dehors de la voiture de section ordinaire, un caisson à poudre et quatre voitures de sapeurs montés, de manière à pouvoir transporter rapidement deux chantiers de destruction de 12 hommes [Travail d'hiver du capitaine Major sur l'Historique des troupes de chemins de fer, 1893-1894 (Bibliothèque du 5e régiment du génie)].

Au moment de la déclaration de guerre, le général Coffinières de Nordeck, inspecteur du génie, envoyé en mission dans les places de l'Est, donnait l'ordre d'organiser à Metz deux parcs destinés aux compagnies du génie chargées du service des chemins de fer. Le 17 juillet, le Ministre approuvait toutes les mesures qu'avait prises le général Coffinières. Le 18, les deux parcs étaient organisés et il ne leur manquait que quelques chevaux (Le Ministre de la Guerre au général Coffinières de Nordeck, Paris, 17 juillet; Le maréchal Bazaine au Ministre de la Guerre, D. T., Metz, 18 juillet, 1 h. 26 soir).

D'après le Journal de marche du 1er régiment du génie, la 2e section de la compagnie de chemins de fer de ce régiment partit à l'effectif de 2 officiers, 50 hommes, 2 chevaux d'officier, 19 chevaux de troupe (1 de selle, 16 d'attelage, 1 de bât, 1 haut-le-pied), et quatre voitures seulement (une voiture de section avec chargement ordinaire, une voiture de section bâchée avec 300 kilogrammes de poudre et deux voitures de sapeurs montés).

Les 1res compagnies de sapeurs des 1er et 3e régiments seulement prirent part aux opérations du début de la campagne comme compagnies de chemins de fer. Celle du 1er régiment eut sa 1re section détachée à la réserve du 3e corps d'armée et sa 2e section à la réserve du 1er corps. Celle du 3e régiment fut affectée à la réserve générale du génie de l'armée du Rhin. Quant à la 1re compagnie de sapeurs du 2e régiment, elle quitta son dépôt le 11 août 1870, vint toucher des chevaux à Lyon, mais ne put atteindre Metz où se trouvait son matériel. Elle fut dirigée sur Vincennes et, après avoir réintégré son excédent de chevaux, elle fonctionna comme compagnie de sapeurs au 13e corps, puis au siège de Paris.

Les compagnies de chemins de fer des 1er et 3e régiments furent faites

armées qui s'organisèrent plus tard. La majeure partie

---

prisonnières à Metz ou à Sedan avec leur matériel. Il en fut de même du matériel de la compagnie du 2ᵉ régiment resté à Metz.

Pendant la deuxième partie de la campagne, il ne fut pas question d'organiser de compagnies du génie de chemins de fer.

En ce qui concerne la télégraphie militaire, on était, au moment de la guerre de 1870, en pleine période d'organisation. Une dépêche ministérielle du 2 septembre 1868 avait chargé le service du génie de Metz de la télégraphie militaire; une autre décision du 29 janvier 1869 avait en outre précisé que, seule, la 2ᵉ compagnie de sapeurs du 1ᵉʳ régiment serait affectée à ce service spécial. A la déclaration de guerre, cette compagnie se trouvait au camp de Châlons, où elle se livrait à des expériences. Son effectif, qui comprenait au début 4 officiers, 100 sous-officiers, caporaux et sapeurs, 33 sapeurs-conducteurs, 4 chevaux d'officiers et 46 chevaux et mulets de troupe, avec un parc de 16 voitures télégraphiques, fut porté à 140 hommes, 72 sapeurs-conducteurs et 123 chevaux. Elle quitta le camp de Châlons avec tout son matériel le 5 août 1870, pour rentrer le lendemain par voies ferrées à Metz. Elle fut utilisée, au début du siège, pour des travaux de télégraphie militaire; elle participa ensuite comme compagnie ordinaire à divers travaux (Le Ministre de la Guerre au Général commandant la 5ᵉ division militaire et au Major général, Paris, 4 août; Journal de marche du 1ᵉʳ régiment du génie; Renseignements fournis par le 1ᵉʳ régiment du génie). La compagnie et tout le matériel de télégraphie militaire tombèrent entre les mains de l'ennemi le 27 octobre 1870.

Contrairement à ce qui avait été décidé le 29 janvier 1869, le Ministre prescrivait le 22 juillet au colonel du 2ᵉ régiment de former immédiatement la 11ᵉ compagnie de sapeurs de ce régiment en compagnie télégraphique. Elle devrait se composer de 4 officiers, 160 sous-officiers, caporaux et sapeurs et d'un détachement de sapeurs-conducteurs comprenant 1 lieutenant et 70 hommes. Aussitôt sa formation terminée, cette compagnie serait dirigée sur le camp de Châlons, où elle recevrait son matériel et ses chevaux. Partie de Montpellier le 26 juillet, cette compagnie arriva au camp de Châlons le 28. Les défaites du début de la campagne modifièrent les premières dispositions et cette compagnie fut attachée à la 3ᵉ division du 12ᵉ corps. Elle reçut avant son départ du camp de Châlons un matériel (outils et voitures) en assez mauvais état (Note de la 5ᵉ direction pour la 1ʳᵉ direction, Paris, 22 juillet; Le Ministre de la Guerre au Général commandant la 4ᵉ division militaire, à Châlons, Paris, 23 juillet; Historique du 2ᵉ régiment du génie).

tomba entre les mains des Allemands à Sedan et à Metz (1) ».

L'un des deux parcs d'armée de marche fut envoyé à l'armée du Rhin et fut pris par les Allemands lors de la capitulation de Metz. L'autre fut expédié à Bourges au commencement de septembre. Le parc de réserve de Vincennes servit à organiser les différents parcs de compagnie nécessaires aux compagnies employées à la défense de Paris (2).

En résumé, en dehors des voitures qui s'échappèrent de Sedan, on peut estimer que le matériel du génie disponible en province se réduisait à un parc d'armée de 56 voitures avec leur harnachement et aux 75,000 outils entreposés à Soissons, Belfort, Arras, Lyon, Perpignan, Bayonne et Toulon.

Le parc d'armée envoyé à Bourges au commencement de septembre fut ensuite dirigé sur Lyon. Il servit à constituer des parcs de corps d'armée pour les diverses armées de province. Quant aux approvisionnements d'outils, il est vraisemblable que ceux de Soissons et de Belfort restèrent dans ces places, où ils furent pris par les Allemands. La majeure partie des autres servit à approvisionner les corps d'armée de province.

C'est avec ce faible contingent de voitures, et avec tout le matériel roulant de modèles anciens que l'on trouva dans les places de l'intérieur, que le Gouvernement de la Défense nationale dut s'ingénier pour organiser les différents parcs du génie qui lui furent nécessaires.

Chacune des demi-compagnies divisionnaires fut dotée d'une voiture de section (3). Quant aux parcs du génie

---

(1) Situation sommaire du matériel de guerre du génie au mois de juillet 1870 avant la déclaration de guerre, Paris, 22 mai 1872.
(2) *Ibid.*
(3) Généralement ces voitures furent des voitures ancien modèle, s'attelant à 4 chevaux. La composition des attelages des demi-compa-

de corps d'armée, les ressources existantes ne permirent pas de leur donner la même composition qu'au début de la guerre. Le nombre des voitures fut réduit (1). Néanmoins, lorsque le Ministre décida, le 15 novembre 1870, de distribuer des outils de terrassiers aux troupes d'infanterie, il prescrivit que les parcs de corps d'armée prendraient les mesures nécessaires pour assurer le transport des 2,000 outils qui constituaient la réserve normale d'un corps d'armée. Cette réserve devait toujours être entretenue au complet, soit par des achats, soit par des envois de l'intérieur, afin que les corps d'infanterie puissent venir s'y ravitailler le cas échéant (2).

Le Ministre prévoyait en même temps la formation de parcs d'armée transportant 20,000 outils, au lieu des 10,000 dont ils étaient dotés au début de la guerre. Mais il ne semble pas que ces unités aient jamais été constituées.

A la fin de la guerre, après les pertes subies au cours de la campagne, il restait encore 13 parcs de compagnie, 5 parcs de corps incomplets, 110 voitures diverses en mauvais état et 40,000 outils de l'approvisionnement de dépôt (3).

---

gnies divisionnaires du génie comporta, dans certain corps d'armée, un cheval de bât.

(1) Le parc du génie du 15ᵉ corps ne comprend que sept voitures au lieu de neuf (Le Général commandant le 15ᵉ corps d'armée au Colonel commandant le génie du 15ᵉ corps, à Bourges, Tours, 1ᵉʳ octobre). Celui du 16ᵉ corps n'a que six voitures (cinq prolonges et une voiture de section).

(2) Arrêté du 15 novembre (*M. U.* du 18 novembre) ; Le Ministre de la Guerre au Colonel commandant le génie du 15ᵉ corps d'armée, Tours, 15 novembre.

(3) *Historique du matériel de guerre du génie*, loc. cit., p. 228. — D'après la situation sommaire du matériel de guerre du génie au mois de juillet 1870, il existait, à la fin de la campagne, quelques voitures dépareillées de parcs de corps d'armée, une vingtaine de voitures

Pour atteler les parcs des armées de province, le génie reçut du service de la remonte un total de 1,380 chevaux (1).

Les compagnies formées par les régiments du génie ne furent pas assez nombreuses pour assurer le service dans tous les corps d'armée organisés en province par la délégation du Gouvernement de la Défense nationale. Certains corps reçurent, comme troupes du génie, des compagnies du génie de la garde nationale mobile, des compagnies d'ouvriers volontaires ou des compagnies du génie auxiliaire dont il sera parlé plus loin. L'introduction de ces éléments nouveaux amena quelques légères modifications dans la répartition première des troupes du génie. L'on put même affecter une compagnie de sapeurs de l'armée régulière à la réserve générale du génie de l'armée de l'Est, ainsi qu'à celle de la II⁰ armée de la Loire (2).

---

provenant du parc d'armée envoyé à Bourges puis à Lyon, 8,000 outils des approvisionnements de dépôt de Lyon et de Toulon, et, plus de 70,000 outils fabriqués ou achetés pendant la deuxième partie de la campagne, mais qui, en raison de leurs formes, ne pouvaient entrer dans la composition des parcs de campagne. Avec tous ces éléments, on pouvait arriver à reconstituer la valeur de deux parcs d'armée.

(1) Situation des effectifs en chevaux des troupes d'artillerie, du génie et du train des équipages, Bordeaux, 22 février 1871. — Comme terme de comparaison, les différents parcs du génie existant au début de la guerre nécessitaient un peu plus de 2,700 chevaux (*Historique du matériel de guerre du génie*, loc. cit., page 103).

(2) A chacune des 1ʳᵉ et 2ᵉ divisions du 20ᵉ corps, par exemple, était rattachée une compagnie du génie des mobiles de la Loire. A la 3ᵉ division du même corps était la compagnie d'ouvriers volontaires de Tours. Mais, par contre, la réserve du génie du corps d'armée comprenait une compagnie entière du génie (11ᵉ bis du 3ᵉ régiment). La 6ᵉ compagnie bis du 2ᵉ régiment, primitivement affectée au 20ᵉ corps, devint réserve générale du génie de l'armée de l'Est.

Indépendamment des unités affectées aux divisions et aux corps d'armée, le service du génie dut, avec les ressources en officiers disponibles dans les départements non envahis, assurer la constitution des différents états-majors de l'arme. Dans chaque armée et dans chaque corps d'armée se trouvait un commandant du génie, assisté d'un chef d'état-major et de quelques adjoints, officiers ou gardes. Dans les divisions, il n'y avait qu'un seul officier.

§ 2. — *Garde nationale mobile.* — *Garde nationale mobilisée.* — *Génie auxiliaire.* — *Bataillon auxiliaire du génie fourni par la marine.*

Garde nationale mobile. — Le tableau des circonscriptions de recrutement de la garde nationale mobile, publié pour l'application de la loi du 1er février 1868, ne prévoyait pas de compagnies du génie. Un décret du 18 août 1870 avait cependant créé dans le département du Haut-Rhin une compagnie du génie de la garde nationale mobile, spécialement affectée aux travaux et à la défense de la place de Belfort (1).

Au cours d'octobre, deux autres compagnies furent encore organisées dans chacun des départements de la Haute-Marne et de l'Isère. La première fut affectée à la place de Langres, la deuxième fut laissée à Grenoble (2).

D'autre part, deux compagnies du IIIe bataillon des mobiles de la Loire avaient été envoyées, le 30 septembre 1870, à Besançon, pour participer aux travaux de défense de cette ville. Elles furent rejointes, le 5 octobre, par les cinq autres compagnies du bataillon.

---

(1) *J. M. O.*, 2e semestre 1870, p. 344.
(2) Documents inédits de M. A. Martinien.

Le 8 novembre, les 2ᵉ et 3ᵉ compagnies de ce bataillon étaient détachées, sous le titre de mineurs de la Loire, avec les divisions Crouzat et Thornton qui devinrent plus tard les 1ʳᵉ et 2ᵉ divisions du 20ᵉ corps d'armée; elles y remplirent le rôle de compagnies divisionnaires du génie. Le 26 décembre, le Ministre de la Guerre autorisait les cinq autres compagnies du IIIᵉ bataillon des mobiles de la Loire, à se constituer en un bataillon du génie de la garde nationale mobile. Cette unité continua à être employée à la défense de Besançon (1).

Garde nationale mobilisée. — La garde nationale mobilisée contribua aussi à fournir quelques unités du génie. A l'armistice, vingt compagnies avaient été remises à la Guerre. Cinq étaient au camp des Alpines (2), quatre au camp de Nevers et une au camp de Toulouse (3); une autre était au fort Barraux, près Grenoble (4); il n'en fut donc utilisé que neuf pour les formations actives mobilisées en province (5).

---

(1) Historique *manuscrit* du IIIᵉ bataillon des mobiles de la Loire.

(2) Ces cinq compagnies formaient le bataillon des Bouches-du-Rhône, remis à la Guerre le 1ᵉʳ janvier 1871.

(3) Compagnie de la Haute-Garonne, remise à la Guerre le 1ᵉʳ janvier 1871.

(4) Compagnie de l'Isère, remise à la Guerre le 16 janvier 1871.

(5) Quatre compagnies à l'armée de l'Est, savoir : trois compagnies du Rhône, remises à la Guerre les 16 et 26 novembre 1870 et le 7 janvier 1871; une compagnie de Saône-et-Loire, remise à la Guerre le 2 novembre 1870.

Une compagnie à la division Ochsenbein, 4ᵉ compagnie du Rhône, remise à la Guerre le 28 janvier 1871.

Une compagnie à l'armée du Nord, compagnie du Nord, remise à la Guerre le 14 janvier 1871. La compagnie de l'Aisne, qui devait aussi être affectée à cette armée, fut dissoute le 10 janvier pour former, avec des compagnies franches, le bataillon de voltigeurs de l'Aisne (Arrêté du général Faidherbe, Boileux, 10 janvier 1871).

Trois compagnies à l'armée de la Loire, savoir : les deux compagnies

L'organisation des compagnies du génie de la garde nationale mobilisée ne s'arrêta pas toutefois avec l'armistice, et, à la signature de la paix, quinze compagnies environ étaient encore prêtes dont quelques-unes furent remises au Département de la Guerre (1).

Génie auxiliaire. — Il fut encore créé un certain nombre de compagnies du *génie auxiliaire*.

Dans les premiers jours du mois de novembre 1870, le général Trochu avait fait parvenir des instructions générales à la délégation du Gouvernement de la Défense nationale en province, par l'intermédiaire de M. Cézanne, ingénieur des ponts et chaussées. Dans le but de « compenser pour nos armées de nouvelle formation, encore peu aguerries et incomplètement organisées, la supériorité que l'ennemi devait à sa discipline, à son organisation, à son artillerie », le gouverneur de Paris préconisait de « créer, pour ainsi dire, à l'avance, des champs de bataille où l'armée prussienne rencontrerait le plus d'obstacles possible, en même temps que la nôtre y trouverait des points d'appui ».

Pour cela, les villes ouvertes et les villages, particulièrement les nœuds de communication, seraient mis en état de défense et reliés entre eux par des travaux de fortification passagère, en utilisant les cours d'eau et les canaux, obstacles naturels, « derrière lesquels les armées ou corps d'armée pouvaient se concentrer et attendre l'ennemi ».

Ce vaste système de défense devait empêcher l'ennemi de distinguer le côté par lequel il pouvait être

---

du Calvados, remises le 16 décembre 1870, et la compagnie de Maine-et-Loire, remise le 26 janvier.

(1) D'après les travaux inédits de M. A. Martinien. Les documents faisant défaut, il est impossible de préciser davantage.

menacé, et le démoraliser en lui révélant chez la population un état d'esprit résolu à une défense énergique. De plus, les localités ainsi organisées se trouvaient à l'abri des détachements envoyés par l'envahisseur pour réquisitionner des moyens de subsistance.

Le pays tout entier était tenu de s'associer à cet effort considérable. La direction des travaux incombait aux officiers du génie, mais leur exécution pouvait être confiée à l'administration des Travaux publics. Celle-ci disposait du personnel des ponts et chaussées, des mines et des agents-voyers ainsi que des entrepreneurs, employés et ouvriers de ces divers services, qui pouvaient être requis à cet effet (1).

Pour assurer la mise en œuvre de cette colossale organisation défensive, M. Cézanne soumettait, le 9 novembre, au Ministre de la Guerre un projet d'arrêté qui affectait aux corps d'armée des unités du génie auxiliaire à raison d'une compagnie par régiment d'infanterie.

Chaque compagnie comprenait 6 officiers et 156 sous-officiers, caporaux ou soldats (2). Les hommes étaient munis d'une pelle et d'une pioche, et chaque unité dis-

---

(1) Instruction générale du Président du Gouvernement de la Défense nationale, gouverneur de Paris, Paris, 29 octobre 1870.

(2) M. Cézanne au Ministre de la Guerre, Tours, 9 décembre. — Chaque compagnie devait se composer d'un capitaine en premier, d'un capitaine en second, d'un lieutenant en premier, d'un lieutenant en second, de deux sous-lieutenants, de six sous-officiers, de dix caporaux et de 140 hommes. Le capitaine en premier, choisi parmi les ingénieurs des ponts et chaussées, était nommé par le Ministre ; il faisait des propositions pour les autres emplois d'officiers, qui devaient être pris parmi les employés des ponts et chaussées, les ingénieurs civils, les agents-voyers, les architectes et les entrepreneurs de travaux publics. Le capitaine en premier nommait directement les sous-officiers et caporaux et était chargé de recruter sa compagnie.

Quels que fussent les grades des officiers en présence, le génie auxi-

posait, en outre, d'une réserve de 300 pelles et 150 pioches, permettant au besoin d'utiliser les soldats des autres corps aux travaux de fortification.

A défaut d'ouvriers propres aux travaux du génie, les hommes étaient choisis parmi les mobilisés dont l'instruction militaire était le moins avancée, car, en raison du peu de fusils disponibles, ils ne devaient pas être armés.

Les compagnies du génie auxiliaire n'étaient pas destinées, en effet, à agir sous le feu de l'ennemi; cette mission était réservée aux troupes régulières du génie. Le but de leur organisation était de les employer à protéger le front des camps occupés par les troupes de campagne, lorsque l'ennemi était encore éloigné, puis d'aménager derrière les troupes engagées des positions de repli (1).

L'organisation du génie auxiliaire, telle qu'elle était proposée, fut l'objet de vives critiques de la part du général Véronique, directeur du génie à la délégation du ministère de la Guerre en province (2). Il n'a d'ailleurs pas été trouvé trace de décret où d'arrêté en décidant la formation.

On constate néanmoins, dans les armées organisées en province, la présence de compagnies du génie auxiliaire, mais il semble que ces unités furent recrutées et mises

---

liaire était subordonné au génie militaire. Les capitaines commandant les compagnies du génie auxiliaire recevaient directement les ordres de l'officier commandant le génie militaire du corps auquel elles étaient affectées.

Dans chaque corps d'armée, les compagnies du génie auxiliaire étaient groupées sous le commandement d'un ingénieur des ponts et chaussées, ayant le grade de chef de bataillon et attaché à l'état-major du corps d'armée.

(1) Cabinet du Ministre, Avis, Tours, 14 novembre.
(2) Note du général Véronique, Tours, 13 novembre.

sur pied par les ingénieurs du *génie civil* dont il sera question plus loin (1).

Bataillon auxiliaire du génie fourni par la marine. — Les équipages de la flotte, enfin, furent aussi mis à contribution pour l'organisation de troupes du génie.

Le 18 octobre 1870, le Ministre de la Marine ordon-

---

(1) Il y avait en effet :
Une compagnie du génie auxiliaire à la réserve générale de l'armée de la Loire (compagnie d'Indre-et-Loire) ;
Deux compagnies du génie auxiliaire au 16e corps (formées le 1er janvier 1871) ;
Deux compagnies du génie auxiliaire au 17e corps (formées le 1er janvier 1871) ;
Deux compagnies du génie auxiliaire au 18e corps (passées à la Guerre le 2 janvier 1871) ;
Deux compagnies du génie auxiliaire au 19e corps (passées à la Guerre le 1er février 1871) ;
Deux compagnies du génie auxiliaire à l'armée de Bretagne (formées le 26 novembre 1870) ;
Deux compagnies du génie auxiliaire au corps d'armée du Havre ;
Une compagnie du génie auxiliaire au camp de Nevers (constituée du 1er janvier au 31 mars 1871) ;
Une compagnie du génie auxiliaire des Ardennes (formée à Givet en 1870);
Deux compagnies du génie auxiliaire au camp de Toulouse ;
Trois compagnies du génie auxiliaire au camp de Cherbourg ;
Deux compagnies du génie auxiliaire au camp de la Rochelle ;
Trois compagnies du génie auxiliaire aux troupes de la Nièvre.
On trouve également trace de compagnies du génie auxiliaire aux 20e, 25e et 26e corps, sans qu'on puisse exactement en préciser le nombre (Travaux inédits de M. A. Martinien).
Il est possible aussi que l'on ait confondu sous le terme général de génie auxiliaire les douze compagnies ou détachements du génie organisés au titre des *corps francs*.
Le projet de formation en province de compagnies auxiliaires du génie doit être rapproché d'une organisation similaire mise sur pied à Paris par arrêté du Ministre de l'Intérieur du 6 octobre 1870. Vingt-deux bataillons de garde nationale de la Seine, auxquels il n'avait pu être

nait au préfet maritime de Toulon de former avec des mécaniciens, un bataillon auxiliaire du génie de 600 hommes, commandé par des officiers de la marine ou du génie maritime (1). Dès le 28 octobre, cette unité, qui prit le numéro II dans la série des bataillons de marins formés à Toulon, pouvait partir pour Lyon (2). Elle comprenait alors quatre compagnies, mais elle fut renforcée par une cinquième compagnie, qui partit de Toulon le 16 novembre et qui comprenait surtout des

---

délivré de fusils, prirent le titre de bataillons auxiliaires du génie et furent appelés à ce titre à concourir aux travaux de la défense. Leur composition comme états-majors, cadres, etc., devait être la même que celle des bataillons armés. Ils devaient fournir chaque jour six heures de travaux et de corvées, exécutés militairement sous la conduite des officiers et sous-officiers et sous la direction des ingénieurs civils et militaires. Ce service des travaux et corvées était assimilé au service de garde (Joseph Reinach, *Dépêches, circulaires, décrets, proclamations et discours de Léon Gambetta*, t. 1, p. 31).

(1) Le Ministre de la Marine au Préfet maritime, à Toulon, Tours, 18 octobre ; Le même au même, D. T., Tours, 18 octobre (Arch. Mar.). — Le 12 octobre 1870, le préfet maritime de Toulon avait rendu compte au Ministre de la Marine qu'il y avait à Toulon 940 ouvriers mécaniciens engagés volontaires pour la durée de la guerre. La plupart étaient employés par les directions des constructions navales et de l'artillerie du port ; néanmoins, beaucoup restaient sans affectation, et le préfet maritime avait demandé de les utiliser, soit en les envoyant dans d'autres ports qui pourraient en avoir besoin, soit en les détachant dans des manufactures de l'État [Le Préfet maritime de Toulon au Ministre de la Marine, à Tours, Toulon, 12 octobre (Arch. Mar.)]. Un autre document des archives de la Marine (État numérique des bataillons de marche et détachements de marins qui ont été affectés à la défense de Paris et mis à la disposition de la Guerre depuis le commencement de la guerre jusqu'à la paix, Paris, 26 juin 1873) signale en effet que le port de Toulon a détaché 59 hommes à Indret et 18 à Bayonne. Or, dans cette dernière ville avait été créée de toutes pièces une importante capsulerie.

(2) Le Préfet maritime de Toulon au Ministre de la Marine, à Tours, Toulon, 27 octobre. — Le bataillon auxiliaire du génie de la marine était primitivement destiné à l'armée que le général Bourbaki allait

ouvriers chauffeurs, encadrés par des ingénieurs de la marine et des maîtres mécaniciens (1).

§ 3. — *Génie civil aux armées.*

Le 11 novembre 1870, pour accélérer les travaux de défense sur toute l'étendue du territoire, la délégation du Gouvernement de la Défense nationale mettait à la disposition du Ministre de la Guerre, pendant la durée des hostilités, les ingénieurs des ponts et chaussées et des mines, les agents-voyers et architectes départementaux, les entrepreneurs de travaux publics, avec tout leur personnel et leurs moyens d'action. Ces agents d'exécution pouvaient être requis, soit par le Ministre, soit par les autorités qualifiées, pour être employés à tous travaux jugés utiles à la protection des troupes ou à la défense du territoire, ou pour être chargés de missions ou de services administratifs tendant aux mêmes buts (2).

Par le même décret, les compagnies de chemins de

---

organiser dans le Nord. On n'a pu préciser pour quels motifs il fut plus tard affecté à la défense de Lyon.

Comme ce bataillon était destiné à servir dans une place, on ne lui donna ni tentes-abris, ni havresacs ; c'est ce qui permit de le constituer si rapidement.

(1) Le Préfet maritime de Toulon au Ministre de la Marine à Tours, Toulon, 15 novembre. — Cette compagnie se composait de 4 officiers et 144 hommes, savoir :

Comme capitaine, 1 sous-ingénieur de 1re classe ; comme lieutenant, 1 sous-ingénieur de 3e classe et comme sous-lieutenant auxiliaire, 1 premier maître mécanicien. Un médecin-major de 2e classe marchait en outre avec la compagnie ;

Comme hommes : 1 maître charpentier, 5 deuxièmes maîtres mécaniciens, 2 élèves mécaniciens, 10 quartiers-maîtres mécaniciens, 1 fourrier, 2 fusiliers brevetés, 111 ouvriers chauffeurs, 10 matelots charpentiers et 2 tambours.

(2) Décret du 11 novembre (*M. U.* du 13 novembre).

fer étaient tenues de mettre en état de défense les gares, stations ou parties de ligne qui leur seraient indiquées ; leur personnel était également susceptible d'être requis pour coopérer aux travaux de défense dans l'étendue du département.

Sans attendre d'ailleurs ce décret, de nombreux ingénieurs de l'État ou ingénieurs civils avaient prêté leur concours à la Défense nationale, soit en coopérant à la mise en état de défense de certaines places (1), soit en exécutant, d'après les ordres du Ministre ou des généraux commandant les corps d'armée, des travaux de nature à aider les mouvements de nos troupes ou à entraver ceux de l'ennemi (2).

Afin de faciliter aux ingénieurs des ponts et chaussées et des mines l'exécution de leur mission, le Gouvernement leur accordait, le 28 novembre, la franchise télégraphique ainsi que toute facilité pour voyager avec leur personnel sur les voies ferrées. Il leur donnait également le droit de requérir les personnes et les choses pour l'exécution de leurs travaux (3).

---

(1) Le 27 novembre 1870, par l'intermédiaire du général directeur des fortifications à Lyon, le Ministre de la Guerre témoignait sa satisfaction pour le concours empressé donné par plusieurs ingénieurs de l'État ou ingénieurs civils à l'exécution des travaux de défense de cette place (*M. U.* du 29 novembre).

Ce furent également des ingénieurs des ponts et chaussées qui exécutèrent les ouvrages de fortification construits autour d'Orléans dans la première quinzaine de novembre 1870.

(2) Un décret du 14 octobre (*M. U.* du 17 octobre) avait déjà prévu la construction de points fortifiés dans les départements distants de de l'ennemi de moins de 100 kilomètres. Ces travaux devaient être dirigés par des comités militaires départementaux dont faisaient partie les ingénieurs des ponts et chaussées et des mines. Cette organisation avait surtout pour but d'organiser la défense locale et de donner un point d'appui à la résistance des gardes nationaux. Elle sera donc exposée plus loin en même temps que d'autres mesures du même genre.

(3) Décret du 28 novembre (*M. U.* du 30 novembre).

En présence des bons résultats donnés par le concours du génie civil, le Ministre de la Guerre décidait, le 30 novembre, d'attacher à chaque corps d'armée en campagne un organe spécial composé de quatre ingénieurs des ponts et chaussées ou des mines et d'agents auxiliaires sous la direction de l'un des ingénieurs, faisant fonction d'ingénieur en chef (1).

Il était en même temps créé au ministère de la Guerre une direction du génie civil aux armées, placée sous l'autorité d'un ingénieur de l'État (2).

D'après le décret d'organisation du 30 novembre 1870, le personnel du génie civil aux armées relevait des commandants de corps d'armée (3) et n'agissait que d'après

---

(1) Décret du 30 novembre (*M. U.* du 2 décembre). — Un décret du 6 janvier 1871 attacha en outre à l'état-major de la Ire armée un ingénieur en chef du corps du génie civil. Cet ingénieur était spécialement chargé de contrôler les mesures prises par les compagnies de chemins de fer pour réparer les ouvrages d'art et remettre en état les voies ferrées que l'ennemi avait pu endommager (*M. U.* du 10 janvier 1871).

Le personnel supérieur du génie civil devait en principe se composer d'ingénieurs des ponts et chaussées et des mines. Mais les fonctions qui leur incombaient pouvaient « être, par décision spéciale du Ministre de la Guerre, confiées à des agents-voyers départementaux, à des ingénieurs civils ou à d'autres personnes, que leur aptitude, leurs antécédents ou leurs moyens d'action désignaient suffisamment pour ce genre d'emploi ».

(2) La direction du génie civil aux armées, organisée au ministère de la Guerre, fut confiée à M. Dupuy, ingénieur des ponts et chaussées, qui avait pris une part importante à l'organisation défensive d'Orléans (de Freycinet, *La Guerre en province pendant le siège de Paris*, p. 34). Au mois de janvier 1871, la direction du génie civil aux armées comprenait, en dehors de son directeur, trois ingénieurs, un chef de comptabilité, un chef dessinateur, un chef de bureau et cinq employés.

(3) Le décret du 30 novembre 1870 dit que le personnel du génie civil relevait du général en chef, mais il semble que par cette expression, il faut entendre les commandants de corps d'armée et non les

leurs instructions, soit directement, soit par l'entremise du commandant du génie du corps d'armée. Sa mission devait spécialement consister à servir d'intermédiaire entre les populations et l'autorité militaire, lorsque cette dernière exerçait son droit de réquisition, en vue de se procurer les moyens nécessaires pour la prompte exécution des travaux intéressant la sécurité des troupes.

Il ne s'agissait pas, en effet, de créer au moyen du génie civil des compagnies nouvelles opérant concurremment avec le génie militaire. Le Gouvernement voulait seulement utiliser pour la défense du pays les hommes habitués en temps de paix à diriger de grands travaux publics (1). Les agents du génie civil aux armées étaient invités à se concerter toujours avec les officiers du génie, qui, en définitive, avaient la responsabilité de la direction des travaux. Tout particulièrement, lorsqu'il s'agirait d'établir des retranchements, la reconnaissance du terrain et la recherche des emplacements à occuper seraient toujours dirigées par les officiers du génie, dont les connaissances pratiques, en matière de fortification, étaient indispensables pour déterminer ce qu'il y aurait lieu de faire (2).

Les généraux commandant les corps d'armée ne devaient pas hésiter à prescrire les travaux qu'ils jugeraient utiles. Il appartenait ensuite au génie civil de trouver les moyens d'exécution en demandant, ou

---

commandants d'armée. Une circulaire insérée au *M. U.* du 12 janvier 1871, relative à l'utilisation immédiate du génie civil, est, en effet, adressée aux généraux commandant les corps d'armée.

(1) Circulaire du Ministre de la Guerre aux Ingénieurs en chef et ordinaires du génie relative au but de l'organisation du service du génie civil aux armées, Bordeaux, 17 décembre (*M. U.* du 20 décembre).

(2) Le Directeur du génie civil aux Ingénieurs en chef du génie civil des différents corps d'armée, Bordeaux, 31 décembre.

en requérant au besoin, le concours des fonctionnaires locaux ainsi que celui des entrepreneurs et ouvriers occupés, en temps ordinaire, sur les grands chantiers d'intérêt général (1).

Le génie civil pouvait suppléer le génie militaire dans tous les travaux rentrant dans les attributions de ce dernier, mais il devait plus particulièrement être employé à des missions rentrant dans le domaine de sa compétence spéciale, c'est-à-dire réparer ou détruire les routes, ponts et ouvrages d'art, assurer les communications avec l'arrière, organiser dans les gares, ou sur tout autre point des voies ferrées, les quais nécessaires pour l'embarquement ou le débarquement rapide des hommes, des chevaux et du matériel, établir des passages nombreux et faciles sur les cours d'eau, exécuter les terrassements nécessités par l'établissement des fortifications passagères, etc. (2).

Un décret du 14 décembre 1870 (3) régla la composition du génie civil aux armées. Le personnel de chaque

---

(1) Circulaire aux Généraux commandant les corps d'armée au sujet de l'utilisation immédiate du corps du génie civil (*M. U.* du 12 janvier 1871).

(2) Décret du 30 novembre 1870 et circulaire insérée au *M. U.* du 12 janvier 1871 précités. — La circulaire, adressée le 31 décembre aux ingénieurs en chef du génie civil des différents corps d'armée, insistait de son côté sur la nécessité de créer des retranchements pour mettre autant que possible les troupes et l'artillerie à l'abri des projectiles de l'ennemi. Ces retranchements devaient être établis partout où stationnait l'armée sans s'occuper au préalable de la durée probable du stationnement. Il ne fallait pas hésiter à commencer les travaux, même si l'on prévoyait qu'on n'aurait pas le temps de les achever ou qu'on devrait les abandonner, car si l'on marchait en avant, cette position fortifiée en cas d'insuccès servirait à protéger la retraite, et d'autre part, dans les plans ultérieurs de campagne, on utiliserait les points fortifiés pour appuyer les opérations.

(3) *M. U.* du 19 décembre 1870.

corps d'armée devait comprendre un ingénieur en chef, trois ingénieurs ordinaires, trois chefs de section principaux, six chefs de section, neuf sous-chefs de section (1), dix-huit chefs de chantier et une compagnie d'ouvriers de soixante hommes pouvant être portée au besoin à trois cents.

Cette composition semble indiquer que ce personnel était susceptible d'être fractionné entre les trois divisions d'infanterie des corps d'armée.

Les ingénieurs et agents étaient assimilés aux officiers de l'armée active (2), les chefs de chantier aux sous-officiers et les ouvriers aux soldats du génie.

De nombreuses demandes d'admission dans le corps du génie civil furent adressées par des ingénieurs des arts et manufactures, des gardes généraux des forêts, des conducteurs des ponts et chaussées, etc. On put donc sans difficulté constituer le cadre des agents. Quant aux ouvriers, ils devaient exercer les professions de terrassier, charpentier, mineur, serrurier ou maçon.

Le personnel des agents, chefs de chantier et ouvriers pouvait être choisi dans les gardes nationaux mobilisés. Le directeur du génie civil était autorisé à déléguer aux

---

(1) Ces agents portaient tout d'abord le titre de piqueurs ; leur appellation fut modifiée par un décret du 15 janvier 1871.

(2) L'assimilation se fit dans les conditions suivantes :

Ingénieur en chef............	Colonel.
Ingénieur ordinaire.........	Chef de bataillon.
Chef de section principal.....	Capitaine.
Chef de section.............	Lieutenant.
Sous-chef de section.........	Sous-lieutenant.

D'après des états nominatifs qui ont été retrouvés, le personnel du génie civil assimilé aux officiers et affecté aux différents corps d'armée en campagne se composait de 14 ingénieurs en chef, 38 ingénieurs ordinaires, 31 chefs de section principaux, 74 chefs de section et 93 sous-chefs de section.

ingénieurs en chef de chaque corps d'armée le soin de recruter leur personnel (1).

Quant au matériel, chaque groupe de corps d'armée ne devait emmener avec lui que les outils et les machines les plus indispensables que l'on craignait de ne pas pouvoir se procurer dans le pays (2).

Les ingénieurs en chef attachés aux corps d'armée pouvaient passer des marchés pour fournitures et travaux jusqu'à concurrence de 4,000 francs. Sauf cas de force majeure, les marchés plus importants ne devenaient définitifs qu'après approbation du Ministre (3).

Les fonctions ou les missions confiées au personnel du génie civil étaient de nature à lui imposer des déplacements fréquents et ne comportant aucun retard. Un décret du 9 janvier 1871 (4) autorisa le directeur, les ingénieurs en chef et les ingénieurs ordinaires à délivrer aux agents ayant rang d'officier des laissez-passer sur

---

(1) Arrêté du 18 décembre (*M. U.* du 21 décembre). — Cet arrêté ainsi que ceux du 14 décembre 1870 (*M. U.* du 19 décembre 1870) et du 31 janvier 1871 déterminèrent le costume des ingénieurs, agents et ouvriers du génie civil.

Deux circulaires des 10 et 29 janvier 1871 fixèrent les allocations dues au personnel du génie civil et la manière dont ces allocations seraient imputées.

(2) Décret du 30 novembre précité.

(3) Arrêté du 29 décembre (*M. U.* des 2-3 janvier 1871). — Le directeur et les ingénieurs en chef du génie civil étaient également délégués par le Ministre comme ordonnateurs secondaires pour mandater toutes les dépenses concernant leur service, à l'exception de la solde et des prestations en nature. Dans chaque groupe de corps d'armée, un des agents devait être désigné comme régisseur chargé du payement des dépenses faites par voie de régie directe.

Une instruction du 5 janvier 1871 édicta les règles applicables aux dépenses du personnel et du matériel.

(4) *M. U.* du 12 janvier 1871.

les chemins de fer susceptibles de donner les mêmes droits qu'une feuille de route régulière.

Le personnel subalterne pouvait être transporté au moyen de laissez-passer collectifs. En outre, le directeur, les ingénieurs en chef ou ordinaires et les chefs de section principaux avaient le droit d'établir, sous forme de réquisitions, des laissez-passer collectifs pour les entrepreneurs, chefs de chantier et ouvriers *civils* convoqués pour exécuter des travaux ou renvoyés dans leurs foyers après leur achèvement. Ces titres assuraient au personnel civil ainsi transporté les mêmes avantages qu'aux soldats du génie munis de feuilles de route.

§ 4. — *Missions télégraphiques. (Service de la télégraphie aux armées.)*

Le 15 octobre 1870, sur la proposition du directeur général des télégraphes et des postes (1), un décret de la délégation du Gouvernement de la Défense nationale mettait une partie du personnel de l'administration des lignes télégraphiques à la disposition de l'autorité militaire, pour être placée dans chaque corps d'armée sous les ordres directs et immédiats des généraux commandants (2).

Dès son arrivée à Tours avec la délégation du Gouvernement de la Défense nationale, le directeur général des télégraphes et des postes s'était, en effet, préoccupé de réunir le personnel et le matériel nécessaires pour

---

(1) M. Steenackers, député de la Haute-Marne, avait été nommé, le 4 septembre 1870, directeur des lignes télégraphiques. Le 13 septembre, il suivit à Tours la délégation du Gouvernement de la Défense nationale. Le 12 octobre, l'administration des lignes télégraphiques et l'administration des postes furent réunies sous sa direction ; il prit alors le titre de directeur général des télégraphes et des postes.

(2) Décret du 15 octobre (*Bulletin des lois*, 12e série, 1870-71, p. 139)

pouvoir doter les troupes d'opérations d'un service télégraphique. Le personnel fut recruté dans l'administration et placé sous la direction d'agents supérieurs ayant pris part aux campagnes précédentes ou aux événements du début de la guerre. Quant au matériel, les magasins militaires avaient expédié à l'armée du Rhin ce qu'ils possédaient, et tout était à improviser. On se procura en Angleterre du fil de campagne, et en Suisse des appareils portatifs. Pendant ce temps, on acheta à Tours et dans les environs des « voitures publiques ou diligences de formes à peu près convenables... ; on en disposa l'intérieur pour le transport du personnel et des appareils ; on établit sur l'impériale, tant bien que mal, les bobines à dévider et à enrouler », en attendant des chariots-dévidoirs à un cheval dont on commença la construction (1).

Plus tard, des instructions complémentaires vinrent préciser l'organisation et le rôle du service de la télégraphie militaire.

Le personnel devait être considéré et traité comme faisant partie de l'armée dont il partageait les dangers (2). Les fonctionnaires et agents qui le composaient portaient un uniforme spécial et étaient assimilés aux officiers et sous-officiers de l'armée régulière. Ils avaient le droit de faire toutes les réquisitions nécessaires à l'accomplissement de leur mission, et les autorités civiles et militaires étaient tenues de leur prêter aide et assistance (3).

En principe, la *mission télégraphique* rattachée à chaque corps d'armée devait comprendre le personnel

---

(1) F. F. Steenackers, *Les télégraphes et les postes pendant la guerre de 1870-71*, p. 91-94.

(2) Décret du 1er novembre (*M. U.* du 7 novembre).

(3) Décret du 15 octobre (*Bulletin des lois*, 12e série, Tours et Bordeaux, 1870-71, p. 139); Arrêté du Directeur général des lignes télé-

et le matériel suffisants pour établir rapidement la communication, d'une part, entre le quartier général et la ligne permanente la plus voisine, et, d'autre part, entre le quartier général et les divisions. Elle devait se composer d'un service central et d'une section par division; le personnel était réparti entre ces éléments, dont tous étaient munis d'un équipage avec appareils de transmission. Chaque mission était placée sous les ordres d'un

---

graphiques. — L'assimilation du personnel de l'administration des télégraphes fut la suivante :

Directeur général..................	Général de division.
Inspecteur général ou divisionnaire....	Général de brigade.
Inspecteur......................	Colonel.
Sous-inspecteur.................	Chef de bataillon.
Directeur de transmission et chef de station......................	Capitaine.
Commis principal et employé........	Lieutenant.
Surnuméraire faisant fonctions d'employé.........................	Sous-lieutenant.
Agent spécial (mécanicien) et chef surveillant......................	Adjudant sous-officier.
Surveillant.....................	Sous-officier.

Indépendamment de leur traitement, ces fonctionnaires et employés avaient droit aux frais de route, à une indemnité d'entrée en campagne, à une indemnité de guerre, aux rations de vivres, prestations et logement, etc. Ces traitements et indemnités devaient être payés par le budget de la Guerre.

A ce sujet, le département de la Guerre se borna à ouvrir à l'administration des lignes télégraphiques les crédits que le département de l'Intérieur jugea nécessaires. Ce fut cette dernière administration qui se chargea également de la liquidation des dépenses qui montèrent à 7 millions et demi environ (Note explicative demandée par le Ministre sur les marchés du service du génie, 10 mai 1872).

L'uniforme de campagne des fonctionnaires et agents des lignes télégraphiques attachés au service de l'armée se composait d'une casquette de marin, d'une vareuse, d'un gilet et d'un pantalon couleur bleu de roi. La vareuse à deux rangées de boutons avait un passepoil bleu clair, et le pantalon une bande de même couleur. Les galons de grade en or se portaient à la casquette et aux parements de la vareuse.

agent supérieur de l'administration des lignes télégraphiques (1).

Mais en réalité, il fut affecté une mission télégraphique non pas à chaque corps d'armée, mais à chaque groupe important, armée ou corps d'armée, opérant isolément.

L'armée de la Loire, le corps du général Garibaldi, le corps opérant dans les Vosges sous les ordres du général Cambriels, furent d'abord dotés d'un service télégraphique les 17, 21 et 31 octobre. Le 23 novembre, ce fut le tour du corps réuni en Bretagne, sous le commandement du général de Kératry, puis, le 27 décembre, celui de l'armée du Nord.

La répartition primitive des missions télégraphiques se modifia en même temps que le groupement des corps d'armée. La mission du corps Cambriels se joignit à celle de l'armée de la Loire lorsque le 20ᵉ corps, formé avec des troupes appartenant à l'ancien corps des Vosges, vint participer aux opérations autour d'Orléans. Il en fut de même lorsque le 21ᵉ corps fut organisé avec des éléments provenant de l'ancien corps de Bretagne, et, au commencement de décembre, on trouve l'ancienne mission de l'armée de la Loire avec les éléments qui vont former l'armée de l'Est, et l'ancienne mission du corps Kératry avec la IIᵉ armée de la Loire. Quant à la mission affectée tout d'abord au corps Cambriels, elle était envoyée à Lyon pour y rejoindre le 24ᵉ corps qui s'y organisait.

La composition en personnel et en matériel de chaque mission varia avec l'importance du groupement auquel elle était affectée, et il semble que, par extension du principe primitivement admis, un service central marcha avec le quartier général de l'armée de l'Est et de la

---

(1) Décret du 2 novembre (*M. U.* du 5 novembre).

IIe armée de la Loire, et une section avec chacun des corps d'armée (1).

Les voitures de chacune des missions étaient conduites et attelées par le train des équipages. Les groupements

---

(1) Voir aux documents annexes les lettres adressées au ministère de la Guerre par le directeur général des télégraphes et des postes. — D'après ces documents, la composition primitive des missions télégraphiques était la suivante :

DÉSIGNATION DU PERSONNEL ET DU MATÉRIEL.	ARMÉE de la Loire.	corps Garibaldi.	corps Cambriels.	corps Kératry.	ARMÉE du Nord.
Personnel.					
Inspecteurs....................	1	1	»	1	1
Sous-inspecteurs...............	»	»	»	1	»
Directeurs de transmission.......	1	1	1	»	1
Chefs de station................	1	1	1	1	1
Employés......................	15	8	8	20	16
Chefs surveillants...............	2	1	2	2	1
Surveillants....................	6	6	3	6	6
Équipages.					
Caissons à coupés ou omnibus.......	3	»	»	6	»
Caissons à pain.................	4	»	»	8	»
Fourragères....................	3	»	»	6	»
Chariots-dévidoirs à un cheval......	»	»	»	6	»

Dans chaque détachement, l'agent le plus élevé en grade était chef de mission.

Le soin de déterminer la composition et la nature des équipages des missions affectées aux corps Garibaldi et Kératry et à l'armée du Nord fut laissé aux généraux commandant ces unités.

La mission de l'armée de la Loire fut successivement augmentée de 4 directeurs de transmission, 14 employés, 1 chef surveillant, 3 surveillants, 1 caisson à pain et 3 fourragères. Chacun des 5 directeurs de transmission portait le titre de sous-chef de mission et était monté.

La mission du corps Garibaldi fut aussi accrue de 4 employés et d'un chef surveillant.

auxquels elles étaient affectées devaient en outre leur fournir un détachement, commandé par un sous-officier, pour assurer le port des dépêches, la garde du matériel et la conservation des lignes et des postes établis. Les hommes de ces détachements devaient être choisis parmi ceux exerçant une profession susceptible d'être utilisée au profit du service télégraphique.

Au début, le chef de mission fut seul monté ; plus tard, on reconnut la nécessité de donner un cheval aux sous-chefs, dont le nombre variait avec l'importance de chaque mission.

Dans le courant du mois de janvier 1871, les missions télégraphiques de l'armée de l'Est et de la II⁰ armée de la Loire furent renforcées par un service spécial de télégraphie optique, récemment expérimenté à Tours et à Bordeaux (1).

Enfin, lorsqu'on recruta en Algérie le *corps d'éclaireurs à cheval*, le commandant du régiment demanda qu'on lui adjoignît deux agents du service télégraphique, dont la mission aurait consisté à créer des dérangements

---

(1) Le service spécial de télégraphie optique attaché à la II⁰ armée de la Loire se composait de 7 agents. Le matériel était porté sur 7 mulets. Le chef de cette brigade avait le droit de requérir un cheval de selle pour se transporter rapidement sur les divers points où les postes seraient établis (Le Directeur général des télégraphes et des postes au Ministre de la Guerre, Bordeaux, 23 décembre 1870 et 3 et 8 janvier 1871).

La brigade de télégraphie optique de l'armée de l'Est comprenait 9 agents (F. F. Steenackers, *loc. cit.*, p. 137).

Dans sa déposition devant la Commission d'*Enquête sur les actes du Gouvernement de la Défense nationale* (Tome V, p. 351, col. 3). M. Steenackers parle aussi de missions, composées de 3 ou 4 employés seulement, chargées d'établir des communications de jour et de nuit entre les différents corps d'une armée en campagne. Pour correspondre entre elles, ces missions se seraient servies pendant le jour de mouchoirs et de chapeaux et la nuit de petites lampes portatives à éclipse.

sur les lignes ennemies. Mais au lieu de laisser ces deux agents avec les éclaireurs, on crut bon de les rattacher à la mission télégraphique de la IIe armée de la Loire. Le chef de cette mission devait les mettre à la disposition du commandant du régiment toutes les fois que ce dernier aurait besoin de leur concours (1).

Il ressort de l'*Enquête sur les Actes du Gouvernement de la Défense nationale* (2), et particulièrement du témoignage du général d'Aurelles de Paladine, que les missions télégraphiques attachées aux armées en campagne ont rendu, dans les circonstances difficiles où elles ont opéré, de très appréciables services, malgré leur organisation improvisée et les moyens de fortune mis à leur disposition.

§ 5. — *Destructions.*

Il n'existait en 1870 aucune réglementation concernant les mesures à prendre pour assurer la rupture des voies de communication, et, avant les premiers revers de la campagne, personne n'avait songé à organiser un système méthodique de destructions susceptible d'entraver sérieusement les progrès de l'ennemi.

Les ordres, parfois contradictoires, émanant des Ministres de la Guerre, des Travaux publics et de l'Intérieur, ainsi que les initiatives des comités locaux, avaient eu souvent comme résultat de causer des destructions prématurées ou sans objet, ou de provoquer des travaux inutiles.

Pour éviter le retour des hésitations et des confu-

---

(1) Le Directeur général des télégraphes et des postes au Ministre de la Guerre, Tours, 5 décembre 1870.
(2) Tome I, p. 106, col. 1 ; t. V, p. 359, col. 1.

sions qui n'avaient pas manqué de se produire, il avait paru nécessaire de préciser les règles à suivre. Dans une circulaire adressée, le 11 septembre, aux généraux commandant les divisions militaires de Paris, Rouen, Rennes et Tours, c'est-à-dire aux généraux commandant les départements les plus directement menacés, le Ministre de la Guerre posait en principe que l'ordre de destruction des travaux d'art importants devait toujours émaner de l'autorité militaire, seule capable d'en apprécier l'opportunité. Cependant, dans certaines circonstances, le commandement pouvait déléguer ses pouvoirs à l'autorité civile, aux agents du génie ou des ponts et chaussées ou même aux compagnies de chemins de fer (1).

Mais si cette circulaire ne laissait plus aucun doute sur l'autorité qui avait seule le droit de décider des ruptures à effectuer, elle n'apportait aucune modification aux errements antérieurs concernant la préparation des destructions, tant sur les voies ferrées que sur les routes ; ces mesures préliminaires étaient toujours laissées à l'initiative des autorités civiles ou militaires locales ou des comités de défense départementaux (2).

On paraissait d'ailleurs attacher aux destructions en général une valeur qu'elles ne comportaient pas. Si, pour une voie ferrée ou une route, la rupture d'un pont sur une rivière importante ou la destruction d'un tunnel

---

(1) *La Guerre de 1870-71. L'Investissement de Paris*, t. II, p. 1 à 15.

(2) Par télégramme du 17 septembre, 12 h. 12 soir, le préfet d'Eure-et-Loir informe le Ministre de la Guerre qu'il a fait miner les ponts du chemin de fer à Chérisy (ligne de Paris à Dreux), à Maintenon (ligne de Paris à Chartres) et à Auneau (ligne de Paris à Châteaudun par Brétigny). Le 18 septembre, le général commandant la subdivision de la Vienne rend compte au général commandant la 18ᵉ division militaire que, de concert avec l'ingénieur du département de la Vienne, il a préparé l'interruption des communications sur son territoire et, bien qu'il ne se s'agisse que de préparatifs, il demande à être fixé sur les attributions que lui donne la circulaire du 11 septembre.

pouvaient apporter ultérieurement une entrave ou une gêne sérieuses aux opérations de l'ennemi, il n'en était pas de même des nombreux obstacles passifs que l'on prodiguait sur les chemins pour arrêter l'invasion des Allemands. Et pourtant, dans une instruction qu'il envoyait, le 11 septembre, au général commandant la subdivision de Seine-et-Marne, le Ministre de la Guerre recommandait l'établissement de « coupures de 4 à 6 mètres de largeur et de 2 à 3 mètres de profondeur en travers des routes sur les points difficiles à traverser ». Les terres en seraient emportées dans les champs voisins et, pour franchir ces obstacles, on devait établir des ponts volants en bois qui seraient enlevés ou brûlés à l'approche de l'ennemi. Le bouleversement des chaussées pavées, le labourage sur de longs parcours des chaussées macadamisées étaient également préconisés (1). Toutes les fois qu'ils ne furent pas défendus, ces travaux ne gênèrent en rien la marche des Allemands. La cavalerie qui précédait les colonnes requérait dans les villages des corvées de paysans qui, avant l'arrivée des troupes d'infanterie et d'artillerie, devaient enlever les obstacles et rétablir le passage (2).

Telle était la situation, lorsque la délégation du Gouvernement de la Défense nationale s'installa à Tours.

Peu après avoir pris la direction de son service, le

---

(1) Le Ministre de la Guerre au Général commandant la subdivision de Seine-et-Marne, Paris, 11 septembre. — Les routes et chemins qui traversaient la forêt d'Orléans au Nord de Gien furent ainsi coupés par le service des ponts et chaussées, aidé par le personnel de l'administration des forêts (L'Ingénieur des ponts et chaussées au Conducteur des ponts et chaussées, à Châteauneuf-sur-Loire, Gien, 4, 9 et 11 septembre; L'Inspecteur des forêts aux Gardes généraux, Lorris, 4 septembre).

(2) *Geschichte des Gross-Herzoglich Mecklemburgischen Jäger-Bataillons Nr. 14*, p. 174; *Chronik des Fusilier-Bataillons 2. Hanseatischen Infanterie-Regiments Nr. 76*, p. 38; etc.

Ministre de la Guerre par intérim prescrivait au génie de préparer, de concert avec le service des ponts et chaussées, les moyens de couper, le cas échéant, les ponts sur la Loire entre Orléans et Tours (1). Les fourneaux de mine des ponts en amont de Blois devaient seuls être chargés ; pour ceux situés entre cette ville et Tours, le chargement ne devait se faire que sur un avis émanant du général commandant la division militaire ou d'un commandant de subdivision délégué par lui à cet effet. Un ordre donné par l'autorité militaire devait seul provoquer les explosions, et, dans le cas où une armée opérerait sur le cours de la Loire, le général commandant la division territoriale devait s'abstenir de rien prescrire à ce sujet sans s'être entendu avec le commandant en chef de l'armée (2).

Le 22 septembre d'ailleurs, pour éviter tout malentendu, le Ministre de la Guerre confiait au général commandant le 15e corps, tant que ce corps d'armée opérerait à proximité de la Loire, le soin de prendre les mesures nécessaires pour la rupture éventuelle des ponts

---

(1) La destruction des ponts sur la Loire entre Nevers et Gien avait été envisagée dès le 3 septembre (*La Guerre de 1870-71. L'Investissement de Paris*, t. II, p. 15).

(2) Le Ministre de la Guerre au Général commandant la 18e division militaire, à Tours, Tours, 17 septembre. — Le Ministre des Travaux publics à Paris s'émut de ces ordres et demanda, le 18 septembre, au général Le Flô d'empêcher les destructions sur la Loire, « destructions, disait-il, qui paraissaient devoir être plus nuisibles aux intérêts de la défense qu'à l'ennemi ». Le général Le Flô fit part à Tours des observations du Ministre des Travaux publics et recommanda de ne faire fonctionner les fourneaux de mine qu'au dernier moment, « sans une précipitation qui pourrait compromettre les mouvements de nos propres troupes ou causer au pays des dommages inutiles » (Le Ministre des Travaux publics au Général président du Gouvernement de la Défense nationale et au Ministre de la Guerre, à Paris, Paris, 18 septembre ; Le Ministre de la Guerre au Secrétaire du ministère de la Guerre, à Tours, Paris, 21 septembre).

entre Nevers et Tours, et cela « à l'exclusion de toute autre autorité et spécialement des conseils dits de défense départementale ».

Il appartenait, du reste, aux généraux commandant le territoire intéressé de provoquer, de la part du commandant du 15e corps, les ordres de destruction si les circonstances paraissaient l'exiger. Le Ministre de la Guerre se réservait en même temps le droit de déterminer les lignes où la rupture des grandes voies de communication devait être préparée (1).

Dans les portions du territoire situées en dehors du rayon d'action d'une armée ou d'un corps d'armée, les généraux commandant les divisions militaires restaient investis de la mission de fixer le moment où il conviendrait, à l'approche de l'ennemi, de faire sauter les fourneaux de mines préparés sur l'ordre du Ministre. Aucune destruction ne devait être faite à l'avance par mesure de précaution, et, si les autorités militaires locales estimaient nécessaire d'en préparer d'autres que celles indiquées par le Ministre, elles devaient, sauf urgence, lui en référer (2).

En prenant cette décision, le Ministre n'entendait pas gêner l'action des autorités territoriales ou des comités départementaux concernant les prescriptions d'intérêt purement local tendant à protéger les habitants contre les incursions de l'ennemi. Il voulait seulement centra-

---

(1) Le Ministre de la Guerre au Général commandant le 15e corps d'armée, Tours, 22 septembre; Le même aux Préfets des départements, Tours, 22 septembre; Le même au Général commandant la 18e division militaire, à Tours, Tours, 22 septembre; Le même au Général commandant la 19e division militaire, à Bourges, D. T., Tours, 22 septembre; Le même au Général commandant à Orléans, D. T., Tours, 22 septembre.

(2) Le Ministre de la Guerre aux Généraux commandant les 2e, 16e, 18e et 19e divisions militaires, Tours, 24 septembre.

liser et coordonner l'exécution des mesures intéressant au plus haut point la défense générale du pays, sans qu'aucune intervention particulière vînt gêner les projets du commandement militaire.

Il était temps, du reste, d'intervenir énergiquement, car certaines autorités paraissaient avoir dépassé les instructions qu'elles avaient reçues. Au 28 septembre, en effet, les ponts suspendus de Jargeau et de Châteauneuf en amont d'Orléans, ainsi que ceux de Meung et de Beaugency en aval, avaient déjà été rendus impraticables en totalité ou en partie (1).

Le 25 octobre, le Ministre de l'Intérieur et de la

---

(1) Rapport concernant l'état des ponts de la Loire de Sully à Blois, Blois, 28 septembre. — Au commencement d'octobre 1870, la situation des ponts sur la Loire, entre Nevers et Tours, était la suivante :

Nevers. — Pont en maçonnerie et pont en fer (voie ferrée). Il semble qu'aucun dispositif de rupture n'avait été préparé ; le radier du pont en maçonnerie, dépassant de chaque côté des piles, formait d'ailleurs un gué facilement utilisable en raison du peu de profondeur de l'eau.

Fourchambault. — Pont suspendu. Les préparatifs étaient faits pour l'enlèvement d'une travée de 60 mètres.

La Charité. — 1° Pont en maçonnerie (bras Nord de la Loire). Pouvait être miné et chargé en cinq heures par une équipe de 5 artilleurs aidée par une brigade des ponts et chaussées. 2° Pont métallique (bras Sud de la Loire). La Loire étant à sec sous ce pont, rien n'avait été préparé.

Sancerre. — Pont suspendu. Les préparatifs étaient faits pour l'enlèvement d'une travée de 60 mètres.

Cosne. — Pont suspendu. Les préparatifs étaient faits pour l'enlèvement d'une travée de 60 mètres.

Châtillon-sur-Loire. — Pont suspendu. Les préparatifs étaient faits soit pour l'enlèvement d'une travée, soit pour la rupture des câbles par le chauffage à blanc dans les chambres d'attache.

Gien. — Pont en maçonnerie. Miné.

Sully. — Pont suspendu. Mêmes préparatifs que pour le pont de Châtillon-sur-Loire.

Châteauneuf. — Pont suspendu. Détruit par rupture des câbles.

Jargeau. — Pont suspendu. Avait subi une tentative de destruc-

Guerre télégraphiait donc aux préfets des départements les plus directement menacés par l'invasion que, d'après l'avis du service du génie, la destruction abusive des ponts et des travaux d'art sur les routes et les chemins de fer ne pouvait présenter que des inconvénients. La marche de l'ennemi n'en était pas sensiblement retardée, et, par contre, l'on se préparait pour l'avenir de grandes difficultés. Les décisions à prendre à ce sujet devaient donc être exclusivement réservées à l'autorité militaire (1).

---

tion. Ne pouvait plus être utilisé que comme passerelle. Impraticable aux voitures.

Orléans. — 1° Pont en maçonnerie (voie ferrée). Miné. 2° Pont en maçonnerie. Miné.

Meung. — Pont suspendu. Détruit par rupture des câbles.

Beaugency. — Pont suspendu. Détruit par rupture des câbles.

Mer. — Pont suspendu. Une pile était minée. Tout était préparé aussi pour la rupture des aiguilles sur une longueur de 50 mètres.

Blois. — Pont en maçonnerie. Miné.

Chaumont. — Pont suspendu. Les préparatifs étaient faits pour la rupture du tablier.

Amboise. — I. Bras Sud de la Loire. 1° Un pont en pierre en construction. La culée Nord du pont n'était pas remblayée et formait obstacle; néanmoins, le pont était miné. 2° Un vieux pont en pierre avec travée suspendue. Les préparatifs étaient faits soit pour l'enlèvement du tablier, soit pour la rupture des câbles. II. Bras Nord de la Loire. Un pont en maçonnerie. Rien de préparé, ce bras étant à sec.

Montlouis. — Pont du chemin de fer. La destruction du pont était préparée par la compagnie.

Tours. — 1° Un pont en maçonnerie. Miné. 2° Deux ponts suspendus. Les préparatifs étaient faits pour la rupture du tablier (Rapport concernant les ponts situés sur la Loire de Nevers à Neuvy-sur-Loire, Nevers, 3 septembre ; Le Commandant chef du génie à Blois au Colonel directeur des fortifications, à Bourges, Blois, 19 septembre; Rapport concernant l'état des ponts de la Loire de Sully à Blois, Blois, 28 septembre, etc.).

(1) Le Ministre de l'Intérieur aux Préfets de la Seine-Inférieure, de l'Eure, de l'Orne, de la Sarthe, du Loir-et-Cher, de la Nièvre, de l'Yonne, de l'Aube, de la Haute-Marne, du Jura, du Doubs et de la

Le 26 novembre, de nouvelles instructions étaient envoyées. Aucune préparation de destruction ne devait être entreprise sans l'assentiment de l'autorité militaire, qui, à moins de circonstances exceptionnelles, devait, elle-même, en référer au préalable au Ministre (1). Les destructions ne devaient être décidées qu'en présence d'une nécessité stratégique urgente ; seule, l'autorité militaire avait le droit de les prescrire sous sa responsabilité, et, particulièrement pour les fourneaux de mines, l'ordre ne devait être donné qu'au dernier moment, « sous les pieds de l'ennemi arrivant en force ». Le Ministre rappelait enfin que les comités de défense départementaux n'avaient pas qualité pour statuer sur ces questions en ce qui concernait les grandes voies nationales ou les chemins de fer. Cette circulaire ne faisait donc que rééditer les prescriptions édictées antérieurement par l'amiral Fourichon (2).

Somme, D. T., Tours, 25 octobre, 11 h. 45 matin (Joseph Reinach, *Dépêches, circulaires, décrets, proclamations et discours de Léon Gambetta*, t. I, p. 371).

(1) Un arrêté du 1er novembre 1870 avait cependant autorisé un ingénieur civil à préparer le long des voies ferrées un système de dispositif de mine, dont la Commission scientifique avait préconisé l'utilisation. Ce dispositif comportait l'établissement de puits dans lesquels on disposait des réservoirs de poudre, qui ne devaient être chargés qu'après l'évacuation du matériel et l'abandon complet de chaque tronçon de ligne.

(2) Le Ministre de l'Intérieur et de la Guerre aux Généraux commandant les armées, les corps d'armée, les circonscriptions territoriales et aux Préfets des départements, Tours, 26 novembre.

CHAPITRE IX

Gendarmerie.

Avant la chute du second Empire, la gendarmerie avait été appelée à constituer, en dehors de la prévôté des corps d'armée, un régiment à pied à deux bataillons de six compagnies et un régiment à cheval à six escadrons. Ces deux corps, formés le 15 août à Versailles, firent partie de la garnison de Paris (1).

De son côté, la délégation du Gouvernement de la Défense nationale ne voulut pas négliger le concours que pouvait lui apporter une arme aussi disciplinée, et l'organisation en province des forces de la gendarmerie fut réglée par trois grandes mesures :

1° La création des régiments de marche ;

2° La mobilisation de la gendarmerie sédentaire ;

3° L'institution des brigades provisoires de gendarmerie.

Cet emploi de la gendarmerie était, bien entendu, indépendant de la *force publique* aux armées, qui, dans les formations de campagne mises sur pied en province, comprenait en moyenne par division 1 officier, 20 gendarmes à pied et 10 gendarmes à cheval (2).

---

(1) *Guerre de 1870-71. Mesures d'organisation depuis le début de la guerre jusqu'au 4 septembre*, p. 13. — Il fut, en outre, créé à Paris, avec les militaires de tous grades de la gendarmerie repliés sur la capitale après l'envahissement des départements, un deuxième régiment de gendarmerie à cheval [Décret du 29 septembre (*M. U.*, 2ᵉ semestre 1870, p. 512)] et un troisième bataillon dans le régiment de gendarmerie à pied [Décret du 1ᵉʳ octobre (*M. U.*, 2ᵉ semestre 1870, p. 527)].

(2) Travaux inédits de M. A. Martinien.

Régiments de marche. — Pour utiliser au profit de la défense du territoire toutes les forces vives de l'armée, le décret du 31 octobre 1870 (1) créait, au moyen de prélèvements dans les légions de gendarmerie de l'intérieur, deux régiments de marche de gendarmerie à cheval (2) et un régiment de marche à pied (3), commandés chacun par un lieutenant-colonel. Les officiers et

---

(1) *M. U.* du 3 novembre.

(2) Numérotés 1 et 2. — Chaque régiment à cheval devait comprendre 480 hommes montés répartis en quatre escadrons de 120 hommes chacun (cadres d'officiers non compris).

Les cadres et la composition des régiments étaient fixés ainsi qu'il suit par le décret du 31 octobre :

État-major : 1 lieutenant-colonel commandant, 1 chef d'escadron commandant en second, 2 chefs d'escadron, 2 capitaines adjudants-majors, 1 officier payeur, 1 médecin-major de 2º classe, 1 aide-major de 1ʳᵉ classe, 1 vétérinaire en 1ᵉʳ ou en 2ᵉ, 1 aide-vétérinaire, 2 adjudants sous-officiers, 1 brigadier trompette. Total : 14.

Un escadron : 1 capitaine, 1 lieutenant, 2 sous-lieutenants, 1 maréchal des logis chef, 6 maréchaux des logis, 1 maréchal des logis fourrier, 12 brigadiers, 2 trompettes, 2 maréchaux ferrants, 96 gendarmes montés, 20 gendarmes non montés. Total : 144. Pour quatre escadrons, 576. Force d'un régiment à cheval, 590.

Une fois les régiments constitués, les chefs de corps étaient autorisés à pourvoir aux emplois vacants dans le cadre des sous-officiers et brigadiers. Les nominations aux différents grades d'officiers devaient être faites, sur la proposition du colonel, par le général commandant le corps d'armée. Les unes et les autres ne devenaient définitives qu'après avoir été soumises à la sanction du Ministre.

Les trompettes et maréchaux ferrants étaient pris dans des régiments de cavalerie de ligne. Une commission leur était délivrée par le Ministre (Le Ministre de la Guerre au Général commandant la subdivision militaire, à Alençon, Tours, 24 novembre).

(3) Le régiment à pied devait comprendre 1,200 hommes répartis en deux bataillons à quatre compagnies de 150 hommes (cadres d'officiers non compris).

Les cadres et la composition de ce régiment étaient ainsi fixés :

État-major : 1 lieutenant-colonel commandant, 1 chef de bataillon commandant en second, 2 chefs de bataillon, 2 capitaines adjudants-

hommes de troupe entrant dans la composition de ces corps étaient considérés comme détachés de leurs résidences, où ils devaient rentrer lors du licenciement de leurs unités. La solde sur le pied de guerre, les indemnités et allocations qui en découlaient, leur étaient acquises à partir du jour de la constitution définitive des corps, qui devait être arrêtée par un procès-verbal du sous-intendant militaire du lieu de la formation.

En dehors de ces trois régiments, il existait encore, à l'armée du Nord, deux escadrons de gendarmerie formés à Lille, le 9 novembre 1870, avec des gendarmes de la 3e légion (1), et, à la division de réserve de la IIe armée de la Loire, une compagnie de gendarmes de la Sarthe (2).

Le décret du 31 octobre n'avait pas trouvé auprès des hommes de tous grades de la gendarmerie, l'accueil que l'on était en droit d'espérer de la part de militaires appartenant à une arme qui avait « fourni tant de preuves d'abnégation et de véritable dévouement ». Beaucoup d'entre eux invoquaient des raisons de santé pour ne pas

---

majors, 1 officier payeur, 1 médecin-major de 2e classe, 1 aide-major de 1re classe, 2 adjudants sous-officiers, 1 caporal tambour. Total : 12.

Une compagnie : 1 capitaine, 2 lieutenants ou sous-lieutenants, 1 maréchal des logis chef, 1 maréchal des logis fourrier, 4 maréchaux des logis, 8 brigadiers, 2 tambours, 134 gendarmes. Total : 153. Pour huit compagnies, 1,224 Force d'un régiment à pied, 1,236.

(1) Travaux inédits de M. A. Martinien. — La 3e légion de gendarmerie était formée par les compagnies du Nord, du Pas-de-Calais et de la Somme. Les deux escadrons en question comptaient chacun 6 officiers et 108 gendarmes.

(2) Mobilisée par décret du 30 décembre 1870, au Mans, cette compagnie comprenait 3 officiers et 89 sous-officiers, brigadiers et gendarmes. Lors de l'évacuation du Mans (12 janvier), elle suivit les mouvements du 16e corps et fut attachée, le 19 janvier, à la division de réserve de la IIe armée de la Loire (Journal de marche *manuscrit* de la compagnie de gendarmerie mobilisée de la Sarthe, Laval, 8 février 1871).

rejoindre les régiments de marche; d'autres n'hésitaient pas à accepter dans les cadres de la garde nationale mobilisée les situations supérieures qui leur étaient offertes. Dans une circulaire du 25 novembre 1870, le Ministre de la Guerre déclarait en effet qu'il continuerait à refuser de sanctionner toute affectation étrangère à l'arme et qu'à moins de maladie dûment constatée, les militaires de la gendarmerie, désignés pour un service actif ou pour les régiments de marche, devaient rejoindre leur poste (1).

Afin d'ailleurs de ne léser en aucune façon ces militaires et pour leur assurer le même avancement que s'ils n'avaient pas quitté leur résidence, le Ministre de la Guerre décidait, quelques jours plus tard (2), que les chefs de légion pourvoiraient aux vacances en s'inspirant des dispositions suivantes. Lorsque le numéro de classement au tableau d'avancement appellerait à passer au grade supérieur un militaire détaché à l'armée, sa nomination aurait immédiatement lieu au titre de la compagnie où l'emploi était vacant. Mais l'homme était tenu de rester dans la position qu'il occupait, soit aux forces publiques, soit aux régiments de marche. Bien qu'il ne dût entrer en fonction qu'à son retour, il avait droit à la solde de son nouveau grade à compter du jour où il avait été promu, et un rappel devait lui être fait à sa rentrée à la compagnie. Pour suppléer les absents nommés dans ces conditions, les chefs de légion devaient utiliser, au mieux des intérêts du service, les ressources laissées à leur disposition.

Une note du 8 novembre avait désigné comme lieux

---

(1) Le Ministre de la Guerre aux Généraux commandant les divisions militaires et aux Chefs des légions de gendarmerie, Tours, 25 novembre.

(2) Le Ministre de la Guerre aux Chefs des légions de gendarmerie, Tours, 30 novembre.

de formation des régiments de marche de gendarmerie, Saumur pour le 1ᵉʳ régiment à cheval, Caen pour le 2ᵉ régiment à cheval et Bourges pour le régiment à pied (1).

A la fin de ce mois, ces différents corps avaient à peine terminé leur organisation. Ils furent néanmoins rattachés de suite à des formations de campagne; jusqu'à la fin de la guerre, ils prirent une part honorable aux opérations, tout en assurant, à partir du 11 décembre, un service spécial prescrit par le Ministre pour arrêter les fuyards et surveiller les isolés (2).

En effet, la perte d'Orléans, le 4 décembre, après

---

(1) Note de la 3ᵉ direction (Bureau de la gendarmerie) pour la 6ᵉ direction (Bureau de l'intendance), Tours, 8 novembre. — Cette note demandait en même temps au service de l'intendance de donner aux régiments de marche de gendarmerie les voitures qui leur étaient nécessaires. L'intendance répondit peu après que les équipages régimentaires ne seraient délivrés aux régiments de marche de gendarmerie que lorsqu'ils seraient désignés pour faire partie d'une armée ou d'un corps d'armée (Note pour le bureau de la gendarmerie, Tours, 8 novembre).

(2) Le 1ᵉʳ régiment de marche de gendarmerie à cheval était constitué à Saumur le 25 novembre. Le 27, il arrivait à Château-Renault pour faire partie de la colonne mobile de Tours placée sous les ordres du général Camô; il assista aux combats de Beaugency-Tavers (8 et 9 décembre) et à la retraite sur Vendôme (15 décembre). Du 19 décembre 1870 au 11 janvier 1871, il assura au Mans la surveillance des isolés; après la bataille du Mans, il battit en retraite sur Sillé-le-Guillaume et Laval, où il continua, à partir du 17, son service spécial (Journal de marche *manuscrit* du 1ᵉʳ régiment de marche de gendarmerie à cheval, Laval, 9 février 1871).

Le 2ᵉ régiment de marche de gendarmerie à cheval ne comptait encore que trois escadrons incomplètement équipés et armés, lorsqu'il fut envoyé, le 22 novembre, de Caen à Alençon, d'où il repartit le 24, à 1 heure du matin, pour Le Mans. Après avoir pris part à différents mouvements entre Le Mans, Saint-Calais et Vendôme, il était le 6 décembre à Marchenoir, où il fut désigné pour faire partie de la division de cavalerie du 21ᵉ corps d'armée. Après avoir assisté, les 7, 8, 9 et

quatre jours de combat, et la retraite divergente des troupes dans les directions de Blois et de Bourges avaient eu pour conséquence de relâcher encore les liens de la discipline. De nombreux fuyards avaient abandonné leurs corps, les uns pour regagner leurs foyers, les autres pour errer à l'aventure en arrière des armées. Aussi, le 10 décembre, le Ministre de la Guerre prescrivait-il à la gendarmerie d'arrêter tout officier ou soldat trouvé loin de son corps ou de sa garnison sans

---

10 décembre aux combats autour de Lorges, tout en échelonnant « un escadron le long de la forêt de Marchenoir pour arrêter les fuyards et les traînards », il suivit les mouvements du 21° corps, et, le 21 décembre, il arriva au Mans, où il séjourna jusqu'au 31 décembre. Il profita de ce laps de temps pour rallier les fractions détachées, reconstituer son effectif et ses cadres au moyen de détachements venus de l'intérieur, et recompléter son armement en fusils Chassepot. Le 5 janvier, il partit par voies ferrées pour l'armée de l'Est, qu'il rejoignit le 8, dans la matinée. Tout en assurant son service de surveillance, le régiment fournit de nombreuses reconnaissances et patrouilles pour découvrir l'ennemi. Un escadron resta bloqué à Auxonne ; le reste du régiment assura, pendant la retraite entre Pontarlier et Joux, la protection des convois, puis passa en Suisse, où, en raison de ses fonctions spéciales, il ne fut pas désarmé (Journal de marche et des opérations *manuscrit* du 2° régiment de marche de gendarmerie à cheval, 1ᵉʳ février 1873).

Quant au régiment de marche de gendarmerie à pied, il était constitué à Bourges le 23 novembre 1870 et armé le 26. Le 28, il rejoignait à Château-Renault la colonne mobile de Tours, à l'effectif de 1,150 hommes, officiers compris, et assistait aux combats de Meung (6 décembre), Beaugency et Tavers (7-10 décembre), Vendôme (15-16 décembre). Le 19, il arrivait au Mans en ramassant de nombreux traînards et commençait aussitôt son service spécial de police militaire dans la ville. A ce moment, le régiment comptait déjà 4 officiers et 130 hommes tués, blessés ou disparus et 3 officiers et 110 hommes aux hôpitaux pour fatigues. Après avoir pris part à la défense du Mans, le régiment dirigea les convois et ramena les traînards pendant la retraite sur Sillé-le-Guillaume et Laval, où il arriva le 18 janvier. Le total des pertes, depuis Le Mans, s'élevait à 1 officier et 68 hommes tués, blessés ou disparus (Historique *manuscrit* du régiment de marche de gendarmerie à pied, Laval, 6 février 1871).

permission régulière, et de signaler ensuite les délinquants aux commandants des places ou des départements pour qu'ils fussent traduits devant la cour martiale la plus voisine (1).

Afin d'assurer l'exécution de cette mesure, il affectait le lendemain, à chacune des armées en campagne, un régiment de gendarmerie à cheval, placé sous le commandement exclusif de son colonel, qui correspondait directement avec le Ministre. Une cour martiale était en même temps instituée en permanence sur les derrières de chaque armée ; elle était présidée par le colonel du régiment de gendarmerie. Les instructions données à cet officier lui prescrivaient de faire surveiller avec la plus grande vigilance les chemins et les routes. « Tout soldat, tout officier, tout groupe battant en retraite sans un ordre écrit et sans être placé sous le commandement d'un officier supérieur, tout soldat non blessé, arrêté en arrière de l'armée sans armes et sans équipement », devaient être considérés comme fuyards, appréhendés et ramenés à une troupe constituée. « Tout militaire proférant les cris : Sauve qui peut ! nous sommes poursuivis » devait être immédiatement traduit devant la cour martiale (2).

La même décision du 11 décembre organisait près du ministère de la Guerre un escadron et deux compagnies de gendarmerie. L'officier commandant cette troupe était placé sous les ordres directs du Ministre et pré-

---

(1) *M. U.* du 12 décembre (Documents communiqués).
(2) Le Ministre de la Guerre aux Généraux commandant les divisions militaires et les corps d'armée, D. T., Bordeaux, 11 décembre, midi 50. — Le 2ᵉ régiment de marche de gendarmerie à cheval fut en conséquence affecté peu après à la Iʳᵉ armée (armée de l'Est). Quant au 1ᵉʳ régiment de marche de gendarmerie à cheval et au régiment de marche à pied, ils restèrent avec la IIᵉ armée (IIᵉ armée de la Loire).

sidait une cour martiale siégeant en permanence auprès du Gouvernement.

Mais ces trois dernières unités ne furent jamais réunies, et il n'exista, près de la délégation du ministère de la Guerre, que le service de prévôté créé par l'arrêté du 31 octobre 1870. Comprenant tout d'abord un officier, un maréchal des logis, deux brigadiers et dix-sept gendarmes, la *prévôté militaire* fut portée ensuite à trente-deux maréchaux des logis, brigadiers et gendarmes à pied ou à cheval, commandés par un chef d'escadron. Elle avait dans ses attributions la surveillance de la résidence du Gouvernement et des camps à proximité; chaque jour, elle devait adresser un rapport au Ministre de la Guerre et se tenir constamment en relations avec les diverses autorités civiles et militaires de la localité pour s'enquérir auprès d'elles de ce qui pouvait intéresser la sécurité de leur action (1).

Le décret constituant les régiments de marche de gendarmerie ne donnait aucune indication sur la façon dont ces corps allaient s'administrer; plusieurs conseils d'administration de légions de gendarmerie, se basant sur le fait que les régiments de marche étaient pourvus d'un conseil éventuel, estimèrent que les hommes détachés devaient cesser d'être administrés par leurs compagnies d'origine.

Une circulaire ministérielle du 22 janvier 1871 décida, au contraire, qu'il serait procédé à leur égard comme à celui de fractions de corps séparées de leur dépôt pour faire partie d'une armée active; le rôle du conseil éventuel devait se borner à signer les états de solde collectifs et les bons généraux de distribution dont l'officier payeur enverrait ensuite des extraits à chaque

---

(1) *M. U.* du 2 novembre. — Cf. ci-dessus, p. 35.

légion, pour la régularisation par les compagnies des dépenses afférentes à leurs détachements respectifs (1).

Mobilisation de la gendarmerie sédentaire. — On reconnut bientôt que le nombre des régiments de marche de gendarmerie était insuffisant pour accomplir la tâche considérable qui leur avait été assignée. Il importait en effet que non seulement les armées, mais encore les corps d'armée, aient derrière eux une police militaire susceptible de réprimer énergiquement la désertion ainsi que l'abandon du régiment. Le décret du 20 décembre 1870 (2) répondit à cette nécessité en mobilisant la gendarmerie sédentaire des départements, et en lui donnant comme mission d'intercepter sur les voies principales de communication le passage des fuyards, des déserteurs et des troupes débandées. La mobilisation, qui devait être notifiée aux légions intéressées par des arrêtés du Ministre (3), consistait à réunir les brigades de gendarmerie aux chefs-lieux des compagnies, pour

---

(1) Le Ministre de la Guerre aux Intendants divisionnaires et aux Chefs des légions de gendarmerie, Bordeaux, 22 janvier 1871.

(2) *M. U.* du 23 décembre.

(3) Un arrêté du 20 décembre (*M. U.* du 23 décembre) mobilisa les quatorze légions suivantes : 2ᵉ (Seine-Inférieure, Eure, Calvados et Orne), 8ᵉ (Rhône, Loire, Drôme et Ardèche), 9ᵉ (Bouches-du-Rhône et Vaucluse), 13ᵉ (Basses-Pyrénées, Landes, Gers et Hautes-Pyrénées), 14ᵉ (Gironde, Charente-Inférieure, Dordogne et Lot-et-Garonne) ; 15ᵉ (Loire-Inférieure, Maine-et-Loire, Deux-Sèvres et Vendée), 16ᵉ (Ille-et-Vilaine, Manche et Mayenne), 18ᵉ (Indre-et-Loire, Sarthe, Loir-et-Cher et Vienne), 19ᵉ (Cher, Nièvre, Allier et Indre), 20ᵉ (Puy-de-Dôme, Haute-Loire et Cantal), 21ᵉ (Haute-Vienne, Creuse, Corrèze et Charente), 22ᵉ (Hautes-Alpes, Savoie et Haute-Savoie), 24ᵉ (Côte-d'Or, Saône-et-Loire et Ain) et 26ᵉ (Finistère, Morbihan et Côtes-du-Nord).

La 25ᵉ légion (Alpes-Maritimes, Var et Basses-Alpes) fut mobilisée par décret du 26 janvier 1871 (*M. U.* du 28 janvier 1871) et la 17ᵉ (Corse), le 5 février (*M. U.* du 9 février 1871).

en former des escadrons ou des compagnies ; ces unités étaient ensuite groupées de manière à constituer éventuellement des régiments dont les éléments étaient tirés de légions différentes. Les officiers touchaient, à titre d'indemnités, la gratification d'entrée en campagne et l'indemnité de service extraordinaire. Cette dernière était généralement allouée aux sous-officiers, brigadiers et gendarmes (1).

Une circulaire du Ministre de la Guerre, en date du 20 janvier 1871 (2), précisa la mission confiée aux légions mobilisées. Elles devaient occuper en force, de nuit et de jour, les gares des points importants et y exercer la police militaire ainsi que dans les ambulances, hôpitaux et hospices civils. Cette surveillance s'étendait également aux dépôts d'isolés et de convalescents, et même aux particuliers qui avaient recueilli des malades ou des blessés. La gendarmerie était tenue d'arrêter et de conduire aux dépôts d'isolés les fuyards isolés ou en bandes et tous les militaires, officiers ou soldats, voyageant sans titre régulier. Elle était chargée de recueillir les armes, les munitions et les effets d'équipement abandonnés ou demeurés entre les mains des isolés, et enfin de fouiller la contrée pour arrêter les espions et les gens suspects ou sans aveu. Les commandants des légions de gendarmerie mobilisées devaient user d'initiative pour requérir les locaux nécessaires aux casernements de leurs unités, ainsi que pour modifier les emplacements de leurs postes d'après les mouvements de l'ennemi. Ils

---

(1) Une circulaire du 30 janvier 1871 fixa définitivement les règles d'allocation des indemnités et le nombre de chevaux que pouvaient emmener les officiers (Le Ministre de la Guerre aux Chefs des légions de gendarmerie, Bordeaux, 30 janvier 1871).

(2) Le Ministre de la Guerre aux Préfets des départements, aux Généraux de division et aux Chefs des légions de gendarmerie, Bordeaux, 20 janvier 1871 (*M. U.* du 27 janvier).

avaient également droit de réquisition sur les compagnies de chemins de fer pour le transport des isolés, des détachements, des armes et des munitions.

Cette mesure ne produisit pas les résultats qu'on en attendait. C'est, du moins, ce que constate un considérant de l'arrêté du 27 février 1871, qui suspendit la concentration des brigades dans les chefs-lieux des compagnies, et fit rentrer immédiatement à leurs postes celles qui avaient déjà été mobilisées (1).

Institution des brigades provisoires. — La mobilisation de la gendarmerie sédentaire eut naturellement pour effet de priver le territoire d'une grande partie des brigades de gendarmerie et de compromettre ainsi l'ordre et la sécurité dans les campagnes. Pour y remédier, un décret du 14 janvier (2) ordonna la création de brigades provisoires de gendarmerie, fonctionnant à la place des brigades mobilisées. La gendarmerie provisoire devait se recruter, soit parmi les gendarmes en retraite de 45 à 60 ans, soit parmi les anciens militaires proposés pour la gendarmerie, qui pourraient être confirmés dans leur emploi à la fin de la guerre s'il existait des vacances, soit, en cas d'insuffisance des deux premières catégories, parmi les mobilisés mariés. Ces militaires prendraient le titre d'*auxiliaires*, ne seraient pas montés et seraient indifféremment employés dans les brigades à pied ou à cheval, qui devaient d'ailleurs toujours conserver au moins un gendarme titulaire. Ils seraient commis-

---

(1) *M. U.* du 3 mars 1871. — Toutefois les militaires de la gendarmerie dont les résidences antérieures étaient encore occupées par l'ennemi étaient maintenus aux points de concentration où ils se trouvaient [Circulaire du 27 février 1871 (*M. U.* du 3 mars)].

(2) *M. U.* du 17 janvier 1871.

sionnés, prêteraient le serment et toucheraient la solde et les allocations attribuées ordinairement.

Une circulaire du 20 janvier 1871 précisa quelques détails (1). Les chefs de légion avaient tout pouvoir pour nommer les auxiliaires, dont ils établissaient les commissions, sous réserve toutefois de les soumettre à la signature du Ministre. Il leur appartenait également de répartir les hommes qu'ils avaient choisis, de manière à constituer des brigades de trois ou quatre gendarmes au plus, y compris les titulaires qui n'avaient pas été mobilisés. Autant que possible, les auxiliaires seraient logés dans les casernes de gendarmerie, sans cependant déposséder les familles des absents des logements qu'elles occupaient. De plus, le décret du 14 janvier était déclaré applicable, non seulement aux légions mobilisées, mais à toutes celles qui avaient subi des réductions d'effectif pour tout autre motif.

Les auxiliaires devaient recevoir l'habillement des gendarmes à pied; mais, en raison des difficultés rencontrées par les compagnies, une circulaire du 30 janvier (2) décida de ne leur donner d'abord qu'un képi, une veste et un pantalon, dont la valeur était prélevée sur le montant de la première mise de 150 francs que leur avait allouée le décret du 14 janvier.

Les décisions, qui rapportèrent la mobilisation de la gendarmerie, supprimèrent aussi le recrutement des brigades provisoires. Les auxiliaires nommés furent maintenus dans leurs emplois jusqu'à ce que le chef de légion proposât leur radiation ou leur déplacement (3).

---

(1) *M. U.* du 27 janvier 1871.

(2) Le Ministre de la Guerre aux Chefs des légions de gendarmerie, Bordeaux, 30 janvier 1871.

(3) Arrêté du 27 février 1871 (*M. U.* du 3 mars 1871). — Le Ministre de la Guerre aux Chefs des légions de gendarmerie, Bordeaux, 27 février 1871.

CHAPITRE X

Train des équipages militaires.

La délégation du Gouvernement de la Défense nationale ne disposait, à son arrivée à Tours, que des unités suivantes, appartenant aux régiments du train des équipages militaires (1) :

---

(1) En 1870, le train des équipages militaires faisait partie des *troupes de l'administration*. Il se composait, en dehors de l'escadron du train de la Garde à six compagnies, de trois régiments à seize compagnies chacun (1er à Vernon, 2e à Alger, 3e à Châteauroux), de quatre compagnies d'ouvriers constructeurs des équipages militaires (1re et 3e à Vernon, 2e à Châteauroux, 4e à Mustapha), d'une direction centrale des parcs à Vernon et de trois parcs de construction à Vernon, Châteauroux et Alger.

Un décret du 23 août 1870 (*J. M. O.*, 2e semestre 1870, p. 363) avait autorisé le Ministre de la Guerre à créer, suivant les besoins, des compagnies provisoires du train des équipages, pour la formation desquelles chaque compagnie ancienne détacherait, au moment de sa mobilisation, un officier au dépôt. Ces compagnies nouvelles devaient être à 3 officiers (1 lieutenant, 1 sous-lieutenant et 1 vétérinaire), 165 hommes, 32 chevaux de selle et 180 chevaux de trait.

Un décret du 7 septembre 1870 (*J. M. O.*, 2e semestre 1870, p. 422) avait également créé dans les régiments du train des équipages un second emploi de capitaine adjudant-major et un cadre de dépôt comprenant comme officiers le capitaine instructeur commandant, 1 capitaine en second, 2 lieutenants et 2 sous-lieutenants.

Le service normal du train des équipages militaires consistait dans l'enlèvement des blessés sur le champ de bataille, le transport du matériel des ambulances, des subsistances, des hôpitaux, de l'habillement et du campement à la suite des divisions actives, le transport du matériel de la trésorerie et des postes et le transport des archives (sauf celles de l'artillerie et du génie).

1er régiment.
- 2 compagnies disponibles à Lyon (8e et 9e) (1) ;
- 1 compagnie disponible à Vernon (19e) ;
- 4 compagnies disponibles en Algérie (3e, 4e, 5e et 7e) ;
- 1 compagnie de dépôt, } en mouvement de Vernon
- 1 peloton hors rang, } sur Lyon.

2e régiment.
- 1 compagnie disponible à Toulouse (12e) (2) ;
- 17 compagnies disponibles en Algérie (3) ;
- 1 compagnie de dépôt, } à Alger.
- 1 peloton hors rang, }

3e régiment.
- 1 compagnie de dépôt, } à Châteauroux.
- 1 peloton hors rang, }

A ces unités, il faut ajouter onze compagnies plus ou moins complètes, ainsi que plusieurs fractions d'autres compagnies, attachées à des formations sanitaires de l'armée de Châlons, faites prisonnières à Sedan, puis neutralisées le 8 septembre et renvoyées par les Allemands le 15 septembre sur Mézières (4).

---

(1) Venues d'Algérie avant le 1er septembre et arrêtées à Lyon.

(2) Partie d'Alger le 3 septembre et dirigée sur Toulouse.

(3) Dont huit compagnies provisoires formées en exécution des prescriptions contenues dans le décret du 23 août 1870. Ces huit compagnies devaient être envoyées dans la province de Constantine pour remplacer les compagnies actives du 1er régiment rappelées en France. Il est probable que, vers le 15 septembre, toutes les nouvelles compagnies n'étaient pas encore complètement formées, et que leur organisation ne fut terminée que vers le 19 octobre, date à laquelle les dernières compagnies actives du 1er régiment quittèrent l'Algérie.

(4) Aussitôt après la bataille de Sedan, les fractions du train qui attelaient des formations sanitaires furent envoyées avec le reste des troupes dans la presqu'île d'Iges. Le 3 septembre, sur les réclamations de l'intendance française, ces fractions furent neutralisées. Avec les animaux et le matériel qu'elles retrouvèrent dans la place et aux environs, elles organisèrent des équipages de transport et furent employées jusqu'au 14 septembre à ramasser les blessés et à enterrer les morts. Elles furent ensuite occupées à évacuer sur Donchery tous les malades français dont les blessures nécessitaient plus d'un an de soins, et qui, de là, furent transportés dans l'intérieur de la France par voies ferrées.

Les Allemands ayant consenti à rendre 1,100 hommes, 200 chevaux

Ces diverses unités provenaient :

Du 1er régiment : quatre compagnies (11e, 12e, 13e et 14e), qui furent dirigées sur Lyon ;

Du 2e régiment : 13e compagnie et fraction de la 14e, qui, par Niort et Aix, furent envoyées sur Valence ;

Du 3e régiment : six compagnies (1re, 9e, 11e, 12e, 14e et 15e) et huit détachements d'autres compagnies (1), qui rejoignirent Châteauroux.

Le dépôt du 1er régiment du train reçut l'ordre de quitter Vernon le 9 septembre, pour se rendre par étapes à Lyon, où il n'arriva que le 5 octobre.

La 19e compagnie de ce régiment, laissée à Vernon pour terminer l'évacuation des voitures du parc de construction, fut dirigée le 16 septembre, par voies ferrées, sur Tours (2), puis sur Bourges, où elle parvint le 21. Là, elle fut affectée à l'armée de la Loire (15e corps et brigades de cavalerie opérant au Nord d'Orléans).

---

et 60 voitures du train des équipages, ces éléments gagnèrent le 15 septembre Mézières, d'où ils furent dirigés sur Rouen. Là, ils furent disloqués sur Lyon (1er régiment), Niort (2e régiment) et Châteauroux (3e régiment).

Un détachement de la 15e compagnie du 3e régiment fut maintenu à Sedan jusqu'au 24 octobre pour l'évacuation des blessés. Il fut ensuite incorporé dans l'armée du Nord (Historiques *manuscrits* des 2e et 3e régiments du train des équipages militaires ; Le Général commandant la 2e division militaire au Ministre de la Guerre, à Tours et à Paris, D. T., Rouen, 16 septembre, 4 h. 45 soir ; Le Capitaine commandant la 13e compagnie du 2e régiment du train des équipages militaires au Général commandant la subdivision, Niort, 22 septembre ; Le même au Général commandant les 7e et 8e subdivisions militaires, Valence, 8 octobre).

(1) Détachements provenant des 3e, 4e, 5e, 6e, 7e et 8e compagnies.

(2) Le Ministre de la Guerre au Général commandant la 18e division militaire, à Tours, Paris, 15 septembre ; Le Général commandant la 2e division militaire au Général commandant la 18e division militaire, à Tours, D. T., Rouen, 16 septembre.

Une 20ᵉ compagnie fut formée le 24 septembre, lors du passage à Tours du dépôt du régiment. Elle quitta cette ville le 28 octobre pour rejoindre le 16ᵉ corps (1).

D'autre part, on avait dirigé sur Lyon, à la fin de septembre, les fractions des 11ᵉ, 12ᵉ, 13ᵉ et 14ᵉ compagnies du régiment venant de Sedan (2) et les 3ᵉ et 4ᵉ compagnies venant d'Algérie. Elles furent rejointes dans la deuxième moitié d'octobre par les 5ᵉ et 7ᵉ compagnies, restées jusque-là dans la province de Constantine.

La 3ᵉ compagnie fut maintenue à Lyon jusqu'à la fin de la campagne.

Les 4ᵉ, 5ᵉ, 7ᵉ, 8ᵉ et 9ᵉ compagnies n'étaient venues d'Algérie qu'avec leurs officiers et une centaine d'hommes. Elles furent complétées en personnel à Lyon, puis dirigées en novembre sur Châteauroux, où elles reçurent des mulets et du matériel. Elles furent respectivement affectées aux 17ᵉ, 18ᵉ, 21ᵉ, 19ᵉ et 25ᵉ corps pour assurer le service des ambulances (3).

Quant aux fractions revenues de Sedan, seule la 13ᵉ com-

---

(1) Historique *manuscrit* du 1ᵉʳ régiment du train des équipages militaires. — Le procès-verbal d'organisation de la 20ᵉ compagnie du 1ᵉʳ régiment du train, en date du 24 septembre 1870, donne comme effectif : 2 officiers, 169 hommes, 232 chevaux. D'après un état du 7 octobre, la compagnie comprenait alors 3 officiers, 165 hommes, 226 chevaux et 73 voitures (33 caissons, 8 chariots, 11 fourragères, 6 ambulances à deux roues, 2 voitures auxiliaires à deux roues, 12 voitures d'état-major, 1 forge).

(2) La 14ᵉ compagnie, qui avait beaucoup souffert le 6 août et le 1ᵉʳ septembre, était réduite à 25 hommes et 11 chevaux. Cette compagnie attelait d'ailleurs, le 2 septembre, un convoi qui fut pris par la cavalerie ennemie. Les hommes qui purent s'échapper rejoignirent d'autres compagnies du régiment affectées à des ambulances.

La 11ᵉ compagnie était à refaire en entier. La 12ᵉ semble être revenue sans matériel et sans armes. La 13ᵉ rejoignit avec 1 officier, 1 sous-officier, 16 hommes, 12 chevaux et 6 voitures (Historique *manuscrit* du 1ᵉʳ régiment du train des équipages militaires).

(3) Les effectifs de ces compagnies étaient les suivants :

pagnie fut, après reconstitution, affectée, à la fin de décembre, au transport des vivres du 24ᵉ corps d'armée (1). Les portions centrales des trois autres compagnies restèrent à Lyon jusqu'à la fin de la campagne. Avec la 3ᵉ compagnie, elles aidèrent le cadre de dépôt à réunir et grouper les ressources qui arrivaient du recrutement et de la remonte, puis à les répartir, soit pour renforcer les compagnies mobilisées (2), soit pour constituer les

	Officiers.	Hommes.	Chevaux.	Mulets de bât.	de cacolet.	de litière.
4ᵉ compagnie....	3	242	32	200	»	»
5ᵉ —	4	229	?	»	180	20
7ᵉ —	3	216	?	208	»	»
8ᵉ —	4	336	40	216	»	»
9ᵉ —	3	328	?	»	220	20

La 4ᵉ compagnie fut mise en route le 26 novembre à destination de Mer-sur-Loire et la 5ᵉ compagnie le 28 à destination de Gien. La 7ᵉ compagnie devait partir le 2 décembre pour Le Mans et la 8ᵉ compagnie le 3 pour Angoulême.

Ces compagnies étaient dénommées *compagnies légères* (Le Chef d'escadron chargé de l'organisation des compagnies légères du 1ᵉʳ régiment du train des équipages militaires au Ministre de la Guerre, Châteauroux, 1ᵉʳ décembre).

(1) Cette compagnie partit à l'effectif de 2 officiers, 97 hommes de troupe, 154 chevaux et 63 voitures.

(2) Au 5 février 1871, les compagnies du 1ᵉʳ régiment du train des équipages aux armées avaient encore, malgré les pertes subies, les effectifs suivants :

	Officiers.	Hommes.	Chevaux.	Mulets.
4ᵉ compagnie (¹)............	4	241	27	115
5ᵉ — (²)............	4	101	6	»
7ᵉ —	4	254	37	188
8ᵉ —	6	302	37	200
9ᵉ —	5	253	36	»
13ᵉ — (³)............	5	234	316	»
19ᵉ — (²)............	3	160	228	»
20ᵉ —	4	175	236	»

(¹) En grande partie détruite au Mans.
(²) Internée en Suisse.
(³) A dû abandonner ses voitures dans la neige, le 31 janvier, avant d'entrer en Suisse.

cadres de surveillance créés par un décret du 29 novembre 1870 (1).

Pour assurer la surveillance, la direction et la conduite des équipages auxiliaires d'entreprise ou de réquisition chargés de transporter les vivres, chaque division d'infanterie et de cavalerie devait, en effet, aux termes de ce décret, être dotée d'un cadre comprenant 3 officiers (1 capitaine, 1 lieutenant, 1 sous-lieutenant), 6 sous-officiers ou brigadiers, 15 cavaliers, 2 trompettes et 1 comptable auxiliaire.

En même temps, le décret du 29 novembre plaçait au quartier général de chaque armée un officier supérieur du train des équipages militaires, du grade de colonel ou lieutenant-colonel, avec le titre de commandant supérieur du train. De même, au quartier général de chaque corps d'armée devait se trouver un chef d'escadron, pour commander le train des équipages militaires de ce corps.

En réalité, les cadres de surveillance ne comprirent jamais qu'un ou deux officiers, deux ou trois sous-officiers, autant de brigadiers et une vingtaine d'hommes montés. Chacun d'eux était chargé d'encadrer un convoi auxiliaire de 170 à 180 voitures environ. Tout de suite, ils eurent à lutter contre le mauvais vouloir des conducteurs et le piteux état des chevaux. Si, loin de l'ennemi, sur des routes faciles, le train auxiliaire put assurer le service de ravitaillement qui lui incombait, il n'en fut plus de même lorsque les circonstances devinrent plus difficiles. Sur les chemins accidentés ou couverts de verglas, les convois se disloquèrent, et la surveillance devint illusoire, sinon presque impossible. Les charretiers s'arrêtaient, et c'était souvent en vain qu'on employait les plus terribles menaces pour les décider à

---

(1) *M. U.* du 2 décembre.

repartir. La nuit, dans les villages, ils disparaissaient avec leurs chevaux, et il fallait le lendemain réquisitionner de nouveaux attelages. Le 11 janvier, le grand parc de réserve de la IIe armée de la Loire, arrêté devant les ponts de la Sarthe par les troupes qui battaient en retraite, fut abandonné par une grande partie de ses conducteurs. Pendant la retraite de l'armée de l'Est, dans le Jura, les charretiers, affolés par l'approche de l'ennemi, coupèrent les traits pour se sauver à cheval, ou, paralysés par la peur et le froid, refusèrent d'avancer (1).

Le 1er régiment du train constitua, entre le 16 décembre 1870 et le 23 janvier 1871, 18 cadres de surveillance, comportant un total de 28 officiers et environ 480 hommes et 490 animaux. Ils devaient assurer la conduite des convois auxiliaires chargés de transporter les vivres d'une partie des 15e, 16e, 19e, 24e et 25e corps d'armée. Quatre d'entre eux étaient affectés au grand parc de réserve de la IIe armée de la Loire.

Indépendamment de la surveillance qu'il était chargé d'exercer sur le train auxiliaire, l'un des groupes, fourni par le 1er régiment du train, avait, en même temps, un service d'ambulance qui lui était propre. A cet effet, sa composition était légèrement différente de celle des autres et comprenait 1 officier, 41 hommes, 23 chevaux, dont 5 de selle, et 27 mulets de cacolet (2).

---

(1) Historique *manuscrit* du 1er régiment du train des équipages militaires.

(2) Ce cadre, portant le n° 2, était rattaché à la 3e division du 24e corps. — Parmi les 41 hommes qui le composaient se trouvaient 1 sous-officier, 2 brigadiers et 1 trompette.

Après son arrivée à Lyon, le 5 octobre 1870, le 1er régiment du train des équipages avait formé quatre compagnies nouvelles numérotées de 21 à 24. Ces compagnies furent dissoutes vers le milieu de décembre pour organiser les cadres de surveillance, et le reste fut versé à la compagnie de dépôt.

En résumé, le 1ᵉʳ régiment du train des équipages qui, vers le 15 septembre, possédait 7 compagnies disponibles en France ou en Algérie et 4 fractions de compagnie échappées au désastre de Sedan, put envoyer aux armées constituées en province par la délégation du Gouvernement de la Défense nationale 8 compagnies et 18 cadres de surveillance et conserver à la portion centrale 4 compagnies, non compris le dépôt.

Le 2ᵉ régiment du train des équipages fut presque complètement maintenu en Algérie.

La 12ᵉ compagnie, disponible à Toulouse, fut dirigée le 21 septembre sur Bourges pour rejoindre le 15ᵉ corps (1).

La 13ᵉ compagnie était revenue de Sedan avec 3 officiers, 125 hommes, 5 chevaux et 50 mulets de bât. Elle était accompagnée par une fraction de la 14ᵉ compagnie et quelques isolés qui formaient un total de 1 officier, 61 hommes, 3 chevaux et 52 mulets (2). Ces divers éléments servirent à reconstituer à Valence la 13ᵉ compagnie, qui, le 3 novembre, fut envoyée à Châteauroux pour être rattachée, le 7, au 16ᵉ corps.

Le 28 janvier, la 8ᵉ compagnie du 2ᵉ régiment du train fut embarquée à Alger pour entrer dans la constitution du 26ᵉ corps (3).

En dehors de ces trois compagnies, le 2ᵉ régiment du

---

(1) Le Général commandant le 15ᵉ corps d'armée à l'Intendant du 15ᵉ corps, 23 septembre.

(2) Les fractions du 2ᵉ régiment du train des équipages neutralisées à Sedan quittèrent cette ville le 15 septembre ; le 22 septembre, elles étaient à Niort, et le 29 septembre, à Aix. Elles furent aussitôt envoyées à Valence (Documents inédits de M. A. Martinien).

(3) Le 1ᵉʳ février 1871, la 8ᵉ compagnie du 2ᵉ régiment du train était à l'effectif de 5 officiers, 261 hommes, 9 chevaux et 220 mulets (Documents inédits de M. A. Martinien).

train envoya aux formations de guerre, dans les premiers jours de janvier 1871, 13 cadres de surveillance pour le train auxiliaire des 19ᵉ et 20ᵉ corps.

Le 3ᵉ régiment du train forma à Châteauroux, entre le 17 septembre et le 8 décembre 1870, cinq nouvelles compagnies numérotées de 19 à 23. Les deux premières assurèrent le service des vivres et des ambulances aux 15ᵉ et 16ᵉ corps; les deux suivantes furent mises à la disposition des commandants de l'artillerie des 21ᵉ et 16ᵉ corps pour le transport des munitions.

La dernière compagnie formée et la portion centrale du régiment firent mouvement, le 12 décembre, de Châteauroux sur Grisolles et Grenade, puis sur Toulouse, où le dépôt resta jusqu'au 15 mars 1871. Lorsque pendant l'armistice, le quartier général de la IIᵉ armée de la Loire fut reconstitué, la 23ᵉ compagnie du 3ᵉ régiment du train des équipages y fut affectée (1).

Le 20 septembre arrivaient aussi à Châteauroux les

---

(1) 19ᵉ compagnie, formée le 17 septembre, rejoint le 15ᵉ corps le 5 octobre;

20ᵉ compagnie, formée le 25 septembre, rejoint le 16ᵉ corps le 20 octobre;

21ᵉ compagnie, formée le 26 novembre, rejoint le 21ᵉ corps le 13 décembre;

22ᵉ compagnie, formée le 26 novembre, rejoint le 21ᵉ corps le 29 novembre;

23ᵉ compagnie, formée le 8 décembre, rejoint le grand quartier général de la IIᵉ armée de la Loire en mars 1871.

D'après les états d'effectifs ou les procès-verbaux d'organisation retrouvés, ces compagnies comptaient en moyenne 3 officiers, 162 hommes, 208 chevaux.

Chacune des 19ᵉ et 20ᵉ compagnies attelait, le 30 septembre, 38 voitures (24 caissons, 13 chariots, 1 forge) (Le Colonel commandant le 3ᵉ régiment du train des équipages militaires au Ministre de la Guerre, à Tours, Châteauroux, 30 septembre; Le Directeur des parcs des équipages militaires au Ministre de la Guerre, Châteauroux, 8 décembre).

éléments du régiment neutralisés à Sedan, comprenant 6 compagnies et 8 fractions de compagnie (1). Les 6 compagnies furent reconstituées et repartirent entre le 5 octobre et le 26 novembre pour rejoindre les formations de guerre (2).

Un détachement de la 15e compagnie du 3e régiment du train fut maintenu à Sedan après le 15 septembre pour l'évacuation des blessés. Ce détachement rejoignit le 25 octobre l'armée du Nord, et, à partir du mois de novembre, il suivit toutes les opérations du 22e corps. Renforcé plus tard avec des éléments échappés de Metz,

---

(1) Le total des hommes du 3e régiment revenant de Sedan était de 892. Parmi eux, il y avait peu de sous-officiers et de brigadiers (Le Lieutenant-Colonel commandant le 3e régiment du train des équipages militaires au Ministre de la Guerre, Châteauroux, 28 septembre).

(2) La 1re compagnie quitta Châteauroux le 11 novembre pour rejoindre le 17e corps (parc d'artillerie) ;

La 9e compagnie quitta Châteauroux le 26 octobre pour rejoindre le 16e corps (transport des vivres) ;

La 11e compagnie quitta Châteauroux le 5 octobre pour rejoindre le 15e corps ;

La 12e compagnie quitta Châteauroux le 26 novembre pour rejoindre le 18e corps (parc d'artillerie) ;

La 14e compagnie quitta Châteauroux le 22 octobre pour rejoindre le 20e corps (24 voitures attelées furent mises à la disposition de l'artillerie).

La 15e compagnie était le 9 novembre à Coulmiers. Elle était à la disposition de l'artillerie. On n'a pu établir la date de son départ.

La 11e compagnie comptait 4 officiers, 202 hommes, 265 chevaux. Elle disposait, le 30 septembre, de 47 voitures (30 caissons, 15 chariots et 2 forges). (Le Colonel commandant le 3e régiment du train des équipages au Ministre de la Guerre, Châteauroux, 30 septembre ; Le même au même, 3 octobre ; Le Directeur des parcs des équipages militaires au Ministre de la Guerre, Châteauroux, 8 décembre).

L'effectif de la 14e compagnie était de : 4 officiers, 203 hommes, 272 chevaux, 30 caissons, 16 chariots de parc, 1 forge (Le Ministre de la Guerre au Général commandant supérieur régional de l'Est, à Belfort, Tours, 19 octobre).

il fut constitué, le 24 janvier 1871, en compagnie qui prit le numéro 15 *bis* (1).

C'est donc un total de 12 compagnies que le 3ᵉ régiment du train envoya aux armées organisées en province par la délégation de la Défense nationale. Les documents retrouvés n'ont pas permis d'établir si ce régiment avait fourni des cadres de surveillance. Ils signalent seulement que quatre détachements ont été rejoindre l'armée de la Loire pendant les trois derniers

---

(1) Ce détachement du train, qui arriva à Lille le 24 octobre 1870, était commandé par un sous-lieutenant de la 15ᵉ compagnie du 3ᵉ régiment. Il comprenait 89 hommes dont 9 du 1ᵉʳ régiment, 2 du 2ᵉ régiment et 78 du 3ᵉ régiment parmi lesquels 43 de la 15ᵉ compagnie. Il avait en outre 27 chevaux, 27 mulets et 12 voitures (L'intendant militaire de la 3ᵉ division au Ministre de la Guerre, Lille, 29 octobre).

Après la capitulation de Metz, les Allemands rendirent 95 chevaux, 60 mulets, 81 caissons d'ambulance, 130 voitures Masson, 6 omnibus, 4 fourragères, 4 voitures à bagages et environ 220 cantines, 30 sacs ou sacoches et 140 brancards. Les animaux et le matériel arrivèrent à Lille vers le 25 janvier 1871. Il n'est pas fait mention de personnel.

La majeure partie des caissons d'ambulance et de pharmacie, ainsi que beaucoup de cantines et de sacoches, étaient vides ou ne contenaient plus que du matériel dépareillé (L'Intendant en chef des 22ᵉ et 23ᵉ corps au Ministre de la Guerre, D.T., Lille, 25 janvier 1871 ; L'Intendant militaire de la 3ᵉ division au Ministre de la Guerre, Lille, 21 février 1871).

Ce renseignement infirme en partie celui fourni par une autre source (E. Grellois, *Histoire médicale du blocus de Metz*, p. 228). D'après cet ouvrage, sur le matériel d'ambulance enfermé à Metz, les Allemands auraient rendu « pour 1 million : 81 voitures d'ambulance chargées, les omnibus, les prolonges à brancards, enfin 100 voitures à quatre roues, plus 134 voitures Masson, toutes les cantines régimentaires, les sacs et sacoches qu'on a pu trouver, enfin les mulets qui restent à Metz. Samedi prochain (28 janvier) aura lieu la clôture des conférences, et le matériel sera dirigé sur Arlon, pour être remis à Lille à l'administration de la Guerre ».

Le procès-verbal constatant, le 24 janvier 1871, la formation de la 15ᵉ compagnie bis du 3ᵉ régiment du train des équipages indique comme composition : 5 officiers (1 capitaine, 2 lieutenants, 1 sous-lieutenant, 1 aide-vétérinaire), 153 hommes, 39 chevaux, 48 mulets.

mois de l'année 1870, et que deux renforts, l'un de 170 hommes et l'autre de 120 chevaux, furent envoyés au Mans dans le courant de janvier 1871 (1).

En résumé, les trois régiments du train des équipages militaires fournirent aux armées de la Défense nationale 23 compagnies, 31 cadres de surveillance et 4 détachements. A la fin de la campagne, 4 compagnies étaient encore disponibles à Lyon, sans compter les 16 compagnies restées en Algérie.

L'organisation des compagnies mobilisées se fit successivement, au fur et à mesure de la mise sur pied des corps d'armée. Il n'aurait pu en être autrement, car si les ressources en officiers, en hommes et en chevaux ne faisaient pas défaut, il n'y avait pas en magasin une quantité suffisante de matériel et de harnachement.

En ce qui concerne les officiers, on songea, au moment où la délégation arriva à Tours, à faire exclusivement appel aux ressources restées en Algérie, pour commander les formations nouvelles. Mais il semble que le retour des cadres neutralisés à Sedan permit de suffire à tous les besoins sans trop dégarnir la colonie et sans recourir à des nominations à titre provisoire ou à titre auxiliaire.

Les mesures prises dès le début de la guerre pour augmenter les effectifs avaient, dès la fin de septembre, rempli outre mesure les dépôts des régiments du train ; d'autre part, de nombreux jeunes gens, à l'instigation de leur famille, contractèrent des engagements volontaires dans le train des équipages militaires, avec l'espoir de faire un service moins pénible et moins dangereux que

---

(1) Relevé des mouvements du 3ᵉ régiment du train des équipages militaires pendant le 4ᵉ semestre 1870. — État des détachements du train des équipages qui ont quitté le corps du 12 septembre 1870 au 5 février 1871 pour être mis à la disposition du service de l'artillerie, Toulouse, 11 février 1871.

dans d'autres corps, ou simplement pour se soustraire aux obligations de la garde nationale mobile (1). Enfin, grâce au retour des éléments neutralisés à Sedan, on disposait d'un important supplément de ressources en hommes instruits.

Dans ces conditions, il fut décidé le 2 octobre que, dès qu'il existerait dans les régiments du train, en dehors des besoins prévus, un contingent de cent engagés volontaires ou hommes ayant devancé l'appel, le surplus serait versé dans l'infanterie (2). Puis, le 10 octobre, les commandants des bureaux de recrutement furent avisés d'avoir à diriger sur des corps d'infanterie les jeunes soldats de la classe 1870 affectés aux train des équipages (3). Les régiments du train stationnés en France envoyèrent en outre des hommes au régiment d'Algérie pour lui permettre d'organiser ses compagnies provisoires.

Quant aux chevaux et mulets nécessaires, le service de la remonte les procura sans difficulté, et, au 22 février 1871, plus de 10,000 animaux avaient été remis au train des équipages militaires (4).

---

(1) Le Lieutenant-Colonel commandant le 3e régiment du train des équipages militaires au Ministre de la Guerre, à Tours, Châteauroux, 3 octobre; Le même au même, Châteauroux, 7 octobre.

(2) Le Ministre de la Guerre aux Généraux commandant la 8e division militaire, à Lyon, et la 19e division militaire, à Bourges, et au Gouverneur général par intérim de l'Algérie, Tours, 2 octobre ; Note pour la 1re direction (Bureau du recrutement), Tours, 2 octobre.

Le 6 octobre, il avait été prescrit que l'on n'accepterait plus comme engagés volontaires dans le train que des hommes ayant servi au moins un an (Cf. ci-dessus, p. 124).

(3) Note du bureau du recrutement pour la 6e direction (Bureau de l'intendance), Tours, 10 octobre 1870.

(4) Exactement 10,588 animaux dont 324 chevaux d'officiers, 831 chevaux de selle de troupe, 5,535 chevaux de trait et 3,898 mulets (Situation des effectifs en chevaux des troupes d'artillerie, du génie et du train des équipages, Bordeaux, 22 février 1871).

Le 14 septembre 1870, la direction centrale des parcs, le parc de construction de Vernon, ainsi que les portions centrales des 1re et 3e compagnies d'ouvriers constructeurs du train des équipages militaires, furent évacués de Vernon sur Châteauroux (1).

Quelques jours après, le 21 septembre, la 3e compagnie d'ouvriers fut envoyée à Lyon, où elle arriva le 29 (2).

Dans les premiers jours d'octobre, les éléments chargés de la confection et de l'entretien du matériel du train des équipages se trouvaient donc ainsi répartis :

A Châteauroux, avec la portion centrale et le dépôt du 3e régiment, la direction centrale des parcs, les parcs de construction de Vernon et de Châteauroux avec leur matériel, les 1re et 2e compagnies d'ouvriers constructeurs (3);

A Lyon, avec la portion centrale et le dépôt du 1er régiment, la 3e compagnie d'ouvriers constructeurs (4);

---

(1) Une partie du matériel sur roues fut conduite de Vernon à Châteauroux par la portion centrale du 1er régiment du train des équipages militaires, qui, le 9 septembre, fit mouvement par étapes de Vernon à Lyon en passant par Châteauroux. Une assez grande quantité de matériaux de construction avait aussi été envoyée de Vernon au Havre. Le 19 novembre 1870, le colonel directeur de l'artillerie de cette dernière ville demandait l'autorisation de délivrer cet approvisionnement à des constructeurs civils qui l'utiliseraient pour confectionner du matériel d'artillerie (Le Colonel directeur d'artillerie du Havre au Ministre de la Guerre, à Tours. D. T., Le Havre, 19 novembre, 4 heures soir).

(2) Le Ministre de la Guerre au Directeur des parcs des équipages militaires à Châteauroux, Tours, 21 septembre.

(3) Effectif de la 2e compagnie d'ouvriers constructeurs à son arrivée à Châteauroux : 3 officiers, 142 hommes.

(4) Effectif de la 3e compagnie d'ouvriers constructeurs à son arrivée à Lyon : 3 officiers, 120 hommes.

Les quatre compagnies d'ouvriers constructeurs du train des équipages avaient fourni des détachements aux armées du Rhin et de Châlons. La 3e compagnie avait 2 officiers et 56 hommes à Metz et 22 hommes à Paris.

A Alger, avec la portion centrale et le dépôt du 2ᵉ régiment, le parc de construction d'Alger et la 4ᵉ compagnie d'ouvriers constructeurs.

Vers la fin d'octobre, on commença à se préoccuper de l'évacuation sur Toulouse des parcs de construction et du matériel du train des équipages de Châteauroux (1). Ce mouvement se fit, non sans difficultés, dans le courant du mois de décembre, et ce ne fut qu'au commencement de 1871 que les parcs de construction étaient installés dans leur nouvelle résidence. Un petit personnel fut laissé à Châteauroux pour surveiller les constructions qu'exécutaient des fournisseurs civils dans la ville et aux environs et assurer ensuite l'expédition du matériel à Toulouse (2).

Quant à la 3ᵉ compagnie d'ouvriers constructeurs envoyée à Lyon, elle fut employée à organiser dans cette ville un parc de réparation de matériel (3).

Il appartenait au service du train des équipages militaires de fournir le matériel roulant et les harnais nécessaires aux ambulances, aux convois de vivres et aux

---

(1) Le Directeur des parcs des équipages militaires au Ministre de la Guerre, Châteauroux, 28 octobre.

(2) Le 19 décembre, il y avait encore 329 voitures vides à évacuer, et le départ de la portion centrale du 3ᵉ régiment du train privait les parcs des attelages nécessaires pour conduire les voitures à la gare. Un certain nombre de voitures avait été confié au 3ᵉ régiment du train, parti le 12 décembre de Châteauroux pour Grisolles et Grenade, mais une partie de ces voitures fut laissée à Limoges, où il fallut les faire reprendre. On laissa aussi à Châteauroux le fer et le bois dont le transport aurait été trop onéreux et que l'on pouvait d'ailleurs se procurer sur place (Le Directeur des parcs des équipages militaires au Ministre de la Guerre, Châteauroux, 19 décembre; Le même au même, Toulouse, 4 janvier 1871).

(3) L'Intendant de la 8ᵉ division militaire au Ministre de la Guerre, Lyon, 26 septembre; Le même au même, Lyon, 5 janvier 1871.

équipages régimentaires des états-majors et des troupes. Dans la deuxième partie de la campagne, il fut même appelé à subvenir aux demandes de conducteurs, chevaux et voitures présentées par les services de la télégraphie militaire et de la trésorerie et des postes (1).

Les ressources en voitures étaient suffisantes pour parer aux premiers besoins, et il aurait vraisemblablement été possible de se procurer dans l'industrie celles qui devinrent nécessaires plus tard (2). Mais, comme pour

---

(1) Le Ministre de la Guerre au Général commandant la 19ᵉ division militaire à Bourges, Tours, 13 novembre ; Le même au Directeur des parcs des équipages militaires à Châteauroux, Tours, 17 novembre; Le Directeur des parcs des équipages militaires au Ministre de la Guerre, Châteauroux, 21 novembre.

(2) Les pièces de la correspondance échangée entre le Ministre de la Guerre et le directeur des parcs des équipages militaires, qui ont été retrouvées, établissent que des marchés furent passés avec des industriels de Châteauroux et des environs pour la fourniture de voitures d'ambulance à deux et à quatre roues, de chariots de parc, de voitures d'état-major à quatre roues, de voitures à deux roues pour bagages, de caisses à effets, de caisses pour fonds, de brancards, etc.

MATÉRIEL.		EXISTANT au 14 octobre 1870.	EXISTANT au 31 janvier 1871.	OBSERVATIONS.
Caissons...	modèle 1848....	385	258	(1) Dont 150 à livrer entre le 21 et le 31 janvier 1871.
	à roues égales...	4	2	(2) À livrer entre le 21 et le 31 janvier 1871.
	divers..........	47	22	(3) Dont 26 à livrer entre le 21 et le 31 janvier 1871.
Chariots...	de parc	162	270(1)	(4) Dont 60 à livrer entre le 21 et le 31 janvier 1871.
	fourragères.....	5	5	(5) Dont 104 à livrer entre le 21 et le 31 janvier 1871 et 100 livrables en février et mars.
	transformés.....	106	85	(6) Dont 258 à livrer entre le 21 et le 31 janvier et 75 à livrer après le 31 janvier.
Forges	de campagne....	65	62	
	portatives.......	6	30(2)	
Ambulances	à 4 roues.......	4	45(3)	
	à 2 roues.......	17	113(4)	
Voitures pour état-major.....		13	244(5)	
Voitures auxiliaires	nº 1	576	340(6)	
	nº 2	29	113	
	d'infanterie.....	491	244	

Les chiffres précédents, pris dans deux états établis le 15 octobre 1870

l'artillerie, le manque de harnais était le principal obstacle à vaincre. Au 4 octobre 1870, en effet, le train des équipages militaires disposait de 500 voitures à 4 chevaux, mais il ne pouvait en atteler que 217. Quelques jours plus

---

et le 21 janvier 1871, donnent les ressources en matériel roulant qui existaient en magasin, ou étaient disponibles à brève échéance, au 14 octobre 1870 et au 31 janvier 1871.

Du 3 juillet au 18 août 1870, la direction centrale des parcs des équipages militaires avait passé 8 marchés de gré à gré, qui devaient lui procurer 500 voitures pour état-major, 400 essieux, 300 roues de voitures, 1,000 boîtes de roues, 1,000 barres de fer, 1,000 pelles, 1,000 pioches, 600 boîtes à graisse, des chaînes et des outils divers. L'importance de ces marchés montait à 495,533 fr. 75. La plupart de ces commandes furent exécutées à Paris.

En outre, du 17 octobre 1870 au 24 février 1871, la direction des parcs passa, de gré à gré, 49 autres marchés qui devaient assurer le matériel suivant :

110 ambulances à deux roues pour le prix total de fr.	55,800
36 ambulances à quatre roues....................	46,200
233 voitures pour état-major.....................	139,704
328 voitures auxiliaires.........................	82,000
150 chariots de parc............................	84,000
42 paires de roues.............................	2,142
1,000 essieux..................................	19,916
950 cacolets...................................	33,000
1,000 bâches de bât............................	18,250
1,500 caisses à bagages........................	25,900
100 garnitures de ferrures de frein..............	1,000
30 bigornes...................................	6,000
Bois en plateaux et en planches...................	6,817
TOTAL GÉNÉRAL ....fr.	520,729

La plupart des marchés ne stipulaient pas que l'État délivrerait, contre remboursement, des matières premières aux fournisseurs. Mais les événements mirent ces derniers dans l'impossibilité de se pourvoir aux lieux ordinaires de production ; aussi la nécessité d'obtenir des livraisons de voitures à bref délai provoqua-t-elle des cessions de matériel. D'autre part, le marché pour fourniture de bigornes fut résilié à la paix, il ne fut livré que 158 voitures pour état-major, 62 chariots de parc et 282 caco-

tard, le 15 octobre, lorsque le parc de Vernon fut complètement installé à Châteauroux, on avait à peu de chose près en magasin le matériel nécessaire pour constituer les équipages de trois corps d'armée, mais il manquait 320 harnais d'attelage à 4 chevaux (1).

Des mesures avaient été immédiatement prises pour remédier à ce déficit. Dès la fin de septembre, des officiers étaient envoyés dans les centres importants de fabrication pour commander des selles et du harnachement, et, malgré la concurrence faite par le service de l'artillerie, des marchés purent être conclus. Les ateliers de bourrellerie des parcs de construction étaient en même temps agrandis. Ainsi, dès le 26 novembre, l'on pouvait compter sur 30 attelages complets par semaine; à partir du 16 décembre, les parcs du train des équipages étaient à même d'équiper dans le même temps une compagnie provisoire montée de 45 attelages. Pour les compagnies légères, on fit d'abord venir d'Algérie des bâts de mulets et des cacolets; puis, grâce aux constructions exécutées en France, on parvenait au commencement de 1871 à harnacher deux de ces compagnies par mois (2).

D'un autre côté, par mesure d'économie et pour alléger les colonnes, les équipages régimentaires des corps

---

lets, et le prix du bois fut réduit à 6,687 francs. Par contre, le prix des essieux dut être porté à 24,363 francs. Dans ces conditions, la dépense totale fut liquidée à 379,377 francs (État des marchés passés par la direction centrale des parcs des équipages militaires, Châteauroux, 29 mai 1871).

(1) Le Directeur des parcs des équipages militaires au Ministre de la Guerre, Châteauroux, 4 octobre; État de situation des principaux objets de matériel et de harnachement existant dans les parcs des équipages militaires avec indication des besoins pour trois corps d'armée et des ressources prochainement disponibles au moyen de marchés en cours d'expédition, Tours, 15 octobre.

(2) Le Directeur des parcs des équipages militaires au Ministre de la Guerre, Châteauroux, 17 novembre; Le même au même, 7 décembre.

de troupe furent réduits au strict nécessaire par une décision du 10 octobre 1870. Les régiments d'infanterie de marche et de garde nationale mobile n'eurent plus que 7 voitures, dont 1 pour l'état-major et 2 par bataillon, les bataillons de chasseurs à pied de marche 2 voitures, et les régiments de cavalerie de marche 5 voitures, 1 pour l'état-major et 1 par escadron (1).

Dès le 1er octobre, il fut décidé du reste que les conducteurs des voitures affectées aux généraux, aux états-majors et autres parties prenantes isolées, seraient pris dans la garde nationale mobile ; quant aux corps de troupe, ils devaient assurer eux-mêmes la conduite de leurs équipages. De cette façon, le personnel du train des équipages pouvait être entièrement consacré aux services spéciaux de l'administration militaire (2).

Il fut néanmoins impossible, malgré les efforts faits, soit pour se procurer des harnais et des voitures, soit pour ramener les besoins au minimum indispensable, de

---

(1) Rapport fait au Ministre le 10 octobre. — Une décision du 17 décembre 1867 (*J. M. O.*, 2e semestre 1867, p. 530) avait attribué 11 voitures aux régiments d'infanterie à 3 bataillons de 6 compagnies, 3 voitures aux bataillons de chasseurs à pied et 6 voitures aux régiments de cavalerie à 4 escadrons. On avait tout d'abord songé à réduire à une seule voiture la dotation des bataillons de chasseurs à pied de marche, mais on reconnut de suite que c'était insuffisant.

Cependant, lorsque le 25e corps fut organisé dans le courant de janvier, il ne reçut que 4 voitures par régiment d'infanterie et de garde nationale mobile (1 pour l'état-major et 1 par bataillon) et 3 voitures par régiment de cavalerie (1 pour l'état-major et 1 pour 2 escadrons) (Le Ministre de la Guerre à l'Intendant en chef du 25e corps d'armée, à Bourges, Bordeaux, 10 janvier 1871).

(2) Le Ministre de la Guerre au Général commandant le 15e corps d'armée, Tours, 1er octobre. — Le commandant du 15e corps était invité à prescrire la rentrée immédiate à Châteauroux des hommes du 3e régiment du train employés à la conduite des équipages de son corps d'armée.

constituer, d'une manière uniforme et satisfaisante, les équipages des corps d'armée organisés par la délégation de la Défense nationale en province. Pour le transport des réserves de vivres, il fallut recourir à la location ou à la réquisition. Quant aux ambulances, les formations sanitaires des corps d'armée créés les premiers reçurent un nombre de voitures suffisant pour assurer le service, puisqu'elles disposaient du matériel encore disponible. Mais celles des corps qui suivirent furent moins bien dotées (1). Elles manquèrent surtout de voitures pour le

---

(1) Le 27 septembre, le commandant du 3ᵉ régiment du train des équipages recevait l'ordre de mettre à la disposition du 15ᵉ corps le matériel suivant qui devait être réparti entre le quartier général du corps d'armée, 4 divisions d'infanterie et 2 divisions de cavalerie : 19 caissons à pansement, 5 omnibus, 21 chariots, 12 caissons à galerie, 2 caissons à pharmacie, soit 59 voitures attelées de 268 chevaux [État des moyens de transport à fournir par le 3ᵉ régiment du train des équipages militaires au quartier général à Bourges et aux divisions d'infanterie et de cavalerie du 15ᵉ corps d'armée (Dépêche télégraphique du 27 septembre), Châteauroux, 28 septembre].

39 voitures Masson, évacuées du parc de construction de Vernon, furent aussi attribuées au 15ᵉ corps le 25 septembre (Le Général commandant le 15ᵉ corps d'armée au Commandant du train, à son passage à Vierzon, 25 septembre).

Enfin, une compagnie légère du train, la 12ᵉ du 2ᵉ régiment, conduisant des mulets porteurs de litières et de cacolets, lui fut affectée le 21 septembre et répartie entre les diverses ambulances (Le Général commandant le 15ᵉ corps au Général commandant la 19ᵉ division militaire, à Bourges, 25 septembre).

Les ambulances du 16ᵉ corps étaient déjà moins bien dotées. Au 21 novembre, l'ambulance de la 1ʳᵉ division de ce corps d'armée ne comprenait que 12 voitures (6 caissons transformés, 2 chariots, 1 caisson d'état-major, 2 omnibus et 1 voiture Masson), et celle de la 2ᵉ division que 8 voitures (État indiquant la composition des voitures d'équipages attachées à la 1ʳᵉ division du 16ᵉ corps, Saint-Péravy, 21 novembre; Le général commandant la 2ᵉ division du 16ᵉ corps d'armée au général commandant le 16ᵉ corps d'armée, Rozières, 21 novembre).

D'après un état du 25 décembre, les ambulances du 24ᵉ corps

transport des blessés ; il fallut recourir à des moyens de fortune et même introduire dans les équipages des omnibus de réquisition (1).

Plus tard seulement, lorsque les marchés en cours commencèrent à procurer des voitures et des harnais, et que le service de l'artillerie fut à même de se suffire sans recourir aux ressources du train, l'on put songer à réorganiser régulièrement les équipages des corps qui n'avaient reçu que des moyens de transport de fortune. Mais ces mesures ne purent recevoir leur exécution que très tardivement, par suite de la perturbation apportée dans le service du train des équipages par l'évacuation de Châteauroux sur Toulouse des parcs de construction (2).

Il importe de remarquer, en effet, qu'en vue de parer aux besoins pressants de l'artillerie qui ne pouvait parvenir à se procurer tous les harnais qui lui étaient nécessaires, le train des équipages militaires mit à la disposition de cette arme, de novembre 1870 à janvier 1871, 5 compagnies montées complètement harnachées, qui,

---

se composaient de 8 caissons d'ambulance, 4 ambulances à quatre roues, 40 voitures à deux roues, 6 voitures Masson, 40 mulets de cacolets et 28 mulets haut-le-pied.

(1) L'Intendant en chef de l'armée de la Loire au Ministre de la Guerre, 10 octobre ; Le Ministre de la Guerre à l'Intendant de l'armée de la Loire, Tours, 24 novembre ; L'Intendant du 20e corps d'armée au Ministre de la Guerre, Chalon-sur-Saône, 27 décembre ; Le Ministre de la Guerre à l'Intendant du 25e corps d'armée à Bourges, Bordeaux, 10 janvier 1871. — Dans sa lettre du 10 octobre, l'intendant en chef de l'armée de la Loire proposait au Ministre de la Guerre d'aménager par quartier général et par division 4 fourragères du train pour le transport éventuel des blessés.

(2) Le Ministre de la Guerre au Directeur des parcs des équipages militaires à Toulouse, Bordeaux, 3 janvier 1871 ; Le Directeur des parcs des équipages militaires au Ministre de la Guerre, Toulouse, 4 janvier 1871.

avec les renforts en hommes et en chevaux qui leur furent envoyés, formèrent un total de 19 officiers, 1,232 hommes de troupe et 1,423 chevaux ou mulets (1).

La composition des équipages et des ambulances fut d'ailleurs fixée dans ses lignes générales par un décret du 6 décembre 1870 (2), qui détermina la nature et la composition des services administratifs attachés aux armées en campagne. Chaque corps d'armée devait comprendre comme éléments fournis par le train des équipages militaires :

Dans chaque division d'infanterie, 60 mulets de cacolets, 15 mulets de litières et une demi-compagnie au moins avec chevaux et voitures;

Dans la division de cavalerie, 50 mulets de cacolets, 10 mulets de litières et une demi-compagnie;

Au quartier général du corps d'armée, 100 mulets de cacolets, 25 mulets de litières et une demi-compagnie.

A chaque division d'infanterie ou de cavalerie et au quartier général du corps d'armée devait être rattaché, en outre, un certain nombre de voitures à deux roues

---

(1) A ce personnel en hommes et en animaux, il faut ajouter un matériel consistant en 27 voitures, 63 harnais complets à 4 chevaux, 305 selles complètes pour cadres et 4,000 colliers nus (État des détachements du 3e régiment du train des équipages militaires mis à la disposition du service de l'artillerie et du matériel et du harnachement délivrés à ce même service par les parcs des équipages militaires de Châteauroux et de Toulouse, Toulouse, 16 février 1871).

A la fin de décembre 1870, le 1er régiment du train des équipages était également invité à fournir 50 hommes aptes à faire des conducteurs au dépôt du 3e régiment du génie à Bordeaux, à qui le contingent de la classe 1870 n'avait pu procurer les ressources nécessaires [Note de la direction du génie pour la 6e direction (bureau de l'intendance militaire et des transports), Bordeaux, 25 décembre; Le Ministre de la Guerre au Général commandant la 8e division militaire à Lyon, Bordeaux, 27 décembre].

(2) *M. U.* du 11 décembre.

pour le transport des blessés qui ne pouvaient être portés sur les mulets (1).

A ces équipages réguliers s'ajoutaient les moyens de transport auxiliaires obtenus par traités, réquisitions ou autrement, dont le commandement et la garde étaient assurés par des détachements du train.

Cette organisation nécessitait donc pour chaque corps d'armée 2 compagnies légères (2) et 2 compagnies et

---

(1) Les moyens de transport affectés aux diverses ambulances par le règlement du 4 avril 1867 sur le service de santé de l'armée (IIe partie, service des hôpitaux en campagne) étaient les suivants :

Matériel.	Ambulances		
	de division d'infanterie.	de division de cavalerie.	du quartier général.
Caissons ordinaires	4	3	5
Caisses de pharmacie	1	1	1
Paires de litières	10	5	15
Paires de cacolets	20	10	30

Toutefois, en ce qui concernait les moyens de transport, il appartenait à l'intendant de l'armée d'affecter à chaque ambulance le nombre de caissons, litières, cacolets, voitures, chevaux et mulets de trait ou de bât et de conducteurs, nécessaires pour le transport des malades et du matériel. Ces moyens devaient être fournis par le train des équipages militaires, et subsidiairement par le service des transports auxiliaires (Art. 62 du règlement précité).

Les évacuations par voitures devaient généralement être faites en utilisant les voitures du pays et subsidiairement celles d'ambulance ainsi que les caissons du train des équipages (Art. 91 du règlement précité).

Postérieurement à l'apparition du règlement, les formations sanitaires avaient été pourvues de 20 voitures Masson (voitures à deux roues) par ambulance pour le transport des blessés (Brice et Bottet, *Le Corps de santé militaire en France*, p. 379).

En tout cas, les moyens de transport de blessés à dos de mulets, prescrits par le décret du 6 décembre 1870, étaient de beaucoup supérieurs à ceux prévus pour la première partie de la campagne.

(2) A 200 mulets chacune.

demie montées du train; ce qui, pour l'ensemble des 12 corps d'armée (1) mis sur pied par la Défense nationale en province, donnait un total de 24 compagnies légères et de 30 compagnies montées. Comme en dehors des 5 compagnies montées mises à la disposition de l'artillerie, le train des équipages militaires ne mobilisa que 6 compagnies légères (2) et 12 compagnies montées, on peut déduire de la comparaison de ces chiffres combien le service des transports, et tout particulièrement celui des ambulances, durent laisser à désirer.

En dehors des ressources fournies par l'armée régulière, il convient encore de signaler :

1° Deux compagnies du train des équipages formées par la garde nationale mobilisée de Maine-et-Loire, qui furent remises au département de la Guerre le 26 janvier 1871 et incorporées au 16e corps;

2° Une compagnie franche du train, à l'effectif de 3 officiers et 67 hommes, qui fit partie de l'armée des Vosges (3);

3° Une compagnie du train auxiliaire, organisée au Havre le 20 janvier 1871. Elle devait remplacer, dans le corps d'armée constitué pour la défense de cette ville, le train des équipages militaires et le train d'artillerie, c'est-à-dire assurer à la fois le service des quartiers généraux, des corps de troupe et des ambulances, et le

---

(1) Corps d'armée numérotés de 15 à 26, sans compter le corps d'armée du Havre, le corps Garibaldi, etc.

(2) 4e, 5e, 7e, 8e et 9e compagnies du 1er régiment et 8e compagnie du 2e régiment.

(3) Documents inédits de M. A. Martinien. — Deux autres compagnies du train furent encore formées avec des gardes nationaux mobilisés dans les départements de l'Hérault et du Puy-de-Dôme; mais ces compagnies restèrent dans les camps de Montpellier et de Clermont-Ferrand, où elles assuraient le service des transports.

transport des subsistances, ainsi que celui des munitions et du matériel de guerre de l'artillerie et du génie. Un marché fut passé à cet effet avec un entrepreneur, qui se chargea de fournir en location les 400 voitures nécessaires; l'État donnait, en outre, aux conducteurs une indemnité de 1 franc par jour ou les vivres de campagne, et il assurait la nourriture des chevaux. Pour encadrer cette compagnie, qui n'était, somme toute, qu'une sorte de convoi auxiliaire, le général commandant le corps d'armée du Havre nomma à titre provisoire un capitaine, un lieutenant et un sous-lieutenant. Mais ces nominations ne furent faites que pour conférer aux personnes investies de ces grades l'autorité sur les conducteurs qui leur était indispensable, et, en tout cas, elles ne donnèrent droit à aucune espèce de solde (1).

---

(1) L'Intendant militaire en chef du corps d'armée du Havre au Ministre de la Guerre, Le Havre, 21 janvier 1871; Le Ministre de la Guerre au Général commandant le corps d'armée du Havre, Bordeaux, 6 février 1871; Le Général commandant le corps d'armée du Havre au Ministre de la Guerre, Le Havre, 14 février 1871. — Sur les 400 voitures nécessaires, il était prévu : 150 voitures au moins pour les services du génie et de l'artillerie; 170 environ pour le service des subsistances (15 jours de vivres pour 25,000 hommes et 4,000 chevaux); 80 pour le service intérieur des quartiers généraux et des corps de troupe. Il semble qu'il n'était pas nécessaire de prévoir le transport de 15 jours de vivres pour un corps d'armée qui n'était pas destiné, au moins pour le moment, à s'éloigner beaucoup de son centre de ravitaillement.

Les prix de location étaient de 6 fr. 50 pour les voitures à un collier, 12 francs pour les voitures à 2 colliers, 16 francs pour les voitures à 3 colliers et 20 francs pour les voitures à 4 colliers.

CHAPITRE XI

Services administratifs.

§ 1er. — *Personnel.*

En 1870, les services de l'administration de la Guerre, placés sous la direction de l'intendance militaire, comprenaient comme personnel des officiers et des troupes d'administration.

Les officiers étaient répartis dans cinq sections différentes, suivant qu'ils étaient affectés aux bureaux de l'intendance, aux hôpitaux, aux subsistances, à l'habillement et au campement ou à la justice militaire.

Quant aux troupes, elles se composaient, en dehors du train des équipages militaires, d'une section de commis aux écritures, de neuf sections d'infirmiers et de treize sections d'ouvriers d'administration (1).

Bien que soumis au contrôle administratif de l'intendance et rattachés à la 6e direction du ministère de la Guerre, les médecins et pharmaciens militaires formaient un corps distinct, fonctionnant sous l'action de ses chefs directs. Un décret du 26 décembre 1870 (2), ayant constitué à la délégation du ministère de la Guerre

---

(1) Les douze premières sections d'ouvriers d'administration étaient composées d'ouvriers des subsistances, et la treizième d'ouvriers d'habillement et de campement.

(2) *M. U.* du 29 décembre.

une sous-direction spéciale chargée de la direction technique de tous les services médicaux de l'armée, les mesures relatives au fonctionnement du service de santé en province seront exposées séparément, ainsi que cela a déjà été fait d'ailleurs pour le train des équipages militaires. Par suite des circonstances, le service de santé se trouvait en effet échapper en partie à l'action de l'intendance.

Il n'a pas été possible, avec les documents retrouvés, de préciser la situation du personnel des divers services administratifs au moment où la délégation du Gouvernement de la Défense nationale arrivait à Tours. Les mesures qui furent successivement prises semblent témoigner cependant que ces différents services souffrirent également de la disette de cadres et d'hommes qui a déjà été signalée pour les autres parties de l'organisation militaire.

C'est ainsi qu'à la fin de septembre, au moment où s'organisait le 15e corps d'armée, on rendait compte au Ministre de la Guerre qu'il était de toute nécessité pour assurer les différents services administratifs, et tout particulièrement ceux des ambulances et des vivres, d'affecter à chaque division active un sous-intendant militaire et un adjoint, ainsi que le prévoyait du reste le règlement. A défaut de personnel, on lui demandait, en conséquence, de détacher à l'armée de la Loire un certain nombre de sous-commissaires ou aides-commissaires de la Marine, et de prescrire également que des capitaines fussent adjoints aux fonctionnaires de l'intendance (1).

---

(1) L'Intendant en chef de l'armée de la Loire au Ministre de la Guerre, 24 septembre. — Les officiers combattants étaient trop peu nombreux pour que le Ministre pût donner satisfaction au service de

Un peu plus tard, une circulaire du 20 octobre prescrivait de rechercher les anciens sous-préfets et conseillers de préfecture qui consentiraient à servir pendant la durée de la guerre comme adjoints de 1re ou de 2e classe à l'intendance militaire (1). Mais il semble que ces derniers n'aient été employés que pour assurer le service dans les intendances des divisions et subdivisions territoriales (2).

Le développement pris par les services administratifs pendant la deuxième partie de la campagne amena d'ailleurs le Ministre de la Guerre à augmenter légèrement le nombre des fonctionnaires de l'intendance, et à modifier leurs appellations pour les mettre en rapport avec leurs attributions réelles (3).

---

l'intendance. Un état nominatif des fonctionnaires de l'intendance du 18e corps d'armée à la date du 19 décembre 1870 cite cependant parmi les adjoints un capitaine et un lieutenant de la garde nationale mobile.

(1) Le Ministre de la Guerre aux Intendants militaires, Tours, 22 novembre. — D'après M. de Freycinet (*La Guerre en province*, p. 40), on s'adressa à ces anciens fonctionnaires parce qu'en temps ordinaire les titulaires se trouvaient être les suppléants légaux des fonctionnaires de l'intendance.

(2) Tous ces fonctionnaires auxiliaires de l'intendance, provenant soit de l'élément militaire, soit de l'élément civil, ne semblent pas, d'une façon générale, avoir été à hauteur de leur tâche. Comme le fait ressortir M. de Freycinet (*La Guerre en province*, p. 41), on ne peut reprocher à ce personnel improvisé un seul acte d'improbité, mais son inexpérience et son ignorance des règlements de la comptabilité militaire furent certainement la cause de beaucoup de dépenses inutiles ou abusives (Note de la 6e direction, Bordeaux, 8 mars 1871).

C'est encore une fois la preuve que rien ne s'improvise à la guerre.

(3) Décret du 27 novembre (*M. U.* du 29 novembre). — Le tableau ci-dessous fait ressortir la composition organique du personnel de l'intendance au 31 janvier 1870 (*Annuaire militaire* pour l'année 1870)

De même, différentes mesures furent prises pour renforcer les cadres des officiers d'administration (1).

---

ainsi que les modifications apportées par le décret du 27 novembre.

Composition des cadres et qualification des fonctionnaires de l'intendance.

Avant le décret du 27 novembre :

Intendants généraux inspecteurs.................	8
Intendants militaires...........................	26
Sous-intendants militaires de 1re classe............	50
Sous-intendants militaires de 2e classe............	100
Adjoints d'intendance de 1re classe...............	56
Adjoints d'intendance de 2e classe...............	24
TOTAL des fonctionnaires........	264

Après le décret du 27 novembre :

Inspecteurs généraux...........................	8
Intendants divisionnaires.......................	30
— de 1re classe.........................	60
— de 2e classe.........................	90
— de 3e classe.........................	60
Sous-intendants................................	30
TOTAL des fonctionnaires........	278

(1) Le tableau ci-dessous :

INDICATION DES GRADES.	BUREAUX de l'intendance.	HÔPI-TAUX.	SUBSIS-TANCES militaires.	HABILLE-MENT et campement.	JUSTICE MILITAIRE.	
					Greffes et tribunaux.	Établissements pénitentiaires.
Officiers d'administration { principaux..	15	10	10	3	»	»
de 1re classe.	66	43	43	10	11	4
de 2e classe.	67	44	44	11	11	9
Adjudants d'administration { en premier..	176	114	114	28	9	8
en second...	176	114	114	28	11	5
TOTAUX.......	500	325	325	80	42	26

fait ressortir la hiérarchie et la composition numérique des différentes

On fit d'abord appel aux sous-officiers des diverses sections. Un décret du 11 novembre (1) prescrivit qu'ils pouvaient, par décision ministérielle, être nommés sections d'officiers d'administration, telles qu'elles étaient prévues par les lois et décrets en vigueur au 31 janvier 1870 (*Annuaire militaire pour l'année 1870*).

Un décret du 23 juillet 1870 (*J. M. O.*, 2ᵉ semestre 1870, p. 268) avait augmenté de 8 le nombre des officiers d'administration comptables de 2ᵉ classe des subsistances. Un deuxième décret du 3 septembre 1870 (*J. M. O.*, 2ᵉ semestre 1870, p. 406) fixa comme il suit le cadre des officiers d'administration des subsistances :

Officiers principaux		11
Officiers d'administration comptables.	de 1ʳᵉ classe	48
	de 2ᵉ classe	49
Adjudants d'administration	en premier	126
	en second	126
	TOTAL	360

Pour permettre de porter au complet ce nouveau cadre, les élèves d'administration comptant moins d'un an de service pouvaient être proposés pour le grade d'adjudant d'administration en second.

Au 15 octobre, le personnel des officiers et adjudants d'administration des subsistances militaires se décomposait comme il suit :

PERSONNEL.	A PARIS, à Metz, etc., ou en captivité.	DISPONIBLES dans LES PLACES de l'intérieur et de l'Algérie.	AFFECTÉS au 15ᵉ CORPS.	TOTAUX.
Officiers d'administration principaux	5	5	1	11
Officiers comptables de 1ʳᵉ classe...	21	24	3	48
de 2ᵉ classe...	22	23	4	49
Adjudants en premier ...	61	58	7	126
en second	60	60	6	126
TOTAUX	169	170	21	360

(Rapport sur le fonctionnement du service des subsistances, fin février 1871).

(1) *M. U.* du 13 novembre.

élèves dans le corps des officiers d'administration, puis commissionnés adjudants d'administration en second, sans conditions de temps d'ancienneté ou de stage.

On songea d'autre part à recruter des auxiliaires. Le décret du 11 novembre précité autorisait l'admission dans les services administratifs de personnes étrangères à l'armée, qui, si elles se signalaient suffisamment par leurs services, pouvaient, à la conclusion de la paix, être conservées définitivement dans les emplois occupés au cours de la guerre.

Déjà, un avis, inséré au *Moniteur universel* du 9 novembre, avait fait connaître que, pendant les hostilités, l'administration de la Guerre commissionnerait, comme adjudants auxiliaires dans le service des subsistances, les jeunes gens qui justifieraient de connaissances suffisantes en comptabilité. Les demandes devaient être adressées au Ministre par l'intermédiaire des généraux commandant les divisions militaires (1).

Les circonstances ayant fait ressortir plus tard l'effectif insuffisant des officiers d'administration des bureaux de l'intendance, les intendants divisionnaires furent autorisés, le 1er décembre, à commissionner pour la durée de la guerre, avec le titre de commis auxiliaires de l'intendance, les personnes susceptibles de rendre presque immédiatement des services (2).

---

(1) Les candidatures furent assez nombreuses pour que la liste d'inscription put être close le 21 novembre (*M. U.* du 21 novembre).

C'est d'ailleurs dans le cadre des officiers d'administration des subsistances qu'il y avait le plus de vides à combler, car ils ne bénéficièrent pas de la neutralité ainsi que purent le faire les fonctionnaires de l'intendance et les officiers d'administration attachés aux ambulances. On essaya aussi de les remplacer par des commis aux vivres de la Marine (L'Intendant en chef de l'armée de la Loire au Ministre de la Guerre, 24 septembre), et même par des auxiliaires commissionnés institués gestionnaires (Le même à l'Intendant du 15e corps, 27 septembre).

(2) Le Ministre de la Guerre aux Intendants divisionnaires, Tours,

Quelques fonctionnaires de l'intendance et officiers d'administration des différentes sections furent en outre neutralisés après la capitulation de Sedan, et autorisés à rentrer en France (1). D'autre part, une partie du personnel administratif qui suivait l'armée de Châlons échappa au désastre du 1ᵉʳ septembre; ces fonctionnaires et officiers furent invités à venir, aussitôt que possible, se mettre à la disposition du Ministre de la Guerre (2). Plus tard encore, l'intendant en chef de l'armée de Metz, se basant sur l'article 2 de la convention de Genève, sut obtenir le bénéfice de la neutralité pour les fonctionnaires de l'intendance et les officiers d'administration des diverses sections (3).

En ce qui concerne les troupes d'administration, autres

1ᵉʳ décembre. — D'après M. de Freycinet (*La Guerre en province*, p. 40), on commissionna, en dehors des cadres réguliers, 224 intendants ou sous-intendants et 178 officiers d'administration.

(1) Le 16 septembre, le général commandant la 2ᵉ division militaire rendait compte au Ministre de la Guerre que 20 sous-intendants, 40 officiers d'administration, 130 officiers du corps de santé et 300 infirmiers, provenant de l'armée de Châlons, étaient arrivés à Rouen avec 1,100 hommes et 200 chevaux des trois régiments du train. Le Ministre ordonna de diriger sur Tours les sous-intendants et officiers d'administration à qui le bénéfice de la neutralité avait été accordé, et sur Marseille ceux qui avaient signé le revers (Le Général commandant la 2ᵉ division militaire au Ministre de la Guerre, à Tours et à Bordeaux, D. T., Rouen, 16 septembre, 4 h. 45 soir).

D'autre part, l'intendant de la 3ᵉ division militaire signalait vers le 24 septembre, au Ministre de la Guerre, l'arrivée à Lille du personnel suivant, venant de Sedan : 1 sous-intendant militaire, 1 adjoint de 1ʳᵉ classe, 9 médecins, 3 pharmaciens, 1 aumônier, 7 officiers d'administration des hôpitaux, 4 officiers d'administration des subsistances, 1 officier d'administration du campement, 3 officiers d'administration des bureaux de l'intendance, 5 commis aux écritures, 22 infirmiers, 23 ouvriers d'administration et 4 ordonnances.

(2) Avis inséré au *M. U.* du 21 novembre.

(3) Grellois, *Histoire médicale du blocus de Metz*, p. 412. — D'après

SERVICES ADMINISTRATIFS. 479

que le train des équipages militaires et les sections

le Rapport sur le fonctionnement du service des subsistances de fin février 1871, le personnel des officiers et adjudants d'administration des subsistances fut augmenté dans les conditions suivantes :

	Officiers.	Adjudants.
Échappés des mains de l'ennemi ou prisonniers sur parole et employés suivant le cas, soit dans les corps d'armée nouveaux, soit dans les places du Midi de la France ou en Algérie............	22	43
Retraités, réformés, etc., employés à titre auxiliaire.	6	2
Nommés en surnombre des vacances constatées (Décrets des 27 novembre et 2 décembre).....	20	»
Rappelés de la non-activité sans vacances constatées.	»	2
Sous-officiers nommés élèves d'administration et chargés des fonctions d'adjudants en second...	»	60
Sous-officiers des sections d'ouvriers d'administration ne remplissant pas les conditions pour être nommés élèves, mais commissionnés adjudants temporaires.....................	»	16
Civils commissionnés adjudants auxiliaires au fur et à mesure des besoins..................	»	180
TOTAUX.........	48	303
Ces ressources auxiliaires, jointes au personnel disponible au 15 octobre dans les places de l'intérieur et de l'Algérie.....................	52	118
Donnent..........	100	421
Ce personnel fut ainsi utilisé :		
Maintenus dans les gestions conservées en France et en Algérie............................	37	97
Affectés aux corps d'armée numérotés de 16 à 26, au corps d'armée du Havre, au corps de Garibaldi, aux divisions Gougeard et Crémer, aux camps régionaux, aux centres de ravitaillement, etc...	63	315
TOTAUX.........	100	412

A la fin de la guerre, les adjudants en surnombre formaient, avec quelques officiers d'administration rentrés de Suisse, une réserve destinée à parer aux premiers besoins. Pour l'augmenter, on commissionna provisoirement, mais sans jouissance de solde, 31 adjudants auxiliaires pris dans la garde nationale mobilisée.

d'infirmiers, la délégation du Gouvernement de la Défense nationale, au moment où elle arriva à Tours, ne disposait plus que du personnel réparti dans les bureaux et établissements des départements non envahis et de l'Algérie. Ces ressources, dont l'importance n'a pu être évaluée, se composaient de détachements de la section de commis aux écritures des bureaux de l'intendance et de la 13ᵉ section d'ouvriers d'administration (habillement et campement), et surtout des dépôts des neuf sections d'ouvriers d'administration des subsistances qui ne se trouvaient pas enfermés dans des places investies. Six de ces dépôts étaient en France et trois en Algérie (1).

Bien qu'il soit impossible de préciser les mesures qui furent prises pour assurer le service très chargé qui incomba à l'intendance pendant la deuxième partie de la guerre, il semble que l'on ne rencontra aucune difficulté pour se procurer, soit dans l'armée active, soit dans la mobile, soit dans la garde nationale, les ouvriers néces-

---

(1) Les dépôts de trois sections d'ouvriers d'administration étaient restés dans des places investies : 2ᵉ à Paris, 6ᵉ à Metz et 8ᵉ à Strasbourg.

Les dépôts des 1ʳᵉ et 4ᵉ sections qui, avant la guerre, se trouvaient respectivement à Paris et à Versailles, reçurent l'ordre de se rendre en province avant l'investissement de Paris. A la fin de septembre, ces deux dépôts se trouvaient à Toulouse. Le dépôt de la 4ᵉ section fut ensuite transporté à Mauzé (Deux-Sèvres), puis à Bressuire (Renseignements recueillis aux Archives administratives ; Tableaux des emplacements des dépôts des corps de troupes de toutes armes aux 25 septembre, 19 octobre et 10 novembre 1870).

Dans ces conditions, il y avait, à la fin de septembre, six dépôts de sections d'ouvriers d'administration disponibles à l'intérieur : 1ʳᵉ, 4ᵉ et 9ᵉ à Toulouse, 3ᵉ à Lille, 5ᵉ à Marseille et 7ᵉ à Lyon.

Trois autres dépôts se trouvaient en Algérie : 10ᵉ à Oran, 11ᵉ à Constantine et 12ᵉ à Alger.

Le dépôt de la 13ᵉ section d'ouvriers d'administration (habillement et campement) était à Paris, et celui de la section de commis aux écritures des bureaux de l'intendance à Vincennes.

saires. En tout cas, dès le 6 octobre 1870, les engagements volontaires étaient suspendus jusqu'à nouvel ordre dans les différentes sections, et ce ne fut que le 14 janvier 1871 qu'ils furent autorisés à nouveau pour les sections d'ouvriers militaires des subsistances seulement (1).

---

(1) Le Ministre de la Guerre aux Préfets des départements, D. T., Tours, 6 octobre; Le Ministre de la Guerre aux Généraux commandant les divisions et les subdivisions, aux Préfets des départements, D. T., Bordeaux, 14 janvier 1871.

Les neuf dépôts de sections d'ouvriers d'administration, disponibles en France et en Algérie, présentaient, au 15 octobre, un effectif global de 2,634 hommes. Plus de la moitié de cet effectif était nécessaire en Algérie, à Marseille et dans diverses places pour les expéditions de denrées, la fabrication du biscuit, le pressage du foin, etc.

Les prélèvements sur l'infanterie, les engagements et les devancements d'appel procurèrent un supplément d'environ 900 hommes.

Les contingents disponibles furent répartis comme il suit, au fur et à mesure des formations :

	Hommes.
15 octobre 1870 (15ᵉ corps et division mixte)	247
19 octobre (16ᵉ corps)	200
29 octobre (17ᵉ corps)	250
6 novembre (18ᵉ corps)	214
20 novembre 1870 et 7 janvier 1871 (20ᵉ corps)	100
20-22 novembre et 1-6 décembre (21ᵉ corps)	180
26 novembre (24ᵉ corps)	200
1-6 décembre 1870 et 20 janvier 1871 (camp de Conlie)	100
7 décembre (corps de Garibaldi)	44
11 décembre (division Gougeard)	25
21 décembre (armée du Havre)	30
28 décembre 1870 et 5, 7, 22 janvier 1871 (19ᵉ corps)	250
Courant de décembre 1870 (22ᵉ et 23ᵉ corps)	400
5, 18, 22, 23 janvier 1871 (25ᵉ corps)	210
17, 28, 29, 30 janvier (26ᵉ corps)	264
TOTAL	2,714

(Rapport sur le fonctionnement du service des subsistances, fin février 1871).

Après avoir, autant qu'elle le pouvait, reconstitué le personnel du service de l'intendance, la délégation du Gouvernement de la Défense nationale prit une série de mesures d'organisation pour essayer de remédier aux défaillances, plus ou moins excusables, qui avaient été constatées pendant la première partie de la campagne.

Le service central de l'administration de la Guerre, tel qu'il avait été constitué à l'arrivée de la délégation du ministère de la Guerre à Tours, ne parvenait plus à suffire au travail que lui imposait l'effectif des troupes en campagne ou réunies dans les villes de garnison et les camps d'instruction. Pour donner aux services administratifs une impulsion plus énergique, un décret du 4 janvier 1871 remania, comme on le sait, la 6ᵉ direction, et la partagea en un service central et quatre sous-directions. Trois de ces dernières s'occupaient spécialement des transports, de la solde, des subsistances, de l'habillement et du campement ; la quatrième, déjà organisée par un décret antérieur, conservait dans ses attributions tout ce qui concernait le service de santé (1).

Auparavant déjà, un décret du 6 décembre avait remanié la composition du personnel des services administratifs et médicaux affecté aux armées en campagne (2).

Dans chaque division d'infanterie ou de cavalerie, un intendant était placé à la tête de ces services. Près de lui se trouvaient plusieurs intendants de 3ᵉ classe ou sous-intendants. Le reste du personnel était partagé en trois grandes sections : bureaux, subsistances et équipement, ambulances. Il comportait un nombre d'officiers ou d'adjudants d'administration, d'employés auxiliaires, de commis aux écritures et d'ouvriers proportionnel à l'effectif de la division.

---

(1) Cf. ci-dessus, p. 21.
(2) *M. U.* du 15 décembre.

Lorsque plusieurs divisions étaient réunies en corps d'armée, le service était centralisé entre les mains d'un intendant divisionnaire, qui prenait le titre d'intendant en chef du corps d'armée. Il était assisté d'un personnel analogue, comme composition et répartition, à celui prévu pour les divisions (1).

Si plusieurs corps d'armée étaient groupés pour former une armée, un intendant divisionnaire était placé à la tête des services administratifs avec le titre d'intendant en chef de l'armée. Le personnel nécessaire au quartier général de l'armée devait être déterminé dans chaque cas par le Ministre, d'après les propositions de l'intendant en chef.

Il appartenait aux intendants en chef de l'armée ou du

---

(1) Composition des services administratifs d'après le décret du 6 décembre :

PERSONNEL.	DIVISION d'infanterie.	DIVISION de cavalerie.	CORPS d'armée.	OBSERVATIONS.
Intendant chef de service.	1	1	1	(1) Nombre proportionnel aux besoins.
Intendants de 3° classe ou sous-intendants	2	1	3	(2) Quand le service des vivres n'est pas assuré par des entreprises.
Bureaux.				*Nota.* — Le personnel ci-contre était celui prévu pour des divisions d'infanterie de 15,000 hommes et des divisions de cavalerie de 5,000 hommes. En cas d'effectifs supérieurs, le personnel pouvait être augmenté au moyen d'auxiliaires.
Officiers d'administration.	1	»	2	
Adjudants d'administration	1	1	2	
Commis aux écritures.	(1)	(1)	(1)	
Subsistances.				Dans les effectifs prévus pour les quartiers généraux de corps d'armée, la réserve de personnel était comprise.
Officiers d'administration.	2	1	2	
Adjudants d'administration	3	3	5	Ainsi qu'on l'a vu plus haut, une demi-compagnie du train devait être affectée à chaque division et à chaque quartier général de corps d'armée sans préjudice des moyens auxiliaires de transport obtenus par marchés, réquisition ou autrement.
Employés auxiliaires.	2	2	3	
Ouvriers d'administration.	40	30	50	
Bouchers et boulangers.	(2)	(2)	(2)	
Équipement et ambulances.				Le personnel médical attribué à chaque division ou corps d'armée sera exposé plus loin.
Officiers d'administration.	1	1	2	
Adjudants d'administration	4	2	3	
Employés auxiliaires.	»	»	2	

corps d'armée, de répartir le personnel et les troupes des services administratifs entre les corps d'armée ou les divisions. En cas d'urgence, ils pouvaient aussi, à charge d'en rendre compte au Ministre, recruter un personnel auxiliaire ou pourvoir d'office au remplacement d'un agent en en désignant provisoirement un autre.

Les dispositions précédentes ne s'appliquaient pas aux services de l'arrière, dont le décret du 6 décembre prévoyait l'organisation et le développement, au fur et à mesure des opérations. Ce décret ne donnait d'ailleurs aucun détail sur la composition ou le fonctionnement de ces services spéciaux.

Le décret du 6 décembre procurait aux divisions et aux corps d'armée en campagne un nombre de fonctionnaires de l'intendance et d'officiers d'administration suffisant pour assurer normalement la bonne exécution des services (1), si l'on ne tient pas compte de la valeur professionnelle des agents, dont beaucoup n'étaient que des auxiliaires improvisés. Mais il importe de constater qu'à cette date de nombreux corps d'armée avaient déjà été formés et avaient même dû marcher et combattre avec un personnel beaucoup plus restreint.

Ce qui manquait surtout à l'intendance pour satisfaire aux besoins journaliers des troupes, si l'on fait abstraction des circonstances particulièrement défavorables dans lesquelles elle fut appelée à opérer, c'était les moyens d'action organisés à l'avance pour assurer les

---

(1) Dans sa lettre du 24 septembre au Ministre de la Guerre, l'intendant en chef de l'armée de la Loire demandait pour chaque division un intendant et un adjoint. D'autre part, l'intendant du 18e corps, dans son rapport sur le fonctionnement des services administratifs de ce corps d'armée, concluait qu'une division, pour être solidement organisée, devait avoir trois membres de l'intendance et un personnel d'officiers d'administration en proportion.

ravitaillements, tels que des magasins et des convois. C'était aussi une méthode, une doctrine, connues et appliquées non seulement par les agents d'exécution, mais aussi par les troupes et surtout par le commandement.

A ce propos, le Ministre de la Guerre recommandait, le 10 décembre, aux intendants en chef des armées, des corps d'armée et des divisions, de se tenir constamment à proximité immédiate de leurs généraux, afin de pouvoir exécuter leurs ordres sans aucun retard. Les services de l'arrière devaient être assurés par d'autres fonctionnaires spécialement désignés pour cette mission par les intendants en chef. Mais, en même temps, le Ministre invitait le commandement à prêter tout son concours aux intendants, afin qu'ils pussent transmettre leurs instructions à leurs subordonnés (1).

§ 2. — *Commission pour la liquidation des marchés. Commissions d'achat pour les subsistances et pour l'habillement et le campement.*

Il était de règle, en temps normal, que les marchés pour la fourniture des subsistances militaires ou du matériel de l'habillement et du campement fussent passés, à la suite d'adjudications publiques ou de concours, par les soins des intendants militaires des places où les livraisons devaient s'effectuer. La difficulté de connaître les conditions de moralité ou d'aptitude des traitants avait, en effet, depuis longtemps fait éviter

---

(1) Le Ministre de la Guerre au Général commandant la Ire armée et à l'Intendant en chef de la Ire armée, à Bourges, au Général commandant la IIe armée, à Josnes, et à l'Intendant en chef de la IIe armée, à Vendôme, D. T., Tours, 10 décembre, 5 h. 16 soir; Rapport de l'intendant en chef du 18e corps d'armée sur le fonctionnement des services administratifs de ce corps d'armée.

les transactions directes de l'administration centrale avec les fournisseurs. Même pour les achats à l'étranger, les consuls traitaient généralement sous leur responsabilité dans les limites de prix et de temps fixées par les instructions ministérielles.

Cette méthode fut appliquée rigoureusement par la délégation du ministère de la Guerre à Tours. Les intendants divisionnaires, puis les intendants en chef des corps d'armée ou des armées passèrent des marchés, non seulement pour se munir des approvisionnements nécessaires aux éléments qu'ils étaient chargés d'entretenir et d'administrer, mais aussi pour subvenir, d'après les instructions envoyées par le service central, aux services généraux de l'armée (1).

Mais bientôt, pour procurer, tant à l'armée régulière qu'aux gardes nationaux mobiles ou mobilisés, tout ce qui leur était nécessaire, des marchés durent être passés, non seulement par les fonctionnaires de l'Intendance, mais encore par les préfets, les sous-préfets, les conseillers de préfecture ou les maires. L'énormité des besoins à satisfaire, leur urgence, la pénurie des approvisionnements justifiaient cette manière de procéder, qui permettait en outre de faire appel à toutes les forces vives de l'industrie nationale. Quelques contrats furent également conclus à l'étranger (2).

---

(1) Réglementairement tout marché conclu par un intendant ne devenait ferme qu'après approbation ministérielle. Au début de la guerre, une circulaire supprima cette formalité. Des abus se produisirent; une autre circulaire du 15 décembre ordonna de rendre compte à l'administration centrale de la nature et du taux des marchés conclus, et « les intendants eurent le droit de conclure ferme les marchés nécessaires, sans attendre l'autorisation ministérielle » [Rapport à la Commission des forces militaires (sous-commission des services administratifs), *J. O.* du 3 juin 1871, p. 1213].

(2) Note du directeur des services administratifs pour le Ministre de la Guerre, Paris, 10 mai 1872.

De nombreux marchés, d'importance très variable, avaient donc été passés sur toute l'étendue du territoire. Beaucoup d'entre eux d'ailleurs, à la suite de circonstances diverses, n'avaient pu être complètement exécutés. Justement préoccupée de sauvegarder les intérêts du Trésor qui étaient engagés pour des sommes considérables, et désireuse également de se rendre compte aussi bien des dépenses faites que des ressources disponibles, la délégation du Gouvernement de la Défense nationale décida de faire statuer immédiatement sur les droits réciproques de l'État et de ses contractants.

Le 8 décembre, un décret institua à cet effet une commission composée de fonctionnaires du ministère de la Guerre et de personnalités qui, grâce à leur compétence spéciale, pouvaient rendre de grands services. Cette commission était « chargée de réunir, de contrôler et de liquider provisoirement tous les marchés passés, depuis le début de la guerre, pour fournitures faites ou à faire aux troupes », sans que ses rapports « puissent d'ailleurs préjudicier en rien aux décisions à rendre ultérieurement par l'autorité chargée de la liquidation définitive ». Son rôle consistait simplement à éclairer le Ministre sur l'importance et la composition des approvisionnements disponibles immédiatement ou à bref délai, ainsi que sur le montant des dépenses faites ou engagées (1).

---

(1) Décret du 8 décembre 1870 (*M. U.* du 10 décembre); de Freycinet, *loc. cit.*, p. 39. — La Commission pour la liquidation des marchés passés pour fournitures aux troupes était présidée par M. Férot, directeur du service de l'intendance et de la comptabilité générale à la délégation du ministère de la Guerre. Elle comprenait tout d'abord, parmi ses membres, un conseiller référendaire à la Cour des comptes, vice-président, le chef du bureau de l'intendance de la délégation du ministère de la Guerre, deux intendants militaires, deux agents de l'inspection des finances et trois fonctionnaires du ministère de l'Inté-

D'un autre côté, de nombreux commerçants croyaient devoir adresser directement au service central de l'administration de la Guerre leurs propositions pour satisfaire aux besoins provoqués par l'augmentation rapide des effectifs. Il en résultait pour les bureaux chargés des subsistances et de l'habillement un important surcroît de besogne; il parut nécessaire de les en soulager, ainsi que de la responsabilité d'apprécier la qualité et la valeur des marchandises qui étaient offertes.

Une décision ministérielle du 12 décembre créait, à cet effet, deux commissions consultatives, l'une pour l'habillement, l'équipement et le campement, l'autre pour les subsistances. Chacune d'elles, présidée par un fonctionnaire de l'intendance, se composait de trois commerçants notables désignés par le président de la Chambre de commerce de la ville où siégeait le Gouvernement, de deux officiers de l'armée régulière, d'un officier d'administration et d'un secrétaire avec voix consultative.

Le fonctionnement de ces commissions consultatives ne devait pas empêcher les achats à effectuer d'urgence par les intendants, ni entraver les opérations que ces derniers avaient à traiter directement. En principe, leur rôle se bornait à éclairer l'administration de la Guerre sur l'opportunité d'accueillir ou de rejeter les offres qui lui étaient faites directement (1). Mais « peu de temps

---

rieur. Cette commission fut augmentée dans la suite. Au 3 février 1871, elle comprenait 14 membres, 2 secrétaires et un attaché (Délégation du ministère de la Guerre à Bordeaux. Composition des différents bureaux à la date du 3 février 1871).

(1) Rapports faits au Ministre, Tours, 12 décembre et Bordeaux, 16 décembre. — Les deux intendants investis de la présidence des deux commissions consultatives étaient les deux mêmes qui faisaient déjà partie de la Commission de liquidation des marchés dont il vient d'être parlé.

après, comme on avait reconnu que le mécanisme de ces commissions entraînait une perte de temps inutile entre le moment où l'offre acceptable se produisait et le moment où le marché était conclu », le Ministre décidait, à la fin de décembre, de transformer « les deux commissions consultatives en commissions d'achat, l'une pour les subsistances, l'autre pour l'habillement et le campement.

« La composition de chacune de ces commissions fut réglée ainsi qu'il suit :

« Un intendant militaire, président ;

« Six membres civils désignés par le président de la Chambre de commerce de Bordeaux ;

« Trois officiers désignés par le général commandant la division militaire.

« Les marchés conclus par ces commissions étaient d'ailleurs soumis à l'approbation ministérielle (1) ».

---

(1) De Freycinet, *loc. cit.*, p. 39. — D'après le document cité par M. de Freycinet, la transformation des commissions consultatives en commissions d'achat aurait été décidée le 29 décembre. D'après un autre document, l'arrêté ministériel qui consacra cette transformation serait du 31 décembre 1870 (Le Président de la Commission d'achat pour l'habillement et le campement au Directeur de l'administration de la Guerre, Bordeaux, 4 janvier 1871).

En raison des approvisionnements existant dans les magasins de l'État, le Ministre ordonna, le 12 janvier 1871, de cesser les achats de matériel pour le service de l'habillement et du campement. Afin d'éviter toute réclamation, la Commission d'achat était cependant autorisée à donner suite aux marchés en préparation pour lesquels des négociants auraient eux-mêmes contracté des engagements (Le Ministre de la Guerre au Président de la Commission d'achat des effets d'habillement et de campement, Bordeaux, 12 février 1871).

D'après l'état donnant la composition des différents bureaux de la délégation du ministère de la Guerre à la date du 3 février 1871, la Commission d'achat de l'habillement, de l'équipement et du campement comprenait à ce moment un intendant président, trois officiers d'administration comptables attachés à la commission et un secrétaire. Elle employait en outre dans ses bureaux huit employés auxiliaires et

§ 3. — *Service des vivres. Approvisionnements. Alimentation en campagne.*

A la suite des événements qui aboutirent au désastre de Sedan, tous les approvisionnements préparés à proximité de la frontière de l'Est avaient été refoulés dans le Nord de la France. Des quantités considérables de denrées, destinées aux armées prisonnières à Sedan ou bloquées dans Metz, se trouvaient également en souffrance sur les voies ferrées voisines de la Belgique.

D'autre part, lorsque la délégation du Gouvernement de la Défense nationale arriva à Tours, l'ennemi investissait Paris et menaçait Rouen; les communications entre les départements du Nord et le reste du pays devenaient donc aléatoires.

Dans ces conditions, lorsqu'on voulut commencer à organiser la résistance en province, on ne put immédiatement disposer que des très faibles ressources existant dans le Midi, en dehors de celles qui constituaient l'approvisionnement des places elles-mêmes (1).

Ces ressources suffirent néanmoins aux besoins des premières formations mises sur pied, ainsi qu'à la constitution des réserves de siège des places fortes menacées, et, au commencement de novembre, les denrées immédiatement disponibles dans les magasins, consistaient encore en :

---

deux plantons pris presque tous dans la garde mobile ou mobilisée. La Commission d'achat des subsistances comprenait de son côté six membres civils, et, comme membres militaires, un intendant, président, un officier d'administration principal des subsistances et deux capitaines d'infanterie ; elle disposait aussi d'un secrétaire et d'un personnel auxiliaire qui se réduisait à un expéditionnaire et deux plantons.

(1) Rapport sur le fonctionnement du service des subsistances, fin février 1871.

60 jours de blé, farine ou biscuit ;	
7 — de lard salé ;	
15 — de riz ;	Pour un effectif de 500,000 hommes.
5 — de sel ;	
55 — de café.	
15 jours de foin ;	Pour un effectif de 50,000 chevaux.
40 — d'avoine.	

Tant pour subvenir aux besoins courants que pour constituer des réserves, on adopta les dispositions suivantes.

Le pain fut habituellement assuré aux troupes en campagne, soit par réquisition, soit au moyen de marchés passés directement par les intendants d'armée avec des entrepreneurs civils, qui fabriquaient dans les villes situées en arrière et à proximité. Le défaut d'officiers comptables et d'ouvriers militaires, ainsi que le manque de matériel, avaient, en effet, amené l'intendance à renoncer à faire fournir par l'administration, comme cela s'était pratiqué dans les campagnes précédentes. Quant aux effectifs restés dans les dépôts ou réunis dans les camps d'instruction, le pain continua à leur être livré par les entrepreneurs à la ration du temps de paix demeurant dans la circonscription. Dans ces conditions, les réserves en blé et en farine étaient seulement destinées à procurer aux entrepreneurs les matières premières qui viendraient à leur manquer. Quant aux approvisionnements de biscuit, on ne devait y recourir que pour parer à un manque de fabrication du pain (1).

---

(1) Quelques jours après avoir pris, le 22 octobre, les fonctions de directeur de l'intendance à la délégation du ministère de la Guerre, M. Férot avait fait recueillir, par les préfets, des renseignements sur les ressources existant dans les chefs-lieux de canton des départements où pouvait être appelée à opérer l'armée de la Loire, au point de vue des quantités de pain que pourraient fournir les boulangers civils, des appro-

Au commencement de novembre, l'administration disposait de plus de 800,000 quintaux de blé, et de 50,000 quintaux de farine. Le stock de biscuit dépassait à peine 16,000 quintaux (1).

A la fin de février 1871, les réserves s'élevaient encore à environ 370,000 quintaux de blé et 225,000 quintaux de farine.

Pour parer à l'insuffisance des ressources en biscuit, on fit, à la fin de novembre, en Angleterre, un achat de 71,000 quintaux de cette denrée dont la moitié environ restait encore à recevoir au 20 février 1871. D'autre part, les différentes manutentions militaires encore disponibles, les boulangeries de la marine de Brest, Lorient, Rochefort et Toulon, et des marchés conclus avec d'importantes usines privées, assurèrent une fabrication journalière de plus de 2,000 quintaux de biscuit. De sorte que le 20 février 1871, l'administration de la Guerre avait en magasin environ 88,000 quintaux de cette denrée (2).

Autrement dit, à la conclusion de la paix, malgré les nombreux effectifs entretenus, les approvisionnements en blé, farine et biscuit étaient plus du double de ceux

---

visionnements de farine et du nombre de fours inoccupés (Le Ministre de l'Intérieur et de la Guerre aux Préfets des départements, Tours, octobre 1870).

(1) État des approvisionnements disponibles, non compris ceux des places fortes et des armées agissantes, Tours, 6 novembre. — Les chiffres exacts des existants au 6 novembre 1870 étaient : 204,824 quintaux de blé, 53,980 quintaux de farine et 16,700 quintaux de biscuit, formant un total de 275,504 quintaux, c'est-à-dire 30 millions de rations, suffisantes pour 500,000 hommes pendant 60 jours.

D'après le rapport sur le fonctionnement du service des subsistances de fin février 1871, les approvisionnements disponibles au 15 octobre 1870 auraient été de 194,870 quintaux de blé, 276,882 quintaux de farine et 88,081 quintaux de biscuit.

(2) Renseignements sur les approvisionnements en vivres et four-

disponibles au moment où la délégation du Gouvernement de la Défense nationale commença la lutte en province.

La viande fraîche fut exclusivement fournie aux troupes au moyen de marchés à la ration passés directement par les intendants des corps d'armée ou des divisions. Mais il fut créé en même temps de gros approvisionnements de lard et de bœuf salé pour pouvoir assurer les distributions lorsque les entrepreneurs feraient défaut. Tandis qu'au mois de novembre, les ressources se réduisaient à 8,150 quintaux de lard salé,

---

rages, Bordeaux, 22 février 1871. — Les quantités exactes disponibles au 20 février 1871 étaient les suivantes :

Blé	377,048 quintaux.
Farine	227,193 —
Biscuit	88,141 —
Formant un total de	692,382 quintaux.

En prévision du moment où il faudrait ravitailler Paris, et pour effectuer les achats avant que la hausse ne se produisit, on se serait procuré, du 26 novembre au 8 décembre 1870 :

A Marseille : 358,200 quintaux de blé à 31 fr. 59 le quintal et 105,800 quintaux de farine à 38 fr. 59 le quintal ;

A Nantes : 40,000 quintaux de blé à 28 francs le quintal et 7,700 quintaux de farine à 43 francs le quintal.

Pour le biscuit, un marché passé avant l'investissement de Paris avec un fabricant anglais reçut son exécution à Bordeaux et procura près de 30,000 quintaux (Rapport sur le fonctionnement du service des subsistances, fin février 1871).

La Marine céda à la Guerre pour plus de 2 millions de vivres de toute espèce (exactement 2,149,309 fr. 23). Les principales denrées livrées furent par ordre d'importance : du biscuit (1,300,000 francs), du lard salé (350,000 francs), du pain, de la farine (Archives de la Marine. Guerre de 1870. Vivres, Cessions à la Guerre).

La manutention de Cherbourg assura la fourniture du pain aux troupes réunies dans la presqu'île du Cotentin et fabriqua à cet effet 20,000 rations par jour.

on avait en magasin à la fin de février, plus de 25,500 quintaux de lard et 8,500 quintaux de bœuf. En outre, les marchés en cours assuraient, avant la fin du mois de mars, la livraison d'environ 12,000 quintaux de lard et 35,000 quintaux de bœuf (1).

Quant aux autres vivres de campagne, si, au commencement de novembre, la situation était relativement satisfaisante en ce qui concerne les approvisionnements de café, il était loin d'en être de même pour le sucre, le sel, le riz et les légumes secs (2). Par contre, à la

---

(1) État des approvisionnements disponibles, etc., Tours, 6 novembre ; Renseignements sur les approvisionnements, etc., Bordeaux, 22 février 1871. — Les chiffres exacts à cette dernière date étaient : existants, 25,902 quintaux de lard et 8,693 quintaux de bœuf ; à livrer avant la fin de mars, 12,680 quintaux de lard et 35,675 quintaux de bœuf.

D'après le rapport sur le fonctionnement du service des subsistances de fin février 1871, les approvisionnements auraient consisté au 15 octobre 1870 en 4,800 quintaux de bœuf salé et 6,931 quintaux de lard.

Les achats de viande salée furent faits soit directement à des négociants français, principalement de Bordeaux, soit en Amérique par des intermédiaires.

(2) Ces approvisionnements se limitaient en effet à 7,000 quintaux de café, 415 quintaux de sel et 4,460 quintaux de riz. La régularisation d'un marché d'ancienne date pouvait procurer encore 1,800 quintaux de café. Quant au sucre et aux légumes secs, il n'en existait plus de disponibles dans les magasins de l'administration (État des approvisionnements disponibles, etc., Tours, 6 novembre).

Cependant, d'après le rapport sur le fonctionnement du service des subsistances de fin février 1871, les ressources disponibles au 15 octobre auraient été de 9,934 quintaux de café, 7,457 quintaux de sucre, 6,328 quintaux de sel, 33,834 quintaux de riz et 1,660 quintaux de légumes secs.

Mais il importe de remarquer que dans ces dernières quantités, ainsi que dans celles indiquées plus haut pour le blé, la farine et les viandes de conserve, sont compris les approvisionnements existant dans les places fortes du Nord de la France, et dans celles de Belfort, Besançon et Langres. Au contraire, les quantités citées d'après l'état des approvi-

signature de la paix, l'intendance possédait une réserve de 16,000 quintaux de café, 10,000 quintaux de sucre, 11,000 quintaux de sel, 26,000 quintaux de riz et 4,000 quintaux de légumes secs (1).

Le vin nécessaire aux troupes fut presque toujours acheté par les intendants des corps d'armée. Les achats d'eau-de-vie furent au contraire centralisés et effectués seulement sur quelques marchés importants (2).

Les ressources en fourrages consistaient au commencement de novembre en 35,640 quintaux de foin et 100,000 quintaux d'avoine. Pour assurer les besoins des troupes mobilisées, on pouvait bien demander aux entrepreneurs du temps de paix de livrer quelques petites quantités et recourir à la réquisition pour des détachements isolés de peu d'importance, mais, somme toute, il fallait compter, dans la plupart des cas, sur la fourniture par l'administration (3). Des achats d'avoine

---

sionnements disponibles au 6 novembre ne concernent que les denrées existant dans les magasins constitués en dépôts, abstraction faite de celles formant l'approvisionnement de siège des places fortes et de celles délivrées aux armées actives (15ᵉ et 16ᵉ corps).

(1) Renseignements sur les approvisionnements, etc., Bordeaux, 22 février 1871. — Les existants exacts à cette date étaient : 9,576 quintaux de café vert, 6,480 quintaux de café torréfié, 10,792 quintaux de sucre, 11,686 quintaux de sel, 26,670 quintaux de riz et 4,573 quintaux de légumes secs.

Ces différentes denrées furent achetées dans les ports de Marseille, Bordeaux et Nantes, suivant les avantages présentés par les cours et en tenant compte de l'urgence ou de la proximité des besoins à pourvoir.

(2) Il fut acheté très peu de vin. Les approvisionnements en liquides disponibles au 20 février 1871 étaient de 11,804 hectolitres de vin et 12,779 hectolitres d'eau-de-vie (Renseignements sur les approvisionnements, etc., Bordeaux, 22 février 1871).

(3) État des approvisionnements disponibles, etc., Tours, 6 novembre 1871.

D'après le rapport sur le fonctionnement du service des subsistances

furent faits en France et l'on en importa par Marseille, où l'on se procura aussi de l'orge. Pour le foin, la récolte avait été très insuffisante l'été précédent, et l'on dut traiter en Italie, en Belgique et même en Hongrie, sans parvenir toutefois à suffire à tous les besoins. A la signature de la paix, l'intendance possédait environ 44,000 quintaux de foin, 30,000 quintaux de paille et 265,000 quintaux d'avoine et d'orge (1).

Le montant des ordonnances faites directement et des crédits ouverts depuis l'arrivée de la délégation du Gouvernement de la Défense nationale à Tours jusqu'au 18 février 1871, s'éleva, pour le service des subsistances seulement, à plus de 165 millions de francs (2).

Ces quelques chiffres suffisent pour montrer l'effort qui fut fait par l'intendance dans le but d'assurer la subsistance des troupes mises sur pied en province par la délégation du Gouvernement de la Défense nationale, si l'on tient compte surtout des quantités qui étaient distri-

---

de fin février 1871, les quantités de fourrages existant au 15 octobre auraient été de 76,361 quintaux de foin, 60,217 quintaux de paille, 277,564 quintaux d'avoine et 36,566 quintaux d'orge. Mais dans ces chiffres sont compris les approvisionnements des places fortes.

(1) Renseignements sur les approvisionnements, etc., Bordeaux, 22 février 1871. — Les chiffres exacts étaient : 44,781 quintaux de foin, 31,687 quintaux de paille et 265,425 quintaux d'avoine ou d'orge.

(2) Rapport sur le fonctionnement des services des subsistances, fin février 1871.

Le montant exact des ordonnances faites et des crédits ouverts était de 165,128,943 fr. 42, dont 72,600,213 fr. 42 au titre de l'exercice 1870 et 92,528,730 francs au titre de l'exercice 1871.

Ces chiffres, établis alors que les armées venaient à peine de suspendre les opérations et qu'il n'avait pas encore été possible de rendre aucun compte, ne peuvent que donner un aperçu des dépenses réellement faites.

buées journellement (1). Les marchés importants passés pour l'approvisionnement de siège de la capitale avaient fait monter les cours d'une façon démesurée. Mais, heureusement, la spéculation ne se rendit pas compte immédiatement des achats nouveaux qui pourraient être faits en province ; aussitôt après l'investissement de Paris, il se produisit une baisse générale, dont l'administration put profiter pour commencer à reconstituer ses réserves.

Quant au combustible nécessaire pour la préparation des aliments et le chauffage des bivouacs, il semble que l'intendance avait entrepris tout d'abord d'en assurer la fourniture. A la fin du mois de novembre, elle faisait faire à cet effet, par des corvées dans la forêt d'Orléans, des coupes de bois, que l'on transportait ensuite par voitures soit dans les camps, soit à la station de chemin de fer la plus rapprochée. Mais les moyens de transport dont on disposait étaient à peine suffisants pour assurer le ravitaillement en vivres ; aussi, l'intendance proposa-t-elle, le 6 décembre, au Ministre de décider que les troupes se procureraient à l'avenir le bois dont elles auraient besoin ; elle demandait même de les autoriser pour cela à abattre les arbres plantés le long des routes (2).

Il ressort de ce qui a été dit plus haut, que deux procédés différents furent employés pour procurer aux troupes

---

(1) D'après M. de Freycinet (*loc. cit.*, p. 37), il fut distribué, du 15 octobre 1870 au 31 janvier 1871, 17 millions de rations de biscuit, 40 millions de rations de riz, 11 millions de rations de lard, 35 millions de rations de sel, 35 millions de rations de sucre et café, 12 millions de rations d'eau-de-vie, 64 millions de rations d'avoine.

Les grandes quantités de blé et farine possédées par l'administration lui permirent en outre de contribuer, pour 30 millions de rations de farine, au ravitaillement de Paris, après l'armistice.

(2) Note du Sous-Intendant de la 1re division du 16e corps, 24 novembre ; Rapport au Ministre, Tours, 6 décembre.

les denrées nécessaires. Il appartint, en effet, aux divers intendants d'armée ou de corps d'armée d'assurer la fabrication du pain et d'acheter la viande fraîche et le vin nécessaires aux unités qu'ils administraient. Au contraire, pour les autres vivres et pour les fourrages, l'administration de la Guerre organisa, près de chacun des grands groupements de forces opérant en province, des *centres de ravitaillement*, où purent puiser les intendants des corps de campagne. Ces centres, en raison de leur proximité des troupes, pouvaient être exposés à des surprises; il n'aurait pas été prudent d'y accumuler des denrées. On constitua donc en arrière, des approvisionnements plus importants de vivres et de fourrages, que l'on dénomma *réserve des armées* (1).

La constitution des énormes approvisionnements dont il vient d'être parlé ne fut pas la partie la plus difficile de l'œuvre qui incomba à l'administration; ce fut surtout pour assurer l'alimentation journalière des troupes en campagne qu'elle eut des obstacles de toute nature à surmonter.

En effet, lorsque la formation d'un corps d'armée était décidée, le personnel administratif qui lui était affecté, — et l'on a vu plus haut de quelle manière il était composé — devait tout d'abord réunir les denrées et les moyens d'action qui lui seraient nécessaires. Pour

---

(1) A la fin de la campagne, des centres de ravitaillement étaient installés à Clermont-Ferrand, Moulins, Nevers, Bourges et Châteauroux pour les armées opérant dans le centre de la France; à Cherbourg, Rennes, Brest, Angers, Poitiers et Niort pour les armées opérant dans l'Ouest. Les approvisionnements dits de réserve des armées se trouvaient à Limoges et à Angoulême. Les places du Nord formaient un réseau spécial (Renseignements sur les approvisionnements en vivres et en fourrages, Bordeaux, 22 février 1871).

cela, l'intendance passait des marchés avec des entrepreneurs qui s'engageaient à fabriquer le pain et à fournir la viande fraîche, tant pendant la concentration que pendant les opérations actives ultérieures. Puis, indépendamment de ce qui était indispensable pour les distributions journalières, elle faisait venir des centres de ravitaillement ou achetait directement les denrées qui seraient distribuées aux hommes comme vivres du sac ou qui constitueraient les réserves transportées à la suite des troupes.

Les vivres du sac comprenaient deux jours de biscuit et de vivres de campagne. Quant aux réserves à la suite des troupes, elles formaient, par quartier général de corps d'armée et par division d'infanterie ou de cavalerie, un convoi, dit convoi divisionnaire, transportant deux jours de pain, de lard ou de bœuf salé et d'eau-de-vie, et six jours de biscuit, de vivres de campagne et d'avoine et, si on le pouvait, de foin pressé (1).

Ces convois divisionnaires devaient comporter en

---

(1) Rapport de l'Intendant du 18ᵉ corps d'armée; L'Intendant en chef de l'armée de la Loire à l'Intendant du 16ᵉ corps, Blois, 27 octobre; Le Général commandant le 16ᵉ corps au Général commandant l'armée de la Loire, 24 novembre; L'Intendant du 18ᵉ corps au Général commandant le 18ᵉ corps d'armée, Ladon, 29 novembre.

Les instructions envoyées le 30 octobre par l'intendant en chef de l'armée de la Loire pour assurer la subsistance du 15ᵉ corps prévoyaient comme chargement des convois divisionnaires six jours de biscuit et de vivres de campagne, un jour de lard et d'eau-de-vie. Les voitures disponibles devaient recevoir de l'avoine (L'Intendant en chef de l'armée de la Loire à l'Intendant du 15ᵉ corps, 3 octobre).

Il semble qu'en principe les troupes devaient disposer immédiatement de dix jours de vivres, dont deux jours dans le sac et huit jours sur voitures (Rapport sur le fonctionnement du service de l'intendance, fin février 1871). Mais le chargement des convois divisionnaires indiqué dans le texte paraît avoir été le plus communément adopté.

Toutefois, le 23 novembre, les convois du 16ᵉ corps ne comprenaient pas de pain et n'avaient que quatre jours d'avoine et pas de

moyenne 120 voitures par quartier général et par division (1), mais cet effectif varia beaucoup suivant les corps d'armée. Comme, d'autre part, le train des équipages ne pouvait fournir ces moyens de transport, l'intendance était encore obligée de se les procurer soit par location, soit par réquisition (2). Mais les voitures que l'on pouvait trouver dans ces conditions n'étaient pas toujours

---

foin (L'Intendant du 16ᵉ corps au Général commandant le 16ᵉ corps, Saint-Péravy-la-Colombe, 23 novembre). D'autre part, le Ministre rappelait, le 13 décembre, que les convois divisionnaires devaient toujours être chargés de six jours de vivres de campagne, dont cinq de biscuit et deux de lard ou de conserves (Le Ministre de la Guerre aux Généraux commandant les 16ᵉ, 17ᵉ et 21ᵉ corps à Vendôme, et les 15ᵉ, 18ᵉ et 20ᵉ corps à Bourges, Bordeaux, 13 décembre).

Il semble que les vivres du sac ne comprenaient que du riz ou des légumes secs, du sel, du sucre et du café.

La ration de biscuit était de 600 grammes, celle de viande fraîche de 350 grammes, celle de bœuf salé de 300 grammes et celle de lard salé de 225 grammes. Lorsque les circonstances le nécessitaient, les généraux commandants en chef pouvaient augmenter le taux de la ration de viande.

La ration habituelle de fourrages ne comprenait avec l'avoine que le foin ou la paille, l'un excluant l'autre, sauf remplacement à faire par voie de substitution (Le Ministre de la Guerre à l'Intendant du 15ᵉ corps d'armée à Bourges, Tours, 3 octobre ; Le Général commandant le 17ᵉ corps aux Généraux commandant les divisions du corps d'armée, D. T., Mer, 18 novembre, 2 h. 40 soir).

(1) L'intendant Robert à l'Intendant du 16ᵉ corps, Blois, 27 octobre.

(2) Les locations ou réquisitions, qui furent relativement faciles pour les corps d'armée formés les premiers, présentèrent pour les autres de très grandes difficultés, en raison de l'épuisement du pays où l'on opérait.

Le 16ᵉ corps disposait, en effet, au 23 novembre, de 888 voitures embrigadées appartenant aux entreprises Kintginger, Mengin et Orsat. 511 formaient les convois divisionnaires et transportaient pour l'ensemble du corps d'armée deux jours de lard et d'eau-de-vie, quatre jours d'avoine et six jours de biscuit, de riz, de sel, de sucre et de café. Elles étaient ainsi réparties : 70 pour le quartier général, 119 pour chacune des 1ʳᵉ et 2ᵉ divisions d'infanterie, 68 pour la 3ᵉ division d'infanterie

disposées pour garantir les vivres contre les intempéries, et, bien souvent, la pluie avariait les denrées, particulièrement le pain (1).

Au début de la campagne, les convois divisionnaires furent utilisés pour le ravitaillement journalier. Ils se partageaient, à cet effet, en deux groupes, dont le premier, portant un jour de biscuit, de vivres de campagne, de lard et d'eau-de-vie, suivait immédiatement chaque division et était mis à la disposition des troupes aussitôt après l'arrivée au gîte (2).

Mais plus tard, les convois divisionnaires ne durent plus être considérés que comme un complément de vivres de réserve. On ne pouvait y toucher que sur un ordre du commandant en chef, et les troupes étaient tenues de se ravitailler sur l'arrière par convois ou par chemin de fer, ou de réquisitionner leur subsistance sur le pays (3). Il fut loin d'en être ainsi dans la pratique, et les sous-intendants divisionnaires ne purent même pas toujours, comme on l'aurait souhaité, assurer le renou-

---

encore incomplète, et 135 pour la division de cavalerie. Les 377 autres voitures restaient disponibles (L'Intendant du 16ᵉ corps au Général commandant le 16ᵉ corps, Saint-Péravy-la-Colombe, 23 novembre).

Par contre, au 1ᵉʳ janvier 1871, les convois divisionnaires du 18ᵉ corps ne comptaient que 292 voitures de convois auxiliaires, transportant deux jours de vivres pour le quartier général du corps d'armée et les trois divisions d'infanterie, six jours de vivres pour la division de cavalerie et deux jours de fourrages pour l'ensemble du corps d'armée (Situation des approvisionnements, vivres et fourrages, et moyens de transport du 18ᵉ corps d'armée, Auxonne, 1ᵉʳ janvier 1871).

(1) Journal de marche des subsistances militaires de la 1ʳᵉ division du 18ᵉ corps d'armée.

(2) L'Intendant en chef de l'armée de la Loire à l'Intendant du 15ᵉ corps, 3 octobre.

(3) Le Ministre de la Guerre aux Généraux commandant les 16ᵉ, 17ᵉ et 21ᵉ corps, à Vendôme, et les 15ᵉ, 18ᵉ et 20ᵉ corps, à Bourges, Bordeaux, 13 décembre.

vellement des vivres de leurs convois par l'exploitation des ressources locales (1).

D'une façon générale, le ravitaillement des troupes fut assuré par l'arrière, au moyen de demandes adressées aux centres de ravitaillement. Les intendants des corps d'armée d'opérations furent ainsi amenés à constituer des *magasins mobiles*, c'est-à-dire à conserver sur wagons des approvisionnements qui s'élevaient parfois à dix jours de vivres pour l'ensemble de leurs troupes et qui étaient échelonnés sur les voies ferrées, en arrière de la zone occupée par le corps d'armée (2).

---

(1) L'Intendant du 18e corps au Général commandant le 18e corps d'armée, Ladon, 29 novembre ; Instructions de l'Intendant du 18e corps, Mailley, 5 janvier 1871. — Prévoyant que, dans des pays épuisés, l'intendance se trouverait parfois dans l'impossibilité d'assurer les denrées de toute nature, l'intendant du 18e corps prescrivait le 5 janvier 1871 à ses intendants divisionnaires de faire, le cas échéant, une distribution de trois rations de viande, qui remplacerait momentanément les distributions ordinaires. Il les invitait dans ce but à former et à entretenir dans chaque division, ainsi qu'au quartier général, un troupeau de réserve, dans l'éventualité où ils ne pourraient disposer des troupeaux des entrepreneurs, restés en arrière à cause des longues marches ou du mauvais état des chemins.

(2) De Freycinet, *loc. cit.*, p. 41. — A raison de 40 wagons par corps d'armée et par jour, cette mesure, dit M. de Freycinet, nécessitait, pour 12 corps d'armée, une disponibilité de 4,800 wagons.

Le 8 décembre, dans l'après-midi, les approvisionnements en vivres stationnant dans les gares de Mer et de Blois comprenaient à Mer 140 wagons, à Blois 75 wagons, soit au total 215 wagons (Situation des wagons contenant des subsistances, de l'équipement et des munitions, Mer, 8 décembre, 4 heures du soir ; *Ibid.*, Blois, 8 décembre, 3 heures du soir).

Lorsque le 18e corps se porta, entre le 22 et le 27 novembre, de Gien sur Montargis et Ladon, l'intendant du corps d'armée avait échelonné 500 wagons chargés de vivres dans les différentes gares entre Gien et Nevers. Dans chacune de ces gares, il n'y avait qu'une espèce de denrées (Rapport de l'Intendant du 18e corps d'armée).

Les premiers corps d'armée constitués derrière la Loire furent dotés,

Une autre conséquence du ravitaillement par l'arrière fut l'organisation de convois supplémentaires de voitures de réquisition pour transporter les vivres jusqu'aux convois divisionnaires, lorsque les troupes cessaient d'être à proximité d'une voie ferrée ; au fur et à mesure qu'elles s'en éloignaient, les convois supplémentaires devenaient de plus en plus importants et, par conséquent, de plus en plus difficiles à constituer et à faire marcher (1).

---

en dehors de leurs convois divisionnaires, d'un approvisionnement de réserve de 8 jours de vivres sur voitures. Sur la proposition de l'intendant en chef de l'armée de la Loire, le général commandant cette armée supprima cet approvisionnement le 23 novembre. On estima que les corps d'armée, opérant à proximité d'une voie ferrée, pouvaient facilement se ravitailler ; d'autre part, les voitures des parcs d'approvisionnement de réserve étaient indispensables pour faire parvenir aux 17e, 18e et 20e corps en formation les denrées qui leur étaient nécessaires (L'Intendant du 17e corps au Général commandant le 17e corps à Mer, D.T., Tours, 16 novembre, 8 h. 30 matin : L'Intendant du 16e corps au Général commandant le 16e corps, Saint-Péravy-la-Colombe, 23 novembre ; Le Général commandant le 16e corps au Général commandant l'armée de la Loire, 24 novembre).

« Pendant tout le temps que les armées ont opéré au nord de Tours et Bourges, on expédiait des divers centres de ravitaillement sur ces deux places les denrées, où elles étaient conservées sur wagons en quantité suffisante pour assurer rapidement tous les besoins des armées. Pour éviter l'encombrement à Tours et à Bourges, une grande partie des wagons étaient garés dans les stations voisines de ces deux villes. Il en était de même dans les centres de ravitaillement où les denrées étaient conservées en partie sur wagons ; on avait, de la sorte, des ressources très mobiles, qui pouvaient être très promptement expédiées là où elles étaient nécessaires. Ce système a été adopté, non seulement pour obtenir une grande célérité dans l'envoi des denrées, mais encore parce que le service de guerre absorbant les hommes et les moyens de transports, les chargements, déchargements et camionnages étaient devenus impossibles à effectuer » (Rapport sur le fonctionnement du services des subsistances, fin février 1871).

(1) Les 28 et 29 novembre, lorsque le 18e corps d'armée se trouvait à Ladon, au contact de l'ennemi avec lequel il combattit le 30 à Beaune-

Le manque de trains régimentaires venait encore compliquer le service des distributions journalières aux corps de troupe. Malgré les instructions qui prescrivaient de considérer les convois divisionnaires comme une réserve de vivres à la suite des troupes, il fallut presque journellement pousser un certain nombre de leurs voitures jusqu'au centre des bivouacs ou des cantonnements de chaque division ; or, les chemins n'étaient pas toujours praticables pour des voitures lourdement chargées ; en outre, certains corps pouvaient encore avoir de longs trajets à faire pour venir au ravitaillement (1).

Le service du réapprovisionnement journalier des troupes se heurta encore à de graves difficultés : le gaspillage des vivres et le pillage des convois.

Les hommes consommaient sans ordre ou jetaient en cours de route, pour s'alléger, leurs vivres du sac ; ils se

---

la-Rolande, ses ravitaillements étaient amenés par voie ferrée de Nevers à Gien, puis de cette ville jusqu'à Ladon par voitures. Ce dernier transport demandait 2 jours pour l'aller et 1 jour pour le retour. Le corps consommant le chargement de 400 voitures, il lui en aurait fallu 1,200. Or, à cette date, l'intendance n'avait pu encore en louer que 400. Grâce au concours du sous-préfet de Gien, elle put réquisitionner des moyens de transport dans tout l'arrondissement et parvenir à charger et à expédier 1,300 voitures de vivres dans les journées des 28, 29 et 30 novembre.

Plus tard, quand, du 9 au 17 janvier, le 18ᵉ corps opérait entre Villersexel et Héricourt, ses convois devaient aller se réapprovisionner à Beaume-les-Dames, à environ 3 journées de marche. Il eût fallu 1,600 voitures, que l'intendance était loin d'avoir, car les pertes en chevaux et les désertions avaient diminué considérablement le nombre de celles dont on disposait. On parvint à organiser un convoi supplémentaire de 250 voitures à Beaume-les-Dames, mais le mauvais état des chemins et l'épuisement des chevaux apportèrent des retards considérables dans l'arrivée des ravitaillements (Rapport de l'Intendant du 18ᵉ corps).

(1) Le Sous-Intendant militaire de la 1ʳᵉ division du 16ᵉ corps au Général commandant la division, Nuisement, 24 novembre. — Pour

trouvaient donc sans nourriture les jours de combat ou pendant les marches, lorsque les convois ne pouvaient pas rejoindre (1).

D'un autre côté, le chargement des convois fut souvent exposé en cours de route à des tentatives coupables de la part de troupes plus ou moins débandées, ou même de la part des voituriers. En outre, lorsque les approvisionnements étaient amenés au milieu des troupes pour les ravitailler, le personnel de l'intendance était insuffisant pour assurer ou même simplement surveiller l'opération ; il ne pouvait empêcher les hommes de se servir eux-mêmes, souvent même avec la complicité des convoyeurs. Il fallut dans ces conditions donner aux convois de l'intendance des escortes permanentes, qui, indépendamment de leur rôle de garde et de police, devaient en même temps préserver les réserves de vivres contre les entreprises de l'ennemi (2).

---

remédier à une partie de ces inconvénients, le général de Sonis ordonnait, le 21 novembre, aux troupes de la division de cavalerie du 17ᵉ corps de requérir le nombre de voitures nécessaires pour transporter deux jours de vivres. Ces voitures devaient suivre constamment les régiments et être utilisées pour aller chercher les vivres aux lieux fixés pour le ravitaillement. Autrement dit, le général de Sonis organisait dans sa division des trains régimentaires (Ordre pour la division de cavalerie du 17ᵉ corps, Châteaudun, 21 novembre).

(1) Dès le 30 septembre, le Ministre avait attiré l'attention du commandement sur ce déplorable état de choses (Le Ministre de la Guerre aux Généraux commandant les divisions territoriales et actives et aux Généraux de brigade, Tours, 30 septembre). Plus tard, le commandant de l'armée de la Loire faisait mettre à l'ordre des 15ᵉ et 16ᵉ corps que tout homme qui dissiperait ses vivres du sac serait traduit en cour martiale. Il rendait en même temps les commandants de compagnie responsables de la conservation des approvisionnements. Le 13 décembre, le Ministre étendait ces prescriptions aux autres corps d'armée (Le Ministre de la Guerre aux Généraux commandant les 16ᵉ, 17ᵉ et 21ᵉ corps, à Vendôme, et les 15ᵉ, 18ᵉ et 20ᵉ corps, à Bourges, Bordeaux, 13 décembre).

(2) Le Ministre de la Guerre aux Généraux commandant les divisions

A tout cela il faut ajouter que les corps de troupe ne respectaient pas toujours les heures fixées par le commandement pour les distributions, ou omettaient de présenter des bons réguliers en échange des denrées qu'ils venaient recevoir (1). On ne s'étonnera pas dans ces conditions que, malgré le zèle et le dévouement déployés par ses agents, le service de l'intendance n'ait pu toujours satisfaire aux besoins des troupes.

En arrière des forces actives organisées, le réapprovisionnement en vivres fut assuré de la façon suivante.

Au début, plusieurs armées ou fractions d'armée, bien qu'indépendantes les unes des autres, opérèrent dans la même région. Elles s'adressèrent donc au même centre de ravitaillement. Il devint alors indispensable de confier la direction du réapprovisionnement général des troupes à un seul fonctionnaire, chargé à la fois de réunir les ressources, puis de les répartir suivant les besoins de chacun. Un sous-intendant militaire, placé directement sous les ordres du Ministre de la Guerre et résidant à Tours à côté de lui, fut donc spécialement chargé de créer et d'alimenter les approvisionnements réunis dans les centres de ravitaillement et dans les dépôts dits de réserve d'armée. Il devait ensuite satisfaire aux demandes que lui adressaient les intendants en chef des armées ou des corps d'armée ; en même

---

territoriales et actives et aux Généraux de brigade, Tours, 30 septembre ; L'Intendant du 16ᵉ corps au Général commandant le 16ᵉ corps, Saint-Péravy, 24 novembre ; L'Intendant du 18ᵉ corps au Général commandant le 18ᵉ corps, Ladon, 29 novembre ; Journal de marche des subsistances militaires de la 1ʳᵉ division du 18ᵉ corps.

(1) Le Ministre de la Guerre au Général commandant le 16ᵉ corps d'armée, Bordeaux, 29 janvier 1871.

temps que les quantités nécessaires, ces derniers lui faisaient connaître les gares de destination les plus rapprochées de leurs troupes.

Plus tard, lorsque les forces françaises furent partagées en deux parties bien distinctes et opérant dans des régions différentes, on put affecter à chacune d'elles des centres de ravitaillement différents. A la suite de ces nouvelles dispositions, le fonctionnaire chargé jusque-là de concentrer et de répartir les denrées n'eut plus pour mission que de maintenir à un niveau constant les réservoirs dans lesquels chaque intendant en chef venait directement puiser (1).

§ 4. — *Habillement. Équipement. Campement.*

Il n'a pas été possible d'établir exactement les ressources en habillement, équipement et campement qui, vers le 15 septembre 1870, restaient disponibles dans les départements non envahis.

Il semble qu'au début, les approvisionnements des

---

(1) Rapport sur le fonctionnement du service des subsistances, fin février 1871.

Pour assurer le renouvellement des approvisionnements réunis dans les centres de ravitaillement, il importait que l'intendant chargé de ce service fût toujours très au courant des ressources dont pouvait disposer l'administration de la Guerre. Aussi, lorsque le décret du 4 janvier 1871 réorganisa la 6ᵉ direction de la délégation du ministère de la Guerre, l'intendant militaire Roux fut-il placé à la tête de la sous-direction des subsistances militaires, tout en restant chargé de diriger le réapprovisionnement général des troupes d'opérations.

Quant à l'armée qui opérait dans le Nord de la France, son ravitaillement ne fut pas assuré par les soins de la délégation du ministère de la Guerre à Tours, puis à Bordeaux. Le théâtre où opérait cette armée se trouvait en effet séparé du reste du pays. D'ailleurs, les ressources accumulées dans cette région étaient considérables et plus que suffisantes pour parer à toutes les éventualités pendant plusieurs mois.

dépôts des corps aient été suffisants pour que l'on pût disposer encore d'un important matériel, après avoir subvenu aux besoins des premières troupes de l'armée régulière mise sur pied. A ce moment, cependant, les effets d'équipement et de campement et certains effets d'habillement, tels que les capotes et les manteaux, commençaient à faire défaut (1).

L'administration de la Guerre disposait, pour la confection des effets, des ateliers régimentaires des corps de troupe et de cinq ateliers civils organisés avant la guerre à Marseille, Lyon, Toulouse, Rennes et Lille.

Les ateliers régimentaires reçurent un développement considérable. On y versa tous les gardes nationaux mobiles et mobilisés exerçant les professions de tailleurs et de cordonniers, susceptibles de rendre des services. Au cas où les locaux militaires qui leur étaient affectés deviendraient insuffisants, les généraux commandant les divisions de l'intérieur devaient demander à l'autorité civile d'en mettre de plus spacieux à leur disposition ; au besoin, ils pouvaient les requérir (2).

Malgré les obstacles et les retards occasionnés par les changements forcés de garnison des dépôts, les ateliers régimentaires habillèrent et équipèrent 450,000 hommes du 15 octobre 1870 au 31 janvier 1871. A la fin de la campagne, ils pouvaient confectionner, par mois, au moins 150,000 effets d'habillement et 100,000 paires de souliers ou bottes.

Les ateliers civils de la Guerre produisaient 400,000 effets d'habillement par mois, mais ils n'étaient pas orga-

---

(1) Rapport établi par le Général commandant la 13ᵉ division militaire, en exécution de la circulaire du 26 octobre 1870, Bayonne, 11 novembre.

(2) Le Ministre de la Guerre aux Généraux commandant les divisions de l'intérieur et aux Intendants militaires des divisions de l'intérieur, Tours, 3 décembre.

nisés pour la fabrication de la chaussure militaire. Il fallut donc, pour se procurer ces derniers effets, s'adresser à des ateliers civils privés. Or, la mobilisation des gardes nationales mobile et mobilisée avait enlevé à ces ateliers la majeure partie de leurs ouvriers, que l'on ne pouvait, comme pour l'habillement, remplacer par des femmes. Dans ces conditions, l'administration de la Guerre ne parvint pas à obtenir plus de 150,000 paires de chaussures par mois (1).

On n'avait d'ailleurs pas hésité à faire partout un large appel au concours de la main-d'œuvre privée pour la confection des effets de toutes sortes (2). Dès le début de la guerre, des industriels avaient reçu d'importantes commandes ; d'autres leur furent encore confiées plus tard (3). Des achats urgents furent effectués

---

(1) Rapport sur les opérations du service de l'habillement et du campement du 14 septembre 1870 au 31 janvier 1871. — Toutefois, en février 1871, l'administration pensait, en offrant des marchés à long terme à Marseille, Toulon et Nantes, obtenir, en cas de continuation des hostilités, 200,000 à 300,000 paires de chaussures par mois.

(2) Le Général commandant la 10e division militaire au Ministre de la Guerre, Montpellier, 10 novembre ; Le Général commandant la 16e division militaire au Ministre de la Guerre, Rennes, 11 décembre ; Situation des principaux effets existant au magasin d'habillement de Rennes à la date du 25 décembre.

(3) En ce qui concerne particulièrement la Commission d'achat des effets d'habillement, d'équipement et de campement, instituée à la délégation du ministère de la Guerre à la fin de décembre, le Ministre signalait, le 4 janvier 1871, à son président, qu'il pouvait procéder à l'achat de 3 millions de mètres de drap, de plus de 300,000 capotes, collets à capuchon ou manteaux, de 700,000 vestes ou vareuses, de 1,200,000 pantalons divers, de 3 millions de paires de souliers, d'un million de petits bidons avec courroies, de 1,200,000 chaussettes de laine, d'autant de chemises de coton, de 600,000 chemises de flanelle, etc.

Pendant la période comprise entre le 3 janvier et le 8 février 1871, la Commission passa avec divers industriels 230 marchés pour des

en Angleterre (1). Les approvisionnements de la marine furent également mis à contribution et ses ateliers travaillèrent pour le compte de la Guerre (2).

Pour se procurer le matériel de toute sorte qui man-

---

fournitures d'effets d'habillement et d'objets d'équipement et de campement (Relevés des marchés passés par la Commission d'achat).

(1) Note sur les marchés passés pendant la guerre pour le service de l'habillement et du campement, Paris, 10 mai 1872. — D'après un état, *sans date,* les achats effectués en Angleterre s'élevaient à 197,015 mètres de drap, 100,000 capotes, 100,000 pantalons, 300,000 paires de souliers, 20,000 paires de bottes, 100,000 guêtres en cuir, 60,000 chemises, 87,600 cravates, 100,000 couvertures, 100,000 petits bidons, 20,000 collections d'ustensiles. Le drap, les effets et les chaussures devaient être livrés en quatre lots pendant les mois de décembre 1870 et janvier 1871. Le reste du matériel devait être fourni en une ou deux fois dans le courant de décembre.

D'après le Rapport sur les opérations du service de l'habillement et du campement du 14 septembre 1870 au 31 janvier 1871, les marchés passés en Angleterre pour la chaussure auraient porté sur 400,000 paires de souliers au lieu de 300,000.

Si la guerre avait continué, l'administration pensait s'adresser en Autriche et en Espagne. Dans chacun de ces pays, elle pouvait se procurer, à partir du 15 mars 1871, 200,000 paires de souliers. Des offres avaient été faites également par les fournisseurs de l'armée hollandaise pour livrer chaque mois 100,000 paires de bottines et de bottes de cavalerie (Rapport sur les opérations du service de l'habillement, etc.).

(2) Le Ministre de la Guerre au Ministre de la Marine, Bordeaux, 15 décembre; L'Intendant de la 9ᵉ division militaire au Ministre de la Guerre, Marseille, 18 janvier 1871; Le Préfet maritime de Cherbourg au Ministre de la Marine, Cherbourg, 1ᵉʳ février 1871. — Le montant du matériel fourni par la Marine à la Guerre s'éleva à 1,871,534 fr. 27, dont 1,533,712 fr. 65 provenant des arsenaux; le reste fut livré par l'industrie privée. Parmi les effets et objets fournis on relève notamment : 29,485 paletots en molleton, 26,366 pantalons pour la garde nationale mobile, 38,476 cartouchières, 29,869 havresacs, 128,595 marmites, 30,927 tentes-abris, 2,112 tentes à 16 hommes, etc. (Archives de la Marine, Guerre de 1870. Cessions à la Guerre. Objets d'habillement et de campement).

quait aux troupes, on eut d'ailleurs recours à tous les expédients possibles.

Le 6 octobre, le Ministre de l'Intérieur ordonnait aux préfets de requérir immédiatement, pour servir à l'équipement des régiments de la garde nationale mobile, tous les ceinturons, gibernes, porte-sabres et havresacs détenus par les sapeurs-pompiers des communes. Ces objets, qui seraient remplacés ultérieurement, devaient être expédiés sans retard sur Bourges, Tours, Châteauroux, Lille, Poitiers, Lyon ou Clermont. Mais les versements qui furent faits en exécution de cette décision n'eurent pas l'importance qu'on avait cru pouvoir escompter (1).

Un peu plus tard, le 29 octobre, les préfets furent invités de nouveau à requérir dans leurs départements les havresacs encore en état d'être utilisés, possédés par d'anciens militaires retirés dans leurs foyers (2).

Dans le courant du mois de janvier 1871 enfin, le Ministre fit reverser dans les magasins de l'administration les effets militaires susceptibles d'être remis en service, laissés dans les hôpitaux civils ou militaires et dans les ambulances privées. Les particuliers détenteurs d'effets de cette nature furent invités à les remettre à la gendarmerie ; de leur côté, les compagnies de chemins de fer durent faire rechercher dans les gares ceux

---

(1) Le Ministre de l'Intérieur aux Préfets des départements, D. T., Tours, 6 octobre ; l'Intendant en chef de l'armée de la Loire au Directeur de la 6ᵉ direction à la délégation du ministère de la Guerre, à Tours, Tours, 10 octobre.

(2) Le Ministre de la Guerre aux Préfets des départements, Bordeaux, 31 décembre.

Ces havresacs furent décomptés au prix de l'effet neuf (14 francs) diminué d'un tiers pour les havresacs en bon état et de moitié pour les autres.

qui avaient été abandonnés par des militaires de passage (1).

Le montant des marchés passés en province par le service de l'habillement et du campement s'éleva à 160 millions. Dès que les négociations pour la signature de la paix parurent devoir aboutir, le Ministre prescrivit, le 9 février 1871, de résilier tous les marchés en cours, qui n'avaient pas été exécutés dans les délais stipulés ; les réductions de dépenses que l'on obtint de la sorte s'élevèrent à 18 millions (2). Le 12 février, il avisait le président de la Commission d'achat pour l'habillement, l'équipement et le campement, d'avoir à cesser toute acquisition (3). Le lendemain, il prévenait son collègue de la Marine qu'il y avait lieu d'arrêter, jusqu'à nouvel ordre, les confections d'effets de toute nature, qui s'exécutaient dans les arsenaux ou les ateliers de la Marine pour le compte de l'administration de la Guerre (4).

A ce moment-là d'ailleurs, 600,000 hommes avaient été habillés et équipés par les soins de l'administration de la Guerre (5), et, bien que pour certains effets les

---

(1) Le Ministre de la Guerre aux Intendants des divisions militaires, Bordeaux, 8 janvier 1871.

(2) Marchés passés pendant la guerre pour le service de l'habillement et du campement, Paris, 10 mai 1872.

(3) Le Ministre de la Guerre au Président de la Commission d'achat des effets d'habillement et de campement, Bordeaux, 12 février 1871.

(4) Le Ministre de la Guerre au Ministre de la Marine, Bordeaux, 13 février 1871.

(5) De Freycinet, *loc. cit.*, p. 37. — D'après cet ouvrage, il fut distribué « pendant la période du 15 octobre 1870 au 31 janvier 1871 : couvertures, 779,200 ; capotes, 677,400 ; ceintures de flanelle, 1,157,300 ; pantalons, 957,200 ; tuniques, vareuses, 714,500 ; gilets de laine, tricots, 608,000 ; chemises, 1,805,000 ; paires de souliers,

SERVICES ADMINISTRATIFS.   513

quantités disponibles fussent encore inférieures aux besoins, les approvisionnements, déposés soit dans les magasins de l'intendance, soit dans ceux des dépôts des corps, permettaient de pourvoir encore plus de 300,000 hommes des effets qui leur étaient nécessaires (1).

En principe, il appartenait au ministère de l'Intérieur d'assurer l'habillement des gardes nationaux mobiles et mobilisés et des francs-tireurs, et l'administration de la Guerre ne devait plus avoir qu'à les entretenir, lorsqu'ils étaient mis à sa disposition. Les intendants militaires entraient donc en concurrence avec les préfets, les sous-préfets et les communes, pour assurer la livraison des effets nécessaires aux différentes catégories d'hommes qu'ils devaient mettre sur pied.

A la suite du décret du 14 octobre, qui constituait l'armée auxiliaire et qui prescrivait que toutes les forces de la Défense nationale seraient soumises au même traitement, une circulaire du 20 octobre ordonna que l'autorité militaire serait seule chargée d'organiser les bataillons de la garde nationale mobile et les corps de francs-

---

1,813,700 ; caleçons, 732,100 ; peaux de moutons, 385,000 ; havresacs, 697,000..... Si l'on rapproche les chiffres des effets d'équipement du nombre d'hommes réellement équipés par les soins de l'administration de la Guerre, lequel a été d'environ 600,000, on voit que chaque homme a reçu en moyenne : une capote, une tunique, un pantalon et demi, un gilet de laine, un caleçon, un havresac, deux couvertures ou peaux de mouton, deux ceintures de flanelle, trois chemises et trois paires de souliers ».

Le 7 janvier 1871, le Ministre de la Guerre donnait des instructions pour que tous les hommes mobilisés fussent pourvus de trois chemises, afin de pouvoir en porter deux ensemble, pour mieux se garantir du froid (Le Ministre de la Guerre aux Intendants des corps d'armée, des divisions militaires et des camps, Bordeaux, 7 janvier 1871).

(1) Rapport présenté par la Sous-Commission du service de l'habillement et du campement (Rapport sur le matériel) (*J. O.*, 3 juin 1871,

tireurs et de pourvoir à leurs besoins. Les préfets devaient cesser de passer des marchés pour l'habillement et l'équipement de ces formations et se borner à surveiller l'exécution de ceux conclus précédemment (1).

Quant à la garde nationale mobilisée, le Département de l'Intérieur continuait de satisfaire à ses besoins ;

---

p. 1214). D'après ce document, la situation des approvisionnements en effets d'habillement et de campement était la suivante à la fin de la guerre :

EFFETS.	DANS LES MAGASINS de l'administration.	DANS LES DÉPÔTS.	TOTAL des effets disponibles.	EFFETS A LIVRER à la suite des marchés en cours.
1	2	3	4	5
Mètres de drap	951,500		951,500	(1) 576,800
Capotes	245,600	37,800	283,400	(2) 444,200
Tuniques, vestes, habits ou vareuses	89,400	203,000	292,400	82,800
Pantalons	485,400	95,900	(3) 581,300	(4) 422,450
Bonnets de police ou képis	467,500	67,600	535,100	»
Couvertures	433,800	34,000	467,800	222,500
Tentes-abris	1,403,000		1,403,000	551,500
Chemises	664,000	375,000	1,039,000	540,600
Caleçons	411,000	56,400	467,400	
Guêtres de cuir	208,600		208,600	404,000
Havresacs	508,400	52,000	560,400	246,400
Gamelles	43,200		43,200	»
Souliers (paires)	406,000	231,000	647,000	(5) 1,215,000

(1) En comprenant la commande normale de 1871, l'administration de la Guerre pouvait disposer à bref délai de 3 millions de mètres de drap, suffisants pour habiller 600,000 hommes.
(2) Dont 210,000 pour mobilisés et 199,100 pour l'infanterie.
(3) Dont 339,000 pour mobilisés et 700 seulement pour hommes montés.
(4) Dont 7,500 pour hommes montés. Le petit nombre de pantalons de cheval disponibles s'explique par le manque de basane.
(5) D'après un autre document (Rapport sur les opérations du service de l'habillement et du campement du 14 septembre 1870 au 31 janvier 1871), on ne pouvait compter, jusqu'à la fin de mars 1871, que sur 800,000 paires de souliers. Un certain nombre de marchés, figurant sur l'état général des ressources, avaient en effet été résiliés ou devaient l'être à brève échéance pour inexécution ou mauvaise livraison. On a vu plus haut les mesures que comptait prendre l'administration pour se procurer des souliers à l'étranger, si la guerre devait se prolonger.

Les chiffres des colonnes 2 et 3 concordent avec ceux fournis par un autre document donnant la situation du matériel existant en magasin au 10 février 1871.

(1) Le Ministre de l'Intérieur et de la Guerre aux Généraux com-

mais, lorsque ses unités étaient remises à la Guerre, l'administration militaire veillait à leur faire délivrer tous les effets dont elles n'avaient pu être fournies par les soins des préfets (1).

Malgré tous les efforts qui furent faits, de nombreuses unités, appartenant tant à l'armée régulière qu'à l'armée auxiliaire, durent rejoindre les formations de campagne, sans être complètement équipées (2). Pour remédier à cet inconvénient, et pour satisfaire aussi aux demandes de remplacement présentées par les corps d'armée en ligne, l'on réunit, vers la fin de novembre, à Tours, la totalité des effets d'habillement, d'équipement et de campement, existant dans les magasins des corps ou préparés pour la garde nationale mobile, en ne réservant que ce qui était immédiatement indispensable. Pour constituer cet approvisionnement, l'on enleva même, dans les dépôts, aux jeunes soldats de la classe 1870,

---

mandant les divisions militaires et les départements, aux Intendants des divisions militaires et aux Préfets, Tours, 20 octobre.

Plusieurs chefs de corps de la garde nationale mobile crurent bon, par la suite, d'envoyer à Tours des officiers pour réclamer, auprès de la délégation du ministère de la Guerre, les effets qui manquaient à leurs régiments. Une circulaire du 14 novembre interdit cette manière de faire et prescrivit qu'à l'avenir les corps de la mobile se borneraient à adresser tous les cinq jours au Ministre, par la voie hiérarchique, le relevé de leurs besoins (Le Ministre de la Guerre aux Généraux commandant les divisions militaires, Tours, 14 novembre).

(1) Le Ministre de la Guerre aux Généraux et Intendants, Bordeaux, 3 février 1871.

(2) Le Général commandant supérieur de l'Ouest au Ministre de la Guerre, Le Mans, 5 novembre.

Les documents qui seront cités ultérieurement à l'appui des opérations des armées de province contiendront de nombreux détails à ce sujet. Les effets qui faisaient particulièrement défaut étaient les havresacs, les gamelles, le matériel de campement pour préparer les aliments et les couvertures.

qui n'étaient pas encore mobilisables, les capotes qui avaient pu leur être distribuées (1).

Mais l'intendance eut de grandes difficultés à faire parvenir ensuite aux troupes en campagne les objets qui leur faisaient défaut. Celles-ci, en effet, changeaient fréquemment d'emplacement; souvent même, les nécessités du moment les faisaient attacher, provisoirement ou définitivement, à un autre corps d'armée que celui qu'elles devaient primitivement rejoindre. Aussi, lorsqu'ils n'étaient pas pris par un autre corps, les objets qui n'avaient pas trouvé leurs destinataires restaient sur wagons et encombraient indéfiniment les voies ferrées (2).

Ainsi qu'on a pu le constater d'ailleurs pour les vivres, l'éducation militaire des cadres et des troupes n'était pas assez développée et la discipline n'était pas assez forte pour que l'on pût d'autre part éviter des gaspillages et des pertes d'effets, particulièrement pendant les retraites, où tous les liens tactiques étaient rompus (3).

---

(1) Le Ministre de l'Intérieur et de la Guerre aux Intendants des divisions militaires et aux Préfets, Tours, 22 novembre.

(2) Le 8 décembre, il y avait à la gare de Blois 38 wagons et à la gare de Mer, 7 wagons de chaussures, d'équipement, d'outils, etc. (Situation des wagons contenant des subsistances, de l'équipement et des munitions, Blois, 8 décembre, 3 heures du soir; *Ibid.*, Mer, 8 décembre, 4 heures du soir).

(3) De Freycinet, *loc. cit.*, p. 341-343; Rapport de l'Intendant du 18e corps.

CHAPITRE XII

Service de santé.

§ 1ᵉʳ. — *Organisation des formations sanitaires.*

Il n'a pas été possible de déterminer la proportion du personnel du corps de santé de l'armée de terre qui restait disponible en province au 15 septembre 1870 (1).

On ignore, en effet, le nombre de médecins et de pharmaciens qui, au commencement de la campagne, avaient été maintenus dans les places de l'intérieur et en Algérie, et combien d'entre eux furent appelés plus tard à un service actif.

Quant aux officiers du corps de santé, qui firent partie des formations de campagne au début de la guerre, les documents retrouvés n'ont pas permis de préciser les conditions exactes dans lesquelles les Allemands les neutralisèrent.

Le personnel hospitalier de l'armée de Châlons fut,

---

(1) D'après l'*Annuaire militaire* pour l'année 1870 (p. 852), le cadre du corps de santé de l'armée de terre comprenait au 31 janvier 1870 :

1° 1,147 médecins : 7 médecins inspecteurs, 40 médecins principaux de 1ʳᵉ classe et 40 de 2ᵉ classe, 260 médecins-majors de 1ʳᵉ classe et 300 de 2ᵉ classe, 400 médecins aides-majors de 1ʳᵉ classe et 100 de 2ᵉ classe ;

2° 159 pharmaciens : 1 pharmacien inspecteur, 5 pharmaciens principaux de 1ʳᵉ classe et 5 de 2ᵉ classe, 36 pharmaciens-majors de 1ʳᵉ classe et 42 de 2ᵉ classe, 55 pharmaciens aides-majors de 1ʳᵉ classe et 15 de 2ᵉ classe.

tout d'abord, maintenu à Sedan, pour assurer aux blessés les soins nécessaires avant que l'on pût les évacuer. La plus grande partie fut renvoyée à Mézières vers le 15 septembre, puis, de là, dirigée sur Tours, à l'exception cependant de quelques médecins et officiers d'administration, qui furent mis à la disposition de l'intendant de la 3e division militaire pour le service des hôpitaux de sa division et pour celui des évacuations. Le reste du personnel hospitalier, qui avait été maintenu à Sedan, fut neutralisé peu après, et arriva à Lille vers le 15 septembre (1).

En ce qui concerne les officiers du corps de santé qui se trouvèrent enfermés dans Metz, la capitulation signée à Frescaty, le 27 octobre 1870, stipula que tous, sans exception, « resteraient en arrière pour soigner les malades et les blessés ». Leur nombre s'élevait à environ 300 médecins et 30 pharmaciens. Il appartint ensuite au médecin chef des hôpitaux et ambulances de la place pendant le blocus, de fixer « le chiffre et l'époque du rapatriement des médecins, dont la pré-

---

(1) L'intendant général Robert, chargé du service de l'évacuation des blessés de l'armée de Sedan, au Ministre de la Guerre, Charleville, 12 septembre ; Ordre d'évacuation de la place de Mézières, Charleville, 13 septembre; L'intendant général Robert à l'Intendant de la 3e division militaire, à Lille, Lille, 16 septembre ; Le Général commandant la 2e division militaire au Ministre de la Guerre, à Tours et à Paris, D. T., Rouen, 16 septembre, 4 h. 45 soir, etc. — Il serait resté à Sedan, après la capitulation, 191 médecins de l'armée de terre et 19 de la marine. On a vu plus haut que, le 16 septembre, 5 médecins et 5 officiers d'administration furent envoyés dans la 3e division militaire. Le même jour arrivèrent à Rouen 40 officiers d'administration des différents services de l'intendance, 130 officiers du corps de santé et 300 infirmiers. Les médecins des corps de troupe rejoignirent leurs dépôts ; ceux des hôpitaux furent dirigés sur Rennes, Bordeaux, Lyon et Toulouse.

On sait également que, vers le 24 septembre, 9 médecins, 3 pharmaciens, 7 officiers d'administration des hôpitaux et 22 infirmiers rejoignirent Lille.

sence cessait d'être utile ». A l'exception d'une seule fois, où la délivrance des sauf-conduits fut ajournée, l'autorité prussienne agréa toujours ces propositions. Les départs des médecins s'échelonnèrent entre le 5 novembre 1870 et le 1ᵉʳ février 1871. Mais, dès le milieu de novembre, 180 environ purent se mettre à la disposition de la délégation du Gouvernement de la Défense nationale (1).

Dès le début de la campagne, en outre, il avait fallu faire appel au concours de médecins civils, qui furent soit employés comme auxiliaires dans les corps de troupe mobilisés ou dans les ambulances de campagne, soit simplement requis pour assurer le service dans les hôpitaux, les ambulances ou les corps de troupe de leurs résidences (2).

Enfin, les élèves de l'École du service de santé militaire de Strasbourg avaient été dirigés, ceux de première année sur Bordeaux, ceux de deuxième année sur Rennes et ceux de troisième année sur Montpellier. Ils furent mis, tout d'abord, dans le courant d'octobre 1870, à la disposition des médecins en chef, qui devaient les utiliser selon les besoins du service dans les établissements hospitaliers, tout en leur faisant continuer leurs études dans la mesure du possible (3). Plus tard,

---

(1) E. Grellois, *Histoire médicale du blocus de Metz*, p. 217, 218 et 400 à 406.

(2) Le Ministre de la Guerre aux Généraux commandant les divisions militaires, aux Intendants et Sous-Intendants militaires, Paris, 11 septembre. — D'après M. de Freycinet (*La Guerre en province*, p. 43), « on a commissionné, pour les corps en campagne, 368 agents de tous grades, savoir : 209 médecins, 25 pharmaciens et 134 élèves », c'est-à-dire « un peu plus que tout le corps médical affecté à l'armée du Rhin ». Dans les hôpitaux, « on a également commissionné 96 agents auxiliaires ».

(3) Le Ministre de la Guerre aux Généraux commandant les divisions militaires et aux Intendants militaires, Tours, octobre 1870. — Il semble qu'au début de la guerre les élèves de l'École du service de

quelques-uns d'entre eux furent attachés à des ambulances de campagne (1).

Quant aux officiers d'administration des hôpitaux militaires, ceux qui avaient fait partie des formations du début de la guerre bénéficièrent, comme les médecins, de la convention de Genève. Mais l'on n'a pu déterminer le nombre de ceux qui étaient disponibles en province au 15 septembre ou de ceux qui purent reprendre du service après les capitulations de Sedan et de Metz. Les mesures générales édictées par le décret du 11 novembre 1870 pour le renforcement des cadres des officiers d'administration paraissent avoir procuré un nombre suffisant d'auxiliaires (2).

Des neuf sections d'infirmiers existant avant les hostilités, trois avaient, au 15 septembre 1870, leurs dépôts enfermés dans des places investies et trois autres étaient en Algérie (3). Une 10ᵉ section avait, en outre, été créée à Lyon (4).

La 5ᵉ section, dont le dépôt était enfermé à Stras-

---

santé militaire de Strasbourg avaient été envoyés dans les places du Nord-Est, centres présumés d'évacuations. Un certain nombre d'entre eux resta à Strasbourg (E. Delorme, *Traité de Chirurgie de guerre*, t. I, p. 349). D'autres prirent part à la défense de Paris. Ce serait donc seulement après les premiers revers de la campagne et l'envahissement de la région du Nord-Est que les élèves de l'École de santé, non enfermés dans les places investies, auraient été groupés par année d'étude dans les trois villes de Bordeaux, Rennes et Montpellier.

(1) Journal de marche de l'ambulance de la 1ʳᵉ division d'infanterie du 18ᵉ corps d'armée ; E. Delorme, *loc. cit.*, t. I, p. 349.

(2) Cf. ci-dessus, p. 476.

(3) Emplacements des dépôts des sections d'infirmiers au 15 septembre 1870 : 1ʳᵉ, Paris ; 2ᵉ, Paris ; 3ᵉ, Lille ; 4ᵉ, Oran ; 5ᵉ, Strasbourg ; 6ᵉ, Lyon ; 7ᵉ, Constantine ; 8ᵉ, Toulouse ; 9ᵉ Alger.

(4) D'après les documents retrouvés aux Archives administratives, la 10ᵉ section d'infirmiers fut organisée à Lyon le 21 juillet 1870, en vertu d'une décision ministérielle du 19 juillet. Cependant, un tableau

bourg, fut, d'autre part, reconstituée à Rennes dans le courant de novembre (1).

Indépendamment des fractions réparties dans les établissements hospitaliers des départements non envahis, la délégation du Gouvernement de la Défense nationale pouvait donc disposer des ressources fournies par les dépôts de cinq sections d'infirmiers en France, et par ceux de trois sections en Algérie (2).

En outre, de nombreux infirmiers neutralisés à Sedan se trouvaient disponibles vers le 16 septembre. Ils furent affectés aux ambulances des premiers corps d'armée mis sur pied en province par la délégation du Gouvernement de la Défense nationale (3).

---

de l'emplacement des dépôts des corps de troupe de toutes armes, à l'époque du 26 septembre 1870, ne mentionne pas cette section.

(1) Feuilles de journées de la 5ᵉ section d'infirmiers (Archives administratives).

(2) Le dépôt de la 6ᵉ section d'infirmiers fut, dans la deuxième partie de la campagne, transféré de Lyon à Chambéry.

Au mois de décembre 1870, l'effectif en province et en Algérie des sections d'infirmiers était le suivant :

	Au dépôt.	Dans les places.	Aux armées.
3ᵉ section	538	58	95
4ᵉ —	750		»
5ᵉ —	297	88	»
6ᵉ —	270	1,094	1,345
7ᵉ —		701	308
8ᵉ —	482	528	372
9ᵉ —		998	»
10ᵉ —	418	767	»

(Travaux inédits de M. A. Martinien).

(3) On a vu plus haut (p. 518) que 300 infirmiers ayant appartenu aux différentes ambulances de l'armée de Châlons arrivèrent à Rouen le 16 septembre. Ils furent envoyés moitié à Niort, moitié à Rennes. D'autre part, 22 infirmiers rejoignirent Lille vers le 24 septembre.

D'autres rentrées durent se produire, car, le 30 septembre, l'intendant

Le décret du 6 décembre 1870 (1) qui réglait la composition du personnel des services administratifs et médicaux attachés aux armées en campagne prévoyait, dans chaque corps d'armée, une ambulance par division d'infanterie ou de cavalerie, et une ambulance par quartier général de corps d'armée. Le personnel du corps de santé de ces diverses formations sanitaires devait être de 7 médecins et 1 pharmacien pour les ambulances de division d'infanterie, de 5 médecins et 1 pharmacien pour les ambulances de division de cavalerie, de 13 médecins et 2 pharmaciens pour les ambulances de corps. Ces chiffres ne furent d'ailleurs presque jamais atteints et varièrent entre 3 et 5 médecins et 1 pharmacien par ambulance.

Le personnel administratif des ambulances se réduisit d'autre part à 1 officier et 3 ou 4 adjudants d'administration à l'ambulance du quartier général et, le plus souvent, à 1 adjudant d'administration à chaque ambulance divisionnaire.

Enfin, le décret du 6 décembre 1870 précité affectait 60 infirmiers à chacune des ambulances des quartiers généraux et des divisions d'infanterie, et 30 infirmiers aux ambulances des divisions de cavalerie. Ces chiffres ne paraissent pas avoir été atteints (2).

L'on a vu plus haut les difficultés rencontrées par le train des équipages militaires pour procurer aux ambu-

---

en chef de l'armée de la Loire ordonnait que 219 infirmiers venus de Sedan seraient envoyés de Niort aux différentes ambulances du 15ᵉ corps. Il prescrivait en même temps que 125 infirmiers, non compris dans cette répartition, seraient maintenus à Niort pour parer aux besoins ultérieurs de l'armée de la Loire (L'Intendant en chef de l'armée de la Loire à l'Intendant militaire, à Niort, Tours, 30 septembre).

(1) *M. U.* du 11 décembre.
(2) D'après le *Règlement sur le Service de santé de l'armée* du 4 avril 1867 (IIᵉ partie, *Service des hôpitaux en campagne*), le personnel

lances des différents corps d'armée les moyens qui leur étaient nécessaires, soit pour ramasser les blessés, soit pour transporter le matériel de médecine et de chirurgie.

des ambulances des quartiers généraux et des divisions comprenait normalement :

Personnel.	Ambulances		
	de division d'infanterie.	de division de cavalerie.	de quartier général.
Médecins	4	4	7
Pharmaciens	1	1	3
Officier d'administration	1	1	1
Adjudants d'administration	3	2	4
Infirmiers de visite	6	6	10
Infirmiers	30	20	50

Par conséquent, dans la deuxième partie de la campagne, le personnel du service de santé affecté aux différentes ambulances aurait dû être supérieur à celui qui était réglementaire au début ; les ressources disponibles ne permirent pas d'obtenir ce résultat.

Le 22 novembre, date de son départ de Nevers, l'ambulance de la 1re division du 18e corps ne comprenait encore que 3 médecins (Journal de marche de l'ambulance de la 1re division d'infanterie du 18e corps).

A cette date, le personnel administratif attaché aux ambulances du 18e corps était de 3 officiers comptables et de 5 adjudants d'administration (État nominatif des fonctionnaires et officiers attachés aux divers services administratifs du 18e corps, Nevers, 22 novembre).

En ce qui concerne les infirmiers, le 22 novembre, l'ambulance de la 1re division du 18e corps n'avait que 17 infirmiers, dont 1 sergent et 1 caporal de visite (Journal de marche de l'ambulance de la 1re division d'infanterie du 18e corps).

Le 19 décembre, le personnel médical et administratif attaché aux ambulances du 18e corps d'armée comprenait :

Service médical du corps d'armée : 1 médecin en chef et 1 pharmacien en chef.

Ambulance du quartier général : 5 médecins (1 major de 1re classe, 3 aides-majors, 1 aide-major auxiliaire), 2 pharmaciens (1 major de 2e classe, 1 aide-major), 1 officier d'administration de 2e classe, chef de l'ambulance, 2 adjudants et 2 élèves d'administration.

Ambulance de la 1re division : 5 médecins (1 major de 1re classe,

524   LA GUERRE DE 1870-1871.

En ce qui concerne plus particulièrement ce dernier matériel, les formations du début de la campagne (1) et

3 aides-majors, 1 élève de Strasbourg), 2 pharmaciens (1 major de 1re classe, 1 aide-major), 1 officier et 1 adjudant d'administration.

Ambulance de la 2e division : 6 médecins (2 aides-majors, 2 élèves de Strasbourg, 2 élèves stagiaires), 1 pharmacien (aide-major), 1 adjudant et 1 élève d'administration.

Ambulance de la 3e division : 6 médecins (2 aides-majors, 2 élèves de Strasbourg, 2 aides-majors auxiliaires), 2 pharmaciens (1 major de 2e classe et 1 aide-major), 1 adjudant et 1 élève d'administration.

Ambulance de la division de cavalerie : 4 médecins (1 major de 2e classe, 1 aide-major et 2 élèves de Strasbourg), 2 pharmaciens (2 aides-majors), 2 adjudants et 1 élève d'administration (État des fonctionnaires de l'intendance, médecins, pharmaciens et officiers d'administration attachés au 18e corps, La Charité, 19 décembre).

Le 27 décembre, l'intendant du 20e corps réclamait 105 infirmiers, annoncés depuis plus d'un mois, pour pouvoir porter à 45 le nombre des infirmiers de chaque ambulance, réduit jusqu'alors à 20 (L'Intendant en chef du 20e corps au Ministre de la Guerre, Chalon-sur-Saône, 27 décembre).

(1) D'après le *Règlement sur le Service de santé de l'armée* du 4 avril 1867 (IIe partie, *Service des hôpitaux en campagne*), le matériel des diverses ambulances devait comprendre :

MATÉRIEL.	AMBULANCES			OBSERVATIONS.
	de quartier général.	de division d'infanterie.	de division de cavalerie.	
Caissons ordinaires............	5	4	3	Les caissons étaient chargés avec du matériel réparti dans des caisses et des paniers appropriés à la disposition intérieure des voitures (art. 54). Les caissons devaient être employés toutes les fois que l'état des routes le permettait ; dans le cas contraire, les caisses et paniers étaient placés sur des voitures de transport auxiliaires ou chargés à dos de mulets pour de petits trajets. Dans les pays accidentés, on employait le matériel de cantine, en se servant de mulets de bât (art. 63).
Caissons de pharmacie........	1	1	1	
Paires de cantines { de chirurgie............	1	1	1	
de pharmacie.........	1	1	1	
d'approvisionnement du service de santé......	4	1	1	
d'administration	4	3	2	
Brancards non articulés........	50	40	20	
Tonnelets de 50 litres avec chaînettes...............	8	6	4	
Couvertures.................	25	20	10	
Draps de lit.................	16	10	6	
Paillasses...................	8	5	3	
Sacs à paille	8	5	3	
Chemises de coton...........	30	20	10	

les approvisionnements réunis à Paris avaient épuisé presque toutes les ressources disponibles. La délégation du Gouvernement de la Défense nationale trouva tout au plus, en province, les moyens suffisants pour constituer la dotation d'un corps d'armée. Des commandes furent faites à la fois à Lyon, Marseille, Toulouse et Bordeaux; elles s'élevèrent à environ 3 millions et demi de francs. Lorsque les achats devinrent plus difficiles en France, on se procura en Angleterre pour 600,000 francs de matériel d'hôpital et de médicaments. L'on parvint ainsi à constituer le matériel des douze corps d'armée organisés successivement (1) et à réunir une réserve suffisante pour approvisionner cinq à six nouveaux corps d'armée (2).

Mais avant que tous ces achats aient pu être effectués, l'on dut entreprendre le traitement des blessés avec des moyens absolument insuffisants. Chaque ambulance ne possédait que quelques caissons garnis d'approvision-

---

(1) Nos 15 à 26.

(2) L'Intendant en chef de l'armée de la Loire au Ministre de la Guerre, Tours, 23 septembre ; Note sur le service hospitalier, février 1871 ; Note pour le Ministre, Paris, 10 mai 1872. — D'après un tableau annexé au premier de ces documents, il existait en province au 15 septembre 1870 : 11 caissons de pharmacie, 25 caissons d'ambulance chargés, 14 sections d'ambulance légère complètes, 26 paires de cantines médicales, 20 sacs d'ambulance, 5 paires de sacoches, 202 brancards, 39 boîtes à amputation, 19 boîtes de couteaux de rechange et 37 boîtes à résection.

Les achats ou confections procurèrent : 20 chargements de caissons de pharmacie, 15 caissons d'ambulance chargés, 60 chargements de caissons d'ambulance, 20 paires de cantines de chirurgie, 386 paires de cantines médicales, 706 sacs d'ambulance, 167 paires de sacoches, 3,680 brancards, 260 tonnelets, 100 boîtes à amputation et 12 boîtes de couteaux de rechange.

Il restait disponible, le 10 février 1871 : 3 caissons de pharmacie, 10 chargements de caissons de pharmacie, 9 caissons d'ambulance chargés, 28 chargements de caissons d'ambulance, 2 sections d'ambu-

nements très restreints ; les couvertures, le linge, la charpie, etc., n'existaient qu'en minime quantité, et parfois, c'est en rejoignant le théâtre des opérations que les médecins chefs durent s'ingénier pour se procurer les instruments et appareils de première nécessité. Le

---

lance légère complètes, 3 paires de cantines de chirurgie, 204 paires de cantines médicales, 299 sacs d'ambulance, 118 paires de sacoches, 2,886 brancards, 147 tonnelets, 105 boîtes à amputation, 16 boîtes de couteaux de rechange et 29 boîtes à résection.

Les pansements contenus dans le matériel d'ambulance *disponible*, s'élevaient à 129,408, savoir :

9 caissons d'ambulance à 2,000 pansements.........	18,000
28 chargements de caissons d'ambulance à 2,000 pansements.................................	56,000
2 sections d'ambulance légère à 2,000 pansements...	4,000
3 paires de cantines de chirurgie à 200 pansements..	600
204 paires de cantines médicales à 200 pansements....	40,800
299 sacs d'ambulance à 24 pansements...............	7,176
118 paires de sacoches d'ambulance à 24 pansements...	2,832

Les chiffres des achats ou confections indiqués ci-dessus concordent d'ailleurs avec ceux donnés par M. de Freycinet (*La Guerre en province*, p. 43).

D'après un rapport cité dans ce dernier ouvrage (p. 46), la pratique amena, comme cela était prévu, à laisser en arrière des troupes les lourdes voitures d'ambulance et de pharmacie et à transporter les cantines médicales sur de petites voitures à deux roues. On obtint ainsi des formations plus légères, permettant de suivre de plus près les troupes au combat, sans encombrer les routes et alourdir les colonnes.

Conformément aux prescriptions contenues dans l'article 4 de la Convention de Genève, le matériel des hôpitaux devenait la propriété du vainqueur, celui des ambulances, au contraire, devait être rendu. Ainsi qu'on l'a vu plus haut, ce dernier matériel ne consistait, par la force même des choses, qu'en moyens de transports, cantines, sacoches, etc., et, à la rigueur, en brancards et en instruments de chirurgie. Celui neutralisé après Sedan ne commença de quitter cette ville que vers le 15 septembre. A Metz, une commission fut chargée de rechercher et d'inventorier le matériel d'ambulance qui devait être restitué à la France. Cette commission ne termina ses opérations qu'à la fin de janvier 1871.

nombre des mulets avec cacolets et litières était loin d'atteindre le chiffre indispensable, les voitures de transport faisaient défaut; dans ces conditions, il était impossible d'assurer d'une façon convenable le relèvement et l'évacuation des blessés et des malades qui étaient répartis dans les villages ou les fermes, autour desquels le combat s'était déroulé, ou laissés au soin des municipalités dans les localités traversées (1). Ce ne fut guère qu'à la fin du mois de novembre que les corps d'armée commencèrent à recevoir une notable partie du matériel de leurs formations sanitaires, ainsi que les cantines et sacoches médicales destinées aux corps de troupe (2). Ce fut également à la même époque que l'on put constituer, aux ambulances des quartiers généraux, des approvisionnements de médicaments suffisants pour subvenir aux besoins des ambulances divisionnaires et des corps de troupe.

Une circulaire du 12 novembre (3) chargea les intendants des divisions et des corps d'armée de distribuer au personnel des ambulances militaires le brassard de neutralité institué par la Convention internationale

---

(1) Rapport sur le service de santé au 18ᵉ corps d'armée, pendant la campagne de l'Est; Journal de marche de l'ambulance de la 1ʳᵉ division d'infanterie du 18ᵉ corps d'armée.

(2) L'Intendant militaire du 18ᵉ corps au Général commandant le 18ᵉ corps d'armée, Ladon, 29 novembre; Bellegarde, 1ᵉʳ décembre; Gien, 7 décembre; Chagny, 26 et 27 décembre.

Le matériel revenant aux corps de troupe consistait :

Par régiment d'infanterie ou bataillon formant corps, en une paire de cantines régimentaires, contenant des objets de pansement et des médicaments, et en un ou deux sacs d'ambulance avec boîte à amputation.

Par régiment de cavalerie, en une paire de sacoches dites d'ambulance avec boîte à amputation.

(3) *M. U.* du 17 novembre.

du 22 août 1864. Cet insigne devait être délivré aux fonctionnaires de l'intendance, aux médecins, aux officiers d'administration, aux aumôniers et aux infirmiers faisant partie de chaque ambulance, ainsi qu'à toutes les personnes qui seraient employées à transporter et à soigner les blessés.

§ 2. — *Évacuation et hospitalisation des malades et blessés.*

Pour donner satisfaction aux familles intéressées, une décision ministérielle du 30 août 1870 autorisait les officiers malades ou blessés en traitement dans les hôpitaux, mais en état d'être transportés, à se rendre, s'ils en exprimaient le désir, en congé de convalescence dans leurs familles ; les sous-officiers et soldats qui se trouvaient dans les mêmes conditions pouvaient également être envoyés dans leurs foyers, avec des permissions ou des congés d'une durée suffisante pour permettre leur rétablissement, s'ils étaient réclamés par leurs parents. Ces dernières demandes devaient être visées par les maires avant d'être transmises par eux à l'autorité militaire (1).

Pendant tout le temps de leur absence, les militaires ainsi renvoyés dans leurs familles demeuraient soumis au contrôle de l'autorité militaire, qui devait les renvoyer à leurs corps à l'expiration de leurs congés ou permissions. Mais beaucoup de malades et de blessés échappaient à toute espèce de surveillance, et leur absence trop prolongée était une cause importante de la diminution des effectifs.

L'on vient de voir aussi que, faute de moyens de transport suffisants pour assurer les évacuations quoti-

---

(1) *J. M. O.*, 2ᵉ semestre 1870, p. 408.

diennes, les corps de troupe et les ambulances étaient forcés d'abandonner les malades dans les localités traversées en cours de route, et de laisser le soin de les diriger sur l'arrière aux municipalités. Ces dernières, obéissant peut-être à un sentiment de bienveillance mal comprise, au lieu de grouper tout d'abord les malades, les laissaient emmener par les particuliers, qui les conservaient indéfiniment ; puis, beaucoup d'entre eux étaient évacués sur des établissements créés depuis la guerre par des municipalités, des communautés religieuses, des sociétés de secours, etc., où la discipline était moins régulièrement appliquée que dans les hôpitaux militaires.

Dans ces conditions, dès le 25 novembre, un intendant général, chargé par le Ministre de vérifier la situation de l'effectif des corps d'armée de campagne, réclamait la création d'inspecteurs médicaux, qui auraient pour mission de visiter les principaux établissements hospitaliers, d'en faire sortir les hommes en état de reprendre les armes, et de donner des instructions aux médecins civils pour que cette mesure fût strictement appliquée aussi aux hommes en traitement dans les petites ambulances, dans les maisons particulières ou dans leurs foyers (1).

Ces propositions n'étaient pas susceptibles d'une application pratique ; elles ne pouvaient non plus procurer d'appréciables résultats. Mais il semble qu'elles eurent pour conséquence de provoquer l'arrêté du 20 décembre, qui supprimait les congés de convalescence et groupait les blessés et convalescents,

---

(1) L'intendant général Robert au Ministre de la Guerre, 25 novembre. — L'intendant général Robert avait quitté les fonctions d'intendant en chef de l'armée de la Loire le 10 novembre 1870 et avait été envoyé le 15 novembre en mission au quartier général du 17ᵉ corps (Archives administratives).

momentanément jugés incapables de rester dans le rang et ayant besoin d'un repos assez long, sur différents points en arrière des armées, où, tout en se trouvant dans de bonnes conditions pour se rétablir, ils étaient maintenus sous l'action directe du commandement.

Six dépôts de convalescents furent à cet effet organisés à Nice, Montpellier, Bayonne, Toulouse, Perpignan et Nantes. Les trois premiers étaient réservés à la Ire armée (armée de l'Est), et les trois autres à IIe armée (IIe armée de la Loire). Après rétablissement, les militaires évacués sur les dépôts de convalescents étaient dirigés sur la portion mobilisée de leurs corps (1).

En même temps, le Ministre de la Guerre édictait toute une série de mesures destinées à réglementer l'évacuation et l'hospitalisation des malades et des blessés, car l'effectif toujours croissant des armées en

---

(1) Arrêté du 20 décembre (*M. U.* du 23 novembre) ; Le Ministre de la Guerre aux Généraux commandant les armées et les corps d'armée, Bordeaux, 25 décembre. — Le personnel de chaque dépôt devait comprendre un officier supérieur commandant, un officier chargé des détails du service, un officier chargé de l'administration, deux médecins militaires, un cadre de sous-officiers et caporaux ou brigadiers. Il pouvait être augmenté suivant les besoins par le général commandant la subdivision.

Le commandant était nommé par le Ministre. Les autres officiers étaient désignés par le général commandant la subdivision, soit parmi les officiers prisonniers sur parole, soit parmi les officiers évacués les plus valides. A défaut de médecins militaires, l'intendance requérait deux médecins civils.

Le cadre des sous-officiers, caporaux ou brigadiers était désigné par le commandant du dépôt.

L'arrêté du 20 décembre n'eut pas d'effet rétroactif. Les hommes qui se trouvaient dans leurs foyers en vertu de congés de convalescence

campagne menaçait de rendre insuffisants les moyens employés jusqu'alors.

La direction du service des évacuations de l'armée fut tout d'abord confiée, le 7 décembre, à un intendant militaire, autorisé à signer au nom du délégué à la Guerre et par délégation spéciale. Il était chargé, en même temps, de créer des ambulances et des hôpitaux temporaires (1).

Trois instructions complémentaires suivirent peu après : l'une, du 25 décembre 1870, réglait l'organisation du service hospitalier à l'intérieur, en arrière des armées (2) ; l'autre, du 10 janvier 1871, indiquait les zones d'évacuation qu'il convenait d'utiliser pour les militaires malades ou blessés, provenant des armées opérant au dehors de Paris (3) ; la dernière, du 12 jan-

---

y furent maintenus (Le Ministre de la Guerre aux Généraux commandant les divisions militaires, D. T., Bordeaux, 24 décembre).

Certains tempéraments furent d'ailleurs apportés à l'interdiction d'accorder des congés de convalescence. Il put en être délivré aux hommes convalescents de maladies contagieuses (variole par exemple) et à ceux dont l'état de santé exigeait des soins spéciaux qu'ils ne pouvaient trouver dans les dépôts de convalescents (Le Ministre de la Guerre au Général commandant la subdivision, à Caen, D. T., Bordeaux, 17 janvier 1871).

L'encombrement des dépôts força d'ailleurs bientôt à rétablir momentanément les congés de convalescence (Le Ministre de la Guerre au Sous-Préfet de Montélimar, D. T., Bordeaux, 22 janvier 1871).

Les permissions ou congés de convalescence furent accordés de nouveau, après le 6 février, aux hommes reconnus hors d'état de faire un service actif ; ils pouvaient en jouir dans leurs familles (Le Ministre de la Guerre aux Généraux commandant les divisions ou subdivisions militaires et aux Intendants militaires, Bordeaux, 6 février 1871).

(1) Circulaire ministérielle du 7 décembre (*M. U.* du 9 décembre).
(2) *M. U.* du 30 décembre.
(3) *M. U.* du 13 janvier 1871.

vier 1871, réglait en détail le fonctionnement du service des évacuations (1).

Dans la première de ces circulaires, le Ministre de la Guerre exposait que les lignes d'opérations, et par suite les lignes d'évacuation des différentes armées, ne pouvaient être constituées que par les voies ferrées. Il faisait ressortir ensuite que, pour rendre supportable aux malades et blessés le transport par chemin de fer, il importait de créer, sur les lignes utilisées, des *ambulances provisoires*, dans lesquelles 1,000 à 1,200 hommes pourraient « être momentanément reçus, chauffés, abrités, pansés et réconfortés ».

La circulaire annonçait que des ordres étaient donnés pour l'installation, près de grandes gares, de 28 de ces ambulances. Elles se trouvaient réparties dans trois zones distinctes. La première était délimitée par les lignes Le Mans, Alençon, Argentan, Caen, et Le Mans, Laval, Rennes ; la deuxième par la ligne Tours, Angers, Nantes et la ligne Tours, Poitiers, Angoulême et Bordeaux, avec embranchement à Poitiers sur Niort et La Rochelle ; la troisième, enfin, était jalonnée au Nord par les gares de Bourges, Nevers et Mâcon, et s'étendait ensuite sur les lignes de Bourges à Montluçon, de Nevers à Moulins, Saint-Germain-des-Fossés et Clermont-Ferrand, de Mâcon à Lyon et Saint-Étienne et de Mâcon à Bourg.

Il appartenait pour l'avenir aux intendants des divisions territoriales occupées ou traversées par les armées, ou simplement placées dans un rayon de 200 kilomètres en arrière, d'organiser, sans attendre d'ordres, des ambu-

---

(1) *M. U.* du 14 janvier 1871. — Les circulaires du 25 décembre 1870 et des 10 et 12 janvier 1871 furent complétées par une circulaire du 15 janvier 1871 (*M. U.* du 28 janvier 1871).

lances provisoires dans les gares principales, de manière qu'il y en eût une tous les 60 kilomètres environ. Chacune de ces formations devait comprendre un personnel de médecins et d'infirmiers, un approvisionnement de médicaments et d'objets de pansements, du matériel de couchage pour 300 à 400 hommes et, enfin, le nécessaire pour alimenter à leur passage les blessés et malades transportés (1).

Sur chaque ligne d'évacuation, les trois premières ambulances provisoires ne devaient conserver que les malades et blessés incapables de poursuivre leur route. Pour éviter, d'ailleurs, l'encombrement, ces dernières formations devaient être entourées d'hôpitaux temporaires, destinés à recevoir, le plus tôt possible, les évacués qui avaient été retenus.

Dans toute localité, où fonctionnait une ambulance provisoire, les intendants divisionnaires devaient, sans s'occuper de ce qui pouvait exister auparavant, tenir

---

(1) Le règlement du 4 avril 1867 sur le *Service de santé de l'armée* (IIe partie : *Service des hôpitaux de campagne*) envisageait bien dans son article 90 les évacuations par chemin de fer, mais, en ce qui concerne les soins et l'alimentation en cours de trajet, il prévoyait seulement « qu'un infirmier ou un malade en état de secourir ses camarades était placé dans chacun des wagons » et qu'on devait « profiter des stations pour procéder aux distributions d'aliments et de tisane ». L'officier du service de santé et l'officier d'administration qui accompagnaient l'évacuation étaient tenus, en outre, de visiter les voitures plusieurs fois par jour. Les militaires malades et ceux légèrement blessés étaient placés dans des wagons de voyageurs ; ceux plus grièvement blessés et qui ne pouvaient voyager assis occupaient des wagons à bagages ou à marchandises garnis de paille fraîche.

Par un traité passé au début de la campagne, la compagnie de l'Est, en son nom et en celui des autres compagnies, s'était engagée, moyennant remboursement sur simples factures, à organiser des hamacs dans les wagons, à réunir de la paille en tête des lignes d'évacuations de blessés, à distribuer du bouillon, du pain et de l'eau additionnée de vin à la gare de départ et dans les principales gares du parcours et, enfin,

prêts à fonctionner, dans le plus bref délai, des hôpitaux temporaires de deux à trois mille lits, si l'on était à proximité d'un croisement de voies ferrées, et de mille à deux mille places dans les autres cas. Enfin, il était également prescrit d'organiser des hôpitaux temporaires, aussi vastes que possible, dans toutes les autres villes de la division présentant des ressources (1).

à prêter partout le secours de ses médecins (L'intendant général Robert au Ministre de la Guerre, 19 octobre).

Somme toute, l'administration militaire s'était déchargée des soins à donner aux blessés au cours des évacuations sur les compagnies de chemins de fer, qui, en raison de la désorganisation de leurs services, se trouvèrent dans l'impossibilité de les assurer, malgré le dévouement dont elles firent preuve.

(1) La circulaire du 10 janvier 1871, dont il va être parlé plus loin, prescrivit que, jusqu'à nouvel ordre, il ne serait pas installé d'ambulances provisoires, ni d'hôpitaux temporaires, dans les localités autres que celles énumérées dans la circulaire du 25 décembre 1870. On se contenta de relever, pour chaque place, le nombre de lits déjà affectés au service des malades et blessés militaires, et celui qu'il serait possible d'installer, avec indication de la dépense approximative. Les intendants divisionnaires devaient, en même temps, adresser au Ministre leur avis sur l'urgence et l'opportunité des installations demandées par les services locaux.

La circulaire du 25 décembre permit de faire face à des besoins qui dépassèrent toutes les prévisions. Les hôpitaux civils et militaires augmentèrent le nombre de leurs lits ; d'autre part, des municipalités, des associations religieuses, des particuliers organisèrent des hôpitaux avec le concours de la Société internationale de secours aux blessés. Des subventions, qui ne dépassèrent pas 1 franc par journée de traitement, leur furent d'ailleurs, en cas de besoin, accordées par l'État.

Tandis qu'au mois de décembre 1870 le Service de santé ne pouvait compter à l'intérieur que sur 58,000 lits, au 1er février 1871, en dehors des dépôts de convalescents et des ambulances des camps d'instruction, il disposait des ressources hospitalières suivantes :

A l'intérieur : 92,259 lits, dont 64,599 occupés et 27,660 vacants ; en Algérie : 12,650 lits, dont 8,418 occupés et 4,232 vacants ; soit un total de : 104,909 lits, dont 73,017 occupés et 31,892 vacants (Note sur le service hospitalier, février 1871).

Une fois en possession de ces moyens d'hospitalisation, les intendants divisionnaires devaient s'attacher à toujours se créer des places disponibles dans les hôpitaux les plus voisins des ambulances provisoires. A cet effet, ils veilleraient d'abord à ce que les séjours des hospitalisés ne se prolongeassent pas au delà du temps nécessaire; ils procéderaient ensuite à des évacuations successives, soit dans l'intérieur de leur région, soit sur les divisions voisines.

Pour installer les ambulances provisoires et les hôpitaux temporaires, les intendants étaient investis du droit de requérir, soit les locaux des gares de chemin de fer, soit les établissements appartenant à des communautés religieuses ou affectés à l'instruction publique, soit même les propriétés privées (1).

Pour se procurer le personnel et le matériel, ils étaient invités à s'adresser aux autorités civiles, aux comités de secours aux blessés des armées de terre et de mer, aux associations religieuses, aux comités locaux, et, en cas de nécessité, aux particuliers.

Enfin, ils avaient le pouvoir de commissionner, à titre auxiliaire, les personnes qu'ils jugeraient aptes à remplir les emplois de sous-intendants (2), de médecins, pharmaciens, comptables et chefs infirmiers.

C'est au lendemain de l'apparition de cette circulaire,

---

(1) Dans les ports de guerre, les intendants devaient demander aux préfets maritimes les places disponibles dans les hôpitaux de la Marine.

A défaut des ressources qui viennent d'être énumérées, on devait demander au service du génie d'élever des constructions et des baraquements.

(2) Les intendants militaires, nommés, en exécution de l'instruction du 25 décembre 1870, pour concourir à l'exécution des évacuations, ne devaient, sous aucun prétexte, être distraits de leurs fonctions spéciales (Le Ministre de la Guerre aux Intendants divisionnaires, Bordeaux, 8 janvier 1871).

qu'un décret du 26 décembre 1870 créa, au sein de la direction de l'intendance et de la comptabilité à la délégation du ministère de la Guerre, une sous-direction spéciale chargée de tous les services médicaux de l'armée. Le docteur Charles Robin, membre de l'Académie des sciences et de l'Académie de médecine, fut placé à sa tête. L'intendance conservait le contrôle administratif et financier des services médicaux, mais c'était à un médecin qu'incombait désormais leur direction technique (1).

La circulaire du 10 janvier 1871 fixait les lignes d'évacuation qu'il y avait lieu d'utiliser et, en même temps, rattachait à chacune d'elles une partie du territoire non envahi.

Les lignes, ou plutôt les zones d'évacuation, étaient au nombre de sept (2) :

1re ligne : de Caen et Cherbourg à Brest par Le Mans, comprenant la partie de la Normandie et de la Bretagne, située au Nord de la voie ferrée incluse Le Mans à Brest par Rennes.

Cette zone devait recevoir les malades et blessés de l'armée du Nord, par le chemin de fer d'Amiens à

---

(1) Cf. ci-dessus, p. 21. — Un état donnant la composition des différents bureaux de la délégation du ministère de la Guerre à Bordeaux, au 3 février 1871, signale l'existence d'un *Conseil de santé des armées*, composé d'un pharmacien inspecteur, président, de quatre médecins inspecteurs, membres, et d'un médecin-major de 1re classe, secrétaire. Il n'a pas été retrouvé trace de la mission qui lui fut confiée.

(2) La circulaire emploie le mot ligne, mais l'expression zone d'évacuation conviendrait mieux.

D'après le rapport du médecin en chef de la compagnie Paris-Lyon-Méditerranée, cité par le docteur Chenu dans son ouvrage : *Aperçu historique, statistique et clinique sur le service des hôpitaux de la Société française de secours aux blessés des armées de terre et de mer pendant la guerre de 1870-71* (t. I, p. 248 et suiv.), une lettre de l'intendant

Rouen, quand les communications seraient rétablies. En attendant, les évacués devaient être dirigés sur Boulogne, Calais et Dunkerque, pour, de là, être transportés par mer à Honfleur, Cherbourg et Saint-Malo.

2ᵉ ligne : de Vendôme à Quimper et La Rochelle, par Tours et Angers, c'est-à-dire la zone comprise entre la voie ferrée Le Mans, Rennes, Brest, exclusivement, et celle de Tours, Bressuire, Niort, Rochefort, inclusivement.

3ᵉ ligne : de Blois à Bayonne, par Poitiers et Bordeaux, ou zone comprise entre la limite Sud de la précédente et la ligne de Vierzon, Limoges, Agen, Tarbes, exclusivement.

4ᵉ ligne : d'Orléans à Perpignan et Tarbes, par Agen et Toulouse. Cette zone était limitée, d'une part, par la ligne Vierzon, Limoges, Agen, Tarbes, inclusivement, et de l'autre par la ligne du Bourbonnais, Gien, Nevers, Nîmes, prolongée par Montpellier et Béziers, jusqu'à Cette, exclusivement.

5ᵉ ligne : de Gien et Nevers à Nîmes et Cette par Clermont-Ferrand. Cette zone comprenait d'abord toutes

---

général de l'armée de la Loire, en date de Tours, 29 septembre, indiquait déjà quatre directions principales pour l'évacuation des malades et blessés des armées au Sud de la Loire :

1º Tours, Poitiers, Angoulême, Bordeaux, Dax, Bayonne, Orthez, Pau ;

2º Vierzon, Châteauroux, Limoges, Périgueux, Agen, Auch, Mirande, Tarbes, Montauban ;

3º Bourges, Nevers, Saincaize, Saint-Germain-des-Fossés, Clermont-Ferrand, Arvant, Aurillac, Capdenac, Toulouse, Nimes, Montpellier, Cette, Béziers, Pamiers, Foix, Castelnaudary, Carcassonne, Narbonne, Perpignan ;

4º Vesoul et Dijon, Chalon-sur-Saône, Mâcon, Belfort, Besançon, Lons-le-Saulnier, Bourg, Lyon, Valence, Avignon, Marseille, Toulon, Nice.

les villes situées sur cette grande voie ferrée, et toutes celles comprises dans la région s'étendant jusqu'à la grande voie de Dijon—Marseille, exclusivement.

6ᵉ ligne : de Dijon et Besançon à Marseille et Nice, zone limitée par la grande voie Dijon—Marseille incluse, et Dijon—Besançon, par Dôle, incluse également.

7ᵉ ligne : réseau du Nord et de la Seine-Inférieure, qui, ainsi qu'on l'a vu plus haut, se rattachait à la première ligne par la voie ferrée Amiens—Rouen ou par transports maritimes.

Les circonstances pouvaient d'ailleurs amener des modifications dans les limites de ces zones. Leurs points de départ étaient en tout cas essentiellement variables, car ils dépendaient des mouvements des armées, dont ils devaient être aussi rapprochés que possible.

Les fonctionnaires de l'intendance, retenus à leurs postes par de nombreux travaux, ne pouvaient assumer la direction et la surveillance du service des évacuations, qui s'organisait et s'accomplissait en dehors de leurs résidences. Aussi la circulaire du 25 décembre prévoyait-elle l'organisation d'un service spécial d'inspection, qui fut constitué le 10 janvier 1871.

Chacune des lignes d'évacuation fut mise sous la surveillance d'un médecin inspecteur, assisté d'un médecin sous-inspecteur. Placés directement sous l'autorité du Ministre, les inspecteurs du service des évacuations avaient sous leurs ordres le personnel médical de tous les établissements affectés dans leurs zones au traitement des malades et blessés militaires (1).

---

(1) Arrêté du 10 janvier 1871 (*M. U.* du 14 janvier 1871). — Les médecins inspecteurs étaient commissionnés médecins principaux de

SERVICE DE SANTÉ.

Le fonctionnement du service des évacuations, déjà
ébauché dans ses grandes lignes par l'instruction du

1re classe, à titre auxiliaire, et les médecins sous-inspecteurs, médecins principaux de 2e classe dans les mêmes conditions.

Le Ministre nomma les inspecteurs et sous-inspecteurs des six premières lignes d'évacuation. Un de ces inspecteurs et deux de ces sous-inspecteurs étaient des médecins militaires du cadre actif; les autres étaient des médecins civils.

La nomination de l'inspecteur et du sous-inspecteur de la 7e ligne fut laissée au choix de l'intendant de la 3e division militaire à Lille.

Il importe de remarquer que, déjà dans le courant de septembre, quelques jours avant l'investissement, la 6e direction du ministère de la Guerre à Paris avait projeté l'organisation du service des évacuations.

Le territoire de la France était partagé en circonscriptions comprenant plusieurs divisions militaires et correspondant à peu près au réseau d'une des compagnies de chemins de fer. A la tête de chacune de ces circonscriptions était placé un officier du service de santé militaire d'un grade élevé. C'est ainsi que le médecin inspecteur Cazalas, membre du Conseil de santé des armées, devait prendre la direction supérieure du service médical dans la circonscription de la ligne du Midi, comprenant les 10e, 11e, 12e, 13e et 14e divisions militaires, dont les chefs-lieux étaient à Montpellier, Perpignan, Toulouse, Bayonne et Bordeaux.

La mission du directeur régional du service médical consistait à installer des hôpitaux temporaires, organiser et diriger le service des évacuations sur son territoire, inspecter les hôpitaux militaires et les établissements hospitaliers civils, publics et privés, ainsi que ceux créés et entretenus par la Société internationale de secours aux blessés.

Installé, en principe, au centre de ses opérations, le directeur régional devait se transporter, en cas de besoin, sur les divers points de son territoire dont il pouvait, après entente avec ses collègues, modifier les limites, à charge d'en rendre compte au Ministre. Il était invité à s'entendre avec les autorités militaires et civiles, et, de concert avec l'intendance, pouvait modifier la répartition du personnel médical dans sa circonscription. Il était autorisé aussi à requérir, pour les besoins du service, les officiers du service de santé militaire en retraite qui en feraient la demande et qui paraîtraient susceptibles d'être employés. Enfin, en l'absence de l'autorité militaire, il devait la remplacer auprès des chefs de gare.

Dans chaque circonscription, les évacuations devaient rayonner dans

25 décembre 1870, fut précisé dans ses détails par les circulaires des 12 et 15 janvier 1871 (1).

Les intendants des divisions militaires devaient adresser chaque jour aux intendants en chef des armées, qui opéraient à l'extrémité des lignes d'évacuation traversant leurs territoires, un télégramme indicatif du nombre de lits disponibles dans chaque place. L'intendant chargé du service des évacuations récapitulait ces renseignements et, de concert avec les médecins inspecteurs du service de l'évacuation, déterminait les lignes qu'il y avait lieu d'utiliser. Une fois remis aux médecins inspecteurs, les malades et les blessés ne dépendaient plus que de ceux-ci.

En tête de chaque ligne d'évacuation, dans les gares les plus rapprochées des opérations militaires, les inspecteurs non utilisés devaient tenir réuni un personnel médical suffisant pour constater l'état de tout militaire se présentant pour être évacué.

---

plusieurs directions et s'étendre sur un grand nombre de localités. Aussi l'intention du Ministre était-elle de mettre à la disposition des directeurs régionaux un certain nombre de médecins auxiliaires, choisis, autant que possible, parmi les docteurs en médecine. Ils auraient comme mission principale d'accompagner les convois de blessés, de rectifier les irrégularités qui pourraient s'y produire, et de s'entendre avec les représentants de l'intendance militaire ou avec les ingénieurs et agents des chemins de fer, quand les circonstances l'exigeraient.

Les directeurs régionaux du service médical devaient se tenir en communication constante avec l'intendant général Robert, chargé par le Ministre d'assurer auprès des troupes de campagne la centralisation générale du service des évacuations. Ce dernier préviendrait, d'autre part, les directeurs régionaux des évacuations dirigées sur leurs circonscriptions (Projet de lettres de nomination de directeurs supérieurs régionaux du service médical, Paris, septembre 1870).

Ce projet ne fut pas réalisé, l'investissement de Paris ayant empêché d'y donner suite.

(1) La circulaire du 12 janvier 1871 émane du docteur Robin, sous-directeur chargé des services médicaux.

Les simulateurs étaient remis immédiatement à l'autorité militaire ou à la force publique (1). Quant aux malades et aux blessés, après avoir reçu les soins nécessaires, ils étaient classés par catégories. Ceux qui étaient incapables de supporter un long trajet ou qui étaient affectés de maladies contagieuses (2) étaient envoyés aux hôpitaux les plus rapprochés. Il en était de même des malades et des blessés peu gravement atteints, susceptibles de rejoindre leurs corps après huit ou dix jours de soins. Les autres devaient au contraire être dirigés vers les parties des zones d'évacuation les plus éloignées du théâtre des opérations.

Tout convoi de plus de vingt malades ou blessés était accompagné par au moins un aide-major et un nombre suffisant d'infirmiers. Les trains étaient signalés par dépêche aux gares pourvues d'ambulances de passage et à la gare d'arrivée. Les mesures nécessaires y devaient aussitôt être prises pour assurer l'alimentation et les soins. Il était recommandé de ne pas faire descendre les évacués en cours de route, et même de ne pas les faire changer de wagon jusqu'à leur arrivée à destination.

Les aliments devaient être distribués dans les voitures à tous ceux qui ne seraient pas en état de se déplacer, et les pansements n'étaient renouvelés qu'en cas de

---

(1) Les documents annexés au chapitre *Discipline* montrent combien étaient nombreux les militaires qui se faufilaient sans motif sérieux dans les trains d'évacuation.

Le 1er janvier 1871, le Ministre de la Guerre prescrivit que les militaires reconnus malades par les médecins des corps de troupe devaient être porteurs d'un billet d'hôpital ou d'un certificat en tenant lieu (Le Ministre de la Guerre aux Généraux commandant les armées et les corps d'armée, Bordeaux, 1er janvier 1871).

(2) Une circulaire du 18 novembre 1870 avait déjà signalé les inconvénients que présentait l'évacuation des varioleux au double point de vue des malades eux-mêmes et de la contagion.

nécessité et sur les indications du médecin accompagnant le train (1).

Les évacués ne devaient jamais séjourner dans les gares de passage ou d'arrivée. Grâce à des avis envoyés à l'avance, des voitures et des brancards devaient les y attendre en nombre suffisant pour les transporter aussitôt à l'hôpital, où ils trouvaient seulement les conditions de bien-être réclamées par leur état.

Il rentrait aussi dans les obligations des inspecteurs du service des évacuations d'examiner ou de faire examiner les hommes en traitement dans les hôpitaux permanents ou temporaires de leur circonscription, afin de hâter le retour à leurs corps des militaires guéris (2). De semblables visites devaient être faites également au moins une fois par semaine chez les particuliers autorisés à recueillir et soigner des militaires. Ces autorisations ne pouvaient d'ailleurs être données que par l'inspecteur, qui pouvait les retirer en cas d'abus.

Après quelques tâtonnements, l'on parvint donc à fixer des règles simples pour assurer l'évacuation, sur l'intérieur du pays, des malades et des blessés. En résumé, les troupes combattantes devaient diriger leurs évacués sur les stations les plus rapprochées du théâtre des opérations, où ils étaient reçus par le personnel de l'une des lignes d'évacuation. Ce dernier leur assurait les premiers soins indispensables, les classait par catégories,

---

(1) D'après la circulaire du 25 décembre, c'était dans la première ambulance provisoire que s'exécutaient le classement et la répartition des malades. Pour cela, tous les malades étaient descendus du train.

Cette circulaire ne spécifiait pas la composition du cadre de conduite, qui, en cas de besoin, pouvait être réduit à un seul sous-officier.

(2) Au cours de ces visites, les inspecteurs prescrivaient les mesures d'hygiène qu'ils jugeaient utiles. Ils avaient aussi le droit de faire évacuer et fermer les établissements insalubres ou mal tenus.

suivant leur état, les dirigeait sur les hôpitaux installés dans la zone de territoire affectée à chaque ligne, puis, après avoir assuré leur guérison, veillait à les faire rentrer le plus promptement possible sous les drapeaux.

Certes, ces mesures constituaient en elles-mêmes un énorme progrès ; mais elles ne pouvaient suppléer à l'inexpérience de ceux qui étaient chargés de les appliquer, ni surtout parer au manque de matériel. Lorsqu'après un combat, il fallait évacuer immédiatement de nombreux blessés, on était obligé de les transporter jusqu'aux premières gares de chemin de fer dans des voitures de réquisition, que les localités voisines fournissaient souvent en trop faible quantité. Sur ces voitures, garnies de paille, on entassait les évacués, qui, malgré le froid terrible que l'on subissait, n'avaient pour se couvrir que leurs vêtements et pas toujours leur demi-couverture. A la station, où les prenait le service des évacuations, les abris manquaient souvent pour les recevoir, malgré le zèle et la charité déployés par tous. Faute de matériel, il fallait encore les transporter en wagon sur un simple lit de paille ; puis, comme la marche des trains n'était ni préparée, ni réglée, de mortelles heures s'écoulaient encore avant qu'ils pussent recevoir un abri définitif (1).

L'administration de la Guerre déploya, cependant, la plus grande activité pour améliorer la situation des malades et des blessés transportés par voies ferrées. Les compagnies de chemins de fer furent invitées à placer des boules d'eau chaude, non seulement dans

---

(1) Rapport sur le Service de santé au 18e corps d'armée pendant la campagne de l'Est ; Docteur Chenu, *Aperçu historique, statistique et clinique sur le service des ambulances et des hôpitaux de la Société française de secours aux blessés des armées de terre et de mer pendant la guerre de 1870-71*, t. I, p. 247.

les wagons où les hommes voyageaient assis, mais encore dans ceux où ils étaient couchés sur la paille (1). Malheureusement, les compagnies d'Orléans et de l'Ouest avaient laissé ce matériel à Paris, et on dut faire appel à la compagnie du Midi et à des compagnies secondaires (2). Il fut recommandé, à maintes reprises, de mettre beaucoup de paille dans les wagons et de distribuer au moins deux couvertures à chacun des évacués, pour les protéger contre le froid pendant les longs trajets, conséquence de la lenteur des trains. Puis, quand la température devint encore plus rigoureuse, des instructions nouvelles prescrivirent de réduire le plus possible les évacuations et, en tout cas, de répartir les hommes à petite distance (3). Néanmoins l'opinion publique, surexcitée par la mort, en cours de route, de blessés ou de malades, ne se rendait pas exactement compte de la situation déplorable dans laquelle on se trouvait et des difficultés qui résultaient d'un défaut antérieur de préparation et d'organisation (4).

---

(1) L'intendant général Robert au Ministre de la Guerre, 14 novembre.

(2) L'intendant général Robert au Directeur de la 6ᵉ direction de la délégation du ministère de la Guerre, Bordeaux, 25 décembre.

(3) L'intendant général Robert au Sous-Intendant militaire du Mans, 18 décembre ; Le même à l'Intendant directeur du service des évacuations, Le Mans, 21 décembre ; Le même au Sous-Intendant militaire d'Angers, D. T., la Possonnière, 22 décembre ; Le même au même, Niort, 23 décembre ; Le même au Préfet de Maine-et-Loire, Niort, 22 décembre ; Le même à l'Intendant en chef de l'armée de la Loire, D. T., Niort, 22 décembre ; Le même au Directeur de la 6ᵉ direction de la délégation du ministère de la Guerre, D. T., Niort, 23 décembre ; Le même au même, Bordeaux, 25 décembre.

(4) L'intendant général Robert à l'Intendant en chef de l'armée de la Loire, Angers, 21 décembre.

§ 3. — *Ambulances volontaires.*

Dès le début de la guerre, de nombreuses ambulances volontaires s'étaient organisées pour porter secours aux blessés. Ces formations, qui échappaient à l'autorité militaire, s'installaient et se déplaçaient à leur gré, sans se préoccuper des mouvements des troupes. Il en résultait que, souvent, elles étaient une gêne pour le commandement et que, de leur côté, elles étaient en droit d'estimer qu'elles n'étaient pas utilisées comme elles auraient pu l'être. D'autre part, lorsque les décrets de la délégation du Gouvernement de la Défense nationale appelèrent sous les drapeaux tous les hommes âgés de moins de 40 ans, l'incorporation, en qualité d'auxiliaire dans une ambulance volontaire, fut un prétexte, que de trop nombreuses personnes invoquèrent, pour échapper au service militaire et fuir le danger (1).

Afin de réprimer ces abus, un décret du 31 décembre plaça toutes les ambulances volontaires et autres formations similaires, accompagnant les troupes en campagne pour soigner les blessés sur le champ de bataille et après le combat, sous la direction et la responsabilité de la Société internationale de secours aux blessés des armées de terre et de mer (2). A partir de ce jour, aucune *ambulance volontaire volante* ne pouvait plus être constituée sans l'autorisation formelle du Conseil supérieur de la société ou de l'un de ses délégués régionaux, qui devait aviser le Ministre de la Guerre et lui transmettre une liste du personnel.

---

(1) Rapport sur le Service de santé au 18ᵉ corps d'armée pendant la campagne de l'Est ; J. Lucas-Championnière, *Souvenirs de campagne et notes médicales prises à la cinquième ambulance internationale pendant la guerre de 1870-71* (*Recueil de médecine, de chirurgie et de pharmacie militaires*, t. XXVII, p. 65 et 247).

(2) *M. U.* du 4 janvier 1871.

Les ambulances volantes, organisées antérieurement par des comités indépendants ou des représentants de l'autorité civile, étaient tenues, dans un délai de huit jours, de faire régulariser leur position près de la Société internationale de secours aux blessés, qui proposerait au Ministre leur maintien ou leur dissolution.

Aucun Français de moins de 40 ans ne pouvait faire partie du personnel d'une ambulance volontaire, *volante ou sédentaire*, s'il n'avait un diplôme de docteur en médecine ou tout au moins seize inscriptions (1).

Seuls, le Conseil supérieur de la société ou ses délégués régionaux pouvaient, sous leur responsabilité, délivrer des brassards. Chaque brassard devait être accompagné d'une carte nominative, signée et timbrée par le

---

(1) Cette prescription ne visait pas le personnel des ambulances organisées à Paris, avant l'investissement, par la Société de secours aux blessés. Une liste complète de ce personnel devait être remise au Ministre de la Guerre.

Au cours de la campagne, la Société de secours aux blessés des armées de terre et de mer organisa à Paris *21 ambulances de campagne*, destinées à suivre les corps d'armée et à fonctionner pendant et après les batailles. Quatre d'entre elles étaient dues à l'initiative d'étrangers habitant la capitale. Quatorze de ces ambulances de campagne prirent part aux opérations de la défense nationale en province.

Les comités des départements formèrent en outre *14 ambulances volantes*, qui suivirent les divisions des différents corps d'armée organisés en province (Docteur Chenu, *loc. cit.*, p. 101 et 200).

Les ambulances de campagne constituées par la Société de secours aux blessés comprenaient une moyenne de 20 chirurgiens, avec un personnel administratif et subalterne très nombreux. L'expérience démontra bientôt « la nécessité de multiplier les ambulances en les rendant plus légères, plus faciles à déplacer ». La Société créa, à cet effet, des ambulances volantes « destinées à suivre les troupes au feu. Elles étaient, en général, composées d'un chirurgien en chef, secondé de deux aides » (Brice et Bottet, *Le Corps de Santé militaire en France*, p. 393-394).

délégué régional et un intendant militaire. Le port du brassard et des insignes de la convention de Genève était interdit, à partir du 15 janvier 1871, à toute personne ne relevant pas régulièrement de la Société de secours aux blessés (1).

Sur la présentation de la Société, le Ministre nommait un délégué général chargé de la représenter auprès de son département (2).

Toute ambulance volante, nationale ou étrangère, accréditée par la Société internationale de secours aux blessés, devait se mettre à la disposition du général et de l'intendant en chef de l'armée à laquelle elle désirait être affectée. Ces derniers, après entente avec le délégué général près le ministère de la Guerre, lui assignaient le point où son concours pouvait plus particulièrement s'exercer.

Ces ambulances avaient droit à une feuille de route de corps en campagne, contenant la liste nominative de tout son personnel, ainsi que l'indication de ses animaux et de son matériel roulant (3). Elles pouvaient bénéficier de réductions de tarifs pour le transport de leur

---

(1) Auparavant, les fonctionnaires de l'intendance étaient autorisés à estampiller les brassards et drapeaux destinés à donner le bénéfice de la neutralité au personnel et au matériel des ambulances de la Société internationale de secours aux blessés et des autres ambulances auxiliaires admises à suivre les armées.

D'autre part, il appartenait aux préfets de satisfaire aux demandes d'estampilles adressées pour les ambulances créées par les municipalités ou des sociétés particulières, mais qui n'avaient pas été officiellement accréditées par le département de la Guerre [Circulaire du 12 novembre 1870 (*M. U.* du 17 novembre)].

(2) Un décret du 31 décembre nomma à cet emploi M. de Villeneuve-Bargemont, directeur général des ambulances de la Société internationale de secours aux blessés (*M. U.* du 5 janvier 1871).

(3) Arrêté ministériel du 14 janvier 1871 ; Le Ministre de la Guerre aux Généraux commandant les divisions et les subdivisions, aux

personnel et de leur matériel sur les voies ferrées, et, après avoir rejoint l'armée à laquelle elles étaient affectées, leur personnel touchait les rations réglementaires (1).

§ 4. — *Concours demandé aux médecins et aux pharmaciens civils. — Nomination des médecins dans la garde nationale mobile, la garde nationale mobilisée et la garde nationale sédentaire.*

Dès le début de la guerre, un nombre considérable de docteurs en médecine, d'officiers de santé et d'étudiants avaient offert leurs services au Gouvernement; dans le courant du mois d'août, des ordres avaient été donnés pour dispenser les médecins et les pharmaciens des obligations auxquelles ils auraient pu être assujettis soit comme gardes nationaux, soit comme appelés en vertu de la loi du 10 août 1870.

Le 1er septembre, le Ministre rappelait aux généraux commandant les divisions militaires qu'ils devaient garder à leur disposition tous les docteurs en médecine et les étudiants pourvus de seize inscriptions ainsi que les étudiants ayant douze inscriptions qui le demanderaient. Avec ces ressources, les commandants des divisions militaires devaient pourvoir aux emplois de médecins dans la garde nationale mobile, à raison d'un par bataillon, ainsi que dans les dépôts des corps de troupe, où il importait particulièrement de remplacer

---

Intendants en chef, aux Intendants divisionnaires, Bordeaux, 18 janvier 1871. — Les chefs d'ambulance, les comptables et les aumôniers avaient droit à des feuilles de route personnelles.

(1) Pour la perception des rations, les chefs d'ambulance, les aumôniers et les chirurgiens étaient assimilés aux officiers supérieurs, les aides, sous-aides et comptables adjoints aux capitaines et les infirmiers et employés aux sous-officiers.

les médecins militaires appelés à suivre les quatrièmes bataillons (1).

Dans chaque division, il était tenu un contrôle des docteurs en médecine, des officiers de santé et des étudiants à seize et à douze inscriptions maintenus à la disposition de l'autorité militaire. Ce personnel devait toujours se tenir prêt à répondre au premier appel, soit pour être employé à l'armée, soit pour être envoyé dans une autre résidence (2).

Ces dispositions étaient également applicables aux pharmaciens compris dans la garde nationale mobile ou dans la levée des hommes de 25 à 35 ans (3).

Les intendants divisionnaires, enfin, recevaient des instructions concernant les réquisitions de médecins et

---

(1) Le Ministre de la Guerre aux Généraux commandant les divisions militaires, Paris, 1er septembre.— Pour les dépôts, les commandants des divisions militaires devaient choisir des docteurs en médecine qui suivraient ensuite les mouvements des corps auxquels ils seraient affectés.

Pour le service dans la garde nationale mobile, les docteurs appartenant à cette garde devaient être utilisés de préférence à d'autres.

A défaut de docteurs en médecine pour remplir tous les emplois, les commandants des divisions devaient choisir parmi les officiers de santé en exercice, puis parmi les étudiants à 16 inscriptions. Mais ces derniers ne pouvaient être nommés que lorsqu'une commission spéciale, composée autant que possible de médecins militaires, se serait prononcée sur leur aptitude.

Les médecins attachés aux dépôts ou aux bataillons de la garde nationale mobile avaient le rang et le titre d'aide-major de 2e classe. Mais ils ne recevaient que la solde de stagiaire s'ils n'étaient pas docteurs en médecine.

(2) Ceux qui n'étaient pas chargés d'un service dans les corps de troupe ou qui n'étaient pas désignés pour les ambulances de l'armée pouvaient cependant continuer leur service dans les hôpitaux civils, où ils étaient habituellement employés, ou être autorisés, soit à prêter leur concours à des ambulances civiles, soit à continuer leurs études. Mais ces diverses positions ne donnaient droit à aucune solde.

(3) En raison du petit nombre de pharmaciens nécessaires, et pour ne pas gêner les populations, tous ceux qui étaient établis étaient

de pharmaciens, qu'ils étaient autorisés à faire pour assurer le service des établissements militaires.

L'administration de la Guerre s'était donc ainsi préparé une réserve de personnel médical suffisante pour parer aux éventualités. Lorsque, plus tard, tous les hommes valides de 21 à 40 ans furent mobilisés, on n'eut plus qu'à appliquer, en les modifiant légèrement, les prescriptions contenues dans la circulaire du 1er septembre (1).

Tout corps mobilisé devait, avant son envoi à l'armée, être pourvu d'un médecin par bataillon ou par unité équivalente à un bataillon. Les généraux commandant les divisions militaires, de concert avec les préfets des départements, étaient chargés de commissionner les médecins des corps mobilisés ; ils devaient rendre compte au Ministre des nominations ainsi faites (2).

---

maintenus dans leurs foyers, et le nombre des élèves en pharmacie inscrits sur les contrôles ne devait pas dépasser le dixième de celui des étudiants en médecine.

(1) Le Ministre de la Guerre aux Généraux et Intendants divisionnaires et aux Préfets des départements, Tours, 16 novembre (*M. U.* du 22 novembre).

(2) Une circulaire télégraphique du 19 novembre donnait d'autre part aux préfets la nomination aux emplois de médecins dans la garde nationale mobilisée. Cette prescription pouvait paraître en opposition avec celle contenue dans la lettre du 16 novembre. Une nouvelle circulaire du 6 décembre expliqua que la constitution définitive des cadres du service médical devait être assurée par le concours des délégués du ministère de l'Intérieur, de qui relevait la garde mobilisée, et des représentants du département de la Guerre, sous l'autorité duquel les bataillons allaient être placés.

En conséquence, les commandants des divisions militaires devaient maintenir les nominations faites antérieurement par les préfets, et pourvoir, d'accord avec eux, aux vacances existantes, jusqu'au jour où les bataillons de mobilisés seraient remis au département de la Guerre. A partir de ce moment, les nominations appartenaient exclusivement aux représentants du ministère de la Guerre, ainsi que cela avait lieu

Autant que possible ces médecins devaient être choisis parmi les docteurs en médecine de l'arrondissement auquel appartenait le corps mobilisé ; à défaut, on pouvait prendre des officiers de santé ou des étudiants possédant seize inscriptions (1).

Les docteurs en médecine avaient le titre, le rang et la solde de médecin aide-major de 1re classe ; les officiers de santé et les étudiants, celui de médecin aide-major de 2e classe.

Les commandants des divisions militaires et les préfets devaient, en outre, prendre toutes les mesures nécessaires pour exempter de la mobilisation et maintenir dans leurs foyers *tous* les docteurs en médecine, officiers de santé et pharmaciens établis, ainsi que *tous* les étudiants en médecine et en pharmacie justifiant de seize inscriptions. Les étudiants ayant moins de seize inscriptions ne bénéficiaient plus d'aucune exemption.

En ce qui concerne la garde nationale sédentaire, un décret du 4 janvier 1871 prescrivit que, pendant la durée de la guerre et jusqu'à décision nouvelle, les préfets nommeraient directement aux emplois du service de santé (2).

---

pour la mobile [Le Ministre de la Guerre aux Généraux et Intendants divisionnaires et aux Préfets des départements, Tours, 6 décembre (*M. U.* du 7 décembre)].

(1) Tout médecin de la garde nationale mobilisée devait être muni d'une trousse chirurgicale au complet. Chaque bataillon de la garde nationale mobilisée était pourvu d'un sac d'ambulance approvisionné pour 24 pansements et d'une paire de cantines médicales contenant, outre les médicaments ordinaires, 200 pansements (Henry Durangel, *Rapport sur les dépenses de la mobilisation des gardes nationales*, p. 14).

(2) *M. U.* du 12 janvier 1871.

CHAPITRE XIII

Corps francs.

Aussitôt après la déclaration de la guerre, le Gouvernement impérial avait pris quelques mesures pour développer l'organisation des corps francs. Bien que le Gouvernement de la Défense nationale eût émis l'avis, dans sa séance du 11 septembre, qu'il n'y avait pas lieu d'en favoriser le développement, le nombre des unités de francs-tireurs s'accrut très rapidement, et ne tarda pas à prendre, particulièrement en province, des proportions considérables (1).

La plupart d'entre eux agissaient d'une manière absolument indépendante, passant, à leur gré, d'une région

---

(1) *La Guerre de 1870-71. Mesures d'organisation depuis le début de la guerre jusqu'au 4 septembre*, p. 53.

Un avis du 12 septembre, inséré au *J. O.* du 13 septembre, faisait connaître que, malgré les nombreuses demandes qui lui étaient adressées, le Gouvernement ne pourrait plus accorder de nouvelles autorisations pour la formation de corps francs. L'organisation de ces corps nécessitait, en effet, un certain délai; d'autre part, il devenait indispensable de consacrer à l'armement des gardes nationales mobiles et sédentaires toutes les armes nouveau modèle encore disponibles. Le Gouvernement rappelait « d'ailleurs que les rangs de la garde nationale mobile et de la garde nationale sédentaire restaient ouverts à tous les volontaires, indépendamment de la faculté qui leur demeurait acquise de s'engager pour la durée de la guerre dans un corps de troupe régulier ».

Les documents retrouvés ne permettent pas d'établir exactement le nombre et la composition des corps francs qui s'organisèrent en province.

D'après l'ouvrage cité ci-dessus, les corps francs, en y comprenant ceux de Paris, auraient fini par former un total de 2,893 officiers et

dans une autre, et leur initiative souvent inconsidérée ne pouvait, dans ces conditions, produire d'appréciables résultats. Pour subordonner ces forces à un pouvoir régulier, et pour combiner utilement leur action avec celle de l'armée, un décret du 29 septembre mettait les compagnies de francs-tireurs à la disposition du

---

69,182 hommes de troupe, répartis en 91 bataillons, 450 compagnies formant corps, 28 escadrons, 18 pelotons formant corps et 31 batteries.

M. A. Martinien, dans sa brochure *Garde nationale mobilisée* (p. 29), donne le même nombre d'unités.

D'après un état intitulé *État des corps francs organisés en 1868, 1870 et 1871*, état incomplet et entaché de quelques erreurs, un bataillon et dix compagnies, comptant ensemble 25 officiers et 742 hommes, auraient été constitués du 4 au 16 septembre (Francs-tireurs de la Marne, 11 septembre; Deux compagnies de Francs-tireurs du Haut-Rhin, 12 septembre; Francs-tireurs de la ville de Rouen, 12 septembre; Francs-tireurs alsaciens, corps formé à Paris le 14 septembre et envoyé à Belfort le 26; Francs-tireurs du Haut-Rhin, dits Montagnards, 14 septembre; Francs-tireurs du Midi ou Légion provençale, 15 septembre). Une compagnie du génie, les Ouvriers du Haut-Rhin, fut aussi organisée le 12 septembre.

Après le 16 septembre, il aurait été formé en province :

	Officiers.	Hommes.
302 bataillons, compagnies ou corps francs, réunissant..................	1,347	44,245
12 escadrons et 18 pelotons réunissant.....	72	1,530
6 batteries réunissant...................	6	312
12 compagnies ou détachements du génie réunissant........................	44	1,043
Soit............	1,469	56,130

Ces unités avaient d'ailleurs des effectifs excessivement variables. Les *compagnies* de la Charente (Cognac) et de Domfront comptaient 1 ou 2 officiers et 21 hommes; la *compagnie* de Tirailleurs toulonnais avait 4 officiers et 150 hommes, la *compagnie* de la Roche-sur-Yon, 11 officiers et 500 hommes; mais, par contre, le *bataillon* des Volontaires d'Orléans n'avait que 6 officiers et 120 hommes.

Enfin, il y avait encore à l'armée des Vosges une compagnie franche

Ministre de la Guerre, et les soumettait, au point de vue disciplinaire, au même régime que la garde nationale mobile (1).

En rappelant, le 30 octobre, aux différents échelons de la hiérarchie militaire les prescriptions contenues dans l'instruction du 3 mai 1832 sur le service des armées en campagne, le Ministre de l'Intérieur et de la Guerre invitait d'ailleurs les généraux commandant les troupes d'opérations à réclamer le nombre de corps de francs-tireurs ou de partisans qui leur paraîtrait nécessaires. Ces corps devaient être utilisés comme *partisans* ou *flanqueurs* pour éclairer et protéger l'armée, inquiéter les communications de l'adversaire, enlever ses magasins et ses convois, en un mot fatiguer l'ennemi, gêner ses opérations et troubler surtout son repos pendant la nuit. Le Ministre ajoutait que « la recommandation la plus expresse serait faite aux corps francs, opérant avec l'armée, de ne négliger aucun moyen pour inspirer

---

de pontonniers, les Pontonniers volontaires du Rhône (3 officiers et 40 hommes), une section franche du train d'artillerie (1 officier et 24 hommes) et une compagnie du train des équipages (3 officiers et 67 hommes).

A l'armistice, il restait encore en formation :

	Officiers.	Hommes.
47 bataillons, compagnies ou corps comprenant.	186	5,108
11 pelotons de cavalerie comprenant.........	15	339
2 compagnies et 1 détachement du génie comprenant......................	4	126

(1) *M. U.* du 2 octobre. — Pour maintenir la discipline dans leurs rangs, certains corps francs avaient, en effet, établi une série de pénalités spéciales, dont la plus sévère, prononcée par un conseil réuni à l'intérieur de l'unité, était l'exclusion du corps (Historique des Francs-tireurs Haut-marnais). La conséquence de cette mesure était que des hommes enrôlés dans des compagnies franches pouvaient ainsi échapper à toutes les obligations de la guerre, alors que, sans leur engagement spécial, ils auraient été incorporés, soit dans la mobile, soit dans la mobilisée.

la confiance et le dévouement aux habitants des campagnes (1) ».

Mais ces mesures étaient insuffisantes ; les termes mêmes, dans lesquels elles avaient été promulguées, permettaient aux francs-tireurs de s'y soustraire aisément. Aussi, « tout en respectant l'autonomie et les libres allures des corps de francs-tireurs », la délégation du Gouvernement de la Défense nationale estima qu'il convenait « d'établir des garanties de discipline et de prévenir des actions isolées qui pourraient, en certains cas, préjudicier à l'action commune (2) ». Ce fut le but du décret du 4 novembre 1870.

Tout corps de francs-tireurs ou de volontaires devait être rattaché par le Ministre à un corps d'armée en campagne, ou, à défaut, à une division militaire territoriale ; il était ensuite tenu d'opérer conformément aux directions supérieures du commandant du corps d'armée ou du commandant de la division. Les corps francs en campagne au moment de la promulgation du décret étaient affectés d'office au corps d'armée ou aux divisions militaires sur le territoire desquels ils opéraient et devaient se faire connaître immédiatement au général en chef ; ils pouvaient, toutefois, adresser dans les cinq jours au Ministre une demande pour recevoir une autre destination. Faute d'exécuter ces prescriptions, les corps francs étaient désarmés et dissous, sans préjudice des peines qui pouvaient être prononcées par les tribunaux militaires.

Au point de vue de la discipline, le décret interdisait aux francs-tireurs de s'absenter isolément de leur corps sans un congé régulier, et aux corps eux-mêmes de quit-

---

(1) *M. U.* du 5 novembre (édition extraordinaire).
(2) Considérants du décret du 4 novembre 1870 (*M. U.* du 7 novembre).

ter le territoire sur lequel ils avaient reçu l'ordre d'opérer, sans une autorisation du commandant du corps d'armée.

Mais, bien que placés sous l'autorité militaire, les corps francs furent encore assez souvent appelés à opérer isolément. Afin d'être renseignés sur le concours que ces volontaires prêtaient à l'armée régulière, et aussi pour maintenir le lien qui les rattachait à lui, le Ministre de la Guerre décidait, le 15 novembre, que, deux fois par semaine, chaque commandant de francs-tireurs serait tenu de lui adresser, sous sa responsabilité personnelle, un rapport sur les opérations de son unité (1). De plus,

---

(1) Le Ministre de la Guerre aux Généraux commandant les corps d'armée et les divisions militaires, Tours, 15 novembre (*M. U.* du 17 novembre). — Cette circulaire paraît avoir été la conséquence de la lettre ci-après adressée, le 10 novembre, à M. de Freycinet, par un de ses amis : « Mon cher ami, je suspecte plus d'une compagnie de francs-tireurs de jouer à cache-cache avec l'ennemi. Je sais bien que vous les avez fait rentrer sous les commandements militaires, mais il est bien difficile de demander aux généraux de ne pas perdre de l'œil des groupes de 100 à 150 hommes. Si c'étaient des régiments, je ne dis pas, mais de minces compagnies se soustraient facilement à l'action des généraux qui ont bien autre chose à faire.

« Un moyen de parer au danger que je redoute consisterait dans l'obligation, imposée à tout chef de corps de francs-tireurs, de tenir ou faire tenir sous sa responsabilité le journal régulier de ses opérations quotidiennes ».

Il semblerait même que le Gouvernement de la Défense nationale ait songé à réaliser pratiquement l'idée donnée par cette lettre, de former des régiments de francs-tireurs. C'est du moins ce qu'indique un projet de circulaire, daté du 16 novembre, qui ordonnait la réunion des corps de francs-tireurs, par groupes de 5 ou 10 compagnies, sous l'autorité de chefs relevant des commandants de corps d'armée ou des commandants des divisions territoriales. Chacun de ces groupes devait disposer de 15 à 25 hommes montés par les soins de leurs chefs. Chaque commandant de groupe était tenu d'adresser tous les cinq jours, au général dont il dépendait, un rapport sur les opérations auxquelles ses compagnies avaient pris part.

On n'a pas retrouvé trace de l'envoi de cette circulaire. Il fut pour-

les généraux devaient envoyer chaque mois une situation numérique des corps francs placés sous leurs ordres avec un état nominatif de leurs officiers (1).

Comme sanction de ces mesures, un ordre du jour du Ministre de la Guerre, daté du 1er novembre, avait déjà flétri la conduite d'un corps de francs-tireurs qui avait manqué d'énergie devant l'ennemi en se repliant en désordre sans que rien motivât sa retraite. Le commandant était révoqué. Le Ministre avisait en outre l'armée auxiliaire que tout corps franc, qui ne justifierait pas sa création par une courageuse attitude devant l'ennemi, serait immédiatement désarmé et dissous sans préjudice du renvoi des coupables devant une cour martiale (2).

De nombreux francs-tireurs continuèrent cependant à scandaliser les populations par leur vagabondage, leur oisiveté et, souvent aussi, leur inconduite. Pour mettre fin à ces désordres, le Ministre prescrivit, le 5 janvier, de traduire devant l'autorité militaire, pour justifier de leur position, les maraudeurs, isolés ou en groupes, se disant membres de corps francs. Ceux qui appartiendraient à un corps franc rattaché à un corps d'armée y seraient immédiatement envoyés pour être traduits devant une cour martiale. Ceux qui prétendraient dépendre d'unités en formation, et qui ne seraient pas sur les lieux où cette unité devait se constituer, seraient versés dans l'armée régulière, la mobile ou la mobilisée selon leur âge et leur position (3).

---

tant créé, le 7 février 1871, un régiment de Tirailleurs réunis, formé avec trois bataillons de corps francs ou assimilés. Ce régiment formé à La Charité fut licencié à Valognes, le 10 mars 1871.

(1) Le Ministre de la Guerre aux Généraux commandant les armées, les corps d'armée et les divisions militaires, Tours, 12 et 18 novembre.
(2) *M. U.* du 7 novembre.
(3) Le Ministre de la Guerre au Général commandant en chef la

Le 14 janvier 1871, du reste, le Ministre de l'Intérieur et de la Guerre décidait qu'il ne serait plus formé à l'avenir de compagnies de francs-tireurs. Il était en même temps prescrit aux préfets de faire immédiatement connaître ceux de ces corps dont l'organisation était suffisamment avancée pour être remis à bref délai à l'autorité militaire. Quant aux autres, leur formation était suspendue, et les quelques volontaires qui y étaient déjà incorporés devaient être licenciés ou versés dans l'armée active ou l'armée auxiliaire (1).

Pendant l'armistice, la délégation du Gouvernement de la Défense nationale résolut d'encadrer plus fortement encore les corps de francs-tireurs. Un décret du 5 février 1871 (2) décidait que les fractions commandées par les généraux de Charette et Lipowski et par le colonel de Cathelineau, fractions qui, avec quelques unités de mobiles et de mobilisés, comprenaient surtout des corps francs, formeraient trois brigades (3) désignées par les

---

IIe armée, au Mans, D. T., Bordeaux, 27 décembre, 9 h. 45 soir ; Le Ministre de la Guerre aux Généraux commandant les corps d'armée, les divisions et subdivisions militaires, Bordeaux, 5 janvier 1871 (*M. U.* du 7 janvier 1871).

(1) Le Ministre de l'Intérieur aux Préfets, D. T., Bordeaux, 14 janvier 1871, 6 h. 30 soir (Joseph Reinach, *Dépêches, circulaires, décrets, proclamations et discours de Léon Gambetta*, t. I, p. 399).

(2) *M. U.* du 11 février 1871.

(3) Cette partie du décret du 5 février 1871 ne faisait que consacrer un état de choses existant depuis longtemps. Après la promulgation du décret du 4 novembre 1870, plusieurs commandants de corps d'armée avaient groupé, sous un même commandement, tous les corps francs placés sous leur autorité. C'est ainsi qu'une décision du général commandant le 15e corps, datée de Chevilly, 17 novembre 1870, avait mis sous les ordres du colonel de Cathelineau, commandant le corps franc de la Vendée, toutes les compagnies de francs-tireurs rattachées au 15e corps (francs-tireurs de la Vendée, de Nice, du Loir-et-Cher, de la Nièvre, de Paris (section Orléans), légion bretonne, francs-tireurs de Rochefort). Avec ces corps francs devaient marcher, toujours sous les

noms de leurs chefs, et placées sous le commandement supérieur du général commandant les forces de Bretagne. En outre, les corps francs qui s'étaient signalés par leurs services devaient être rattachés aux divers corps d'armée pour en faire partie à titre d'éclaireurs. Tous les autres détachements de francs-tireurs étaient dissous.

Par application de ce décret, les généraux commandant les armées et les divisions territoriales étaient invités à rassembler sur un même point les corps francs se trouvant sous leur commandement, à en passer la revue d'effectifs, et à proposer ensuite au Ministre ceux qui, en raison de leur bonne conduite au feu et de leur attitude correcte vis-à-vis des populations, leur sembleraient devoir être conservés (1).

---

ordres du colonel de Cathelineau, un bataillon de mobiles, un bataillon de Tirailleurs algériens et un escadron de chasseurs à cheval.

Le but du général d'Aurelle était de réunir dans une main énergique la direction de tous ces corps francs, dont plusieurs pouvaient manquer de véritable esprit militaire. Quant aux troupes de l'armée régulière, elles avaient été données au colonel de Cathelineau sur sa demande, lorsqu'il accepta le commandement des groupes de francs-tireurs, « afin de conserver autour de lui le bon ordre et la discipline » (Général de Cathelineau, *Le corps Cathelineau pendant la guerre 1870-71*, Ire partie, p. 140 et suiv.). Le bataillon de Tirailleurs algériens ne resta que temporairement sous les ordres du colonel de Cathelineau. Quant au bataillon des mobiles (IIIe bataillon de la Dordogne) et à l'escadron de chasseurs à cheval (1er escadron de marche du 10e chasseurs, devenu 4e escadron du 1er régiment de chasseurs de marche), ils demeurèrent avec lui jusqu'à la fin des opérations.

De même, les corps francs rattachés au 16e corps (francs-tireurs de la Sarthe, de la Gironde, de Constantine, de Saint-Denis) opéraient, le 24 novembre 1870 dans la région de Patay, sous le commandement du colonel Lipowski, commandant des francs-tireurs de Paris (Le Général commandant le 16e corps d'armée à l'Intendant du 16e corps, 24 novembre). A la même date, le colonel Lipowski disposait en outre de la moitié du 3e escadron du 3e régiment de marche mixte de cavalerie et de deux sections de la 2e batterie de montagne du 8e d'artillerie.

(1) Le Ministre de la Guerre aux Généraux commandant les armées et les divisions territoriales, D. T., Bordeaux, 7 février 1871.

Les hommes des corps francs dissous, qui, par leur âge ou leur position, appartenaient au recrutement, étaient immédiatement incorporés dans les rangs de l'armée; les autres étaient renvoyés dans leurs foyers. Les officiers devaient cesser de porter les insignes de leurs grades; leur mission était considérée comme terminée, et mention en était faite sur leurs commissions.

Il était accordé aux officiers et aux soldats une indemnité d'un mois de solde, payable moitié immédiatement, moitié au lieu de licenciement. Mais aucun payement ne devait être effectué si les hommes n'avaient rendu, au préalable, les effets d'équipement et de campement qu'ils pouvaient avoir reçus.

La dissolution des corps francs devait être constatée par un procès-verbal dressé par l'intendance, qui devait en même temps réclamer toutes les pièces de comptabilité et d'administration susceptibles de permettre la régularisation ultérieure des dépenses (1).

Le Gouvernement de la Défense nationale avait auto-

---

(1) Le Ministre de la Guerre aux Généraux commandant les corps d'armée et les divisions territoriales et aux généraux de Charette, Lipowski et de Cathelineau, Bordeaux, 24 février 1871; Le Ministre de la Guerre aux Intendants militaires des divisions de l'intérieur, Bordeaux, 27 février 1871. — Des mesures spéciales étaient prises en même temps pour le rapatriement des francs-tireurs étrangers. Ceux du continent devaient être réunis par nationalité et dirigés sur le point le plus rapproché de la frontière où ils percevraient leur indemnité.

Ceux d'outre-mer étaient dirigés sur le port d'embarquement desservant leur pays. C'est là qu'ils touchaient la deuxième partie de leur indemnité, la première leur ayant été remise au lieu du licenciement. Le Ministre des Affaires étrangères était chargé d'assurer leur retour dans leur patrie.

Les étrangers désirant continuer à servir la France étaient réunis à Aix et dirigés de là sur le dépôt du régiment étranger en Algérie, sous la réserve qu'aucun d'eux ne pourrait y recevoir un grade supérieur à celui de sous-officier.

risé, le 7 septembre, le Ministre de l'Intérieur à payer, quand il le jugerait nécessaire, des subventions à titre de solde aux corps de volontaires armés ou équipés pour la Défense nationale, mais sans en indiquer la quotité (1).

Le 28 septembre, la délégation du Gouvernement précisa ces indications en ce qui concernait la province (2). Les officiers de francs-tireurs, porteurs d'une commission régulière délivrée par l'autorité militaire, recevaient l'indemnité d'entrée en campagne et le traitement des officiers de leurs grades de l'armée active. La solde journalière était fixée à 1 fr. 50 pour les adjudants et sergents-majors, à 1 fr. 25 pour les sergents et à 1 franc pour les caporaux et soldats. Elle était servie tous les cinq jours entre les mains du chef de l'unité ou du capitaine-major, soit par les préfets, soit par les sous-préfets. Lorsque les nécessités de la campagne les maintenaient trop éloignés des chefs-lieux de département ou d'arrondissement, les commandants de corps francs étaient autorisés à requérir des rations de vivres des municipalités, en leur remettant en échange des bons remboursables par le ministère de l'Intérieur.

Mais, comme pour la garde mobile qui se trouvait dans les mêmes conditions, on ne tarda pas à reconnaître les inconvénients de cette manière de faire. Une fois en campagne ou réunis seulement avec d'autres troupes, les francs-tireurs ne parvenaient plus à se procurer de vivres. Le 7 octobre, le Ministre de la Guerre décidait donc que les corps de garde nationale mobile et de francs-tireurs, embrigadés dans un corps d'armée ou commandés pour marcher à l'ennemi, recevraient la même solde et les mêmes prestations en argent et en nature que les troupes de l'armée active. Tout en garan-

---

(1) Décret du 7 septembre (*J. M. O.*, 2ᵉ semestre 1870, p. 424).
(2) Arrêté du 28 septembre (*M. U.* du 30 septembre).

tissant leurs intérêts, cette mesure avait en outre l'avantage de mettre tous les combattants sur le même pied (1).

Le décret du 29 septembre avait assimilé les corps francs à la garde nationale mobile. Celui du 14 octobre les avait compris dans l'armée auxiliaire, appelée à fusionner pendant la durée de la guerre avec l'armée régulière; ce dernier avait établi, en outre, que les officiers des deux fractions de l'armée de la Défense nationale, pourraient exercer indifféremment leur commandement dans l'une ou dans l'autre. Enfin, le décret du 4 novembre avait placé les francs-tireurs sous les ordres des généraux commandant les armées ou les divisions territoriales.

Dans ces conditions, le Ministre de la Guerre décidait d'appliquer aux corps francs, pour le choix et la nomination des cadres, les mêmes dispositions que pour la garde nationale mobile et la garde nationale mobilisée. A partir du 21 décembre 1870, le soin de pourvoir aux emplois vacants dans les unités des francs-tireurs, et de prendre toutes les décisions concernant les cadres jusqu'au grade de capitaine inclusivement, était dévolu aux généraux commandant les armées, les camps d'instruction ou les divisions territoriales; à partir du grade de chef de bataillon, le Ministre se réservait de décider, d'après les propositions qui lui seraient faites par ces mêmes autorités (2).

---

(1) Le Garde des Sceaux, Ministre de la Guerre par intérim, aux Généraux commandant les divisions, Tours, 7 octobre.
(2) Le Ministre de la Guerre aux Généraux commandant les armées, les corps d'armée, les camps d'instruction, les divisions et subdivisions militaires, Bordeaux, 21 décembre (*M. U.* des 26-27 décembre).

CHAPITRE XIV

Douaniers et forestiers.

§ 1ᵉʳ. — *Douaniers.*

Par trois décrets successifs, le Gouvernement impérial avait mis à la disposition de la Guerre les brigades armées des Douanes de quarante départements (1). Au 4 septembre, sur les quinze bataillons formés avant la chute de l'Empire, quatorze étaient dans des places investies ou menacées (2); un seul, le IVᵉ bataillon de la 2ᵉ légion de l'Est, était disponible et fut affecté à la défense de Belfort. Le Gouvernement de la Défense nationale continua dans la mesure du possible l'œuvre entreprise par l'Empire et créa encore trois bataillons et une compagnie de douaniers mobilisés. La compagnie, compagnie des Ardennes, participa à la défense de Mézières. Quant aux trois bataillons, ils furent utilisés dans les formations actives organisées en province. Celui du Nord, constitué le premier de tous à Avesnes

---

(1) *La Guerre de 1870-71. Mesures d'organisation depuis le début de la guerre jusqu'au 4 septembre*, p. 4.

(2) Cinq bataillons étaient à Paris; trois bataillons (les trois premiers de la 1ʳᵉ légion de l'Est) étaient à Metz avec deux compagnies (1ʳᵉ et 2ᵉ du Iᵉʳ bataillon) détachées à Longwy ; un bataillon (le IVᵉ de la 1ʳᵉ légion de l'Est) était à Bitche ; trois bataillons (les trois premiers de la 2ᵉ légion de l'Est) étaient à Strasbourg; un bataillon était à Montmédy ; un bataillon était à Colmar et Neuf-Brisach (Documents inédits de M. A. Martinien).

le 4 novembre, fut versé au 23ᵉ corps le 18 janvier; celui du Calvados, créé à Caen, le 27 novembre, avec les brigades de la Manche et du Calvados, fut affecté au 19ᵉ corps le 31 décembre; enfin, le bataillon de la légion du Doubs, formé le 1ᵉʳ janvier à Besançon, fit partie de la colonne mobile qui opéra autour de cette place (1).

§ 2. — *Gardes forestiers.*

Le Gouvernement impérial avait déjà eu l'heureuse idée d'utiliser les chasseurs forestiers pour la défense du territoire, et quatre décrets, dont le dernier parut le 29 août 1870 (2), avaient successivement mis à la disposition du Ministre de la Guerre tout le personnel des agents et préposés des forêts des départements et de la couronne. La plupart d'entre eux furent d'ailleurs réunis à Paris (3), où ils formèrent le régiment des forestiers à deux bataillons.

Néanmoins, quelques unités retenues par la présence de l'ennemi restèrent en province où elles furent presque toutes utilisées dans les places investies. Il a été en effet retrouvé trace de onze compagnies de forestiers organisées en province. Une d'entre elles était

---

(1) Documents inédits de M. A. Martinien. — La direction des douanes de Valenciennes avait formé, le 30 août, un bataillon à trois compagnies comptant respectivement 58, 54 et 47 hommes. Le 11 octobre, il fut organisé à Dunkerque une compagnie de *guides* à l'effectif de 128 hommes. La direction des douanes de Lille forma, d'autre part, une compagnie de 115 hommes. Ces différents éléments se réunirent à Avesnes, le 2 novembre, et constituèrent un bataillon à trois compagnies, comprenant ensemble 11 officiers et 402 hommes.

Le bataillon du Calvados était à cinq compagnies.

(2) *La Guerre de 1870-71. Mesures d'organisation depuis le début de la guerre jusqu'au 4 septembre*, p. 4 et 5.

(3) Décision du Ministre des Finances, Paris, 29 août 1870.

enfermée dans Metz (1); cinq autres furent occupées à la défense des places (2); il ne fut donc employé aux armées de province que cinq compagnies de gardes forestiers.

Parmi ces dernières, une seule fut véritablement embrigadée, ce fut *la compagnie des guides forestiers volontaires de la 18ᵉ conservation*, formée à Toulouse, le 1ᵉʳ décembre 1870, avec des agents des départements de l'Ariège et de la Haute-Garonne. Cette compagnie comprenait, comme officiers, un sous-inspecteur et six gardes généraux. Elle rejoignit, le 18 décembre, à Bourges, l'armée de la Loire et fut affectée au 15ᵉ corps (3). Trois autres compagnies, constituées avec les gardes forestiers des départements de la 8ᵉ division militaire, furent adjointes à un bataillon de volontaires — les éclaireurs de la garde nationale de Lyon — et formèrent ainsi la légion des éclaireurs de la 8ᵉ division, sous les ordres d'un garde général des forêts. Cette légion occupa la Côte-d'Or dès le début de novembre et se relia, au cours de ses opérations, à la division du général Cremer. Enfin, la com-

---

(1) La compagnie des guides forestiers de la Moselle.

(2) La compagnie des guides forestiers du Jura et de la Moselle, formée le 10 août 1870, qui défendit Thionville, et dont un détachement fut envoyé à Longwy ; la compagnie des guides forestiers de l'Yonne, forte de 3 officiers et 66 hommes, qui resta à Auxerre ; les trois compagnies des guides forestiers de la Haute-Marne (Langres, Chaumont et Vassy) affectées à la défense de Langres. Ces trois compagnies furent fondues en une seule le 25 décembre 1870.

(3) Il fut tout d'abord formé, avec les agents de la 18ᵉ conservation, deux compagnies de guides forestiers qui furent attachées au 15ᵉ corps pour être exclusivement employées à un service de guides éclaireurs (Le Ministre de la Guerre au Général commandant le 15ᵉ corps d'armée, à Bourges, Bordeaux, 14 décembre). Il semble que, plus tard, les deux compagnies de guides forestiers furent fondues en une seule et que cette compagnie fut surtout employée comme soutien de l'artillerie du 15ᵉ corps.

pagnie des guides forestiers des Ardennes opéra pour son compte dans ce département (1).

De nombreux gardes forestiers s'enrôlèrent d'ailleurs soit dans la garde nationale mobilisée, soit dans les corps francs, où ils servirent d'instructeurs.

---

(1) Documents inédits de M. A. Martinien; Jean Nesmy, *Nos chasseurs forestiers. Leur rôle pendant la guerre de 1870* (*Armée et Marine*, n° 94, du 5 décembre 1908).

CHAPITRE XV

Service postal aux armées.

A la fin de septembre, le ministère des Finances avait pris les mesures nécessaires pour doter le 15ᵉ corps, en formation à Bourges, d'un service de trésorerie et des postes (1). Un certain nombre d'agents des postes avait été appelé à concourir à ce service. Plusieurs autres, en outre, s'efforçaient d'établir des communications soit avec les places investies, soit avec les départements envahis (2).

D'autre part, depuis le 15 octobre 1870, le service de la télégraphie militaire était confié aux fonctionnaires et agents de l'administration des télégraphes (3).

Dans ces conditions, un décret du 1ᵉʳ novembre 1870 (4) décida que « le personnel de l'administration des télégraphes et des postes, détaché auprès des armées, ou affecté au service de défense d'une place ou d'un territoire en

---

(1) Le Ministre des Finances au Ministre de la Guerre par intérim, à Tours, Tours, 30 septembre. — Le personnel affecté au 15ᵉ corps était moins nombreux que ne le prévoyaient les prescriptions réglementaires. Ce corps étant destiné à opérer à l'intérieur du pays, il avait paru suffisant de ne mettre que deux agents par division au lieu de trois. Ce personnel pouvait d'ailleurs être augmenté sur la demande du payeur principal, chef de service.

(2) F. F. Steenackers, *Les Télégraphes et les Postes pendant la guerre de 1870-71*, chap. XV.

(3) Cf. ci-dessus, p. 421. — On sait qu'un décret du 12 octobre 1870 avait réuni, sous l'autorité d'un même directeur général, l'administration des lignes télégraphiques et l'administration des postes.

(4) *M. U.* du 7 novembre.

état de siège, ou assiégé, ou enfin remplissant une mission de guerre », serait « considéré et traité comme faisant partie de l'armée ».

Un peu plus tard, dans le but d'activer la transmission de la correspondance, il parut rationnel à la délégation du Gouvernement de la Défense nationale de séparer la poste de la trésorerie et de relier intimement le service postal aux armées au service général du territoire. Un décret du 27 novembre 1870 consacra ce nouvel état de choses; il subordonna au directeur général des télégraphes et des postes les agents des postes en fonctions auprès des troupes en campagne et le chargea d'assurer le transport et la manipulation de la correspondance aux armées (1).

Une série d'arrêtés fixa la composition du personnel du service des postes attaché aux différents corps d'armée; il comprenait, sous la direction d'un agent supé-

---

(1) *M. U.* du 30 novembre. — Un arrêté du 3 décembre fixa l'uniforme des agents des postes aux armées. Ceux qui faisaient antérieurement partie des services de la trésorerie conservèrent l'uniforme dont ils étaient munis en cette qualité. Ils devaient, cependant, remplacer le képi par une casquette de forme marine en drap vert et porter à la casquette et à la vareuse une étoile brodée et des galons en argent.

Les agents qui ne possédaient pas encore de tenue devaient avoir un uniforme composé d'une casquette marine, d'une vareuse à deux rangées de boutons, d'un gilet et d'un pantalon en drap vert, avec une étoile et des galons en argent à la casquette et à la vareuse.

Le nombre des galons était ainsi fixé : directeur 5, contrôleur 4, commis principal 3, commis ordinaire 2.

Les sous-agents des postes aux armées conservaient leur uniforme.

Cet arrêté du directeur général des télégraphes et des postes vise un décret de la délégation du Gouvernement de la Défense nationale, en date du 3 décembre 1870, réglant l'organisation et le fonctionnement du service des postes en campagne, ainsi que l'assimilation des grades des agents de ce service avec ceux de l'armée. Ce décret n'a pu être retrouvé ni au *M. U.* ni au *Bulletin des lois* (XIIe série, Tours et Bordeaux, du 12 septembre 1870 au 18 février 1871).

rieur, un nombre variable de commis, de courriers et de gardiens (1). Pour simplifier la comptabilité et faciliter les opérations, les chefs de service, dans chaque corps d'armée, furent chargés de pourvoir directement à toutes les dépenses, sous réserve d'en rendre compte chaque mois à la direction générale, qui, après avoir apuré les comptes, poursuivrait près du ministère de la Guerre le remboursement des dépenses à sa charge (2).

La poste aux armées (3) était chargée « d'effectuer le

---

(1) D'après M. Steenackers (*loc. cit.*, p. 519 et suiv.), le personnel détaché aux différents corps d'armée était composé comme il suit :

CORPS D'ARMÉE.	GRADE DES AGENTS.						
	Directeur.	Contrôleur.	Receveur principal.	Chefs de brigade ou commis.	Courriers.	Gardiens.	TOTAL.
15e	»	1	»	6	1	1	9
16e	1	»	1	4	1	1	8
17e	1	»	»	6	2	»	9
18e	1	»	»	9	2	»	12
19e	1	»	»	4	2	»	7
20e	»	1	»	6	2	»	9
21e	1	»	»	9	4	»	14
22e et 23e...	1	»	»	13	4	»	18
24e	»	»	»	5	3	»	8
25e	»	1	»	2	2	»	5

Plusieurs de ces agents avaient déjà appartenu aux services des armées du Rhin et de Châlons.

(2) Le Ministre de l'Intérieur et de la Guerre au Général commandant le 15e corps d'armée, Tours, 5 décembre ; Le même au Général commandant le 21e corps, Tours, 5 décembre.

(3) F. F. Steenackers, *loc. cit.*, p. 519. — Avant la séparation des postes de la trésorerie, le train des équipages militaires avait fourni à ce service les conducteurs, les chevaux et les voitures qui lui étaient nécessaires (Le Ministre de la Guerre au Général commandant la 19e division militaire, à Bourges, Tours, 13 novembre ; Le même au Directeur des parcs des équipages militaires, à Châteauroux, Tours, 17 novembre ; Le Directeur des parcs des équipages militaires au Ministre de la Guerre, Châteauroux, 21 novembre). Il n'a pas été

tri et la distribution des lettres, ainsi que la délivrance et le payement des mandats d'articles d'argent dans chaque division et brigade ». Sa mission, commencée le 1er décembre 1870, prit fin en mars 1871.

---

possible de préciser ce qui fut fait ensuite. On sait seulement que, dans chaque corps d'armée, les chefs du service des postes avaient seuls droit à deux rations de fourrage (Le Ministre de la Guerre au Général commandant le 15e corps, Tours, 5 décembre ; Le même au Général commandant le 21e corps, Tours, 5 décembre).

CHAPITRE XVI

Discipline. — Justice militaire.

La première circulaire de l'amiral Fourichon, en arrivant à Tours, fut pour rappeler que, dans les circonstances tragiques traversées par la France, l'armée devait donner l'exemple de la discipline, et que toute personne investie d'un commandement était tenue d'exiger de ses subordonnés le respect le plus complet et l'obéissance la plus absolue. A défaut d'une éducation et d'un dressage méthodiques et raisonnés, il fallait faire appel au sentiment du devoir et au dévouement à la Patrie. Chacun devait se pénétrer de ses obligations, aussi bien dans l'armée régulière que dans la garde nationale mobile, qui, dès son appel à l'activité, était assujettie aux lois et règlements militaires (1).

Quelques jours après, dans la proclamation qu'il adressait aux armées de terre et de mer et à la garde nationale mobile, l'amiral faisait de nouveau appel aux plus nobles sentiments des défenseurs du pays, pour faire régner, dans les armées de la Défense nationale, l'ordre et la discipline qui, plus que le nombre, pouvaient assurer le succès (2).

---

(1) Le Vice-Amiral Ministre de la Guerre par intérim aux Généraux commandant les divisions et les subdivisions territoriales et actives, aux Chefs de corps de toutes armes de l'armée active et aux Chefs de corps de la garde nationale mobile, Tours, 26 septembre (*M. U.* du 29 septembre).

(2) Ordre du jour adressé aux troupes des armées de terre et de mer et à la garde nationale mobile par le Vice-Amiral Ministre de la Marine

Mais les unités de toutes armes mises sur pied en province renfermaient de nombreux ferments de désorganisation. Les soldats, incorporés depuis peu de temps, hâtivement instruits, manquaient d'une solide éducation militaire. Leur enthousiasme du début ne résistait pas aux premières fatigues un peu pénibles et aux premiers insuccès. Les officiers, nommés sous la pression du besoin, presque toujours inconnus de leurs hommes, et, en tout cas, souvent peu préparés à leurs fonctions et ignorants de leurs obligations, manquaient des qualités nécessaires pour s'imposer à leurs subordonnés et maintenir dans leurs rangs l'ordre et la cohésion.

Dans ces conditions, les moyens réglementaires dont on disposait pour conserver la discipline parurent bientôt insuffisants.

L'organisation de la justice militaire aux armées était réglée par le Code de Justice militaire du 9 juin 1857. Une instruction ministérielle du 18 juillet 1870 avait en outre déterminé l'établissement des tribunaux militaires et précisé quelques détails de procédure (1).

En principe, deux conseils de guerre devaient être institués dans chacune des divisions et dans les détachements opérant isolément, ainsi qu'au quartier général de l'armée et, s'il y avait lieu, aux quartiers généraux de corps d'armée. Il y avait, en outre, un conseil de revision au quartier général de l'armée, et, selon les besoins du service, il pouvait en être formé un pour une ou plusieurs divisions, pour un ou plusieurs détachements (2).

---

et Ministre de la Guerre par intérim, Tours, 27 septembre (*M. U.* du 2 octobre).

(1) Instruction ministérielle du 18 juillet 1870 relative à l'organisation des tribunaux militaires de l'armée du Rhin (*J. M. O.*, 2º semestre 1870, p. 232).

(2) *Code de Justice militaire* du 9 juin 1857, art. 33 et 38.

La procédure en campagne était la même qu'en temps de paix. L'accusé pouvait cependant être traduit directement et sans instruction préalable devant le conseil de guerre (1). Mais cette faculté n'était accordée que pour des cas tout à fait exceptionnels, et lorsqu'il était absolument indispensable d'éviter les délais de l'instruction (2). Dans toute autre circonstance, il devait s'écouler trois jours pleins entre la signification à l'inculpé de l'ordre de mise en jugement et la réunion du conseil de guerre (3).

Il était interdit aux justiciables des conseils de guerre de se pourvoir devant la Cour de cassation contre les jugements des conseils de guerre et de revision (4). Les jugements étaient exécutoires dans les vingt-quatre heures à partir de l'expiration du délai fixé par le recours en revision ou de la réception du jugement qui rejetait le recours (5).

Aucune exécution à mort ne pouvait avoir lieu sans qu'il en ait été référé au chef de l'État et que celui-ci ait décidé de laisser la justice suivre son cours (6).

L'instruction ministérielle du 18 juillet 1870 avait laissé aux commandants de corps d'armée de l'armée du Rhin le soin d'apprécier les véritables besoins du service

---

(1) *Code de Justice militaire*, art. 152 et 156.
(2) Instruction ministérielle du 18 juillet 1870 précitée.
(3) *Code de Justice militaire*, art. 109.
(4) *Ibid.*, art. 80. — Cette faculté était seulement maintenue en faveur des citoyens français non militaires ou non assimilés aux militaires, mais pour cause d'incompétence seulement (art. 82).
(5) *Ibid.*, art. 145-146. — Le délai pour se pourvoir en revision était de vingt-quatre heures à partir de l'expiration du jour où la lecture du jugement avait été faite au condamné (art. 143).
(6) Art. 1er de l'ordonnance du 1er avril 1842, rappelé par l'instruction ministérielle du 18 juillet 1870 précitée.

de la justice militaire et de donner à l'organisation judiciaire la forme la plus simple et la plus pratique (1).

S'inspirant de ces précédents, le général commandant le 15ᵉ corps d'armée ordonnait, le 21 septembre 1870, aux généraux commandant les divisions de préparer l'établissement d'un conseil de guerre dans chacune des divisions. Le commissaire du gouvernement, le rapporteur et le greffier devaient être nommés immédiatement, afin qu'ils pussent se mettre en mesure de remplir leurs fonctions. Quant aux juges, ils seraient désignés spécialement pour chacune des séances que le conseil serait appelé à tenir.

Aussi longtemps d'ailleurs que le corps d'armée se trouverait à proximité du chef-lieu d'une division territoriale, les inculpés devaient être mis à la disposition du commandant de cette division dans les formes ordinaires. Les conseils de guerre divisionnaires ne seraient appelés à fonctionner que s'il devenait difficile de communiquer avec un chef-lieu, et s'il était indispensable de recourir à une justice plus expéditive.

Il ne devait pas être formé de conseil de revision spécial pour le corps d'armée; les pourvois en revision

---

(1) Il semble que, dans ces conditions, les tribunaux militaires aient été institués très diversement dans les corps d'armée de l'armée du Rhin. Les conseils de guerre de corps d'armée n'auraient généralement pas été formés. Les causes qui auraient dû leur être soumises auraient été renvoyées devant les deux conseils de guerre permanents de la 5ᵉ division militaire, à Metz. Quant aux appels, ils auraient également été renvoyés devant un conseil de revision établi à Metz [Rapport sur le service de la justice militaire (sans date, mais rédigé à la fin de la campagne)].

Au 13ᵉ corps, il y eut un conseil de guerre par division et un conseil de revision au quartier général du corps d'armée (Le Général commandant le 13ᵉ corps d'armée au Général commandant la division de cavalerie du 13ᵉ corps, 25 août).

seraient renvoyés devant le conseil de revision permanent de Lyon (1).

Cette organisation de la justice militaire ne permettait pas de réprimer immédiatement les fautes et délits commis par les militaires en campagne; elle ne permettait pas davantage de faire les exemples nécessaires pour maintenir et rétablir la discipline fortement ébranlée. Aussi, le 2 octobre 1870, un décret du Gouvernement de la Défense nationale instituait, dans les divisions actives et dans les fractions détachées d'au moins un bataillon, *des cours martiales* destinées à remplacer les conseils de guerre jusqu'à la cessation des hostilités (2).

---

(1) Le Général commandant le 15ᵉ corps d'armée au Général commandant la 1ʳᵉ division de cavalerie, à Blois, Tours, 21 septembre. — Le commandant du 15ᵉ corps terminait ainsi cette lettre : « Je ne puis vous envoyer ni Code de justice militaire, ni Code pénal, puisqu'on ne m'en a pas donné à moi-même; il faudra que vous et la commission que vous aurez nommée, vous vous préoccupiez de vous procurer surtout le premier de ces deux ouvrages, le deuxième devant se trouver partout ». A l'appui de sa lettre, le commandant du 15ᵉ corps envoyait seulement l'instruction ministérielle du 18 juillet 1870, relative à l'organisation des tribunaux militaires à l'armée du Rhin.

Il existait en 1870, avant la guerre, un ou deux conseils de guerre permanents dans chaque division militaire territoriale et cinq conseils de revision permanents : un à Paris, un à Lyon et trois en Algérie, aux chefs-lieux de chacune des provinces.

(2) Décret du 2 octobre (*M. U.* du 4 octobre); Le Garde des Sceaux, Ministre de la Justice, Ministre de la Guerre par intérim, aux Généraux commandant les divisions et les subdivisions territoriales et actives, aux Chefs de corps de toutes armes de l'armée active, aux Chefs de corps de la garde nationale mobile, aux Chefs de corps des francs-tireurs, Tours, 4 octobre (*M. U.* du 7 octobre). — La juridiction des cours martiales ne s'étendait qu'aux troupes en campagne. Dans les départements déclarés en état de siège comme étant situés à moins de 100 kilomètres de l'ennemi [Décret du 14 octobre (*M. U.* du 17 octobre)], tout acte de nature à porter préjudice aux opérations des armées relevait des tribunaux militaires; mais par tribunaux militaires,

La procédure et les formalités étaient réduites au strict indispensable, non pas tant pour permettre une répression impitoyable des fautes que pour faire suivre immédiatement toute infraction à la discipline d'une sanction destinée à frapper les caractères faibles ou mal intentionnés.

Sur une plainte établie par l'autorité qui avait constaté le délit ou le crime, et portant les noms des témoins, l'officier le plus élevé en grade de la division ou du détachement convoquait le jour même la cour martiale qui se réunissait aussitôt. Le président donnait lecture de la plainte en présence de l'accusé, puis procédait à son interrogatoire et à celui des témoins à charge et à décharge, s'ils étaient présents ; l'accusé pouvait toujours s'expliquer le dernier. Sans qu'il y eût de réquisitoire ou de plaidoirie, le président faisait ensuite sortir l'accusé, résumait les dépositions et, au nom de la Patrie envahie, posait aux membres du conseil, en commençant par le moins élevé en grade, une seule question sur la faute reprochée à l'inculpé. Il était répondu par oui ou par non, et la majorité simple décidait de la culpabilité (1).

Séance tenante, le procès-verbal était rédigé ; puis le

---

il fallait entendre les conseils de guerre institués conformément au Code de justice militaire [Décret du 11 novembre (*M. U.* du 13 novembre); Le Ministre de la Guerre aux Généraux commandant les divisions et subdivisions territoriales et actives, Tours, 19 novembre].

(1) Pour les soldats, caporaux ou brigadiers et sous-officiers, la cour martiale divisionnaire se composait d'un chef de bataillon, président, de deux capitaines, d'un lieutenant ou d'un sous-lieutenant, qui restaient en fonctions pendant quinze jours sans être renouvelés, et d'un sous-officier appartenant toujours à la compagnie de l'accusé. Un sergent-major remplissait les fonctions de greffier sans voix délibérative. Pour toute fraction isolée de la force d'un bataillon ou commandée par un chef de bataillon, la cour martiale se composait de deux capitaines, dont le plus ancien présidait, d'un lieutenant ou sous-

président faisait rentrer l'accusé et lisait le jugement qui le condamnait ou l'acquittait. En cas de condamnation capitale, le coupable était exécuté le lendemain matin, avant le départ des troupes, en présence de son bataillon.

Les sentences rendues par les cours martiales ne pouvaient être ni revisées ni cassées.

Étaient punis de mort, l'assassinat, le meurtre, la désertion, le maraudage, le vol, le pillage avec ou sans armes, l'espionnage, le refus d'obéissance, l'inexécution par inertie d'ordres compris et réitérés, les injures, menaces ou voies de fait envers un supérieur, la provocation à la révolte ou à l'indiscipline, le bris, la destruction ou la perte d'armes ou de munitions en présence ou non de l'ennemi. L'embauchage pour commettre un de ces crimes ou délits ou la complicité dans leur exécution étaient également passibles de la peine de mort (1). Les traînards sans armes, non autorisés par les médecins, ainsi que ceux qui, munis d'une autorisation, ne marchaient pas en ordre avec l'arrière-garde, seraient traités comme des maraudeurs et punis comme tels (2).

Les condamnations aux travaux forcés, à la détention ou à la réclusion entraînaient, de plein droit, la dégradation militaire :

« Au feu, tout officier ou sous-officier était autorisé à

---

lieutenant et de deux sous-officiers, dont l'un appartenant toujours à la compagnie de l'accusé ; un sergent-major servait de greffier.

Pour les officiers, la composition des cours martiales était celle prévue pour les conseils de guerre, mais la procédure devait être la même que celle prescrite pour la troupe.

(1) Les complices non-militaires étaient justiciables des cours martiales et passibles des mêmes peines.

(2) D'après un relevé des condamnations prononcées par les cours martiales, insérées au *Moniteur universel*, le nombre des exécutions capitales s'éleva à 64, pendant la période du 11 octobre 1870 au 18 janvier 1871.

tuer l'homme qui faisait preuve de lâcheté en n'allant pas se mettre au poste qui lui était indiqué, ou en jetant la discorde par fuite, panique ou autres faits de nature à compromettre les opérations de la campagne..... (1) ».

Les manquements simples au service étaient « punis par le doublement des sentinelles des grand'gardes et avant-postes (2) ».

Chaque division devait avoir une prévôté composée de trente-deux gendarmes à cheval commandés par un officier. Chaque fraction de corps marchant isolément devait être accompagnée par un brigadier et deux gendarmes. La prévôté pouvait arrêter tous les délinquants, même s'ils étaient officiers, et les procès-verbaux dressés par elle au sujet des délits qu'elle constatait étaient aussitôt transmis au commandant de la colonne. Elle avait droit de faire usage de ses armes contre les délinquants arrêtés qui tenteraient de fuir ou d'opposer de la résistance. La juridiction des prévôtés était celle prévue par le code de Justice militaire.

Ces mesures, si rigoureuses qu'elles puissent paraître, étaient indispensables. A différentes reprises, le Ministre de la Guerre dut rappeler aux cours martiales que ces dispositions étaient nécessitées par l'indiscipline qui régnait dans l'armée, qu'une indulgence mal comprise

---

(1) Art. 6 du décret du 2 octobre.

(2) « Une de ces sentinelles sur deux, ou toutes les deux s'il n'y avait pas d'hommes punis, » devaient toujours appartenir à la fraction constituée qui était de grand'garde (art. 7 du décret du 2 octobre).

Dans une circulaire adressée le 20 décembre aux généraux commandant les armées, les corps d'armée et les divisions militaires, le Ministre prescrivait : « Comme mesure supplémentaire à prendre contre les ivrognes, j'ordonne que tout soldat, dont l'état d'ivresse étant de service aura été constaté, sera tenu aux grand'gardes pendant huit jours consécutifs et y sera surveillé spécialement. S'il lâche pied au feu, il sera fusillé immédiatement, sans que l'ivresse soit pour lui une excuse ».

ne pouvait que fausser le but que l'on s'était proposé, et qu'il fallait, au contraire, se montrer inflexible et appliquer la loi dans toute sa rigueur, sans se préoccuper des circonstances atténuantes, chaque fois que la culpabilité serait bien établie (1).

Et néanmoins, pendant toute la campagne, il fallut

---

(1) Le Ministre de la Guerre au Général commandant le 16e corps d'armée, Tours, 24 octobre; Circulaire du Général commandant le 16e corps d'armée, Marchenoir, 5 novembre; Le Général commandant la IIe armée au Général commandant la division de réserve, Laval, 16 janvier 1871; Le Général commandant le 19e corps au Général commandant la cavalerie du 19e corps d'armée, Falaise, 6 février 1871.

Il semble qu'en présence des prescriptions très sévères du décret du 2 octobre, les cours martiales se montrèrent très indulgentes et qu'elles préférèrent souvent prononcer un acquittement plutôt que d'infliger une peine dont la rigueur eût été hors de proportion avec la faute commise.

D'après un extrait des jugements rendus par la cour martiale de la 1re division d'infanterie du 16e corps, 14 militaires furent traduits devant elle pendant le mois de janvier 1871, savoir :

Un capitaine d'un régiment de marche pour désobéissance en cas ordinaire;

Un soldat de première classe d'un régiment de marche pour négligence en faction;

Un caporal et dix hommes provenant de régiments de marche et deux mobiles pour désertion, avec circonstance aggravante de refus d'obéissance pour l'un des hommes d'infanterie.

Un seul garde national mobile fut condamné à mort pour désertion; tous les autres inculpés furent acquittés.

Il est intéressant de rapprocher les mesures édictées par le décret du 2 octobre 1870 de celles qui furent prises en 1794 pour le rétablissement de la discipline dans les armées de la République.

Sous le régime de la loi du 16 mai 1792, relative à la tenue des cours martiales et à la forme des jugements militaires en campagne, « la discipline se soutint à l'armée du Rhin » par le bon esprit de quelques chefs et de presque tous les soldats et par le véritable amour de l'ordre et de la Patrie ». C'était d'ailleurs la période « de la plus grande ferveur patriotique..... Mais les excès qui s'étaient commis dans les autres armées..... firent..... ouvrir les yeux aux législateurs sur la

continuer à lutter contre la mauvaise volonté, l'apathie, l'insubordination, le vagabondage et l'ivresse.

Tout d'abord, pour éviter le retour des négligences qui avaient souvent compromis la sûreté des troupes, un décret du 14 octobre décidait que tout chef de corps ou de détachement qui se laisserait surprendre par l'ennemi, ou qui s'engagerait « sur un point où il ne soupçonnait pas la présence de l'ennemi », serait traduit devant un conseil de guerre (1).

Différentes autres mesures prises par le Gouvernement de la Défense nationale semblent prouver aussi que, malheureusement, trop de citoyens méconnaissaient l'obligation, qui s'impose à tous, de consacrer, jusqu'au dernier souffle, ses efforts à la défense de la Patrie envahie.

C'est ainsi que quelques officiers échappés au désastre de Sedan, sans avoir signé d'engagement avec l'ennemi, avaient cru pouvoir s'abstenir de rejoindre le dépôt de leurs corps ou de se présenter à l'autorité militaire du lieu où ils s'étaient momentanément retirés. Un décret du 6 novembre les invita, à moins d'empêchements dûment constatés, à regagner leurs postes dans un délai de huit jours, sous peine des mesures de rigueur prévues par les lois et règlements militaires (2).

---

nécessité de changer l'organisation de la justice militaire et de faire un Code pénal beaucoup plus sévère que celui qu'avait donné l'Assemblée constituante ».

Les lois du 12 mai 1793 et du 3 pluviôse an II ne furent cependant pas suffisantes, et les représentants envoyés aux armées avec des pouvoirs illimités durent, par une série de proclamations et d'arrêtés, édicter des peines très sévères et instituer une justice expéditive pour maintenir chacun dans ses droits et dans ses devoirs (Général Coutanceau, *La Campagne de 1794 à l'armée du Nord*, t. I, p. 63, 66 et 99 ; Capitaine Hennequin, *La Justice militaire et la Discipline à l'armée du Rhin et à l'armée de Rhin-et-Moselle*, p. 13, 19, etc.).

(1) *M. U.* du 16 octobre.

(2) Ce décret du 6 novembre, qui porte le n° 31 dans la série des

Un peu plus tard, au cours des événements qui eurent pour conséquence, le 4 décembre 1870, la deuxième occupation d'Orléans par les Allemands, de nombreux militaires se trouvèrent séparés de leurs corps. Quinze jours après, beaucoup d'entre eux n'avaient pas encore rejoint. Le Ministre dut rappeler à ces hommes qu'ils étaient dans le cas d'être considérés comme déserteurs devant l'ennemi ; les autorités civiles et militaires furent invitées à les mettre immédiatement en demeure de rallier leurs corps dans les vingt-quatre heures ; ceux qui n'obéiraient pas seraient traduits en conseil de guerre ou envoyés devant une cour martiale (1).

Un grand nombre de malades et blessés, évacués de l'armée, abandonnaient également en cours de route les trains qui les emmenaient, pour se rendre dans leurs familles (2). Plusieurs, particulièrement des gardes mobiles, après avoir été traités pour blessures ou maladies contractées au service, pensaient avoir suffisamment payé leur dette au pays, et, sans titre régulier de convalescence, rentraient dans leurs foyers à leur sortie des hôpitaux (3). D'autres quittaient les rangs pour un

---

décrets et arrêtés de la délégation du Gouvernement de la Défense nationale, ne figure ni au *M. U.*, ni au *Bulletin des lois* (12ᵉ série, Tours et Bordeaux, du 12 septembre 1870 au 18 février 1871).

(1) Le Ministre de la Guerre aux Généraux commandant les subdivisions, aux Préfets des 89 départements de la République, D. T., Tours, 10 décembre ; Le Ministre de la Guerre aux Autorités civiles et militaires, D. T., Bordeaux, 14 décembre ; Le Ministre de l'Intérieur et de la Guerre aux Préfets de la Charente, de la Haute-Savoie, de la Gironde, de Maine-et-Loire, du Puy-de-Dôme et de l'Ariège, D. T., Bourges, 19 décembre, 9 h. 6 soir.

Le deuxième de ces documents figure au *M. U.* du 16 décembre (documents communiqués).

(2) Le Ministre de la Guerre aux Préfets et Sous-Préfets, aux Chefs de légion et aux Commandants de compagnie de gendarmerie, Tours, 22 octobre (*M. U.* du 29 octobre).

(3) Les Ministres de l'Intérieur et de la Guerre aux Généraux

léger malaise ou simplement même sous le prétexte de conduire des camarades aux ambulances ; ils profitaient ensuite de l'encombrement pour se faufiler dans les trains d'évacuation et se faire transporter jusqu'à des points très éloignés du théâtre des opérations (1).

Puis c'étaient les isolés, qui, débraillés et trop souvent en état d'ivresse, déconsidéraient l'armée par leur tenue et leurs propos inconséquents (2) ; ceux qui, sans permission régulière, quittaient leurs garnisons ou leurs corps (3); enfin les prétendus francs-tireurs ou membres de corps francs qui, individuellement ou en groupes, vagabondaient loin des armées, inquiétant et scandalisant les populations par leurs exigences et leur lâcheté (4).

Contre tous ces malheureux qui, à celui du désastre de la France, ajoutaient le spectacle attristant de leur inconduite, le Gouvernement de la Défense nationale ne manqua pas de prendre d'énergiques mesures de répression, et, si l'on n'a pas cru devoir dissimuler ces tares, c'est

---

commandant les divisions territoriales et aux Préfets, Tours, 2 décembre.

(1) Circulaire interdisant aux militaires de partir par voies ferrées sans titre régulier (*M. U.* du 29 décembre); Le Ministre de la Guerre aux Généraux commandant les armées, les corps d'armée et les divisions militaires, Bordeaux, 20 décembre; Le Général commandant la 14e division militaire au Ministre de la Guerre, Bordeaux, 14 décembre; Le Général commandant la 10e division militaire au Ministre de la Guerre, Montpellier, 8 janvier 1871 ; Le même au même, Montpellier, 22 janvier 1871.

(2) Circulaire relative à la surveillance à exercer sur les militaires isolés, Tours, 24 octobre (*M. U.* du 28 octobre).

(3) Note du 10 décembre (*M. U.* du 12 décembre). — Cette note prescrivait également qu'aucune audience ne serait accordée aux officiers, fonctionnaires ou employés militaires, qui se présenteraient dans les bureaux du ministère de la Guerre, sans être investis d'une mission de leurs chefs hiérarchiques.

(4) Le Ministre de la Guerre aux Généraux commandant les corps

qu'il a paru équitable de signaler toutes les difficultés rencontrées par ceux qui organisèrent et conduisirent jusqu'au bout la lutte pour l'honneur ; c'est aussi qu'il a paru nécessaire de montrer combien il est indispensable d'inculquer à la nation, par une longue et forte éducation, le véritable esprit militaire (1), celui qui consiste à

---

d'armée, les divisions et subdivisions militaires, Bordeaux, 5 janvier 1871 (*M. U.* du 7 janvier).

Le 13 novembre 1870, l'intendant général Robert signalait au Ministre de la Guerre que, faute de direction et de renseignements, beaucoup de détachements, d'isolés ou de voitures régimentaires, ne pouvaient rejoindre leurs corps et encombraient les derrières de l'armée de la Loire, au grand détriment du bon ordre, de la discipline et de l'organisation. Il proposait en même temps la création de commandements de gares ou d'étapes, et, à défaut, il demandait que les corps d'armée fussent invités à laisser, derrière eux, aux points les plus importants, des officiers qui donneraient les indications nécessaires. Cette dernière mesure fut réglementée, le 7 décembre, par un ordre du Ministre, qui prescrivait que, dans chaque division, un officier serait chargé de ce service (L'intendant général Robert au Ministre de la Guerre, Tours, 13 novembre ; Le Ministre de la Guerre au Général commandant le 17e corps d'armée, Tours, 7 décembre).

On sait, d'autre part, qu'en ce qui concerne l'utilisation des voies ferrées, une série de mesures avait été prise pour assurer, autant que possible, la bonne exécution des transports, empêcher les abus et maintenir la discipline (Cf. ci-dessus, p. 45).

(1) Dans un moment de péril national, lorsque les cadres de la société sont en outre ébranlés par un changement de régime, les passions se déchaînent et s'exaltent. Il importe alors que l'organisme public soit assez fortement trempé pour maintenir de lui-même la discipline, la subordination et l'honneur dans les rangs de ceux qui sont chargés de défendre le pays.

Mais si des défaillances se produisent et si les lois ne sont pas suffisantes pour assurer aux armées en campagne une justice prompte et sûre, qui maintienne et resserre les liens de la discipline, il devient nécessaire de recourir à des mesures extraordinaires. Trop souvent alors, dans ce cas, la rigueur des peines n'est plus en rapport avec la gravité des délits, et, pour ne pas se montrer inexorable, le juge militaire se trouve nécessairement exposé à se voir accuser de faiblesse.

connaître et à pratiquer tous ses devoirs, à supporter avec abnégation et discipline les fatigues et les dangers, à élever son courage à la hauteur des sacrifices réclamés par le pays, pour qu'aucune ombre de défaillance ne vienne troubler le lumineux et réconfortant tableau de la multitude des dévouements inconnus et des sacrifices ignorés.

CHAPITRE XVII

Organisation d'un conseil administratif dans chaque division militaire.

La mise en œuvre des décisions prises par le Gouvernement de la Défense nationale pour la continuation de la lutte contre l'Allemagne nécessitait le concours de toutes les bonnes volontés et de toutes les activités du pays. L'organisation des gardes nationales mobile et sédentaire ne pouvait se faire que par une collaboration étroite de l'autorité civile et de l'autorité militaire. Il fallait également que le commandement et l'administration préfectorale s'entendissent pour assurer l'exécution des nombreuses réquisitions que les besoins de l'armée rendaient indispensables (1).

Dès le 6 septembre, le général Le Flô signalait aux généraux commandant les divisions et subdivisions territoriales que, dans les graves circonstances traversées par la France, l'une des conditions principales de son salut était « l'établissement des rapports, entre les autorités des divers ordres, sur le pied d'une confiance réciproque ». Il leur recommandait « de faire tous leurs efforts pour obtenir ce résultat, et, à cet effet, de prêter sans réserve un concours actif aux autorités civiles constituées par le nouveau Gouvernement » et de mettre tous leurs soins « à prévenir les causes de conflit (2) ».

---

(1) Le Ministre de la Guerre aux Généraux commandant les divisions territoriales, aux Intendants militaires, aux Préfets des départements, Tours, 27 septembre.

(2) Le Ministre de la Guerre aux Généraux commandant les divisions

Peu après, l'amiral Fourichon donnait à ses subordonnés toute latitude pour s'affranchir des formalités habituelles et favoriser, par leur initiative, l'exécution rapide et immédiate des mesures prises par les autorités administratives et municipales en vue de l'organisation de la défense (1).

La mise en œuvre des mesures prises pour l'augmentation des effectifs rendait particulièrement nécessaire cette entente entre les différentes autorités. Les hommes, en effet, affluaient dans les dépôts; il importait d'assurer le plus rapidement possible non seulement leur instruction, mais encore leur habillement et leur équipement, afin de pouvoir les grouper ensuite en unités susceptibles de rejoindre les armées d'opérations.

On sait que, pour faciliter et activer la constitution des cadres des formations nouvelles, les généraux commandant les divisions militaires étaient investis de pouvoirs très étendus, en ce qui concernait les nominations aux emplois d'officiers subalternes dans l'infanterie et la cavalerie (2). Il semble que la délégation du Gouvernement de la Défense nationale crut devoir procéder de même pour trouver les effets et le harnachement qui fai-

---

et les subdivisions militaires, Paris, 6 septembre. — De son côté, le Ministre de l'Intérieur, écrivait également, le 16 septembre, aux préfets : « ..... Je saisis cette occasion de répéter que les questions de recrutement, d'armement, de groupement de forces, doivent avoir le pas sur toutes les autres, de quelque nature qu'elles soient. Les autorités militaires doivent sentir en vous les représentants d'un Gouvernement qui n'a pas et ne saurait avoir d'autres pensées que la lutte contre l'étranger et la délivrance du sol national..... » (Joseph Reinach, *Dépêches, circulaires, décrets, proclamations et discours de Léon Gambetta*, t. I, p. 347).

(1) Le Ministre de la Guerre aux Généraux commandant les divisions et subdivisions militaires, Tours, 22 septembre.

(2) Cf. ci-dessus, chap. III, p. 304.

saient défaut; elle laissa en quelque sorte à chaque division militaire le soin de se procurer, sur son propre territoire ou dans les environs immédiats, le matériel qui lui était nécessaire.

A cet effet, un décret du 19 octobre (1) et une circulaire du 26 (2) créaient dans chacune des divisions militaires *un conseil administratif de la division*.

« Comprenant neuf membres au plus », ce conseil se composait « de tous les chefs de service militaires et chefs de corps présents au chef-lieu de la division, parmi lesquels un chef de bataillon ou d'escadron, et, en outre, d'un représentant de l'administration centrale, choisi dans l'ordre civil et nommé par le Ministre ». Présidé par le général de division et, à son défaut, par le représentant de l'administration centrale (3), il avait

---

(1) *M. U.* du 23 octobre.

(2) Le Ministre de la Guerre aux Généraux commandant les divisions militaires, Tours, 26 octobre (*M. U.* du 31 octobre).

(3) *Décret* du 19 octobre, art. 2. — Le 11 octobre, le Ministre de l'Intérieur avait adressé aux préfets la circulaire suivante : « Afin d'activer la mise sur pied de guerre de toutes les forces régulières soumises à l'autorité militaire et d'imprimer une impulsion énergique à tout l'ensemble de l'administration de la guerre, je pense qu'il serait utile de placer, à titre de membre d'un comité de guerre qui serait établi dans chaque division, des hommes énergiques, administrateurs, organisateurs, capables de faire pénétrer l'esprit civil et civique dans les affaires militaires. Je vous prie de chercher autour de vous des notabilités de ce genre. Vous ne devrez m'en désigner qu'une seule. Choisissez donc la plus éminente de toutes..... » (Joseph Reinach, *loc. cit.*, t. I, p. 365).

Pour apprécier sainement cette mesure, il importe de se rendre compte « des défiances qui existaient dans bon nombre d'esprits, à l'égard, non pas de l'armée, mais de ses chefs et principalement des généraux..... », lorsque la délégation du Gouvernement de la Défense nationale arriva en province. « Les préventions et les plaintes étaient presque générales dans les grandes villes; les meilleurs esprits n'y échappaient pas toujours..... » (F.-F. Steenackers et F. Le Goff,

comme mission de proposer toutes les mesures nécessaires pour assurer « la prompte organisation des forces militaires que renfermaient les dépôts et leur rapide instruction. Préalablement à toute opération, les chefs de corps convoqués au chef-lieu de la division devaient exposer les ressources et les besoins de leurs corps et fournir au conseil tous les renseignements de nature à lui permettre de remplir facilement sa tâche (1) ».

Les prescriptions envoyées par le Ministre pour diriger l'instruction des hommes dans les dépôts seront exposées plus loin. D'ailleurs, d'après les termes mêmes du décret du 19 octobre et de la circulaire du 26, l'action des conseils administratifs ne pouvait à ce sujet qu'être très limitée; il semble que son rôle se borna à provoquer, entre les généraux et les chefs de corps présents au conseil, un échange de vues sur les méthodes à suivre et les procédés à employer (2).

Le Ministre ordonnait également de grouper les effectifs présents dans les dépôts d'infanterie et de cavalerie en compagnies ou en escadrons de 100 à 150 hommes.

Histoire du Gouvernement de la Défense nationale en province, t. I, p. 141). L'opinion publique ne pouvait d'ailleurs se rendre immédiatement compte des premiers efforts faits par l'administration de la Guerre pour organiser la lutte en province. En effet, si « ..... les lois et les règlements peuvent s'improviser, il faut du temps pour qu'ils donnent leurs fruits. Aussi les critiques, les accusations, les défiances mêmes s'accumulaient-elles autour du Ministre de la Guerre..... On ignorait le dénuement profond qu'avait rencontré la Délégation, le travail qui se faisait dans les bureaux, les difficultés de toutes sortes qui l'entouraient : et l'ignorance, surtout quand elle a pour se couvrir une bonne cause, est toujours bien prompte à attaquer..... » (*Ibid.*, p. 345).

(1) Circulaire du 26 octobre.

(2) Les rapports envoyés au Ministre sur la réunion et les opérations des conseils administratifs se bornent, pour l'instruction, à constater le degré atteint dans les différents dépôts, à exposer les mesures prises pour assurer l'exécution des prescriptions ministérielles et à signaler

Mais on a vu plus haut que cette disposition n'était pratiquement pas réalisable et que d'autres mesures furent prises pour assurer l'organisation des troupes dans les dépôts (1).

Le décret du 19 octobre et la circulaire du 26 confiaient, en outre, au conseil administratif le soin de pourvoir à l'habillement et à l'équipement des unités formées dans les dépôts de la division. Le conseil devait pour cela s'adresser tout d'abord au service de l'intendance, puis demander le concours des municipalités, ou même, pour les effets de peu de valeur, recourir à des réquisitions. S'il était impossible de se procurer dans ces conditions les objets nécessaires, l'intendance devait procéder à des adjudications divisées par petits lots ou recourir à des marchés à courte échéance.

Pour l'habillement et le harnachement de la cavalerie, le Ministre conseillait de demander à la gendarmerie, contre remboursement, les brides, selles et man-

---

les difficultés rencontrées (Le Général commandant la 21e division militaire au Ministre de la Guerre, Limoges, 4 novembre; Le Général commandant la 10e division militaire au Ministre de la Guerre, Montpellier, 10 novembre; Rapport établi par le général commandant la 13e division militaire en exécution de la circulaire du 26 octobre, Bayonne, 11 novembre).

(1) Cf. ci-dessus, p. 132 et 211. — Pour permettre la constitution des cadres des nombreuses unités nouvelles dont il préconisait la formation, le décret du 19 octobre rappelait les prescriptions antérieures qui investissaient les généraux commandant les divisions militaires du droit de nommer provisoirement à tous les emplois jusqu'à celui de capitaine inclusivement. Les grades ainsi conférés devenaient définitifs dans les formes ordinaires. A défaut de sujets réunissant les conditions requises, les généraux pouvaient affecter aux emplois vacants des officiers ou des sous-officiers de grade inférieur, jouissant de toute l'autorité appartenant au grade dont ils exerçaient la fonction. Pour trouver les candidats nécessaires, les généraux et les préfets devaient, par tous les moyens de publicité, faire appel au dévouement des anciens militaires de toutes armes.

teaux possédés en double. Le conseil avait aussi la faculté de requérir le harnachement et les chevaux : mais le prix d'estimation de ces derniers n'était payable qu'à la paix.

L'on envisageait également pour l'artillerie la possibilité de faire appel à l'industrie privée afin d'activer la fabrication du matériel, en lui demandant, par exemple, de confectionner pour les affûts les ferrures d'importance secondaire. Quant au harnachement, il était recommandé de le réduire aux pièces essentielles, et de réquisitionner au besoin tous les bourreliers et selliers civils pour arriver à constituer les approvisionnements nécessaires.

Comme il s'agissait surtout de faire vite, le conseil n'était pas astreint à une scrupuleuse observation des types réglementaires. Il lui était simplement imposé, en matière d'équipement, de refuser les poches à cartouches en toile et d'exiger qu'elles fussent en cuir.

Il appartenait au général commandant la division militaire d'assurer l'exécution des décisions du conseil administratif. S'il s'agissait cependant de procéder par réquisitions, ce soin incombait au représentant civil de l'administration centrale.

Cette décentralisation des achats et des confections ne produisit pas de résultats satisfaisants. Si, dans certaines localités, l'intendance put se procurer des effets d'habillement et d'équipement en quantité suffisante pour subvenir aux premiers besoins des troupes de la région, les marchés passés dans ces conditions ne purent fournir assez de ressources pour l'ensemble de l'armée. Il fut, d'autre part, presque généralement impossible de faire confectionner des selles et des harnais en dehors des ateliers des maîtres selliers, qui n'étaient cependant pas organisés pour satisfaire à un surcroît considérable de production. L'on sait d'ailleurs que, dans le but de se procurer le matériel de toute sorte qui manquait partout, l'administration de la guerre dut traiter, soit en France, soit à l'étranger, pour d'importantes livraisons.

Il semble donc que les circonstances ont empêché les conseils administratifs de remplir complètement la mission pour laquelle ils avaient été institués. Ils ne furent cependant pas inutiles. Les rapports fournis par les généraux commandant les divisions militaires concernant leur organisation et leur fonctionnement éclairèrent la délégation du Gouvernement de la Défense nationale sur la situation exacte des dépôts; ces documents contenaient, en outre, quelques propositions qui lui permirent de prendre, en connaissance de causes, des décisions générales, susceptibles de faciliter l'instruction des hommes et la création de nouvelles unités (1).

---

(1) Le Général commandant la 21ᵉ division militaire au Ministre de la Guerre, Limoges, 4 novembre; Le Général commandant la 10ᵉ division militaire au Ministre de la Guerre, Montpellier, 10 novembre; Rapport établi par le Général commandant la 13ᵉ division militaire en exécution de la circulaire du 26 octobre 1870, Bayonne, 11 novembre; Le Général commandant la 16ᵉ division militaire au Ministre de la Guerre, Rennes, 20 novembre; Le même au même, Rennes, 26 novembre; etc.

CHAPITRE XVIII

Instruction.

Afin de mettre les hommes et les chevaux accumulés dans les dépôts en mesure d'être incorporés dans les fractions mobilisées, l'instruction et l'entraînement devaient être menés le plus rapidement possible. Les cadres des dépôts avaient donc une mission très lourde à remplir, et, à différentes reprises, le Ministre crut devoir leur faire connaître dans quel sens il convenait de diriger leurs efforts.

Une circulaire du 8 octobre prescrivit d'initier immédiatement les hommes à tous les détails de la vie en campagne, et de les préparer à leurs fatigues futures par des marches et des exercices fréquents à pied et à cheval (1).

La circulaire du 26 octobre, dont il a déjà été parlé au sujet des conseils administratifs institués dans chacune

---

(1) Le Ministre de la Guerre aux Généraux commandant les divisions et subdivisions militaires, aux Intendants militaires, aux Chefs de corps de l'armée active et de la garde nationale mobile, aux Préfets et Sous-Préfets, Tours, 8 octobre. — L'autorité militaire n'avait d'ailleurs pas attendu la circulaire du 8 octobre pour commencer d'une façon pratique l'instruction des hommes réunis dans les dépôts. D'autre part, les généraux chargés d'organiser les premières forces actives mises sur pied en province donnèrent, dès le courant de septembre, aux chefs de corps sous leurs ordres, des indications précises sur la manière dont l'instruction devait être menée « pour instruire le soldat de ses devoirs en campagne » (Ordre du général commandant la brigade de cavalerie de la division mixte du 15ᵉ corps, Tours, septembre 1870).

des divisions militaires (1), recommandait à son tour de n'envoyer « à l'armée que des hommes familiarisés avec le maniement des armes, le tir, le montage, le démontage et l'entretien du fusil nouveau modèle, et connaissant les mouvements les plus usuels de l'école de peloton ». Si le temps était bien employé et si les officiers de compagnie déployaient l'activité nécessaire, le Ministre estimait que ce résultat pouvait être atteint au bout de quinze à vingt jours. Pour cela, des théories seraient faites pendant les soirées « sur les règles de la petite guerre et sur les reconnaissances militaires ». Au cours des marches militaires d'entraînement, ordonnées aussi souvent que le temps le permettrait, les hommes seraient dressés à établir des bivouacs ; ils seraient, en outre, exercés à exécuter quelques mouvements comme si l'on se trouvait en présence de l'ennemi. Pour la cavalerie, les hommes sachant monter à cheval seraient familiarisés « avec le maniement du sabre, les principaux mouvements de l'école de peloton, le paquetage et la théorie du service d'éclaireurs (2) ».

Le 30 octobre, M. de Freycinet rappelait certains principes de l'ordonnance du 3 mai 1832, relative au service des armées en campagne. Le délégué au dépar-

---

(1) Le Ministre de la Guerre aux Généraux commandant les divisions militaires, Tours, 26 octobre (*M. U.* du 31 octobre).

(2) Il était absolument impossible, en raison des circonstances, de satisfaire au programme indiqué par le Ministre dans le laps de temps qu'il fixait. Il fallait faire entrer en ligne de compte les journées consacrées à la distribution des effets d'habillement et d'équipement et aussi les fréquentes exemptions de service pour fatigue ou maladie. Les instructeurs n'étaient pas assez nombreux ou n'avaient pas l'activité et les aptitudes nécessaires. Le manque d'armes paralysait tous les efforts. Quand on avait des fusils, le défaut de munitions d'exercice interdisait de tirer à la cible. Dans les dépôts de cavalerie et d'artillerie, la situation était encore plus pénible. L'absence d'anciens soldats rendait difficile le dressage des chevaux provenant de la remonte. La pénurie des selles

tement de la Guerre insistait surtout sur la nécessité d'exercer la plus vigilante surveillance sur les grand'gardes destinées à protéger les troupes contre les surprises de jour ou de nuit et de multiplier les reconnaissances lointaines pour découvrir et reconnaître l'ennemi, tout en évitant d'engager avec lui des escarmouches, brillantes peut-être, mais presque toujours inutiles. Les corps de francs-tireurs et de partisans étaient tout désignés pour ce dernier service, qui devait fatiguer l'ennemi, gêner ses opérations et troubler son repos (1).

Quelques jours après la conclusion de l'armistice, le 31 janvier 1871, le Ministre, tout en donnant des ordres pour que les troupes pussent se refaire dans leurs cantonnements, rappelait encore la nécessité de perfectionner l'instruction militaire. Chaque semaine, les compagnies devaient aller au tir à la cible, et les bataillons, régiments ou brigades, être réunis pour exécuter des manœuvres d'ensemble. Il était recommandé d'exercer l'infanterie au service des avant-postes et la cavalerie à celui des reconnaissances, d'utiliser le mauvais temps pour des théories sur le service en campagne, sur le montage et le démontage des armes, sur les règles du tir et de faire faire de nombreuses conférences aux officiers (2).

---

empêchait du reste de faire l'instruction des cavaliers et des conducteurs (Le Général commandant la 21ᵉ division militaire au Ministre de la Guerre, Limoges, 4 novembre; Le Général commandant la 10ᵉ division militaire au Ministre de la Guerre, 10 novembre; Rapport établi par le Général commandant la 13ᵉ division militaire en exécution de la circulaire du 26 octobre 1870, Bayonne, 11 novembre).

(1) Le Ministre de la Guerre aux Généraux de division et de brigade, Tours, 30 octobre [*M. U.* du 5 novembre (édition extraordinaire)]. — Dans la collection des décrets et circulaires de la délégation du Gouvernement de la Défense nationale, cette circulaire, qui porte le n° 27, est datée du 31 octobre.

(2) Le Ministre de la Guerre aux Généraux commandant les corps

En dehors de l'instruction proprement dite, le Gouvernement de la Défense nationale s'efforçait aussi par tous les moyens de développer l'esprit militaire des troupes, et de surexciter chez elles l'influence des facteurs moraux.

Après avoir pris les mesures nécessaires pour hâter l'habillement et l'armement des hommes rassemblés dans les dépôts — car, « tant que le soldat n'a pas revêtu l'uniforme, il se croit affranchi des règles de la discipline (1) » — le Ministre, dans une série de décrets et de circulaires, cherchait à éliminer les ferments démoralisateurs, à placer les hommes sous l'influence immédiate et exclusive de leurs officiers, et, surtout, à développer

---

d'armée, Bordeaux, 31 janvier 1871. — « Vous ne sauriez surtout, conclut cette circulaire, donner trop de soins à l'instruction des cadres des mobilisés : presque tout est à faire sous ce rapport. Si parmi ces cadres des insuffisances trop notoires étaient constatées, vous n'hésiteriez pas à les remplacer par mon ordre, sans tenir compte davantage du principe de l'élection ».

De son côté, le Ministre de la Marine prenait les dispositions nécessaires pour hâter autant que possible l'instruction pratique des jeunes soldats réunis dans les dépôts des régiments d'infanterie de la marine. Il recommandait également de ne pas négliger l'instruction théorique des officiers et sous-officiers. En raison de la pénurie des cadres, les Préfets maritimes devaient à cet effet s'adresser aux officiers qui rentraient de l'armée blessés ou fatigués, à ceux que leur état de santé ne permettait pas d'employer à un service actif, et, au besoin, au personnel d'autres corps. Ces instructeurs seraient chargés « de faire des conférences aux officiers, des lectures, des cours aux sous-officiers sur les différentes parties de l'art militaire », particulièrement l'étude du terrain et les reconnaissances. « Les études ne seraient-elles pas poussées très loin, concluait le Ministre de la Marine, qu'elles auraient encore l'avantage de soustraire les officiers et sous-officiers au désœuvrement de la vie de garnison » [Le Ministre de la Marine aux Préfets maritimes, Tours, 14 novembre (*Bulletin officiel de la Marine, 1870-71. Délégation hors Paris*, p. 34)].

(1) Le Ministre de la Guerre aux Généraux commandant les divisions et subdivisions militaires, aux Intendants militaires, etc. Tours, 8 octobre.

entre supérieurs et subordonnés le contact moral, la vie commune, qui engendrent l'estime et la confiance réciproques.

Le 20 octobre, pour « exercer le soldat aux fatigues de la guerre » et pour « le soustraire aux causes de désordre qui résultent du séjour des villes », un décret transportait dans des camps, situés hors des localités, toutes les garnisons de plus de 2,000 hommes, et ordonnait aux officiers de « résider au camp et vivre de la vie de la troupe (1) ». Le même jour, dans le but « de mettre le soldat en contact avec ses officiers » afin d'augmenter l'autorité du commandement et de développer l'esprit de discipline, un deuxième décret ordonnait de passer en revue, au moins deux fois par semaine, les troupes réunies dans les villes et dans les camps, et de profiter des prises d'armes pour leur faire « lecture des derniers décrets, arrêtés ou instructions concernant le service ». Il était, en outre, interdit aux officiers, sauf à ceux détachés dans les services administratifs, de quitter leur uniforme pendant la durée de la guerre (2).

---

(1) Décret du 20 octobre (*M. U.* du 22 octobre). — Ce décret visait les troupes appartenant soit à l'armée auxiliaire, soit à l'armée régulière. On ne devait laisser dans les villes que le strict indispensable pour le maintien de l'ordre et le service des postes. Sauf « nécessités stratégiques » obligeant de les rapprocher, les camps étaient installés à trois kilomètres au moins des villes. Ils étaient protégés par des travaux de terrassement et de fortification de campagne exécutés par les troupes et pour lesquels le commandant du camp disposait du droit de réquisition sur les personnes et les choses. Toute communication entre le camp et la ville était interdite, sauf pour les besoins du service, à moins de permissions individuelles et écrites. Toutes les mesures de protection et de sécurité devaient être prises, comme si l'ennemi était à proximité. Les troupes en opérations étaient tenues de se conformer à ces dispositions; toutefois les travaux de défense n'étaient obligatoires qu'en cas d'un séjour de plus de vingt-quatre heures ou si l'ennemi était signalé dans le voisinage.

(2) Arrêté du 20 octobre (*M. U.* du 22 octobre). — Une circulaire

Et, à chaque occasion, le Ministre revient sur cette obligation professionnelle pour les officiers de connaître et de fréquenter leurs hommes, tout en maintenant rigoureusement la discipline et en exigeant le respect et la déférence qui leur sont dus.

« Ce n'est que par un contact de tous les instants que les officiers peuvent promptement se faire connaître de leur troupe et lui inspirer de la confiance. Ils devront, en outre, apporter tous leurs soins au maintien rigoureux de la discipline, à la bonne tenue et à la stricte observation du règlement en ce qui concerne les marques extérieures de respect (1) ».

Visant l'arrêté qui rendait obligatoire pour tous les officiers le port de l'uniforme, le Ministre ajoutait : « Il importe que les officiers donnent eux-mêmes l'exemple aux troupes placées sous leurs ordres, et vous ne sauriez tolérer qu'ils soient plus indulgents pour eux-mêmes qu'ils ne doivent l'être pour leurs soldats (2) ».

Enfin, le 26 janvier 1871, Gambetta résumait dans une remarquable circulaire le résultat de ses observations (3) : « ... L'officier ne vit pas assez avec le soldat et ne s'occupe pas assez de lui... ; leur existence est pour ainsi dire séparée : on dirait deux classes différentes. Il n'en doit pas être ainsi ; l'officier doit être l'ami et le tuteur de ses soldats. Pour leur faire accepter l'autorité sévère dont la loi l'a investi, il doit leur montrer sa sollicitude constante pour leur bien-être et pour leur

---

du 26 janvier 1871, citée plus loin, précisa le but que se proposait d'atteindre le Ministre en ordonnant ces revues fréquentes.

(1) Le Ministre de la Guerre aux Généraux commandant les divisions militaires, Tours, 26 octobre (*M. U.* du 31 octobre).

(2) Le Ministre de la Guerre aux Généraux de division et de brigade, Tours, 30 octobre [*M. U.* du 5 novembre (édition extraordinaire)].

(3) Le Ministre de la Guerre aux Généraux, Bordeaux, 26 janvier 1871 (*M. U.* du 29 janvier 1871).

moral. Pour les aider à supporter les privations, il doit les supporter lui-même et leur donner l'exemple. Il ne suffit pas d'être à leur tête le jour du combat — c'est là un devoir familier à l'officier français — mais il doit être constamment à côté d'eux, dans la vie obscure du camp, dans les labeurs de la marche ; en un mot, dans toutes les circonstances variées où le soldat a besoin de se sentir soutenu et réconforté par la présence de ses chefs... (1).

« Enfin, il est indispensable que des revues fréquentes mettent les soldats et les chefs en présence, dans des conditions d'un ordre plus relevé. Ces rapprochements sont, en outre, l'occasion d'allocutions, d'ordres du jour, qui permettent au général de communiquer avec l'ensemble de ses troupes, et de porter à leur connaissance les faits de nature à exciter leur patriotisme. C'est en vous adressant souvent à elles, en leur faisant entendre des paroles qui vont à leur cœur, que vous conquerrez cet ascendant, grâce auquel vous pourrez plus tard leur faire braver la mort et les privations..... ».

---

(1) Dans la circulaire précitée du 31 janvier 1871 aux Commandants de corps d'armée, le Ministre disait également : « ...Ordonnez que les chefs de corps et les commandants de compagnie visitent par eux-mêmes le sac et le livret du soldat... Inspectez vous-mêmes vos troupes, rendez-vous un compte exact de leurs besoins, et exigez que les officiers de compagnie connaissent le nom de leurs soldats : rien n'attire mieux leur confiance..... ».

CHAPITRE XIX

Organisation de la défense dans les départements.

---

§ 1ᵉʳ. — *Répartition sur deux lignes des bataillons de la garde nationale mobile disponibles le 21 septembre.*

Au moment où l'amiral Fourichon arriva à Tours, c'est-à-dire lors de l'investissement de Paris, la zone de notre territoire occupée ou déjà traversée par les troupes allemandes était limitée d'une façon générale : au Nord, par une ligne passant immédiatement au Sud de Mézières (1) et au Nord de Laon, et suivant après le cours de l'Oise ; au Sud, par une ligne passant au Nord de Rambouillet, Fontainebleau, Nogent-sur-Seine, Arcis-sur-Aube, Neufchâteau, Mirecourt, Baccarat.

En dehors des IVᵉˢ bataillons, des dépôts de troupes actives de toutes armes, et des mobiles destinés au 15ᵉ corps, il existait, sur le territoire encore libre, environ 300 bataillons de la garde nationale mobile, et la formation d'à peu près 180 d'entre eux était suffisamment avancée pour permettre de les utiliser immédiatement (2).

---

(1) Cette ville ne fut investie que le 25 décembre. Bombardée le 31 décembre, elle capitula le 1ᵉʳ janvier 1871.
(2) Le Vice-Amiral Ministre de la Guerre par intérim aux Généraux commandant les divisions et subdivisions militaires, Tours, 21 septembre.

A différentes reprises, les généraux et les préfets avaient demandé au Ministre de la Guerre, dans l'intérêt de la discipline et de l'instruction de ces unités, de les éloigner le plus tôt possible de leur région de recrutement (1). La délégation du Gouvernement de la Défense nationale songea donc à utiliser ces forces, dispersées sans utilité dans toute la France, pour essayer, sinon d'arrêter, tout au moins de gêner la marche de l'ennemi (2).

Les départements menacés plus ou moins directement par l'invasion furent divisés en deux zones.

La première avait son centre sur la Loire, entre Nevers et Tours, par Orléans ; elle comprenait les départements de la Nièvre, du Cher, du Loiret, du Loir-et-Cher et de l'Indre-et-Loire. Par sa droite, elle s'étendait vers l'Est sur les départements de l'Yonne, de l'Aube, de la Haute-Marne et des Vosges et sur ceux de la Côte-d'Or, de la Haute-Saône et du Doubs. A gauche, elle décrivait un demi-cercle à l'Ouest et au Nord de Paris avec les départements de l'Eure-et-Loir, de l'Eure, de la Seine-Inférieure, de la Somme, du Pas-de-Calais et du Nord. Elle comprenait aussi, en arrière, ceux de l'Orne, de la Manche et du Calvados.

La deuxième zone, traversant toute la France depuis la Normandie jusqu'à la frontière suisse, s'étendait sur

---

(1) *La Guerre de 1870-71. Mesures d'organisation depuis le début de la guerre jusqu'au 4 septembre et Situation des forces françaises au 1er septembre*, p. 30 et Documents annexes.

(2) Avant la chute de l'Empire, le 19 août déjà, le Ministre de la Guerre, le général de Palikao, avait songé à former un gros corps de mobiles derrière la Loire, et approuvé, le 21 août, un projet de réunion en régiments des bataillons de mobiles de la Bretagne et de la Normandie dans une région d'ailleurs indéterminée. Le 21 août également, le général de Palikao proposait à l'Empereur de rassembler, dans le Morvan, huit régiments de mobiles pris dans les départements environnants (*Ibid.*, p. 41 et 42).

les départements de la Mayenne, de la Sarthe, de Maine-et-Loire, des Deux-Sèvres, de la Vienne, de l'Indre, de la Creuse, de l'Allier, de Saône-et-Loire, du Jura et de l'Ain.

Les bataillons disponibles de garde nationale mobile des régions les moins menacées devaient être répartis dans ces deux zones (1). Ces forces étaient mises à la disposition des généraux commandant les départements, qui étaient chargés de les installer, de les employer et de leur assurer les munitions et les vivres (2).

---

(1) Note pour la 1re direction (Bureau de la correspondance générale), Tours, 25 septembre; Répartition des bataillons de garde nationale mobile. — D'après ce dernier document, 123 bataillons devaient être répartis dans les départements de la première zone, dont 21 dans ceux du centre, 44 dans ceux formant la droite et 58 dans ceux formant la gauche. La deuxième zone ne devait comprendre que 38 bataillons. Une troisième ligne devait, en outre, être constituée dans le département du Rhône avec 8 bataillons. Enfin, 23 bataillons restaient encore disponibles dans les départements du Sud de la France et dans la Haute-Savoie. Cette répartition fut certainement modifiée, ainsi que le prouvent d'ailleurs les rectifications portées sur l'original du document.

Les mouvements nécessaires pour l'exécution de la répartition décidée le 21 septembre ne se firent pas sans une certaine confusion, car ils coïncidèrent avec ceux occasionnés par la formation du 15e corps, l'envoi de régiments de garde nationale mobile en Algérie et les déplacements des dépôts et magasins menacés par l'approche de l'ennemi.

Certains bataillons, dont l'organisation n'était pas achevée, ne purent partir immédiatement. D'autres se virent arrêtés en cours de route par des encombrements sur les voies ferrées ou par des ordres émanant des autorités militaires des régions qu'ils traversaient. Par exemple, à la suite d'un retard dans les communications télégraphiques, l'ordre d'envoyer en Algérie les bataillons de la Creuse, donné à Paris le 19 septembre, ne parvint à Tours que le 24. Entre ces deux dates, ces bataillons avaient été expédiés dans l'Aube et, à peine arrivés à Troyes, ils durent repartir pour Toulon.

(2) Chacun des départements français correspondait alors à une subdivision militaire, commandée par un général de brigade.

Une fois ces dispositions prises, l'ennemi devait se trouver « enveloppé, en avant, sur ses flancs et sur ses derrières, par des forces qui seraient disséminées partout et contre lesquelles il aurait à se défendre sur tous les points à la fois ». Comme il était impossible de soutenir les bataillons de la garde nationale mobile par des forces régulières, l'on ne pensait pas alors pouvoir leur faire jouer le rôle de « troupes de ligne ». On estimait, en effet, que leur instruction n'était pas suffisamment développée et leurs cadres pas assez solides. Le Ministre recommandait donc aux généraux commandant les départements de « les considérer comme des troupes légères, destinées à agir en partisans, et dont la mission est moins de combattre que de harceler l'ennemi....., de le gêner dans les réquisitions....., et surtout de faire des coups de main et des pointes pour enlever les convois, couper les routes, les chemins de fer, détruire les ponts, etc. ».

Devant une résistance un peu sérieuse, les mobiles devaient se retirer pour essayer de recommencer dans une autre direction moins bien protégée. Il leur était recommandé d'agir « surtout dans les pays coupés et boisés », où ils trouveraient « le plus de facilité pour masquer leurs mouvements et tomber à l'improviste sur les portions faibles de ligne ennemie ». On comptait d'ailleurs qu'ils seraient renseignés et soutenus par les populations et que celles-ci leur fourniraient des guides (1).

Cet emploi des bataillons de la garde nationale mobile ne pouvait donner aucun résultat appréciable. Inspiré par la guerre d'Espagne sous le Premier Empire et la

---

(1) Le Vice-Amiral Ministre de la Guerre par intérim aux Généraux commandant les divisions et subdivisions militaires, Tours, 21 septembre.

campagne du Mexique sous le second (1), il ne répondait pas à l'état d'esprit des populations. Le Gouvernement de la Défense nationale ne considérait d'ailleurs cette guerre de chicane que comme un expédient temporaire. A cet effet, le Ministre de la Guerre prescrivait à son représentant à Tours de « passer insensiblement, au fur et à mesure de l'accroissement de ses forces, à des opérations plus sérieuses, susceptibles de se relier plus directement avec la défense de Paris », qui devait être l'« objet capital » de toute l'action en province (2).

§ 2. — *Commandements supérieurs régionaux.*

La circulaire du 21 septembre 1870, répartissant les bataillons de la garde nationale mobile sur deux zones autour du territoire occupé par l'ennemi, prescrivait aux généraux de brigade commandant les départements de se mettre en rapport avec leurs voisins pour se renseigner et combiner leurs mouvements (3). Mais cette

---

(1) Le Directeur général des Télégraphes au Ministre de l'Intérieur, à Paris, D. T., Rouen de Tours, 25 septembre, 8 h. 40 soir.
On sait qu'un câble, immergé dans la Seine, entre Paris et Rouen, put fonctionner du 23 au 27 septembre (Cf. *La Guerre de 1870-71. L'Investissement de Paris*, t. I, p. 215).

(2) Le général Le Flô à l'amiral Fourichon, à Tours, D. T., Tours de Rouen, 26 septembre.

(3) Ces liaisons firent d'ailleurs souvent défaut. Il arriva, en effet, que lors de l'envahissement de certains départements, les défenseurs de toutes sortes qui se replièrent sur les départements voisins ne trouvèrent pas « un accueil en rapport avec leur situation », et qu'ils manquèrent même du nécessaire pendant les premiers jours. Au mois de novembre, le délégué à la Guerre invitait les généraux commandant le territoire à se concerter avec les préfets afin d'éviter à l'avenir un pareil manquement aux devoirs les plus élémentaires de la solidarité entre combattants (Le Délégué à la Guerre aux Généraux commandant les divisions et subdivisions territoriales, Tours, novembre).

entente n'était pas suffisante, et, d'ailleurs, l'opinion publique aussi bien que les autorités administratives s'étaient déjà rendu compte que tous les efforts seraient vains s'ils restaient isolés.

Le 12 septembre, le préfet de l'Ille-et-Vilaine, « se faisant l'organe de beaucoup de citoyens décidés à une résistance à outrance », télégraphiait au Ministre de l'Intérieur qu'il lui paraissait nécessaire de soumettre « les départements de l'Ouest à un chef militaire unique, qui aurait le commandement de toutes les forces vives du pays et pourrait les faire passer d'un département dans l'autre (1) ». Ce « général en chef » serait aussi chargé de « former une armée active dans l'Ouest, en groupant tous les corps épars dans les différentes garnisons (2) ».

Presque en même temps, le préfet de la Somme pro-

---

(1) Le Préfet de l'Ille-et-Vilaine au Ministre de l'Intérieur, à Paris, D. T., Rennes, 12 septembre, 5 h. 35 soir.

(2) Le Comité de défense de la ligue des douze départements de l'Ouest au Ministre de la Guerre, à Paris, D. T., Rennes, 16 septembre, 5 h. 15 soir ; M. Carré-Kérisouët au Ministre de la Guerre, à Paris, D. T., Saint-Brieuc, 18 septembre, 4 h. soir. — D'après ces documents, treize départements de la Bretagne et de la Vendée (Finistère, Côtes-du-Nord, Morbihan, Ille-et-Vilaine, Loire-Inférieure, Vendée, Deux-Sèvres, Manche, Calvados, Orne, Mayenne, Sarthe et Maine-et-Loire) avaient constitué, vers le 16 septembre, la *Ligue de l'Ouest*. Un quatorzième département, dont le nom n'a pu être précisé, s'y adjoignit ensuite (Le Ministre de la Guerre au général Fiéreck, à Grenoble, D. T., Paris, 19 septembre, 1 h. 10 soir).

Les représentants de ces départements, réunis en comité de défense, avaient voté 15 millions « pour procurer des armes aux bataillons de volontaires pris dans les gardes nationales sédentaires » et avaient proposé au Ministre une série de mesures pour fabriquer des fusils, des munitions et du matériel de guerre, en utilisant les ressources des établissements de la Guerre et de la Marine de la région. Ils demandaient, en outre, au Ministre de nommer comme général en chef de l'Ouest le général Fiéreck, au cadre de réserve à Grenoble depuis le 14 mars 1870. Celui-ci avait commandé comme général de brigade

posait au Ministre de l'Intérieur « de confier l'organisation de la défense dans tous les départements du Nord de la France à un seul chef militaire. Celui-ci serait investi de « pleins pouvoirs, notamment pour appeler à l'activité tous les hommes non mariés de 20 à 35 ans, rallier les traînards revenant de la frontière, les concentrer et leur donner une organisation utile, diriger toutes les forces vives de la contrée et en disposer, autoriser la formation des corps francs, faire évacuer les denrées et les subsistances ainsi que les provisions de guerre et les armes inutiles, et, généralement, faire toutes les réquisitions et prendre toutes les mesures qu'il jugerait utiles à la défense nationale ».

Gambetta transmit, en l'appuyant, cette proposition à son collègue de la Guerre. Il ajouta qu'elle résumait beaucoup de demandes analogues (1).

---

l'artillerie du 5e corps pendant la campagne d'Italie; puis, nommé général de division, le 12 août 1866, il avait terminé sa carrière comme membre du Comité de l'artillerie.

M. Carré-Kérisouët, dont il est question ci-dessus, était député des Côtes-du-Nord et avait été le promoteur de la Ligue de l'Ouest (F.-F. Steenackers et F. Le Goff, *Histoire du Gouvernement de la Défense nationale en province*, t. I, p. 401).

(1) Le Préfet de la Somme au Ministre de l'Intérieur, Amiens, 15 septembre.

Vers le 19 septembre également, les départements des Bouches-du-Rhône, du Rhône, de l'Isère, de Vaucluse, de la Drôme, de l'Hérault, du Gard, du Var, de l'Ardèche, des Basses-Alpes, des Hautes-Alpes, des Alpes-Maritimes et de la Haute-Loire formèrent la *Ligue du Midi*. L'un des buts que se proposait cette ligue était de venir en aide au Gouvernement de Tours pour l'armement, l'équipement et l'approvisionnement des troupes levées dans le Midi de la France, qui devaient être placées, à mesure de leur organisation, sous le commandement du Ministre de la Guerre (*Enquête sur les actes du Gouvernement de la Défense nationale*, t. II, p. 77 et 78). Le préfet maritime de Toulon, qui avait accepté la présidence du Comité de fédération des départements du Midi, ne tarda pas à remarquer, au sein même du comité, des

Le principe de l'organisation des commandements régionaux fut admis par le général Le Flô, mais l'investissement de Paris empêcha ce dernier d'arrêter une solution définitive (1).

La question fut reprise à Tours par l'amiral Fourichon, qui, le 23 septembre, formait deux commandements supérieurs régionaux, l'un de l'Ouest et l'autre du Centre (2), et peu après deux autres, ceux du Nord et de l'Est (3).

---

agissements contre le Gouvernement central (Le Préfet maritime de Toulon au Ministre de la Marine, Toulon, 21 septembre; Le même au même, Toulon, 24 septembre).

(1) Le 19 septembre, à 1 h. 10 du soir, le général Le Flô télégraphiait au général Fiéreck, à Grenoble, pour lui offrir le commandement des forces de la région de l'Ouest, ainsi que le demandait le Comité de la Ligue de l'Ouest. Cette dépêche ne put être transmise par fil, et elle n'arriva que le 25 septembre, par ballon, à Évreux, d'où elle fut envoyée à destination.

Le 20 septembre, le Ministre de la Guerre écrivait au préfet des Côtes-du-Nord, pour le prier de faire savoir à M. Carré-Kérizouët qu'il approuvait entièrement les efforts tentés par les quatorze départements de l'Ouest et le commencement d'organisation qui en était résulté.

(2) Le Ministre de la Guerre intérimaire, à Tours, au Ministre de la Guerre, à Paris, D. T., Rouen de Tours, 24 septembre, 1 h. 30 soir.

(3) L'organisation des commandements supérieurs régionaux eut pour conséquence un remaniement dans la composition des divisions militaires dont plusieurs avaient été désorganisées par l'invasion.

Dès le 22 septembre, le Ministre de la Guerre par intérim décidait que, provisoirement, le département de l'Eure-et-Loir serait rattaché à la 18ᵉ division militaire (Tours) et le département du Loiret à la 19ᵉ division militaire (Bourges). Ces deux départements faisaient partie de la 1ʳᵉ division militaire, dont le siège était à Paris (Ordre du 15ᵉ corps d'armée, Tours, 22 septembre).

Les deux commandements régionaux, formés le 23 septembre, comprenaient tout d'abord :

Celui de l'Ouest, confié au général d'Aurelles : la 15ᵉ division militaire (Nantes), la 16ᵉ (Rennes), la 18ᵉ (Tours), moins la subdivision du Loir-et-Cher, la subdivision d'Eure-et-Loir, provenant de la 1ʳᵉ division

Le 26 septembre, les commandants supérieurs régionaux recevaient du Ministre de la Guerre par intérim des instructions sur l'étendue des pouvoirs qu'ils étaient appelés à exercer. Ils avaient autorité sur tous les géné-

---

militaire (Paris), et les subdivisions de l'Eure, de l'Orne et du Calvados, distraites de la 2ᵉ division militaire (Rouen).

Celui du Centre, sous les ordres du général de Polhès : la 19ᵉ division militaire (Bourges), la subdivision du Loir-et-Cher, détachée de la 18ᵉ division (Tours), et les subdivisions du Loiret, de l'Yonne et de l'Aube, appartenant à la 1ʳᵉ division militaire (Paris) (Le Ministre de la Guerre au Général commandant la 18ᵉ division militaire, Tours, 30 septembre ; Ordre du Commandement supérieur régional du Centre, Orléans, 30 septembre).

Le 25 septembre, en outre, l'amiral Fourichon télégraphiait à Paris qu'il formait une division territoriale provisoire, comprenant l'Eure-et-Loir et le Loiret, appartenant à la 1ʳᵉ division militaire (Paris), l'Eure et le Calvados, enlevés à la 2ᵉ division militaire (Rouen), la Manche, enlevée à la 16ᵉ division militaire (Rennes). Mais cette répartition semble être restée à l'état de projet. Le général des Pallières, désigné pour commander cette division, fut, en effet, affecté peu après à la 1ʳᵉ division du 15ᵉ corps.

Enfin, d'après un avis inséré au *Moniteur universel* du 23 octobre, la constitution définitive des commandements supérieurs régionaux fut la suivante :

Commandement supérieur de la région du Nord. Général de division Bourbaki. Quartier général à Lille :

2ᵉ division militaire comprenant — au lieu de la Seine-Inférieure, de l'Eure, du Calvados et de l'Orne — la Seine-Inférieure et la partie de l'Eure située sur la rive droite de la Seine avec l'Oise, venant de la 1ʳᵉ division militaire (Paris) ;

3ᵉ division militaire (Nord, Pas-de-Calais et Somme) avec l'Aisne et les Ardennes, appartenant à la 4ᵉ division militaire (Châlons).

Commandement supérieur de la région de l'Ouest. Général de division Fiéreck. Quartier général au Mans :

15ᵉ division militaire (Loire-Inférieure, Maine-et-Loire, Deux-Sèvres, Vendée) ;

16ᵉ division militaire (Ille-et-Vilaine, Morbihan, Finistère, Côtes-du-Nord, Manche, Mayenne) ;

18ᵉ division militaire (Indre-et-Loire, Sarthe, Loir-et-Cher, Vienne)

raux dont les divisions territoriales étaient comprises dans leurs circonscriptions ; ils devaient régler leurs relations avec les généraux commandant les corps d'armée déjà constitués, d'après les principes établis par les règlements concernant les rapports entre les généraux commandant les divisions territoriales et ceux commandant les divisions actives.

Ils disposaient de toutes les troupes stationnées sur leurs territoires. En ce qui concerne la garde nationale mobile et les corps francs, ils devaient les employer en se conformant aux indications contenues dans la circulaire du 21 septembre (1).

Quant aux troupes de ligne, les commandants supé-

---

avec l'Eure-et-Loir, provenant de la 1re division militaire (Paris), et l'Orne, le Calvados et la partie de l'Eure située sur la rive gauche de la Seine, distraits de la 2e division militaire (Rouen).

Lorsque le commandement supérieur de la région de l'Ouest avait été organisé le 23 septembre, l'amiral Fourichon ignorait les pourparlers entamés par le général Le Flô avec le général Fiéreck. Il avait donc désigné pour ce commandement le général d'Aurelles de Paladines, et le général Fiéreck ne remplaça ce dernier que le 4 octobre (Le Ministre de la Guerre au général Fiéreck, Tours, 4 octobre ; Ordre de la 16e division militaire, Rennes, 13 octobre).

Commandement supérieur de la région du Centre. Général de division de Polhès. Quartier général à Bourges :

19e division militaire (Cher, Nièvre, Allier, Indre) avec le Loiret, l'Aube et l'Yonne, qui faisaient auparavant partie de la 1re division militaire (Paris).

Commandement supérieur de la région de l'Est. Général de division Cambriels. Quartier général à Besançon :

6e division militaire, réduite au Haut-Rhin ;

7e division militaire (Doubs, Jura, Haute-Marne, Haute-Saône) avec les Vosges, de la 5e division (Metz) ;

Le département de la Côte-d'Or, appartenant à la 8e division militaire (Lyon).

(1) Circulaire relative à la répartition sur deux zones des bataillons disponibles de la garde nationale mobile, dont il a été question ci-dessus.

rieurs régionaux se feraient tenir au courant des fractions que chaque dépôt était à même de constituer, de façon à pouvoir immédiatement les utiliser, soit pour appuyer les opérations des gardes mobiles et des corps francs, soit pour tout autre emploi. Au fur et à mesure que de nouvelles unités seraient mises sur pied par les dépôts, elles iraient rejoindre celles qui étaient déjà mobilisées.

En même temps, les commandants supérieurs régionaux devaient veiller à l'application des circulaires qui donnaient aux généraux commandant les divisions militaires les moyens de parer rapidement à l'insuffisance des cadres signalée dans les dépôts. Pour activer l'organisation et la mobilisation des troupes, ils pouvaient d'ailleurs disposer, selon les besoins, du matériel de toute sorte réparti dans les départements sous leurs ordres (1).

Il appartenait, somme toute, aux commandants supérieurs régionaux de donner, dans les dépôts stationnés sur leurs territoires, une impulsion d'ensemble à la constitution de nouvelles forces, en répartissant les ressources disponibles selon les besoins de chacun. De même, la faculté de pouvoir disposer des forces de plusieurs départements leur permettait d'organiser une résistance plus énergique sur un point particulièrement menacé.

L'exposé des événements, qui se sont déroulés en province pendant la deuxième partie de la guerre, montrera le rôle qu'ont pu jouer les commandements supérieurs régionaux, dont l'existence fut d'ailleurs de courte durée. Un avis du 14 novembre annonça, en effet, leur suppression et rendit aux généraux commandant les divisions et subdivisions territoriales leurs attributions ordinaires (2).

---

(1) Le Ministre de la Guerre aux Généraux commandants supérieurs régionaux de l'Ouest, du Centre et de l'Est, Tours, 26 septembre.
(2) *M. U.* du 18 novembre. — Le commandement supérieur de

A ce moment, du reste, suffisamment d'unités nouvelles avaient pu être mises sur pied pour permettre de constituer dans le Nord (1), dans la Seine-Inférieure (2), aux environs du Mans (3), sur la Loire (4) et dans

---

la région de l'Est fut supprimé par décision du 11 novembre et les trois autres par décision du 14 novembre (Notification du bureau de la correspondance générale et des opérations militaires, Tours, 17 novembre).

(1) Lors de la suppression du commandement supérieur de la région du Nord, le général Bourbaki conserva provisoirement le commandement des troupes stationnées dans la 3ᵉ division militaire (Nord, Pas-de-Calais, Somme, Aisne et Ardennes) (Notification du bureau de la correspondance générale et des opérations militaires, Tours, 17 novembre). Un décret du 6 novembre avait formé avec ces troupes le *corps d'armée du Nord*, constitué à deux divisions de deux brigades ; ce corps d'armée reçut, le 22 novembre, la dénomination de 22ᵉ corps et fut placé sous les ordres du général Faidherbe (Commandant Lévi, *La Défense nationale dans le Nord en 1870-71*, t. I, p. 11 et 15).

(2) Sous la direction du général commandant la 2ᵉ division militaire, les troupes rassemblées à Rouen et au Havre assurèrent la défense de la Seine-Inférieure, et formèrent, au mois de janvier 1871, le corps d'armée du Havre.

(3) Lors de la suppression du commandement supérieur de l'Ouest, le général Fiéreck avait gardé le commandement provisoire des troupes non endivisionnées réunies sous ses ordres dans l'Eure-et-Loir, la Sarthe, le Calvados, l'Orne et la partie de l'Eure située sur la rive gauche de la Seine, c'est-à-dire dans la région de la 18ᵉ division militaire la plus rapprochée de l'ennemi (Notification du bureau de la correspondance générale et des opérations militaires, Tours, 17 novembre). Par suite des événements, ces troupes assez nombreuses furent obligées de se concentrer vers Le Mans. C'est alors qu'elles furent organisées en divisions et brigades qui formèrent, vers le 23 novembre, le 21ᵉ corps d'armée, placé sous les ordres du capitaine de vaisseau Jaurès, nommé général de division au titre auxiliaire.

Le commandant du 21ᵉ corps d'armée fut investi plus tard du commandement supérieur de toutes les forces opérant dans l'Ouest, y compris celles provenant du camp de Conlie [Arrêté du 26 novembre (*M. U.* du 28 novembre)].

(4) Après la 1ʳᵉ occupation d'Orléans par les Allemands, le 11 octobre, le 15ᵉ corps dut se replier sur Salbris, où il fut à même de compléter son organisation sous la direction du général d'Aurelle de Paladines.

l'Est (1), des armées ou des corps d'armée. Non seulement ces troupes de campagne devaient s'opposer aux progrès de l'invasion, mais il semble encore que l'intention du Gouvernement de la Défense nationale était d'abandonner dorénavant le système de défense locale et particulière qui avait prévalu jusqu'alors, pour coordonner l'action de toutes ces forces et engager certaines d'entre elles dans une action offensive qui permettrait de secourir Paris assiégé.

§ 3. — *Comités de défense.* — *Comités militaires départementaux.*

Dès les premières défaites de la campagne, des comités de défense s'étaient spontanément constitués sur plusieurs points du territoire, « afin de grouper les citoyens les plus marquants par leur esprit d'initiative et leur

---

On procédait, en même temps, entre Blois et Vendôme, à la formation d'un nouveau corps d'armée, le 16e, sur les mêmes bases, c'est-à-dire à trois divisions d'infanterie, composées de régiments d'infanterie et de bataillons de chasseurs à pied de marche et de régiments de garde nationale mobile, et une division de cavalerie, comprenant un régiment ancien reconstitué et des régiments de marche. Ces premiers résultats ne ralentirent pas l'activité qui présidait à l'organisation des troupes de campagne. Dans le courant de novembre, en effet, les éléments d'un 17e corps se groupaient à Tours, puis à Blois, et un 18e corps était en voie d'organisation à Nevers.
(1) Dans l'Est, le général Cambriels avait constitué, dès la fin de septembre, l'armée des Vosges, avec des éléments très divers réunis à la hâte en présence de l'ennemi. Vers le milieu d'octobre, il dut se replier sur Besançon, où il passa, le 28 octobre, au général Crouzat, le commandement des troupes actives de la région de l'Est. Grâce à des renforcements successifs, quatre divisions, plus une brigade, avaient pu être organisées le 14 novembre. Le 16, le général Crouzat reçut l'ordre de porter le plus rapidement possible ses troupes sur Gien, en laissant 15,000 hommes pour la défense de la vallée de la Saône. Les troupes ramenées sur la Loire formèrent le 20e corps d'armée (Historique,

intelligence des besoins de la situation ». Dans une circulaire du 10 septembre, Gambetta invitait les préfets à favoriser le développement de semblables comités, sous la réserve, toutefois, que leurs travaux et propositions seraient soumis à l'approbation des autorités compétentes (1).

---

marches et opérations de la 1re armée de l'Est, plus tard 20e corps). Les troupes restées sur la Saône formèrent tout d'abord une division sous la direction du général Cremer; près d'elles, opérait depuis quelque temps dans la région d'Autun une division à quatre brigades, commandée par Garibaldi et composée surtout de corps francs.

(1) J. Reinach, *Dépêches, circulaires, décrets, proclamations et discours de Léon Gambetta*, t. I, p. 354; *La Guerre de 1870-71. L'Investissement de Paris*, t. I, p. 8-10. — A ce moment, en effet, le Gouvernement de la Défense nationale n'était pas à même de se rendre un compte exact des moyens dont la France pouvait encore disposer, ou que l'administration de la Guerre était susceptible de mettre ultérieurement sur pied. Voyant la presque totalité des armées régulières disparues dans le désastre de Sedan ou enfermées dans Metz, il cherchait, pour arrêter la marche de l'ennemi victorieux, à faire appel au patriotisme de la nation tout entière. Il espérait ainsi, sans doute, pouvoir assurer d'abord la défense des régions les plus directement menacées avec les ressources locales, aidées par les éléments encore disponibles de la garde nationale mobile. Pendant ce temps, des forces plus régulièrement constituées auraient le temps de s'organiser sur le reste du territoire et pourraient venir ensuite contribuer à la défense générale du pays. C'est d'ailleurs cette idée, qui, comme on l'a vu plus haut, amena, le 25 septembre, la répartition de la garde nationale mobile sur deux zones.

Il ne semble pas que ces intentions aient été bien comprises. Souvent l'autorité administrative ne se rendit pas compte de la mission qui lui incombait. Au lieu d'apporter à l'autorité militaire le concours absolu qui lui était recommandé [Circulaire du 6 septembre de Gambetta aux Préfets (J. Reinach, *loc. cit.*, p. 347)], elle voulut parfois prendre elle-même la direction de la défense; son intervention, très profitable partout où elle parvint à soulever l'enthousiasme de la nation, ne put, au contraire, que devenir une source de conflits, quand, pour assurer la défense d'un département ou d'un arrondissement, elle vint contrecarrer les mesures d'ensemble prises par l'administration de la Guerre. Trop souvent enfin, la population ne comprit pas que son devoir était

A la suite de circonstances qu'il ne convient pas de retracer ici, les comités de défense se trouvèrent détournés du rôle qu'ils étaient appelés à jouer (1).

Aussi, le 12 octobre, la délégation du Gouvernement de la Défense nationale préparait-elle un décret pour les réorganiser et préciser leurs attributions.

Il devait être procédé dans chaque département à la formation d'un comité de défense, se subdivisant en sous-comités d'arrondissements et de cantons. Cette organisation « permettrait d'aller faire sentir, jusque dans les cantons et les communes, l'influence du Gouvernement central et assurerait ainsi la bonne et prompte

---

de contribuer par tous les moyens à la défense générale du pays, et qu'il fallait sacrifier à l'intérêt commun le souci plus ou moins justifié de protéger exclusivement le coin de terre où elle vivait, qu'il fût ou non menacé par l'ennemi.

(1) Les comités de défense s'étaient rapidement développés sur toute la surface du pays (Steenackers et Le Goff, *Histoire du Gouvernement de la Défense nationale en province*, t. I, p. 401). Mais beaucoup n'envisagèrent que la défense immédiate de la région où ils s'étaient formés. L'idée surgit ensuite de grouper les comités et les moyens de défense de plusieurs départements voisins, et « à la fin de septembre des ligues couvraient d'un immense réseau presque toute la surface du territoire ». Les premières en date furent la ligue du Plateau central (départements du Puy-de-Dôme, de la Haute-Loire et du Cantal) et la ligue du Sud-Ouest (départements de la Gironde, des Landes, des Basses-Pyrénées, de la Dordogne, de la Charente et de la Charente-Inférieure). Furent ensuite formées la ligue de l'Ouest, qui comprenait 13 départements, la ligue de l'Est — ou comité de Lyon — qui fut à peine ébauchée, et enfin la ligue du Midi, où entrèrent successivement 14 départements du Sud-Est de la France. Les ligues ne furent d'abord qu'un simple groupement de forces, mais, dans la suite, elles prirent un « véritable caractère d'organisation régionale et fédérative et aussi de tendance plus ou moins prononcée à l'autonomie » (Steenackers et Le Goff, *loc. cit.*, t. I, p. 401 et suiv.; *Enquête sur les actes du Gouvernement de la Défense nationale*, Déposition de M. Laurier, t. V, p. 320 et suiv.; *Ibid.*, Déposition de M. Challemel-Lacour, t. V, p. 519; *Ibid.*, Rapport de M. de Sugny, t. II, p. 78 et suiv.).

exécution des mesures décrétées par lui dans l'intérêt de la défense générale ». On arriverait ainsi à « imprimer une impulsion unique, incessante, universelle à la défense nationale » et « à grouper en un seul et même effort toutes les forces des départements ».

Les comités et sous-comités étaient permanents et avaient à la fois les pouvoirs consultatif et délibératif sur toutes les questions rentrant dans leurs attributions. Pour éviter tout conflit avec les autorités légalement constituées, ils limiteraient leur action à assurer l'exécution des ordres du Gouvernement central ou des mesures arrêtées par eux. Ces dernières ne devaient concerner que les moyens propres soit à activer la levée, l'armement, l'équipement et l'entretien des troupes combattantes, soit à faciliter la construction des travaux de défense, soit enfin à effectuer le placement des emprunts votés par les départements et les communes.

Les membres des comités étaient nommés par les préfets. Certains d'entre eux pouvaient être délégués, avec les pouvoirs nécessaires, pour tenir la main à ce que les prescriptions du Gouvernement ou les décisions des comités fussent exécutées rapidement et dans de bonnes conditions.

Les représentants locaux les plus élevés en grade de l'autorité militaire faisaient, de droit, partie des comités et sous-comités de défense (1).

---

(1) Les représentants de l'autorité militaire n'avaient d'ailleurs pas été partout systématiquement écartés des comités de défense, qui s'étaient constitués au commencement de septembre. Bien qu'il ait demandé au Ministre de la Guerre à être relevé de son emploi, le général commandant de la place de Marseille assistait aux séances du comité de défense de cette ville (Steenackers et Le Goff, *loc. cit.*, t. I, p. 414). De même, le préfet maritime de Toulon avait accepté, sauf assentiment de la délégation du Gouvernement, la présidence du comité de la ligue des départements du Midi [Le Préfet maritime de Toulon au Ministre de

Il ne semble pas que les dispositions prévues pour la réorganisation des comités de défense aient été promulguées. Le décret du 12 octobre, dont on n'a retrouvé qu'un exemplaire manuscrit, ne figure en effet ni au *Moniteur universel* ni au *Bulletin des lois*. Les comités de défense, qui s'étaient spontanément constitués, continuèrent du reste à fonctionner. Mal éclairés sur la situation générale, trop soucieux de leurs intérêts immédiats, emportés par leur zèle, ou inspirés par leur méfiance vis-à-vis d'une administration qu'ils soupçonnaient d'être en partie cause des malheurs de la France (1), ils voulurent trop souvent agir sans se conformer aux règles générales édictées par le Gouvernement. L'on a vu plus haut qu'en ce qui concerne particulièrement les achats d'armes et de munitions à l'étranger leur intervention ne fit que gêner les opérations de la commission d'armement.

L'établissement des comités provoqua d'ailleurs la création d'un nouvel organe administratif.

Dans les premiers jours qui suivirent son installation, le Gouvernement de la Défense nationale avait examiné la question d'envoyer dans les départements des *Commissaires du Gouvernement*. Pour éviter tout conflit avec les représentants de l'autorité militaire, ces commissaires ne devaient être « que des auxiliaires civils de la défense militaire (2) ».

---

la Marine, Toulon, 21 septembre (A. M.)]. Mais peu après, il rendait compte qu'il voyait au sein de ce comité des « agissements et des trames contre le Gouvernement central » [Le même au même, Toulon, 24 septembre (A. M.)].

(1) Cf. Steenackers et Le Goff, *loc. cit.*, t. I, p. 60, 124, 141, 148 et 345.

(2) A. Dréo, *Gouvernement de la Défense nationale. Procès-verbaux des séances du Conseil*, p. 156-157.

Ces représentants du pouvoir central ne furent pas envoyés sur tout le territoire. Leur champ d'action s'étendait à un ou plusieurs départements limitrophes (1). Ils étaient appelés à servir d'intermédiaires entre les comités de défense, qui, comme on le sait, s'étaient spontanément organisés, et les préfets, dont la tâche était très lourde. « Les commissaires pouvaient l'alléger, en se transportant sur les lieux, dans les départements où l'administration rencontrait des difficultés particulières, en suscitant les énergies locales..., partout où ils avaient une influence personnelle et, dans certains cas, en agissant soit sur les conseils municipaux, soit sur les conseils généraux pour obtenir des subsides ». En les instituant, on avait cru pouvoir leur attribuer le rôle des « ... commissaires de la Convention, dont les imaginations étaient hantées, et qui n'étaient pas faits non plus pour déplaire au patriotisme (2) ».

Les attributions et les pouvoirs des commissaires n'étaient pas très définis. Aussi des conflits ne pouvaient manquer de s'élever. Un des premiers éclata, au sein

---

(1) C'est ainsi que M. Boysset fut nommé « commissaire général de l'organisation de plusieurs départements de l'Est », M. Cochery eut le même titre pour le Loiret, M. Albert Grévy pour le Jura et les départements voisins, M. Marion pour l'Isère, les Hautes-Alpes, la Savoie et la Haute-Savoie (Steenackers et Le Goff, *loc. cit.*, t. I, p. 426-427). De même, M. Lissagaray était nommé, vers le 20 septembre, commissaire à la défense dans la Gironde, puis ensuite le 6 octobre, aux mêmes fonctions pour le Tarn, le Tarn-et-Garonne, le Gers et les Hautes-Pyrénées avec M. J. David (*Enquête sur les Actes du Gouvernement de la Défense nationale*, t. IV, p. 333 et 347). M. Testelin était également nommé, à la fin de septembre, commissaire délégué à la défense dans le Nord, le Pas-de-Calais, la Somme et l'Aisne (*Ibid.*, t. III, 1re division, p. 328). Plus tard, un décret du 10 janvier 1871 (*M. U.* des 13 et 14 janvier) nommait M. Sadi-Carnot préfet de la Seine-Inférieure et commissaire extraordinaire du Gouvernement de la République dans les départements de la Seine-Inférieure, de l'Eure et du Calvados.

(2) Steenackers et Le Goff, *loc. cit.*, t. I, p. 422 et 424.

même de la délégation du Gouvernement de la Défense nationale, lorsque M. Marc Dufraisse fut nommé, le 24 septembre, par le gouvernement central, administrateur général des Bouches-du-Rhône (1). MM. Crémieux et Glais-Bizoin, estimant qu'il devait être délégué comme commissaire extraordinaire avec pleins pouvoirs, signèrent un décret en conséquence, auquel l'amiral Fourichon refusa son adhésion en ce qui concernait les affaires militaires.

Après en avoir délibéré, le gouvernement central décida que les pouvoirs déférés à M. Marc Dufraisse ne modifiaient « en rien les rapports légaux entre les autorités militaires et l'administration politique » et que « les droits du commandement restaient entiers (2) ».

---

(1) *J. O.* du 25 septembre.
(2) Cabinet à Intérieur, D. T., Tours, 24 septembre, 10 h. 40 soir (par Rouen et le câble noyé); L'amiral Fourichon au général Le Flô, D. T., Tours, 25 septembre, 1 h. 20 soir (par câble noyé); Le Ministre de l'Intérieur à la Délégation du Gouvernement à Tours, Paris, D. T., 26 septembre, 12 h. 20 matin (par câble noyé); Le général Le Flô à l'amiral Fourichon, à Tours, D. T., Paris, 16 septembre, 12 h. 30 matin (par câble noyé) (*Enquête sur les Actes du Gouvernement de la Défense nationale*, t. IV, p. 26, 27 et 29). — Quelques jours après, un nouveau conflit s'élevait dans les mêmes conditions entre l'amiral Fourichon et ses deux collègues de la délégation. Le 30 septembre, MM. Crémieux et Glais-Bizoin voulurent conférer au préfet du Rhône les pleins pouvoirs civils et militaires, pour rétablir le calme à Lyon. On sait que l'amiral Fourichon ne voulut pas contresigner cette décision comme délégué au ministère de la Guerre et qu'il abandonna ses fonctions, tout en conservant le portefeuille de la Marine et en restant membre de la délégation.

On verra de même, au cours de l'exposé des opérations de la Ire armée de la Loire, qu'un incident analogue s'éleva à Orléans, le 30 octobre 1870, entre le commissaire à la défense dans le département du Loiret et le général Reyau, commandant la division de cavalerie du 15e corps. Par une interprétation abusive des termes de son mandat, le commissaire à la défense du Loiret voulait prendre la direction supérieure de la défense dans sa région. Cependant, d'après la décision de

De leur côté aussi, quelques préfets virent dans l'institution des commissaires du Gouvernement une atteinte à leur initiative et à leurs pouvoirs. A différentes reprises, les uns et les autres signalèrent à la délégation du Gouvernement les inconvénients suscités par des chevauchements d'autorités (1).

« Pour essayer d'échapper autant que possible aux difficultés », la délégation du Gouvernement décida, le 2 octobre « qu'il n'y avait pas urgence de nommer des commissaires généraux de la défense, qu'il ne serait nommé que des commissaires départementaux, et dans les départements qui en demanderaient ; que, dans plusieurs départements limitrophes, les commissaires départementaux et les préfets s'entendraient dans les questions de la défense, sauf à les relier plus tard entre eux, s'il y avait utilité..., en nommant un commissaire général pour la région (2) ».

---

la délégation du Gouvernement de la Défense nationale à Tours, qui solutionna le conflit, ses « pouvoirs..... ne pouvaient avoir aucune action sur les décisions de l'autorité militaire » (Le Ministre de la Guerre au Général commandant le 15ᵉ corps d'armée, à Bourges, Tours, 6 octobre).

Mais, disent MM. Steenackers et Le Goff, les esprits étaient hantés des souvenirs de la Convention. « On ne se bornait pas au rôle tracé par Gambetta aux comités de défense et par suite aux commissaires. On ne voulait pas seulement susciter les forces locales, mais encore les diriger, faire marcher les généraux, leur commander impérieusement la victoire » (*Ibid.*, p. 124).

(1) Steenackers et Le Goff, *loc. cit.*, t. I, p. 424-430 ; *Enquête sur les Actes du Gouvernement de la Défense nationale*, t. IV, p. 309 et 509.

(2) Steenackers et Le Goff, *loc. cit.*, t. 1, p. 432. — La nomination de M. Sadi-Carnot, le 10 janvier 1871, au poste de commissaire extraordinaire du Gouvernement de République dans la Seine-Inférieure, l'Eure et le Calvados, provoqua cependant une protestation du préfet de ce dernier département [Préfet du Calvados à Intérieur, direction du personnel, Bordeaux, D. T., Caen, 15 janvier 1871 (*Enquête sur les Actes du Gouvernement de la Défense nationale*, t. IV, p. 266)].

L'action des comités de défense allait d'ailleurs se trouver bientôt réduite. Peu après l'arrivée de Gambetta à Tours, la délégation du Gouvernement de la Défense nationale prenait en effet, le 14 octobre, de nouvelles dispositions pour organiser la défense dans les départements (1).

Tout département, dont la limite se trouvait, par un point quelconque, à moins de 100 kilomètres de l'ennemi, était déclaré en *état de guerre* par le chef militaire de la subdivision (2). Cette décision était immédiatement communiquée à la population par les soins des autorités civiles et militaires (3).

---

(1) Décret du 14 octobre (*M. U.* du 17 octobre).

(2) En principe, à chaque département du territoire français correspondait une subdivision militaire, commandée par un général de brigade. Toutefois un général de division commandait la subdivision de la Seine, et le département de la Corse formait à lui seul une division militaire partagée en deux subdivisions. Deux subdivisions constituées par deux départements étaient parfois aussi réunies sous le commandement d'un même général de brigade (Doubs et Jura, Haute-Marne et Haute-Saône, Drôme et Ardèche, Var et Basses-Alpes, Aveyron et Lozère, Haute-Loire et Cantal, Isère et Hautes-Alpes, Savoie et Haute-Savoie, Loire-Inférieure et Vendée, Ariège et Aude, Tarn-et-Garonne et Lot, Basses-Pyrénées et Landes). Le commandement de la subdivision de la Corrèze était enfin réuni à celui de la 21ᵉ division militaire (*Annuaire militaire pour 1870*, chap. VI).

(3) Le département était déclaré en *état de guerre* et non en *état de siège*, qui aurait donné à l'autorité militaire tous les pouvoirs appartenant à l'autorité civile pour le maintien de l'ordre et la police (Art. 7 de la loi du 9 août 1849).

Depuis le commencement des hostilités, les départements du Nord, du Pas-de-Calais, de la Somme, de l'Oise, de Seine-et-Oise, d'Eure-et-Loir, du Loiret, du Cher, de Saône-et-Loire, du Rhône et de l'Ain, ainsi que tous ceux situés à l'Est et au Nord de ces derniers, avaient été déclarés en état de siège [Décrets du 26 juillet et des 7, 8 et 22 août (*J. M. O.*, 2ᵉ semestre 1870, p. 272, 310, 313 et 346)]. On n'a cependant pas trouvé trace au *J. M. O.* du décret concernant les départements de la Meuse, de la Meurthe et des Vosges. En outre, le département de la

Toute affaire cessante, le commandant du département convoquait un comité militaire de cinq membres au moins et de neuf membres au plus, dont il avait la présidence.

En faisaient partie, un officier du génie ou, s'il n'en existait pas de disponible, un officier d'artillerie, un officier d'état-major, un ingénieur des ponts et chaussées et un ingénieur des mines. A défaut de ces derniers fonctionnaires, les membres du comité étaient choisis parmi les personnes qui, à raison de leurs aptitudes ou de

---

Haute-Garonne fut déclaré en état de siège le 9 août, celui du Var le 13 août, celui des Pyrénées-Orientales le 20 août, et enfin l'arrondissement du Havre le 20 septembre (*J. M. O.*, 2e semestre 1870, p. 313, 340, 346 et 422 ; *La Guerre de 1870-71. Mesures d'organisation depuis le début de la guerre jusqu'au 4 septembre et Situation des forces françaises au 1er septembre*, p. 67).

D'un autre côté, une décision impériale du 17 août déclarait en état de siège les cinq ports militaires et investissait les préfets maritimes du commandement supérieur de toutes les troupes qui y étaient stationnées (*J. M. O.*, 2e semestre 1870, p. 342).

Il ne semble pas que le Gouvernement de la Défense nationale ait réglé par une mesure générale la situation des circonscriptions administratives déclarées en état de siège par le Gouvernement impérial. Le 12 septembre, le préfet de la Nièvre faisait cependant remarquer au Ministre de l'Intérieur qu'en raison de l'état de siège, il appartiendrait à l'autorité militaire, et non à lui, de prendre toutes les mesures relatives à la constitution des comités de défense préconisés par la dépêche du 10 septembre. Il demandait, en conséquence, au Gouvernement de lever l'état de siège (Le Préfet de la Nièvre au Ministre de l'Intérieur, D. T., Nevers, 12 septembre, 1 h. 48 soir). Une note insérée au *Journal officiel* du 16 septembre fit alors connaître que l'état de siège était levé dans le seul département de la Nièvre. L'état de siège aurait également été levé le 13 octobre dans le département de l'Yonne, après une démarche faite près du Ministre de l'Intérieur par une délégation envoyée par ce département (Rapport du Général commandant le département de l'Yonne sur son commandement, 22 avril 1872). Quant aux ports militaires, on verra plus loin les dispositions qui furent prises à leur sujet.

leurs antécédents, pouvaient être le plus à même de les remplacer.

S'il le jugeait nécessaire, le comité procédait à une reconnaissance du terrain. En tout cas, dans les quarante-huit heures qui suivaient la déclaration de l'état de guerre, il désignait les points les plus favorables, selon lui, pour disputer le passage à l'ennemi. Des terrassements, des abatis ou tous autres moyens de défense rapides et peu dispendieux y étaient immédiatement exécutés. Ces travaux pouvaient même aller jusqu'à l'établissement de camps retranchés pour tout ou partie des forces disponibles du département et être munis d'artillerie. Toutes les voies de communication susceptibles d'être utilisées par l'ennemi devaient être barrées dans ces conditions, à moins qu'elles ne fussent déjà commandées dans le département par une place forte.

Pour l'exécution de ces travaux, le comité militaire ou les membres qu'il déléguait à cet effet avaient le droit de réquisition directe sur les personnes et les choses. Les dépenses engagées étaient payées au moyen de bons délivrés par eux, reçus comme espèces dans les caisses publiques et acquittés au moyen d'un emprunt contracté par le département.

Quand le commandant du département estimait que l'ennemi menaçait un des points fortifiés, il y dirigeait les forces nécessaires à sa défense. Il les empruntait soit aux troupes régulières ou auxiliaires du département, « non utilisées pour les opérations du corps d'armée en campagne (1) », soit à la garde nationale sédentaire. Il jouissait pour cela du droit de convoquer les hommes de la garde nationale âgés de moins de 40 ans de telles

---

(1) Seul, le 15ᵉ corps d'armée était alors à peu près constitué. La formation du 16ᵉ corps n'avait été décidée que dans les premiers jours d'octobre.

communes qu'il désignait (1). Il prenait lui-même le commandement de ces forces.

Les gardes nationaux ainsi appelés étaient placés sous le régime des lois militaires, tant que l'état de guerre était maintenu dans le département. A défaut d'uniforme, ils devaient porter un képi pour affirmer leur qualité de belligérants. Au moyen de bons, analogues à ceux établis pour solder les travaux de défense, ils devaient se pourvoir de vivres pour trois jours, sans préjudice des approvisionnements de toute nature que le comité avait pu réunir directement.

Les préparatifs de défense devaient commencer d'urgence dans les départements compris dans la zone indiquée. Au delà, on devait se borner aux études préliminaires et déterminer simplement les points à fortifier ultérieurement.

Le décret du 14 octobre avait pour but « d'organiser la défense locale et de donner un point d'appui à l'action des gardes nationaux pour les mettre en état de résister à l'ennemi (2) ». Il semble n'être donc que le complément des mesures prises antérieurement pour répartir les bataillons disponibles de la garde nationale mobile

---

(1) A cette date, les gardes nationaux de 21 à 40 ans, *célibataires ou veufs sans enfant*, avaient seuls été mobilisés. Dans les départements déclarés en état de guerre, le décret du 14 octobre donnait aux commandants militaires le droit de mobiliser de suite tout ou partie des gardes nationaux mariés ou veufs avec enfants, alors que dans les autres départements, ils ne furent appelés que le 2 novembre [Décret du 2 novembre mobilisant tous les hommes valides de 21 à 40 ans de la garde nationale sédentaire (Cf. ci-dessus, p. 110)].

(2) Pour bien montrer l'esprit dans lequel le rédacteur du décret du 14 octobre envisageait la situation, il suffit de citer les prescriptions contenues dans l'article 5 : « Si un passage est forcé par l'ennemi, on veillera à rétablir la fortification aussitôt que possible, de manière à couper la retraite à l'ennemi, et ce passage sera gardé jusqu'à ce que le chef militaire juge l'ennemi suffisamment éloigné ».

dans les régions les plus directement menacées (1). Mises à la disposition des généraux commandant les départements, ces unités, « soutenues par la population », devaient, en effet, s'efforcer de gêner et de retarder les progrès de l'invasion en attendant que l'organisation des forces régulières permît de « passer insensiblement à des opérations plus sérieuses (2) ».

---

(1) Un décret du 31 octobre (*J. M. O.*, 1871, supplément, p. 17) organisa même un comité spécial pour la défense de la forêt d'Orléans. Ce comité se composait du maire de Beaune-la-Rolande, président, et des maires de Nibelle, Bois-Commun et Bellegarde. M. Pignot, de Beaune-la-Rolande, était nommé, avec le grade de chef de bataillon, commandant supérieur des gardes nationaux mobilisés de Beaune-la-Rolande et de Bellegarde, qui furent chargés de la défense spéciale de la forêt d'Orléans. Ils prirent part en effet, le 9 novembre, à un combat livré à la gare de Pithiviers et, le 20 novembre, à un engagement à Beaune-la-Rolande (*J. M. O.*, ibid., p. 839 et 921).

(2) Cf. ci-dessus, p. 610. — Dans son numéro du 21 octobre, le *Moniteur universel* appréciait ainsi le décret du 14 octobre 1870 :

« ..... Les Prussiens nous ont tellement habitués à leurs marches rapides, qu'il convient de mettre toute la France sous les armes et de multiplier au loin les moyens de résistance.

« Les dispositions du décret vaudront surtout par la manière dont elles seront exécutées. Bien comprises et mises en pratique avec intelligence, elles créeront à nos forces régulières de nombreux appuis, et aux ennemis des obstacles sans cesse renaissants..... Mais elles pourraient être mal interprétées, et alors nous craindrions qu'elles n'eussent pour effet d'isoler chaque département dans sa défense, de fractionner à l'infini une résistance déjà trop divisée, et de porter au comble la dissémination de nos forces déjà trop dispersées.

« ..... La résistance de Paris a permis au Pouvoir de chercher dans les débris de l'ancienne armée les éléments d'une armée nouvelle..... Malgré tous ses malheurs, l'armée relevée par des chefs énergiques, l'armée renforcée par la garde mobile, reste l'organe essentiel de notre résistance.....

« L'organisation et la mise en mouvement de grands corps d'armée agissant de concert, suivant un plan bien arrêté, se présentent à nous, après le décret du 14 octobre aussi bien qu'avant, comme le principal moyen de salut ; si celui-ci manque, nous doutons des autres ; et si.....

Il fallut néanmoins un certain temps pour arriver à une conception moins particulariste de la défense nationale. On sait qu'un décret du 3 novembre prescrivit que chaque département organiserait, avec les ressources de la garde nationale, une batterie d'artillerie par 100,000 habitants pour « relever notre artillerie de l'infériorité numérique dans laquelle elle se trouvait vis-à-vis de l'ennemi (1) ». Or, on n'envisageait pas encore autre chose que l'utilisation de ces batteries dans leurs départements d'origine. Une note fut, en effet, préparée à la délégation du ministère de la Guerre à Tours pour préciser certains détails d'organisation. Tout en tenant compte des ressources dont pouvaient disposer les départements pour assurer la construction du matériel, elle prévoyait que l'emploi des canons lisses serait « assez efficace dans les pays où les champs de tir sont restreints par la configuration du terrain », que les batteries de 12 et de 8 ne devraient être utilisées que dans les régions « où les routes ne sont pas trop défoncées pendant la mauvaise saison » et que la « formation des

---

le décret du 14 octobre devait enlever à l'armée quelques-unes de ses forces vives, nous ne savons si le mal qui en résulterait serait compensé même par une résistance locale plus efficace que celle que les Prussiens ont rencontrée jusqu'ici.....

« ..... Que derrière ces corps composés de soldats réguliers, de mobiles et de volontaires, on amène en seconde ligne les gardes nationaux mobilisés, que derrière eux encore, on place les gardes nationaux sédentaires, afin d'étreindre plus sûrement l'ennemi dans ces trois cercles concentriques ; nous ne pouvons que louer la prévoyance du Gouvernement s'il a conçu ce plan, et son énergie, s'il en poursuit l'exécution sans faiblir. La résistance locale, telle qu'elle est instituée par le décret du 14 octobre, n'est plus qu'une série de détails dans un vaste ensemble ; elle y tiendra dignement et utilement sa place, pourvu qu'on se garde bien de subordonner l'ensemble aux détails » (Léo Joubert).

(1) *M. U.* du 5 novembre. — Cf. ci-dessus, p. 274.

batteries de montagne serait restreinte aux départements où le sol est le plus accidenté (1) ».

Les mesures prises pour assurer l'exécution des prescriptions contenues dans le décret du 14 octobre furent très différentes selon les départements (2). Ces organisa-

---

(1) Note (de la main du colonel Thoumas), sans date (probablement des premiers jours de novembre 1870). — Dès le 7 octobre, le général Martin des Pallières signalait les mécomptes auxquels on s'exposait, en éparpillant dans les départements les ressources de la défense nationale. « ..... Quand on a commandé dans les armées un jour de combat, on s'aperçoit combien il y a de braves gens qui ont plus de bonne volonté que d'étoffe, et combien une discipline de fer est nécessaire pour les maintenir dans le sentier du devoir, alors qu'ils se sentent soutenus pourtant par un grand nombre de leurs camarades, sur lesquels ils peuvent compter..... Comment donc espérer pouvoir arrêter, avec ces faibles moyens, des masses contre lesquelles se sont brisées nos meilleures armées ? Pour trois hommes qui s'illustrent dans un village, il y en a cinq cents qui, à la première réquisition, livreront leurs armes, leurs troupeaux et tout ce qu'ils possèdent ».

Il préconisait, par contre, que toutes les forces auxiliaires qui pouvaient être organisées en corps de troupe et armées de fusils à tir rapide, fussent « immédiatement enrégimentées, puis embrigadées..... réunissant, au besoin, un, deux, trois départements pour former une brigade ». Pendant ce temps, de grands approvisionnements en canons, munitions, vivres, habillement, etc., seraient accumulés dans les centres où devraient se former les armées ; on y réunirait les brigades de troupes auxiliaires, et on les encadrerait dans des régiments de l'armée régulière pour former des corps d'armée (Le général Martin des Pallières à M. Lecesne, membre de la Commission du ministère de la Guerre, à Tours, Nevers, 7 octobre).

(2) Des rapports fournis par les comités des départements de la Manche, de l'Eure, du Loir-et-Cher, de l'Indre-et-Loire, de l'Indre et du Cher exposent des mesures défensives plus ou moins développées. De même, ceux adressés par la Drôme, la Dordogne et le Gers indiquent les bases d'après lesquelles la défense est prévue. Ce sont les seuls départements sur lesquels on possède quelques renseignements.

On trouve, en outre, au *M. U.* du 2 novembre, un arrêté pris par le

tions essentiellement régionales manquaient d'ailleurs de comité militaire siégeant à Tours, dont il paraît intéressant de reproduire certaines dispositions :

« Art. 1. — Le comité militaire a prescrit dans plusieurs communes certains travaux de défense destinés à empêcher ou à retarder le passage de l'ennemi ; il a envoyé sur place des entrepreneurs et des agents pour les exécuter. Il est ordonné aux maires de leur donner aide et conseil pour le prompt accomplissement de leur mission, de leur indiquer où ils trouveront des ouvriers, de convoquer au besoin toute la commune pour exécuter sans délais, en quelques heures, les travaux qui seraient reconnus urgents.

Art. 2 et 3. — Dès que l'approche de l'ennemi sera signalée dans une commune...., tous les habitants se porteront sur les routes menacées et y reconnaîtront les travaux de défense.....

Ces travaux de défense n'auront pas été complètement terminés, parce que le comité a voulu réserver sur les routes, jusqu'au dernier moment, le passage d'une voiture ; les habitants les compléteront de suite et intercepteront entièrement la circulation.

Art. 4. — De plus, ils se porteront sur tous les autres chemins de la commune, dans la direction où l'ennemi est signalé, et ils chercheront aussi à y rendre le plus difficile possible la circulation des chevaux et des voitures. Ils ne perdront pas de vue que l'armée prussienne n'agit qu'avec son artillerie, et qu'il faut à tout prix l'empêcher de passer. On y parviendra d'une manière certaine en suivant les prescriptions ci-après :

On accumulera des terres molles sur les routes, on y fera des abatis d'arbres, croisés entre eux, on y jettera des obstacles de toute nature, moellons, roues de charrettes, débris de verre, etc.

Les soldats ennemis, quand ils voudront rétablir les communications, viendront alors d'eux-mêmes s'offrir comme une cible à nos tirailleurs placés dans les bois.

Art. 7 à 11. — Après avoir assuré le départ de toute la population hors d'état de porter les armes et l'évacuation des approvisionnements de toute nature, les hommes armés se porteront à leur poste de combat derrière les barricades ou obstacles créés par le comité militaire. Ils y trouveront d'autres défenseurs, fournis par l'armée et la garde mobile..... Les mines qui ont été faites sur toutes les routes seront munies de leurs amorces ; à partir de ce moment, toute circulation est interdite, excepté aux combattants, à qui les points minés seront indiqués.

Art. 12. — Les habitants sont prévenus que des travaux de défense

coordination entre elles (1). Le Gouvernement de la Défense nationale ne tarda pas à s'en apercevoir.

---

ont été commandés sur tous les points pouvant servir de passage à l'ennemi. En conséquence, chacun comprendra que si une commune négligeait de compléter et même, à défaut d'ordre positif, de créer tous les obstacles nécessaires sur son territoire, elle serait certaine d'attirer l'ennemi chez elle, tandis que les communes qui auront fait les travaux les plus complets ne recevront pas sa visite.

Art. 13. — Il est interdit de faire sauter les ponts; ce droit est réservé uniquement au commandant en chef de la force armée.

Art. 14. — Tous les dégâts faits dans les propriétés, les arbres coupés, les terres enlevées, les objets sacrifiés pour compléter utilement les travaux de défense seront payés par les soins du comité militaire.

Art. 15. — Les commissions municipales, le curé, l'instituteur et tous les notables de chaque commune seront responsables conjointement avec le maire, de l'exécution de toutes les prescriptions ci-dessus.

Art. 16. — Toute personne qui entraverait l'accomplissement du présent ordre serait considérée comme cherchant à favoriser la marche de l'ennemi, et serait déférée, comme telle, aux tribunaux militaires ».

Bien que rien n'ait été retrouvé les concernant, d'autres départements organisèrent ou préparèrent aussi leur défense. La difficulté des communications, et, peut-être aussi, un vice dans la manière dont les décisions du Gouvernement étaient envoyées aux départements furent cause que plusieurs d'entre eux ne reçurent pas communication du décret du 14 octobre (État indiquant les mesures prises pour assurer la défense dans les départements).

Quoi qu'éloigné de plus de 100 kilomètres de l'ennemi, le département de la Loire-Inférieure fut déclaré en état de guerre par décret du 9 novembre. En effet, « un comité de défense très actif s'était constitué dans ce département en vue d'une résistance énergique en cas d'invasion; il avait projeté des travaux dont l'exécution exigeait un temps assez long », et il avait demandé à les commencer de suite (*M. U.* du 11 novembre).

(1) Rien dans le décret du 14 octobre n'indiquait que les comités militaires départementaux fussent placés sous les ordres des commandants supérieurs régionaux institués à la fin de septembre. La rapidité avec laquelle, dans les départements les plus directement menacés, les organisations défensives devaient être décidées et exécutées, empêchait en tout cas d'en soumettre les projets à l'approbation d'une autorité supérieure.

Un décret du 12 novembre (1) constitua un comité supérieur de défense de la vallée du Rhône, pour les départements compris de Lyon à la mer, « à raison des circonstances géographiques » qui nécessitaient « un plan de défense commun (2) ». De concert avec les comités militaires départementaux, ce comité supérieur avait pour mission non seulement d'arrêter et de faire exécuter le plus rapidement possible les travaux de terrassement des postes à fortifier, mais encore d'activer la fabrication, le transport et la mise en place de l'artillerie qui devait les armer (3). Dès qu'un poste serait terminé et armé, il devrait être livré à l'autorité militaire.

Les préfets ordonnanceraient et payeraient les dépenses afférentes aux divers travaux de fortification ; quant aux frais occasionnés par la construction et l'installation du matériel d'artillerie, le département de la Guerre les prenait à sa charge.

Par le même décret, le Ministre nommait comme pré-

---

(1) *M. U.* du 14 novembre.
(2) Ces départements étaient le Rhône, la Loire, l'Isère, la Drôme, l'Ardèche, le Gard, Vaucluse, les Bouches-du-Rhône et l'Hérault.
(3) Un réseau télégraphique spécial devait relier les postes fortifiés entre eux et avec les localités importantes.
La direction des travaux de terrassement et de maçonnerie incombait à l'ingénieur des ponts et chaussées de l'arrondissement. Il était prescrit d'employer tous les cantonniers, ouvriers auxiliaires et hommes de bonne volonté qu'on pourrait se procurer. A cet effet, le comité supérieur jouissait des droits de réquisition prévus par le décret du 11 novembre 1870 (Cf. ci-dessus, p. 414). Tous les trois jours, le comité supérieur était tenu de rendre compte au Ministre de la Guerre du nombre d'ouvriers employés sur chaque chantier et du degré d'avancement des travaux.
Dans un délai de dix jours, le comité supérieur devait faire connaître au Ministre le total des pièces de canon nécessaires pour tous les postes, ainsi que le nombre de ces pièces qui pourraient être fabriquées dans les usines de la vallée du Rhône, les délais d'exécution et la dépense qui en résulterait.

sident du comité supérieur, le général commandant la 8ᵉ division militaire (1), et comme membres, les directeurs des fortifications du génie de Lyon, Marseille, Grenoble et Nîmes, le directeur des usines de Terre-Noire, Lavoulte et Bessèges dans la Loire, un manufacturier, fabricant d'armes à Avignon, l'inspecteur divisionnaire de la télégraphie de l'Hérault, l'ingénieur en chef des mines de l'Ardèche et l'ingénieur en chef des ponts et chaussés de la Drôme (2).

Presque à la même époque d'ailleurs, le Ministre de la Guerre, en organisant le *Génie civil aux armées* (3), privait de la plus grande partie de leurs moyens d'action les comités militaires. Il semble que dorénavant ces derniers cessèrent d'intervenir dans l'organisation défensive des régions où opéraient les armées en campagne.

On sait qu'avant la promulgation du décret du 14 octobre, de nombreux comités de défense s'étaient spontanément constitués un peu partout. Beaucoup d'entre eux continuèrent à fonctionner (4). Pour éviter tout malen-

---

(1) La 8ᵉ division militaire, dont le siège était à Lyon, comprenait les départements du Rhône, de la Loire, de Saône-et-Loire, de l'Ain, de la Drôme, de l'Ardèche et de la Côte-d'Or. Le Rhône, la Loire, la Drôme et l'Ardèche étaient seuls du ressort du comité supérieur de la vallée du Rhône ; quant aux autres départements, l'Isère appartenait à la 22ᵉ division militaire (Grenoble), le Gard et l'Hérault à la 10ᵉ division militaire (Montpellier), Vaucluse et les Bouches-du-Rhône à la 9ᵉ division militaire (Marseille) (*Annuaire militaire pour 1870*, chap. VI).
(2) Ces deux derniers remplissaient les fonctions de secrétaires, l'un pour le matériel, l'autre pour les terrassements et ouvrages d'art.
(3) Cf. ci-dessus, p. 414.
(4) Le Préfet maritime de Toulon au Ministre de la Marine, Toulon, 28 octobre ; Le Général commandant la 9ᵉ division militaire au Ministre de la Guerre, Marseille, 29 octobre.

tendu, une note insérée au *Moniteur universel* du 11 novembre, confirmée huit jours après par un décret, fixa leurs attributions respectives. Dans les départements déclarés en état de guerre, et où était institué un comité militaire, les autres comités existant antérieurement lui furent subordonnés. Ils ne pouvaient procéder à l'exécution d'aucune mesure de défense sans son assentiment préalable, et leurs résolutions ne pouvaient, d'autre part, entraver son action (1).

Des mesures spéciales furent également prises au sujet des ports militaires. Une décision impériale du 16 août les avait déclarés en état de siège. Elle avait en même temps investi, à titre exceptionnel, les préfets maritimes du commandement supérieur de toutes les forces de terre et de mer qui y étaient stationnées. D'après les prescriptions du décret du 13 octobre 1863, les pouvoirs, attribués à l'autorité militaire en vertu de l'état de siège, devaient au contraire être concentrés entre les mains des généraux commandant les divisions territoriales dans lesquelles se trouvaient les ports militaires ; ils n'étaient dévolus à l'autorité maritime qu'en cas d'attaque imprévue (2).

---

(1) Décret du 19 novembre (*M. U.* du 21 novembre). — Tel qu'il était rédigé, le décret du 19 novembre pouvait encore donner lieu à des difficultés. Il ne prévoyait la subordination des divers comités de défense au comité militaire que dans les départements déclarés en état de guerre. Or, la constitution du comité militaire n'était qu'une conséquence de cette déclaration (art. 2 du décret du 14 octobre). Dans les départements situés à plus de 100 kilomètres de l'ennemi, on devait, il est vrai, commencer de suite les études préliminaires (art. 8 du décret précité), mais rien n'indiquait formellement que le comité militaire dût être formé. Il semble qu'il eût été préférable, comme le demandait le général commandant la 9ᵉ division militaire, que le commandant du territoire fût placé, comme président, à la tête de tous les comités de défense établis ou à établir.

(2) Décision impériale du 16 août (*J. M. O.*, 2ᵉ semestre 1870, p. 342).

A la suite de la décision du 16 août, les préfets maritimes avaient convoqué les conseils de défense et préparé un programme de travaux qui, nécessairement, comprenait l'organisation des abords des ports de guerre dans un rayon plus ou moins étendu. La marine avait même fait établir des lignes près de Carentan, à 50 kilomètres de Cherbourg, pour assurer la défense du Cotentin, en même temps que la protection de l'arsenal.

Lorsque parut le décret du 14 octobre, la question se posa de savoir quelle serait la situation des préfets maritimes vis-à-vis des généraux commandant les départements et surtout des commandants militaires (1). Le Gouvernement de la Défense nationale estima qu'il valait mieux assurer l'unité du commandement et, par un décret du 26 octobre, il annula la décision du 16 août et remit en vigueur les dispositions du décret du 13 octobre 1863, concentrant tous les pouvoirs entre les mains des généraux commandant les divisions territoriales (2).

Toutefois, les préfets maritimes de Cherbourg, Brest, Lorient et Rochefort demeurèrent investis du commandement supérieur des troupes de toutes armes stationnées dans ces ports pendant la durée de l'état de siège, tant que l'autorité militaire n'y serait pas représentée par un officier général pourvu d'une lettre de commandement ou par le général commandant la division territoriale (3).

---

(1) Le Préfet maritime de Lorient au Ministre de la Marine, à Tours, Lorient, 22 octobre ; Le Préfet maritime de Cherbourg au même, Cherbourg, 23 octobre; Le Préfet maritime de Toulon au même, Toulon, 28 octobre (A. M.).

(2) Décret du 26 octobre (*M. U.* du 28 octobre).

(3) Le Ministre de l'Intérieur et de la Guerre au Ministre de la Marine, Tours, 7 novembre.

Pour donner plus d'autorité aux comités militaires, un décret du 11 novembre (1) ordonnait que, dans les départements déclarés en état de guerre en vertu du décret du 14 octobre, tout acte de nature à porter préjudice aux opérations des armées relèverait des tribunaux militaires. Mais par ces termes, il fallait entendre les conseils de guerre institués conformément au Code de justice militaire, et non pas les cours martiales, dont la juridiction ne s'étendait qu'aux troupes en campagne (2).

§ 4. — Évacuation des approvisionnements devant l'ennemi.

En même temps qu'ils étaient chargés d'arrêter la marche de l'ennemi en organisant la défense locale, les comités militaires furent investis, le 22 octobre, du droit de requérir l'évacuation immédiate des chevaux, bestiaux, voitures et approvisionnements de toute espèce, dans les zones dont ils déterminaient l'étendue. En faisant ainsi le vide devant l'armée envahissante, on pensait pouvoir empêcher son ravitaillement.

---

(1) *M. U.* du 13 novembre.
(2) Le Ministre de la Guerre aux Généraux commandant les divisions et les subdivisions territoriales et actives, Tours, 19 novembre (*M. U.* du 28 novembre). — D'après les termes exacts de cette circulaire, la juridiction des cours martiales ne se serait étendue qu'à l'*armée active*. Il semble bien que, par ce mot, il faille entendre toutes les troupes prenant part aux opérations actives. Depuis le décret du 14 octobre, en effet, l'armée auxiliaire et l'armée régulière étaient entièrement assimilées l'une à l'autre et soumises au même traitement. En outre, le décret du 2 octobre, instituant des cours martiales dans les divisions actives et dans toutes les fractions détachées d'au moins un bataillon, avait en même temps supprimé les conseils de guerre dans les formations en campagne. D'ailleurs, sur trois condamnations à la peine capitale, prononcées par des cours martiales et relatées au *M. U.* du 28 novembre, l'une s'applique à un homme appartenant à la 4e compagnie garibaldienne.

Avant de décider cette mesure, le comité militaire devait prendre l'avis du préfet, qui, une fois fixé sur la région à évacuer, désignait également les points sur lesquels les approvisionnements devaient être dirigés. Ces points pouvaient être situés hors du département, après entente entre les préfets intéressés. Ils devaient être choisis de telle façon que les approvisionnements évacués fussent utilisés pour les besoins des armées nationales.

Si l'évacuation des approvisionnements ne pouvait être assurée, le comité militaire était tenu d'assurer leur destruction.

En échange des denrées évacuées ou détruites, des reçus en poids et en nombre devaient être remis aux habitants, qui seraient ultérieurement remboursés en espèces ou en nature (1).

Une instruction du 29 octobre, établie de concert entre le ministère de la Guerre et celui de l'Intérieur, réglait peu après le détail des mesures qu'il convenait de prendre (2). Il était particulièrement recommandé aux comités militaires de tenir compte, en prescrivant les évacuations, des exigences de la subsistance des populations et des troupes chargées de la défense locale,

---

(1) Décret du 22 octobre (*M. U.* du 29 octobre). — Ce fut l'intendant général Robert, alors intendant en chef de l'armée de la Loire, qui suggéra au Gouvernement l'idée de faire le vide devant l'ennemi (Le Délégué à la Guerre à l'Intendant général Robert, 18 octobre).

(2) Circulaire du 29 octobre (*M. U.* du 31 octobre). — Les préfets des départements menacés devaient immédiatement s'entendre avec les préfets des départements voisins et l'autorité militaire pour déterminer les points où seraient rassemblés les approvisionnements. Suivant les circonstances, les évacuations se feraient par terre, par voies ferrées, par canaux ou par mer. Les chevaux et le bétail ne seraient dirigés que dans les régions où, malgré la pénurie de l'année, on trouverait assez de fourrages. D'autre part, il fallait éviter d'accumuler les troupeaux pour ne pas s'exposer aux épidémies. En cas d'encombrement, il était

ainsi que des besoins des corps d'armée appelés à opérer dans la région. Ils pouvaient, d'ailleurs, demander des instructions à ce sujet au Ministre de la Guerre ou au Ministre de l'Intérieur (1).

Il faut rapprocher de ces mesures, celles qui furent

---

donc recommandé aux comités militaires de faire abattre une partie des animaux et de charger des hommes spéciaux de procéder à la salaison des viandes.

Tout en respectant les droits et en sauvegardant les intérêts des particuliers, les comités militaires ne devaient pas oublier que pour obtenir un résultat uniforme, il fallait surtout agir rapidement.

Aussitôt l'ordre d'évacuation donné, les maires et conseillers municipaux étaient tenus d'établir le relevé des quantités à mettre en mouvement, de donner aux habitants des reçus portant estimation des animaux ou des denrées, soit d'après les derniers cours, soit à dire d'experts. Ces relevés, centralisés par les préfets, établiraient plus tard la base des droits des communes.

Les maires pouvaient autoriser les habitants non employés à la défense nationale à accompagner leurs troupeaux et marchandises. En cas d'insuffisance de volontaires, ils devaient désigner le nombre d'hommes nécessaire et nommer un délégué de la commune, qui ferait fonction de comptable et tiendrait compte des pertes qui se produiraient en cours de route. Des agents, nommés par les préfets, étaient chargés de centraliser les opérations de ces comptables.

Les maires des communes traversées étaient invités à prendre les dispositions les plus efficaces pour assurer la conservation des animaux. Ceux des communes, où les troupeaux devaient s'arrêter, étaient tenus également de faire connaître au préfet le nombre de têtes de bétail arrivées à destination. Ce renseignement serait transmis au ministère de l'Intérieur qui le communiquerait à l'administration de la Guerre.

(1) L'arrêté du comité militaire de Tours, inséré au *M. U.* du 2 novembre, dont il a déjà été question plus haut, renferme, en dehors des mesures qui ne sont que l'application du décret du 22 octobre et de la circulaire du 29, quelques prescriptions complémentaires.

Il était, en effet, ordonné à tous les hommes hors d'état de coopérer à la défense les armes à la main, ainsi qu'aux femmes, d'abandonner le pays en même temps que les approvisionnements évacués. Ils emporte-

prises presque en même temps, le 14 octobre, pour interdire sur toutes les frontières, la sortie, la réexportation et le transit des bestiaux de toutes sortes, des grains, des fourrages, etc. On pensait ainsi empêcher le ravitaillement de l'ennemi au moyen des ressources de notre propre territoire, et, en même temps, assurer l'alimentation du pays (1).

---

raient avec eux une des pièces essentielles des machines à battre. Les maires étaient chargés de veiller à ce départ général.

Les communes en arrière, et particulièrement les villes de Tours et de Chinon, étaient tenues de recevoir, loger et nourrir toute la population ainsi émigrée. Les dépenses seraient à la charge du comité militaire.

Autant que possible cependant, les habitants accompagneraient leurs bestiaux. Pendant la durée du voyage, qui devait s'exécuter par voie de terre, les animaux seraient logés et nourris sans frais, dans toutes les communes où ils passeraient.

Toute commune qui laisserait tomber au pouvoir de l'ennemi des bestiaux ou des approvisionnements de quelque importance perdrait tout droit à une indemnité quelconque pour les dégâts exercés sur son territoire.

Dans chaque localité organisée défensivement, l'officier le plus élevé en grade devait faire brûler les denrées, grains et fourrages qui n'auraient pas été enlevés.

En un mot, le comité militaire de Tours voulait faire le vide absolu devant l'ennemi, pendant que la population valide se joindrait à l'armée régulière et à la garde mobile pour défendre les obstacles qui barraient les voies d'accès.

(1) Décret du 12 octobre (*M. U.* du 13 octobre). — Ce décret généralisait les mesures prises antérieurement dans le même but sur la frontière entre Dunkerque et Lans-le-Bourg, et sur les côtes depuis la Belgique jusqu'à Saint-Valery, en exécution des prescriptions contenues dans un décret impérial du 21 août (*J. O.* du 22 août). Deux décrets du 22 novembre (*M. U.* du 24 novembre) et du 1er décembre (*M. U.* du 4 décembre) prohibèrent ensuite, sur toute l'étendue des frontières, la sortie des œufs et du beurre frais ou salé, dont l'exportation donnait lieu à des spéculations regrettables. Ces deux dernières décisions furent rapportées par décret du 15 février 1871 (*M. U.* du 17 février).

Comme sanction à cette interdiction, le directeur de la Sûreté générale prescrivait le 22 octobre aux préfets, de donner des ordres très sévères « pour empêcher le transport des bestiaux, denrées ou produits industriels qui pourraient être destinés au ravitaillement de l'ennemi ». Tout individu, convaincu de s'être livré à ce genre d'opération, « devait être immédiatement arrêté et mis entre les mains de l'autorité militaire pour être traduit devant une cour martiale (1) ».

Il résulta, sans doute, de cette manière de faire que, dans un grand nombre de cas, la répression fit défaut et que, dans quelques autres, elle dépassa « une légitime proportion (2) ». Un décret fut donc rendu le 19 novembre pour régler la pénalité en matière de ravitaillement de l'ennemi. Le fait de transgresser aux décrets et aux arrêtés locaux légalement pris, interdisant de transporter des denrées et du bétail sur des points occupés par l'adversaire, ainsi que dans les localités où il faisait acheter par des agents ou des intermédiaires, constituait un délit justiciable des tribunaux correctionnels. La peine prévue était un emprisonnement d'un à six mois et une amende de 100 à 1,000 francs (3). Dans tous les cas, la confiscation des denrées et des bestiaux était prononcée.

Les prescriptions du décret du 22 octobre, concernant l'évacuation des approvisionnements devant l'ennemi, ne reçurent « leur exécution que sur un très petit nombre de points... La multiplicité des affaires incombant aux préfets et aux généraux ne leur permettait pas

---

(1) Steenackers et Le Goff, *Histoire du Gouvernement de la Défense nationale en province*, t. II, p. 119. — Le directeur de la Sûreté générale était alors M. Ranc, que Gambetta venait de nommer à ce poste par arrêté du 21 octobre.

(2) Considérant du décret du 19 novembre (*M. U.* du 21 novembre).

(3) Les expéditeurs, vendeurs, conducteurs ou destinataires condam-

de poursuivre l'application d'une mesure exigeant de nombreuses démarches et des déplacements incessants (1) ». Pour obtenir un résultat plus efficace, on créa donc, par arrêté du 21 janvier 1871 (2), un service d'inspecteurs spéciaux de l'évacuation dans les départements limitrophes du territoire occupé par l'ennemi.

Ces inspecteurs furent au nombre de cinq (3). Ils reçurent une commission les accréditant auprès des autorités civiles et militaires. Ils devaient s'entendre avec les préfets pour désigner un délégué départemental

---

nés pour avoir sciemment commis le délit ou pour y avoir participé étaient solidairement responsables des amendes.

L'article 3 du décret du 19 novembre ajoutait : « S'il résulte, soit de l'instruction, soit du débat à l'audience, des présomptions suffisantes du crime prévu par l'article 77, et si le prévenu n'établit pas l'excuse de la force majeure, il est renvoyé devant les tribunaux compétents ».

Il s'agit sans doute ici de l'article 77 du Code pénal qui punit de mort « quiconque aura pratiqué des manœuvres ou entretenu des intelligences avec des ennemis de l'État, à l'effet..... de *leur* fournir..... des secours en..... vivres ».

(1) Service des reconnaissances. Aperçu sommaire des opérations entreprises pendant la période du 18 octobre 1870 au 7 février 1871, Bordeaux, 20 février 1871.

(2) *M. U.* du 25 janvier 1871.

(3) Furent nommés inspecteurs de l'évacuation des chevaux, bestiaux, grains et fourrages :

M. Brisemure, notaire, maire de Vaudoué (Seine-et-Marne), pour les départements du Nord, du Pas-de-Calais et de la Somme ;

M. Chaigneaux, François, propriétaire à Bellac, pour les départements du Calvados, de l'Eure, de l'Orne et de la Mayenne ;

M. Dupré, Théodore, banquier à Malesherbes, pour les départements de l'Eure-et-Loir, de la Sarthe, de la Maine-et-Loire et de l'Indre-et-Loire ;

M. Lejeune, négociant à Nevers, pour les départements du Loir-et-Cher, du Cher, de la Nièvre et de l'Yonne ;

M. Marquet, Eugène, négociant à Marseille, pour les départements de la Côte-d'Or et de la Haute-Saône (Minute d'un arrêté du Ministre de l'Intérieur et de la Guerre, Bordeaux, janvier 1871).

et des sous-délégués cantonaux, qui seraient chargés de procéder à l'évacuation. A chaque délégué cantonal serait adjoint un vétérinaire, ou, à son défaut, un expert choisi, autant que possible, en dehors du canton.

Les prescriptions antérieures, concernant l'exécution même de l'évacuation, étaient, en outre, légèrement modifiées et complétées.

Les maires étaient invités à fournir un état complet des fermes et exploitations agricoles de leurs communes, avec un relevé approximatif des ressources que chacune d'elles pouvait contenir.

Lorsque l'évacuation était ordonnée, les bestiaux devaient être conduits au chef-lieu de la commune, estimés par le sous-délégué et l'expert, en présence du maire, puis marqués et livrés en échange d'un bon de réquisition détaché d'un registre à souche. De même, les grains étaient pesés et mis dans des sacs marqués d'un numéro correspondant à celui du récépissé. La mercuriale du dernier marché du chef-lieu de canton servait de base d'estimation. Les chevaux, mulets et charrettes faisaient également partie de l'évacuation. Ils servaient au transport des grains et fourrages.

Les dépôts de remonte devaient être avisés du nombre des chevaux et mulets reconnus propres au service militaire.

Sauf les porcs, qui étaient tués et salés sur place, les approvisionnements étaient conduits à 60 kilomètres au moins de la limite du territoire envahi. Ils étaient déposés dans des *magasins généraux*. Les voitures attelées pouvaient être l'objet de réquisition directe pour l'armée.

L'intendance du corps d'armée le plus voisin devait être informée de la quantité des produits évacués, ainsi que de l'importance des ressources réunies dans les magasins généraux. Il était prescrit de ne pas attendre de décision pour procéder à l'évacuation.

Dans ces conditions, plus régulièrement que cela n'était possible auparavant, « ..... on faisait le vide devant l'ennemi, et en même temps, les produits évacués servaient au ravitaillement de l'armée française. L'intendance, prévenue en temps utile, trouvait, dans les magasins généraux des évacuations, les bestiaux, grains et fourrages dont elle avait besoin. Elle pouvait également se procurer les chevaux et voitures de transport qui lui étaient nécessaires (1) ».

---

(1) Service des reconnaissances. Aperçu sommaire, etc..... — L'époque tardive à laquelle fut définitivement organisé le service de l'évacuation des approvisionnements ne lui permit sans doute pas de procurer tous les avantages que l'on en attendait. A défaut de renseignements sur la manière dont opérèrent les inspecteurs régionaux et sur les résultats qu'ils obtinrent, il semble intéressant de reproduire les conclusions de l'auteur de l'Aperçu sommaire des opérations entreprises par le service des reconnaissances, que l'on a déjà cité : « Le fonctionnement a été régulier; les habitants des campagnes ont accepté avec empressement les bons de réquisition qui leur étaient délivrés en échange de leurs produits, et je n'ai pas eu à constater la moindre réclamation, la plus légère plainte. On n'est, sans doute, pas arrivé au mieux, mais il est certain que des résultats utiles ont été obtenus et que l'expérience faite est de nature à servir d'exemple pour l'avenir ».

CHAPITRE XX

Camps d'instruction.

Les mesures prises pour accroître les effectifs avaient eu pour effet de renforcer les dépôts de la garde nationale mobile, et de provoquer la formation sur tout le territoire d'unités de la garde nationale mobilisée. Avant que l'on ait pu se rendre compte des ressources dont on pourrait disposer ou que l'on pourrait se procurer, pour instruire, armer, habiller et équiper tous ces éléments de l'armée auxiliaire, on voulut immédiatement utiliser ceux-ci, tout au moins en partie.

Dans le but d'organiser une armée destinée à secourir et à ravitailler au plus tôt Paris, M. de Kératry demandait, le 21 octobre, à Gambetta les pouvoirs nécessaires « pour lever, équiper, enrégimenter, nourrir et diriger les contingents utiles... disponibles... dans les départements de l'Ouest, Finistère, Ille-et-Vilaine, Côtes-du-Nord, Morbihan, Loire-Inférieure, Mayenne, qui ne sont soumis encore à aucun grand commandement, et dans celui de la Sarthe (1) ». C'est du Mans, en effet, que

---

(1) *Enquête sur les Actes du Gouvernement de la Défense nationale,* t. II, p. 250. — M. de Kératry, né en 1832, s'engagea en 1854 au 1er régiment de chasseurs d'Afrique, fit la campagne de Crimée et fut nommé sous-lieutenant en 1859. En 1861, il passa au 3e régiment de chasseurs d'Afrique pour aller au Mexique; trois ans plus tard, il commandait un escadron de la contre-guérilla et devenait officier d'ordonnance du général Bazaine. Cité plusieurs fois à l'ordre du jour en Algérie et au Mexique, chevalier de la Légion d'honneur, en 1863, après le combat de San-Lorenzo, il donna sa démission, en 1865, pour

M. de Kératry comptait partir avec ces troupes en prenant les routes de la rive droite de la Loire, et en s'appuyant, d'une part sur les forces réunies dans la Seine-Inférieure, et de l'autre sur l'aile gauche de l'armée de la Loire.

Le corps d'armée de M. de Kératry devait comprendre une quarantaine de mille hommes pris dans les gardes mobiles et les gardes nationaux mobilisés des départements qu'il avait indiqués. Il demandait, pour s'éclairer, deux escadrons de cavalerie régulière à 150 chevaux chacun, et, comme noyau de résistance, 2,000 hommes d'infanterie régulière. Il avait besoin, en outre, de seize batteries de 12 rayé et de quatre batteries de 4 rayé, soit 120 pièces de canon.

M. de Kératry réclamait aussi la faculté de requérir dans les arrondissements maritimes les marins qui lui seraient nécessaires, à défaut d'artilleurs de l'armée de terre, soit pour servir des pièces de marine qu'il voulait établir autour du Mans, soit pour assurer le service de ses pièces de campagne. Il prétendait, enfin, avoir le droit de choisir librement les officiers de l'armée régulière sans emploi qui demanderaient à le suivre et ne relever pour tous ses actes que du Gouvernement lui-même.

Le 22 octobre, un décret du Gouvernement de la Défense nationale (1) chargeait M. de Kératry du commandement en chef des gardes mobiles « actuelles (2) », des gardes nationaux mobilisés et des corps francs des départements du Finistère, du Morbihan, des Côtes-du-

---

s'occuper de politique et de littérature. Élu député en 1869 par le département du Finistère, le Gouvernement du 4 septembre le nomma préfet de police. Il démissionna de ce poste le 11 octobre et partit de Paris, le 14, en ballon, chargé d'une mission diplomatique en Espagne, mission qui fut sans résultat.

(1) *Bulletin des lois*, 12º série, 1870-71, p. 213.

(2) Par ce mot, il faut sans doute entendre les éléments de la garde

Nord, de l'Ille-et-Vilaine et de la Loire-Inférieure. Il était autorisé à opérer ou à s'établir en dehors de ces départements, à Laval et au Mans. Investi de tous pouvoirs pour organiser, équiper, nourrir et diriger ces forces, qui devaient prendre le nom de *Forces de Bretagne*, il ne relevait que du Ministre de la Guerre, prenait son commandement en qualité de général de division au titre auxiliaire pour la durée des hostilités. Un ancien député, M. Carré-Kérisouët (1), nommé commissaire général des Forces de Bretagne, avec le rang de général de brigade, lui était adjoint (2).

Un crédit de huit millions était ouvert au commandant en chef pour les besoins particuliers de l'armée de Bretagne, dont chaque élément, à partir du jour, où il était mis en mouvement, jouissait en outre de la solde et des vivres de campagne réglementaires.

Le décret du 22 octobre ne donnait pas à M. de Kératry tout ce qu'il avait réclamé. Il était muet sur le droit de choisir les officiers de l'armée active qui demanderaient

---

nationale mobile, unités constituées ou dépôts, qui se trouvaient dans les départements de l'Ouest, après la répartition des bataillons de la mobile sur deux lignes organisée le 21 septembre.

(1) M. Carré-Kérisouët, né en 1832, était un ancien élève de l'École centrale; sa famille possédait les forges de Vaublanc. Il avait été élu député des Côtes-du-Nord en 1869.

« M. Carré-Kérisouët, dès les premiers jours de l'invasion, s'était attaché à l'idée de la défense de l'Ouest et à la création d'une force spéciale ayant la Bretagne pour objectif » (Steenackers et Le Goff, *loc. cit.*, t. III, p. 53). — Il avait été le promoteur de la ligne de l'Ouest, qui devait embrasser treize départements, et qui ne parvint pas à se constituer définitivement (*Ibid.*, t. I, p. 401-405). L'armée de Bretagne, on le remarquera, ne répondait plus du tout au même ordre d'idées.

(2) Le commissariat civil, dirigé par M. Carré-Kérisouët, remplaçait à l'armée de Bretagne l'intendance militaire. Après la retraite de M. de Kératry, cette dernière reprit la direction de l'administration.

à servir dans cette formation spéciale (1); il ne parlait pas non plus des troupes régulières de toutes armes, qui paraissaient indispensables pour éclairer et soutenir les éléments de l'armée auxiliaire qui constituaient le fond de ces forces. Il assurait néanmoins au commandant de l'armée de Bretagne une indépendance qui ne pouvait être qu'une cause de conflits avec les autorités constituées de la région où ce général devait puiser ses ressources.

Les pouvoirs de chacun n'étaient, en effet, pas suffisamment délimités. Tout d'abord, l'organisation de l'armée de Bretagne chevauchait sur celle du commandement supérieur de l'Ouest, dont relevaient les départements réservés à l'action de M. de Kératry (2). Si le décret du 22 octobre indiquait bien, en outre, la zone où le commandant de l'armée de Bretagne devait recruter des hommes, il ne précisait pas comment il pourrait se procurer les armes, les munitions, les effets, le harnachement, ni surtout, s'il avait le droit, pour cela, de puiser dans les arsenaux et les magasins de la Guerre. Or, comme on le sait déjà, les ressources existantes, ainsi que celles qu'on put se procurer au début de la guerre en province, étaient à peine suffisantes pour satisfaire aux besoins les plus urgents des forces de l'armée régulière et de la mobile, appelées à constituer les corps d'armée de campagne (3).

La plupart des éléments de l'armée auxiliaire, dont

---

(1) Des officiers de l'armée régulière furent cependant détachés à l'armée de Bretagne avec l'autorisation du Ministre de la Guerre. C'est du moins ce qui ressort d'un avis du 24 novembre, inséré au *M. U.* du 26, prévenant ces officiers qu'ils conserveraient tous leurs droits à l'avancement dans l'armée régulière, à laquelle ils ne cessaient pas d'appartenir.

(2) Avis inséré au *M. U.* du 23 octobre.

(3) Il ne s'agit ici que de donner un coup d'œil d'ensemble sur la manière dont fut envisagée successivement en province l'utilisation de

M. de Kératry allait constituer son armée, manquaient d'instructeurs et de cadres. Pour assurer l'organisation et l'instruction de ces forces dispersées sur toute l'étendue des départements de l'Ouest et donner à ces troupes la discipline et la cohésion indispensables, il jugea nécessaire de les réunir dans un camp. Il fit choix pour l'installer d'un emplacement situé près de Conlie, petite localité du département de la Sarthe, à environ 25 kilomètres au Nord-Ouest du Mans. Ce fut le premier grand camp d'instruction organisé en province pour l'instruction de l'armée auxiliaire (1).

La situation spéciale créée par le décret du 22 octobre dura jusqu'au 26 novembre. A ce moment, pour arrêter la marche du grand-duc de Mecklembourg dans la direction du Mans, le Gouvernement de la Défense nationale avait fait appel au concours de l'armée de Bretagne. Il s'aperçut bientôt de la nécessité d'assurer l'unité de direction. Il décida donc que le général commandant le 21e corps d'armée, qui venait d'être organisé au Mans, serait « investi du commandement

---

l'armée auxiliaire et particulièrement de la garde nationale mobile. On ne donnera donc pas plus de détails pour le moment sur l'armée de Bretagne, qui fera l'objet d'une étude spéciale.

(1) On sait que, pour favoriser l'instruction des troupes, un décret du 20 octobre prescrivait de ne laisser dans les villes que les hommes nécessaires pour assurer le service de la garnison et le maintien de l'ordre et de la tranquillité. Chaque fois que les effectifs réunis dans une place dépasseraient 2,000 hommes, ils devaient être envoyés dans un camp, installé en principe à 3 kilomètres au moins de la localité. Cette mesure concernait à la fois les troupes de l'armée régulière et celles de l'armée auxiliaire. Peut-être faut-il y voir l'origine des camps d'instruction ? Il semble plutôt que, tout en cherchant à arracher les hommes aux influences diverses de leur entourage immédiat, on voulait seulement se mettre plus à même d'utiliser, pour le plus grand profit de tous, les quelques ressources en personnel et en matériel, dont on pouvait disposer pour l'instruction.

supérieur des forces en campagne dans cette région, y compris toutes celles provenant du camp de Conlie et commandées par le général de Kératry (1) ».

Le 12 novembre, sous une forme un peu différente, avait eu lieu un nouvel essai d'organisation d'un camp d'instruction. A cette date, un décret (2) du Ministre de l'Intérieur et de la Guerre appelait près de Toulouse les gardes mobiles restés dans les dépôts, les gardes nationaux mobilisés et les corps francs des départements de la Haute-Garonne, du Tarn-et-Garonne, du Gers, des Hautes-Pyrénées, de l'Ariège, de l'Aude et du Tarn.

Ces forces, réunies dans le camp de Toulouse, devaient former l'armée du Sud-Ouest. A leur tête était placé un commandant supérieur avec le grade de général de division au titre auxiliaire. Il était assisté dans l'organisation des forces par deux *commissaires de guerre aux armées*, ne relevant que du Ministre de la Guerre, et qui devaient accompagner les troupes au combat (3).

Le commandant militaire et les commissaires aux

---

(1) Arrêté du 26 novembre (*M. U.* du 28 novembre). — On se rappellera que les commandements supérieurs généraux avaient été supprimés le 14 novembre.
Le commandant du 21ᵉ corps était le capitaine de vaisseau Jaurès, nommé général de division dans l'armée auxiliaire par décret du 20 novembre. M. de Kératry ne pensa pas pouvoir accepter la position secondaire qui lui était faite. Il résigna son commandement le 27 novembre. En acceptant sa démission, le Ministre de la Guerre le chargeait de confier le commandement du camp de Conlie au général Le Bouëdec et celui de la division active de l'armée de Bretagne au général Gougeard. Ces forces, comprenant environ 18,000 hommes, quatre batteries et cinq mitrailleuses, se trouvaient alors à Yvré-l'Évêque (*Enquête sur les Actes du Gouvernement de la Défense nationale*, t. II, p. 250-252).
(2) *M. U.* du 13 novembre.
(3) Le commandant supérieur du camp de Toulouse était M. E. Demay, ancien commandant de zouaves, et alors commandant de la garde

armées étaient investis de tous pouvoirs pour organiser, équiper et nourrir les forces placées sous leur direction. Ils pouvaient en conséquence, après s'être mis d'accord, proposer aux grades « dont la collation est réservée à l'État »; ils avaient le droit de requérir, particulièrement les chevaux, dans les départements dépendant de leur ressort; enfin, mais sur l'ordre du Ministre de la Guerre seulement, ils étaient autorisés à prendre dans l'arsenal de Toulouse, le matériel et le personnel nécessaires à l'assiette et à l'armement du camp. En un mot, le commandant militaire et les commissaires du camp de Toulouse avaient pour mission de prendre toutes les mesures nécessaires pour préparer des troupes et « les tenir prêtes au premier appel du Ministre de la Guerre », mais il appartenait à ce dernier de nommer alors « le général en chef chargé de les diriger ».

Pour l'administration de l'armée du Sud-Ouest, le commandant en chef et les commissaires étaient appelés à proposer un intendant en chef à titre auxiliaire. Pour assister ce dernier, ils devaient également nommer et présider une commission. Sous sa responsabilité, l'intendant en chef ordonnancerait et mandaterait les dépenses dont il ferait toucher le montant près des receveurs généraux de la région (1).

---

nationale de la Haute-Garonne. Les deux commissaires de guerre à l'armée du Sud-Ouest étaient M. Lissagaray, ancien « commissaire à la défense », et M. Georges Perrin, ancien préfet de la Haute-Vienne.

(1) Il semble que l'opinion publique ait été assez favorable à l'institution de camps où devaient se former et s'instruire, par région, les forces encore inorganisées du pays. Le 26 novembre, le comité de défense de la Gironde demandait à la délégation, par l'intermédiaire du préfet, l'organisation d'une nouvelle armée régionale et la formation à Coutras ou à Angoulême d'un camp qui, indépendamment des forces que le Gouvernement jugerait convenable d'y adjoindre, comprendrait les gardes mobiles des dépôts, les gardes nationaux mobilisés et les corps

Quelques jours après, « pour hâter l'organisation et l'instruction de toutes les forces nationales qui devaient concourir à la délivrance de la Patrie », un décret du 25 novembre (1), complété par deux circulaires des 28 et 30 novembre (2), généralisait l'institution des camps d'instruction. Ces diverses mesures apportaient d'ailleurs de profondes modifications aux organisations prévues antérieurement, tant pour l'armée de Bretagne que pour l'armée du Sud-Ouest.

Onze camps devaient être installés pour la concentration et l'instruction des gardes nationaux mobilisés. Ils devaient également recevoir, d'après des ordres qui seraient ultérieurement donnés par le Ministre de la Guerre, les éléments de l'armée active et de la garde nationale mobile restés dans les dépôts, ainsi que les corps francs en formation (3).

---

francs des départements des Basses-Pyrénées, des Landes, du Lot-et-Garonne, de la Dordogne, de la Gironde, de la Charente-Inférieure et de la Charente (*M. U.* du 26 novembre, Informations).

(1) *M. U.* du 27 novembre.

(2) Le Ministre de l'Intérieur et de la Guerre aux Généraux commandant les divisions territoriales, aux Préfets des départements et aux Directeurs des fortifications, Tours, 28 novembre (*M. U.* du 1er décembre); Le Ministre de l'Intérieur et de la Guerre aux Généraux commandant les divisions et subdivisions territoriales, Tours, 30 novembre (*M. U.* du 3 décembre).

(3) A propos de l'organisation de ces camps d'instruction, il paraît intéressant de rappeler la dépêche suivante que M. de Freycinet adressait au nom du Ministre de la Guerre, le 30 décembre, aux généraux commandant les camps : « Les camps d'instruction créés par le décret du 28 novembre sont des institutions permanentes et non destinées à disparaître avec l'état de guerre. En conséquence l'absence éventuelle des mobilisés qui, pour des raisons militaires, peuvent être dirigés immédiatement sur d'autres points, ne doit faire différer en rien l'installation du camp..... Veuillez donc poursuivre, avec une énergie nouvelle, les préparatifs d'installation. Faites-moi connaître, s'il en existe, les obstacles..... qui pourraient s'opposer à l'accélération des travaux. Le Gouvernement aplanira ces obstacles..... ».

Chacun de ces camps devait recevoir les contingents de toute catégorie des départements environnants (1). Quatre d'entre eux, établis à Saint-Omer, à Cherbourg, à la Rochelle et au Pas-des-Lanciers, dont la situation offrait des facilités de ravitaillement et de communications, devaient recevoir 250,000 hommes chacun et être entourés de solides fortifications suscep-

---

(1) La répartition des départements entre les différents camps était la suivante :

Saint-Omer (camp d'Helfaut) : Nord, Pas-de-Calais, Somme, Seine-Inférieure, Oise, Aisne, Ardennes, Marne, Meuse, Moselle.

Cherbourg (presqu'île du Cotentin) : Eure, Calvados, Manche, Orne, Eure-et-Loir, Seine-et-Oise, Mayenne, Sarthe, Loir-et-Cher, Seine.

Conlie : Finistère, Côtes-du-Nord, Ille-et-Vilaine, Morbihan, Loire-Inférieure.

Nevers : Seine-et-Marne, Aube, Loiret, Yonne, Nièvre, Cher, Indre.

La Rochelle : Maine-et-Loire, Indre-et-Loire, Vendée, Deux-Sèvres, Vienne, Haute-Vienne, Charente, Charente-Inférieure.

Bordeaux : Gironde, Dordogne, Lot, Lot-et-Garonne, Landes, Basses-Pyrénées.

Clermont-Ferrand : Allier, Creuse, Puy-de-Dôme, Haute-Loire, Cantal, Corrèze.

Toulouse : Tarn-et-Garonne, Tarn, Gers, Hautes-Pyrénées, Haute-Garonne, Ariège, Aude, Pyrénées-Orientales.

Montpellier : Lozère, Aveyron, Hérault, Gard, Ardèche.

Pas-des-Lanciers : Haute-Savoie, Savoie, Isère, Drôme, Hautes-Alpes, Basses-Alpes, Vaucluse, Bouches-du-Rhône, Var, Alpes-Maritimes, Corse.

Lyon (Sathonay) : Rhône, Loire, Ain, Saône-et-Loire, Jura, Doubs, Côte-d'Or, Haute-Saône, Haute-Marne, Vosges, Meurthe, Haut-Rhin, Bas-Rhin.

Rien n'était changé en ce qui concernait les départements précédemment désignés pour alimenter les camps de Conlie et de Toulouse, si ce n'est que ce dernier recevait en plus les contingents des Pyrénées-Orientales.

Le camp du Pas-des-Lanciers est souvent appelé camp des Alpines, et celui de Bordeaux camp de Saint-Médard. Une partie du camp de Bordeaux était aussi installée à Candale, localité voisine de Saint-

tibles d'être munies d'artillerie (1). Ils portaient le nom de *camps stratégiques*. Les autres, dénommés *camps d'instruction*, ne devaient être organisés que pour 60,000 hommes (2).

Médard. On trouve donc aussi quelquefois la dénomination de camp de Candale.
Différents documents mentionnent aussi les camps de Cavalaire, de Besançon, de Bourges et de Châteauroux. Le premier avait été établi, en principe, par le département du Var pour ses deux légions de mobilisés. Quant aux trois autres, il semble qu'ils furent installés surtout pour l'organisation des forces rassemblées dans ces différentes localités.

(1) Les généraux commandant les divisions territoriales pouvaient, s'ils le jugeaient nécessaire, demander l'avis des directeurs des fortifications, qui, en 1870, correspondaient aux directeurs du génie actuels. Mais ces officiers, ainsi que ceux sous leurs ordres, ne devaient pas intervenir d'une façon directe dans l'organisation des camps, à moins qu'ils ne fussent membres des comités militaires. Dans ce dernier cas même, leur action ne devait pas être préjudiciable à leurs fonctions spéciales.
En ce qui concerne les camps stratégiques cependant, les directeurs des fortifications devaient présenter un projet très sommaire des ouvrages à établir pour la défense du camp, avec un aperçu des dépenses qu'engageraient ces travaux ainsi que ceux nécessaires pour l'installation générale. On verra plus loin, en effet, que la moitié des frais occasionnés pour l'aménagement des camps stratégiques était à la charge de l'État (budget du génie). Les projets des directeurs des fortifications, revêtus des avis des généraux commandant les divisions territoriales, devaient être soumis dans le plus bref délai à l'approbation du Ministre.

(2) Ces chiffres ne furent jamais atteints. Le 5 février 1871, les camps d'instruction renfermaient les effectifs suivants :
Camp de Cherbourg, 6,151 hommes, camp de Nevers, 4,200 ; camp de La Rochelle, 8,527 ; camp de Bordeaux (Saint-Médard), 13,100 ; camp de Clermond-Ferrand, 3,895 ; camp de Toulouse, 9,452 ; camp de Montpellier, 3,351 ; camp du Pas-des-Lanciers (Alpines), 12,245 ; camp de Lyon (Sathonay), 7,114 ; camp de Cavalaire, 3,975 (Documents inédits de M. A. Martinien).
Bien que tous les mobilisés de la circonscription aient été déjà envoyés à l'armée du Nord ou affectés à la défense des places fortes de la région, le camp de Saint-Omer n'en fut pas moins organisé en vue

L'emplacement de chaque camp devait être déterminé par le comité militaire du département, réuni à cet effet s'il n'était déjà formé, et auquel devait s'adjoindre pour cette discussion spéciale un délégué du préfet (1). Ce choix devait être fait et les travaux d'installation commencés dans les cinq jours qui suivraient la publication du décret. Il appartenait au comité militaire de diriger les premiers travaux, dont l'exécution serait surveillée par un de ses membres spécialement désigné à cet effet (2).

---

d'appels ultérieurs (*Enquête sur les Actes du Gouvernement de la Défense nationale*, t. IV, p. 448-449). Le camp de Conlie avait été évacué dans la deuxième quinzaine de décembre.

(1) En principe, les camps devaient être établis dans les environs des localités dont ils portaient le nom.

Dans sa circulaire du 28 novembre, le Ministre indiquait qu'un emplacement situé au confluent du Rhône et de la Durance pouvait être étudié concurremment avec celui du Pas-des-Lanciers.

(2) Ces premiers travaux consistaient simplement à établir l'assiette du camp, à déterminer son périmètre et à préparer le sol, de manière que les premières troupes appelées puissent, dès leur arrivée, prendre possession du terrain destiné à les recevoir. Il appartenait ensuite au personnel chargé de commander et d'administrer le camp de faire le nécessaire pour assurer l'établissement définitif des troupes dans de bonnes conditions de défense et d'hygiène.

Pour l'exécution des travaux dont il était chargé, le comité militaire jouissait de tous les droits de réquisition prévus par le décret du 14 octobre (déclaration en état de guerre des départements situés à moins de 100 kilomètres de l'ennemi et organisation des comités militaires départementaux) et par celui du 11 novembre (mise à la disposition du Ministre de la Guerre, pour les travaux de défense, des ingénieurs des ponts et chaussées et des mines, des compagnies de chemins de fer, des entrepreneurs, etc.).

Les frais occasionnés par ces travaux seraient répartis entre les départements au prorata de leur population respective. L'État cependant prenait à sa charge les dépenses afférentes aux départements occupés par l'ennemi, ainsi que la moitié de celles occasionnées par l'établissement des camps stratégiques. Ces dernières étaient imputées sur le budget du génie.

L'appel des différents contingents à réunir dans les camps devait pouvoir commencer le 1er décembre. En ce qui concerne les mobilisés particulièrement, il aurait lieu, pour ceux du premier ban, entre le 1er et le 10 décembre, et pour les autres, entre le 20 et le 30 décembre (1).

A chaque camp était attaché le personnel supérieur suivant :

Un commandant du camp, ayant rang de général de division et autorité sur tout le personnel et les troupes du camp ;

Un chef instructeur, ayant rang de colonel ou de général de brigade ;

Un chef du génie, ayant rang de colonel du génie (2) ;

---

(1) Le 1er ban était constitué par les hommes mobilisés en vertu du décret du 29 septembre (célibataires et veufs sans enfant de 21 à 40 ans et jeunes gens des classes de 1863 à 1869 exemptés antérieurement par les conseils de revision à titre de soutiens de famille).

Les hommes mobilisés par le décret du 2 novembre, c'est-à-dire tous les hommes valides de 21 à 40 ans non encore au service, y compris les mariés et veufs avec enfant, formaient le 2e ban, qui se subdivisait à son tour en trois groupes. On sait que ce 2e ban ne fut jamais appelé (Cf. ci-dessus, p. 106, 110 et suiv.).

L'on ne devait d'ailleurs construire des baraques pour les logements, les cuisines et les locaux accessoires que pour la moitié de l'effectif prévu pour chacun des camps. On estimait, en effet, que l'appel du 1er ban correspondrait à peu près à ce chiffre, et on pensait en déduire les prévisions à établir pour satisfaire aux besoins des autres appels.

(2) Il était bien spécifié qu'en principe le chef du génie du camp ne devait pas être un officier du génie en activité. Les officiers de cette arme disponibles étaient en nombre très restreint ; ils pouvaient, en conséquence, être appelés d'un moment à l'autre aux armées en campagne. Si, exceptionnellement et temporairement, il leur était attribué des fonctions dans les camps, on devait leur adjoindre un officier en retraite, ou de préférence un ingénieur, pour les remplacer immédiatement en cas de départ.

Un décret du 2 décembre (*M. U.* du 9 décembre) nommait cinq

Un administrateur ayant rang d'intendant et chargé de tout ce qui concernait les approvisionnements ;

Un médecin en chef (1).

Tous ces chefs de service étaient nommés par le Ministre de la Guerre (2). Ils pouvaient être pris indifférem-

---

ingénieurs des ponts et chaussées au grade de colonel du génie (armée auxiliaire) pour remplir les fonctions de chefs du génie aux camps de Cherbourg, La Rochelle, Bordeaux, Toulouse et Montpellier. Un autre ingénieur des ponts et chaussées était, en outre, nommé chef de bataillon du génie (armée auxiliaire) pour remplir les fonctions de commandant du génie au camp de Toulouse.

(1) Un arrêté du Ministre de l'Intérieur et de la Guerre, du 31 décembre 1870, fixait, comme il suit, l'assimilation et le traitement du personnel chargé de commander et d'administrer les camps d'instruction :

EMPLOIS.	ASSIMILATION.	SOLDE annuelle.	INDEMNITÉ pour frais de bureau.
		francs.	francs.
Commandant du camp...	Général de division.........	10,000	1,500
Chef d'état-major......	Général de brigade.........	6,000	»
Id.	Colonel...................	4,000	»
Administrateur-intendant.	Intendant divisionnaire.....	6,000	1,500
Médecin en chef........	Médecin principal de 1re cl...	3,000	»
Pharmacien en chef.....	Pharmacien principal de 1re cl.	2,400	»

Lorsque les emplois étaient tenus par des officiers ou fonctionnaires appartenant soit à l'armée permanente, soit à l'armée auxiliaire, ceux-ci devaient recevoir la solde afférente à leur grade, à moins qu'elle ne fût inférieure aux fixations indiquées ci-dessus.

En transmettant ces indications, le Ministre de la Guerre ajoutait : « L'assimilation honorifique..... existe de fait ; mais, en raison des circonstances, le traitement a dû subir quelques modifications » (Le Ministre de la Guerre aux Généraux commandant les divisions territoriales, aux Intendants divisionnaires, aux Commandants et aux Administrateurs-Intendants des camps d'instruction, Bordeaux, janvier 1871).

(2) Toutes les nominations dans l'ordre militaire pouvaient être faites au titre de l'armée auxiliaire. A titre d'indication, on a reproduit

ment dans l'ordre civil ou militaire, sauf le commandant du camp. Leur réunion formait le conseil d'administration du camp, sous la présidence du commandant, qui

---

ci-dessous, d'après le *J. M. O.* (année 1871, supplément), quelques-unes des nominations qui furent faites pour les fonctions de commandants supérieurs et de chefs instructeurs :

Commandants supérieurs.
Décision du 1er décembre.

Camp de La Rochelle : M. Detroyat, ancien officier de marine, nommé général de division de l'armée auxiliaire par décret du 1er décembre.

Camp de Nevers : M. Vergne, ancien officier de marine, nommé général de division de l'armée auxiliaire par décret du 1er décembre.

Camp de Bordeaux : le général de division Cambriels.

Décision du 7 décembre.

Camp de Saint-Omer : M. Jeannerod, ancien préfet de l'Oise, nommé général de division de l'armée auxiliaire par décret du 7 décembre.

Camp de Conlie : M. de Marivault, capitaine de vaisseau, nommé général de division de l'armée auxiliaire par décret du 1er décembre.

Camp de Montpellier : M. Lefèvre, général de brigade du cadre de réserve, commandant du Prytanée militaire, nommé général de division de l'armée auxiliaire par décret du 7 décembre.

Décision du 12 décembre.

Camp de Cherbourg : M. Ducrest de Villeneuve, capitaine de vaisseau, nommé général de division de l'armée auxiliaire par décret du 12 décembre.

Camp de Bordeaux : M. Renault, colonel en retraite, nommé général de division de l'armée auxiliaire par décret du 12 décembre (en remplacement du général Cambriels non acceptant).

Camp de Clermont-Ferrand : M. Sabattier, major au 1er zouaves en janvier 1870, nommé lieutenant-colonel commandant le 62e de marche le 29 novembre, puis général de division de l'armée auxiliaire par décret du 12 décembre.

Camp de Lyon : M. Carré de Busserole, major d'infanterie hors cadres (recrutement), nommé général de division de l'armée auxiliaire par décret du 12 décembre (n'accepta pas l'emploi et fut remplacé,

était chargé de l'exécution des décisions du conseil. Un vice-président, pris dans l'ordre civil, pouvait être

---

le 21 décembre, par le contre-amiral Martin, nommé général de division de l'armée auxiliaire par décret du 18 décembre).

Décision du 15 décembre.

Camp du Pas-des-Lanciers : M. Quiquandon, colonel du génie, nommé général de division de l'armée auxiliaire par décret du 15 décembre.

CHEFS INSTRUCTEURS.

Décision du 7 décembre.

Camp de La Rochelle : le général de brigade Gaday, ancien colonel du 38e de ligne, général de brigade du 25 novembre.

Camp de Toulouse : M. Jay, major du 18e régiment d'artillerie à cheval en janvier 1870, lieutenant-colonel d'artillerie du 29 novembre.

Camp de Cherbourg : M. Le Maître, chef d'escadron de gendarmerie, nommé colonel de l'armée auxiliaire par décret du 7 décembre.

Camp de Montpellier : M. Rustant, capitaine au 87e d'infanterie, substitut du rapporteur près le conseil de guerre de Montpellier, nommé colonel de l'armée auxiliaire par décret du 7 décembre.

Camp de Lyon : M. Baudesson de Richebourg, nommé colonel de l'armée auxiliaire par décret du 7 décembre.

Décision du 12 décembre.

Camp de Nevers : M. Vinet, chef d'escadron d'état-major, nommé colonel de l'armée auxiliaire par décret du 12 décembre.

Camp de Bordeaux : M. Guérard, lieutenant de vaisseau, nommé colonel de l'armée auxiliaire par décret du 12 décembre.

Camp de Clermont-Ferrand : M. Levé, capitaine en retraite, nommé colonel de l'armée auxiliaire par décret du 12 décembre.

Décision du 15 décembre.

Camp du Pas-des-Lanciers : M. Lafay, lieutenant-colonel d'artillerie de marine, nommé général de brigade de l'armée auxiliaire par décret du 15 décembre.

Camp de Conlie : M. Barget, capitaine adjudant de place, nommé colonel de l'armée auxiliaire par décret du 15 décembre.

M. Demay resta commandant supérieur du camp de Toulouse, emploi, où comme on le sait, il avait été nommé par décret du 11 novembre, avec le grade de général de division de l'armée auxiliaire.

nommé ; il était alors spécialement chargé de l'administration (1).

Le commandant du camp pouvait faire, à titre provisoire, toutes les nominations nécessaires pour constituer le personnel du camp et assurer le commandement des troupes. Celles des chefs de légion et des généraux de brigade étaient faites par le Ministre de la Guerre, sur sa proposition. A partir du jour de l'arrivée des troupes au camp, toute nomination à faire dans les cadres échappait au principe de l'élection et relevait du Ministre de la Guerre.

Au moment de leur appel au camp, les hommes devaient être mis en route avec les armes et les effets qui avaient pu leur être distribués. Le complément devait leur être assuré par l'administration de la Guerre, mais aux frais des départements. A partir de leur arrivée, leur solde et leur entretien étaient exclusivement à la charge de l'État.

---

(1) Furent nommés vice-présidents civils :

Au camp de Conlie : M. Carré-Kérisouet, commissaire général des forces de Bretagne.
Au camp de Nevers : M. Malardier, avocat à Cosne.
Au camp de La Rochelle : M. Ricard, commissaire extraordinaire.
Au camp de Bordeaux : M. Anatole de la Forge, ancien préfet.
Au camp de Toulouse : M. Lissagaray, commissaire extraordinaire à l'armée.
Au camp de Montpellier : M. Déandreis, banquier à Montpellier.
Au camp de Lyon : M. Doucet, membre du conseil municipal, ancien officier du génie.
Au camp du Pas-des-Lanciers : M. Rouvier, secrétaire général de la préfecture des Bouches-du-Rhône [Décrets des 8, 12 et 14 décembre (*J. M. O.*, année 1871, supplément)].

D'après un arrêté du 31 décembre, les vice-présidents des camps étaient assimilés aux inspecteurs généraux de 1re classe et recevaient une solde annuelle de 10,000 francs, payable par l'administration des Travaux publics.

Pour pourvoir aux besoins des troupes, le commandant du camp — ou son délégué — pouvait exercer des réquisitions dans la limite des départements de son ressort ; il ne devait les étendre au delà qu'avec une autorisation spéciale du Ministre de la Guerre.

Une fois réunies dans les camps, les troupes étaient soumises à la discipline et aux lois militaires ; elles menaient la vie des armées en campagne ; leur instruction était dirigée avec la plus grande activité. Elles devaient être passées en revue deux fois par semaine, et le commandant du camp était tenu de rendre compte hebdomadairement au Ministre de leur état physique et moral, en y joignant les rapports des chefs de service.

Le commandant du camp avait le droit de réorganiser les bataillons de la garde nationale mobile et de la garde nationale mobilisée, dont l'effectif n'atteignait pas 800 hommes ou dépassait 1,200. Il pouvait les réunir en régiments à trois bataillons et en brigades de deux régiments, mais en respectant autant que possible l'autonomie des départements.

Il devait aussi former des régiments de cavalerie et des compagnies du génie dans la proportion usitée pour les armées en campagne (1).

En ce qui concerne les batteries d'artillerie, qu'en exécution du décret du 3 novembre les départements étaient tenus de mettre sur pied, les préfets continuaient à s'occuper de faire fabriquer les pièces et de les pourvoir des chevaux et harnais nécessaires. Mais la formation et le dressage des servants et des conducteurs appartenaient au commandant du camp. Dès que le matériel et les attelages d'une batterie étaient

---

(1) Pour les régiments de cavalerie, ce projet resta à l'état de desideratum. Les instructeurs et le harnachement faisaient défaut.

prêts, ils devaient être expédiés au camp pour servir à l'instruction du personnel (1).

Afin d'éviter tout conflit entre les généraux commandant les divisions militaires et les commandants des camps d'instruction, une circulaire du 17 décembre précisa l'étendue de leurs pouvoirs respectifs.

Les commandants des camps d'instruction exerçaient leur autorité sur toutes les troupes réunies dans leurs camps et sur les divers corps de la garde nationale mobilisée stationnés dans les limites de leurs circonscriptions. Ils n'avaient, par contre, aucun droit sur les éléments de l'armée régulière ou de la garde nationale mobile installés en dehors des camps. Pour leurs rapports avec les autorités militaires du territoire, ils devaient se conformer aux prescriptions réglant les relations entre les commandants des divisions actives et les commandants des divisions territoriales (2).

Pour donner aux administrateurs-intendants des indications précises sur les fonctions qu'ils étaient appelés à remplir, et, en même temps, pour uniformiser les méthodes et les procédés, le Ministre de la Guerre adressait, le 26 décembre 1870, une instruction pour l'administration des camps stratégiques et d'instruction (3).

---

(1) On s'aperçut bientôt que, faute d'instructeurs et de matériel, le dressage des hommes et des chevaux des batteries départementales ne pouvait se faire dans de bonnes conditions dans les camps d'instruction. Un arrêté du 2 janvier 1871 créa, près des directions d'artillerie de la Guerre, des dépôts destinés à instruire l'artillerie départementale (Cf. ci-dessus, p. 288).

(2) Le Ministre de la Guerre aux Généraux commandant les divisions militaires et aux Généraux commandant les camps d'instruction, Bordeaux, 17 décembre.

(3) Le Ministre de la Guerre aux Généraux commandant les divisions

Après avoir résumé les principes de la comptabilité militaire, cette instruction fixait le taux des prestations en deniers et en vivres qui devaient être allouées aux officiers et aux troupes stationnés dans les camps. Elle donnait, en outre, quelques conseils sur la manière dont les intendants pourraient assurer les services des subsistances, de l'habillement, de l'équipement et du campement.

Un paragraphe spécial visait l'organisation du service des transports (1), et un autre l'administration des légions de la garde nationale mobilisée (2).

Une décision du 5 janvier 1871 arrêtait enfin la

---

territoriales, les corps d'armée et les camps, aux Intendants divisionnaires ou des corps d'armée, aux Administrateurs-Intendants, Bordeaux, 20 décembre.

(1) L'administrateur-intendant de chaque camp devait rechercher, parmi les gardes nationaux mobilisés, les entrepreneurs de transport, les conducteurs de voitures, les rouliers, et constituer avec ce personnel un cadre de compagnie comprenant un capitaine, un lieutenant, deux sous-lieutenants, un adjudant, un maréchal des logis chef, neuf maréchaux des logis, dont un fourrier, et dix-sept brigadiers, dont un fourrier. Il requerrait ensuite ou demanderait à l'entreprise les conducteurs et les voitures nécessaires pour assurer le transport des subsistances à la suite des colonnes, à raison de 40 voitures pour 10,000 hommes, ainsi que les équipages régimentaires des légions sur la base d'une voiture par bataillon ou batterie. L'État se chargerait de la nourriture des conducteurs et des chevaux.

(2) Aussitôt après la réunion des bataillons, les légions de la garde nationale mobilisée étaient pourvues d'un conseil d'administration éventuel, composé du colonel ou lieutenant-colonel, président, du plus ancien chef de bataillon, d'un capitaine de compagnie faisant fonctions de major, rapporteur, de l'officier payeur, secrétaire, et de l'officier délégué à l'habillement. Ces cinq membres avaient voix délibérative.

Si les légions étaient formées de bataillons provenant de départements différents, chaque bataillon avait, en outre, son conseil éventuel particulier ne comprenant que trois membres : le chef de bataillon, président, un capitaine faisant fonctions de major, et un sous-lieutenant

composition des cadres des divers services administratifs à affecter à chaque camp, suivant son effectif (1).

Pour être exactement renseigné sur le fonctionnement des camps régionaux, le Ministre de la Guerre avait réparti ces derniers, dès le 2 décembre, en trois inspections (2).

Les inspecteurs étaient chargés de visiter les camps et

---

chargé des détails (solde et habillement). Si deux bataillons d'une légion appartenaient au même département, ils n'avaient qu'un seul conseil de cinq membres pris dans ces deux unités.

Les conseils éventuels surveillaient les opérations des officiers comptables des bataillons mobilisés, qui continuaient à relever entièrement du conseil central du département d'origine.

Lorsque plusieurs conseils étaient organisés dans une légion, ils fonctionnaient simultanément, mais le conseil de légion établissait seul les états de solde et les bons généraux pour l'ensemble de la légion.

Les dépenses étaient régularisées aux dépôts respectifs des bataillons. A cet effet, l'officier payeur de la légion devait envoyer à chaque dépôt un extrait des pièces de comptabilité générale. Les feuilles de journées étaient établies dans les dépôts.

(1) Cette décision n'a pas été retrouvée. Elle est seulement mentionnée dans une énumération des différentes mesures prises par la délégation du Gouvernement de la Défense nationale pour l'organisation des camps régionaux.

(2) Décret du 2 décembre (*M. U.* du 4 décembre). — Les camps étaient répartis de la manière suivante entre les trois inspections :

1re *inspection*. — Camps de Saint-Omer, de Cherbourg et de Conlie ;

2e *inspection*. — Camps de La Rochelle, de Bordeaux, de Toulouse et de Montpellier ;

3e *inspection*. — Camps de Nevers, de Clermont-Ferrand, de Lyon et du Pas-des-Lanciers.

Les trois inspecteurs furent nommés par décret du 13 décembre (*M. U.* du 16 décembre). C'étaient : pour la 1re inspection, M. Cauvet, directeur de l'École centrale des Arts et Manufactures ; pour la 2e, M. Perrin, ancien commissaire de l'armée du Sud-Ouest ; pour la 3e, M. Spuller, préfet de la Haute-Marne.

Le décret du 2 décembre spécifiait que, pour les attributions et le

de contrôler les divers services. Après chaque tournée, ils devaient rendre compte au Ministre de l'état du camp, de sa situation hygiénique et du degré d'avancement des travaux. Ils étaient tenus aussi de le renseigner sur le degré d'instruction des troupes et sur les effectifs susceptibles d'être immédiatement envoyés aux armées. Leur contrôle s'étendait également à l'administration et au service de l'intendance. Les observations que leur présenteraient les chefs de service devaient être consignées dans leurs rapports au Ministre.

Il était interdit aux inspecteurs de s'immiscer dans la direction des différents services et de donner des ordres. Leurs observations ne pouvaient qu'être consignées sur un registre spécial, conservé dans les archives du camp (1).

Les camps d'instruction ne donnèrent pas les résultats qu'on espérait.

Les prescriptions ministérielles exigeaient que les

---

traitement, les inspecteurs régionaux seraient assimilés aux inspecteurs généraux des diverses administrations publiques.

Toutefois, la minute de la nomination de M. Spuller, datée du 27 novembre, mentionne que cet inspecteur général, tout en conservant la qualité et le traitement de préfet de la Haute-Marne, aurait droit, dans l'exercice de ses fonctions, aux ordonnances, rations et autres avantages afférents au grade d'intendant général. Il pourrait aussi, pour son service, requérir les chevaux et les moyens de transport, par voie ferrée ou autre, qu'il jugerait convenable. Il serait remboursé sur mémoire certifié par lui de toutes les dépenses occasionnées par ses déplacements.

Enfin, un arrêté du 31 décembre 1870 assimilait les inspecteurs régionaux aux inspecteurs généraux de 2e classe des administrations et leur attribuait une solde annuelle de 8,000 francs, non compris les frais de voyage qui devaient être remboursés sur état.

(1) D'après la minute de la commission d'inspecteur général des camps, en date du 27 novembre, destinée à M. Spuller, les officiers et agents civils et militaires, de quelque administration que ce

CAMPS D'INSTRUCTION.   661

emplacements fussent désignés très rapidement. Dans ces conditions, le choix des comités militaires ne fut pas toujours très heureux. Beaucoup de camps laissèrent à désirer : tantôt le prix des terrains ou le régime des cultures ne permettaient pas d'avoir les champs de manœuvre ou de tir indispensables; tantôt l'approvisionnement en eau était défectueux, ou nécessitait des corvées longues et pénibles ; tantôt la région n'était pas suffisamment favorable au point de vue de l'hygiène ou de la salubrité, etc. (1).

Le personnel, chargé, dans les camps régionaux, de

---

fût, devaient fournir à l'inspecteur tous les renseignements et relevés lui permettant de s'assurer du parfait accomplissement des mesures prescrites pour l'établissement et le fonctionnement des camps ; ils étaient tenus de lui présenter tous leurs registres et documents et de lui rendre compte de l'exécution des ordres qu'ils avaient reçus ou donnés. L'inspecteur, en outre, avait « pouvoir de rappeler à tous officiers ou agents l'exécution des lois, règlements et instructions, et de prendre sous sa responsabilité toutes mesures préventives ou répressives qu'il jugerait nécessaires pour l'exécution de son mandat ».

En dehors des trois inspecteurs créés par le décret du 2 décembre, M. Baragnon fut investi, vers la fin de décembre, par le Ministre de l'Intérieur, des fonctions d'inspecteur général des gardes mobilisés, avec la mission de recenser les mobilisés dans dix départements du Midi (*Enquête sur les Actes du Gouvernement de la Défense nationale*, t. III, p. 282 et t. IV, p. 122, 255, 318 et 387).

En examinant les documents relatifs à l'organisation de la Défense nationale dans les départements, on ne peut s'empêcher de remarquer le nombre considérable de délégués, de commissaires ou d'inspecteurs qui, souvent sans attributions très nettement définies, envoient des rapports au Gouvernement ou prennent des décisions en son nom. Cette profusion de représentants de l'autorité est certainement une preuve du désir de coopérer à la défense du pays qui animait la majeure partie des citoyens. Mais il n'est pas douteux qu'il en résultait des empiétements d'autorité et des instructions parfois contradictoires, qui ne pouvaient que gêner la marche des différents services.

(1) Rapport du général Barral au Ministre de la Guerre sur les camps de la Rochelle et de Clermont-Ferrand, Bordeaux, 28 février 1871 ; Le

la direction supérieure des différents services, avait certes été choisi avec toutes les garanties possibles de capacité et de dévouement. Mais, en général, il n'était aucunement préparé aux fonctions dont il allait se trouver investi. Les agents en sous-ordre furent également recrutés à la hâte par les chefs de service et, eux aussi, durent commencer par se mettre au courant de leurs attributions (1).

Tout d'abord l'installation des camps ne marcha pas aussi rapidement que l'imposait le Ministre de la Guerre

---

Général de division commandant supérieur du camp de Montpellier au Ministre de la Guerre, 11 mars 1871 ; *Enquête sur les Actes du Gouvernement de la Défense nationale*, t. II, p. 96. — Le général de division Barral semble avoir été chargé par le général Le Flô, après qu'il eut repris la direction du ministère de la Guerre à Bordeaux, de l'inspection générale des camps d'instruction. En même temps qu'il renseignait le Ministre sur l'organisation générale des camps et sur l'instruction et la discipline des troupes qui y étaient encore réunies, l'inspecteur général était chargé d'examiner s'il y avait ou non avantage à conserver pour les besoins ultérieurs de l'armée les installations improvisées pour la garde nationale mobilisée.

(1) Rapport de l'Administrateur-Intendant du camp de Clermont au Ministre de la Guerre, 15 avril 1871. — Le personnel composant l'état-major des camps était parfois très nombreux. Au camp de La Rochelle, il comptait 56 officiers présents, y compris ceux appartenant aux services de l'intendance, de santé, du génie et de l'artillerie. Il n'y eut, cependant, jamais dans ce camp, ni un artilleur ni un canon. (Rapport du général Barral au Ministre de la Guerre sur le camp de La Rochelle, Bordeaux, 28 février). Au camp de Toulouse on trouve un état-major de 26 officiers et 21 chevaux pour un effectif de 143 officiers, 5,407 hommes et 2 chevaux (Composition et effectif des troupes réunies au camp de Toulouse, 1er janvier 1871). Au camp de Montpellier, l'état-major est de 21 officiers pour un total de 106 officiers et 2,259 hommes (Composition et effectif des troupes réunies au camp de Montpellier, 1er janvier 1871). Au camp des Alpines (Pas-des-Lanciers), il y avait 61 officiers, intendants, adjoints et comptables, pour diriger l'instruction et l'administration de 528 officiers et environ 12,000 hommes (Composition et effectif des troupes réunies au camp des Alpines, 5 février 1871).

dans ses instructions. Le personnel du génie auxiliaire, recruté parmi les ingénieurs et les conducteurs des ponts et chaussées, qui devait en assurer l'aménagement définitif, employa plus d'un mois pour établir ses projets. Ce ne fut que le 24 janvier 1871 que le Ministre de l'Intérieur pouvait faire connaître aux préfets la quote-part des dépenses de leurs départements. Il leur demandait, en même temps, au moyen de quelles ressources ils y feraient face et à quelle époque ils effectueraient leurs versements (1).

Faute de fonds disponibles, de nombreux départements ne purent verser leurs contributions. Les travaux furent néanmoins commencés et, pour ne pas retarder indéfiniment l'aménagement des camps, le Ministre décidait que l'État avancerait, provisoirement, tout ou

---

(1) Henry Durangel, *Rapport sur les dépenses de la mobilisation des gardes nationales*, p. 163. — Les dépenses étaient évaluées aux sommes suivantes :

Camp de Saint-Omer............................fr.	2,500,000 00
— de Cherbourg...........................	3,758,000 00
— de La Rochelle.........................	2,500,000 00
— du Pas-des-Lanciers.....................	8,155,500 00
— de Nevers	1,619,998 00
— de Bordeaux............................	2,100,000 00
— de Clermont-Ferrand...	900,000 00
— de Toulouse	750,000 00
— de Montpellier	1,380,000 00
— de Lyon................................	620,000 00
Formant un total de ....fr.	24,283,498 00
Dont	12,373,454 67
étaient à la charge des départements, et.............	11,910,043 33

étaient à la charge de l'État.

Les frais occasionnés par l'installation du camp de Conlie paraissent avoir été imputés sur les crédits affectés spécialement à l'organisation de l'armée de Bretagne.

partie des fonds nécessaires, sauf à se faire rembourser plus tard par les départements (1).

La construction des baraquements fut d'ailleurs entravée par une série de circonstances que l'on ne pouvait prévoir. Le mauvais temps, qui persista pendant tout le mois de décembre, gêna ou interrompit les travaux. La difficulté des communications et l'encombrement des chemins de fer occasionnèrent de fréquents retards dans l'arrivée des matériaux. La mobilisation de tous les hommes valides de 21 à 40 ans empêcha de trouver des ouvriers. Aussi, c'est à peine si le service du génie des camps parvint à édifier suffisamment de baraques pour loger tous les mobiles appelés dans les camps (2).

---

(1) Henry Durangel, *loc. cit.*, p. 169. — Les travaux prévus étaient loin d'être terminés lorsque la paix fut conclue. A ce moment, les avances faites par le ministère de la Guerre pour les travaux d'installation s'élevaient à 8,150,778 fr. 36. Ces dépenses se répartissaient ainsi :

Camp de Saint-Omer.....................fr.	84,468 75
— de Cherbourg.........................	293,283 52
— de La Rochelle........................	794,180 37
— du Pas-des-Lanciers...................	1,887,276 46
— de Conlie.............................	641,563 39
— de Nevers............................	362,272 69
— de Bordeaux.........................	1,540,045 58
— de Clermont-Ferrand..................	962,708 16
— de Toulouse..........................	437,979 44
— de Montpellier.......................	422,000 00
— de Lyon..............................	725,000 80
Total..............fr.	8,150,778 36

Une loi du 11 septembre 1871 décida que toutes les dépenses concernant les camps d'instruction seraient supportées par l'État. A ce moment, sept départements seulement avaient soldé tout ou partie de leur contingent. Ces versements, qui s'élevaient à un peu plus de 926,000 francs, leur furent remboursés.

(2) Le 30 décembre, le Ministre de la Guerre prescrivait aux

A la fin de décembre, cette situation devint particulièrement grave en raison des froids que l'on eut à traverser. Le Ministre de la Guerre dut ordonner alors de cantonner dans les villes et les villages avoisinants toutes les troupes qui ne pourraient être suffisamment abritées contre les rigueurs de la saison (1).

L'installation des camps et la marche régulière des différents services étaient, d'ailleurs, d'autant plus difficiles l'une à organiser, l'autre à faire fonctionner que, d'une façon presque générale, il ne fallait pas compter au début sur le concours des troupes de la garde nationale mobilisée.

On sait que tous les anciens militaires de la garde nationale mobile avaient été rappelés dans l'armée active (2). Les unités envoyées dans les camps d'instruction ne comprenaient donc plus que des hommes inexpérimentés, conduits par des chefs, dont beaucoup n'avaient guère plus de connaissances militaires que leurs troupes, et étaient incapables de prendre sur leurs subordonnés l'ascendant nécessaire pour assurer leur autorité (3).

---

commandants des camps de presser le construction des baraques et les invitait à ne provoquer près des préfets l'envoi des mobilisés que successivement et au fur et à mesure de l'avancement des travaux (*Enquête sur les Actes du Gouvernement de la Défense nationale*, t. VII, p. 199). Néanmoins, à la fin de janvier 1871, le chef du génie du camp de Toulouse se plaignait encore de ne pouvoir parvenir à loger les effectifs qui arrivaient chaque jour (Le Chef du génie du camp de Toulouse au Délégué à la Guerre, 27 janvier 1871).

(1) Circulaire télégraphique aux Commandants des camps régionaux, Bordeaux, 27 décembre, 12 h. 5 matin (*Enquête sur les Actes du Gouvernement de la Défense nationale*, t. VII, p. 198). — Le cantonnement devait cesser, et la vie au camp recommencer dès que les circonstances le permettraient.

(2) Cf. ci-dessus, p. 113 et suiv.

(3) Rapport de l'Intendant-Administrateur du camp de Clermont au

Dans ces conditions, la tâche des instructeurs militaires était des plus pénibles et présentait les plus grandes dificultés. A peine étaient-ils parvenus, d'ailleurs, à commencer la formation des cadres et le dressage des hommes, que les nécessités de la guerre appelaient ces forces, incomplètement organisées, insuffisamment amalgamées et disciplinées, à prendre part aux opérations.

Les comptables faisaient également défaut tant parmi les officiers que dans la troupe elle-même. Aussi, l'administration des unités de la garde nationale mobilisée fut-elle bien souvent très difficile à assurer (1).

Il faut reconnaître, en outre, que, dans beaucoup de régions, de trop nombreux réfractaires essayèrent d'échapper à l'appel qui mobilisait la garde nationale. Trop souvent aussi les mobilisés qui n'avaient reçu aucune éducation militaire se soumirent mal aux exigences de la discipline et aux nécessités de la campagne (2).

Certes, il ne faudrait pas généraliser ces critiques et se

Ministre de la Guerre, 15 avril 1871 ; Ordre général du Général de division commandant supérieur du camp de Montpellier, 9 mars 1871 ; Le Général de division commandant supérieur du camp de Montpellier au Ministre de la Guerre, 11 mars 1871 ; Le Préfet de la Dordogne au Ministre de l'Intérieur, à Tours, Périgueux, D. T., 24 novembre, 10 h. 45 (*Enquête sur les Actes du Gouvernement de la Défense nationale*, t. IV, p. 305) ; Le Préfet de la Gironde au Ministre de l'Intérieur à Tours, D. T., Bordeaux, 3 décembre (*Ibid.*, p. 349).

(1) Rapports du général Barral sur les camps d'instruction de La Rochelle, de Clermont-Ferrand, de Nevers et de Sathonay, Bordeaux, 20 février 1871 ; Le Général de division commandant supérieur du camp de Montpellier au Ministre de la Guerre, 11 mars 1871 ; Rapport de l'Intendant-Administrateur du camp de Clermont au Ministre de la Guerre, 15 avril 1871.

(2) *Ibid.*; *Enquête sur les Actes du Gouvernement de la Défense nationale* (Dépêches télégraphiques officielles des départements), t. IV, p. 177 à 567. — Dans plusieurs départements on dut organiser des petites colonnes volantes de 15 à 20 hommes commandées par un sous-officier,

baser sur elles pour en déduire une appréciation d'ensemble. Dans la garde nationale mobilisée, comme dans les camps d'instruction, les résultats obtenus furent très différents, suivant que les cadres et les hommes surent ou non se mettre à hauteur de leur tâche et comprendre les obligations que leur imposait leur situation. Néanmoins, si le résultat obtenu n'a pas été celui qu'on avait espéré, « c'est qu'une armée, comme toutes les institutions d'un mécanisme compliqué, ne se forme pas en quelques jours.... » et qu'elle « ne saurait être bonne, qu'autant que tous les éléments qui la composent sont, à tous les degrés hiérarchiques, pénétrés de leur devoir et à hauteur de leur mission (1) ».

*
* *

Après la déchéance de l'Empire, la France n'avait plus de forces régulières organisées. L'armée du Rhin était enfermée dans Metz, l'armée de Châlons venait de disparaître dans le désastre de Sedan. La meilleure partie des ressources restées disponibles dans les dépôts ou les arsenaux avait, d'autre part, été accumulée dans Paris, et, d'une façon presque unanime, l'on estimait que c'était autour de la capitale, et là seulement, qu'allaient se dénouer les destinées du pays.

La province ne pouvait cependant pas rester inactive en attendant l'issue de la lutte. Sur toute la surface du territoire, les bonnes volontés et les initiatives se multipliaient et cherchaient à s'employer. De son côté, le Gou-

---

qui, sous la conduite des gendarmes ou des gardes champêtres, allaient chercher les réfractaires dans leurs domiciles (Note du Ministre de la Guerre pour le Ministre de l'Intérieur, Bordeaux, 30 janvier 1871).

(1) Ordre général du Général de division commandant supérieur du camp de Montpellier, 9 mars 1871.

vernement prenait des dispositions pour gêner les progrès de l'ennemi et assurer la défense des départements les plus directement menacés. Mais tous ces efforts étaient trop disséminés, trop localisés pour que l'on pût en attendre d'appréciables résultats.

Ce n'était pas dans des actions de détail que l'on devait chercher le salut. En présence de l'intérêt général du pays les intérêts particuliers devaient disparaître. Il ne pouvait pas être question seulement d'opposer une digue au flot de l'invasion, mais de chasser l'ennemi du territoire, tout au moins de l'épuiser par une lutte à outrance ; il s'agissait enfin, s'il fallait succomber, de sauver l'honneur.

Dans ce but, en face des troupes aguerries de l'ennemi, il fallait dresser des troupes organisées, encadrées, disciplinées. Devant les armées envahissantes, il fallait réunir d'autres armées, capables de lutter sans trop d'infériorité.

C'est cette tâche grandiose qu'entreprit la délégation du Gouvernement de la Défense nationale en province, malgré la faiblesse des moyens d'action dont elle disposait en arrivant à Tours et les difficultés de toutes sortes qui surgirent au devant d'elle.

Et, en effet, que d'entraves pouvaient paralyser son action ! La délégation avait à conjurer les périls capables de naître d'une situation politique extrêmement trouble, et où l'esprit public désemparé pouvait se laisser conduire aux pires erreurs. Elle avait à vaincre les résistances et le découragement qu'elle rencontrait de tous côtés, aussi bien parmi les militaires que parmi les hauts fonctionnaires des administrations accrédités auprès d'elle. Elle avait aussi à dissiper les dissentiments que pouvaient faire éclater entre ses membres des diversités de vues, d'opinions et d'origine. Elle sut triompher de tous ces obstacles, se vouant au salut de la France avec une énergie et une persistance infatigables que soutenaît une commune foi patriotique et qu'exaltaient encore les aspirations généreuses de Gambetta, accouru auprès d'elle au milieu d'un concours de circonstances qui ne pouvaient manquer de frapper l'esprit public.

Au 15 septembre, tout était anéanti, perdu ou dispersé. En moins de quelques semaines, tout est créé, réuni, organisé aussi bien que possible. Par suite de la levée en masse, de la suspension des dispenses, des exemptions et du rachat, les hommes affluent bientôt dans les dépôts. La fusion de l'armée régulière et des différents éléments de l'armée auxiliaire — gardes mobiles, gardes mobilisés, corps francs — permet d'utiliser dans les formations de campagne tout ce qui est valide et instruit. Pour encadrer ces nouveaux effectifs, les ressources ordinaires ne sauraient suffire. On ne craint pas de suspendre les lois qui régissent le recrutement et l'avancement des officiers ; on procède à des nominations à titre auxiliaire, à des avancements à titre provisoire ; certains généraux se voient conférer le droit de distribuer les grades subalternes.

Et, parallèlement, la délégation rassemble ou crée toutes les ressources qui vont doter les nouvelles unités de l'armement, de l'équipement et de l'habillement nécessaires. La construction du matériel de guerre est poursuivie simultanément par les ateliers nationaux et par l'industrie privée française. La liberté de la mer, que ne peut nous disputer la marine allemande, permet, en outre, de faire appel aux ressources des marchés étrangers. Aucun sacrifice n'est épargné, aucune charge pécuniaire n'est ménagée pour forger le formidable outillage que nécessitent les forces mises sur le pied de guerre par la délégation du Gouvernement de la Défense nationale. Du 15 septembre à la suspension des hostilités, dix corps d'armée sont mis en état de tenir campagne, tous dotés des services indispensables à leur fonctionnement.

En outre, certains problèmes d'organisation générale, insoupçonnés jusqu'alors, sont abordés et reçoivent une heureuse solution, puisque les lois organiques postérieures ont consacré les principes entrevus alors pour l'établissement du service des renseignements, des transports par voies ferrées, de l'évacuation et de l'hospitalisation des malades et des blessés.

Et c'est avec une légitime fierté que l'on peut évoquer d'abord la grandeur de l'effort accompli puis l'importance des résultats obtenus. Alors que, dans l'esprit de beaucoup, toute résistance était vaine, durant cinq mois des soldats improvisés surent tenir tête à des armées régulières, déjà pénétrées de la force morale que donne la victoire. La lutte ne devait pas être le prompt et morne écrasement qui semblait à prévoir : des heures glorieuses viendraient à Coulmiers, à Bapaume, à Villersexel, qui en rompraient le cours fatal. Et l'action efficace de ces succès ne résiderait pas tant dans les avantages immédiats et tangibles obtenus que dans l'impression profonde, faite à la fois d'appréhension et de respect — impression qui ne pouvait manquer de survivre aux événements mêmes — qu'éveilla chez le vainqueur, au lendemain de ses triomphes de Metz et de Sedan, le soulèvement de cette nation qui, dans un admirable élan de patriotisme, se dressait tout entière contre l'envahisseur.

PARIS. — IMPRIMERIE R. CHAPELOT ET Cⁱᵉ, 2, RUE CHRISTINE.

A LA MÊME LIBRAIRIE

Traduction intégrale publiée sous la direction de l'état-major de l'armée (2ᵉ bureau). — **Guerre russo-japonaise (1904-1905).** Historique rédigé à l'état-major général de l'armée russe.

Tome Iᵉʳ (1ʳᵉ partie) : *Événements d'Extrême-Orient avant la guerre et préparation à la guerre.* 1910, 1 vol. gr. in-8 avec 1 gravure et 2 cartes hors texte tirées en 3 couleurs... 16 fr.

Tome Iᵉʳ (2ᵉ partie) : *Préparation des services techniques.* 1911, 1 vol. in-8 avec une carte... 10 fr.

Ministère de la marine. — **Opérations maritimes de la guerre russo-japonaise.** Historique officiel publié par l'état-major général de la marine japonaise.

Iʳᵉ partie : (*Traduction de M. Henri Rouvier, enseigne de vaisseau.*) **Opérations contre l'escadre russe de Port-Arthur.** 1910, 1 vol. in-8 contenant 18 cartes en noir et en couleurs.................................... 5 fr.

IIᵉ et IIIᵉ parties : (*Traduction de MM. Henri Rouvier et P. Monconduit, enseignes de vaisseau.*) **Opérations combinées des armées de terre et de mer.** — **La lutte contre l'escadre russe de Vladivostock.** 1911, 1 vol. in-8 contenant 10 cartes en couleurs................. 4 fr. 50

Impressions d'un chef de compagnie (*Guerre russo-japonaise*), par le capitaine **Soloviev**, du 34ᵉ régiment de tirailleurs de Sibérie orientale (traduit du russe). 1906, in-8... 1 fr.

Considérations sur la guerre russo-japonaise, par le général baron W. de **Heusch**, de l'armée belge. 1909, 1 vol. in-8 avec 7 cartes et croquis... 4 fr. 50

L'expérience de la guerre russo-japonaise, par le lieutenant-colonel d'état-major **Neznamov**. 1907, in-8 avec croquis........................ 2 fr. 50

Quelques enseignements de la guerre russo-japonaise, par Pierre **Lehautcourt**. 1905, in-8.. 75 c.

Ce qu'il faut retenir de la guerre russo-japonaise, par le lieutenant-colonel **Picard**. 1906, in-8.. 3 fr. 50

Questions de tactique d'artillerie, d'après l'expérience de la guerre russo-japonaise, par le colonel **Biélaiew** (articles parus dans l'*Artilleriskii-Journal*). 1908, 1 vol. in-8 avec plans.. 3 fr.

Questions de tactique d'artillerie, d'après l'expérience de la guerre russo-japonaise, par le colonel **Novikov** (articles parus dans l'*Artilleriskii-Journal*). 1907, in-8... 1 fr. 50

Tactique d'infanterie. *Les enseignements de la guerre russo-japonaise*, par le capitaine **Fouquet**, du 33ᵉ régiment d'infanterie. 1908, in-8.......... 75 c.

Instruction tactique de la compagnie. — **Le combat offensif**, d'après l'expérience de la guerre russo-japonaise, par le capitaine V.-T. **Lebedev**. Traduit du russe par le capitaine E. Cazalas. 1908, broch. in-8, avec croquis...... 4 fr.

La cavalerie russe pendant la guerre russo-japonaise, par le capitaine Serge **Nidvine**. 1906, in-8.. 2 fr.

Carte d'ensemble du théâtre de la guerre russo-japonaise, exécutée d'après les documents du Service géographique de l'armée, complétés par les cartes russes et japonaises et les travaux des missions militaires françaises aux armées belligérantes. Dressée sous la direction de l'état-major de l'armée (2ᵉ Bureau), par le capitaine **Bertin**, membre de la mission aux armées japonaises. 1 feuille, format (100 × 100), tirage en 3 couleurs.. 4 fr.

Paris. — Imprimerie R. Chapelot et Cⁱᵉ, 2, rue Christine.

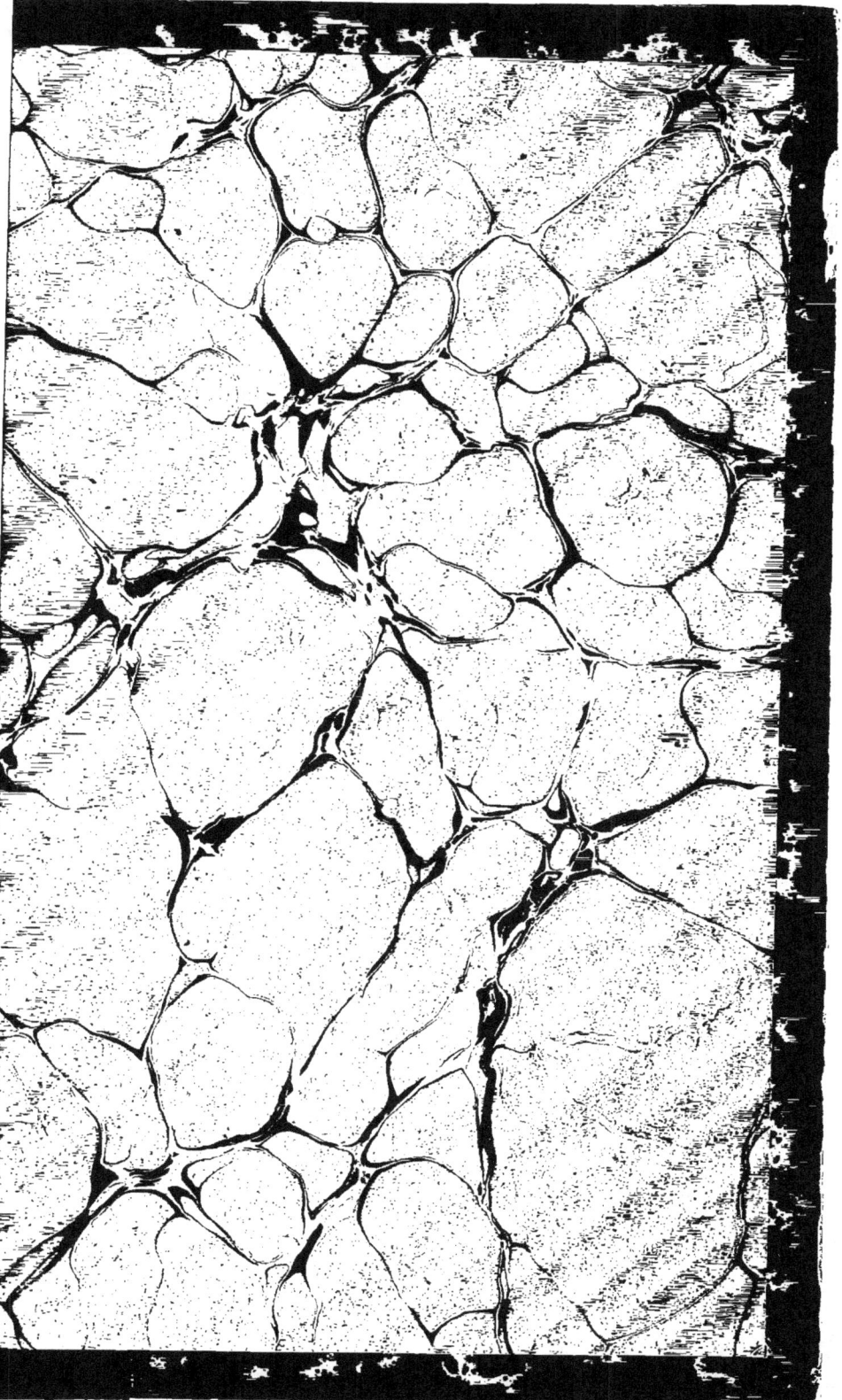

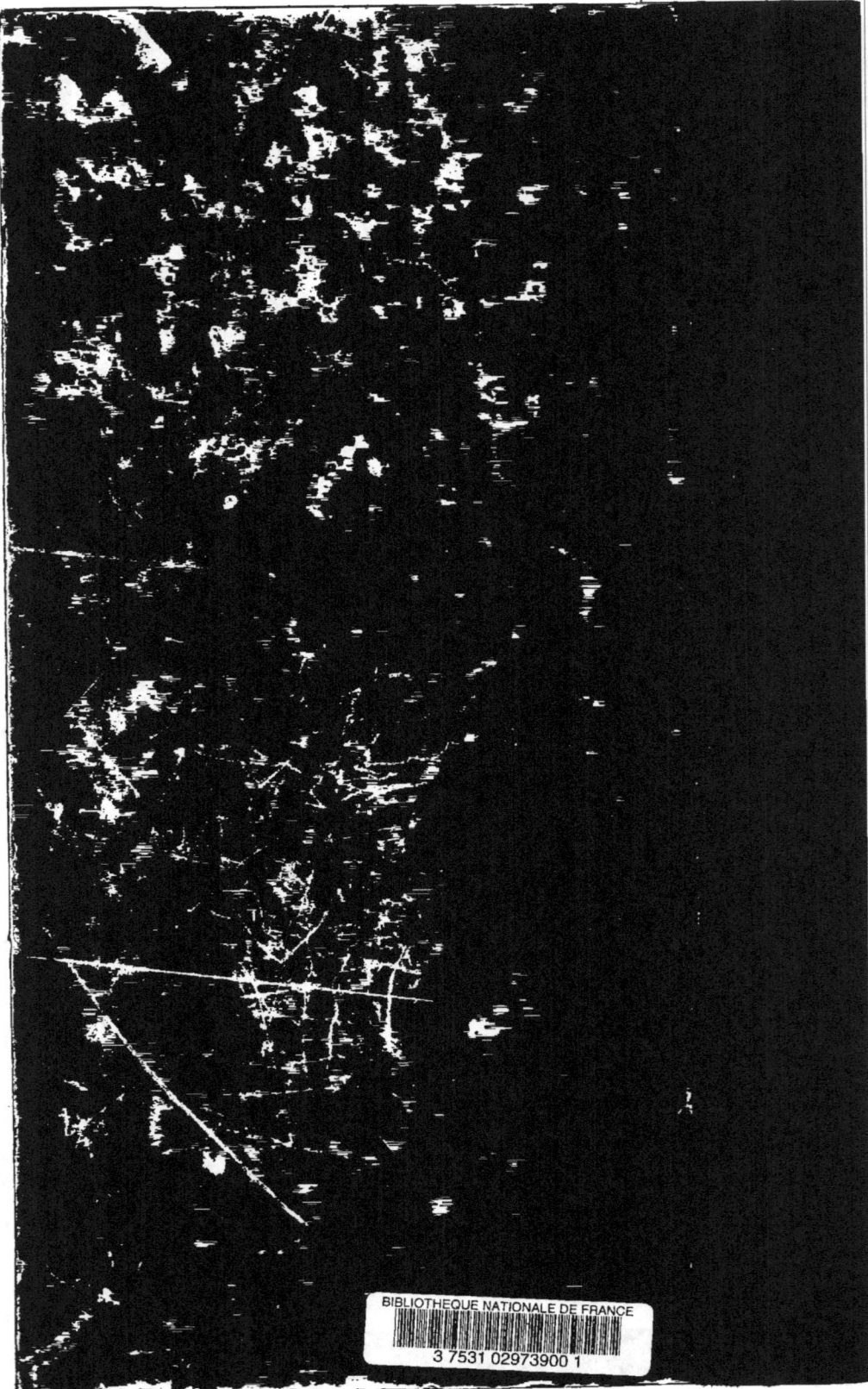